노동운동

고 윤진호 교수 추모 선집 1

Labor Movement

노동운동

윤진호 지음
고 윤진호 교수 추모 선집 간행위원회 엮음

한울
아카데미

서문

이 선집은 2016년 6월 15일 작고하신 고(故) 윤진호 선생님을 기리기 위해 제자들과 지인들이 선생님이 생전에 경제학자로서 활동하신 기록을 모은 것이다. 선생님이 생전에 학문활동과 사회활동을 하시면서 발표한 논문, 연구보고서 중 가장 중요하다고 평가되는 연구결과물을 주제별로 정리했다.

선생님은 엄정한 노동경제학자로서 저서 25권, 단행본 수록글 22편, 논문 39편 등 방대하고 탁월한 연구업적을 남기셨다. 박사학위 논문인 「한국의 불안정 취업층에 관한 연구」(1990)는 비정규직, 영세자영업자 등 저임금계층과 고용불안정성의 문제를 심도 있게 제기한 선구적인 연구로 평가된다. 그 밖에 주요 저서로 『한국의 불안정노동자』(1994), 『한국의 화이트칼라 노동조합연구』(공저, 1994), 『생계비와 임금정책』(1996), 『노동시간단축과 노동조합의 정책과제』(공저, 1999), 『고용구조 변화와 노동조합의 고용정책』(공저, 1999), 『국제화와 노동운동』(2000), 『비정규 노동자와 노동조합』(공저, 2001) 등이 있다.

선생님이 하나의 주제로 연구를 시작하시면 연구실에는 수백 편의 논문과 수십 권의 관련 책이 가득 찼다. 제자들은 선생님이 그 모든 문헌을 체계적으로 정리하고 그에 기반하여 통찰력 있는 연구결과물을 생산해 내시는 것을 목도하곤 했다. 선생님은 미국에서 안식년을 보내면서 매일 세미나에 참석하고 미국의 전문가와 대화하고 토론한 내용을 상세하게 『보스턴 일기』로 기록하여 제자들과 국내 연구자들에게 외국의 연구풍토를 생생히 전달하셨다. 또한 직접 미국서비스노조(SEIU)의 조직 활동가로 참여해서 직접 현장 조직을 체험하셨다. 그곳의 노동조합 조직 활동을 경험하면서 한국 노동조합 조직화에 관한 연구를 진행하신 바 있다. 이렇듯 선생님은 젊은 제자들도 좇아가기 버거울 만큼 열정적인 연구자셨다.

선생님은 냉철한 머리와 따뜻한 가슴을 가진 노동경제학자셨다. 대학 시절부터 노동자의 빈곤과 소득 불평등을 해결하는 것을 가장 중요한 문제로 여기셨다. 박사학위 논문의 주제도 당시 노동시장에서 다수를 차지하던 불안정 취업층에 관한 연구였으며, 이후에도 끊임없이 노동자와 빈곤층에 대한 연구를 지속하셨다. 특히 노동자를 사랑하는 마음으로 노동운동에 대한 높은 관심을 가지고 노사관계, 산업별 노동조합, 노동조합 조직화, 노사정체제, 노동자생산협동조합, 노동자 경영 참가에 관해서 타의추종을 불허할 정도의 연구를 수행하셨다. 또한 노동자의 현실을 정확하게 분석하기 위해서 불안정취업자 가운데 비정규직, 저임금노동, 파견노동 등에 대한 연구도 지속적으로 수행하신 바 있다.

선생님은 열정적인 학자이면서 노동현실에서 실천적 활동도 병행하셨다. 보건의료노조와 긴밀하게 연대하면서 셀 수 없이 많은 교육과 강연을 해주셨고 정책자문위원으로 산별노조 건설과 전략 수립에 크게 도움을 주셨다. 보건의료노조뿐만 아니라 민주노총과는 노동조합 조직화 등 많은 노조활동을 같이 하셨고, 대우자동차 노동조합 등과 같은 개별기업노조와도 수많은 연구과제를 수행하셨다. 미국 MIT 교환교수로 간 기간에 집필하신 『보스턴 일기』에서 미국서비스노조에 직업 조직활동가로 참여한 경험을 담아내기도 하셨다. 이와 같이 선생님은 노동경제학자로서 학문적으로 노동자와 빈곤층을 위한 다수의 연구를 진행하면서도 노동현장에서 실천적 지성으로서의 활동도 매우 적극적으로 수행하셨다. 이것은 선생님이 한국 사회의 취약계층을 위해 높낮이 없는 세상을 실현하시고자 하는 신념에서 우러나온 것이었다.

선생님은 노동자와 함께한 진정한 노동자의 벗이며 노동경제학과 노사관계학에 관한 위대한 진보학자이자 큰 스승이셨다. 높낮이 없는 세상을 위해 끊임없이 대안을 찾는 노력을 경주하셨고, 노동운동에 깊은 관심과 애정을 가지고 현장과 끊임없이 교감하면서 산별노조가 생기는 시기부터 그 발전 가능성을 제기하셨다. 또한 주요 선진국의 산별노조 사례를 심도 있게 연구하면서 한국에서 산별노조 건설에 중요한 시사점을 제시하셨다. 산별노조뿐만 아니라 노사정위원회와 노동조합 생산협동조합 연구도 새로운 대안을 찾기 위한 노력의 산물이었다. 이렇듯 선생님은 탁월한 통찰력을 가지고 새로운 대안을 찾기 위해 노력하고 다양한 부문에서 정책적·제도적 대안을 제시하셨다.

선생님은 무엇보다 학문에 대한 엄격한 자세를 강조하셨다. 인하대학교에서 교편을 잡은 이래 다른 어떤 활동보다 학생들을 가르치는 강의가 가장 중요한 당신의 임무라 생각하고 후학 양성에 최선을 다하셨다. 뿐만 아니라 교내외 민주화에 각별한 관심을 갖고 참여하셨는데, 민주화를 위한 교수협의회 인하대 지부 창립에 관여하고 추후 경상대 학장을 역임하셨다.

학술 영역에서는 진보적인 경제학이 뿌리내릴 수 있도록 다양한 활동을 전개하셨다. 이러한 활동의 당연한 귀결로 진보적 경제학계의 양대 학회라 할 수 있는 경제발전학회 회장과 사회경제학회 편집위원장을 역임하셨다. 또한 진보적 시각에서 노동문제를 다루는 학제 간 학회인 산업노동학회의 창립에 주도적인 역할을 하고 초대 편집위원장을 지내시기도 했다.

이 선집은 선생님의 열정적 연구자로서의 활동과 따뜻한 실천적 지성이자 위대한 스승으로서의 중요한 업적을 세상에 널리 알리고자 발간하게 되었다.

선집은 총 3권으로 구성된다. 제1권은 노동운동에 대한 선생님의 연구결과를 모았다. 제1부는 고용위기 시대의 노동운동을 다룬다. 글로벌 경쟁이 격화되면서 고용조정 및 노동시장 유연화가 심화되고 고용불안정성이 확대되는 현실을 정확하게 진단하여 이에 대응하기 위한 노동운동의 방향을 제시한다. 특히 노동시장 유연화론의 허실을 노동운동의 관점에서 체계적으로 정리했다. 제2부는 새로운 노사관계와 노동운동을 모색하면서 협력적 유연화와 노사정위원회에 대한 다양한 논의를 정리하고 대안적 노동운동의 길을 제시한다. 또한 노동운동이 나아갈 임금정책의 방향과 경제민주화 투쟁과제를 제시한다. 협력적 유연화는 노사정 당사자들의 참여와 협력으로 전략적 동맹을 체결하여 경제위기를 극복하자는 내용을 담고 있으며, 노사정위원회의 성공 조건을 제시한다. 제3부는 산별노조운동의 동향과 과제를 주제로 노동조합 조직이론과 선진국의 산별노조 사례를 제시하고, 한국에서 산별노조의 발전을 위한 심도 깊은 문제제기와 제언을 다룬다.

제2권은 세계의 노동운동과 생산방식의 변화를 다룬다. 제1부는 세계의 노사관계와 노동운동을 다루면서 미국, 영국, 캐나다, 일본의 노사관계와 노동운동을 심도 있게 진단하고 한국에 대한 시사점을 탐색한다. 미국과 영국의 사례연구에서 신자유주의 아래 노동정책과 노동조합의 대응을 분석한 결과를 제시하고, 미국의 경영참가와 같은 노동자 참여제도의 도입을 평가하며, 영국의 실업정책 진단결과를 제시한다. 제2부는 일본식 생산방식과 노사관계를 다룬다. 포디즘적 생산방식의 붕괴로 일본이 그 자리를 대체해 가고 있던 상황에서 일본식 생산방식의 요체인 토요타 생산방식을 심층적으로 분석하고 이에 대응하는 노동조합의 방안을 제시한다. 또한 일본식 생산방식의 문제점을 진단하고 노동의 인간화를 제안하는 한편, 한국에서의 일본식 생산방식 도입을 심층적으로 분석하면서 노동의 인간화를 중심으로 한 노동조합의 대응책을 제안한다.

제3권은 노동운동의 대안적 맹아를 찾기 위해 한국 자본주의 초기에 형성된 노동조합의 초기 형태를 탐구하고 노동자협동조합과 노사정 3자 체제 그리고 노동시간 단축 및 일자리 나누기 등과 같은 한국 노동체제의 대안을 모색하는 연구결과를 다룬다. 제1부는 불안정 노동을 주제로 비공식 부문, 비정규 노동과 저임금 고용에 대한 심도 있는 분석결과를 제시한다. 특히 한국 자본주의 초기에 형성된 비공식 부문에 대한 연구와 더불어 사회적으로 큰 문제였던 비정규직과 저임금 고용의 함정성을 엄밀하게 분석한 결과를 담았다. 제2부는 대안적 체제의 맹아를 찾기 위해서 대한제국기 노동회의 성격과 활동을 연구한 결과를 제시한다. 또한 노동자생산협동조합을 고찰함으로써 다양한 이론적 관점을 검토하며 노동자생산협동조합이 대안적 체제가 될 수 있는지를 진단한다. 노사정 3자 합의체제에 대한 실증적 연구도 경제적 위기에 대응하는 노동시장 주체들의 전략적 동맹의 필요성을 강조한다. 그 외에도 노동조합의 조직화 문제, 일자리 나누기 전략 등 노동시장과 노사관계의 개혁을 제시하는 내용을 담았다.

이 선집에서 다루지 못하는 연구결과도 상당하지만 선생님은 노사관계와 노동운동과 관련된 생산방식, 불안정고용을 주제로 다양한 연구활동을 전개하셨으며, 새로운 대안을 찾기 위해 다각적으로 심도 있는 연구를 진행해 오셨다. 이러한 주제는 21세기를 살아가는 우리에게도 여전히 사회적, 경제적으로 큰 의미를 가진다. 선생님의 연구활동은 이러한 맥락에서 큰 가르침을 주고, 이 시대의 진정한 스승으로서 선생님의 존재로 확인시켜준다. 선생님의 학문과 인품을 직접 경험하고 배울 수 있었던 우리 제자들은 참으로 행운이라 할 수 있다. 선생님이 계시지 않은 현재에도 선생님의 큰 가르침은 삶의 동력이 되고 있다.

이 선집을 발간하는 과정에서 제자들뿐만 아니라 많은 분들에게 도움을 받았다. 선집 발간을 위해 애쓴 간행위원회 위원 분들과 후원자 분들에게 깊은 감사를 드린다.

차례

제1부 고용위기 시대의 노동운동

제1장

대경쟁시대의 자본주의와 고용위기

1. 머리말

최근 고용조정의 거센 바람이 휘몰아치고 있다. 기업은 국내외 시장에서의 경쟁격화와 기업경영의 불확실성 증대, 그리고 인건비 상승 등에 대응한다는 명목하에 중간 관리직은 물론 일반 사무직에 대해서도 이른바 명예퇴직제로 불리는 반강제적 조기퇴직제를 광범하게 실시하고 있으며, 생산직에 대해서도 정리해고 등 대규모적인 감원을 실시하고 있다. 명예퇴직제나 정리해고[1] 외에도 신규 채용 인원의 동결을 통한 자연감원의 유도, 부서 간, 기업 간, 지역

---

[1] '명예퇴직제', '정리해고제', '파견근로제', '촉탁/계약제' 등의 용어가 일본에서 유래된 것들로 서 그것이 가진 부정적 효과를 은폐하고 있는 비중립적 용어이며, 저널리스틱한 용어이므로 다른 용어로 대체해야 한다는 주장이 있었다. 필자도 그러한 문제점을 충분히 인식하고 있으면서도 아직 다른 대체적 용어가 학문적으로 정립되어 있지 않고, 새로운 용어의 남발이 혼란을 초래할 수 있다는 점에서 흔히 쓰이는 용어를 사용했다. 그러나 '명예퇴직제'는 사실상 반강제적 '조기퇴직제'이며, '정리해고제'(인간을 '정리'한다는 발상!)는 '대량해고제'이고, '파견근로제'는 '임시노동자 대여제(Temporary Help Service)'라는 점을 지적해 두고자 한다.

간 배치전환, 변형근로시간제의 도입 등 이른바 '노동시장의 유연성' 제고를 위한 다양한 방법이 시도되고 있다.

다른 한편으로는 임시노동자, 파트타임 노동자, 파견노동자, 계약직 노동자, 소사장제 등 정규노동자와는 다른 형태의 불안정한 노동자군을 대규모로 도입함으로써 언제든지 기업의 필요에 따라 채용과 해고를 반복할 수 있도록 꾀하는 이른바 고용형태의 다양화를 향한 움직임도 한층 거세어지고 있다.

정부 역시 기업의 이러한 움직임을 뒷받침하기 위한 법적·제도적·정책적 지원을 강화하고 있는데, 1997년 초 국회에서 통과된 개정 「근로기준법」에서 정리해고제, 변형근로시간제가 도입되고 앞으로 근로자파견법도 새로 제정하려는 움직임 등은 바로 그 연장선장에 있다 하겠다.

그러나 경쟁력 강화와 노동시장의 유연화란 기치 아래 진행되고 있는 기업과 정부의 이러한 움직임은 노동자들을 위시한 대다수 국민들의 노동생활과 가정생활에 커다란 충격을 주고 있다. 노동시장의 유연화는 곧 고용의 불안정화를 의미한다. 이는 자본주의경제에서 노동자의 유일한 생계수단인 직장을 빼앗음으로써 수많은 실직노동자들과 그 가족의 생계를 근본적으로 위협할 뿐만 아니라 취업 중인 노동자들에게도 저임금과 고용불안의 위협을 가중시킴으로써 사회적 정의와 공정성의 최소한의 조건을 뒤흔들고 있으며 나아가 사회적 불안을 확산시키는 요인으로 작용하고 있다. 만약 기업의 이러한 움직임이 그대로 방치될 경우 노동시장의 이중구조화와 더불어 중장기적으로 대량실업을 야기해 커다란 사회문제가 될 가능성도 없지 않다.

뿐만 아니라 이러한 고용의 불안정화는 우리 경제의 장기적인 효율 향상과 기술혁신에도 좋지 않은 영향을 끼칠 우려가 크다. 오늘날 기업과 국가의 경쟁력은 인적자원의 효율성에 크게 의존하고 있다는 것은 잘 알려져 있는 사실이다. 고용의 안정은 노동자의 자발성과 창의성을 높이고 기업의 인적 자본 투자를 유인하는 중요한 요인이 된다. 고용이 불안정한 상황 속에서 노동자들의 장기적인 숙련 형성과 기업에의 헌신, 그리고 자발성과 창의성을 발휘하기를 기대할 수는 없는 일이다.

따라서 고용안정은 비단 노동자들의 노동생활과 가정생활의 안정을 가져올 뿐만 아니라 국민경제의 장기적인 발전을 위해서도 우리가 추구해야 할 중요한 목표인 것이다.

고용안정이 가지는 이러한 중요성에도 불구하고 이에 대한 노동조합의 대응은 그동안 충분히 이루어지지 못했다. 이는 노동조합의 주된 관심사가 임금인상이나 조직문제 등으로 제한되어 있었던 데 크게 기인한다. 그동안 지속적인 경제성장과 고용확대로 노동자의 고용불안정 문제가 크게 표면화되지 못했던 사정도 노동조합의 고용문제에 대한 미온적 대응에 영향을 미쳤다. 그러나 이제 고용불안정 문제는 초미의 이슈로 부각되고 있다. 경제환경의 변화와 기업의 적극적·공세적 고용조정 전략, 그리고 이에 대한 정부의 각종 지원전략 등으로 인해 노동자의 고용불안은 점점 가속화되고 있으며 이에 대한 노동조합의 효과적인 대응책의 강구가 점점 절실해지고 있는 것이다.

2. 대경쟁시대의 자본주의와 기업의 합리화 공세

1980년대 후반부터 대외적으로는 국제분업구조의 변화와 무역환경의 변화, 대내적으로는 독점자본에 의한 시장침식과 임금상승 등에 직면해 섬유, 신발 등 주로 노동집약적 중소기업을 중심으로 급속한 산업구조조정이 이루어지고 있다. 독점자본에 의한 산업구조 재편이 이루어지면서 이들은 독점자본의 하청 계열 기업으로 전락하거나 자연 도태되고 있는데 특히 불황 국면에서 휴폐업, 공장의 해외 이전, 업종 전환, 하청화 등 급속한 산업구조조정이 이루어지고 있고 이는 다시 노동자들의 고용을 불안정화시키고 있다.

다른 한편으로는 대기업을 중심으로 신인사제도, 직제 개편, 임금체계 개편, 기업문화운동, 협조적 노사관계 유도 등 이른바 신경영전략이 활발하게 시도되고 있다. 또한 이른바 '노동시장의 유연화'를 위한 기업의 공세도 거세어지고 있다. 기업은 한편으로는 핵심 노동자층에 대해 다기능화, 배치전환, 집단적 부서 이동, 사업장 이전, 별도 법인화, 교육훈련의 강화 등 이른바 '기능적 유연성'을 추진하면서 다른 한편으로는 주변 노동자층에 대해서는 자연감원, 정원동결, 반강제적 조기퇴직(이른바 '명예퇴직'), 대량해고(이른바 '정리해고'), 파트타임, 임시직, 계약직, 용역, 파견, 소사장제 등 각종 불안정 노동자의 도입 등 '수량적 유연성'의 강화를 시도하고 있다.

정부 역시 기업의 구조 개편 전략을 지원하기 위해 각종 정책을 추진하고 있는데, 한편으로는 세계화, 경쟁력 강화 이데올로기 공세를 강화하면서 대외개방, 규제완화, 경쟁체제, 공기업 민영화 등을 추진하고, 다른 한편으로는 정리해고제, 변형근로시간제, 근로자 파견제, 시간제근로법 등 '노동시장의 유연화'를 위한 입법 등 신노동정책을 강력하게 추진해 오고 있다.

1993년 이후 비교적 빠른 성장세를 보여 오던 한국 경제는 1995년 말부터 급격한 경기하강 현상을 나타내기 시작해 1996년부터는 완연한 불황의 늪으로 빠져들었다.

이와 같은 경기침체와 중소기업의 부도, 휴폐업사태는 물론 경기순환상의 하강국면과도 관련이 있지만 보다 근본적으로는 그동안 주로 저임금, 저기술 위주의 노동시장을 토대로 중저가품 시장에서 경쟁력을 유지해 왔던 한국 경제의 대외적 취약성이 최근의 국제경쟁조건의 변화에 따라 위기를 맞게 되었다는 측면과 다른 한편으로는 재벌의 문어발식 확장, 차입경영에 따른 부실화 및 재벌의 시장독식으로 중소기업이 활동할 수 있는 여지가 거의 없을 만큼 위축되었다는 대내적 조건에 기인한다.

그럼에도 불구하고 기업 측은 이러한 불황의 원인을 이른바 '고비용 저효율 구조'의 탓으로 돌리면서 노동자들에게 그 책임을 전가시키고 있으며, 임금동결과 인력규모의 삭감을 통해 노동자들을 일방적으로 희생시킴으로써 불황을 극복하고자 시도하고 있다.

이러한 기업과 정부의 구조 개편 전략은 필연적으로 임금억제, 근로조건의 악화, 고용의 불안정화 등 노동자의 삶의 질을 악화시키고 노동조합의 교섭력을 떨어뜨리는 결과를 낳고 있다. 오늘날 국제경쟁력의 요체가 저임금, 저금리, 저가격 등에 기초한 단순경쟁으로부터 노동자의 숙련과 자발성, 창의성, 그리고 기술혁신 등에 기초한 질적 경쟁으로 변화된 현실을 고려할 때 여전히 저임금-저기술-저가격에 의존해 현재의 불황을 돌파하고자 하는 기업과 정부의 전략은 지극히 낡은 것일 뿐만 아니라 장기적으로는 경쟁력 강화에 도움이 되지 않는 정책이다. 한국 경제의 고비용-저효율을 낳는 근본적 요인이 재벌 주도하의 편중된 업종 구성과 이들 분야에서의 과잉투자와 과잉생산, 재벌에 희생된 중소기업의 도산과 부도, 이에 따른 기술개발 기반의 와해 등 구조적 문제에 있으며 그러한 근본적 구조의 개편 없이는 한국 경제의 회생이 불가능하다는 사실을 정부와 기업은 직시해야 할 것이다.

3. 고용문제의 심각화

최근 한국 경제에는 고용조정의 거센 바람이 휘몰아치고 있다. 이미 기업의 대량감원과 조기퇴직 등이 사회문제로 되고 있으며 이러한 경향은 앞으로도 더욱 심각해질 것으로 예상된다. 정규노동자와는 다른 형태의 불안정한 노동자군을 대규모로 도입함으로써 언제든지 기업의 필요에 따라 채용과 해고를 반복할 수 있도록 꾀하는 이른바 고용형태의 다양화를 향한 움직임 역시 한층 거세어질 것으로 보인다.

더욱이 1997년 초 국회에서 통과된 개정 「근로기준법」상의 정리해고제, 변형근로시간제의 도입에 따라 고용불안은 엄연한 현실로 다가오고 있다. 이러한 노동자의 고용불안은 당사자는 물론이고 노동자 전체의 임금과 근로조건을 악화시키고 가정생활의 안정과 사회적 안정까지 위협하는 사태로서 현재의 움

<표 1-1-1> 최근의 고용동향

(단위: %)

	1992	1993	1994	1995	1996	1997* 2/4	1997* 3/4
경제활동 인구증가율	2.9	1.9	2.6	2.3	1.9	2.5	1.5
취업자 증가율	3.0	2.8	3.0	2.7	1.9	1.8	1.2
제조업	-3.3	-3.6	0.9	1.7	-2.0	-4.4	-5.3
3차산업	5.6	5.8	5.8	5.1	4.8	4.9	4.2
(건설업)	7.0	1.6	5.5	6.7	3.8	3.6	2.4
(도소매 음식)	8.1	9.5	7.4	3.1	5.0	3.6	2.8
(금융운수창고)	8.0	4.5	2.9	5.5	3.8	3.6	4.3
(서비스업)	0.9	3.7	5.1	7.1	5.3	7.8	7.0
실업률	2.4	2.8	2.4	2.0	2.0	2.5	2.2

주: *은 전년동기비 증가율임.
자료: 통계청, 『분기별 고용동향』, 각 호.

직임이 그대로 방치될 경우 심각한 사회문제로까지 등장할 우려도 있다는 점
에서 적절한 대응이 요구된다고 하겠다.

사실 그동안 한국 경제의 고도성장과정에서 고용수준의 급속한 증가와 고
용구조의 근대화가 진행되어 왔고 이에 따라 고용불안이 심각한 문제로 대두
된 적은 거의 없었다. 오히려 최근 수년간은 생산직, 단순노무직을 중심으로
인력부족현상이 심각했고 이에 따라 여성의 노동시장 참가 유인, 외국인 노동
자의 대량 도입 등이 추진되는 등 노동시장의 주된 관심사는 노동력 부족 문제
의 해결이었다.

그러나 이제 경기침체와 기업의 합리화전략에 따른 대규모 인력감축에 따
라 사정은 급변하고 있다. 우선 경기불황의 지속과 한국 경제의 구조적 취약성
이 겹쳐 전반적인 고용창출력이 저하되고 있다. 〈표 1-1-1〉에서 보는 바와 같
이 한국에서는 전년동기비 1.2%로 더욱 하락했다. 장기적으로 연간 2% 정도
의 고용증가세가 계속 유지되어야 노동공급을 원활히 흡수할 수 있다는 점에
서 볼 때 이와 같은 고용창출력의 저하는 매우 우려되는 현상이라 할 것이다.

노동부에서 집계한 구인배율(구인자 수/구직자 수) 역시 1994년 1.52, 1995
년 1.69로부터 1996년 1.43으로 감소하고 있어 노동시장의 수급 악화현상을

뒷받침해 주고 있다.

산업별로 취업자 증가율을 살펴보면 제조업 취업자 증가율이 1990년대 초의 산업구조조정기에 감소했다가 1994~1995년에는 회복세를 보였으나 1996년 들어 다시 큰 폭의 감소를 나타내고 있다. 제조업 취업자 증가율은 1997년에도 계속 큰 폭의 감소추세를 지속하고 있다. 반면 3차산업의 취업자 증가세는 계속 상대적으로 높은 수준으로 유지되고 있다.

고용증가세의 둔화와 더불어 경제활동 인구증가율 역시 떨어지고 있는데, 이는 노동시장의 사정이 악화됨에 따라 구직활동을 포기하고 가사, 학업 등 비경제활동 인구로 되는 사람의 비율이 늘어난 결과로 보인다.

그러나 이러한 전반적인 고용사정 악화에도 불구하고 공식통계상으로 나타난 실업률은 여전히 1997년 3/4분기 기준 2.2%로 매우 낮은 수준을 유지하고 있어 우리를 의아하게 만들고 있다. 그러나 이러한 저실업률은 통계상의 허상일 가능성이 높다.

실업보험제도가 잘 발달되어 있는 선진 각국과는 달리 한국의 경우 비록 1996년부터 고용보험제가 실시되고 있기는 하나 아직 제도상의 미비로 인해 많은 사람들이 그 혜택을 받지 못하고 있으며 실직 시 실업급여수준 역시 생계를 유지하기에는 매우 미흡한 실정이다. 이러한 상황 속에서 한국에서는 실직노동자들이 실업자로 되기보다는 비경제활동 인구로 되거나 서비스업 등의 불완전, 불안정한 취업자로 전환되는 경향이 강하다. 실업자의 정의가 "1주일에 1시간도 취업하지 못한 비취업자 중 즉시 취업이 가능하며 적극적으로 구직활동을 한 자"로 되어 있음을 감안할 때 대부분의 실직노동자들은 이러한 실업자의 정의 범주에서 벗어날 수밖에 없는 것이다. 이러한 까닭에 한국에서는 경기불황 시 서비스업 특히 도소매 음식 숙박업 등 불완전, 불안정 취업자가 많은 산업의 취업자가 증가하는 경향이 있는 것이다. 이들은 생계유지를 위해 행상, 노점상 등 잡다한 직업에 종사하고 있는 사람들로서 그 소득이 낮고 취업시간이 짧거나 불안정해 사실상 반실업자에 가까운 상태에 있다.

경기불황에도 불구하고 실업률이 낮은 또 하나의 원인은 실업률의 경기후행성 때문이다. 일반적으로 기업들은 경기불황 시 초기에는 근로시간 감축이나 정원동결 등 소극적인 방법으로 불황에 대처하다가 불황이 일정 기간 계속된 후 인원감축 등 본격적인 고용조정에 나서는 경향이 있다. 따라서 실업률은 경기침체가 일정 기간 계속된 후 높아지게 된다. 이러한 점에서 볼 때 한국의 실업률은 불황이 시작된 1996년보다는 향후 본격적으로 높아질 가능성이 크다 하겠다.

앞으로 고용문제가 더욱 심각해질 것으로 우려되는 것도 바로 이러한 이유에서이다.

4. 기업의 자동화, 합리화와 '고용파괴'

그러나 현재의 고용문제의 심각성은 단순히 그것이 경기순환 국면상의 일시적 현상이 아니라는 데 있다. 기업은 국내외 시장에서의 경쟁격화와 기업경영의 불확실성 증대에 대응해 과감한 산업구조, 기업구조의 조정에 나서고 있다. 그러한 구조조정의 핵심전략은 전자, 통신, ME산업 등 첨단성장산업을 중심으로 연구개발투자와 자동화, 합리화 투자를 집중하면서 상대적으로 부가가치가 낮은 업종을 정리, 축소하고 기업의 조직을 소수정예화함으로써 경쟁력을 갖춘다는 것이다.

이러한 자동화, 합리화, 한계 업종의 정리 축소, 다운사이징, 생력화(省力化) 등은 필연적으로 노동자들에게는 심각한 고용불안을 가져오는 요인으로 작용하고 있다. 더욱이 이러한 기업의 구조조정 전략을 뒷받침하기 위해 정부 역시 각종 법률적·제도적·정책적 방안을 강구하고 있어 고용불안을 더욱 가중시키고 있다.

이러한 정부와 기업의 고용조정 움직임은 그 규모와 강도, 범위 면에서 종

〈표 1-1-2〉 실업급여 운영현황

		1996 하반기	1997 1/4분기	1997 2/4분기	1997 3/4분기	1997 누계
실업급여 신청자		10,133		11,063	13,861	34,251
이직 사유별(%)	도산, 폐업	23.9		31.0	26.4	29.2
	정리해고	13.7		11.4	12.1	11.4
	권고사직	38.0		26.3	32.0	28.4
	정년퇴직	11.8		10.6	10.9	13.1
	기타	12.6		20.7	18.6	17.9
연령별(%)	30세 미만	8.4		10.3	9.7	9.6
	30-39세	22.3		23.8	25.8	23.7
	40-49세	32.9		27.4	26.4	26.9
	50-59세	30.5		33.2	33.2	33.7
	60세 이상	5.9		4.9	4.9	6.1
재취직자		1,660		1,561	1,615	5,259

자료: 노동부 실업급여과.

전에 볼 수 없었던 심각성을 띄고 있다는 점에서 고용불안을 넘어서 무차별적인 '고용파괴'의 양상을 보이고 있다. 종전의 기업 감원 방식은 주로 퇴직자를 보충하지 않음으로써 자연감원을 유도하거나 희망퇴직자를 모집하는 등 소극적 방식이었지만 1992년 하반기부터 대량해고(이른바 '정리해고'), 반강제적 조기퇴직제(이른바 '명예퇴직제') 등 보다 적극적이고 공격적인 형태로 바뀌고 있으며, 대상 업종 역시 기계금속 제조업이나 금융, 보험, 서비스업, 그리고 공공부문 등으로 확산되는 경향을 보이고 있다.

특히 대법원이 종래의 정리해고 4요건[2]을 크게 완화하고 노동부도 집단해

---

2) 정리해고 4요건은 기업이 경영상의 사정에 의해 근로자를 해고하는 이른바 정리해고의 요건을 규정한 1989년 5월의 대법원 판결과 그에 뒤이은 몇 건의 판결로 확립된 것으로서 ① 해고를 하지 않으면 기업경영이 위태로울 정도로 급박한 경영상의 필요성이 존재해야 하고, ② 경영방침이나 작업방식의 합리화, 신규 채용의 금지, 일시휴직 및 희망퇴직의 활용 등 해고 회피를 위한 노력을 했어야 하며, ③ 합리적이고 공정한 정리기준을 설정해 이에 따라 해고 대상자를 선별해야 하고, ④ 이밖에도 해고에 앞서 노동조합이나 근로자 측과 성실한 협의를 거칠 것이 요구된다는 내용이다. 그러나 1991년 12월의 대법원 판결은 정리해고 요건 중 해고의 불가피성을 "생산성 향상, 경쟁력의 회복 내지 증강에 대처하기 위한 작업형태의 변경, 신

고 사유를 대폭 완화함에 따라 최근 경제적·기술적 이유로 인한 집단해고가 대량으로 발생하고 있으며 최근 국회에서 통과된 정리해고제가 본격적으로 시행될 경우 대량해고는 커다란 문제로 대두될 가능성이 크다.

노동부의 조사에 따르면 〈표 1-1-2〉에서 보는 바와 같이 실업급여가 지급되기 시작한 1996년 7월부터 1997년 9월 말까지 실업급여 신청자는 총 4만 4384명으로, 1996년 하반기 1만 133명에 이어 1997년 들어서는 2/4분기 1만 1063명, 3/4분기 1만 3861명으로 계속 증가추세를 보이고 있다. 더욱이 취업상담 등을 위한 방문자 중 상당수는 수급자격이 없다고 판단해 신청 자체를 하지 않은 것으로 나타나 실제 실직자 수는 훨씬 많을 것으로 추정된다.

실업급여 신청자를 이직사유별로 보면(1997년 누계) 도산, 폐업(29.2%), 권고사직(28.4%), 정리해고(11.4%) 등 기업경영상의 사정에 의한 이직자가 전체 신청자의 69.0%를 차지하고 있는 것으로 나타났다. 특히 1996년에 비해 1997년에는 도산, 폐업에 의한 실업자 수가 늘어나고 있어 고용불안이 가중되고 있음을 알 수 있다.

또한 연령별로는 대기업의 대량감원 등의 영향으로 50대가 33.7%, 40대가 26.9%, 30대가 23.7% 등 한창 일할 나이에 있는 핵심 노동자층의 비중이 절대다수를 차지하고 있음을 알 수 있다.

1997년의 실업급여 신청자 중 재취업자는 5259명(15.4%)에 불과한 것으로 나타났다.

기술의 도입이라는 기술적 이유와 그러한 기술혁신에 따라 생기는 산업의 구조적 변화"로 폭넓게 해석했고, 노동부도 정리해고 요건에 대한 지침을 대폭 완화함으로써 법원 판결에 의한 집단해고제한기능이 크게 상실되는 결과를 낳았다.

5. 불안정 노동자의 광범한 확산

노동의 유연화는 크게 기업 내적인 유연화와 기업외적 유연화전략으로 나눌 수 있는데, 기업 내적 유연화는 직무개발교육, 직무수행능력의 향상 훈련, 직무 간 배치전환 등을 통한 생산성 향상을 도모하는 기능적 유연화전략을 말하며, 기업외적 유연화는 외주하청의 활용, 공장 내 하청(구내하청, 소사장제), 용역 파견근로의 활용, 임시직, 계약직, 시간제 취업 등 고용형태의 다양화 등 수량적 유연화전략을 말한다.

이러한 내적 유연화전략과 외적 유연화전략은 생산성 향상을 위한 동일한 전략의 서로 다른 표현일 뿐 본질적으로 같은 현상이다. 기업 주도하에 구축되는 소위 핵심 노동자들의 내부 노동시장이 강화될수록 주변부 노동자들의 내부 노동시장 진입은 곤란해진다. 이들 여성, 중고 연령층, 중소기업노동자들은 여러 가지 불안정한 형태의 노동자로서 기업의 수량적 유연화전략에 동원되는 것이다.

이와 같은 다양한 형태의 불안정 노동자 중 다음에서는 파트타임 노동자, 임시노동자, 그리고 파견노동자의 세 형태를 살펴보기로 한다.

1) 파트타임 노동자

파트타임 노동자의 정의는 나라마다 다르기 때문에 일률적으로 말할 수 없다. 한국의 경우에도 파트타임 고용형태에 대해 법률상 정해진 개념은 없다. 다만 노동부는 1991년 12월 '시간제 근로자의 근로조건 보장에 관한 지침'을 통해 "1주, 1일의 소정 근로일 또는 근로시간이 당해 사업장의 동종 업무에 종사하는 통상근로자의 그것에 비해 상당히 짧은 자를 말한다"고 하면서 시간제 근로자는 통상근로자의 소정 근로일 내지 근로시간보다 3할 이상 짧은 자로 하고 있다. 1995년 현재 전체 취업자의 1주간 평균 취업시간은 52시간이므로

〈표 1-1-3〉 파트타임 취업자의 비율

(단위: 천 명, %)

	1990	1991	1992	1993	1994	1995	1996	1997 2/4
전체 취업자	18,085	18,612	18,961	19,253	19,837	20,377	20,764	21,319
파트타임 취업자	1,230	1,292	1,340	1,275	1,302	1,323	1,298	1,405
(단시간 취업자 비율)	(6.8)	(6.9)	(7.1)	(6.6)	(6.6)	(6.3)	(6.3)	(6.6)

자료: 통계청, 『경제활동인구연보』, 각 호.

이 경우 파트타임 노동자는 주당 36시간 미만 노동한 노동자로 되지만 업종별, 규모별, 직종별로 노동시간이 다르므로 이것이 반드시 절대적 기준이 되는 것은 아니다.

〈표 1-1-3〉에서 보는 바와 같이 36시간 미만 취업자 수는 1990년 이후 안정세를 보이다가 1994년 이후 증가추세로 돌아섰는데, 특히 1997년 들어 파트타임 취업자 수는 급증하고 있는 것으로 나타났다. 그러나 취업자에는 노동자가 아닌 자영업자나 가족 종사자가 다수 포함되어 있어 정확한 파트타임 노동자의 비율을 알기가 힘들다. 한국여성개발원의 연구에 따르면 파트타임 노동자가 전체 노동자에서 차지하는 비율은 1985년의 3.1%로부터 1990년 4.3%, 1993년 4.9%로 늘어났으며 파트타임 노동자 중 여성의 비율은 1985년의 54.0%로부터 1990년 65.9%, 1993년 64.9%로 높아졌다(김태홍, 1994).

그러나 주당 36시간 이상 일하면서도 실질적으로는 파트타임 노동자로 분류되는 노동자들이 많다는 사실[3]을 감안할 때 이 비율 역시 매우 과소평가된 것으로 생각된다.

최근 한국경영자총협회(한국경총)이 434개 업체를 대상으로 조사한 바에 따르면 조사대상 업체의 20.7%가 파트타임제를 도입한 것으로 나타났다. 파트

---

3)　한국여성민우회(1995)의 조사에 의하면 주당 35시간 이상 일하는 파트타임 노동자가 전체 파트타임 노동자의 65%에 이른다.

타임 도입업체의 비율은 1992년 18.6%, 1993년 19.6%, 1994년 18.6%, 1995년 18.7%에 이어 1996년 처음으로 20%를 넘어서는 등 점차 늘어나고 있다. 산업별로는 비제조업체의 파트타임 도입비율이 38.0%로 제조업의 14.4%보다 훨씬 높으며, 규모별로는 대기업이 26.3%로 중소기업의 16.6%보다 많다. 도입 직종은 단순노무직이 52.1%로 가장 많고, 생산직 24.3%, 기타 서비스직 8.2%로 나타나고 있다. 파트타임제를 실시하는 이유에 대해서는 인력확보의 어려움(37.5%)이 가장 많지만, 인건비 절약(31.9%)과 경기변동에의 대처(29.5%) 등 경비절감 목적이 61%에 달하고 있다. 특히 인력난을 이유로 든 업체비율이 1995년의 51.9%로부터 1996년에는 37.5%로 감소한 반면, 인건비 절약을 이유로 든 업체가 1995년의 18.3%로부터 1996년에는 31.9%로 급증하고 있다.

이러한 파트타임 노동자들에 대해 기업 측에서는 업무의 단순성, 연말 등 일시적 업무과다에 대처, 1일 중 분주한 시간대에 배치, 인건비 절감, 일반노동자의 채용곤란 등을 이유로 들고 있지만, 실제로는 병원, 은행, 유통 업종 등에 종사하는 대부분의 파트타임 노동자들이 정규직과 같은 업무에 동일한 근무시간 동안 일하는 것으로 나타나고 있다는 점(한국여성민우회, 1995), 1년 또는 6개월 단위의 반복적인 계약갱신이 이루어지고 있다는 점 등을 감안하면 이들 중 상당수는 엄밀한 의미의 시간제 노동자가 아니라 사실상의 상근 임시직 노동자로 일하고 있다는 것을 알 수 있다.

현재 파트타임 노동자들은 거의 대부분 「근로기준법」상 제반 보호를 향유하지 못하고 있으며, 임금은 정규직원의 60%에 불과하고, 각종 부가급부에서도 정규직에 비해 차별을 받고 있다(김영옥, 1995: 39). 그럼에도 불구하고 경제단체들은 이러한 파트타임 근로에 대해 「근로기준법」의 일부 규정의 적용을 제외하거나 그러한 취지의 특별법을 제정할 것을 희망하고 있다(경제단체협의회, 1993).

그러나 이 문제는 단순히 기업경영의 탄력성 확보라는 관점에서만 접근해서는 안 되는 문제로서 고령자의 고용이나 기혼여성들의 근로생활과 가정생활의 보호라는 측면을 고려하면서 보다 장기적으로는 사회 전체의 고용확대와 직업 안정이라는 측면에서 접근할 필요가 있다(김유성, 1994).

2) 임시노동자

임시고용이란 "근로계약기간이 한정되어 있거나 일정한 과업이 끝나면 자동적으로 근로계약이 종료된다는 것을 노사 양쪽 모두 이해하고 있는 경우의 고용형태"(Meulders, 1994)를 말한다. 거꾸로 말하자면 근로계약의 종료에 대한 명확한 기준이 없는 경우에는 상용고 또는 무기한 계약으로 간주된다.

임시고용에는 임시직, 일용직, 계절노동자, 파견노동자, 촉탁직, 계약직, 훈련생 등 다양한 형태의 불안정 노동자들이 포함되어 있으며 그들의 고용형태도 매우 다양하다.

한국의 경우 그동안 상용노동자의 경우에도 중소기업 등에서는 근로계약을 1년 단위로 갱신하는 등 편법을 많이 사용해 왔기 때문에 상용노동자와 임시노동자의 구분이 모호하다(윤진호, 1994b). 통계청의 공식통계에서도 1986년까지는 고용계약이 1년 이상인 노동자를 '상용고'로, 1개월 이상 1년 미만인 노동자를 '임시고'로, 그리고 1개월 미만인 사람을 '일용고'로 분류해 왔으나 상용고와 임시고의 구분이 곤란하다는 이유로 1987년부터는 상용고와 임시고를 합쳐 상시고로 분류하고 있기 때문에 임시노동자의 규모를 파악하기가 매우 곤란하다. 한편 노동부에서는 "1개월 이하의 고용계약을 체결하여 고용되어 있는 자"를 임시직으로, '그날그날 필요에 의해서 고용된 자'를 일고로 분류하고 있으나 이는 지나치게 좁은 정의로서 임시고의 규모를 과소평가하는 결과를 낳고 있다.

이러한 노동부의 정의에 따른 임시직 및 일용직 노동자의 규모추이를 보면 〈표 1-1-4〉에서 보는 바와 같이 1997년 2/4분기 현재 606만 명으로서 전체 노동자 수의 45.5%를 차지하고 있는데 1990년대 들어와서 임시노동자의 절대

〈표 1-1-4〉 임시노동자의 추이

(단위: 천 명, %)

	1990	1991	1992	1993	1994	1995	1996	1997 2/4
전체 취업자	18,085	18,612	18,961	19,253	19,837	20,377	20,764	21,319
임금노동자	10,950	11,349	11,568	11,751	12,297	12,736	13,043	13,320
상용직	5,939	6,256	6,607	6,900	7,110	7,389	7,378	7,262
임시+일용직	5,011	5,093	4,961	4,851	5,187	5,347	5,665	6,058
(임시, 일용직 비율)	(45.8)	(44.9)	(42.9)	(41.3)	(42.2)	(42.0)	(43.4)	(45.5)

자료: 통계청, 『97년 2/4분기 고용동향』; 통계청, 『한국통계월보』, 각 호.

수는 약간씩 줄어들다가 1994년 이후 그 수가 급증하고 있다는 것을 알 수 있다. 특히 1997년 들어서는 임시, 일용노동자 수가 급증해 전체 임금노동자의 절반에 육박하고 있는 실정이다.

그러나 임시노동자 중 상당수가 3개월, 6개월, 1년 단위로 재계약을 반복하는 현실을 감안할 때(윤진호, 1994b; 황정덕, 1988) 이것이 과연 임시노동자의 추이를 정확히 반영하는 것인가에 대해서는 의문의 여지가 많다.

임시노동자의 추이를 살펴보는 다른 하나의 방법은 경제활동인구조사(통계청, 『경제활동인구연보』)상의 상시고(상용고+임시고)와 사업체조사(노동부, 『매월노동통계조사보고서』)상의 10인 이상 사업체 상용고 숫자를 비교해보는 방법이다. 양 조사는 임시고의 개념, 조사대상, 조사방법 등이 다르기 때문에 직접 비교할 수는 없지만 대략의 추세를 살펴볼 수는 있다.

〈표 1-1-5〉에서 보는 바와 같이 10인 이상 사업체의 상용고가 전체 노동자에서 차지하는 비율은 1980년의 47.9%로부터 1985년 46.4%, 1990년 45.3%로 줄어드는 추세를 보이다가 1990년대 들어와서 그 하락경향이 가속화되어 1995년에는 40.8%의 비중을 보이고 있다. 증가율 면에서도 1980년대에는 10인 이상 사업체 상용고 증가율이 전체 노동자 증가율을 약간 하회하는 정도였으나 1990년대 들어와서는 상용고 증가율이 5년간 겨우 5.9%에 머물러 전체 노동자 증가율 17.5%를 크게 하회하고 있다. 이와 같은 현상은 기업들이 상용고의 증가를 가능한 한 억제하고 대신 임시노동자를 활용하려는 경향의 반영

〈표 1-1-5〉 전체 노동자와 상용노동자의 증가추이

(단위: 천 명, %)

연도	전체 노동자	상시고 (상용고+임시고)	10인 이상 사업체 상용고	일고
1980	5,660(100.0)	4,728(83.5)	2,709(47.9)	932(16.5)
1985	7,577(100.0)	6,397(84.4)	3,516(46.4)	1,180(15.6)
1990	10,418(100.0)	8,763(84.1)	4,722(45.3)	1,655(15.9)
1991	10,809(100.0)	9,148(84.6)	4,825(44.6)	1,661(15.4)
1992	11,014(100.0)	9,413(85.5)	4,951(45.0)	1,601(14.5)
1993	11,289(100.0)	9,688(85.8)	4,922(43.6)	1,601(14.2)
1994	11,833(100.0)	10,178(86.0)	4,982(42.1)	1,655(14.0)
1995	12,245(100.0)	10,573(86.3)	5,000(40.8)	1,672(13.7)
1980~1985	133.9%	135.3%	129.8%	126.6%
1985~1990	137.5%	137.0%	134.3%	140.3%
1990~1995	117.5%	120.7%	105.9%	101.0%

자료: 통계청, 『경제활동인구연보』, 각 연도; 노동부, 『매월노동통계조사보고서』, 각 호.

인 것으로 생각된다.

실제로 한국경영자총협회가 1993년 조사한 바에 따르면(한국경영자총협회, 1994) 임시계약직 노동자를 활용하는 업체는 1991년의 36.4%로부터 1992년 40.0%, 1993년 43.2%로 해마다 늘어나고 있으며, 향후 비정규노동자의 채용을 더욱 증대시킬 것이라는 응답(21.2%)이 줄어들 것이라는 응답(8.7%)을 훨씬 상회하는 것으로 나타났다.

이들 임시노동자의 노동실태를 보면 임금 면에서는 근속기간이나 작업내용에서 상용노동자와 차이가 없는 경우라도 대부분 상용노동자에 비해 낮은 임금을 받고 있으며, 설혹 동일한 임금을 받는다 해도 상여금, 퇴직금, 사회보험료 부담, 복리후생비 등에서 많은 격차가 있는 것으로 나타났다.

또 고용안정성 면에서는 임시노동자는 경기변동과 경제환경 변화에 대비해 인력조절을 용이하게 하기 위한 '경기조절판'의 역할을 하고 있으며, 6개월 내지 1년 단위로 고용계약이 갱신되기 때문에 이들은 한 기업에 장기근속 하면서도 임시노동자 대우를 받는 모순된 신분 속에 살고 있다(김영옥, 1995).

임시노동자의 형태는 매우 다양한데 최근에는 금융권, 유통업 등을 중심으로 촉탁 또는 계약직 형태의 임시직도 확산되고 있다. 기업들이 이들 계약직 노동자를 선호하고 있는 것은 하는 일은 거의 비슷하면서도 임금을 크게 낮출 수 있고 해고도 손쉽기 때문이다. 백화점의 경우 고졸 정규 여사원과 계약직의 효율은 거의 같은 수준이지만 인건비는 정규 여사원의 76%에 불과한 것으로 나타났다.

3) 파견노동자

불안정 노동자 가운데서도 최신의 형태이면서 최근 급속하게 늘어나고 있는 것이 바로 파견노동자이다. 파견근로형태는 자기의 기업에서 고용하고 있는 노동자를 다른 기업에 파견해 그 지휘명령을 받아 노동하게 하는 제도로서 종래의 업무 도급이나 임시노동자 형태와는 전혀 다른 새로운 고용형태이다.

이 파견근로는 현행법상 불법일 뿐만 아니라 도급형태로 위장하는 경우가 많아 그 구분이 어렵기 때문에 그 정확한 규모나 실태를 파악하기가 곤란하다. 노동연구원의 조사에 따르면 파견근로자는 1993년부터 급증해 1996년 현재 사업장 내 파견근로자의 비율은 3.75%에 달하고 있다. 노동연구원은 사업체 근로자 600만 명을 기준으로 파견근로자를 22만 5천 명 정도로 추산하고 있지만 전체 피용자 수 1332만 명을 기준으로 추산하면 파견근로자 수는 50만 명에 달하는 것으로 보인다.

최근 한국경총의 조사에 따르면 조사대상 434개 업체 중 파견근로제를 도입하고 있거나 또는 향후 도입예정인 업체가 26.5%로서 1991년의 8.6%, 1992년의 13.2%, 1993년의 13.9%로부터 크게 늘어난 것으로 나타났다. 업종별로는 비제조업이 32.7%로 제조업의 24.6%보다 높았다. 파견노동자를 고용하는 목적으로서는 일시적인 업무량 증가에 대응하기 위해서가 45.0%로 가장 많았으며, 임금 및 복지비용절감이 28.0%, 특수한 기술-지식이 요구되는 업무에 대처하기 위해서가 26.0% 등의 순이었다(한국경영자총협회, 1996d).

정인수·윤진호(1993)의 조사에 의하면 파견노동자를 이용하는 업종은 제조업, 금융보험업, 서비스업 등으로 광범하게 확산되고 있으며 직종 역시 종래의 경비, 청소, 파출부 등 단순 업무 외에도 생산직, 사무직 등 과거 하위 정규직 노동자가 담당했던 직종으로까지 급속하게 확산되고 있다.

파견노동자 사용업무의 성격 면에서도 응답 사업체 중 70%가 파견노동자를 '일정 업무에 대해 상시적으로 사용한다'고 응답, 이들이 결코 임시적 업무가 아니라 상시적 업무에 사용되고 있음을 보여 주고 있다. 파견노동자를 사용하는 목적은 임금 및 복지비용의 절감을 가장 중요한 요인으로 꼽고 있으며, 그 밖에 일시적인 노동수요에 대한 대응, 노사분규의 예방, 해고의 용이 등을 들고 있다.

파견노동자들의 임금은 비슷한 자격을 가진 정규노동자들의 임금수준에 크게 못 미치고 있는데, 정인수·윤진호(1993) 조사에서는 남자 73.5%, 여자 68.8%, 윤진호(1994a) 조사에서는 남자 81.0%, 여자 83.1%, 조순경(1995) 조사에서는 60.3%, 그리고 송다영(1991) 조사에서는 여성의 경우 50~60%선으로 나타났다.

파견노동자들은 그 직업의 속성상 끊임없는 고용불안에 시달리고 있다. 정인수·윤진호(1993) 조사에서는 파견고용계약의 73.1%가 이른바 모집형(사용업체의 요청이 있을 경우 파견사업체가 노동자를 모집해 사용업체에 공급하고 계약기간이 끝나면 자동해고되는 형태)으로 되어 있으며, 파견해제 후 해고되는 경우가 69.2%에 달하고 있다. 조순경(1995)의 조사에 의하면 파견직에서 정규직으로의 전환이 가능하다고 답한 노동자는 전체의 18.2%에 불과하며 파견노동자의 70%가 정규직에 취직하고 싶어도 일자리가 없어서 불가피하게 선택했다고 응답하고 있다.

결국 파견노동 형태는 일부에서 주장하듯이 기업의 전문적·기술적 수요나 주부 등 노동자 측의 노동공급 형태 변화(이른바 여가의 선용, 가정생활과의 양립)에 기인한다기보다는 기업의 일방적 필요에 의해 확산되고 있으며, 그 결과

정규직으로부터 파견직으로의 노동력 대체, 이에 따른 정규노동자의 고용불안 확산, 파견노동자의 임금 및 근로조건 열악, 노동시장의 이중구조화, 노사관계에의 악용 등 여러 가지 부작용을 드러내고 있다고 결론 내릴 수 있다.

6. 노동정책과 고용불안정

이상에서 살펴본 기업의 고용불안정화전략은 정부의 노동정책, 인력정책에 의한 뒷받침을 받고 있다는 사실을 잊어서는 안 된다. 최근의 정부 및 기업에 의한 고용불안정화 기도는 일과성의 것이 아니라 정부, 기업의 21세기 전략에 근거한 구조 개편의 일환이라는 점에 그 심각성이 있다.

이른바 치열한 국제경쟁시대에 대비해 기업의 철저한 비용절감, 산업구조, 기업구조의 개편이 진행되고 있고 이에 연동해 정부에 의한 노동력 유동화, 불안정화정책이 진행되고 있는 것이다. 정부는 그동안 기업의 의도에 부응해 '노동의 유연성'을 추구할 수 있도록 법률, 지도를 정비하는 작업에 박차를 가해왔다.

정부는 이를 위해 1993년부터 신경제 5개년 계획의 일환으로 신인력정책을 추진해 왔다. 즉, 급속도로 전개되는 기술혁신과 산업구조의 조정은 새로운 인력정책을 요구한다는 전제하에 우루과이라운드(UR) 타결 후 치열해진 국제경쟁에서 살아남기 위한 국가경쟁력의 제고를 위해서는 무엇보다도 산업인력의 경쟁력 제고가 필요하다고 주장한다. 이를 위한 방안으로 내건 것이 바로 유연노동의 개발, 유연노동시장의 구축, 유연한 인력양성, 개발체제의 구축 등 이른바 '노동의 유연화'전략이다(노동부, 1993b). 즉, 한편으로는 현장 중심의 기술혁신전략과 노동자 기능 개발 등 '기능적 유연성'을 증대하면서 다른 한편으로는 노동력 조절의 탄력화, 비정규노동자의 적극 활용 등 '양적 유연성'을 확보한다는 것이다.

이러한 기본구상에 따라 정부는 한편으로는 「고용정책기본법」, 「고용보험법」, 「직업훈련기본법」, 「기능대학법」, 「고용안정법」 등 인력개발 정책에 필요한 법적 기반을 마련하는 동시에 다른 한편으로는 고용조정의 탄력성을 부여하고 여성, 중고 연령층 등 주변 노동력을 노동시장에 불안정 노동자로 동원할 수 있는 법적·제도적 틀을 갖추기 위해 여러 가지 시도를 계속해 왔다.

노동부는 1991년 9월 파트타임 노동자에 대해 주휴일, 연월차휴가, 생리휴가, 산전후휴가 등을 부여하지 않을 수 있도록 하는 등 「근로기준법」의 일부에 대해 적용을 배제하는 내용의 개정안을 마련했으나 노동계의 반대로 국회에서 통과되지 못했다. 그러나 노동부는 1992년 1월 '시간제 근로에 대한 행정지침'을 통해 파트타임 노동자에 대해 별도의 취업규칙을 작성하거나 취업규칙에 통상근로자와는 다르게 근로조건을 규정할 수 있도록 함으로써 주부, 고령자를 파트타임 노동자로 활용하고자 하는 원래의 의도를 살리려고 노력하고 있다.

한편 정부는 1993년 10월 「근로자 파견사업의 규제 및 파견근로자 보호에 관한 법률안」을 국회에 제출함으로써 파견근로를 합법화하고자 시도했으나 이 역시 공청회 등에서 개진된 노동계의 반대에 부딪쳐 국회 노동위원회에서 본격 심의도 못한 채 보류되었다. 그러나 1995년 8월 다시 통상산업부에서 중소기업을 지원한다는 명목하에 「중소사업자 구조개선지원을 위한 특별조치법안」에 변형근로시간제, 근로자 파견제, 정리해고 요건의 확대 등의 내용을 포함함으로써 노동계에 커다란 충격을 주었다. 이에 노동부에서도 2년 전 국회에 제출했다가 유보된 근로자 파견 법안을 다시 들고 나와 통과시키려 했다. 이후 이 법안은 노동계, 여성계, 시민운동단체 등의 강력한 반대에 부딪쳐 유보되기에 이르렀지만 이후 재정경제원 등을 중심으로 변형근로시간제, 근로자 파견제, 정리해고제 등의 도입을 추진하는 움직임이 꾸준히 계속되었다.

정부의 이러한 '노동시장 유연화'를 위한 움직임은 1997년 초 국회에서 통과된 개정 「노동관계법」에서 그 완결판을 드러내고 있다. 국제적으로 비난의 대상이 되고 있는 공무원 노조금지 등 이른바 「집단적노사관계법」상의 악법조항들을 그대로 둔 채 정리해고제, 변형근로시간제 등 이른바「개별적노사관계법」의 개정만을 강행함으로써 정부의 노동법 개정 의도가 어디에 있었는지를 드러낸 것이다.

정부의 이러한 움직임은 기업 주도하에 진행되고 있는 내부 노동시장의 구축과 수량적 유연성의 증대를 뒷받침하는 정부의 적극적 지원작업의 연장선상에 있다는 것은 두말할 나위도 없는 사실이다.

자본주의경제에서 주기적인 불황의 반복에 따라 어느 정도의 고용조정이 필요하다는 것은 불가피한 일이다. 그러나 문제는 정부가 그러한 불황의 주기적 반복에 따른 고용불안을 최소화할 수 있는 의지와 능력을 갖추고 있는가 하는 점이다. 국민 대다수를 차지하는 노동자들의 고용불안을 최소화하기 위해 노력하기는커녕 오히려 고용불안을 가중시키는 방향의 정책 입안에 몰두하고 있는 현재의 정책은 정부의 최소한의 의무마저 저버린 처사라 아니할 수 없다.

참고문헌
(제1부 제1장)

김영옥. 1995. 『여성고용의 불안정화 추이와 정책과제』. 한국여성개발원.

김태홍. 1994. 『시간제 및 임시직 현황과 정책과제』. 한국여성개발원.

윤진호. 1994a. 「근로자파견제도에 관한 연구」. 『인하대학교 산업경제연구소 연구논문집』, 제8집 제1호.

_____. 1994b. 『한국의 불안정노동자』. 인하대학교 출판부.

통계청. 『분기별 고용동향』.

_____. 『경제활동인구연보』.

_____. 『'97년 2/4분기 고용동향』.

_____. 『한국통계월보』.

한국경영자총협회. 1994. 『고용조정의 이론과 실체』.

_____. 1996. 『한국기업의 신인사제도 실태와 도입방안』.

제2장

───────■───────

노동시장 유연화론의 허실

1. 노동시장 유연화론의 개념과 유형

1) 노동시장 유연화론의 배경

1973년의 석유쇼크를 계기로 1970년대 중반부터 선진자본주의 여러 나라들은 일련의 경제위기에 빠졌다. 그러한 경제위기의 즉각적 원인은 분명했지만 위기의 진정한 원인이 무엇인가에 대해서는 많은 논쟁이 있었다.

특히 서유럽의 경우 경제위기의 진정한 원인이 점점 불안정해지고 있는 시장조건에 대한 기업의 대응력 부족과 이로 인한 기업의 경쟁력 저하에 있다고 보면서 그러한 경직성의 상당 부분은 노동시장의 경직성에 기인한다는 주장이 등장했다. 이러한 견해에 따르면 일시적 해고(lay-off)가 자유로운 미국이나 노동자들의 배치전환 및 비정규 고용이 자유로운 일본의 기업에 비해 서유럽 기업들의 경우 기업의 노동력 채용, 배치, 해고, 노동시간의 조정 등의 유연성을 저해하는 법률, 제도, 단체협약 등의 장애요인이 많고 이로 인해 기업의 경쟁력이 저하되고 신기술 도입이 지연된다는 것이다. 더욱이 이 같은 문제는 일시적인 것이 아니라 구조적인 것이므로 기업의 경쟁력을 높이고 경제를 회복시키기 위해서는 노동시장을 유연화할 필요가 있다는 것이다. 1980년대에 들어 미국의 로널드 레이건(Ronald Reagan), 영국의 마거릿 대처(Margaret Thatcher) 정부 등 보수정권에 의해 정치적 이니셔티브가 장악되면서 이러한 견해를 주장하는 사람들의 목소리도 한층 커지게 되었다(Treu, 1992).

그러나 이러한 견해에 대한 반론도 만만찮게 제기되고 있다. 즉, 선진자본주의국들이 경험한 경제위기가 반드시 노동시장의 제도적 경직성 때문에 발생한 것이 아니라 오히려 종래의 포디즘(Fordism)적 생산방식에 토대를 둔 기업의 조직 구조, 경영방식에 기인한 것이라고 이들은 주장한다. 이들에 의하면 설혹 노동시장의 경직성이 존재한다고 하더라도 이는 경제위기를 가져온 '원인'이라기보다는 오히려 포디즘의 위기를 반영하는 '결과'에 불과한 것이며 따라서 경제위기의 책임을 노동 측에 돌리는 것은 곤란하다는 것이다(Treu, 1992: 497).

2) 유연성 개념의 의의

1980년대 이후 현대자본주의를 표상하는 핵심적 개념이 되고 있는 '유연성'이란 용어는 상당히 애매한 용어이다. 사전적 의미에서의 유연성은 "변화에 대응해가고 적응, 조정해 나가는 능력"(Meulders and Wilkin, 1987: 5)이라고 정의될 수 있으나 실제로 논자에 따라 유연성은 여러 가지로 다르게 정의되고 다양한 의미로 개념화되어 왔다. 유연성 개념의 하위범주이면서 그 핵심적 부분이기도 한 노동의 유연성 역시 마찬가지이다. 노동유연성은 "불안정하고 변동하는 경제상황에 맞춰 노동력 규모, 노동시간, 임금 등을 조정할 수 있는 능력"(Meulders and Wilkin, 1987: 5)이라고 일단 정의될 수 있다. 그러나 노동의 유연성 개념에 비판적인 논자들은 유연성이라는 개념이 종래의 노사 간 사회적 관계를 파괴하고 재조직하려는 시도를 정당화하기 위한 기능만 가질 뿐인 이데올로기적 용어에 불과하다고 주장한다. 이들은 유연성이란 용어(유연성의 반대어는 '경직성'으로 상정됨)가 가진 긍정적 의미를 이용해 노동 측의 희생을 통해 자유로운 기업활동을 확보한다는 목적을 은폐하려는 것이 목적이며 실제로 이 용어를 사용하는 사람들이 노리는 것은 고용파괴라는 것이다. 이와 같이 이 용어의 의미가 전도되어서 사용되고 있기 때문에 이 용어의 사용을 거부해야 한다고 이들은 주장한다(Meulders and Wilkin, 1987: 4~5).[1]

이상에서 봤듯이 유연성이란 용어는 상당히 이데올로기적 의미를 함축한 것임을 감안할 때 우리는 이 용어를 사용할 때 매우 주의를 기울여야 한다. 즉, 글자 그대로 유연성이란 '변화에 대한 적응능력'이라는 매우 일반적이고 중립적인 의미로만 사용해야 한다는 것이다. 일반적이란 말은 유연성이란 개념을 사용하면서 다른 형태를 배제하고 어떤 특정 형태(예컨대 수량적 유연성, 임금 유연성 등)에만 초점을 맞춰서는 안 된다는 것이다. 유연성을 달성하는 수단에는 여러 가지가 있을 수 있으므로 여러 가지 형태(또는 그 혼합)의 수단을 충분히 고려할 필요가 있는 것이다. 중립적이란 말은 '유연성' 그 자체를 목적으로 삼거나 그것이 가진 긍정적 측면만 강조해서는 안 된다는 것이다. 유연성은 보다 높은 경제적·사회적 목표(효율, 공정, 인간다운 삶)를 달성하기 위한 수단에 불과하다. 만약 유연성의 추구가 다른 사회적·경제적 목표와 상충될 경우 이들 상호 간 우선순위, 비중을 면밀히 검토해야 한다. 유연성의 추구는 고용의 불안정이나 노동강도의 강화 등 노동자의 생활을 위협하는 결과를 낳기 쉽다. 이 경우 유연성의 추구가 반드시 사회적으로 바람직하다고 볼 수 없을 것이다.

---

[1] "유연성이란 용어는 여러 가지 형태의 안정성을 파괴하기 위해 사용되는 그럴듯한 미사여구에 불과하다"(Simon, 1989).

3) 노동시장 유연성의 유형

노동시장의 유연성 개념에 대한 논쟁 못지않게 유연성의 유형에 대해서도
여러 가지 의견이 나오고 있다. 그러나 가장 널리 인용되고 있는 것은 1989년
OECD보고서에서 사용한 개념 구분이다(OECD, 1989). 그는 이 논문에서 노동
유연성의 형태를 ① 외부적 수량적 유연성(external numerical flexibility), ② 외
부화(externalization), ③ 내부적 수량적 유연성(internal numerical flexibility),
④ 기능적 유연성(functional flexibility), ⑤ 임금 유연성(wage flexibility) 등으
로 구분한다.[2] 외부적 수량적 유연성이란 고용과 해고 등에 있어서의 법적 규
제완화, 다양한 임시직 노동자의 이용 등을 말한다. 외부화란 작업을 하청 등
의 형태를 통해 기업 밖으로 내보내는 것을 말한다. 내부적 수량적 유연성이란
기업 내 노동자의 숫자는 변화시키지 않은 채 노동시간을 조정할 수 있는 능력
을 말하는데 변형근로시간제, 변형근무일제, 교대근무제 등이 여기에 속한다.
기능적 유연성이란 다능공화, 배치전환, 작업장 간 노동이동 등을 통해 생산과
정 변화에 대한 노동자의 적응력을 높이는 것을 말한다. 임금유연성이란 과거
의 연공서열이나 단체협상에 의해 결정되었던 경직적 임금제도를 개인이나 팀
별 능력과 성과에 연동되는 성과급 임금구조로 전환하는 것을 의미한다.

그런데 OECD 보고서의 유연성 범주 유형화는 각 유형을 구분하는 기준이
명확하지 않아 자의적이며 또 1980년대 노동시장 유연화를 위한 중요한 무기
였던 생산방식의 변화(이른바 일본적 생산방식, 린 생산방식), 사회복지의 축소,
노동조합의 세력 약화 기도 등이 빠져 있는 데서도 알 수 있듯이 유연화전략의
전부를 포괄하고 있지도 못하다.

---

[2]   그 밖에도 Atkinson(1987)은 ① 수량적 유연성, ② 기능적 유연성, ③ 거리화, Boyer(1987)는
       ① 생산조직, ② 숙련의 위계, ③ 노동자의 이동성, ④ 임금형식, ⑤ 사회보장 범위, Meulers
       and Wilkin(1987)은 ① 내적 유연성, ② 외적 유연성.

〈그림 1-2-1〉 유연성의 유형

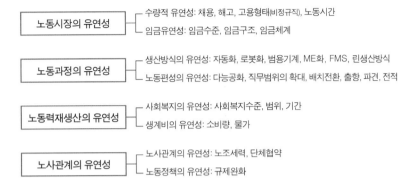

노동력의 순환은 노동력이 거래되는 노동시장, 실제 노동지출이 이루어지는 노동과정, 노동지출이 끝난 뒤 임금을 받아 노동자의 생활(노동력 재생산)이 이루어지는 노동력 재생산, 그리고 이 순환과정을 관통하는 노사관계 등의 과정을 거치게 되며, 이에 따라 노동경제학의 구성도 노동시장론, 노동과정론, 노동력 재생산론, 그리고 노사관계론으로 구성된다. 이를 원용하면 노동력의 유연성 추구전략도 노동시장의 유연성, 노동과정의 유연성, 노동력 재생산의 유연성, 노사관계의 유연성 등으로 구분하는 것이 보다 체계적이고 망라적일 것이다.

여기서 노동시장의 유연성은 고용, 해고, 노동시간의 조정, 고용형태의 변화 등과 관계 있는 수량적 유연성과 임금조정과 관련된 임금유연성 등 노동시장 변수를 신축적으로 조정할 수 있는 능력을 말한다. 노동과정의 유연성은 생산방식의 유연성을 확보하는 것과 더불어 이에 조응하는 노동편성의 유연성 확보를 위한 직무범위와 작업조직의 변경을 가져올 수 있는 신축성을 말한다. 노동력 재생산의 유연성이란 사회복지 범위의 조정, 생계비의 조정 등 노동력 재생산과 관련된 변수의 조정능력을 말한다. 노사관계의 유연성이란 노조세력의 변화(세력 약화), 단체협약의 유연화, 국가의 노동정책의 유연화(이른바 규제완화) 등 노사관계 변수의 조정능력을 말한다.

우리가 이 글에서 주로 관심을 가지고 있는 것은 노동시장의 유연성, 특히 그중에서도 수량적 유연성이다. 따라서 다음에서는 수량적 유연성에 대해 주로 논의하고자 한다.

수량적 유연성이란 고용주가 예상수요의 변화에 능동적으로 대처해 고용규모, 고용형태 및 노동시간 등을 신축적으로 조정할 수 있는 능력을 말한다.

고용량은 노동자 수×노동시간×노동의 질(노동밀도, 능률)에 의해 결정된다. 여기서 노동의 질을 일단 무시하면 고용조정의 방법은 노동자 수를 감소시키는 방법과 노동시간을 감소시키는 방법의 두 가지로 대별할 수 있다.

전자에는 결원 보충의 정지, 임시공-파트타임 노동자 등의 계약갱신 거질, 희망퇴직의 모집, 신규 채용 중지, 기존 노동자의 해고 등의 수단이 있으며, 후자에는 잔업의 규제, 임시휴업, 유무급휴가의 증대, 소정 노동시간의 단축 등이 있다. 기업 측은 전자를 보다 추구하는 반면 노동 측은 원칙적으로 후자의 수단을 통해 고용보장을 받고자 한다. 즉, 불황기에 있어 노동조합의 고용보장에 대한 기본 정책은 노동시간의 단축이다.

다음에서는 수량적 유연성의 몇 가지 예를 살펴보기로 하자.

(1) 고용(규모)조정

고용조정(Employ Adjustment)이란 기업이 생산량(판매액)의 증가, 감소에 따라 고용량을 증가, 감소시키는 것을 말한다고 우선 정의할 수 있다. 이른바 유발수요(derived demand)로서의 노동수요는 생산물에 대한 최종수요에 따라 변화하는 것이므로 고용조정은 생산조정에 수반되는 현상이라고 할 수 있다.[3] 따라서 이 개념에는 기업이 노동자를 신규 채용해 고용량을 증가시키는 경우도 포함되는 것으로 이해할 수 있다.

---

3) 물론 노동수요는 생산량의 증감 외에도 노동/자본의 상대가격변화, 기술변화 등 다양한 요인에 의해 변화할 수 있다.

그러나 이것은 어디까지나 광의의 해석이며, 기업의 채용 증가는 실업자의 감소, 유효구인배율의 증가 등을 가져와 사회적으로 별다른 문제를 야기하지 않으므로 특별히 취급할 필요는 없다. 그러므로 고용조정이란 일반적으로 생산량 감소에 수반해 고용량을 감소시키는 경우에만 적용되는 개념이다. 그러한 의미에서 고용조정이란 개념은 고용감축, 고용불안을 은폐하기 위한 개념이라고도 볼 수 있다(마치 물가인상을 '가격현실화'라고 표현하는 것처럼).

그런데 우리가 주목해야 할 것은 이러한 교과서적 개념과는 달리 최근 고용조정의 개념 자체에 커다란 변화가 일어나고 있다는 점이다. 즉, 과거의 고용조정이 주로 불경기에 의한 매출감소 등으로 발생하는 유휴 또는 과잉인력을 조정하기 위한 방어적 고용조정이었던 것과는 달리 경영의 합리화 등 경쟁력 향상을 노리는 공격적 고용조정이 오늘날의 고용조정의 대세를 이루고 있는 것이다. 사실 '유휴, 과잉인력'이란 개념은 매우 상대적인 개념이다. 기업이 급속한 자동화, 합리화, 외부 노동력의 이용 등에 의해 이른바 유휴, 과잉인력을 적극적으로 창출해 내고 이를 해고함으로써 고용을 불안정화해 가고 있는 것이 오늘날의 현실인 것이다.

자본주의경제가 끊임없는 경기변동을 그 특징으로 하고 있는 이상 순환적 경기변동 과정에서 다소간의 고용조정은 불가피한 현상이다. 그러나 현재의 고용조정과 그에 따른 고용불안정은 과거 자본주의경제에 고유한 경기변동에 따른 주기적인 고용조정과는 달리 기업이 경쟁력 향상을 위해 보다 적극적·계획적으로 창출하고 있는 구조적 문제라는 점에서 그 심각성을 더하고 있다 하겠다.

(2) 고용형태의 다양화

이는 정규직 노동자를 줄이고 임시직, 파트타임, 파견노동자 등 비정규적 고용형태로 대체시킴으로써 노동력 규모의 조정이 용이하도록 하는 것을 말한다. 정규직 노동자를 동일 수의 비정규직 노동자로 대체할 경우 노동력 규모 전체에는 변함이 없다 하더라도 비정규직 노동자는 언제라도 채용, 해고가 용이하기 때문에 노동력 규모조정의 신축성은 확대되는 것이다.

(3) 노동의 외부화

이는 외주, 하청, 소사장제의 도입 등 기업 외부의 노동력을 활용함으로써 고용조정을 쉽게 하고자 하는 것을 말한다. 이러한 형태는 과거부터 존재했으나 최근 그 추세가 급격하게 증가하고 있는데, 이는 경제환경의 불확실성, 불안정성 증대에 따라 기업이 생산의 위험요인을 기업 외부로 전가하거나 최소한 위험을 공동 부담하려는 노력에 의한 것이다. 이러한 형태는 주로 계약에 의해 이루어지므로 필요할 때 계약의 갱신 거절에 의해 손쉽게 노동력 규모를 조절할 수 있는 것이다.

(4) 노동시간의 유연화

기업이 노동자 수의 변경 없이 노동시간을 자유로이 조절할 수 있는 능력을 말한다. 대표적으로 일정 기간의 총 노동시간만을 결정한 채 매일의 노동시간을 고용주가 자유롭게 조정할 수 있는 '변형노동시간제', 휴가나 공휴일 등을 유연하게 조절하는 '변형노동일제', 다양한 형태의 교대근무제 등이 있다.

2. 노동시장 유연화에 대한 논쟁

앞에서도 살펴봤듯이 1970~1980년대에 걸쳐 노동시장의 유연화를 둘러싸고 많은 논쟁이 있었다. 이러한 논쟁은 노사 간 이해관계뿐만 아니라 보수파와 진보파, 우익과 좌익이라는 이데올로기적 배경까지 있어 매우 격렬하게 진행되었으며 그 범위도 노동시장 유연화의 원인, 효과, 정책 등 다방면에 걸친 것이었다. 여기서는 주로 고용조정과 고용형태의 다양화를 둘러싼 논쟁을 살펴보기로 한다.

1) 고용조정에 대한 논쟁

고용조정에 대한 논쟁은 주로 기업의 채용, 해고 등과 관련된 국가의 규제정책(고용안정정책)의 정당성 여부를 둘러싼 찬반양론으로 진행되어 왔다.

고용안정을 위한 국가의 노력은 오랫동안 당연한 것으로 여겨져 왔다. 고용안정정책은 노사관계에 있어 불리한 위치에 있는 노동자들의 생활과 고용을 안정시킴으로써 사회적 공평성을 높이고 주기적인 실업을 감소시킨다는 점에서 바람직한 것으로 여겨져 왔다(Buechtemann, 1993: 9).

기업 역시 정부의 고용안정정책에 대해 그다지 적극적인 반대는 없었다. 포디즘하의 대량생산체제하에서 내부 노동시장의 발달과 더불어 노동자의 장기근속은 생산성 증대와 채용, 해고에 따르는 비용의 감소를 가져와 기업에도 바람직한 영향을 미치는 것으로 간주되었기 때문이다(Buechtemann, 1993: 9).

그러나 1970년대 중반 이후 고용안정정책에 대한 태도에 커다란 변화가 나타났다. 성장둔화, 극심한 경기변동, 경쟁압력의 증대, 경제적 불확실성의 증대 등에 따라 선진국에서는 경제조정과정에 곤란을 겪게 되었다. 이에 따라 정부의 고용, 노동정책은 논쟁의 초점이 되었다.

고용안정정책에 대한 비판자들은 여러 가지 이유에서 고용안정정책의 완화, 철폐를 주장하고 있다.[4] 첫째, 이들은 정부의 노동시장 규제조치가 노동시장 경직성의 원인이 되고 있다고 주장한다. 이들은 고용안정정책이 노동력의 원활한 조정을 저해하고 노동비용을 상승시킨다고 한다. 특히 해고비용(까다로운 해고절차, 해고수당)의 증대에 따라 기업은 신규 고용규모를 축소시킴으로써 기업의 고용창출능력에도 부정적인 영향을 미친다고 이들은 주장한다.

---

4)   이하는 Buechtemann(1993: 9~14)를 요약한 것임.

둘째, 정부의 노동시장 규제조치에 따라 노동자의 자발적 노동이동이 감소되고 기업의 해고 및 채용이 억제되기 때문에 전체 고용 변동 폭도 축소된다고 한다. 이는 구직자의 재취직을 곤란하게 만들어 실업을 장기화시키는 결과를 낳는다는 것이다. 따라서 고용안정정책은 이미 고용된 사람을 보호하는 한편 실업자, 노동시장 신규 진입자에게는 불리한 결과를 낳는다는 이른바 내부자/외부자(insider/outsider) 이론을 주장한다.

셋째, 이들은 정부의 고용안정정책이 노동수요의 구조에도 좋지 못한 영향을 미친다고 주장한다. 즉, 고용안정정책은 주로 숙련 노동자를 대상으로 하게 되므로 숙련 노동자는 높은 고용안정을 누리는 반면 미숙련 노동자는 해고 가능성이 한층 높아지게 됨으로써 일자리를 보호할 필요가 높은 사람일수록 보호를 못 받게 되는 결과를 낳는다는 것이다. 더욱이 해고를 어렵게 만들 경우 장애자, 노인, 여성 등의 채용을 기업이 꺼리게 된다는 것이다.

넷째, 정부의 고용안정정책은 기업의 고용형태에도 불리한 영향을 미친다고 한다. 기업은 정부의 규제정책을 피하기 위해 상대적으로 해고가 쉬운 비정규직에 점점 의존하게 됨으로써 이중 노동시장이 형성된다는 것이다.

다섯째, 정부의 고용안정정책은 기업의 기술혁신, 구조변화의 속도를 저해한다고 한다. 노동시장 규제조치에 따라 쇠퇴산업의 노동자 해고가 곤란하게 되어 자원이동이 저해되며, 기업의 신기술 도입이 곤란하게 되고, 새로운 기업의 창업도 곤란하게 된다는 것이다.

그러나 이러한 주장에 대해서는 다음과 같은 비판이 주어지고 있다.

첫째, 고용안정정책은 사회적 정의나 공정성의 측면에서 바람직하다. 정부의 개입에 의해 기업의 자의적인 해고를 규제함으로써 사회적 공정성을 유지하고 노동자의 생활에 최소한의 안정성을 보장해 주는 것은 사회적으로 바람직하다는 것이다.

둘째, 이들은 노동시장의 불완전성을 지적한다. 노동시장은 노사 간 세력이 기본적으로 불평등하다는 특징을 가진다. 노동자는 기업에 비해 선택권이 훨씬 적으므로 노동시장은 결코 완전경쟁적이 될 수 없다는 것이다. 따라서 해고 규제를 포함한 노동시장 규제에 의해 노사 간 균형을 회복시키는 것은 효율적 시장운영의 전제조건이 된다는 것이다.

셋째, 노동시장의 불완전성과 이에 따른 노동시장 당사자 간의 사적 계약에 기인하는 외부비용을 이들은 지적한다. 즉, 해고 시 기업은 사적비용만 고려하게 되는데 이는 해고에 따라 노동자와 지역사회가 입게 되는 사회적 비용을 고려하지 않은 것이다. 정부의 입법조치에 의해 이러한 외부비용의 일부를 내부화함으로써 외부불경제를 회피할 수 있다는 것이다.

넷째, 이들은 장기적·안정적 고용관계에 내재하는 경제적 효율성을 강조한다. 이러한 견해에 따르면 장기적 고용관계는 협조적 노사관계를 유도하고, 기업의 내부적(기능적) 유연성을 증대시키며, 기술변화에 대한 노동자의 수용을 쉽게 만든다. 뿐만 아니라 노동자의 자발성을 유인하고 기업의 인적자본에 대한 투자를 유인해 숙련의 형성을 가져옴으로써 전반적인 생산성 향상, 경쟁력 강화를 가져올 수 있다. 따라서 이는 노사 양쪽에 모두 이익을 가져다준다는 것이다. 장기고용관계에 따른 이익의 예로서 이들은 흔히 일본의 종신고용제를 든다.

다섯째, 이들은 단기적 이해관계에 기초한 고용주들의 행동을 보다 장기적인 시야에 기초한 행동으로 유도하기 위해 고용안정정책이 필요하다고 주장한다. 시장거래는 지나치게 단기적인 투자전망(time horizon)에 기초하고 있기 때문에 미래에 보다 큰 이익을 가져다줄 수 있는 인적 자본 투자에 소홀하게 되기 쉽다. 따라서 정부의 규제를 통해 고용주가 장기적 시야에서 인적 자본 투자에 나설 수 있도록 강제함으로써 전체 경제를 보다 미래지향적이고 장기 경쟁적인 것으로 만들 수 있다고 한다.

이상에서 살펴본 바와 같이 고용안정을 둘러싼 현재의 논쟁의 핵심논점은 결국 시장실패 대 정책실패 간의 대립이다(Wolf, 1988). 고용안정정책을 주장하는 논자들이 안정적 고용관계가 가져오는 장점을 강조하면서 시장의 해결책에 비해 정책당국의 능력에 더 큰 신뢰를 두고 있는 반면, 고용안정정책을 비판하는 논자들은 정부의 시장개입이 가져오는 의도되지 않은 부작용을 지적하면서 노사 간의 제약 없는 자발적 계약관계가 경제적 효율성 면에서 더 우월하다고 강조하고 있다.

고용안정정책이 가지는 효과에 대한 이상의 논쟁과 관련해서 흥미를 끄는 것은 실증연구의 결과이다. 이러한 실증연구는 두 가지 측면에서 이루어지고 있는데, 하나는 강력한 해고제한정책을 가진 독일, 일본 등과 해고가 비교적 자유로운 미국 등의 국가 간 비교연구방법이며, 다른 하나는 주요한 고용안정정책의 변화를 전후해서 노동시장 유연성에 어떠한 변화가 왔는지를 살펴보는 접근방법이다.

먼저 강력한 「해고제한법」이 있는 독일과 해고가 자유로운 미국을 비교한 연구들(Abraham and Houseman, 1993; Houseman and Abraham, 1995)에 의하면 수요감소에 따른 노동력 조정효과가 단기적으로는 미국에서 더 빠른 것으로 나타나지만 일정한 시간이 지나면 노동투입량 조정효과가 거의 유사해지는 것으로 나타나고 있다. 불황 시 미국에서는 노동자 수를 줄이는 반면, 독일에서는 노동시간을 감소시키기 때문에 총 노동투입량(노동자 수×노동시간) 면에서는 결과적으로 거의 유사한 조정효과를 보이고 있다. 또 종신고용제의 발달로 정리해고가 거의 없는 일본과 미국을 비교한 연구들(Bendarzik and Shiells, 1989; Shimada, 1980; Orr et al., 1985; Koshiro, 1992; Gould, 1993; Abraham and Houseman, 1993)에서도 일본과 미국의 고용조정효과는 거의 유사한 것으로 나타나고 있다.

한편 해고규제 등 고용안정정책의 도입이 노동시장의 유연성을 해친다는 주장 역시 오류이거나 적어도 과장이 많다는 점이 밝혀지고 있다. 해고규제완화 등 고용안정정책의 완화가 고용을 증가시킬 수 있다는 주장에 대한 실증적 증거는 거의 없는 것으로 나타났다. 독일, 프랑스, 벨기에의 1980년대 중반의 고용안정정책을 검토한 결과 해고규제의 완화가 노동시장의 적응성에 영향을 미친다는 어떤 증거도 발견되지 못했다(Brodsky, 1994). 1988년 「고용조정 및 재훈련 예고통지법(Worker Adjustment and Retraining Notification Act)」을 도입한 미국에서 이 법이 노동시장의 유연성에 미친 영향을 조사한 여러 연구들(Ehernberg and Jakubson, 1993; Nord and Ting, 1991; Addison and Blachburn, 1994)에 의하면 이 법의 도입이 기업의 생산성을 떨어뜨리거나 노동시장 유연성을 떨어뜨렸다는 증거는 발견할 수 없다고 하며 설혹 약간의 부정적 효과가 있더라도 이는 사회적 비용의 감소를 통해 충분히 상쇄될 수 있는 정도라고 한다. 1985년 「고용촉진법(Employment Promotion Act)」을 도입한 독일의 경우에도 이 법이 기업의 해고에 관한 결정이나 일자리 창출에 별다른 영향을 못 미친 것으로 나타나고 있다(Buechtemann, 1993; Kraft, 1993). 1986년과 1987년 두 차례에 걸쳐 해고제한을 완화한 바 있는 프랑스의 경우에도 해고제한 완화가 단기적으로 해고자를 4만 명(전체 고용의 0.2%) 정도 증가시켰으나 장기적으로 노동시장에 별다른 영향을 미치지 못한 것으로 분석되고 있다(Boyer, 1993).

결국 이렇게 볼 때 해고제한정책이 노동시장의 유연성을 해친다는 주장은 실증적 증거의 뒷받침을 받지 못하고 있다고 결론지을 수 있다. 해고제한법률이 있는 경우에도 기업은 신규 채용 감축이나 비정규노동력 감축, 하청 증대, 노동시간 감소 등 여러 가지 수단을 사용해 고용조정을 할 수 있는 것이다.

한편 노동시장의 유연성 증대가 가져오는 부정적 효과에 대해서는 많은 증거가 축적되고 있다. Doeringer(1991)는 미국의 노동유연성의 어두운 측면으로서 실업자의 증가, 노동시장의 이중구조화, 그에 따른 소득분배의 악화, 빈곤의 증대, 고용불안정의 확산을 지적하고 있다. 이는 다시 핵심 노동자층의 근로의욕 감소와 불확실한 직업 전망으로 인한 노동생산성 저하를 가져오며, 노동자의 숙련 형성 저하, 기업의 인적자원 투자의 감소 등을 가져온다. 필연적으로 노사 간 대립의 격화도 초래된다.[5] 1993년 구성된 미국의 '노사관계의

---

5) 미국 기업의 유연성 전략이 가져온 부정적 결과에 대해서는 수많은 연구가 나오고 있다.

미래를 위한 위원회'[이른바 던롭(Dunlop) 위원회]에서도 파트타임 노동자, 임시적·계절적 노동자 및 파견노동자의 사용이 근래 크게 증가했음에 주목하면서 이로 말미암아 심각한 사회문제들이 야기되고 있음을 지적하고 한편으로는 유연성, 생산성에 대한 관심과 다른 한편으로는 경제적 안정과 공정성에 대한 관심을 조정하기 위한 균형 있는 공공정책의 개발이 필요하다고 권고하고 있다(이광택, 1996).

지금까지 많은 경제학자들은 주로 노동시장의 유연성이 경제적 효율에 미치는 영향에 관심을 기울여 왔다. 그러나 오히려 보다 중요한 것은 그것이 가지는 공정성에 대한 효과일지도 모른다. 이 점에 대해서 경제학자들은 침묵하고 있다. 자본주의 사회에서 노동자의 유일한 생계수단은 노동을 통한 임금의 획득에 있다. 일자리를 잃는다는 것은 그의 전 존재를 부인하는 결과를 가져온다. 해고제한입법은 바로 이러한 노동자의 최소한의 기본적 권리를 지켜주는 안전망이라고 볼 수 있다. 해고제한입법이 꼭 불가피한 해고까지 규제하는 것은 아니다. 기업의 자의적 해고를 규제함으로써 최소한의 사회적 안전망을 노동자들에게 제공해 주는 조치, 그것은 사회적 공정성의 최소한의 조건이라는 점에서 반드시 필요한 일이라 할 것이다.

2) 고용형태의 다양화에 대한 논쟁

종전에도 파트타임 노동자, 임시노동자 등 여러 가지 형태의 불안정한 고용형태가 존재했다. 그러나 1970년대 중반까지 불안정 고용은 주로 2차 노동시장에서만 발견되는 현상이었던 것이 그 이후 차츰 1차 노동에 속하는 기업들에서도 노동조건의 불안정화전략이 일반화되면서 다양한 고용형태가 나타나고 있다.

Harrison(1994); Brodsky(1994); Gordon(1996) 등 참조.

고용형태의 다양화에 대한 모델로서 가장 널리 인용되는 것은 앳킨슨(Atkinson)의 '유연화 기업(flexible firm)' 모델이다(Atkinson, 1984; 1985; 1986 등). 여기서 그는 개별 기업에 있어 단일의 고용형태와 임금체계, 표준화된 노동계약, 전통적인 노동력 개발을 위한 관리 시스템에 커다란 변화가 일어나고 있으며 그 방향은 보다 다양하고 보다 유연한 제도로의 변화라고 주장한다. 그에 따르면 미래의 불확실성에 신축적으로 대응하기 위해 1980년대 중반 유연성은 이미 기업의 행동결정에 핵심적인 주제로 자리 잡았다고 한다. 고용주들은 점차 노동자들을 상용노동자로 구성된 핵심그룹과 시간제, 임시직, 하청, 외주노동자로 구성된 주변 그룹으로 나누고 있다는 것이다. 그는 고용주가 고려하는 유연성의 주요 항목으로 ① 수량적 유연성, ② 기능적 유연성, ③ 외부화의 세 가지를 든다. 이러한 세 가지 유연성은 노동자들에게 선별적으로 도입되고 그에 따라 유연기업은 3중의 노동시장을 갖게 된다. 우선 기능적 유연성이 도입된 핵심 노동자는 기업의 핵심 업무를 담당하며 주로 남성, 상용, 장기 근속자로서 오랜 직무경험과 외부 노동으로 대체할 수 없는 기업 특수적 숙련을 갖추고 있다. 그리고 수량적 유연성이 도입된 주변 노동자는 일상적·기계적 업무를 담당하며 대개 여성, 시간제, 임시노동자로서 직무 연한이 짧고 외부 노동시장에서 충분히 조달할 수 있는 수준의 숙련을 사용한다. 마지막으로 외부화된 노동자들은 더 이상 그 기업의 피고용자가 아니며 다른 기업이나 용역회사, 하청업자에게 고용된 노동자이거나 자영업자로서 전문적 업무나 일상적 업무를 담당한다.

고용형태의 다양화를 지지하는 논자들은 다양한 주장을 하고 있다.

첫째, 고용형태의 다양화는 노동시장 유연화 현상의 일부로서 기업의 경쟁력을 강화시키고 생산성을 향상시키며 이에 따른 고용창출을 가져오는 기능을 한다는 것이다. 이에 따르면 기업이 직면한 경제환경의 불확실성 증대와 경쟁 격화 가운데서 종래의 정규 고용형태에만 의존하는 것은 변화에 신속하게 대응할 수 없고 지나치게 높은 노동비용이 든다는 것이다. 각종 비정규노동력을 도입함으로써 고용주는 생산 및 시장수요에 맞춰 신속하게 대응할 수 있게 된다. 또 고용형태의 다양화를 통해 임금을 비롯한 채용, 훈련비용 등 노동비용을 낮출 수 있다. 이는 궁극적으로 고용창출을 가져오기 때문에 노동자에게도 도움이 된다고 이들은 주장한다.

둘째, 고용형태의 다양화는 정규노동자의 고용안정에도 도움이 된다고 이들은 주장한다. 앳킨슨 모델(Atkinson model)에서 보는 것처럼 기업의 노동력을 핵심 노동자와 주변 노동자의 두 부분으로 나누어 주변 노동자에게는 수량적 유연성을 기대하면서 핵심 노동자에게는 교육, 훈련을 통해 기능적 유연성을 기대하는 전략은 핵심 부분에 속한 노동자들에게는 고용안정과 숙련 향상을 가져올 수 있다는 것이다.

셋째, 비정규노동자의 보호에도 큰 문제가 없다고 이들은 주장한다. 많은 경우 비정규노동자의 임금은 정규노동자와 비슷하거나 이를 웃도는 경우도 있다고 이들은 주장한다. 설혹 비정규노동자의 임금과 근로조건이 정규노동자에 비해 떨어진다고 하더라도 이는 노동시장에서의 노사 간 자발적 상호계약에 따른 결과일 뿐이므로 하등 문제가 될 것이 없다는 것이다. 더욱이 이들은 다른 방법으로는 취업기회가 거의 없는 여성, 청소년, 노인층에게 비정규직 형태의 일자리를 제공해 주는 것은 이들에게도 바람직한 것이라고 주장한다.[6]

넷째, 이들은 고용형태의 다양화가 노동공급 형태의 변화에 대응한 것이라고 한다. 여성의 노동시장 참가가 증대됨에 따라 가사노동과 일자리를 양립할 수 있는 방법으로서 여성은 시간제 노동 등을 선호한다. 또 젊은층 등 노동시장의 신규 진입자 가운데서는 독립성이나 시간선택의 자유 등을 추구해 근무가 자유로운 비정규 고용을 자발적으로 원하는 경우도 있다. 비정규 고용은 이러한 사회적 재생산패턴의 변화에 부응한 것이라는 주장이다.

다섯째, 이들은 고용형태의 다양화 현상 자체가 경제구조와 고용구조의 변

---

6) "노동자에 대한 가장 중요한 보호는 고용기회를 제공해 주는 것이다"(Belous, 1989).

화에 기인한 불가피한 현상으로서 이에 대한 규제 여부에 관계없이 필연적으로 확대될 것으로 보고 있다. 경제구조의 3차산업화와 급속한 기술혁신에 따라 기업활동의 재조직화가 진행되고 있으며 이를 위한 노동력 재조직에 종래의 정규노동력을 기초로 한 모델은 부적합하다는 것이다.

이러한 고용형태의 다양화에 대한 지지 의견에 대해 다음과 같은 비판이 주어지고 있다.

첫째, 비정규 고용문제는 빙산의 일각일 뿐 이들의 확산이 가져오는 보다 심각한 문제는 정규노동자 전체의 고용불안정과 임금 및 근로조건의 저하효과라는 것이다. 비정규노동자는 새로운 고용의 창출을 가져오기보다는 기존의 정규노동자가 하던 일을 대체하는 경우가 많다. 기업은 정규노동력의 채용을 억제하고 대신 비정규노동자를 사용함으로써 이들을 경기 조절의 안전판, 노동력의 저수지로 활용한다. 이에 따라 정규노동자의 임금 및 근로조건의 저하, 고용불안의 증대가 나타날 수밖에 없다.

둘째, 비정규노동자의 보호에도 많은 문제가 있다. 기존의 노동자 보호체제가 주로 정규노동자를 모델로 한 것이기 때문에 비정규노동자는 그러한 보호체제의 범위 밖에 놓여 있는 경우가 많으며 이에 따라 노동강도, 보수수준, 고용의 불안정성 등 여러 가지 면에서 비정규노동자는 정규노동자에 비해 열악한 조건에 시달리게 된다. 더욱이 대부분의 비정규노동자는 노동조합의 조직 밖에 있기 때문에 노동조합의 보호도 받을 수 없다. 그 결과 노동시장의 이중구조화가 발생하고 비정규노동자는 영구히 저소득과 고용불안정 상태에서 빠져나오지 못하게 된다.

셋째, 비정규노동의 확산은 노동운동의 약화를 가져올 위험이 크다. 비정규노동은 고용 상태가 불안정하고 조직화가 어렵기 때문에 노조조직률을 떨어뜨리고 임금 및 근로조건 향상을 위한 노조의 협상능력을 저하시키게 된다.

넷째, 비정규노동이 노동공급 패턴의 변화에 따른 자발적 선택의 결과라는 주장 역시 허구이다. 자발성 여부는 가계와 개인의 소득에 대한 요구 및 노동시장 전략 전체 속에서 바라봐야 한다. 대부분의 비정규노동자는 주부, 청소년 등 가계 보조적 위치에 있는 노동자들이므로 가장 등 주 소득자라면 결코 받아들일 수 없는 임금, 근로조건, 고용불안정을 받아들이게 된다. 따라서 비정규노동은 2차 노동자에 대한 직업이라고 할 수 있다. 이를 이용해 기업은 이윤을 취하는 것이다. 물론 노동력 공급 패턴에 변화가 있는 것은 사실이지만 이것이 곧 비정규노동자의 직업선택을 충분히 설명할 수 있을지는 회의적이다. 결국 비정규 고용의 상당 부분은 노동시장 취업기회의 부족 때문에 어쩔 수 없이 비정규직에 머물러 있는 것에 불과하다(Rodgers, 1989: 13).

다섯째, 비정규노동의 확산은 기업과 국민경제의 생산성 향상에 반드시 도움이 되는지도 의문이다. 일반적으로 비정규노동자는 생산성이 낮고 훈련비용이 많이 들며, 감독비용도 많이 든다. 비정규노동자는 기업에 대한 애착심이 낮고 동기부여도 잘 안 되며 숙련 형성도 잘 안 된다. 따라서 비록 직접적 노동비용은 낮더라도 저생산성과 비교하면 반드시 기업에 이익이 된다고 볼 수 없다. 더욱이 전체 국민경제 차원에서 볼 때 비정규노동의 확산은 국민경제의 경쟁력 확보를 위한 장기적 대안과는 거리가 멀다.

3. 최근의 움직임

1970~1980년대를 통해서 유연성 문제를 둘러싼 논쟁은 격렬하게 진행되어 왔다. 그러나 1990년대에 들어서면서 서유럽에서는 노사 간 사회적 협상을 통해 이 문제가 완전히 해결된 것은 아니라 하더라도 논쟁의 격렬성이나 이데올로기적 대립이라는 측면에서는 상당히 완화된 모습을 보이고 있다. 1980년대의 경험을 통해 유연성 문제를 둘러싼 노사 간 타협의 가능성이 나타나고 있는 것이다. 그것은 곧 노동에 대한 피해를 최소화하면서 유연성을 추구할 가능성을 추구한다는 것이다. 즉, 해고, 비정규 고용 등 이른바 양적 유연성보다는 노

동자에 대한 교육, 훈련을 통해 기능적 유연성을 증대시키는 한편, 기업의 여러 수준에서의 의사결정과정에 대한 노동 측의 참여/협력으로 노동자의 자발성과 창의성을 증대시킴으로써 기업경쟁력의 확보와 노동의 인간화를 추진하는 것이 올바른 방향이라는 것이다(Rodgers, 1989: 510).

이제 유럽의 노조, 기업, 정부는 이러한 새로운 노사관계의 균형점을 모색하고 있으며, 한때 보수파가 추구했던 노동시장의 규제철폐, 노조의 약화를 통한 기업경쟁력 강화라는 구상은 결국 실현되지 않았다(Rodgers, 1989: 498).

참고문헌
(제1부 제2장)

이광택. 1996. 『다양한 고용형태와 정책과제』. 전국민주노동조합총연맹.

Abraham, K. G. and S. N. Houseman. 1993. *Job Security in America: Lessons from Germany*. The Brookings Institution.

Addison and Blachburn. 1994. "Has WARM Warned? The Impact of Advance-Notice Legislaton on the Receipt of Advance Notice." *Journal of Labor Research*, Vol. 15, No. 1.

Atkinson, J. 1984. "Manpower Strategies for Flexible Organisations." *Personnel Management*. August.

_____. 1985. "Flexibility, Uncertainty and Manpower Management." *IMS Report*, No. 89, Insti tute of Manpower Studies, University of Sussex.

_____. 1986. "The Flexible Workforce: Ostriches or Opportunists?." *Manpower Policy and Practice*, 1, 4, Summer.

_____. 1987. "Flexibility or Fragmentation? the United Kingdom Labour Market in the Eighties." *Labour and Society* (Geneva), 12(1).

Belous, R. S. 1989. "Human Resource Flexibility and Equity: Difficult Questions for Business, Labor, and Government." *Journal of Labor Research*, Vol. 10. No.1, Winter.

Bendarzik, R. W. and C. R. Shiells. 1989. "Labor Market Changes and Adjustments: How Do the U.S. and Japan Compare?." *Monthly Labor Review*, Feb.

Boyer, R. 1988. *The search for labour market flexibility*. The European economies in transition. Oxford, Claredon Press.

_____. 1993. "The Economics of Job Protection and Emerging New Capital-labor Relations." in Buechtemann. *Employment Security and Labor Market Behavior*. ILR Press.

Brodsky. 1994. "Labor Market Flexibility: A Changing International Perspective." *Monthly Labor Revie*,. November 1994

Buechtemann, C. F. 1993. *Employment Security and Labor Market Behavior*. ILR Press.

Ehrenberg, R. G. and G. H. Jakubson. 1993. "Why WARN? The Impact of Recent Plant-Closing and Layoff Prenotification Legislation in the United States." in Buechtemann. *Employment Security and Labor Market Behavior*. ILR Press.

Gordon. 1996. *Fat and Mean: The Corporate Squeeze of working Americans and the Myth of Managerial "Downsizing"*. Martin Kessler Books.

Gould, W. B. 1993, "Employment Protection and Job Security Regulation in the United States and Japan: A Comparative View." in Buechtemann. *Employment Security and Labor Market Behavior*. ILR Press.

Harrison, B. 1994. *Lean and Mean: The Changing Landscape of Corporate Power in the Age of*

Flexibility, Basic Books.

Houseman, S. N. and K. G. Abraham. 1995. "Labor Adjustment under Different Institutional Structures: A Case Study of Germany and the United States." in F. Buttler et al.(eds.). *Institutional Frameworks and Labor Market Performance: Comparative Views on the U.S. and German Economies*. Routledge.

Koshiro, K.(ed.). 1992. *Employment Security and Labor Market Flexibility: An International Perspective*. Wayne State University Press.

Kraft, K. 1993. "Eurosclerosis Reconsidered: Employment Protection and Work Force Adjustment in West Germany." n Buechtemann. *Employment Security and Labor Market Behavior*. ILR Press.

Meulders, D. and L. Wilkin. 1987. "Labour Market Flexibility: Critical Introduction to the Analysis of a Concept." *Labour and Society* (Geneva), 12(1).

Nord, S. and Y. Ting. 1991. "The Impact of Advance Notice of Plant Closings on Earnings and the Probability of Unemployment." *Industrial and Labor Relations Review*, Vol. 44, July.

OECD. 1989. *Labour Market Flexibility: Trends in Enterprises*. OECD, Paris.

Orr, J. A. et al. 1985. "United States-Japan Comparative Study of Employment Adjustment." Report to the U.S. Dapartment of Labor and Japan Ministry of Labor.

Rodgers, G. J. 1989. *Precarious Jobs in Labour Market Regulations: The Growth of Atypical Employment in Western Europe*. International Labour Organiation.

Shimada, H. 1980. "The Japanese Employment System." *Japanese Industrial Relations Series*. Series 6. Japan Institute of Labour.

Simon, H. 1989. *Pricing Management*. Amsterdam Elsevier Science Publishers B.V.

Treu, T. 1992. "Labour Flexibility in Europe." *International Labour Review*, Vol. 131, No. 4-5.

Wolf, C. 1988. *Markets of Governments: Choosing Imperfect Alternatives*. MIT Press.

제3장

고용구조의 변화와 노동조합의 정책대응

1. 구조조정과 선진국 노동조합의 대응

1) 노동조합의 대응 유형

1980년대는 선진국 여러 나라에 있어 노사관계의 전환기였다. 국제경쟁의 격화를 배경으로 각국에서는 신자유주의를 표방하는 보수정권이 등장했고, 이들은 케인스주의적 노사타협체제를 붕괴시키고 이른바 노동시장의 유연화와 노사관계의 재구축을 적극적으로 추진했다.

경제침체와 국가 및 자본에 의해 추진된 신자유주의적 전략은 노동자와 노동조합에도 많은 영향을 미쳤다. 경제침체에 따라 대규모 정리해고, 조기퇴직, 신규실업 등이 발생했고 현직 노동자들도 구조조정과 내부조직 개편의 강력한 압력을 받았다. 국가의 반노조 입법과 노동시장 규제완화정책 등으로 인해 노동조합의 조직률과 정치적 발언권 역시 커다란 타격을 받았다(Olney, 1996; Purcell and Wood, 1986). 사용주의 노동조합 회피전략과 불공정 노동관행 등 노동조합에 대한 적대적 태도 역시 크게 증가함으로써 노동조합에 타격을 가했다. 한편 노동조합 내에서도 여성이나 청소년, 임시직, 파트타임 노동자 등 노조원의 구성이 다양화되고 노조원의 개인주의가 강화됨에 따라 노동조합의 조합원 동원능력이 크게 떨어졌다.

이러한 요인들은 구조조정기에 있어 노동조합의 대응을 매우 곤란하게 만들었다. 그러나 다른 한편으로 비록 선택의 폭이 좁아지고 있는 상황 속에서나마 노동조합이 어떠한 전략 선택을 하느냐가 결과에 커다란 영향을 미친다는 것도 지적해 두어야 할 것이다. 동일한 경제구조, 산업구조, 고용구조를 가진 미국과 캐나다의 노동조합이 서로 다른 선택을 함으로써 결국 노동조합 조직률과 노동자 생활에 상당히 다른 결과를 가져온 예(윤진호, 1998)나 1980년대 대처 정부의 신자유주의적 노동정책에 대한 영국 노동조합의 전략 선택의 오류로 인해 영국 노동운동이 상당한 후퇴를 겪었던 사실(Hyman, 1998) 등은 노동조합 전략 선택의 중요성을 잘 보여 준다.

영국과 미국을 중심으로 전개된 보수주의 정권의 신자유주의적 노동정책과 구조조정정책에 대한 노동조합의 대응은 각국이 처한 주관적·객관적 환경과 경제주체들의 행동양식에 따라 다양한 모습으로 나타났다. 우리는 이러한 구조조정기의 노동조합의 대응양상을 다음 세 가지로 나누어 볼 수 있다(Crouch, 1990; Katz, 1988).

첫째, 전투적 노동조합주의이다. 전투적 조합주의는 기본적으로 구조조정과 고용불안 등에 직면해 일체의 양보를 거부하고 조합원의 대중적 동원에 의해 자본과 국가의 압박을 돌파함으로써 최선의 결과를 얻을 수 있다고 믿는다. 이들은 자본과 국가에 대한 양보가 결코 고용보장이나 근로조건의 개선을 가져올 수 없으며 오히려 노동자 간 분열을 초래하고 노동운동을 약화시키게 된다고 비판하면서 노동자들의 연대와 투쟁성만이 위기를 극복할 수 있는 유일한 방안이라고 생각한다.

둘째, 실리적 노동조합주의이다. 실리적 조합주의는 경영에 관한 전략적 의사결정을 경영자의 고유한 권리로 인정해 이에 간섭하지 않고 오로지 임금, 노동시간, 고용조건 등만을 단체교섭의 대상으로 삼아 조합원의 경제적 실리를 보호하고자 한다. 특히 미국의 실리적 조합주의는 구조조정 과정에서 임금동결이나 인하 등을 수용하면서 조합원의 고용을 보장받고자 하는 이른바 '양보교섭(concession bargaining)' 전략을 사용했다. 또 신기술, 자동화, 작업조직의 변경 등 기업의 구조조정노력에 노동조합이 적극적으로 협력함으로써 회사의 업적을 개선하는 것이 고용보장을 위한 최선의 길이라고 생각한다.

셋째, 비판적 개입주의이다. 이들은 자본이나 정부의 신자유주의적 전략에 대해 기본적으로 비판적이지만 그러나 이에 전면적으로 반대하기보다는 자본, 국가와의 교섭을 통해 노동조합이 적극적으로 이 과정에 개입해 노조의 영향력을 높이는 것이 최선의 길이라고 생각한다. 예컨대 독일의 노동조합은 작업장 수준으로부터 전국 수준에 이르기까지 노사 간 , 노정 간, 노사정 간 교섭과 참여의 모델을 통해 직업훈련, 노동시간 단축, 고용보장협약 등을 추진함으로써 조합원의 고용과 생활을 지키고자 한다.

이러한 노동조합의 모델 중 어느 모델이 가장 바람직한 것인가는 쉽게 말할 수 없다. 각 모델마다 장단점을 모두 가지고 있기 때문이다. 예컨대 전투적 조합주의는 노동자의 계급성과 노동조합의 독립성을 유지할 수 있는 가장 적합한 전략이지만 동시에 이는 자칫, 노동운동의 주관적·객관적 상황을 올바로 고려하지 않을 경우 무모한 모험주의로 흘러 노동운동을 후퇴시킬 위험이 있다. 반대로 비판적 개입주의는 현명하게 사용되면 자본주의의 공황국면에서 노동자와 노동조합을 보호하면서 그 영향력을 확대시킬 수 있는 최선의 현실적 전략이 될 수 있지만 자칫하면 노동자들의 근본적 이해를 방기하고 노사협조주의로 흐를 위험을 가지고 있다. 따라서 노사관계의 환경과 노사관계 주체(노사정)의 구조 및 전략의 차이에 따라 노동조합이 취할 수 있는 최선의 전략은 달라질 수 있는 것이다.

노동조합의 전략 선택은 진공상태에서 이루어지는 것이 아니라 그가 처하고 있는 주관적·객관적 상황하에서 제한된 선택지를 대상으로 이루어지는 것이므로 설혹 어느 한 전략이 이론적으로는 최선의 것이라 할지라도 현실적으로는 노동조합이 그것을 선택하는 것이 불가능하거나 바람직스럽지 못한 경우도 발생한다. 따라서 그러한 노동운동이 처한 주관적·객관적 조건에 대한 충분한 고려 없이 노동운동 전략의 잘잘못을 평가하는 것은 잘못된 일일 것이다. 환경과 주체 간의 복잡한 상호관계를 고려하지 못한 채 노동운동 주체의 전략 선택의 잘잘못만으로 모든 것을 설명하고 평가하려는 이른바 주의주의(主意主義, volruntarism)적 태도는 올바른 것이라 할 수 없다.

우리는 선진국의 노동운동의 전략 선택에 대해 이해하고 평가함에 있어서도 그러한 전략 선택이 있기까지의 역사적 맥락과 노동운동의 주관적·객관적 조건을 면밀하게 검토함으로써 비로소 올바른 시사점을 끌어낼 수 있을 것이다.

다음에서는 1980년대 신자유주의적 정부하에서 영국, 미국, 독일 등 세 나라 노동운동의 대응방식에 대해 살펴보고자 한다.

2) 영국

(1) 고용정책의 변화 추이

고용문제와 관련해 영국의 정책에는 지난 50년간 두 차례의 큰 정책전환이 있었다(Skuse, 1995). 그 첫 번째는 제2차 세계대전 후의 정책변화로서 완전고용과 복지국가정책이 확립되게 된다. 영국 정부는 1944년의 『고용정책백서』에서 완전고용의 달성을 경제정책의 중요 목표로 내걸었다. 이를 위해 총수요관리정책을 통해 실업수준을 통제하는 데 경제정책의 초점을 맞추었다. 이러한 복지국가, 완전고용의 모델은 당파를 불문하고 영국 정치, 사회의 최우선 목표로 되었다(임무송, 1997). 노사관계 역시 이른바 '집단적 자율주의'를 채택, 노사관계에 대한 국가의 개입을 최소화하고 노동조합과 경영자 간의 집단적 교섭에 의해 자율적인 해결이 이루어지도록 했다.

이러한 영국 사회의 '전후합의'는 1970년대 말까지 유지되었다. 영국은 이를 통해 낮은 실업률과 수용가능한 인플레이션을 달성할 수 있었다. 노동조합은 영국 사회 내에 확고한 세력을 가지게 되었고 노동당 정부를 통해 정치 및 정부정책에 개입할 수 있었다.

그러나 1970년대 들어 '전후합의'체제는 동요되기 시작했다. 지속적인 임금인상과 복지지출의 확대, 생산성 상승의 둔화 등에 따른 스태그플레이션 현상으로 실업률과 인플레이션률이 동시에 상승했다. 노동당 정부는 노동조합의 협조를 바탕으로 한 자율적 임금억제정책(이른바 '소득정책')을 추진했으나 이는 결국 실패로 끝났다. 이는 사실상 '전후합의'의 붕괴를 의미하는 것이었다.

결국 1970년 선거를 통해 등장한 에드워드 히스(Edward Heath) 수상의 보수당 정부는 자유시장적 개혁을 추진했으나 이는 노조의 반대로 실패로 끝났다. 특히 1972년의 광부파업은 보수당 정부에게 잊을 수 없는 깊은 상처를 남겼다.

1974년의 선거에서 재집권한 노동당 정부는 고용보호, 단체교섭의 지원, 고용차별의 금지 등 친노동조합적 정책을 추진했으나 하이퍼 인플레이션이 계속됨에 따라 소득정책을 다시 실시했다. 대외경제여건의 악화에 따른 국제수지 적자와 인플레이션에 대응하기 위해 긴축정책을 실시하게 됨에 따라 임금억제정책이 시도되었다. 이에 노동당 정부와 영국노동조합총연맹(TUC) 간의 합의에 기초한 5% 임금인상 억제정책에 반발한 현장 노조 지도자(숍 스튜어드(shop steward)]들을 중심으로 1979년 공공부문 종사자들이 일제히 연대파업을 벌였다. '불만의 겨울(Winter of Discontent)'로 알려진 이러한 공공부문 노동자들의 파업은 시민들에게 커다란 고통을 가져다줌으로써 결국 1979년 선거에서 노동당 정부가 패하고 대처가 이끄는 보수당 정부가 집권하는 계기가 되었다.

1979년의 총선에서 집권한 대처수상의 보수당 정부는 50년간 지속되어 온 영국의 고용-노사관계정책에 근본적 변화를 가져왔다.

보수당 정부는 인플레이션 억제를 최우선 목표로 내걸었고, 이를 위해 실업 및 복지국가정책을 희생했다. 노사관계에 있어서의 전후합의를 철저히 부인하고 노조를 탐욕적이고, 무책임한 독점집단으로 규정해 노동조합의 규제에 나섰다. 이른바 '신자유주의적' 개혁의 시작이었다.

초기에는 보수당 정부는 매우 조심스러운 태도를 취했다. 초기에는 직접적인 고용, 노사관계에 대한 정책은 없었다. 그러나 보수당 정부가 인플레 억제에 우선순위를 둠으로써 완전고용정책을 포기했다는 것은 중요한 의미를 지니는 것이었다. 보수당 정부는 1980년대 초에는 주로 금융정책에 초점을 두고, 통화량 공급의 억제, 재정긴축 등을 추진했다. 그러나 이러한 정책 자체도 심각한 불황과 실업을 가져옴으로써 노사관계에 영향을 미쳤다. 보수당 정부는 그 밖에도 공급경제학 원리, 인센티브 회복, 조세감면, 복지지출 억제 등의 방향으로 정책을 추진했다(Skuse, 1995).

보수당 정부는 집권에 자신이 생김에 따라 차츰 노조와 정면대결하기 시작했다. 그 기본적 방향은 시장의 힘에 의한 노조 규제에 있었다.

Blanchflower and Freeman(1994)에 의하면 대처 정부의 고용-노사관계정책은 모두 네 가지로 분류할 수 있다고 한다.

첫째, 노조의 세력 약화를 목적으로 하는 정책들이다. 보수당 정부는 일련의 새로운 법률 도입을 통해 노조세력의 약화를 기도했다. 이는 노동시장 제도 구조를 변화시키는 가장 중요한 조치들이었다. 이러한 조치들로서는 노조에 대한 법적 인정 철폐, 클로즈드숍(Closed Shop) 금지, 노동쟁의 시 노조에 부여하던 면책특권의 제한, 파업에 대한 조합원의 비밀투표 의무화, 피케팅에 대한 제한 강화, 노조의 업무·재정에 대한 정부 감사, 노조의 불법행위에 대한 사용자 권리의 강화, 노조에 대한 노조원 개인의 권리 강화, 조합비 체크오프제 폐지 등을 내용으로 하는 법률들이 포함된다. 또한 「고용법(Employment Bill)」 제정에 의한 비정규노동자의 허용 등 노동시장 유연화 조치도 이에 포함된다.

둘째, 복지국가 제도의 후퇴와 근로 인센티브를 강화하기 위한 정책들이다. 전 국민의 복지에 대한 국가의 책임이라는 비버리지 원칙이 개인책임의 원칙으로 바뀌었다. 여기에는 실업보험의 대체율 축소, 청소년 실업자에 대한 실업급여 철폐, 모든 실업자가 6개월마다 구직활동 인터뷰를 하도록 하는 의무규정 도입, 실업급여자격의 축소, 임금에 대한 복지급부의 상대적 비율 인하, 실업급여에 대한 과세조치 등이 포함된다. 1979년부터 1988년 사이에 영국의 실업보험제도는 17회나 변경되었는데 그중 11회가 실업자에게 불리하게 변경되었다고 한다(Skuse, 1995). 이는 실업자의 상당 부분이 자발적 실업자라는 보수주의자들의 견해를 반영해 실업자들이 적극적으로 일자리를 찾도록 유인하고자 하는 정책의 일부이다.

셋째, 시상에서의 정부역할의 축소에 관한 정책들이다. 대처 정부는 공공부문의 비대화가 국민들의 국가에 대한 의존성을 심화시킨다는 이유로 공공지출을 삭감하고 공기업의 민영화를 단행했다. 보수당 정부는 공기업의 비효율성을 공격하면서 석유, 가스, 통신, 전기, 유전, 철도 등 다수의 공기업 및 공영주택의 민영화를 추진했다. 또한 국가규제가 민간경제의 활력을 떨어뜨린다는 이유로 투자제한 조치, 고용보호를 위한 규제, 노동조건과 최저임금 규제 등을 완화했다. 더 나아가 대처 정부는 근로의욕과 투자유인을 증대시킨다는 명분으로 역진적인 조세개혁을 단행했다. 기본소득세를 33%에서 30%로 인하하고, 최상위계층에 대한 한계세율을 83%에서 60%로 인하했다. 반면 간접세는 인상했다. 이러한 정책들의 부작용은 한편으로는 공공부문의 민영화에 의한 실업자의 증대와 공공부문 노동조합의 세력 약화, 그리고 다른 한편으로는 역진적 조세개혁에 따른 부익부 빈익빈 현상 심화 등으로 나타났다.

넷째, 마지막으로 고용창출을 위한 정책들이다. 즉, 자유주의적 노동시장정책, 파트타임 근로의 장려와 청소년에 대한 교육훈련, 적극적인 외자유치 등을 통한 고용창출을 적극적으로 추진했다. 기업의 인건비 부담을 덜어 경쟁력을 높이면서 파트타임이든 비정규노동자이든 일자리가 생기도록 고용증대를 꾀함으로써 실업문제를 해결하겠다는 것이다. 영국은 유럽 주요국 가운데 일자리 보호제도가 가장 느슨하다. 기업경영에 관한 결정은 사용자의 권한으로 존중되고 있으며 해고사유를 통지하는 것 외에는 법률상으로 특별한 절차 없이 해고를 할 수 있도록 되어 있다. 주당 노동시간이나 연간 유급휴가에 대한 법률적 규제도 일체 없으며 연장근로수당에 대한 법규정도 없다. 이러한 유연노동시장을 통한 고용창출이 실업문제 해결의 최선의 길이라고 대처 수상은 생각했다. 한편 노동시장에 신규로 진입하는 청소년들을 대상으로 숙련 향상을 위한 정부 주도의 훈련을 실시함으로써 실업을 완화시키고자 했다. 이에는 16~18세 청소년을 대상으로 한 청소년훈련 프로그램(Youth Trianing Scheme, 1986), 18~24세를 대상으로 한 고용훈련 프로그램(Employment Training, 1988), 일자리분할제(Job Splitting), 직무훈련 프로그램(Job Training Scheme) 등 다양한 프로그램이 있다(Tonge, 1997).

(2) 노동조합의 대응

영국에서는 제2차 세계대전 후 노동조합의 세력이 크게 증대되었다. 영국 국민들은 제2차 세계대전 시의 노동조합의 협조적 역할에 대해 극찬했으며 영국 사회 내에서의 노동조합의 위신이 올라갔다. 또 노동조합과 노동당 정부 간의 긴밀한 협조가 이루어짐으로써 노동조합의 정치에 대한 영향력도 높아졌다. 노동당 정부의 주요 각료가 노조출신으로 충원되었고 의회 내에도 노동조합 출신 의원이 대량으로 진출했다. 노동조합의 정부정책에 대한 참여도 크게 증대되었다(임무송, 1997).

전후 영국 사회에서 확고하게 자리 잡았던 노동조합의 위치는 1970년대 들어 크게 흔들리게 된다. 정부의 소득정책에 항의하는 노동조합의 무질서한 파업과 계속되는 임금상승에 대한 국민의 비판이 고조되었다. 히스 정부에 의한 노동조합개혁 움직임이 실패로 끝나고 다시 노동당 정부가 집권했던 1970년대 말경 노조운동에는 세 가지 커다란 흐름이 존재하고 있었다(Crouch, 1990).

첫 번째 흐름은 노동당 정부의 네오 코포라티즘적(neo corporatism) 정책(노사정 협력주의)에 협조하는 것 외에 대안이 없으며 이러한 체제에 참가함으로써 노동조합에 긍정적 이익도 있다고 주장하는 견해였다.

두 번째 흐름은 노동조합이 정상적인 단체교섭에만 치중하고 정치참여는 하지 않는 것이 좋다고 생각하는 견해였다.

세 번째 흐름은 노동자의 전투성을 동원해 정치적 변화를 가져오도록 노동조합이 노력해야 한다는 견해였다.

그러나 1979년 보수당 정부의 등장에 따라 첫 번째 전략은 무용지물로 되었으며 두 번째 전략 역시 극히 불리한 상황에 처하게 됨에 따라 남은 유일한 신뢰할 만한 전략은 전투주의자들의 견해밖에 없게 되었다.

당시 정부의 반노조적 입법과 불황으로 야기된 노조의 세력 약화 및 적대적 환경은 영국 노동조합에 많은 갈등을 야기했다. 영국 노조는 정치적 견해 차이와 이해관계의 차이로 인한 갈등뿐만 아니라 전반적인 혼란과 불확실성 속에 허덕이고 있었다(MacInnnes, 1987) 노조의 태도는 기본적으로 방어적이었으며 조직의 생존을 최우선 목표로 삼고 있었다(Olney, 1996).

TUC는 대처 정부 초기에는 단지 정부 입법에 대한 저항이라는 소극적 전략으로 일관했다. 1980년 TUC는 노조 투표에 대한 정부 자금 지원을 받기를 거부함으로써 정부에 대한 저항의사를 나타냈다. 1982년에는 「고용법」에 대한 거부운동을 벌였으나 이는 일부 노조만 참가했으며 TUC는 산하 노조에 대해 법률 불복종 행동을 승인하기를 거부했다. 노조들은 정부에 대한 저항원칙에는 일치하지만 저항방법, 이유, 수단을 둘러싸고 내부분열을 일으켰다. TUC는 불법행동에 따른 엄청난 벌금이 재정에 큰 부담으로 작용함에 따라 점차 불법적 행동에 대한 지지를 거부하는 쪽으로 입장을 정리했다.

1983년 보수당이 총선에서 다시 승리한 후 TUC는 입장을 재점검했다. 그 결과 정부에 대한 정면저항을 완화해 정부와의 협력을 모색하는 대신 현장 노조를 보호한다는 전략을 세웠다. 그러나 이러한 노조의 신현실주의를 보수당 정부는 받아들이지 않았다.

이러한 가운데 TUC는 매우 어려운 처지에 빠졌다. 조직률이 하락하고, 파업빈도가 감소했으며 파업 결과는 실패로 끝나기 일쑤였다. 대중동원력이 저하되고, 정치적 영향력이 감소되었으며, 대중의 반노조 감정도 상승했다.

당시 TUC의 경제, 고용정책은 과거정책을 답습하는 데 머물렀다(Bornstein and Gourevitch, 1984).

즉, 첫째, TUC는 해고, 공장폐쇄, 도산으로 위협받는 기업과 산업의 일자리를 보호하기 위한 방어투쟁을 벌였다. 이는 주로 철강, 자동차, 섬유, 엔지니어링 등 사양산업을 중심으로 이루어졌다. 그러나 이러한 사양산업에서의 고용보호는 장기적인 경제적 토대에서는 정당화되기 어려운 경우도 있었다.

둘째, 정부의 긴축정책을 비판하고 보다 확장적 정책을 요구했다. 금리인하, 팽창적 금융정책, 공공지출의 확대 등이 그러한 내용이었다. 그러나 당시 인플레이션 문제가 심각한 상황 속에서 이러한 정책의 실현가능성은 매우 낮았다.

셋째, 향후의 노동당 집권에 대비한 경제정책을 수립하는 것이었다. 공공부문을 중심으로 한 투자주도 성장의 회복, 중요산업에서의 계획체제, 산업민주주의와 노조의 역할 증대, 선별적 수입 통제와 효율적 환율 통제 등이 그것이었다. 그 밖에도 실업문제를 해결하기 위해 노동시간을 주당 35시간으로 단축함으로써 일자리를 나누는 정책을 제안했다.

이러한 가운데 TUC의 미온적 태도를 비판하는 전투주의자들의 목소리가 점점 높아졌다. 이 흐름은 특히 전국탄광노조(National Union of Mineworkers) 위원장 아서 스카길(Arthur Scargill)에 의해 대표되었다. 이미 1973~1974년에 전국광산노동자조합(NUM)은 총파업에 의해 히스 보수당 정부를 패배시킨 경험을 가지고 있었다. 스카길은 같은 전략을 이용하면 대처 정부도 패배시킬 수 있다는 견해를 유지하고 있었다.

보수당 정부에 대한 전투주의자들의 저항은 마침내 1984년 탄광노조의 장기간 파업이라는 형태로 전면전 양상을 나타내게 된다(임무송, 1997; Kahn, 1992). 영국의 탄광은 1940~1950년대에 걸쳐 대부분 국유화되어 있었다. 그러나 1970년대 이후 탄광업에서 적자가 지속되고 생산비가 증가함에 따라 탄광업의 구조조정이 불가피하게 되었다. 특히 1979년 이후 보수당 정부는 차츰 탄광업에서 손을 떼고자 하는 의도를 분명히 했다. 정부는 탄광업에 대해 엄격한 이윤 목표를 세우고 이에 미달하는 광구, 사업소에 대해서는 재조직, 폐쇄 등을 단행하고자 했다. 이 과정에서 광부들의 대량해고는 불가피하다고 정부는 주장했다.

1980년대 들어 영국 탄광노조는 그 세력과 효과 면에서 점차 약화되고 있었다(Kahn, 1984). 탄광노조는 산업구조조정(폐쇄, 재조직, 임금)의 속도, 성격, 조건에 영향을 미치지 못하고 있었으며 정리해고, 근로조건의 악화, 작업통제의 붕괴, 그리고 노조 내부의 심각한 분열 등을 겪고 있었다.

1980년대 초 탄광노조 위원장 스카길은 탄광업 구조조정에 저항하기 위한 전국적 파업의 성사를 위해 노력했다. 탄광폐쇄가 가속화하고 있는데 저항하기 위해 노동조합은 전면 투쟁해야 한다고 스카길은 주장했다. 그는 TUC나 노동당이 지나치게 타협적이며, 대처리즘에 대해 저항하기에는 너무 계급의식이 불충분하다고 비판하면서 탄광노조의 파업으로 대처 정부를 무너뜨릴 수 있을 것으로 확신했다. 스카길의 이러한 믿음 뒤에는 1970년대의 탄광노조의 파업 성공으로 히스 보수당 정부를 무너뜨렸다는 경험이 크게 작용했다.

1984년 3월 정부가 20개 광구의 폐쇄를 제시하고 이로부터 약 2만 명의 인원감축 효과가 발생하게 되자 NUM은 전면 파업에 돌입했다. 그러나 사태는 탄광노조에 매우 불리하게 전개되었다. 정부는 이미 1980년대 초부터 탄광노조의 파업에 대비한 준비를 계속해 왔다. 원자력발전소 건설 등 대체 에너지원의 개발, 석탄수입량의 증대, 대규모 석탄 재고의 확보 등으로 파업에 대비하는 한편, 전국적인 경찰력 공조체제를 갖춰 파업 시 즉각 투입할 수 있도록 만반의 준비를 갖추었다. 보수당 정부의 의도는 단순한 탄광산업의 구조조정뿐만 아니라 이 기회에 강경 노동조합을 완전히 분쇄하고자 하는 데 있었다(Kahn, 1992).

파업이 발생하자 2만 명의 경찰력이 동원되어 파업지역을 완전봉쇄하고 파업동조자들의 출입을 원천봉쇄했다. 파업 참가 광부에 대해서는 폭력을 비롯한 온갖 조치가 취해졌다. 1984년 한 해 동안에만 9천 명 이상이 불법 피케팅 혐의로 체포되었는데 이후 피케팅에 참가하지 않는 조건으로만 보석을 허가했다(Coates, 1989). 파업 참가자와 경찰 양쪽에서 상당한 폭력이 행사되었고 결국 양쪽 모두 소수의 사망자가 발생하는 참극을 빚었다.

그러나 이러한 경찰과 법원의 탄압이 탄광노조 패배를 불러온 원인의 전부는 아니었다. 보다 중요한 것은 노동운동 내부의 분열과 비협조였다. TUC는 공식적으로는 탄광노조의 파업을 지지하기는 했지만 이는 매우 형식적인 것으로서 실질적인 지원은 거의 하지 않았다. TUC로서는 강경파 지도자 스카길이 부담스러웠을 뿐만 아니라 불법 파업에 대한 지원이 가져올 막대한 벌금으로 인한 재정적 부담을 염려했던 것이다. 1970년대의 탄광노조 파업 성공 시 결정적 역할을 했던 다른 산업에서의 연대파업도 이번에는 실현되지 않았다. 철강노조와 전기공노조는 우파 지도부의 통제하에 있었으며, 이미 실업률이 높은 상황 속에서 파업 참가 시 해고될 위험이 컸고, 반노조적 법률의 위협이 너무 강했기 때문이다(Coates, 1989). 보다 결정적인 것은 탄광노조 내부의 분열이었다. 영국의 탄광노조는 탄광 밀집지역 중심으로 조직되어 있다. 요크셔(Yorkshire) 지방 중심의 탄광노조가 주도하는 파업에 대해 또 다른 탄광밀집지역인 노팅엄셔(Nottinghamshire) 지방의 탄광노조는 참가하지 않았다. 이들은 마침내 민주탄광노조(Union of Democratic Miners: UDM)라는 별도의 조직을 만들어 NUM으로부터 독립했다. UDM은 정부와 경영진의 탄광업 구조조정에 적극적으로 협조했다. 이들은 탄광폐쇄와 정리해고에 반대하지 않았으며 새로운 임금구조 등 인센티브제도 도입에도 적극 협력했다. 노조를 분열시키고자 하는 경영진의 의도에도 협력했다. 그 대가로 UDM은 자기 조합원들만의 임금인상과 고용보장을 획득할 수 있었다(Kahn, 1992).

1984~1985년의 총 51주간에 걸친 파업에서 NUM은 결국 패배했다. 조업

계속 지역과 파업지역 간의 간격이 깊어지고 광부 가족이 심각한 경제적 곤란을 겪게 됨에 따라 NUM은 더 이상 버틸 수가 없었던 것이다. 파업이 끝난 뒤 전국석탄위원회(National Coal Board)는 파업지도자에 대해 매우 엄격한 조치를 취했다. 탄광노조 지도자들은 비록 단기간이긴 하지만 감옥에 투옥되었으며 법원모독죄로 벌금을 물어야 했다. NUM의 재산은 완전히 몰수되어 정부의 통제하에 들어갔다.

NUM의 패배 이후에도 요크셔 지방에서는 수많은 소규모 비공식 파업이 계속되었지만 그 효과는 그다지 크지 않은 것이었다. 이후 영국 노조운동 내의 극단적 전투주의에 대한 신뢰는 떨어졌으며 1970년대에 나타났던 호전적 현장 노조주의도 약화되었다.

이러한 전투적 조합주의와 현장 노조주의의 약화 대신 나타난 것은 개별 기업 노조주의와 일본식 노사관계였다(Crouch, 1990) 여러 가지 형태의 유연적 작업방법이 도입되었다. 직종 간 경계의 소멸, 다기능공화, 파트타임 노동자 및 파견노동자의 증가, 업적급 및 이윤분배제의 도입, 변형근로시간제 및 교대제의 변경 등 경영자 측에 유리한 노동관행 등이 잇달아 도입되었다.

이러한 유연적 작업방법을 뒷받침하기 위해 개별 기업별 노동조합이 승인되고 기업별 단체협약이 맺어지는 등 단체교섭의 분산화가 나타났다. 단체교섭이 임금협상 등을 중심으로 기업이나 사업장 단위로 분산화되는 경향은 특히 1980년대 말 이후 노사관계의 변화 가운데서 특히 주목해야 할 점이다. 1986년부터 1992년 사이에 기계공업, 조선업 등 14개 산업에서 종전의 전국단체교섭이 무너지고 기업별 교섭으로 전환했으며, 1990년 현재 민간부문의 70% 이상이 개별교섭을, 그리고 겨우 15~30%만이 산별교섭을 하고 있는 것으로 나타났다(배규식, 1996).

한편 기업별 교섭에서는 기업별 노사 평화협약이 많이 이루어졌으며 기업통제하의 종업원 경영참여제도를 도입하는 곳도 많아지는 등 노사협력적 교섭형태를 나타내고 있다. 하청, 임시노동자의 광범한 사용에 의해 고용불안은 일층 심화되었다. 이러한 자본 측의 공세에 대해 노조 측은 뚜렷한 대안을 내놓지 못하고 있다.

이러한 가운데 노조원 수는 계속 감소해 1980년 피크 시의 13,289천 명(조직률 53%)로부터 1990년에는 9,900천 명(조직률 32%)로 230만 명이나 감소했으며(Gallie et al., 1996), 다시 1995년에는 650만 명으로 줄어들었다(배규식, 1996). 노동조합의 전투성은 쇠퇴하고 파업빈도와 파업 지속기간이 대폭 줄어들었다. 노동조합은 정치적 시민권을 상실했다. 정부는 노사정 3자협의체제를 철폐했고 노동조합과 정부 간의 대화통로는 단절되었다.

사회운동으로서의 노동조합의 사기는 크게 저하되었으며 노조는 자신감을 상실하고 진로에 대한 혼란으로 백가쟁명식 상태에 빠지게 되었다.

그러나 과연 1980년대 보수당 정부 집권 시기에 있어 영국의 노동조합이 완전히 그 세력을 잃었는가의 여부에 대해서는 논란이 있는 것도 사실이다. 정치적 영향력의 쇠퇴에도 불구하고 단체교섭 면에서는 그다지 큰 타격을 입지 않았다는 것이 실증적으로 밝혀지고 있다(Crouch, 1990). 또 과연 대처 정부가 노동조합의 '길들이기'에 성공했는지 여부도 확실하지 않다. 영국 노조조직률의 변화가 전적으로 정부의 반노조정책 때문이라는 견해는 정부정책의 영향을 과잉평가한 것이며 오히려 제조업의 비중 감소가 주원인이라는 주장도 나오고 있다(Gallie et al., 1996).

어쨌든 영국 노동조합은 1980년대 후반 이후 그동안의 수세적 전략을 넘어서서 변화된 사용주 전략의 도전에 대한 해답을 발견하고자 노력하고 있다. 이러한 영국 노동조합의 노력은 다음과 같은 형태로 나타나고 있다(Couch, 1996). 첫째, 노동조합 내에서 점점 그 비중을 더해 가고 있는 여성, 청년, 임시노동자 등 새로운 종류의 노동자들에 대한 효과적인 대변방법을 모색하고 있다. 이를 위해 노조는 저임금, 여성 노동자, 파트타임 노동자의 보호, 작업장의 안전과 보건문제 등을 규정한 유럽연합(EU)의 사회헌장에 기초한 사회적 행동 프로그램에 영국 정부가 서명, 시행할 것을 촉구하고 있다. 두 번째, 다양한 형태의 노동자 참여제도의 도입을 통해 기업에서의 노동자의 발언권을 높이고자 노력하고 있다. 1960~1970년대의 대립적 노사관계에서 보인 노조의 전투적 이미지를 바꾸기 위해 노사 간 공존과 협조를 추구하는 사회적 동반자 관계를 그 대안으로 제시하고 있다. 세 번째, 기업의 유연성 도입에 전면적으로 반대하기보다는 새로운 유연성 협약을 체결해 유연성 도입과정에 노동조합의 개입도를 높이고자 노력하고 있다. 네 번째, 노동조합 조직의 슬림화와 노조 간 합병 등을 통해 노동조합구조를 효율화시키고자 노력하고 있다.

이러한 노조들의 요구와 대안은 1997년 총선거에서 노동당이 집권함으로써 보다 실현가능성이 높아졌다. 그러나 일단 분산화된 단체교섭과 이에 기초한 유연성 추구, 노사협력 등을 되돌린다는 것은 거의 불가능할 것으로 보인다.

(3) 평가

1980년대 대처 보수당 정부의 신자유주의적 노동정책에 따라 영국의 노사관계는 집단주의로부터 개인주의적 방향으로 변화했다. 전체적으로 이들 정책들은 유연노동시장을 창설하고 시장력을 강화했으며 임금이 보다 유연해지도록 만들었다. 그 결과는 분산화된 미국식 노동시장으로 전환이었다. 영국은 EU의 표준인 규제되고 제도화된 구조적 노동시장으로부터 이탈했다.

그러나 일부 신자유주의적 이데올로그들의 주장과는 달리 이러한 신자유주의적 노동정책이 실업문제 해결에 기여했다는 증거는 거의 없다. 영국의 장기실업률은 1979~1993년의 기간 동안 전체적으로 증대되었다. 장기실업률은 1980년대 말 잠시 감소하기는 했으나 이는 공급 측면에서의 효율성 증대의 결과라기보다는 총수요 증대에 따른 반응에 불과한 것이었다(Skuse, 1995).

많은 학자들은 신자유주의적 정책의 실업 감소 효과에 대해 의문을 표시하고 있다. Britton(1993)은 1980년대의 공급 측면 개혁이 실업수준 하락에 아무런 역할을 못했다고 지적한다. Blanchflower and Freeman(1994)은 다른 OECD 국가들과 비교해 볼 때 영국의 상대적 성과는 인플레, 성장 면에서 개선된 반면, 실업, 고용 면에서는 오히려 악화되었으며 장기실업이 증대되고 불평등이 악화되어 노동시장이 이중구조화되었다고 비판하고 있다. Coulton and Crumb(1994)은 영국의 자연실업률이 1980년대 후반부터 하락한 것은 사실이지만 그러나 이는 주로 교역조건 및 기타 노동시장 외부적 요인에 기인한 것이며 보수당 정부의 정책 때문이라는 증거는 없다고 지적하고 있다. Adnett(1997) 역시 비록 영국 노동시장이 1980년대에 보다 효율적으로 되었다는 일부 증거가 있긴 하지만 그 증거는 약하며 실업의 지속, 임금불평등의 증대 등으로 인해 전반적 효과가 좋았다고 결론짓기는 힘들다고 말하고 있다. 결론적으로 Skuse(1995)는 영국 보수당 정부의 정책으로부터 얻을 수 있는 시사점으로서 시장은 그대로 내버려 둘 경우 고실업과 연관된 뿌리 깊은 문제들을 해결할 수 없다는 것을 보여 준다고 지적하면서 국가의 개입이 필연적이라고 주장한다. 그러나 1980년대 영국 조직 노동의 해체로 노정 간 및 노사 간 협력이 어려워지고 불신이 심화됨으로써 문제를 야기했다고 그는 주장한다.

한편 1980년대 보수당 정부의 노동억압적인 정책과 자본의 유연화정책에 대해 영국 노동운동이 제대로 대응하지 못했던 데는 여러 가지 이유가 존재한다. 먼저 그간 영국의 노조운동이 노사 간 자율주의적 전통 속에서 전개되어 왔기 때문에 노조운동의 집단적 권리가 법적으로 제도화되어 있지 않았던 것이 노조운동의 쇠락을 가져온 주요인으로 작용했다(김영순, 1998). 따라서 1980년 이후 정부와 자본이 기존의 관행을 깨었을 때 이에 대한 노조의 대응은 무력할 수밖에 없었다.

또 영국 노조운동은 비록 단일노총인 TUC로 단결되어 있기는 했지만 전국적인 통일성은 약했다. 독일 등 산별노조가 발달한 나라들과는 달리 영국에서는 숙련 노동자를 중심으로 한 직업별 노조가 노조구조의 중심을 이루고 있었으며 한 기업 내에서도 여러 개의 직업별 노조가 존재해 각각 별도의 단체협약을 체결하는 경우가 많았다. 이러한 노조운동의 분산성으로 인해 1980년대의 정부와 자본의 공세에 노동조합이 힘 있게 대처하지 못했다.

한편 1980년대 후반 이후 영국 기업들에서 광범하게 도입된 생산조직의 변화와 일본식 노무관리제의 도입 등에 대해서도 영국 노동조합들이 효율적으로 대처하지 못했다. 이에 대해 하이먼(Hyman)은 1980년대 초 영국의 노동조합들이 전투적 노조주의에 지나치게 의존함으로써 패배를 한 다음 효율적인 대응전략을 내놓지 못한 것이 노조조직률을 떨어뜨린 요인으로 작용했다고 비판하면서 노동조합이 적극적으로 대안을 가지고 작업조직과 생산조직의 변화에 개입하는 '비판적 개입주의'에 대처했더라면 훨씬 더 나은 결과를 가져왔을 것이라고 평가하고 있다.

3) 미국

(1) 고용정책의 변화

미국에서는 1930년대 뉴딜(New Deal)정책 이래 정부개입을 통한 완전고용 수준의 유지와 사회보장정책이 케인스적 복지국가정책의 기본으로 되어 왔다. 자본과 노동 간에는 암묵적인 형태의 '노사합의'가 맺어졌는데, 그 내용은 노동자보호입법을 통해 노동조합과 단체교섭을 법적으로 승인하고, 완전고용과 복지정책을 시행하는 한편, 임금상승과 생산성 향상을 연계시킴으로써 노동자들의 물질적 복지증진을 꾀하는 등 국가와 자본이 노동 측에 대해 일정한 양보를 하는 대가로 노동조합도 실리적 노동조합주의(business unionism)를 채택, 노동조합은 조합원의 임금과 복지 등 물질적 이익의 실현에만 전념하고 경영에 관한 전략적 의사결정이나 정부의 정책 등에는 일체 개입하지 않는다는 내용이었다(윤진호, 1992).

그러나 1970년대 스태그플레이션의 발생 이후 케인스주의, 복지국가주의에 대한 환상은 깨졌으며 노사 간의 암묵적 합의 역시 깨졌다. 이는 신보수주의 반혁명을 위한 토대를 제공했다(Marshall, 1995). 스태그플레이션 경험 이후 많은 주류 경제학자들은 노동시장에서의 경직성, 불완전성이 지나친 고임금비용과 제한적 노동관행, 그리고 낮은 생산성을 가져왔다고 결론지었다. 자본시장의 경직성과 지나친 정부규제 역시 투자 및 위험부담을 억제하며, 정부지출의 확대와 높은 조세율은 민간부문의 경제활동에 대한 인센티브를 제약하는 것으로 인식되었다.

그 결과 뉴딜정책 이래 지켜져 오던 '노사합의'는 붕괴되었다. 그 대신 나타난 것이 바로 1980년대의 신우익 프로젝트였다. 미국에서 신보수주의는 레이건 대통령이 제창한 '레이거노믹스(Reaganomics)'라는 형태로 나타났다. 미국의 신보수주의적 노동정책은 다음과 같은 구성요소를 가진다(Marshall, 1990).

첫째, 긴축정책과 이를 통한 완전고용정책의 포기이다. 1970년대 말의 높은 인플레와 경기침체 등에 대한 심각한 위기의식을 가지고 출발한 레이건 정권은 '경제재건계획'에 의해 경제위기로부터의 탈출을 기도했다. 레이건 행정부 초기에는 여러 가지 신우익원칙이 반영되었는데, 특히 조세감면을 통한 근로의욕과 투자의욕의 진작이라는 공급경제학적 정책, 인플레 억제를 위한 금융긴축과 재정지출 축소, 공무원에 대한 임금억제정책 등이 그 주요한 내용이었다(Toulouse, 1995). 정부는 연간 실업률이 9.7%에 이르렀던 1982년에도 경기부양책을 쓰지 않고 오히려 물가억제를 위해 통화량을 긴축했다. 통화량 증대는 물가상승이라는 부작용만 낳을 뿐 구조적 실업문제는 해결할 수 없다고 판단했기 때문이다. 이러한 정책들은 애초에 의도했던 바와 같은 고성장, 생산성 향상, 인플레 억제에는 실패했다는 것이 대체적인 평가이다(Blanchard, 1987; Modigliani, 1988; Arestis and Marshall, 1990). 대신 소득불평등의 심화와 노동시장의 이중구조화 등 바람직하지 못한 결과를 낳았다. 과감한 조세감면정책은 고소득층에게 보다 유리한 것이었기 때문에 결국 소득분배의 불평등 심화를 가져왔다. 정부지출 삭감에 따른 복지지출의 억제 역시 하층소득층에게 커다란 타격을 주는 것이었다. 한편 레이건 정권은 강력한 금융긴축과 더불어 인플레 억제를 위한 임금억제정책을 강행해 연방공무원의 임금인상을 1981년에는 4.8%로 억제했다. 이에 대해 미국노동총연맹(AFL-CIO)은 레이건 행정부의 새로운 임금억제 가이드라인에 대해 비판하면서 가이드라인의 무시를 결정함으로써 정부와 노조는 충돌 코스로 향해 달려갈 수밖에 없게 되었다. 금리인상, 통화량 억제, 환율인상 등 금융긴축에 따라 성장률이 저하하고, 실업률이 급증해 9.7%에 달했으며 이는 필연적으로 노조와의 충돌을 가져올 수밖에 없었다.

둘째, 전후합의의 붕괴와 노동조합에 대한 규제정책이다. 제2차 세계대전 후의 공화당 정권은 뉴딜을 통해 형성되었던 노사관계에 대해 적어도 대결적인 자세를 취하지 않았으나 레이건 정권으로 되자 뉴딜형 노사관계 및 노동조합에 현저히 대결적 자세를 취했다. 레이건 정권은 전국노사관계위원회(National Labor Relations Board: NLRB), 노동성 등의 노동관계 기관들의 요직에 반노조주의적 색채가 짙은 인물을 임명함으로써 노동조합에 적대적인 자세를 분명히했다(萩原進, 1994). 1980년대 들어 사용자에 의한 부당노동행위가 급증했으나 전국노사관계위원회는 이를 방관하는 태도를 취함으로써 이러한 행위를 부추겼다. 이는 1930년대에 형성된 뉴딜형 노사관계에 의한 노사합의를 실질적으로 붕괴시키는 것이었다. 1960~1970년대에 걸쳐 인플레 대책으로서 채택되어 왔던 소득정책의 실시 과정에서 노동조합의 협력과 참여를 얻으려는 노력이 이루어져 왔으나 1981년부터는 이러한 코포라티즘적 태도는 레이건 정권의 손에 의해 종언을 고했다. 이러한 가운데 마침내 레이건정권의 노동정책을 상징하는 사건이 발생했다. 즉, 항공관제사조합(Professional Air Traffic Controllers Organization: PATCO)의 파업과 대량해고 사건이었다(Weil, 1994; Pollack, 1995). 파업이 금지되어 있는 연방공무원인 항공관제사 조합은 임금인상, 노동시간 단축 등을 요구하며 1981년 8월 일제히 파업에 돌입했다. 이로 인해 항공수송에 일대 혼란이 일어나면서 파업에 대한 여론이 악화되었다. 레이건 정권은 직장복귀명령에 응하지 않는 파업 참가자 전원을 해고했는데, 그 수는 1만 2천 명에 이르렀다. 연방노동위원회는 PATCO의 교섭권, 대표권을 박탈함으로써 조합은 사실상 소멸했다. 항공관제사조합의 쟁의에 대한 레이건정권의 대응은 공무원 임금억제나 위법파업에 대한 엄정한 처분의 영역을 넘어 노동조합 파괴(union busting)의 영역에까지 도달한 것으로 평가된다(萩原進, 1989). 이는 종래의 미국 노동정책의 큰 전환이라고 할 수 있다.

셋째, 복지지출의 삭감과 실업정책의 전환이다. 사실 미국에서는 직접적인 고용보호의 제공은 정부의 역할이 아니다. 이른바 인사권, 경영권의 행사는 경영자의 고유한 권리로 인정되며 그러한 경영권의 행사 결과 노동에 미치는 영향은 단체교섭을 통해 당사자 간에 해결해야 한다는 것이 원칙이다. 공장폐쇄나 정리해고에 대해 노동자를 보호하는 데도 소극적이다. 고용주는 아무런 제약 없이 자유로이 공장폐쇄를 할 수 있으며 임의해고가 가능하다(Block, 1992). 그러나 실업률이 심각해짐에 따라 레이건정부는 그때까지의 소극적 정책에서 벗어나 고용 및 실업대책에 적극적으로 대처하기 시작했는데 그 기본방침은 시장을 중시하는 것이었다. 즉, 규제완화와 벤처기업 활성화 등 첨단기술 서비스 부문 성장을 통해 민간부문의 경쟁력을 높임으로써 고용을 창출한다는 것이다. 또 실업자에 대해서도 정부가 직접 생계유지를 위한 보조금을 지급하기보다는 직업훈련과 취업 알선(job placement) 지원을 통해 그들의 취업가능성을 높임으로써 자기부양능력을 키우는 데 초점을 두었다. 이른바 '일을 통한 복지(work-fare)'가 그것이다. 이에 따라 청소년과 장기실업자에 대한 직업훈련의 강화, 실업급여에 대한 과세, 사회보장수혜자들의 근로의무화, 저소득 근로가구 보조 등의 정책이 취해졌다. 물론 자기부양능력이 없는 극빈층에 대해서는 실업급여 수급기간의 연장 등을 통해 최소한의 소득을 보장해 주지만 이는 어디까지나 일시적이고 보조적인 정책에 그치며 기본적으로는 수혜자들의 노동공급을 유도함으로써 실업장기화를 방지하고 자기부양능력을 증진한다는 것이 기본 정책으로 되어 있다(조준모, 1997; 윤정열, 1997).

(2) 사용자의 전략

레이건 정권은 신자유주의적 원칙에 기초해 노동조합에 대한 대결적 자세를 분명히 했다. 그러나 영국의 대처 정부와는 달리 레이건 정부는 뉴딜형 노사관계에 대신할 새로운 노사관계를 만들 프로그램은 가지고 있지 못한 상태였다. 그 결과 레이건 정부는 케인스형 복지국가체제를 근본적으로 개혁하기 위한 제도적 개혁에는 거의 착수하지 않았다. 그러한 가운데 고용 및 작업장 규칙에 관한 개혁은 주로 기업 수준에서 진행되었다(萩原進, 1989).

특히 그러한 기업 수준의 개혁은 격렬한 국제경쟁에 직면해 매출액과 이익이 급감하고 있던 자동차산업에서 주도되었다. 1980년대의 전 세계적 경제불안은 특히 미국의 자동차산업에 극심한 타격을 주었다. 불황으로 인한 내수 감소에 겹쳐서 수입 자동차, 특히 일본 차의 미국 시장 침투로 인해 이윤이 급격하게 줄어들었다. 그러나 보다 심각한 것은 그동안 세계 자동차산업을 지배해왔던 미국 자동차산업의 경쟁력 상실과 이에 따른 시장 상실이었다. 그리고 이러한 경쟁력 상실 문제의 근원에는 미국 자동차산업이 일본의 보다 효율적인 자원 이용과 생산조직을 따라가지 못하고 있다는 현실이 존재하고 있었다. 이에 따라 미국 자동차산업은 경쟁력 회복을 위해 종래의 포드주의적·테일러주의적 생산방식에 대한 대안적 생산방식을 찾기 시작했다.

우선 단기적으로는 완성차 및 부품사들은 공장폐쇄와 일시해고로 수익성 악화에 대응했다. 1978년 12월부터 1982년 11월까지 만 4년 사이에 미국 자동차산업의 생산직 노동자 수는 83만 3천 명으로부터 46만 8천 명으로 거의 절반 가까이 줄어들었다. 자동차 기업들은 자동화, 로봇화, 컴퓨터 기술의 도입, 생산라인의 축소, 차종 표준화, 저임금 국가로의 생산라인 이전, 외국기업과의 합작, 소형차의 생산 등 다양한 방법으로 생산합리화를 시도했다. 이러한 생산과정의 합리화 과정에서 노동비용의 절감을 위해 임금과 근로조건에 관한 양보교섭을 노조에 요구했으며, 정기적 임금인상 대신 이윤분배제, 1회적 보너스 지불, 이중임금제(신입사원에 대해서는 낮은 임금체계 적용) 등 다양한 임금

억제방법이 도입되었다. 노조와의 관계 재정립을 위한 시도로서 기존 단체교
섭이 파기되고, 노동배치의 유연성 추구, 임금 및 부가급여의 축소를 특징으로
하는 새로운 단체협약으로 대체되었다(윤진호, 1992).

그러나 미국의 자동차 기업들은 이러한 비용절감책만으로는 미국 자동차산
업의 경쟁력 회복을 기대하기 힘들다는 것을 곧 깨달았다. 문제는 품질과 생산
의 유연성에 있으며 이를 위해서는 일본식 생산방식(이른바 '린' 생산방식)을 도
입할 수밖에 없다는 인식이 확산되었다. 이렇게 함으로써 품질향상과 낭비제
거, 생산의 유연성을 도입할 수 있고 이를 통해 소비자의 수요변화에 신속하게
대응할 수 있다는 것이다.

이에 따라 1982년부터 1987년 사이에 미국의 빅3(GM, 포드, 크라이슬러)는
생산, 경영, 마케팅 등 각종 측면에서의 구조개혁에 착수했는데 그 공통점은
일본식 생산방식 도입이었다. 하드웨어적 측면에서는 정보기반기술(NC기계)
의 도입을 통해 유연생산이 시도되었고 조립라인의 재조직, 통합을 통해 혼류
생산이 도입되었다. 생산관리 면에서는 JIT시스템의 도입을 통한 재고낭비 제
거와 부품기업의 관리, 품질관리(QC) 서클과 제안제도를 통한 품질개선 등이
시도되었다. 한편 단체교섭구조의 변화도 시도되어 선임권 완화, 직무 구분 축
소, 다기능화, 팀제도, 제안제도 등이 도입되었다. 이러한 제도를 통해 기업은
노동자의 지식과 시간을 더욱 잘 이용할 수 있으며 노동력 유연성의 확보와 노
동비용의 절감을 달성할 수 있다는 것이다. 기업은 이러한 제도의 순조로운 도
입을 위해 당근전략과 채찍전략을 사용했는데, 즉 한편으로는 공장폐쇄와 해
고위협을 통해 양보교섭을 끌어내면서 다른 한편으로는 팀워크, 노사 공동위
원회를 통한 노동자 참여, 고통분담 이데올로기, 노동자에 대한 훈련 등을 통
해 노동자의 기업 이데올로기에 대한 통합을 시도했다.

이러한 일본식 생산방식의 시도는 먼저 미국에 진출한 일본의 직접투자 공
장 또는 합작공장에서부터 시작되어 마침내 빅3로까지 퍼져 나갔다.

특히 이 과정에서 전통적인 포드주의적 노사관계의 기본적 특징들이 붕괴

되었는데, 이 기간 중 미국의 자동차 기업들이 시도한 노사관계의 재구축을 위한 전략들을 살펴보면 다음과 같다(Bobson, 1995; Golden and Pontussen, 1992; Green and Yamarella, 1996).

① 팀제도의 도입: 전통적인 포드주의적 공장에서는 각 개별 작업자의 직무는 엄격하게 구분되어 있었다. 새로운 시스템하에서는 소단위 팀을 조직해 팀 단위로 작업하게 함으로써 팀 간 경쟁을 통해 노동자를 더 열심히 일하게 할 수 있으며, 감독자에 의한 통제, 감독이 더 용이하게 만들었다.

② 다기능화, 직무순환: 포드주의하에서는 각 작업자가 매우 경직적인 직무 구분하에서 한정된 과업만을 하고 있었다. 새로운 시스템하에서는 한 노동자가 여러 직무를 맡을 수 있도록 다기능화하고 여러 직무를 익히기 위해 직무순환을 하도록 만듦으로써 노동력 활용의 유연성을 획득할 수 있다.

③ 직무 구분의 축소: 종래 포드주의하에서는 서로 엄격하게 구분된 다수의 직무가 존재하던 것을 새로운 시스템하에서는 이를 통합해 3~4개로 합쳤다.

④ 팀 리더의 역할 증대: 현장 감독자인 팀 리더의 역할을 증대시켜 작업자에 대한 감독, 생산조직, 과업 배분 등 일체의 생산관리를 맡김으로써 현장의 효율성을 높이도록 했다.

⑤ 생산직/사무직의 차별 철폐: 식당, 사무실, 주차장 등의 이용과 복장 등의 여러 면에서 생산직과 사무직 간 차별을 철폐함으로써 생산직의 불만을 해소하고 회사에 대한 충성심을 높이도록 했다.

⑥ 개선활동: 계속적인 제품, 생산과정의 개선을 위해 노동자들의 지식을 이용하기 위해 제안제도, QC, 현장개선 등의 활동을 수행하고 이를 위해 노동자들에게 권한의 하부 이양을 실시해 과업 책정, 개발을 스스로 하도록 만들었다.

⑦ 협력적 노사관계의 추진: 가능하면 비노조전략을 추구하되 노조가 불가피하게 존재하는 경우 노조를 생산과정 혁신의 '건설적 파트너'로 삼도록 노력했다. 이를 위해 직무 구분, 유연한 작업규칙, 임금제도 변경 등에 대한 노조의 동의를 얻고 각종 노사 공동위원회를 설치해 노조의 의견을 수렴하며 일부 회

사에서는 이사회에 노조위원장을 이사로 참여시키기도 했다. 또 종업원 주식소유제도를 확대해 노동자들이 회사에 애사심을 가지고 열심히 일하도록 만들었다.

(3) 노조의 대응

현재 미국의 노사관계의 골격을 이루는 체제는 1930년대 대공황 당시 뉴딜정책의 일환으로 취해진 각종 노동보호입법[특히 그중에서도 1935년 제정된 「전국노사관계법」(NLRA, 일명 「와그너법(Wagner Act)」)이 중요하다]으로부터 비롯되는데, 이를 흔히 뉴딜형 노사관계체제라 부른다(윤진호, 1992). 이 뉴딜형 노사관계는 기본적으로 자본과 노동의 상호타협에 바탕을 둔 것이다. 즉, 전국노사관계법의 입법과 이를 실행하는 노동법원 격인 전국노사관계위원회의 설립에 따라 노동조합과 단체교섭이 법적으로 승인받게 되었다. 작업장 수준에서의 직무통제 역시 고용주의 자의적 통제를 제약하는 방향으로 변화했는데, 고도로 공식화된 단체협약의 체결, 단체협약의 이행을 보장하기 위한 준사법적 고충처리절차의 도입, 선임자우선권 규칙의 도입에 의한 직무배분, 승진, 해고, 재고용 등에 대한 노동조합의 통제 등이 그것이다. 이를 작업규제형 노동조합주의(job-control unionism)라고 부른다. 또 임금과 물가를 연동시켜 노동자들에게 고임금과 각종 부가급여를 보장해 주었다.

그러나 노동에 대한 이러한 자본의 양보 대신 노동조합도 중요한 양보를 하게 되는데, 즉 노동조합은 경영에 관한 전략적 의사결정(기업전략, 투자전략, 인사관리전략, 기술전략 등)을 경영자의 고유한 권리로 인정해 이에 간섭하지 않고 오로지 임금, 노동시간, 고용조건 등만을 단체교섭의 대상으로 삼는다는 이른바 실리적 조합주의(business unionism)를 채택했다는 것이다(윤진호, 1992). 또 노동조합은 자본주의 시장경제체제를 적극적으로 옹호하며 유럽의 경우와는 달리 노동자계급의 정당을 만들거나 진보정당과 직접적인 연관관계를 맺는 것을 피하고 정부의 정책에도 직접 참여하지 않은 채 오로지 의회, 행정부에 대한 로비활동을 통해 정치에 영향을 주는 데만 주력한다는 것이다.

이러한 자본과 노동의 타협에 기초한 뉴딜형 노사관계는 제2차 세계대전 후 1970년대 중반까지 비교적 순조롭게 지속되어 왔다. 물론 뉴딜형 노사관계를 자본과 노동 간의 협조형 노사관계로 볼 수는 없다. 오히려 뉴딜형 노사관계체제하에서는 분배국면에서의 임금과 부가급여수준을 둘러싼 갈등, 그리고 생산국면에서는 직무통제의 범위와 강도를 둘러싼 갈등이 끊임없이 발생해 왔으며 그러한 의미에서 오히려 대립적 노사관계라고 할 수 있다.

그러나 1970년대 중반부터 시작된 국제경쟁의 격화를 배경으로 1980년대 들어 미국에서는 노사관계의 전환기가 시작된다. 국제경쟁의 격화를 배경으로 노사관계는 종래의 적대적 성격으로부터 협조형으로 전환된다. 사용자 측은 고용의 보장, 종업원의 경영 참가 프로그램의 도입, 기업 내 훈련의 확충 등 협조적 노사관계 증진을 위한 프로그램들을 도입하게 되며 노조 측에서도 임금인상의 억제, 부가급여 인하의 수용, 파업의 억제, 기업합리화에의 협력 등 종전과는 다른 모습을 보이게 된다.

그러나 이러한 노사관계의 전환에는 많은 진통이 따랐다. 이러한 구조전환을 둘러싼 노동조합의 대응양상이 가장 잘 드러나는 곳이 자동차산업이다. 다음에서는 자동차산업에서의 노동조합의 대응양상을 살펴보기로 하자.

자동차산업에서의 일본식 생산관리와 노무관리방식의 도입은 노동조합에게는 중대한 도전으로 작용했다. 직무순환, QC, 배치전환 등은 노동강도를 강화시키는 요인으로 작용한다. 직무 구분의 철폐와 다기능화는 생산비효율의 끊임없는 제거를 목표로 한 것으로서 노동자들에게 끊임없는 압력을 넣는 요인으로 작용한다. 팀제도의 도입으로 노동자 간 경쟁이 격화되어 작업속도가 빨라지고 산업재해가 증대했다. 그러나 이러한 작업구조의 재편이 과연 생산성 향상과 고용안정의 보장을 가져다주었는지는 불확실하다. 고용안정은 기본적으로 기업제품에 대한 시장수요에 의존하는 것으로서 수요가 줄어들면 생산성 개선과 상관없이 일자리는 줄어들 수밖에 없기 때문이다. 설혹 생산성이 높아지고 이윤이 증대되더라도 기업은 늘어난 이윤을 다른 지역의 공장이나 노동대체적 기술에 투자함으로써 일자리를 위협하기도 했다.

노사관계에 있어서도 기업은 노조와 직접 싸우기보다는 노조 지도자를 회유하는 전략을 사용했다. 이사회나 노사 공동위원회에 노조 간부를 앉히고, 팀 제도에 의해 현장 의사결정에 노조 현장위원을 참여시킴으로써 노조의 전투성의 근간이 되는 현장 노조 지도자를 통합시켰다. 이에 따라 노조원은 회사에 대한 협력자와 반대자로 분열되고 노조 지도부도 분열되어 지도력이 손상을 입었다. 노조의 각 지역지부 간에도 일자리를 잃지 않기 위해 서로 양보교섭경쟁을 벌임으로써[이를 '톱질하기(whipsawing)'라 한다] 노조원 전체의 이익을 수호하는 노조의 능력은 크게 손상을 받았다.

이러한 미국 자동차산업에 있어 경영진의 공세에 대한 전미자동차노동조합(UAW)의 대응방식은 크게 두 가지 견해로 나뉘는데, 참여협력주의와 전투적 노조주의가 그것이다(Katz, 1988).

참여협력주의는 경영진의 공장구조 개혁 노력에 노조가 적극적으로 협조해야 한다는 견해이다. 이는 UAW의 GM 담당 부회장을 지냈던 엡힐린(D. Ephlin) 등에 의해 주장되었던 견해이다. 이에 따르면 노조의 전투적 대응(조직 강화, 정치적 동원, 외국 노동자와의 연대 등)은 UAW의 일자리 방어에 도움이 되지 않는다고 한다. 이러한 노조의 전투적 대응으로 회사가 경쟁력 개선에 실패할 경우 결국 일자리를 잃게 되는 결과만 가져올 것이다. 따라서 장기적으로 노사협조와 고용안정협약을 통해 경영진으로 하여금 노조를 생산비를 증가시키는 요소로서보다는 가치 있는 자원으로 여기도록 만드는 것이 올바른 전략이라는 것이다.

반면에 전투적 조합주의는 UAW 내의 급진파[이들은 '새 방향 운동(New Directions Movement)'이라고 불린다]들에 의해 주장되던 것으로서 경영진의 공세에 적극적으로 저항해야 한다는 입장이다. 이들은 임금양보, 작업규칙 변화 수용 등이 결코 일자리를 보장해 주지 못할 것이라고 주장한다. 공장 단위로 일자리를 유지하려는 노력은 회사로 하여금 지부노조 간 경쟁을 부추김으로써 근로조건의 악화를 가져올 뿐이다. 이윤분배제, 팀제도, 노사 공동위원회 등은 기업별 노조를 강화시켜 기업의 이윤 증대라는 목표에 노동자들의 이익을 영원히 종속시킬 뿐이다. 따라서 이들은 임금 및 작업규칙에 관한 양보교섭에 저항할 것과 노동자의 조직화를 강조하며, 정치적 동원을 강조한다. 또 이들은 작업장 전략에 관한 UAW의 독자적 전략수립을 요구했다(Perusek, 1995).

UAW 본부는 이런 두 입장 사이에서 절충형 전략을 택했다(Perusek, 1995). UAW 본부를 지배하고 있는 관료주의적 지도층들은 경영진이 주장하는 작업조직의 개혁이 근로조건의 악화 및 노조독립성의 약화를 가져온다는 섬을 인식하고, 파업의 중요성을 계속 강조한다는 점에서는 첫 번째 주장과 견해를 달리했다. 그러면서도 이들은 전투적 전략이 여론의 비난만 가져올 뿐이라고 주장하면서 임금인상 억제보다 유연한 작업조직의 수용을 대가로 일자리와 소득을 보장받는다는 전략을 채택했다. UAW의 지도층들은 미국 자동차산업의 경쟁력 향상과 일자리 유지, 그리고 노동조합의 유지를 위한 유일한 수단은 양보뿐이라고 노조원들에게 홍보했다. 이들이 취했던 대응방식을 살펴보면 다음과 같다.

첫째, 양보교섭전략이다. 전통적으로 미국의 노동조합은 임금 및 부가급여 인상을 주 임무로 해왔다. 그러나 1980년대 들어 노동조합의 요구가 고용보장 우선으로 변화했다. 미국 노동조합은 경기후퇴기에 임금상승을 자숙하는 적은 있었으나 실질임금의 저하를 수용하는 것은 적어도 1970년대 말까지는 없었다. 1980년대 들어 이러한 자세에 커다란 변화가 생겼다. 1981~1983년 주요 조합이 실질임금의 저하를 수용하고 부가급여의 삭감을 인정하는 등 이른바 양보교섭을 했는데, '빵과 버터의 노조(bread and butter unionism)'라 불릴 정도로 전통적으로 임금과 부가급여의 개선에 힘을 집중해 온 미국 노동조합이 기업방위와 고용보장을 위해 임금, 부가급여의 증액을 포기한 것은 매우 이례적인 것이었다.

예컨대 UAW와 3대 자동차회사(Big Three) 간의 양보교섭을 살펴보기로 하자. 1980년 UAW와 경영위기에 빠진 크라이슬러사 간의 협약에서는 기본임금률 3% 인상의 연기, 개인 유급휴일 수의 삭감 등에 합의했다. 다시 1981년에는 크라이슬러 합리화 조치가 정부로부터 승인받음에 따라 노사 간 신협약이 체결되었는데, 여기서는 임금인상의 포기, 보너스의 포기, 기업연금의 물가연동 포기, 개인 유급휴일 전폐, 휴게시간 단축 등의 내용이 포함되었다. UAW는 GM 및 포드사와도 비슷한 협정을 맺었으며 이는 부품기업 등 자동차산업 전체로 파급되었다. 뿐만 아니라 트럭운수업, 고무, 알루미늄 등 제 산업에서도 임금동결과 임금인하 등을 내용으로 하는 양보교섭이 이루어졌다. UAW는 또 빅3와의 교섭에서 이윤분배제, 1회지불제 등을 받아들였고 지부노조 수준에서도 직무분류 축소, 2중임금제, 선임권제의 축소 등을 수용했다.

그 결과 UAW의 오랫동안의 교섭전략이던 유형교섭(패턴교섭)이 붕괴되고 각 회사마다 서로 다른 교섭과 협약이 체결되는 상황이 벌어졌다. 이에 따라 미국 노동자들의 실질임금은 크게 저하되었다. 사실 레이건정책의 성공, 즉 인플레 억제 비결은 이와 같이 미국 노동조합이 정부가 코포라티즘의 태도에 포섭할 필요가 없을 만큼 약체화된 데서 가능했던 것이다(萩原進, 1989)

둘째, 공장수준에서의 작업장 혁신에 대한 노동조합의 협력이다. 자동차산업의 환경변화에 대응해 노사는 다양한 실험을 개시했는데, 이들 실험의 특징은 생산성을 향상시키기 위한 생산관리의 발본적 개선에 노사쌍방이 협력적으로 나선다는 것이었다. 앞에서 봤듯이 미국의 단체교섭제도는 노사의 이해관계가 적대관계라는 것을 전제로 성립한다. 이해대립의 초점의 하나는 공장 혹은 직장레벨에서 나타나는 작업규제를 둘러싼 갈등이다.

미국 노조의 또 하나의 특징은 작업규제형 노동조합주의(job-control union-ism)이다. 즉, 투자 및 기타 경영권은 경영자의 전권으로 인정하는 대신 작업규칙(과업배분, 초과근로, 작업방법 등)에 대한 상세한 규제를 노동조합의 중요한 전략목표로 하는 운동노선으로서 이는 미국 노조의 생명선이라 할 정도로 중요한 의의를 가진다. 이는 한편으로는 엄격한 직무분류, 선임권 원칙 등을 통해 노조원(특히 근속 연수가 긴 핵심 노동자)의 고용과 임금을 보장하는 역할을 하지만 다른 한편으로는 기술혁신의 곤란, 근로의욕의 저하, 과잉인력문제 등을 가져와 생산성을 저해한다는 비판을 받아 왔다.

1980년대 들어 경영 측은 생산성 향상을 위한 노력을 경주하기 시작했다. 이를 위해 생산성 관리의 강화와 도입, 직업훈련, 종업원 참가의 촉진, 임금제도의 개선, 생산성 교섭, 기술혁신 투자 등 다양한 수단을 동원했다. 이에 대해 UAW 등 지도적 전국조합은 경영 측의 생산성 향상운동에 협력자세로 전환했다. 노동조합은 작업규칙의 완화 내지 철폐에 동의했는데, 이는 작업규제형 조합주의로부터의 이탈을 의미한다(萩原進, 1989).

셋째, 고용보장을 위한 노동조합의 노력이다. 앞에서 살펴봤듯이 미국에서는 임의해고의 원칙에 의해 해고가 자유로우며 종업원의 해고는 이른바 경영 전권에 속하는 사항으로서 단체교섭의 필수적 대상조항도 아니기 때문에 노동조합이 조합원의 고용을 보장한다는 것은 매우 어렵다.

전통적으로 미국 노동조합들은 조합원의 고용을 보호하기 위해 엄격한 직무 구분에 기초한 직무통제와 선임권 원칙을 고수해 왔다. 즉, 직종을 수백 개로 세분화하고 각 직종에 따른 직무내용을 엄격히 규정하며 직종 간 경계를 엄격히 지킴으로써 다른 직종 노동자 간 대체를 막는 방법에 의해 고용을 지킨다는 것이다. 또 선임권 원칙에 따라 해고 시에는 근속 연수가 짧은 사람부터 해당되고 다시 불러갈 때는 근속 연수가 긴 사람부터 해당되도록 함으로써 적어도 근속 연수가 긴 핵심 노동자들은 해고의 불안으로부터 보호한다는 것이 노동조합의 전략이었다(윤진호, 1992).

그러나 앞에서 본 대로 1980년대 구조조정기에 대량해고가 일상화됨에 따라 이러한 전통적 방식의 전략만으로는 조합원들의 고용을 지킬 수가 없게 되었다. 이에 따라 노동조합은 양보교섭과 직무통제의 포기 등에 의해 경영 측에 양보하는 대신 고용보장협약의 체결을 통해 조합원들의 고용을 보호하려는 쪽으로 전략을 바꾸었다.

노동조합의 고용보장 노력은 크게 보아 조합원 고용보호를 위한 노력과 실직자의 생계보호를 위한 노력으로 나눌 수 있다. 먼저 조합원의 고용보호를 위해서는 고용보장협약 체결과 공장폐쇄 유예기간의 설정 등에 노력하고 있다. 그 외에도 조합원 정원유지 협약, 하청에 대한 규제, 지나친 연장근로에 대한 벌금 부여, 해고 회피를 위한 절차, 감원대상자 선정 기준의 엄격한 적용, 기업 내 인력재배치를 위한 노사 공동 직능개발훈련의 실시 등을 요구하고 있다.

한편 실직자의 생계보호를 위해서는 실업자 생계지원기금의 확충을 위해 정부 실업급여에 추가해 기업 차원의 실업자 생계지원수당을 신설하도록 요구하고 있으며, 실직자 재취업훈련 및 전직알선 프로그램의 실시와 이를 위한 기업 차원의 기금조성, 재고용 의무화 확대 적용, 퇴직자에 대한 조합원 자격 유지, 노조 및 기업의 실업자 복지 프로그램 서비스 제공 등을 하고 있다.

(4) 평가

1980년 초 이래 미국의 노동조합은 조직률의 하락, 조합원의 임금 및 근로조건의 악화, 정치적 영향력의 감소 등에 시달려 왔다. 기업들의 광범한 다운사이징에 따른 대규모 실업, 임시직 노동자의 급속한 확산, 실질임금의 지속적 저하, 소득불균형의 심화, 노동시간의 증가, 노동강도의 심화 등이 나타났음에도 불구하고 노동조합은 정부의 신자유주의적 노동정책과 사용자의 구조조정 및 대량감원으로부터 근로계층을 제대로 보호하지 못했다.

이와 같이 노동조합의 조직률이 떨어지고 그 영향력이 감소한 데는 산업구조와 고용구조의 변화(제조업으로부터 서비스업으로의), 정부의 비우호적인 노동정책, 사용자들의 반노조전략 등 여러 가지 요인이 기본적으로 작용하고 있는 것이 사실이지만(이병훈, 1998), 노동조합의 전략적 선택의 오류도 한 요인으로 작용했음을 지적하지 않을 수 없다.

실리적 노동조합주의에 근거한 미국 노동조합의 전략은 조직 자체를 파괴시킬 위험이 있는 전략이었다. 경영진의 전략적 의사결정이나 정부의 정책에는 관여하지 않고 오직 임금과 근로조건 등 조합원의 경제적 실리확보에만 초점을 둔 실리적 조합주의는 미국 경제가 성장하고 있을 때는 양호하게 작동했지만 1980년대 들어 불황이 닥치자 그 약점을 드러냈다. 다운사이징이나 공장 폐쇄, 인원감축 등 경영진의 전략적 의사결정에 대해 노동조합은 아무런 영향력을 행사할 수 없었다.

이러한 가운데 노동조합은 양보교섭과 노사관계 재정립에 관한 경영진의 비전을 받아들임으로써 미국 노조는 스스로의 지위를 약화시키게 되었다. 양보와 협력에도 불구하고 임금과 부가급여의 개선은 일어나지 않았으며 이에 따라 노조원의 노조에 대한 지지가 감소했다. 단체교섭의 분산화로 노조원 간 분열과 상호경쟁이 나타나게 되어 집단적 행동이 곤란해졌다.

UAW를 비롯한 주요 노조의 지도층은 전투성에 토대를 둔 노조원의 행동요구를 계속 무시했다. 이들은 노조원의 동원 대신 중앙에서 결정된 의사결정을 일방적으로 하부에 지시하는 탑다운(top-down) 방식을 고집했다. 이는 한편으로는 경영진의 해결책을 일반노조원에게 노조 지도부가 대신 설득하는 전략이었다. 결국 그 결과 노동조합은 내부분열을 일으키고 그 세력은 현저히 약화되었다.

앞으로도 미국 노동조합의 전망은 그다지 밝지 못하다. 노조원 수와 정치적 영향력은 점차 줄어들고 있고 이를 역전시킬 만한 비전이나 행동은 찾아보기 힘들었던 것이 사실이다. 그러나 최근 들어 미국 노동조합운동에도 커다란 변화의 바람이 불고 있다.

그러한 변화의 바람이 불게 된 계기는 1995년 AFL-CIO 위원장에 새로 당선된 존 스위니(John Sweeney) 위원장의 새로운 정책이다. AFL-CIO 사상 처음으로 집행부 경선을 통해 당선된 스위니 위원장은 기존의 실리적 조합주의에서 탈피해 사회운동적 노동운동을 지향하겠다고 선언했다(이병훈, 1998). 구체적으로는 ▲조직화사업을 위해 조직예산의 대폭 확충, 조직국의 신설, 노조조직가의 신규훈련 등을 실시하고 있으며, ▲소득불평등과 근로계층의 실질소득 감소에 대응하기 위해 '미국소득증대(American Needs a Raise)'정책을 수립해 소득구조의 개선을 적극 추진하고 있으며, ▲기업 차원의 노사협력적 활동을 비판하고 단체교섭을 통한 임금 및 근로조건의 향상을 위해 비타협적 입장을 취하고 있고, ▲산하 노조의 파업이나 투쟁에도 적극 개입해 이를 지원하고 있다(이병훈, 1998).

뿐만 아니라 팀스터 노조의 민주화나 UAW 내의 '새방향운동'의 경우에서 보듯이 관료적이고 비민주적이던 산별노조들에서도 민주화의 바람이 부는 곳이 많아졌다(윤진호, 1992). 한편 UPS의 파업 승리에서 보는 바와 같이 평 조합원을 중심으로 한 비타협적·전투적 집단행동이 나타나면서 일부에서 승리를 거두는 곳도 생겼다. 아직 이러한 움직임들의 성공여부는 더 지켜봐야 할 것이지만 그동안 실리적 조합주의에 안주해 오던 미국 노동조합에 변화의 바람이 불고 있는 것은 충분히 주목할 가치가 있는 일이라 하겠다.

4) 독일

(1) 고용정책의 변화

제2차 세계대전 후 독일 경제는 급속한 경제성장을 이룩했다. 숙련기술노동력에 뒷받침된 높은 품질과 경쟁력으로 급속한 수출확대가 이루어졌으며 1950년대까지 국민소득과 임금은 두 배 이상으로 증가했다. 이러한 고도성장은 1970년대까지 이어졌다.

이러한 독일 경제의 호황을 배경으로 1950년대에 독일에서는 사회적 시장경제와 노사 공동결정제 등이 성립되었다. 이러한 제도들은 노사 간 참여와 협력에 의해 독일 경제를 순조롭게 운행하고자 하는 기본 목적을 가지고 있었다(Weber, 1995).

독일 정부는 1960~1970년대에 걸쳐 적극적 노동시장정책과 팽창적 거시경제정책을 통해 완전고용을 달성하는 것을 목표로 했다. 이를 뒷받침하는 중요한 요소는 노사정 협력체제였다. 공동결정제와 종업원평의회제를 통해 노동은 전략적 경영 및 작업장 의사결정에서 중요한 역할을 맡았다. 1967년부터 1977년까지 지속된 노사정 3자 간 협력체제에서 보듯 노사정 대표가 정기적으로 모여 전략을 조정하고, 경제의 미래를 논의했다.

이러한 가운데 독일 경제는 급속한 성장과 지속적인 임금상승, 그리고 매우 안정적인 노사관계를 유지할 수 있었다. 파업률은 매우 낮았으며 작업장 수준에서부터 전국적 수준에 이르는 노사협력이 이루어졌다(Weber, 1995).

그러나 독일에서도 1970년대 초부터 경제 문제가 발생하기 시작했다. 특히 독일은 중동석유에 크게 의존하고 있었기 때문에 1970년대 중반의 오일쇼크에 따른 유가인상으로 큰 타격을 받았다. 이에 따라 실업률이 상승했으며 잘 발달된 사회복지체제가 독일 경제에 더욱 더 큰 부담으로 작용했다. 1982년에는 실질성장률이 제로로 되고, 인플레이션과 실업률이 고수준으로 올라가는 등 독일 경제는 위기에 빠졌으며 결국 오랫동안 집권해 오던 사민당 정권이 물러나고 신보수주의 정권(CDU/CSU)이 성립되었다. 기민당의 헬무트 콜(Helmut Kohl) 수상은 독일 정치경제의 대전환을 약속했다.

그러나 독일에서는 영국이나 미국에서처럼 기존 정책의 근본적인 변화는 없었으며 그동안의 시장에 대한 정치적 규제를 부분적으로만 시장력으로 대체했을 뿐이다. 오히려 경제, 사회, 노사관계정책 등에서 상당한 연속성이 두드러진다(Jacobi and Mueler-Jentsch, 1990; Jacobi et al., 1998; Weber, 1995). 이와 같이 기민당 정권의 집권에도 불구하고 근본적인 정책변화가 없었던 이유는 법률상 보장된 공동결정제와 종업원평의회제 등으로 인해 자유주의적 노사관계로의 전환이 불가능했다는 점, 강력한 산별노조가 존재하고 있다는 점, 사민당의 존재와 잘 발달된 지방자치제(주 정부의 상당수는 사민당이 집권하고 있었음)로 인해 급격한 정치적 변화가 어려웠다는 점, 그리고 무엇보다도 기존의 독일의 노사정 협력체제에 노사정 모두 일정한 이익을 보고 있었다는 점

및 고용창출을 위한 프로그램이 마련되었으나 커다란 성과 없이 무산되었다.

넷째, 국가의 경제개입 철회와 공공부문의 민영화(철도, 통신, 체신, 체신은행)가 이루어졌다. 그러나 다른 나라들과는 달리 독일에서는 신보수주의 정권 하에서도 국가의 비중 감소는 실현되지 않았다. 공공지출이 GNP에서 차지하는 비율은 거의 변함이 없었다. 민간부문에 대한 정부보조금 감축약속도 지켜지지 않았다. 그러나 사회적 서비스 면에서는 다소의 정부개입 축소가 이루어졌다. 고용창출 프로그램이 축소되었고 노사정 3자협의 절차도 축소되었다. 결국 보수당 정부의 정부부문 정책은 그동안 사민당 정부하에서 팽창일변도로 되어 왔던 공공지출 증가추세를 동결시키는 정도로 그쳤으며 미국, 영국 등에서 볼 수 있는 정부부문의 비중 축소는 이루어지지 않은 것이 특징이다.

전체적으로 볼 때 기민당 정부의 노동시장 규제완화조치는 개별노동자의 보호권을 제거하고, 고실업을 가져오며, 노조교섭력을 약화시킨 것으로 평가되고 있다. 이는 노동시장을 분단시킬 위험을 안고 있다. 그러나 독일의 규제완화는 장기적이고 통합적인 정치적 전략은 아니며 단지 제한된 효과만 가질 뿐이다. 실제 효과를 가지는 정책보다는 보수적 정치 이데올로기의 표현일 뿐이라는 평가이다. 고용과 관련된 기존 제도, 공식-비공식 규제 메커니즘, 주체의 전략은 그대로 유지되고 있다(Weber, 1995).

(2) 노조의 대응

제2차 세계대전 후 서독에서는 사회주의적 노동운동이 융성했으나 차츰 보수적·친자본주의적 세력에 의해 패배하고 노조는 사회변혁이라는 임무 대신 자본주의체제 내에서 사용주와의 교섭을 통해 노동자의 즉각적 이익과 온건한 사회개혁을 이룩하는 쪽으로 방향을 전환했다(Turner, 1992). 그러나 이러한 독일 노동운동의 '순화'가 곧 독립적 노동운동의 패배나 조직 노동운동의 기업으로의 통합을 의미하는 것은 결코 아니었다. 서독의 노동조합은 전국적 산별 노조와 통일적 내셔널 센터를 통해 그 독립성을 유지했다.

독일 노동조합은 매우 안정적인 조직이다. 단체교섭의 한 주체로서의 지위를 튼튼히 보장받고 있으며 법률상으로도 독점적 지위를 누리고 있다. 조직률도 지난 수십 년간 약 40%선에서 거의 변화 없이 유지되어 왔다.

이러한 '계급투쟁의 제도화'는 고용수준이 높게 지속될 때는 노조의 힘에 이익이 되지만 불황이 닥치고 국가와 사용자가 노동배제적 전략을 사용할 때는 제도적 보호 그 자체가 노동조합에게 단점으로 작용한다는 점에서 문제가 된다. 산업구조와 고용구조의 변화에 따른 조합원 감소, 조합원 구성의 다양화, 실업자의 증대, 경영진의 유연화 공세, 보수주의적 정부의 노동법 및 사회보장법 개악 등 급변하는 환경변화에 따라 노조의 대응은 점차 어려워지고 있다(Jacobi and Mueler-Jentsch, 1990).

이러한 가운데 독일 노동조합의 1980년대 전략은 '신현실주의'로 특징 지워질 수 있다(Jacobi and Mueller-Jentsch, 1990). 즉, 노조가 경영하던 공동소유주택 건설업체인 하이마트(Heimat)의 파산 이후 노동조합은 공동소유경제의 이상을 버렸으며, 기민당 집권이라는 정치환경의 변화에 따라 정치에 대한 관여 역시 버리고 주로 단체교섭을 통해 얻을 수 있는 목표에 집중한다는 것이다. 노동시간 단축, 근로조건의 개선 등이 그것이며 노동조합은 이러한 목표를 달성하기 위해 자본과의 타협, 협조도 기꺼이 할 용의를 보이고 있다.

노동의 보호를 위한 독일 노동조합의 전략을 다음의 몇 가지로 나누어 살펴보기로 하자.

첫째, 고용보호전략이다. 사실 독일은 고용보호라는 면에서 주요 선진국 중 가장 앞서 있는 나라이다. 고용보호를 위한 법률, 단체협약, 기업에서의 공동결정권 등 다차원적 안전장치가 마련되어 있어 고용주의 자의적 해고를 제약하고 있다.

먼저 법률 면에서는 1951년 제정된 「해고제한법」에 의해 해고를 규제하고 있는데, 여기에는 해고를 위한 '정당한 사유'의 필요성, 종업원평의회와의 사전협의의무, 매우 긴 해고예고기간(최장 5개월), 대규모 해고에 대한 사전신고제,

해고 대상자의 사회경제적 곤란을 최소화하기 위한 '사회적 플랜' 작성의 의무화 등 매우 엄격한 규정이 포함되어 있다(윤진호, 1996). 또 1972년 제정된 「신종업원평의회법」에서도 해고 시 종업원평의회와의 사전협의를 의무화함으로써 해고제한을 강화했다.

그러나 최근 독일의 고용보장모델은 심각한 도전을 받고 있다. 엄격한 법률적 고용보장이 노동시장의 유연성을 해쳐 기업경쟁력을 저하시킨다는 주장이 대두되면서 1980년대 후반 이후 해고에 대한 법적 보호를 완화시키는 정책이 취해지고 있다. 이와 더불어 재택근무, 호출노동자, 용역노동자 등 비정규직 노동자의 확산, 생산의 외주화, 해외이전, 내부하청, 그리고 신인사제도, 신경영방식의 도입, 팀제도의 확산 등으로 노동자의 고용이 불안정해지고 노동통제 및 노동강도가 강화되는 현상이 나타나고 있다.

이에 따라 이러한 부문에 대한 노동조합의 규제, 고용보호가 강화되고 있다. 대량실업과 고용위기에 대처하기 위한 노동조합의 기본적 전략은 강력한 산별노조에 의한 산별 수준의 단체협약을 통해 고용을 보장받는 것이다. 이를 통해 노조는 고용안정 확보뿐만 아니라 사회적으로 생산된 부의 보다 공정한 분배를 기할 수 있다는 것이다(강수돌, 1998). 구체적으로는 노조는 새로이 등장하는 영역에 대한 지침을 제시하고 종업원평의회 및 단체협약을 통해 이를 관철하고자 하고 있다.

그러나 이에 대해 사용주는 산별교섭과 산별협약의 경직성을 지적하면서 이것이 고실업 현상의 주범이라고 비판하고 있다. 따라서 일부에서는 산별 사용자연맹을 탈퇴해 기업별 종업원평의회에서만 교섭하고자 하는 움직임도 나타나고 있다. 독일노동조합총연맹(DGB)은 기존 산별협약이 가지는 경직성을 어느 정도 완화할 필요성은 인정하고 있지만 그러나 기본적으로는 산별협약을 유지하는 것을 방침으로 하고 있다. 개별 기업협약은 노동자나 노조가 노동조건 형성과정에 참여하는 것을 배제할 뿐만 아니라 독일 사회의 기둥인 연대의 원칙에도 어긋난다는 것이다(강수돌, 1998). 그러나 점차 격변하고 있는 국제,

국내적 상황 속에서 개별 기업의 과제는 다양하게 제기되고 있으며 노동자의 욕구도 다양해지고 있으므로 구체적으로 노동조건을 어떻게 통일적으로 만들어 내는가 하는 것이 과제로 등장한다. 따라서 포괄적인 산별협약을 통해 산별 최저기준을 확보하면서도 개별 기업의 특수성을 감안해 이를 신축적으로 적용할 수밖에 없다는 현실적 인식이 노조 내에서도 높아지고 있다.

둘째, 노동시간 단축전략이다. 지난 10여 년간 독일노동조합의 가장 중요한 고용보호정책은 노동시간의 단축을 통한 일자리나누기 정책이었다. 원래 노동시간 단축은 노동자의 삶의 질 향상을 위한 목적으로 노조에 의해 주장되었나. 그러나 1980넌내 들어 실업문제가 심각해짐에 따라 이 측면은 부차적인 것으로 되면서 노동시간 단축을 통한 고용창출에 대한 고려가 전면에 부각되기 시작했다.

1980년대 실업 증가에 따라 독일금속노동조합(Industriegewerkschaft Metall: IG Metall)는 주당 35시간 노동제를 주장했다. 사측과의 교섭이 결렬되자 IG Metall은 1984년 격렬한 파업을 벌였다. 결국 중재에 의해 1985년 주당 근로시간을 40시간으로부터 38.5시간으로 단축하고 임금을 완전 보전하는 타협안이 체결되었다. 이러한 금속산업의 노동시간 단축모델은 그 후 다른 산업에도 급속히 보급되었다(Widmaier and Blancke, 1997; 윤진호, 1998). 금속산업에서는 다시 1987년에 주당 근로시간을 37.5시간으로 단축하고 대신 노동시간 유연성을 확대하는 내용의 협약이 체결되었다. 1990년대 들어 독일 통일에 따른 후유증으로 독일의 고용상황이 급속도로 악화되자 금속산업에서는 1990년 협약에 의해 1993년부터 36시간, 1995년부터 35시간으로 노동시간을 줄이기로 하고 대신 변형근로제를 확대하는 내용의 협약을 체결했다.

이러한 노동시간의 단축과정에서 사용자 측은 동시에 노동시간의 탄력화의 가능성을 얻는 데 성공했다. 즉, 1984년의 노동협약교섭에서 사용자는 주 38.5시간 노동을 승인하는 것과 교환해 공장 내지 기업 수준에서 종업원의 노동시간을 평균 38.5 시간으로 하되 노동자 그룹마다에 노동시간을 변경시킬 수 있도록 되었다. 1994년 시행된 「신노동시간법」은 6개월(종전에는 2주간)을 통해 평균해 1일 8시간을 유지하면 하루 최장 10시간까지 연장할 수 있다는 것, 특별한 경우를 제외하면 야간노동의 여자보호규정을 폐지하는 것, 고용확보를 위한 예외로서 일요일, 공휴일 노동을 인정하는 것 등을 내용으로 하고 있다.

이리하여 IG Metall은 확실히 노동시간의 단축이라는 점에서 세계를 리드하는 커다란 성과를 올리는 데 성공했으나 그 결과 노동시간의 탄력화하에서 심야 근무, 토요일 근무 등에서 큰 양보를 하지 않을 수 없게 되었고 노동계약에 관한 규제완화에 수반해 정상적인 노동관계 외의 파트타임, 파견노동의 확대, 정규노동의 감소라는 마이너스의 측면을 수반했던 것이다.

한편 최근 기업 수준에서 위기 극복을 위해 일시적·부분적으로 노동시간을 협약시간 이하로 단축하는 움직임도 나타나고 있는데, 특히 폭스바겐사의 실험은 유명한 예이다(P. Blyton and R. Trinczek, 1997; 윤진호, 1998).

셋째, 적극적인 직업훈련정책과 작업조직정책 역시 고용보장을 위한 역할을 하고 있다. 독일의 노동조합은 미국의 노동조합처럼 직무통제를 통해 고용보장을 받으려는 대신 직업훈련과 작업재조직 같은 내부 노동시장 구조에 대한 통제를 통해 노동자의 숙련을 향상시킴으로써 고용안정을 꾀한다는 전략을 세우고 있다(Weber, 1995). 이른바 '노동형성전략'이라고 불리는 이 정책(이민영, 1997)은 공동 결정의 확대, 적극적인 직업훈련정책, 작업조직정책 등으로 구성되어 있다.

독일은 직업훈련이 극히 발달되어 있는 나라이다. 독일노동자의 2/3 내지 3/4이 적어도 2~3년간 직업훈련을 받은 후 취업하고 있으며 학교교육과 현장훈련 간의 결합[이른바 듀얼시스템(dual system)], 도제제도 등에 의해 세계에서 가장 질 높은 노동력이 양성되고 있다. 재직노동자에 대한 기업의 재훈련도 활발하며 특히 실업정책은 실업자에 대한 재훈련에 초점을 맞춘 적극적 노동시장정책 중심으로 구성되어 있다.

독일에서는 산업구조조정 등에 의해 실직한 실업자들에 대해 정리해고 위로금에만 의존하는 대신 적극적 노동시장정책으로 구조조정의 필요에 대응하고 있다(Bosch, 1992). 해고 대상자에 대해서는 해고 전에 재훈련 기회를 제공하며 해당 기업 및 공공 자금으로 이를 지원한다. 재훈련기간 동안 노동자는 기업과의 관계를 계속 유지하게 되며 이를 통해 구조조정 과정에 참여할 수 있다. 이렇게 함으로써 노동자는 실업보다는 친숙한 기업환경 속에서 훈련을 계속 받음으로써 다른 부문으로의 전환을 비교적 무리 없이 할 수 있는 것이다.

특히 과잉인력이 발생하는 곳에서 보다 새로운 경쟁력 있는 고용을 창출함으로써 정리해고를 방지하고자 노력하며 이를 위해서는 노동자의 재훈련이 극히 중요하다. 노동자 재훈련을 유인하는 각종 지원제도(pull-forces)뿐만 아니라 기업이 정리해고보다는 노동자재훈련 쪽을 택하도록 강제하는 각종 장치(push-forces) ― 즉 해고규제법률, 단체협약상의 고용보호 등 ― 가 존재한다.

이러한 모든 훈련과정은 노사 공동으로 이루어지는데 주로 지역 상공회의소를 중심으로 노, 사, 지역행정기관, 교육기관 등이 지역 네트워크를 구성해 훈련을 맡는다. 또 노동조합 스스로도 노조 본부, 특별한 훈련센터, 지역사무소 등에서 훈련을 개발, 실시하고 있다. 이는 직업훈련이라기보다는 노조 간부나 종업원평의회 간부 등에 대해 노조활동 및 종업원평의회 활동에 필요한 과목을 가르치는 훈련이다. 이러한 훈련을 받은 종업원평의회 회원들은 법적으로 보장된 종업원평의회의 권리를 통해 기업의 훈련정책에 참여함으로써 노조의 장기적 이해관계를 규정하고 대변할 수 있는 것이다.

넷째, 노사정 협력모델이다. 앞에서 봤듯이 독일 노조는 내부 노동시장 구조에 대한 통제에 주력하고 있다. 이는 경영진과의 협상을 통해 생산지점에서의 노동자 영향력을 높일 수 있는 가능성을 주고 있다. 따라서 경영에 저항하기보다는 조정에 대해 교섭하는 것이 의미가 있다는 것이다. 다른 나라의 노조들과는 달리 독일 노조는 사용자와의 암묵적 계약하에 기술변화에 대해 적극적으로 영향력을 행사하고 있다.

전국 수준에서도 독일노사관계는 교섭모델에 기초하고 있다. 전후 독일에서는 지금까지 모두 세 차례의 노사정 합의가 이루어진 바 있다. 1966~1967년의 경제위기 타개를 위한 1967년의 노사정대타협 조치가 그 첫 번째이다. 전후 순조로운 성장을 보여 주던 독일 경제는 1960년대 후반부터 경기침체와 고용불안 그리고 재정적자 누적 등 경제위기국면으로 접어들었다. 이에 1968년 노사정 간 경제위기 타개를 목표로 한 대타협 조치가 이루어졌다. 이 합의에 따라 노동조합은 경제부흥에 도움이 되기 위해 노동쟁의를 자제하고 생산성 향상에 노력하며, 기업은 임금삭감이나, 복지비 삭감 또는 대량해고를 자제하고 투자를 적극 증대시키며, 정부는 노사 간 공정한 중재자로 행동하는 동시에 케인스주의적 국가투자를 촉진시킨다는 내용이었다(선한승, 1998; 강수돌, 1996). 이후 노사정은 1976년 노조가 「공동결정권법」에 대한 불만으로 탈퇴할 때까지 10년간이나 존속되었다.

이 1967~1977년의 협조적 행동에 대한 평가는 상당히 엇갈린다. 협조행동에 대해 비판적인 사람들은 노사정타협조치의 결과로 정부가 직접 노사 간 임금협상에 개입함으로써 노사자치주의 원칙에 타격을 주었으며 노동자 임금인상분도 물가상승 및 소득세 상승으로 상쇄됨으로서 노동 측의 일방적인 희생으로 끝났다고 주장한다(강수돌, 1996; 이종래, 1996). 반면 협조적 행동의 의의를 평가하는 사람들은 노조가 협조행동에 참여함으로써 정책결정에 대한 영향력의 폭을 넓힐 수 있으며 노동자의 생활조건과 노동생활의 질을 향상시킬 수 있는 장기적인 사회개혁, 물가안정과 고용안정정책을 강도 있게 요구할 수 있는 여지를 마련할 수 있었다고 주장하고 있다(선한승, 1998).

1990년 독일 통일 후 대량실업과 고용위기가 다시 발생했다. 1980년 90만 명이던 독일 실업자 수는 1993년 340만 명으로 증가했으며 다시 1996년 2월에는 공식 실업자 수 만도 420만 명에 달했다. 이러한 상황 속에서 노동조합은 실업문제에 대한 새로운 인식과 접근방안을 강구하기 시작했다. 노동조합은 특히 노동시간 단축을 실업문제 해결의 주된 수단으로 활용하고자 했다.

이를 위해 IG Metall은 1995년 '일자리를 위한 연대(Bundnis fur Arbeit)'를

제안했다. 즉, 노동조합이 1997년으로 예정된 임금협상 시 실질임금 동결을 감수하는 대신, 사용자들에게는 향후 3년간 정리해고를 중단하고 노동시간 단축 등으로 33만 개의 일자리를 창출하는 한편, 직업훈련생을 매년 5% 증가시킬 것을, 그리고 정부에 대해서는 직업교육기회의 확충을 위한 제도 정비와 사회보장제 축소 금지 등을 요구하는 내용이었다(선한승, 1998).

정부는 이러한 노동조합의 요구를 받아들여 1995년 12월 '수상원탁회의'라는 명칭의 노사정 3자 협상을 개최했다. 그 결과 1996년 1월 23일 '일자리와 경제입지 안정을 위한 연대'라는 이름의 사회적 협약에 노사정 3자가 합의했다. 그 내용은 실업문제 해소와 경쟁력 강화를 위해 노사정이 공동노력함으로써 서기 2000년까지 실업자 수를 절반으로 줄이는 것을 목표로 한다는 것이었다.

그러나 이러한 사회적 협약의 합의 후 정부는 사용자를 위한 각종 세제혜택 제공, 사회보장지출의 축소 등 친사용자적 투자, 고용창출 실천계획을 발표함으로써 노동조합의 강력한 반발을 샀다.

첫째, 일반적인 투자여건의 개선을 통해 일자리 창출에 노력한다는 것이다. 그 내용은 중소기업 및 벤처기업의 창업 지원과 서비스 산업의 발전 지원, 재정지출의 축소와 세제의 개혁, 사회보장지출의 축소이다.

둘째, 투자 및 고용에 유리한 노동조건의 조성이다. 노동시간에 대한 규제의 완화, 장기실업자를 고려한 단체협약의 신축성 제고, 성과급제도의 확대 등이다.

셋째, 연구와 기술혁신 및 직업훈련의 촉진이다. 산학협동의 강화, 연구성과의 확산을 위한 지원, 직업교육의 강화, 소비자 지향적인 교육과정 운영 등이다.

그러나 이러한 친사용자적 정부계획에 대해 노동조합이 강력히 반발, 결국 1996년 5월 13일 노동조합이 노사정 협의체제 탈퇴를 선언함으로써 수상원탁회의는 해체되었다.

보수당 정부하에서의 노사정 3자협력체제의 시도는 이와 같이 노동에 대한 일방적 희생을 강요하는 결과로 나타남으로써 실패로 끝나버렸다.

노사정 협력체제에 대한 세 번째 시도는 1998년 게르하르트 슈뢰더 (Gerhard Schroder) 수상의 사민당 정부가 집권한 후 이루어졌다. 슈뢰더 신정부는 현재의 고실업률을 낮추기 위한 노사정 3자연대를 발족시켰다. 1998년 11월 30일 노사정 대표는 슈뢰더 수상 주체하에 정상회담을 갖고 실업의 감소와 지속적인 경쟁력 제고를 위해 노력한다는 데 합의했다. 동 회담에서는 '고용, 훈련, 그리고 경쟁력을 위한 연대의 공동성명서'가 발표되었는데, 그 주요 내용을 보면 ▲사회보장제도의 구조적 개혁을 통한 임금부가비용의 감축, ▲일자리나누기와 시간외근로의 철폐, 단시간 근로의 확산 등 노동시간 유연화를 통한 일자리 창출, ▲중소기업 부담 완화를 위한 법인세 개혁 추진, ▲기업의 혁신 및 경쟁능력의 제고, ▲조기퇴직의 촉진, ▲고용증대를 촉진하는 임금정책, ▲중소기업 자금 증대, ▲근로자 재산형성 및 이윤참가 확대, ▲고용, 혁신, 경쟁력 제고를 위한 전문가 및 주제별 대화, ▲기업설립 장애요인의 제거, ▲새로운 일자리 창출을 위한 교육훈련 기회 개발, ▲청소년 실업 및 장기실업 해소를 위한 교육훈련, 적극적 노동시장정책 촉진 등이다(노동연구원, 1999).

(3) 평가

독일 노동조합은 기본적으로 비판적 개입주의 전략을 추진해 왔다고 할 수 있다. 강력한 산별노조와 정치적 영향력, 그리고 법률과 제도의 뒷받침 등을 근거로 해서 노동조합은 자본과 국가의 구조조정정책에 무조건적으로 반대하기보다는 적극적으로 이에 개입, 노동의 이익에 부합되고 사회개혁적인 방향으로 이끌어가려고 노력해 왔다.

구체적으로는 고용보호와 노동의 인간화를 위해 단체협약을 통한 고용보호전략, 노동시간 단축, 직업훈련의 강화, 노동의 인간화를 달성할 수 있는 작업조직정책 등을 추구해 왔다.

노동조합은 이러한 제 목표를 달성하기 위해 때로는 대규모 파업도 불사했지만 기본적으로는 교섭모델에 기초해 행동해 왔다. 즉, 작업장 수준에서부터 전국 수준에 이르기까지 자본 및 국가와의 교섭과 협약을 통해 노동조합의 요구를 제도화, 정책화, 법률화하기 위해 노력해 왔던 것이다.

노사정 협력모델이 독일에서 반드시 순조롭게 작동한 것은 아니었다. 보수주의적 정권하에서 노사정 협력모델은 사용주에게 유리한 결과를 낳았던 것이 사실이고 노동조합은 여기에 반발해서 이로부터 탈퇴하기도 했다.

그러나 현재도 독일 노사관계의 기본모델이 여전히 '교섭모델'인 것은 사실이다(Weber, 1995). 노사정 3자 모두 현재의 노사관계모델에서 일정한 이익을 얻고 있으므로 그 기본적 성격을 바꾸고자 원하지 않고 있다는 것이다. 즉, 정부는 강력하고 안정적인 노사관계의 인프라(infra)(법률, 제도, 정책)를 제공하고 노사협조관계를 유도할 수 있는 인센티브를 제공함으로써 안정적인 노사관계를 유지할 수 있다. 사용자 역시 노사관계의 안정성으로부터 이익을 얻고 있다. 다른 선진국에 비해 파업빈도나 손실 일수가 적어 비교적 조용한 노동운동과 고숙련 노동력, 그리고 기타 사회적 시장경제의 틀 등은 자본에 유리한 환경을 조성해 주고 있다. 노동조합 역시 자본 및 국가와의 협조관계를 통해 기업과 국가의 의사결정구조에 참여하고 구고조정과 기술변화에 적극적 영향력을 행사함으로써 조합원의 고용과 생활을 지킬 수 있다는 점에서 현 체제의 변화를 그다지 바라지 않고 있다(Weber, 1995).

2. 한국노동조합운동의 정책대안

1) 신자유주의에 대한 대안적 사회경제정책의 수립

노동조합이 조합원 및 근로계층 전체의 고용과 생활을 지키기 위해 투쟁하는 데 있어 우선 총 노동의 관점에서 본 올바른 사회경제정책의 수립과 제시,

관철이 중요하다. 자본주의 사회에 있어 노동자의 고용과 생활은 자본축적 조건과 밀접하게 연관되어 있다. 고용사정을 결정하는 가장 중요한 요인은 정리해고제 등 법률, 제도가 아니라 자본축적의 속도와 구조이다. 독일의 경우에서 보는 바와 같이 자본축적 자체가 위기에 빠지고 과잉생산과 경제공황이 발생할 경우 아무리 좋은 고용보호법률과 제도를 가지고 있다 하더라도 대량실업과 노동자의 고용불안, 생활불안은 피할 수 없는 일이 되기 때문이다. 따라서 노동조합은 한국 사회와 한국 경제의 발전방향과 성장구조에 관한 노동조합 나름대로의 관점에서 본 사회경제정책을 가지고 이를 관철하도록 노력해야 하는 것이다.

즉, 노동운동의 입장에서 본 정치, 경제, 사회의 상황변화에 대한 냉정한 분석과 평가, 이에 기초해 어떠한 프로그램을 주장할 것인가, 그러한 프로그램을 실현시키기 위해 노동운동이 가진 역량을 어떻게 동원할 것인가, 또 노조, 정치주체, 자본, 시민운동 영역 등과의 관계를 어떻게 설정할 것인가 등에 대한 독자적 전략이 필요하다. 이렇게 될 때 비로소 노조가 지지하는 사회경제정책 제안이 보다 현실화될 가능성이 커지는 것이다. 공황기에 있어 노조의 활동공간이 매우 좁아지는 것은 사실이지만 그러나 노조가 어떠한 전략, 전술을 취하느냐에 따라 결과에 커다란 차이를 가져올 수 있다는 점을 인식해야 할 것이다 (윤진호, 1999). 이것이 한국 사회와 경제의 올바른 방향으로의 발전을 앞당기는 일임과 동시에 노조원과 근로대중의 고용과 생활을 보장하기 위한 선결조건이기도 하다.

현재 총자본은 '신자유주의적 구조개혁'이라는 뚜렷한 방향을 제시하고 있다. 물론 총자본 내에서도 긴축정책 대 확대정책, 재벌개혁 대 시장주의, 국제금융자본 대 국내자본, 재벌 대 중소기업 등 간 내부대립이 있는 것은 사실이지만 본질적으로 신자유주의적 정책이라는 점에서는 일치하고 있다. 반면 이에 대한 총 노동의 대안은 뚜렷하지 않다. 지금까지 노동계는 주로 '신자유주의적 정책 반대', '일방적 구조조정 반대', '정리해고 반대' 등 수세적·방어적 투쟁으로 일관해 왔으며 보다 적극적이고 미래지향적인 방향제시에는 미흡했던 것이 사실이다.

신자유주의의 이데올로기 공세에 대해 올바로 대응하면서 노동운동의 차원에서 본 새로운 이념과 한국 사회의 미래상을 제시하는 것은 쉬운 일은 아니다. 더욱이 신자유주의가 전 세계를 휩쓸고 있는 현실, 그리고 특히 한국 경제가 국제통화기금(IMF) 관리체제하에 놓여 있으며 IMF나 국제금융자본이 궁극적으로 요구하는 바가 한국 경제의 앵글로색슨화=신자유주의적 사회경제질서의 수립이라는 점을 생각할 때 더욱 그렇다.

따라서 노동운동이 딩징 신자유주의에 대한 대안적 이념을 제시하는 깃은 어려울 것이다. 오히려 현재로서는 노동운동 내의 다수가 동의할 수 있는 최소공약수를 전제로 해 노동운동의 실천적인 정책목표를 만들어 내는 것이 더 급선무라 하겠다.

공황기에 있어 노동운동이 추구할 수 있는 최소정책목표는 공세적 목표로서 민주적 구조개혁과 케인스적 확대정책, 그리고 방어적 목표로서 노동자를 비롯한 국민대중의 고용안정과 복지정책 등이다.

먼저 한국 경제의 구조개혁은 피할 수 없는 과제로 떠오르고 있지만 이는 민주적 절차와 내용으로 이루어져야 할 것이다. 특히 재벌개혁은 빅딜이나 재무구조의 개선, 경영투명화 등도 중요하지만 무엇보다도 소유 경영구조의 민주적 재편이 핵심이다. 이러한 소유 경영구조의 민주적 재편의 중요한 한 수단으로서 노동자 경영 참가의 확대가 이루어져야 하며 재벌 소유주의 부실경영에 대한 책임도 엄중하게 추궁되어야 할 것이다.

금융개혁 역시 금융기관에 대한 공공적·민주적 통제의 강화에 초점이 맞춰져야 한다. 이를 위해서는 관치금융의 철폐와 금융기관 경영의 민주화가 필요하다.

공공부문개혁에 있어 인원 정리와 조직축소 및 민영화 일변도로 진행되고 있는 현재의 공공부문 구조조정은 잘못된 것이다. 공공부문의 구조조정은 경영혁신, 내부조직의 민주화, 부정부패의 척결, 낙하산식 인사의 근절, 대민 서비스기능의 강화 등을 위주로 진행되어야 한다. 특히 공공부문의 전반적 인력감축은 실업상황을 고려해 그 속도를 조절해야 하며 인원과잉상태인 상위직, 관리직을 중심으로 이루어져야 할 것이다.

이러한 제반 구조개혁은 노동운동, 시민운동 등의 참여를 통한 민주적 절차에 의해 법률, 제도, 정책화해야 할 것이다. 노동운동 내 일부에서는 노동운동이 구조개혁을 요구하는 자체에 대해 의문을 제기하고 있지만 구조개혁 그 자체가 노동운동이 생각하는 바람직한 사회로 가는 과정임과 동시에 장기적으로는 구조개혁을 통해서만 직장과 가정을 지키고 더 나아가 노동운동의 영향력이 확대될 수 있다는 점을 인식해야 할 것이다.

한편 케인스적 확대정책은 공황기에 있어 노동운동의 가장 중요한 경제정책 요구의 내용이 된다. 현재와 같이 민간부문의 소비, 투자가 부진하고 수출의 전망도 밝지 못한 상황에서 정부가 주도하는 수요확대정책은 단기적으로 유일한 위기탈출책이다. 과감한 재정, 금융 면에서의 확대정책으로 경기를 부양하고 고용을 창출해야 한다. 사회간접자본(SOC), 농업투자, 복지지출 등 공공부문의 지출을 확대하는 한편, 저소득층과 중산층에 대한 획기적인 소득세 감면으로 내수를 진작시켜야 할 것이다. 이러한 확대적 재정정책을 위해서는 조세제도를 개편해 불로소득자, 고소득 자영업자로부터의 징세율을 획기적으로 끌어올려야 하며 동시에 국방비의 삭감 등 재정지출 면에서의 낭비적 요인을 근절해야 할 것이다. 향후의 경제정책은 기본적으로 모든 경제정책의 우선순위를 고용창출에 두는 고용창출적 내용으로 방향을 잡아야 할 것이다.

2) 고용, 실업대책

(1) 노동조합의 고용, 실업대책에 대한 기본 입장

앞으로 노동계가 직면하게 될 최대의 과제는 재벌, 금융권, 공공부문의 구조조정에 따른 대량실업과 고용불안에 어떻게 대처할 것인가 하는 문제이다. 1999년 2월 실업률이 8.7%까지 높아진 상황 속에서 앞으로 예상되는 대량실업은 실업자 당사자의 문제로 끝나는 것이 아니라 근로대중 전체의 고용과 생활을 위협한다는 점에서 노동조합의 이에 대한 시급한 대응이 필요할 것이다.

사실 과거 노동조합의 주된 관심사는 임금인상과 근로조건 개선, 그리고 노동법 개정 등에 있었으며 고용문제에 대한 관심과 대응은 비교적 미비된 것이 사실이었다. 이러한 가운데 갑자기 밀어닥친 IMF 한파와 이에 따른 대량실업은 노동조합에게는 커다란 시련과 도전을 안겨 주었다. 지금까지 노동조합의 이에 대한 주된 대응은 '정리해고 반대'로 일관되어 왔다. 그러나 이제 노동조합의 정리해고 반대투쟁은 그 사회적 의미를 많이 상실하고 있다고 생각한다.

자본주의 사회에서 주기적 경기변동은 자본축적법칙으로부터 주어지는 필연적 현상이며 이에 따른 실업 역시 그 필연적 결과물이다. 자본축적법칙이 폐절되지 않는 한 주기적 실업은 자본주의 사회에서 불가피하게 나타날 수밖에 없다는 뜻이다. 이 경우 자본주의 사회 내에서 노동조합이 할 수 있는 최선의 정책은 그러한 주기적 경기순환과 실업을 완화시키도록 노동조합의 힘이나 법률, 제도 등에 의해 사회적으로 규제하는 한편, 실업자에 대해 생계를 유지하고 재취업할 수 있도록 만드는 것이다.

이렇게 볼 때 노동조합이 구조조정과 실업에 대해 반대하는 것은 지극히 정상적인 일이지만 동시에 반대일변도만으로는 불충분하다는 것을 충분히 인식해야 한다. 현재의 경제상황을 고려할 때 이런 입장은 단기적으로는 가능하다 하더라도 계속 유지될 수는 없을 뿐만 아니라 막상 일이 닥쳤을 때는 아무런 대안 없이 무력하게 당할 수도 있다는 냉철한 인식이 필요하다.

따라서 노동조합은 정리해고 반대투쟁에서 '고용조정의 사회적 규제'를 요구하는 투쟁으로 전환해야 할 것이다. 정리해고를 가능한 한 피하고, 이것이 불가피할 경우 그 규모, 절차에 대해 사회적 규제가 가해짐으로써 사용주의 자의적 해고를 막는 방안이 강구되어야 한다. 이를 위해서 고용보장, 직업훈련,

노동시간, 실업정책 등에 대해 노동조합이 대안을 가지고 적극적으로 구조조정 과정에 개입해 정부 및 사용자 측과 교섭함으로써 노동자의 이익을 최대한 방어하는 전략이 필요하다. 이 연구의 실태조사에서도 노동조합의 대부분(70.7%)이 정리해고 그 자체에 대한 반대보다는 정리해고 절차 및 요건에 대한 규제에 찬성하고 있는 것은 바로 이러한 전략의 반영이라 할 것이다.

다만 앞에서 지적했듯이 이러한 '비판적 개입전략'이 노동자들의 근본적 이해관계를 해치는 방향으로 전개될 위험도 충분히 있으므로 노동조합은 끊임없는 민주적 토론과 의사결집과정을 통해서 올바른 방향으로 나아갈 수 있도록 노력해야 할 것이다.

(2) 정리해고제의 합리적 개선

현행 정리해고 관련 조항에는 여러 가지 애매한 점이 존재하고 있어 사용주에 의한 자의적 정리해고가 이루어지고 노사 간 많은 갈등을 가져 오는 요인이 되고 있다. 현행 「근로기준법」에서는 정리해고와 관련, ▲경영상의 긴박한 이유가 있어야 하고, ▲해고 회피노력을 다해야 하며, ▲공정하고 합리적으로 대상자를 선정해야 하고, ▲노조나 근로자 대표와의 성실한 협의를 거쳐야 한다고 규정되어 있으며(「근로기준법」 제31조), ▲또 해고된 날로부터 2년 이내에 근로자를 채용할 때는 해고근로자를 우선 채용하도록 노력해야 한다고 규정되어 있다(「근로기준법」 제31조의 2). 그러나 이러한 정리해고 관련 조항들이 너무 추상적이어서 정리해고가 무분별하게 이루어지거나 정리해고자 선정이 자의적인 경우가 많다. 또 이상의 절차규정을 사용주가 어기는 경우에도 처벌조항이 없기 때문에 그 강제력, 구속력이 없다.

이상의 문제점을 해결하기 위해서는 「근로기준법」을 개정하거나 별도의 「해고제한법」을 제정해 정리해고 관련 조항의 애매한 점을 명백히 함으로써 사용주에 의한 정리해고제의 남용을 막아야 할 것이다. 이 경우 다음과 같은 조항들을 개정 검토해야 한다(윤진호, 1999; 남기곤, 1999).

첫째, 정리해고 요건을 보다 엄격하게 규정할 필요가 있다. '긴박한 경영상의 필요성'에 대한 명확한 규정과 함께 그 합리적 제한이 필요하며 노사 간 정리해고 필요성에 대한 의견이 합치되지 않을 경우 노동위원회 등 공정한 제3자의 판단에 따르도록 함으로써 사용주의 남용을 막아야 할 것이다.

둘째, 노동조합 또는 근로자대표와의 협의 절차를 명확화하고, 그 요건을 엄격화해야 한다. 특히 해고 회피노력과 해고 대상자 선정에 대해서는 노사 간 '협의'가 아니라 '합의'가 필요하다. 주어진 기간 동안 노사 간 합의가 이루어지지 않을 경우 노동위원회 등을 통한 중재절차를 마련해야 한다.

셋째, 해고 회피노력에 대한 구체적 기준이 필요하다. 정리해고에 앞서 경영합리화, 인력재배치, 근로시간 단축, 교육훈련 등에 대한 세부적 규정과 순서를 지키도록 개선해야 한다.

넷째, 해고 대상자의 합리적 선정이 필요하다. 이는 사용자의 일방적 결정이 아니라 연령, 가족상황 등을 고려한 사회적 관점이 필요하다는 사실을 명기할 필요가 있다.

다섯째, 해고자에 대한 재고용에 관해 보다 적극적이고 구체적인 기준이 필요하다.

이상의 정리해고제 관련 법률조항의 개정 내지 새로운 특별법의 제정에 관해서는 정리해고제가 도입된 지 얼마 안 되고 법의 재개정에는 상당한 논란과 대립이 불가피하며 반드시 노동에 유리하게 개정되리라는 보장이 없다는 점 등을 고려해 그 내용과 요구 시기에 신중을 기해야 할 것이다.

(3) 현 「근로기준법」 하에서의 제도개선방향

당분간 현재의 「근로기준법」의 개정이 어렵다는 전제하에 현재의 「근로기준법」 하에서의 해고 관련 제도의 개선방향을 검토해야 한다. 우선 해고와 관련한 시행령, 행정부 해석, 지침 등의 명확화와 개선이 중요하다. 정리해고 관련 4가지 조항에 대한 구체적인 설명과 사례별 해석 등을 통해 이를 둘러싼 노사 간 갈등을 최소화하고 그 남용을 막을 필요가 있다. 이를 위해서는 현재 노사정위원회에서 작성 중인 '고용조정 매뉴얼'을 조속히 확정해 보급하고 이를 지침화해야 한다.

한편 현재 이루어지고 있는 해고의 대부분이 정식절차를 거친 정리해고가 아니라 조기퇴직, 권고사직, 일괄사표 제출 등 변칙적 방법에 의한 해고이며 그중 상당수는 불법, 부당해고라는 점을 감안할 때 일부 사용자에 의한 불법, 부당해고를 철저히 지도, 감독, 단속해야 할 것이다. 이 연구의 실태조사에서도 인원조정 실시 경험업체 226개 중 31개 사업체에서 부당징계해고 사례가 발견된 바 있다.

또 절차 면에서도 정리해고 시 노동조합과의 협의가 불충실하거나 아예 통보에 그치고 협의조차 하지 않는 사업장이 50%에 달하고 있으며, 재취업문제 등에 대해서도 아무런 협의가 없는 사업장이 절반 이상인 데서도 알 수 있듯이 현행 법률조차 지키지 않는 사업장이 많은 것으로 나타나고 있는바 이에 대해서는 행정당국의 철저한 지도감독을 요구해야 할 것이다.

한편 현행법상 불법, 부당해고에 대해서는 노동위원회에 제소하는 것이 유일한 방법임을 감안할 때 노동위원회 제도에 대해서도 개선이 필요하다. 즉, 노동위원회 위원 구성을 보다 합리적으로 개선하고, 노동위원회가 해고예방을 위해 사전적으로 개입할 수 있는 근거를 두며, 노동위원회 심의 시 노동자에 대한 법률구조 차원의 지원제도를 마련하고 노동위원회 명령의 실효성을 확보하는 등의 조치가 필요하다.

(4) 기업 차원의 고용조정에 대한 대응

노동조합은 우선 사업장 단위 및 산업 단위의 고용안정위원회 설치와 고용안정협약의 추진 등을 통해 기업 단위 또는 산업 단위에서 고용안정을 제도화해야 한다. 이 연구의 실태조사에 따르면 조사대상 사업체의 60% 정도만이 고용안정위원회를 설치하고 있으며 50% 정도에서만 고용안정협약이 체결되어 있는 것으로 나타나고 있다. 또 설혹 고용안정협약이 체결되어 있는 경우에도 잘 준수되지 않는 경우가 30%를 넘는 것으로 나타나고 있다.

단체협약에서도 정리해고와 관련한 절차 조항 및 고용안정조항을 잘 정비해 기업 측에 요구해야 한다. 노동조합 산별연맹은 이러한 고용안정조항이 완비된 표준 단협을 개발, 보급해야 할 것이다.

각 단위노조는 기업의 경영사정을 평소에 미리 파악해 갑작스러운 고용불안이 생기지 않도록 대비해야 할 것이다. 만약 경영합리화 등으로 잉여인원이 발생할 경우 가능한 한 해고가 최소화되도록 촉구해야 한다. 인원삭감의 타당성을 검증하기 위해 기업경영사정에 대한 모든 정보의 공개를 기업에 요구해야 한다. 이는 「근로자 참여 및 협력증진에 관한 법률」에도 명시되어 있는 노동조합의 당연한 권리이다. 정리해고의 불가피성에 대한 평가는 회사의 일방적 조치가 아니라 노사의 참여 및 (필요한 경우) 공정한 제3자의 검증을 거칠 것(사회적 규제)을 요구해야 한다.

정리해고가 불가피하다고 판단될 경우 해고규모를 최소화하기 하기 위한 모든 사전적 조치를 요구한다. 즉, 기업의 경영합리화, 경비절감, 인력의 재배치, 근로시간 축소, 교육훈련, 순환휴직제, 유무급 휴가 등이 그것이다. 특히 현행 고용유지 지원제도를 적극적으로 활용할 필요가 있다. 기업이 고용유지 지원제도의 신청에 소극적일 경우 노조가 직접 노동부 등에 지도를 요구할 필요가 있다. 또 노사협의를 통해 노사가 출연하는 고용안정기금을 조성해 잉여인원에 대한 교육, 훈련, 순환휴직제 등을 지원해야 한다.

정리해고가 개시되는 경우 노동조합 및 해고 대상자 본인과의 성실한 협의를 요구한다. 해고 전에 상당한 예고기간을 줄 것을 요구하고 특히 근속 연수에 따라 예고기간은 누진적이어야 한다. 또 경기가 좋아질 경우 재소환제(리콜제)를 확보할 수 있도록 요구한다.

해고 대상자를 합리적으로 선정하도록 요구한다. 이 경우 대상자의 연령, 근속 연수, 가족상황 등 사회적 기준이 적용되어야 하며 회사 측의 일방적 기준(근무자세, 노조활동, 인사기록 등)이 적용되어서는 안 된다.

정리해고는 노동자 측의 귀책사유가 아니라 회사 측의 경영 잘못 등에 의해 발생한 것이므로 해고 대상자에 대한 충분한 보상을 요구할 수 있다. 법정퇴직 금은 물론이고 회사 사정에 따라 추가보상금을 요구한다.

또 기업 내에 노사 공동으로 고용안정센터를 설치해 이를 통해 해고에 따른 각종 서비스를 제공해야 한다. 여기에는 각종 사회보험급부(실업보험, 의료보 험, 각종 대부 등) 안내, 융자금 알선, 창업기회 제공, 교육훈련, 취업 알선, 법률 적 자문 등이 포함된다.

또 비주력 기업 등 퇴출가능성이 있는 기업에서는 가능한 한 종업원이 이를 인수하도록 하고 이 경우 종업원이 인수하는 분사기업에 대한 세제, 금융상의 지원, 「공정거래법」상의 내부거래 규제완화 등을 요구한다.

(5) 재직노동자의 일자리나누기

불황기에 있어 일자리를 지키기 위한 노동조합의 최선의 전략은 재직노동 자들의 노동시간 단축을 통해 일자리를 나누는 정책이다.

노동시간 단축을 위해 가장 먼저 검토되어야 할 것은 법 개정을 통한 법정 노동시간의 단축이다. 한국의 총 노동시간 및 법정 노동시간은 선진국에 비해 훨씬 길다. 1997년 현재 한국의 연간 노동시간은 취업자 기준 2673시간, 피용 자 기준 2436시간에 이르고 있다. 취업자 기준으로 유럽에 비해 1000~1100시 간이 많으며, 선진국 가운데 노동시간이 긴 미국, 일본, 그리고 한국과 비슷한 경제수준인 멕시코, 스페인 등에 비해서도 700~800시간 내외의 장시간 노동 을 하고 있다(윤진호, 1998).

따라서 프랑스의 예에 따라서 향후 2~3년 내에 노동시간을 주당 40시간으 로 줄이는 것을 법정화하되 한꺼번에 노동시간을 줄일 경우 예상되는 충격을 감안해 노사 간 자율교섭에 의해 시한 이전이라도 노동시간을 줄이도록 하고 여기에 대해 일정한 인센티브를 제공하는 것이 가장 합리적이라고 판단된다.

이를 위해서는 「근로기준법」이 개정되거나 또는 노동시간 단축에 따른 각종 지원방안까지 포함한 「노동시간 단축특별법」을 제정해야 할 것이다. 이와 함께 일본의 경우 볼 수 있는 바와 같이 경영기반이 취약한 중소기업 등에서 법률 위반 사례가 많이 나올 수 있으므로 정부는 '근로시간 단축지원센터'를 설치해 중소기업에 대한 지원금 지급 등을 통해 중소기업의 노동시간 단축을 지원하도록 해야 한다.

법정 근로시간의 단축과 더불어 초과노동시간의 실질적 단축이 중요하다. 현재 한국의 노동자들이 장시간 노동하고 있는 가장 중요한 이유는 지나치게 긴 초과노동시간 때문이다. 그러나 현재 한국에서 초과노동이 차지하는 비중이 워낙 크기 때문에 초과노동시간의 축소는 단순히 일자리나누기의 차원을 넘어선 보다 중요한 의의를 가진다. 장시간 초과노동의 해소는 노동자의 건강을 개선하고, 산재를 예방하며, 휴식과 개인활동을 위한 적절한 시간을 제공하는 등 노동자의 삶의 질을 높인다. 그러나 노동자의 입장에서는 총임금에서 차지하는 초과근로수당의 비율이 높으므로 초과노동시간의 축소는 총임금의 상당한 저하를 가져와 생활에 어려움을 주는 요인이 된다. 따라서 초과노동시간 축소에 따른 임금저하에 상응하는 사회적 지원책이 필요하다. 또 초과노동시간을 실질적으로 줄이기 위해 현재 하루 12시간, 일주일 56시간으로 되어 있는 총 노동시간 상한선을 보다 낮추고 연간 노동시간 상한선 제도를 신설하는 것이 필요하다. 만약 부득이하게 일정한 한도를 초과하는 초과근로에 대해서는 보상휴식시간을 부여하도록 한다.

참고로 한국과 유사한 노동법제를 가지고 있는 일본의 경우 IMF-JC는 1994년 연간 노동시간을 1800시간으로 줄인다는 '시간 단축 5개년계획'을 세우고 이를 위해 완전주휴 2일제 실시, 경축일과 주휴일이 중복되는 경우 대체휴일의 설정, 근속 1년 이상의 연휴가 부여 일수 최저 20일, 초과노동시간을 개인은 월 30시간 이내, 전체 평균 연간 120시간 이내로 한다는 계획을 추진 중이다.

일감나누기(work-sharing)는 법정 근로시간 이하로의 노동시간 단축을 통해 일감을 나눔으로써 고용을 유지/창출하고자 하는 것을 말한다. 특히 자동차 등 특정 산업에서는 향후 상당 기간 동안 노동력 수급의 균형이 깨질 것으로 예상되는 상황에서 노동시간 단축을 통한 고용유지/창출은 대량해고를 막고 실업률을 줄이는 한 유력한 수단이 되는 것은 분명하며 노동자뿐만 아니라 기업에도 상당한 장점을 가져다줄 수 있다. 일감나누기는 주로 노사 간 산업별, 기업별 협약에 의해 이루어질 수 있다. 그러한 협약의 내용 속에는 단축되는 시간규모, 생산성 향상 목표, 임금인상률(보통 노동시간 단축에 따른 기업의 노무비 상승 충격을 완화하기 위해 임금인상률 억제가 도입됨), 기업 내지 산업의 인력목표 및 고용안정보장, 신규 고용창출 목표 등이 포함된다. 흔히 노동조합은 정리해고 금지 등 고용보장조항에는 많은 신경을 쓰는 반면, 신규 고용의 창출에는 무관심한 경우가 많은데 장기적으로 고용안정이 이루어지기 위해서는 신규 고용창출 목표도 명시되어야 할 것이다.

일감나누기에는 대부분의 경우 정부의 지원이 뒤따른다. 정부지원의 주된 수단은 실업보험을 통한 지원이다. 이는 대량해고를 방지하기 위해 노동시간을 단축하는 기업의 노동자나 사용주에 대해 실업보험의 혜택 중 일부를 부여하는 것이다. 이를 통해 노동자는 시간 단축에 따른 급여손실의 일부를 보상받을 수 있는 것이다. 이러한 실업보험 지원을 통한 일감나누기 프로그램은 유럽에서는 이미 1920년대부터 광범하게 실시되고 또 상당한 성공을 거둔 바 있다. 한국에서도 고용보험상의 고용유지 지원금 제도가 있어 기업의 구조조정 과정에서 고용조정으로 잉여인력이 발생했음에도 불구하고 근로시간 단축, 휴업, 훈련, 사외파견, 휴직 등의 고용유지조치를 통해 그 잉여인력에 대해 고용을 유지할 경우 고용유지조치 기간 동안 근로자에게 지급한 임금의 일부를 지급하도록 되어 있다. 그러나 현재의 고용유지 지원금 제도에는 여러 가지 문제가 있어 개선이 필요할 것으로 보인다. 즉, 지원금의 수준과 기간의 개선, 고용유지 지원 예산의 증액, 신청 절차의 간소화와 제도의 홍보, 신규 고용창출 지원의 강화 등이 필요하다. 이상의 문제점이 있기는 하지만 고용유지 지원제도는 일자리나누기를 위한 가장 핵심적 수단이 되므로 현재의 제도와 운영상의 문제점을 보완해 확대 실시해야 할 것이다.

휴일, 휴가제의 개선도 필요하다. 노동시간에 관한 논의가 주로 주당 노동시간에 집중되어 있지만 선진국에서는 과거 수십 년간 연간 노동시간을 단축시켜 온 중요한 요인의 하나는 유급휴가 일수의 증대였다.

이미 대부분의 선진국에서는 연간 4주 이상의 유급휴가가 보장되어 있으며 이는 점점 길어지고 있다. 이에 비해 한국의 연간 유급휴일, 휴가 일수는 선진국에 비해 훨씬 적은 실정이며 이것이 연간 노동시간을 장시간으로 만드는 또 하나의 요인이 되고 있다.

또 대부분의 노동자들은 연월차휴가를 수당으로 대체하고 있어 실제 휴가 취득률이 떨어진다. 이와 같이 유급휴가의 실제취득률이 떨어지는 이유는 연월차휴가의 취득조건이 매우 까다롭고, 휴가사용의 재량권이 없으며(과거에 사용주는 휴가사용을 하지 못하도록 상당한 압력을 행사했음), 연속휴가사용이 어려워 휴가취득의 실익이 적고, 휴가에 따른 수당손실이 많으며, 일이 많아서 휴가를 사용할 경우 동료에게 피해를 미칠 우려 등 때문이다. 앞으로 한국의 연간 노동시간을 줄이기 위해서는 유급휴가의 취득률을 높이고 전체 휴가 일수를 늘릴 필요가 있다.

우선 휴가의 사용을 유도함으로써 휴가 대신 수당을 받는 관행을 개선하는 동시에 실 근로시간의 단축을 꾀할 필요가 있다. 이렇게 함으로써 휴가제도가 본래의 취지에 따라 노동자의 정신적·육체적 휴양을 확보하는 제도로 정착될 수 있을 것이다. 이를 위해서는 월차휴가제도를 폐지하는 대신 연차유급휴가 제도를 늘림으로써 연속휴가가 가능하도록 해야 한다. 또 연차유급휴가의 부여요건을 크게 완화해야 하며 동시에 휴가사용의 재량권을 높여야 한다. 회사에 특별한 사정이 없을 경우 노동자가 청구하는 휴가에 대해 이를 보장하도록 하고 단체협약에 이를 포함하도록 해야 한다. 연초에 전체 노동자의 연간휴가 사용계획을 수립해 계획적인 휴가부여가 되도록 해야 한다. 한편 선진국에 비해 주휴일 수가 훨씬 적고 유급휴가 일수도 적은 점을 감안해 토요휴일제를 점차 확대하고 유급휴가 일수도 점차 높여 2000년대에는 연간 5주 이상의 휴가가 확보될 수 있도록 목표를 세우고 단계적 실천계획을 세워야 할 것이다.[1]

오늘날 많은 선진국에서 일자리나누기의 한 방법으로서 유무급 휴직제도의 확대와 이에 대한 지원제도의 확대를 꾀하고 있다. 이는 주로 노동자나 고용주에게 보조금을 지급함으로써 장기휴직을 촉진하는 제도이다. 그 방법으로서는 안식년제(sabbaticals), 교육휴직, 양육휴직(parental leave), 개호휴가, 순환휴가 등을 통한 일자리 교환제 방식 등이 있다. 이러한 제도들은 거의 대부분 실업자를 대체 고용하도록 의무화하고 있는데 그 고용촉진효과는 상당히 큰 것으로 나타나고 있다.

한국의 경우 앞에서 본 고용유지 지원금 제도하에서 휴직을 통해 고용을 유지하는 경우 1월 이상 유급휴직을 실시한 사업주에게 휴직수당의 2/3(대규모 기업의 경우 1/2)를 최대 6개월간 지급하고 무급휴직의 경우에는 노무비용을 고려해 노동부 장관이 고시하는 금액(14만 원, 대규모기업의 경우 11만 원)을 최대 6개월간 지급하도록 되어 있다. 그러나 한국의 제도를 선진국의 제도와 비교해 볼 경우 몇 가지 문제점이 발견된다.

첫째, 지급기간이 6개월로 제한되어 있다는 점이다. 따라서 최대지급기간을 연장할 필요가 있다. 둘째, 휴직수당에 대한 보조금이 특히 대기업의 경우 너무 낮아 충분한 인센티브가 되지 못하고 있다는 것이다. 따라서 이를 상향조정하고 특히 교육, 훈련을 위한 휴직인 경우 교육훈련비 보조금 형식으로 휴직수당 지원금을 차등지급하도록 해야 할 것이다. 셋째, 유무급 휴직에 따른 고용효과를 제대로 얻기 위해서는 실업자 대체 고용의 의무화가 필요하다. 이 경우 휴직수당 지원금은 휴직노동자에게 직접 지급하고 대신 사용주에게는 대체 고

---

[1] 토요휴무제가 매주 실시된 것은 2011년으로 주5일제 시범 실시 이후 대략 10년의 기간이 필요했다.

용 시의 임금 일부를 지원하는 방식으로 대체 고용을 유도할 수 있다.

(6) 실업대책 및 사회안전망의 완비

자본주의경제의 주기적인 경기변동은 실업을 불가피하게 만든다. 따라서 노동조합은 재직노동자의 고용안정과 더불어 실업노동자의 생계유지와 재고용을 위해 투쟁해야 한다. 지금까지 한국의 노동조합들은 이 문제에 대해 상대적으로 소홀히 해왔다. 이는 그동안 급속한 경제성장과 더불어 고용확대가 계속되어 온 결과였다. 그러나 앞으로 상당 기간 동안 고실업이 불가피한 상황에서 이제 노동조합도 실업노농자의 생계유지와 재고용을 위한 노력을 적극적으로 기울이지 않으면 안 될 것이다.

실업대책과 관련해 노동조합은 특히 다음과 같은 몇 가지 점에 집중적인 노력을 기울여야 할 것이다.

첫째, 대량실업을 불가피하게 만들고 있는 구조조정정책 및 노동시장의 유연화정책에 대한 대책이다. 실업문제를 해결하기 위한 실업대책은 시장원리를 강조하는 영미형, 실업자에 대한 사회보장을 강조하는 유럽형, 그리고 실업발생을 최소화하는 고용조정을 강조하는 일본형으로 유형화할 수 있다.

현재 정부의 노동시장정책 및 실업정책은 기본적으로 신자유주의적 노동시장 유연화정책을 그 기조로 하고 있는데, 이는 대량실업을 촉진하는 중요한 요인으로 작용하고 있다. 대량실업에 직면해 정부는 기본적으로 신속한 구조조정과 노동시장의 유연화를 통해 고용창출을 촉진하는 것이 근본적인 실업대책이라고 보고 있으며, 구조조정과 고용조정에 따른 실업의 발생은 불가피한 것으로 보고 있다. 그러나 이러한 신사유주의적 경제성책에 바탕을 둔 실업대책은 근본적으로 실업문제를 해결할 수 없다고 생각된다. 신자유주의적 노동시장의 유연화정책은 그 노동배제적 성격 때문에 노사관계의 긴장을 증대시키고 있을 뿐만 아니라 실질임금의 저하와 소득 불평등의 확산 등의 문제를 야기할 가능성이 매우 높다.

현재의 실업문제를 근본적으로 해결하는 길은 이러한 신자유주의적 구조조 정과 노동시장 유연화 일변도의 정책을 전환해 사회통합적 구조조정과 고용창 출적 거시경제정책으로 전환하는 길뿐이라고 생각한다. 즉, 인력감축 일변도 보다는 기업, 금융부문의 소유 지배구조 개선, 경영의 투명화, 상품시장 및 요 소시장에서의 지나친 규제 제거 등에 주력하는 구조조정, 고용유지에 최선을 다함으로써 실업발생을 최소화하는 고용유지정책, 구조조정 과정에서 발생하 는 불가피한 실업자에 대한 사회안전망의 제공, 고용창출력 여부를 최우선으 로 하는 거시경제정책 등 '사회통합적 구조조정'을 추구해야 할 것이다.

특히 인플레이션을 야기하지 않는 범위 내에서의 강력한 거시경제정책은 실업을 줄이는 데 있어 최선의, 그리고 불가결한 정책이며 이는 선진국 실업문 제의 해결을 위해 OECD가 제시하고 있는 정책의 핵심내용을 이루고 있는 부 분이기도 하다(OECD, 1994). 이를 위해 단기적으로는 내수 진작을 위한 금융, 재정차원에서의 적극적인 거시경제 운용을 통해 실물경제의 파탄을 예방하고 고용발생 및 실업발생의 최소화를 도모해야 하며(임대주택 건설, SOC 투자, 농 촌개발, 중소기업 지원, 창업 지원), 중기적으로는 재정 건전화와 금융부문 개혁 을 통해 금리 인하를 유도함으로써 민간투자의 활성화를 도모해야 한다.

둘째, 사회적 안전망의 완비이다. 실업정책은 크게 나누어 직업훈련, 일자 리 창출, 취업 알선 등을 통해 실업을 최소화하고자 하는 적극적 노동시장정책 과 실업보험, 공적부조 등을 통해 실업자에 대한 생계보호에 치중하는 소극적 노동시장정책으로 나뉜다. 앞에서 봤듯이 선진국에서는 실업정책이라 하면 곧 소극적 노동시장정책을 뜻할 만큼 소극적 정책의 비중이 전체 실업정책에 서 차지하는 비중이 높다.

반면 한국의 경우 1998년 중 소극적 정책의 비중은 겨우 20.3%에 불과해(윤 진호, 1999), 선진국에 비해 그 비중이 극히 낮은 상태에 있다. 즉, 한국의 실업 정책은 적극적 노동시장정책 위주이며 소극적 노동시장정책은 매우 미흡한 상 태인 것이다. 이러한 정부의 편향된 정책의 결과 광범한 저소득층이 아무런 보호도 받지 못한 채 방치상태에 놓여 있다. 최근의 한 추정에 따르면 1998년의 경우 전체 연평균 실업자 150만 명 중 약 40%에 해당하는 60여만 명의 실업자가 일정 시점에서 아무런 실업대책의 대상도 되지 못하는 사회안전망의 사각지대에 있는 것으로 나타났으며 1999년에도 연평균 실업자의 27%에 해당하는 45만여 명의 실업자가 역시 사회적 안전망의 사각지대에 있게 될 것으로 나타났다(윤진호, 1999). 모든 국민에게 근로권과 최소한의 생계유지수단을 제공하는 것이 국가의 기본 임무라 할 때(헌법 32조, 34조) 이와 같이 광범한 저소득층 실업자가 사회안전망의 사각지대에 방치된다는 것은 국가의 기본 임무를 소홀히 하는 것이라 할 수 있다.

따라서 실업급여의 확충과 실업부조사업의 도입을 통해 사회안전망을 구축하도록 해야 한다. 실업급여는 정부의 실업대책의 기간을 이루는 제도이지만 그 포괄 대상범위가 너무 좁고 기간이 한정되어 있어 효과적인 실업대책으로서 기능하지 못하고 있다. 그동안 정부는 꾸준히 고용보험 적용범위를 확대해 왔지만 여전히 일용직 근로자, 자영업자 및 무급 가족 종사자, 노동시장 신규진입 실업자 등은 고용보험의 대상밖에 있다. 따라서 실업급여 수급요건을 최대한 완화해 보다 많은 실직자들이 실업 시 급여혜택을 받을 수 있도록 해야할 것이다.

특히 단기간 취업, 실업을 반복하는 불안정 취업층이 문제이다. 이들에 대해서는 최소 피보험기간(현재 6개월)의 단축, 또는 기준기간(현재 1년)의 연장을 통해 실업급여의 대상을 넓혀야 할 것이다.

또 실업급여가 끝난 뒤에도 대부분의 유럽 국가들은 실업부조를 지급하고 있는데, 이는 기간이 무제한이며 실업자의 최저한의 생계를 충족시킬 수 있는 정액급여를 지급하는 것이다. 실업부조제도가 없는 미국, 일본 등에서는 실업보험의 연장급여를 지급하고 있다. 결국 선진국에서는 어떤 형태로든 실직자의 최저한의 생계는 보장된다. 반면 한국의 경우 실업급여기간이 끝나면 아무런 대책이 없는 상황이다. 한국도 앞으로 실업급여기간의 연장, 지급수준의 상향조정 등을 통해 실직자의 최저한의 생계를 보장하는 한편 장기간 고실업이 계속될 것에 대비해 실업부조제도의 도입이 불가피할 것으로 보인다. 이 경우 예상되는 상당한 재원소요 증가에 대비해 다양한 방안을 마련할 필요가 있는데 예컨대 고용세 등 목적세의 도입, 채권발행, 국방비 등의 재조정, 금융 종합소득과세의 실시 등이 그것이다.

셋째, 실업자에 대한 직업훈련과 취업 알선 사업의 적극적인 전개가 필요하다. 직업훈련사업은 선진국에서 적극적 노동시장정책의 가장 중요한 부분이며 최근에는 실업급여사업을 대신하는 의미를 가지고 있기도 하다.

그러나 현재의 실업자에 대한 실업 훈련사업은 내용의 부실성, 실업 훈련기관(특히 사설학원)의 부실성 문제, 훈련 후 취업기회의 문제 등 많은 문제점을 드러내고 있어 이에 대한 보완이 필요할 것으로 보인다. 한국노동조합총연맹(한국노총)의 실태조사에 따르면 조사대상자 중 직업훈련을 받은 경험이 없는 경우가 69.3%나 되었고, 훈련받은 사람들도 훈련 이후 취업가능성(56.8%), 취업 알선 실적(71.7%) 등에서 불만을 나타내고 있다(엄규숙, 1998).

직업훈련과 관련된 문제점은 훈련자 수 급증에도 불구하고 재취업률이 매우 낮다는 점, 수강료, 교육에 관한 기준요건 등에 대한 규제가 까다롭다는 점, 교육내용이나 기간이 비현실적이라는 점, 위탁훈련과 관련한 부정, 부조리 발생 가능성이 크다는 점 등이다.

따라서 기업과 훈련생 등에 대한 인력수요조사를 통해 수요자 중심으로 교육기간, 교육내용을 재조정하고 기업과 연계시켜 재취업률을 높여야 할 것이다. 또 직업훈련과 관련된 각종 규제를 재검토해 비합리적인 부분을 개선해야 할 것이다. 특히 위탁훈련과 관련된 부조리를 막기 위해 건실한 훈련기관을 집중육성하고 감독을 강화해야 할 것이다.

한편 취업 알선 사업과 관련해서는 직업 안정조직의 획기적인 확충과 추가 인력보강이 필요하다. 선진국의 경우 공공부문을 통한 취업 알선비율이 매우 높다. 반면 한국의 경우 고용안정센터 41개소와 인력은행 12개소를 증설하는 등 공공부문을 통한 구인-구직연계기능이 급속하게 확충되고 있기는 하나 아직 전체 취업 알선시장에서 차지하는 점유율은 낮은 형편이다. 더욱이 세계은행의 권고 등에 의해 유료직업소개 기능이 허용됨으로써 노동시장 왜곡현상이 더욱 심화될 것으로 우려된다.

넷째, 적극적인 고용창출을 요구해야 한다. 구조조정에 따른 대량실업문제를 근본적으로 해결하는 길은 경기회복과 산업, 기업의 건전화에 따른 고용창출에 있음을 감안해 이를 위한 경제정책을 입안, 추진하도록 요구해야 한다. 노동조합의 투쟁방향도 종전의 고용안정투쟁으로부터 고용창출투쟁으로 전환할 필요가 있다. 이를 위해 경기회복을 위한 적극적 재정, 금융정책의 실시와 소득세 감면 등 대담한 감세조치, 아동수당, 고령자수당 등 국민에 대한 사회보장급부의 확대 등을 실시하도록 요구한다. 이를 위한 재원조달방안으로서 공정한 조세제도의 개혁과 이자배당소득, 자영업자소득 등에 대한 과세 강화를 요구한다.

한편 재벌개혁, 공정거래, 금융개혁을 통한 산업 및 기업의 건전화와 경쟁력 강화도 필요하다. 특히 정부가 획기적 고용창출계획을 수립, 시행하도록 요구해야 한다. 단기적으로는 공공부문을 중심으로 한 임시적 고용창출 중심의 정책에 주력해 공공부문의 인턴제, 계약직 채용을 확대하고 공공근로사업의 질적 전환을 통한 내실 있는 시행이 되도록 요구한다. 중장기적으로는 「신산업 창출 및 신규사업 육성을 통한 고용창출계획」을 수립, 시행할 필요가 있다. 특히 고령자, 여성, 장애자 등 노동시장의 약자의 고용확대를 위한 특별대책의 추진이 필요하다.

다섯째, 실업대책에 노동조합 및 실업자 대표의 참여를 요구한다. 실업문제의 이해관계 당사자이자 현장의 요구에 밀착된 노동조합의 실업대책 참여는 실업대책의 효율성과 형평성을 제고하기 위해 중요한 것이다. 현재도 실업대책 일부에 노동조합이 참여하고 있기는 하나 이는 매우 제한적이고 비체계적인 것이다.

따라서 정부의 각종 실업대책위원회에 노동조합 대표의 참여를 확대해 노사정 3자 동수의 원칙으로 구성되도록 요구해야 한다.

또 산업별, 업종별로 노사정 고용안정위원회나 직업훈련위원회를 구성해 고용안정 및 직업훈련에 대한 의견교환, 직업훈련에의 직접 참여 등이 이루어질 수 있도록 해야 할 것이다.

한편 직업훈련, 취업 알선, 일자리 창출사업 등의 일부를 노동조합에 위탁 운영하도록 함으로써 노동조합의 실업대책에 대한 직접적 참여가 이루어질 수 있도록 요구해야 할 것이다(김유선, 1999).

(7) 노동조합에 의한 직접적 실업대책의 추진

노동조합은 스스로 실업자를 위한 직접적 실업대책을 수립, 추진할 필요가 있다. 이를 위해 첫째, 실업자의 조직화와 노조 가입을 적극적으로 추진해야 한다. 선진국에서는 노동자의 재직, 실직 여부에 상관없이 노조 가입자격이 주어지고 있다. 한국에서도 실업자의 노조 가입 문제는 현재 입법보류 중이지만 곧 합법화될 것에 대비해 노조규약의 개정, 조직화 사업의 수립, 조직화 예산의 배정 등이 필요할 것이다. 이러한 실업자의 노조 가입을 통해 현직 노동자와 실직노동자가 함께 될 때 비로소 노동운동의 힘은 커질 수 있는 것이다.

둘째, 실업노조원에 대한 노조의 직접적 복지 및 서비스 제공이 필요하다. 노동조합의 중요한 기능 중의 하나는 노조원 간 상부상조 기능이다. 조합원이 실직했을 경우 이에 대해 노조가 최소한의 사회복지기능을 제공하는 것은 너무나도 당연한 일이다. 실제로 외국 산별노조들은 상당한 규모의 실업노조원 지원기금을 보유하고 있어 공식 실업수당과는 별도로 노동조합에서 실업자 생계비의 일부를 지원하고 있다. 한국의 노동조합들은 지금부터라도 실업노조원 지원기금을 적립하는 한편, 우선 사용자 및 정부와 교섭해 노사 공동의 실업자 훈련, 재취업지원기금을 설립할 수 있도록 노력해야 할 것이다.

셋째, 지역별 실업노동자 센터를 설치해야 한다. 지역별 노조협의체나 산별

노조 지역지부 등에서 운영하게 될 이 센터에서는 실업자에 대한 상담, 취업알선, 법률보호, 교육훈련, 기타 서비스 등 원스톱 서비스를 제공함으로써 실업노조원의 구심점 역할을 하는 한편 노조와의 연관을 유지할 수 있도록 하는 거점이 될 수 있다.

넷째, 정부에 대한 압력을 통해 실업자의 목소리를 정치적으로 대변하는 한편 단체교섭을 통해 사용주에 압력을 넣음으로써 실업자의 목소리를 대변해야한다. 현재 실업자의 목소리를 대변할 수 있는 통로가 없는 상황에서 노동조합이 적극적으로 이들의 목소리를 대변해 정부의 정책, 법률 등에 반영하는 한편단체교섭 등을 통해 사용주에 압력을 행사함으로써 실업자를 위한 정책이 이루어질 수 있도록 노력해야 할 것이다.

3) 고용안정을 위한 노동조합 및 노사관계의 구조

한국 노동운동이 가진 고립분산적 기업별 노조체제의 문제점은 IMF 사태를 계기로 적나라하게 드러나고 있다. '대기업 정규직 중심의 기업별 노조체제', '개별 기업주를 상대로 한 임금인상 중시형 교섭체제'로서 노동조합의 최대현안인 고용문제를 해결하는 데 무력할뿐더러 더 나아가 노동조합의 존재 여부자체가 문제시되는 노동운동의 일대위기에 대응하는 데 무력하다. 더욱이 2002년부터 노조 전임자 임금지급이 금지되는 등 기업별 노조체제는 더 이상유지 자체도 어려워질 것이다.

따라서 그동안 당위성 차원에만 그쳤던 산별노조 건설운동을 이제 현실적이고도 급박한 과제로 인식하고 적극적으로 그 실현을 위해 노력해야 할 것이다.

노동운동의 대통합문제도 이제 진지하게 고려해야 할 시점이다. 노동운동의 위기 시점에서 노동운동이 분열되어 있다는 것은 커다란 불리함을 의미한다. 양 노총 간 본격적 통합이 어려우면 가능한 부분(일부 산업), 가능한 방법(정책연대, 교섭연대, 단체행동연대)부터 시도함으로써 실질적 통합이 이루어질 수 있도록 해야 할 것이다.

　교섭체제에 대한 본격적 재검토도 필요하다. 고용불안을 막고 대량실업에 대한 대책을 강구하기 위해서는 자본 및 국가와 교섭해 이를 법률화, 제도화, 정책화하는 작업이 절대적으로 필요하다. 따라서 국가 및 자본과의 중앙교섭을 위한 제도적 틀을 어떻게 마련해야 할 것인가에 대한 진지한 고민이 필요하다. 그동안 노사정위원회에 그러한 기능을 기대했으나 정부의 일방적 구조조정과 합의사항 미이행, 그리고 사용자의 소극적 태도 등으로 노사정위원회가 제대로 기능하지 않고 있다. 그러나 이를 이유로 국가 및 사용자단체와의 중앙교섭 자체를 포기해서는 안 될 것이다. 현재의 노사정위원회의 위상을 실질적으로 강화하거나 아니면 또 다른 교섭체제를 구성해서라도 노동조합의 요구가 법률, 제도, 정책으로 실현될 수 있는 틀을 만들어 가야 할 것이다.

　이러한 교섭 틀은 비단 중앙 수준에서뿐만 아니라 지역, 업종별로도 추진되어야 한다. 이를 위해 지역별, 업종별 교섭체제와 노사협의회를 구축하도록 추진해야 한다.

　이러한 교섭체제가 제대로 작동할 경우 독일 등에서 볼 수 있는 '고용안정을 위한 노사정 연대협약'을 체결하는 방법도 고려해 볼 수 있다.

참고문헌
(제1부 제3장)

강수돌. 1998. 「독일노동조합의 고용보호전략」. ≪민주노동과 대안≫, 제4호.

_____. 1996. 「독일 노사관계에서의 사회적 합의-한국에 주는 시사점」. ≪현장에서 미래를≫, 1996년 6월호. 한국노동이론정책연구소.

김영순. 1996. 『복지국가의 위기와 재편』. 서울대학교 출판부.

김유선. 1999. 「노사단체의 실업대책 참여 확대」. 미발표논문.

남기곤. 1999. 「정리해고 절차의 개선 방안」. 미발표논문.

박종희. 1998. 「독일」. 이병훈 외. 『구조조정과 노동조합의 대응-주요국 사례-』. 한국노동연구원.

배규식. 1996. 「영국 노동조합의 현황」. ≪사람과 일터≫, 96년 3월호.

서울대 행정대학원 정보통신행정연구소. 1998. 『직업 안정 및 고용보험 관리조직의 재구축방안』. 한국노동연구원.

선한승. 1998. 「통일 독일 구조조정기의 노사관계: 도전과 응전」, 최영기·이장원 편저.

엄규숙. 1998. 「실태조사결과의 정책적 함의」. 『경제위기와 노동운동대응방안 모색을 위한 토론회』. 한국노동조합총연맹.

윤정열. 1997. 『1970년대 미국의 구조적 실업증가와 노동정책』. 한국노동연구원.

윤조덕. 1998. 「독일」. 최강식 편저.

윤진호. 1992. 「미국노동운동의 위기와 새로운 변화」. ≪경제와 사회≫, 1992(여름).

_____. 1996. 「고용조정과 노동조합의 대응-」. 『노동시장 유연화의 현황과 정책과제』. 전국민주노동조합총연맹.

_____. 1998a. 「노동시간 단축을 통한 일자리 나누기와 노동조합의 정책과제」. 『노동시간 단축과 노동조합의 정책과제』. 전국민주노동조합총연맹.

_____. 1998b. 「캐나다의 노사관계와 그 시사점」. ≪캐나다연구≫, 제9집. 연세대학교 동서문제연구원 캐나다 연구센터.

_____. 1999a. 「1999년 민주노총의 경제, 노동정책 방향에 대한 제언」. 『'99년 정세전망과 민주노총 사업평가 및 사업방침 수립을 위한 정책토론회』. 전국민주노동조합총연맹.

_____. 1999b. 「기업구조조정과 대량실업에 대한 대응」. 미발표논문.

이민영. 1997. 「독일 금속노조의 노동의 인간화 정책」. ≪노동사회≫, 97년 7월호. 한국노동사회연구소.

이병훈. 1998. 「미국」. 이병훈 외. 『구조조정과 노동조합의 대응-주요국 사례-』. 한국노동연구원.

이병훈 외. 1998. 『구조조정과 노동조합의 대응-주요국 사례-』. 한국노동연구원.

이종래. 1996. 「출발도 못하고 좌초한 독일 노사정 대타협」. ≪연대와 실천≫, 1996년 3월호. 영남노동운동연구소.

임무송. 1997. 『영국의 노동정책 변천사』. 한국노동연구원.

_____. 1998. 「80년대 이후 영국의 신자유주의 구조개혁과 노사관계」. 최영기·이장원 편저. 『구

조조정기의 국가와 노동』. 나무와 숲.

조준모. 1997.『미국의 고용조정: 경험과 시사점』. 한국노동연구원.

최강식 편저. 1998.『1997년 해외노동시장 연구』. 한국노동연구원.

최영기·이장원 편저. 1998.『구조조정기의 국가와 노동』. 나무와 숲.

한국노동연구원. 1998.『고실업시대의 실업대책』.

한국노동연구원 동향분석실. 1999.「일자리 창출을 위한 노·사·정 연대문서(독일)」.『분기별 노동동향분석』, 1999 1/4분기. 한국노동연구원.

한국은행 브뤼셀사무소. 1998.『EU의 실업대책』.

萩原進. 1989.「轉換期の勞使關係とレ-ガン政權」. 川上忠雄, 增田壽男 編.『新保守主義の經濟社會政策』. 法政大學出版局.

增田壽男. 1989.「イギリス資本主義の危機とサッチャリズム」. 川上忠雄, 增田壽男 編.『新保守主義の經濟社會政策』. 法政大學出版局.

Adnett, N. 1996. *European Labour Markets: Analysis and Policy*. Longman.

Arestis, P. and M. Marshall(eds.). 1995. *The Political Economy of Full Employment: Conservatism, Corporatism and Institutional Change*. Edward Elgar.

Arulampalam, W. and M. B. Stewert. 1995. "The Determinants of Individual Unemployment Duration in an Era of High Unemployment," *Economic Journal*, March.

Atkinson, A. 1993. "Have Social Security Benefits Seriously Damaged Work Incentives in Britain?" in A. Atkinson and G. Mogensen(eds.). *Welfare and Work Incentives: A North European Perspective*. Clarendon Press.

Babson, S.(ed.). 1995. *Lean Work: Empowerment and Exploitation in the Global Auto Industry*. Wayne State University Press.

Barrell, R.(ed.). 1994. *The UK Labour Market: Comparative Aspects and Institutional Developments*. National Institute of Economic and Social Research and Cambridge University Press.

Blanchflower, D. and R. Freeman. 1994. "Did the Thatcher Reforms Change British Labour Market Performance?." in R. Barrell. *The UK Labour Market: Comparative Aspects and Institutional Developments*. National Institute of Economic and Social Research and Cambridge University Press.

Block, R. 1992. "The Legal and Institutional Framework for Employment Security in the United States: An Overview." in K. Koshiro(ed.). *Employment Security and Labor Market Flexibility: An International Perspective*. Wayne State University Press.

Blondal, S. and M. Pearson. 1991. "Unemployment and Other Non-employment Benefits." *Oxford Review of Economic Policy*, Vol. 11, N0. 1.

Blyton, P. and R. Trinczek. 1997. "Renewed Interest in Work-sharing? Assessing Recent Developments in Germany." *Industrial Relations Journal*, 28: 1.

Bornstein, S. and P. Gourevitch. 1984. "Unions in a Declining Economy: The Case of the British

TUC." in P. Gourevitch et al.(eds.). *Unions and Economic Crisis: Britain, West Germany and Sweden.* George Allen & Unwin.

Bosch, G. 1992. *Training--not Redundancy: Innovative Approaches to Industrial Restructuring in Germany and France.* International Labour Organization.

Britton, A. 1994. "Labor Markets in Britain and Continental Europe." *National Institute Economic Review,* 3/94.

Coates, D. 1989. *The Crisis of Labour: Industrial Relations & the State in Contemporary Britain,* Philip Allan.

Compston, H.(ed.). 1997. *The New Politics of Unemployment: Radical Policy Initiatives in Western Europe.* Routledge.

Coulton, B. and R. Crumb. 1994. "The UK NAIRU." *H.M. Treasury Working Paper,* No. 66.

Crouch, C. 1990. "United Kingdom: The Rejection of Compromise." in G. Baglioni and C. Crouch.(eds.). *European Industrial Relations.* SAGE.

Forslund, A. and A. Krueger. 1994. "An Evaluation of the Swedish Active Labour Market Policy: New and Received Wisdom." *National Bureau of Economic Research Working Paper,* No. 4082.

Gallie, D., M. Rose and R. Penn. 1996. "The British Debate on Trade Unionism: Crisis and Continuity." in D. Gallie et al.(eds.). *Trade Unionism in Recession.* Oxford University Press.

Golden, M. and J. Pontusson(eds.). 1992. *Bargaining for Change: Union Politics in North America and Europe.* Cornell University Press.

Green, W. C. and E. J. Yanarella. 1996. *North American Auto Unions in Crisis: Lean Production as Contested Terrain.* State University of New York Press.

Grubb. 1994. "Direct and Indirect Effects of Active Labour Market Policies in OECD Countries." in R. Barrell(ed.). *The UK Labour Market: Comparative Aspects and Institutional Developments.* National Institute of Economic and Social Research and Cambridge University Press.

ILO. 1996. *World Employment 1996/97.*

Jacobi, O. and W. Mueler-Jentsch. 1990. "West Germany: Continuity and Structural Change." in G. Baglioni and C. Crouch(eds.). *European Industrial Relations: The Challenge of Flexibility.* SAGE.

Jacobi, O. et al. 1998. "Germany: Facing New Challenges." in A. Ferner and R. Hyman(eds.). *Changing Industrial Relations in Europe* (2nd. ed.). Blackwell.

Johnson, G. and R. Layard. 1986. "The Natural Rate of Unemployment: Explanation and Policy." in O. Ashenfelter and R. Layard(eds.). *The Handbook of Labour Economics.* North-Holland.

Kahn, P. 1992. "Union Politics and the Restructuring of the British Coal Industry." in M. Golden and J. Pontusson. *Bargaining for Change: Union Politics in North America and Europe.*

Cornell University Press.

Katz, H. 1988. "Policy Debates over Work Reorganization in North American Unions." in R. Hyman and W. Streeck(eds.). *New Technology and Industrial Realtions*. Basil Blackwell.

Layard, R. 1988. "Discussion." following M. Burda, "Unemployment." in *Economic Policy*, No. 7, October 1998.

Layard, R., S. Nickell and R. Jackman. 1991. *Unemployment: Macroeconomic Performance and the Labour Market*. Oxford University Press.

MacInnes, J. 1987. *Thatcherism at Work: Industrial Relations and Economic Change*. Open University Press.

Marshall, M. 1995. "Restructuring, Flexibility and the New Rights in the US: the Political Economy of Plutocracy." in P. Arestis and M. Marshall(eds.). 1995. *The Political Economy of Full Employment: Conservatism, Corporatism and Institutional Change*. Edward Elgar.

Meager, N. 1994. "Self-Employment Schemes for the Unemployed in the European Community: the Emergence of a New Institution and Its Evaluation." in G. Schmid(ed.). *Labor Market Institutions in Europe*. M. E. Sharpe.

Muysken, J. 1994. *Measurement and Analysis of Job Vacancies: An International Comparison*. Avebury.

Narendranathan, W., S. Nickell and J. Stern. 1985. "Unemployment Benefits Revisited." *Economic Journal*, June.

OECD. 1991. *Employment Outlook*.

_____. 1993. *The Public Employment Service in Japan, Norway, Spain and the United Kingdom*.
_____. 1994. *The OECD Jobs Study, Evidence and Explanations, Part II, The Adjustment Potential of the Labour Market*. OECD.
_____. 1996a. *The Public Employment Service in Austrailia, Germany, and Sweden*.
_____. 1996b. *The Public Employment Service in Denmark, Finland and Italy*.
_____. 1998. *Employment Outlook*.

Olney, S. L. 1996. *Unions in a Changing World: Problems and Prospects in Selected Indus-triallized Countries*. ILO.

Paque, K. 1996. "Unemployment and the Crisis of the German Model: A Long-Term Interpretation." in H. Giersch(ed.). *Fighting Europe's Unemployment in the 1990s*. Springer.

Perusek, G. 1995. "Leadership and Opposition in the United Automobile Workers." in G. Perusek and K. Worcester. 1995. *Trade Union Politics: American Unions and Economic Change, 1960s-1990s*. Humanities Press.

Perusek, G. and K. Worcester. 1995. *Trade Union Politics: American Unions and Economic Change, 1960s-1990s*. Humanities Press.

Pollack, A. 1995. "The Airline Industry and Airline Unionism in the 1970s and 1980s." in G. Perusek and K. Worcester. *Trade Union Politics: American Unions and Economic Change,*

1960s-1990s. Humanities Press.

Purcell, K. and S. Wood. 1986. "Restructuring and Recession." in K. Purcell et al.(eds.). *The Changing Experience of Employment: Restructuring and Recession*. Macmillan.

Reissert, B. and G. Schmid. 1994. "Unemployment Compensation and Active Labor Market Policy: The Impact of Unemployment Benefits on Income Security, Work Incentives, and Public Policy." in G. Schmid(ed.). *Labor Market Institutions in Europe: A Socioeconomic Evaluation of Performance*. M. E. Sharpe.

Skuse, F. 1995. "Thatcherism and Unemployment in the UK." in P. Arestis and M. Marshall (eds.). *The Political Economy of Full Employment: Conservatism, Corporatism and Institutional Change*. Edward Elgal.

Therbon, G. 1986. *Why Some People are More Unemployed than Others*. Verso.

Tonge, J. 1997. "Britain." in H. Compston. 1997. *The New Politics of Unemployment: Radical Policy Initiatives in Western Europe*. Routledge.

Toulouse, C. 1995. "Political Economy after Reagan." in G. Perusek and K. Worcester. 1995. *Trade Union Politics: American Unions and Economic Change, 1960s-1990s*. Humanities Press.

Turner, Lowell. 1992. "Industrial Relations and the Reorganization of Work in West Germany: Lessons for the U.S.." in L. Mishel and P. B. Voos(eds.). *Unions and Economic Competitiveness*, M. E. Sharpe.

Wadsworth, Jonathan. 1991. "Unemployment Benefits and Search Effort in the UK Labour Market." *Economica*, No. 58.

Weber, S. 1995. *Negotiating Competitiveness: Employment Relations and Organizational Innovation in Germany and the United States*. Harvard Business School Press.

Weil, D. 1994. *Turning the Tide: Strategic Planning for Labor Unions*. Lexington Books.

Widmaier, U. and S. Blancke. 1997. "Germany." in H. Compston. 1997. *The New Politics of Unemployment: Radical Policy Initiatives in Western Europe*. Routledge.

Zimmerman, K. 1993. "Labour Responses to Taxes and Benefits in Germany." in A. Atkinson and G. Morgensen(eds.). *Welfare and Work Incentives: A North European Perspective*. Clarendon Press.

제4장

IMF 시대 한국 경제의 전망과 과제

1. 한국 경제의 위기와 그 원인

IMF 구제금융 신청에 따른 한국 경제의 위기는 우리가 종전에 경험하지 못했던 미증유의 시련을 한국 경제에 가져다주고 있다. 급속한 성장둔화와 물가상승, 환율 및 금리의 폭등, 기업의 부도, 도산, 임금의 동결 및 삭감 등으로 국민들의 고통은 점점 늘어나고 있다. 특히 그 가운데서도 성장률 저하와 조정 및 기업의 도산, 인원감축에 따른 대량실업의 우려는 앞으로 한국 경제가 해결해야 할 최대의 과제로 되고 있다.

정부는 애초 IMF와 1998년 성장률을 2.5~3%선, 물가인상률을 5% 내로 유지하기로 약속했으나, IMF 구제금융이 실시된 후에도 외환사정 및 금융시장사정이 개선되지 않음에 따라 1998년 1월 다시 IMF와의 협의를 통해 1998년 GDP 성장률을 1~2%로, 그리고 물가상승률을 9%로 수정 발표했다. 이처럼 성장전망치가 하향수정됨에 따라 실업률 역시 애초의 3.9%로부터 5~6%선으로 높아질 것으로 예상되고 있다. 그러나 일부 민간경제연구소에서는 이러한 정부의 전망치도 낙관적인 것이며 실제로는 마이너스 성장이 불가피할 것으로 보고 있으며 실업률 역시 7% 이상에 달할 것으로 예상하고 있다. 이렇게 될 경우 실업자 수는 150만 명 이상까지도 될 수 있을 것으로 보고 있다.

물론 한국의 노동시장에서는 실직을 하더라도 재취업 가능성이 적고 사회보장기능도 미약하기 때문에 구직을 포기하고 비경제활동 인구로 되는 이른바 실망실업자 효과가 커서(특히 여성, 노령자) 이들 실직자가 곧 실업률 상승으로 이어지기보다는 오히려 경제활동 참가율을 떨어뜨리는 쪽으로 작용할 가능성이 크지만 아무튼 종전에 우리가 경험하지 못했던 대규모 실업이 불가피한 것은 명백하다 하겠다.

실업 외에도 임시노동자, 파트타임 노동자, 파견노동자 등 각종 불안정 노동자의 급증에 따른 고용의 불안정화 역시 심각한 실정이다.

실업과 고용불안정 외에도 임금동결 및 삭감, 물가상승에 따른 실질임금 저하, 세금 인상에 따른 가계부담의 증대 등이 예상되며 또 임금체계의 개편, 퇴직금 제도를 비롯한 각종 사회보장제도의 개편, 축소, 휴일, 휴가 등 부가급부의 축소 등도 예상되어 노동자 및 일반 국민대중은 그 어느 때보다도 어려운 시기를 맞이할 것으로 예상된다.

이번 한국 경제의 위기의 원인은 직접적으로는 국제 핫머니의 대량유출, 정치권의 무책임, 정부의 정책실기 등에 그 원인이 있다 하겠으나 보다 근본적으로는 한국 경제가 안고 있는 구조적 문제점에 의한 국가신인도의 추락에 원인이 있다.

그동안 한국의 기업(특히 재벌)들은 규모 확대와 문어발식 다각화에 치중해 왔다. 불황이 본격적으로 시작되었던 1996년 한 해 동안에도 30대 재벌의 계열 기업 수는 150개나 증가했으며, 1997년 들어서도 9월까지 30대 재벌에 의한 기업 결합이 114건에 달했다. 물론 이 가운데는 정보통신사업 등 신규 사업에의 진출과 산업구조조정에 따른 불가피한 부분도 많이 있지만 그중 상당수는 덩치불리기와 문어발식 확장에 기인한 것이다. 이에 필요한 자금은 상호출자와 상호지급보증에 의해 금융권에서 조달해 왔으며 이에 따라 한국 재벌들의 자기자본비율은 극히 낮고(20% 내외) 부채비율은 극히 높은(평균 400% 이상, 미국 167%, 일본 210%, 대만 87%) 상태를 유지해 왔다. 기업의 소유 경영구조 역시 오너의 독단에 의해 지배되는 족벌경영체제로서 기업경영의 투명성을 확보하기 곤란한 체제였다. 이른바 '재벌의 3惡'으로서 선단경영, 차입경영, 족벌경영을 특징으로 하는 구조가 형성되어 왔던 것이다.

한편 재벌들에 대한 내부적 견제장치(이사회, 감사회, 종업원평의회, 노조 등)가 거의 없고, 외부적 규제(독점규제장치, 주식시장을 통한 견제, 적대적 M&A)마저 부실한 상황에서 재벌에 대한 규제력을 행사할 수 있는 거의 유일한 기구인 금융권 역시 재벌에 대해 그 수익성이나 건전성에 대한 심사 없이 편중, 특혜, 과다 대출을 계속해 왔다. 특히 최근 종금사들이 단기 외화자금을 대량으로 해외에서 차입해 기업에 장기자금으로 빌려준 것이 결정적 실수였다. 그 결과 전체 외채총액 1500여억 달러의 60% 이상이 1년 미만 단기해외부채로 구성된 불안정한 구조를 갖게 되었다. 해외자금의 지속적 유입에 따라 환율이 균형수준보다 고평가되어 있었던 것도 문제였다.

재벌과 금융권에 대해 올바른 정책을 수립하고 감시감독할 책임이 있는 정치권은 정경유착하에 금융권에 대해 특혜금융 압력을 행사했으며, 관료는 금융기관에 대한 인허가권, 감독권 등을 통해 관치금융을 일삼아 왔다. 특히 정권교체기를 맞아 정권행방에만 관심을 집중함으로써 경제정책은 표류상태에 빠졌다.

한국 경제가 고도성장을 계속하고 해외로부터의 자금유입이 계속되는 한 이런 체제는 계속 유지될 수도 있었다. 그러나 한편으로는 세계무역기구(WTO)체제의 발족에 따른 국제경쟁의 격화와 기술혁신의 부진에 따라 선진국과의 기술격차가 벌어지고, 다른 한편으로는 중국 등 후발국의 가격경쟁력에 추격당함으로써 한국 경제는 호두까기 경제(nutcracker economy) 신세가 되고 말았다.

〈그림 1-4-1〉 한국 경제의 구조

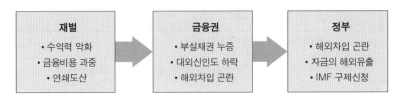

〈그림 1-4-2〉 한국 경제위기의 구조

그 결과 기업수익력이 떨어져 과다한 금융비용을 감당하지 못하게 되었다. 49대 그룹의 1996년 매출액 대비 영업이익률은 5.1%인 반면, 금융비용이 5.0%에 달함으로써 경상이익률은 0.2%에 불과하게 되었고, 10대 그룹 중 4개 그룹이 적자상태에 빠지는 등 한국 경제는 이미 1996년부터 빈사상태에 빠졌던 것이다.

결국 빚이 많은 한계재벌들이 도산을 시작해 한보, 기아, 진로, 대농, 삼미, 한신공영, 쌍방울, 해태 등 중견재벌들이 잇달아 도산했다. 이들의 금융부채만도 20조 5000억에 달했다. 이는 중소기업들의 연쇄도산으로 이어질 수밖에 없었다.

이러한 연속적 기업도산과 부실채권 누적에 따라 은행 등 금융기관도 부실화하게 되고 이는 금융기관에 대한 대외신인도를 하락시켰다. 한국 금융기관에 대한 국제금리가 상승한 데 이어 드디어 국제금융시장에서 차입 자체가 곤란해지는 상황에 빠졌다.

국제금융시장에서의 해외차입곤란에 따라 환율은 급등하기 시작했다. 이에 따라 외국인 투자가의 대규모 한국 이탈사태가 일어났다. 특히 국제 핫머니 유출이 주요한 역할을 했다. 결국 1997년 중 갚아야 할 200억 달러가량의 대외채무를 갚지 못할 상황에 처함에 따라 미국, 일본 등에 금융지원을 요청했으나 거절당하고 최후수단으로 IMF 구제금융을 신청했던 것이다.

결국 현재의 경제위기를 가져온 주연은 재벌-금융권-정치권/관료의 합작이라고 할 수 있으며 여기에 전 국민도 과소비, 투기, 노동시장 문제 등을 통해 조연 역할을 했다고 볼 수 있다.

2. IMF의 신자유주의적 정책처방의 내용과 그 한계

지난해 12월 IMF는 한국에 대한 구제금융의 대가로 가혹한 내용의 구조조정 조건을 담은 양허안을 내놓았으며 정부는 이를 전적으로 수용함으로써 양해각서가 체결되었다. 이 양해각서의 내용은 성장률, 물가상승률 등 거시경제지표의 설정, 재정금융긴축정책의 실시, 금융산업의 구조조정, 무역 및 자본자유화, 기업경영의 투명성 제고, 노동시장의 유연화 등 광범하고도 엄격한 내용을 담은 것으로 앞으로 IMF는 한국 정부가 이 양해각서를 얼마나 잘 이행하느냐를 감시하고 그 결과에 따라 자금 지원을 하게 되므로 한국 정부로서는 이를 충실히 지키겠다고 IMF에 이미 약속한 바 있다. 그러나 과연 이러한 IMF의 정책처방이 진정으로 한국 경제를 살릴 수 있는 성격의 것인가에 대해서는 국내외에서 많은 의문이 제기되고 있는 것이 사실이다.

IMF는 1945년 미국과 영국을 중심으로 한 연합국들이 제2차 세계대전 이후의 국제경제질서를 구축하기 위해 맺은 브레튼 우즈 협정에 의해 세워진 기관이다. IMF의 원래의 목표는 국제경제체제의 질서를 회복하는 데 있었으며 특히 국내 및 국제경제체제의 규제에 있어 정부가 핵심적 역할을 맡아야 한다는 일반적 합의가 있었다(Taylor, 1997: 146). 그러한 합의의 이론적 근거는 1930

년대의 케인스 혁명에 의해 주어졌다. 1929년의 세계대공황에 따른 대량실업과 사회적 혼란, 그리고 이로부터 비롯된 각국의 보호무역주의, 블록경제와 군비확장 등이 제2차 세계대전을 야기했다는 반성에 토대를 두고 전후 국제경제질서 구축에 있어 각국 정부가 적극적 역할을 맡아야 한다는 인식이 확고했던 것이다.

그러나 IMF의 이러한 기본적 입장은 이후 커다란 변화를 겪게 된다. 그러한 IMF의 태도 변화의 한 중요한 이유는 1970년대 중반 이후 선진자본주의국에서 사회민주주의/케인스주의적 정책이 지속적 성장과 낮은 실업률을 유지하는 데 실패하게 된 데 있다. 그 이후 먼저 다국적기업이, 그리고 이에 뒤이어 국제금융자본이 그 세력을 지구상의 여러 곳으로 뻗치게 되며, 이들은 저개발국들에 대해 무역 및 자본자유화를 단행하도록 압력을 넣게 된다.

국제경제환경도 급격하게 변화했다. 1970년대 말 이후 오일쇼크와 1차상품 교역조건의 악화에 따라 많은 저개발국들이 큰 타격을 받았다. 중진국들은 처음에는 산유국의 오일달러 환류에 따른 국제적 저금리에 힘입어 많은 자금을 국제금융시장에서 차입함으로써 경제개발에 상당한 동력을 얻게 되지만 1980년대 들어 국제고금리와 지나친 해외차입으로 중진국들이 외채위기를 겪게 된다. IMF는 이러한 중진국, 특히 중남미국가들의 외채위기의 원인을 과거의 정책 잘못으로 돌리게 된다. 즉, 중남미 국가들이 추진해 온 수입대체 공업화가 지나친 보호관세와 보조금 정책, 방만한 재정운영 등으로 가격시스템을 왜곡시킴으로써 자원배분의 비효율화를 가져왔다는 인식하에 신자유주의적 시장경제 시스템의 도입에 의해 외채위기를 극복하도록 중남미 국가들에게 요구하게 된다.

이러한 신자유주의적 정책은 미국 등 IMF의 주요주주들에 의해 지지를 받았을 뿐만 아니라 초국적기업의 이익에도 부합되는 것으로서 곧 IMF와 세계은행의 새로운 정책기조로 자리 잡게 된다.

미국이 IMF 기금 출연에 소극적이었기 때문에 IMF는 항상 현금부족 상태에 있으며 따라서 경상수지적자국이 연착륙(soft landing)하는 데 필요한 자금을 장기간 빌려줄 여력이 없는 상태이다. 이러한 상황에서 IMF는 자금을 빌려줄 때 차입국의 경제회생보다는 자금의 상환가능성을 최우선 관심사로 삼게 되며 따라서 돈을 돌려받기 위해 IMF차관에 '양허조건(conditionality)'을 붙이는 것이 관례로 되어 있다. 차입국에 대해 재정, 금융정책상의 여러 제약을 가하고 거시경제지표를 지키도록 하는 IMF 양허조건의 내용은 1957년 IMF의 조사국장인 자크 폴락(Jacques Polak)에 의해 작성된 이래 지금까지 거의 변함이 없는데 그 기조는 신자유주의적 경제질서의 확립에 있다(Taylor, 1997).

흔히 IMF, 세계은행, 미국 정부 등의 견해를 반영한다고 해서 '워싱턴 합의 (Washington consensus)'라고 불리는 이 정책 내용은 거시경제 안정화정책, 정부규제완화, 공급경제학, 민영화정책 등 이른바 '시장친화적' 정책패키지를 통해 경제개혁을 단행함으로써 시장을 보다 효율적으로 작동시키고 이를 통해 차입국의 성장을 회복하고 실질소득을 증가시키는 것을 목표로 하고 있다. 이러한 IMF의 정책은 이번에 한국에 대한 구제금융과정에서도 그대로 적용되었는데 주요 정책 내용은 다음과 같다.

첫째, 거시경제의 안정화정책이 가장 우선적인 것으로 제시된다. 이는 지난 40년간 변함이 없는 IMF의 정책이다. 안정화정책의 목표는 총수요를 억제함으로써 무역적자(특히 수입량)를 축소시키는 것이다. 즉, 재정지출의 삭감, 금리인상, 대출제한 등 재정, 금융긴축을 통해 GDP 성장률을 둔화시키고 인플레를 억제함으로써 수입량 억제를 가져올 수 있으며 이는 무역수지 적자폭을 줄임으로써 외환위기 극복에 기여한다는 것이다. IMF는 따라서 차입국에 대해 재정적자비율, 통화공급량 등 '실적기준'을 작성하도록 한다. 그러나 지나친 긴축정책으로 인해 성장률이 장기간 저하되는 이른바 '과잉긴축(overkill)'을 가져올 위험이 있다는 것이 비판가들의 지적이다.

둘째, 명목환율의 평가절하정책이다. 환율절하를 통해 수출경쟁력을 높이고 수입을 억제함으로써 무역적자를 감소시키는 한편, 외국인투자를 유인함으

로써 국제수지를 개선시키려는 정책이다. 이러한 정책은 때로는 성공했지만
(1991년 인도) 때로는 실패했다(1994~1995년 멕시코). 환율절하에 대해 수출이
충분히 빨리 반응하지 않을 경우 환율절하는 오히려 수입재의 국내가격 인상
을 통해 인플레를 야기해 소비자들의 구매력을 감소시키고 총수요를 감소시킬
위험이 있다. IMF는 환율의 평가절하정책이 가져올 수 있는 이러한 부작용에
대해 거의 언급하지 않고 있지만 인플레로 인한 국민대중의 실질소득 감소는
정치적으로 감당할 수 없을 정도의 국민 불만을 가져와 경제적·사회적·정치
적 혼란으로 연결될 위험이 크다(1990년대 초 아르헨티나의 예).

셋째, 무역자유화와 자본자유화 등 대외거래의 자유화정책이다. 먼저 수입
쿼터제를 철폐하고 관세제도로 바꾸는 한편 관세인하, 수출보조금 축소 등의
무역자유화 조치를 행한다. 이와 동시에 외환거래에 대한 규제철폐, 이윤의 국
외송금에 대한 제한 철폐, 외국인 직접투자 및 증권투자에 대한 규제철폐 등
자본자유화 조치를 행한다. 이러한 자유화 조치를 통해 수출증대, 외국인자본
유입, 자원배분의 효율화 등을 달성할 수 있다는 것이다. 그러나 급격한 대외
거래의 자유화 조치는 취약한 차입국 경제에 괴멸적 영향을 미칠 수 있다. 수
입의 급증으로 인해 국내 산업이 붕괴되고 자본거래의 자유화에 따른 급격한
자본이동으로 취약한 국내 자본시장에 엄청난 충격을 주게 된다.

넷째, 국내 금융시장에 대한 규제완화와 금융산업의 구조조정이다. 금융기
관에 대한 규제완화를 통해 금융시장의 경쟁기능을 촉진하고 금리를 인상해 자
원배분의 효율화를 꾀하는 한편 금융산업의 구조조정과 합리화조치로 금융기
관의 경쟁력을 높인다는 것이다. 그러나 이 역시 급격한 구조조정에 따른 금융
시장의 불안정성 증대, 금융기관의 합리화 조치에 따른 인력감축으로 인한 대
규모 실업, 고금리에 따른 기업의 부담증대 등 많은 부작용을 야기할 수 있다.

다섯째, 노동시장에 대한 규제완화 및 기업의사결정에 대한 규제완화정책
이다. 노동시장의 유연화를 통해 기업경쟁력을 높이고 산업구조조정을 용이
하게 하며 기업에 대한 규제완화를 통해 시장원리를 촉진한다는 것이다. 원래

IMF의 정책에서 노동시장 유연화에 관한 권고는 그다지 중요한 비중을 차지하는 것은 아니다. 다만 M&A를 통해 기업의 진입, 퇴출을 자유롭게 만드는 데 있어 노동시장의 경직성이 방해물로 작용하기 때문에 노동시장의 유연성을 요구하는 것이다. 그러나 정리해고의 도입, 임금유연성 등을 내용으로 하는 노동시장의 유연화는 실업을 증가시키고 소득분배를 악화시키며 빈곤을 심화시켜 종국적으로 심각한 정치, 사회적 불안으로 연결될 가능성이 크다. 결과적으로 이는 사회적 긴장을 증대시키고 개혁정책에 대한 정치적 반대세력을 양산하게 되어 개혁 자체가 좌절될 위험이 있다.

여섯째, 공기업을 민영화시키는 정책이다. 민영기업이 국영기업에 비해 효율적이라는 생각 아래 공기업을 민영화시킴으로써 효율을 높이고 경쟁체제를 구축한다는 것이다. 그러나 이러한 가정이 반드시 옳은 것인가에 대해서는 많은 비판이 제기되고 있다. 저개발국의 국영기업의 효율성을 검토한 Chang과 Singh에 의하면 이러한 가정은 성립되지 않는다고 한다(Ha-Joon and Singh, 1993). 실제로 국영기업의 매각은 효율성 제고를 위한 것이라기보다는 흔히 조세수입 감소에 따른 재정적자를 보전하기 위한 재원조달 방법에 지나지 않는 것으로 그 의미가 변질되어 왔다.

마지막으로 경제에 대한 국가의 개입을 줄이고 경제의 '투명성'을 높이는 정책이다. 이를 통해 국가의 경제에 대한 개입 정도가 높을 경우 발생하기 쉬운 부패와 경제적 지대를 완화함으로써 비생산적 자원낭비를 줄일 수 있다는 것이다. 그러나 국가의 경제에 대한 개입완화가 곧 재벌 등 자본주의시장 내에서 유력한 지위를 차지하고 있는 특권층의 경제적 지대를 철폐시킬 수 있는 것은 아니다. 오히려 정부규제완화에 따라 대자본의 자유로운 이윤추구가 가능해짐으로써 독점지대가 한층 더 증대되고 소득과 부의 분배가 더욱 불평등해지는 현상을 저개발국에서 흔히 발견하게 된다. 시장친화적 정책하에서 부패가 사라지기는커녕, 더욱 기승을 부리며 수출유인정책, 투기적 금융시장, 민영화 과정에서의 특혜, 주식시장 조작, 특혜대출 등 각종 유형의 부패가 나타나게 된다. 멕시코의 경제자유화정책을 주도했던 카를로스 살리나스(Carlos Salinas de Gortari) 대통령 일가에 의해 저질러진 각종 부정부패행위는 그 한 예일 뿐이다.

결국 IMF와 세계은행에 의해 주도되는 신자유주의적 정책처방은 자유시장경제의 창달을 통해 자원배분의 효율화를 가져오고 성장을 가속시켜 차입자금의 조기상환을 가져오게 한다는 애초의 비전과는 달리 한편으로는 장기간의 불황과 인플레이션, 그리고 다른 한편으로는 소득분배 및 부의 분배 악화와 이에 따른 심각한 정치, 사회적 불안으로 연결될 위험성을 지닌 정책이라 할 것이다.

3. 차기 정부의 정책환경과 기본 성격

김대중 대통령 당선자는 1997년 12월 18일 당선되자마자 최우선 과제로 금융외환위기의 해결에 노력해 왔으며 지금까지 일정한 성과를 거둔 것으로 평가된다. 당선 즉시 구성된 비상경제대책위원회에서 IMF체제 극복 등 경제정책 전반을 조율하도록 하고, 12월 25일 IMF와의 추가협상을 통해 100억 달러의 자금 조기 지원을 약속받음으로써 모라토리엄(대외채무 지불유예) 위기를 벗어났다. 금년 1월 13일에는 4대 재벌 총수들과의 회동에서 결합재무제표의 조기도입 등 경영투명성 제고, 계열사 간 상호지급보증의 해소, 재무구조 개선, 총수 개인재산의 경영투입 등을 골자로 하는 재벌개혁안에 합의했고, 14일에는 노사정 위원회에 대한 노동계의 참석을 끌어냄으로써 15일 노사정 위원회를 정식으로 발족시켰다. 김대중 당선자로서는 IMF체제 극복을 위한 기본적 틀을 모두 짠 셈이다.

지금까지의 김대중 대통령 당선자의 경제위기 극복을 위한 대처방안은 대체로 적절했다고 판단된다. 그러나 앞으로 차기 정부가 직면하게 될 과제는 험

〈그림 1-4-3〉 차기 정부의 정책 환경

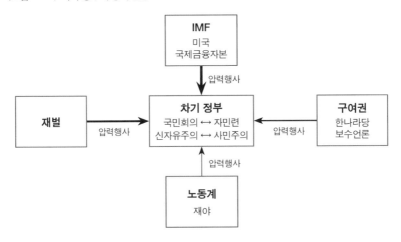

난한 것이며 이에 대처할 주관적·객관적 상황도 그다지 좋은 것은 아니라고 생각된다.

〈그림 1-4-3〉에서 보듯이 차기 정부의 입장은 IMF, 재벌, 구여권, 노동계에 포위된 그야말로 사면초가 형국이며 이에 대처해야 할 집안사정도 사분오열 상태여서 차기 정부의 정책옵션은 지극히 제한되고 취약한 상태인 것으로 평가된다.

우선 무엇보다도 IMF체제하에서 IMF와 미국 정부 및 국제금융자본의 요구에 의해 차기 정부의 정책옵션은 크게 제약을 받을 수밖에 없게 되었다. 재정, 금융의 긴축 등 강력한 거시경제지표의 관리정책, 금융산업 등 산업구조의 조정, 재벌개혁 등 기업경영구조의 투명화, 정리해고제의 도입 등 노동시장 개혁 조치 등은 모두가 이른바 '워싱턴 합의'에 의한 요구이며 외환위기에 빠진 한국 정부로서는 이에 순응할 수밖에 없는 형편이다. 만약 이러한 정책이 가져올 부작용을 우려해 '워싱턴 합의'에 순응하지 않는 나라에 대해서는 무역제재, 신용억제를 비롯한 벌칙수단으로 위협해 온 것이 IMF를 비롯한 '워싱턴 합의'가 그동안 라틴아메리카에서 했던 행태였으며(Huddle, 1997) 이는 한국의 경우에도 마찬가지로 생각된다. 더욱이 1997년 12월 3일의 IMF구제금융에 따른 한국의 양허안 및 12월 24일의 자금 조기 지원에 따른 추가합의사항에 의해 외국인 주식투자 한도의 폐지(1998년 말까지), 채권시장의 전면개방(1998년 말까지), 외국은행 및 증권사의 현지법인 허용(1998년 3월), 단기금융상품 개방일정 마련(1998년 1월) 등 자본자유화와 수입선다변화 품목의 단계적 폐지(1999년 6월까지), 무역보조금 폐지(1998년 3월), 수입허가제 폐지 등 무역자유화를 약속했기 때문에 앞으로 IMF와 미국 및 국제금융자본은 마음만 먹으면 언제든지 작년 말의 외환위기와 똑같은 형태의 외환금융위기를 야기할 힘을 갖게 되었으므로('위기가능성의 항상화'), 한국 정부가 국제금융자본에 대해 행사할 수 있는 협상력은 크게 떨어지게 되었다고 할 수 있다.

둘째, 재벌개혁에 따른 재벌의 향후 동향과 그 반격가능성 역시 차기 정부에 커다란 압력으로 작용할 것으로 예상된다. 재벌들은 우선 당장은 IMF의 요구와 여론의 방향, 그리고 차기 정부가 출범을 앞두고 재벌개혁조치를 단행할 수밖에 없다는 당위성 등에 억눌려 일단 김대중 당선자의 재벌개혁 요구를 그대로 수용하는 듯한 모습을 보이고 있다. 그러나 실제로 재벌개혁조치가 강도 높게 수행될 경우 재벌들은 이에 대해 직접적·간접적으로 여러 가지 경로를 통해 반격을 가하거나 정, 관계에 대한 로비활동, 보수언론 및 친재벌적인 학자, 연구소를 통한 재벌옹호적 여론조성 등을 통해 차기 정부에 압력을 행사하려고 시도할 것으로 보인다. 이는 차기 정부 내의 친재벌적 요소 및 보수적 관료집단과 영합해 차기 정부의 재벌개혁조치를 와해시키거나 무효화시키는 결과를 낳을 것으로 우려된다. 여러 가지 시도가 무위로 돌아갈 경우 재벌들은 최후수단으로서 이른바 '재벌파업'(투자사업의 연기, 축소 등에 의한 반고의적 불황의 창출)[1]을 강행할 수 있으며 이 경우 급격한 마이너스 성장과 중소기업의

---

1) M. Kalecki의 '정치적 경기변동론'에 의하면 자본가들은 노동규율 강화 등 자신의 이윤추구를 목적으로 정부에 긴축적 재정금융정책을 요구하거나 투자사업을 중단, 축소하는 등의 방법에

연쇄도산, 대량실업의 발생, 사회불안의 증대 등이 조성되어 정부로 하여금 재벌개혁조치를 포기하도록 압력을 넣을 수 있다.

셋째, 한나라당을 비롯한 구여권 역시 앞으로 정치적 정세변화를 엿보면서 반격의 기회를 노릴 것으로 예상된다. 한나라당은 비록 대선에 패배하기는 했지만 여전히 압도적인 원내 다수당으로서 입법을 비롯한 정책 수립에 절대적인 영향력을 행사할 가능성을 갖고 있다. 앞으로 예정되어 있는 지방선거와 총선거, 내각제 개헌 등의 정치적 일정과 맞물려 구여권 세력이 여러 가지 형태로 이합집산하면서도 개혁정책을 가로막는 역할을 할 가능성이 크며 여기에는 보수언론들도 커다란 역할을 하게 될 것이다.

넷째, 노동계를 비롯한 재야세력들도 비록 다른 압력단체에 비해서는 그 힘이 약하기는 하지만 차기 정부의 정책방향을 보다 개혁적인 것으로 돌리려고 노력하게 될 것이다. 이 과정에서 이들이 행사할 수 있는 압력수단이 많지 않기는 하지만 차기 정부가 신자유주의적 정책방향으로 달리는 것을 견제할 수 있는 거의 유일한 세력으로 등장하고 있다. 지난번 노동법 개정 파동에서 봤듯이 노동계의 총파업 등은 외국투자가와 국제여론에 커다란 영향을 줄 수 있으므로 노동계로서는 정부정책에 대한 일종의 불완전한 '거부권(비토권)'을 가지고 있는 것과 마찬가지라고 하겠다. 이러한 상황에서 차기 정부로서도 노동계와 재야의 의사를 완전히 무시하고 나아갈 수는 없는 형편이다. 만약 앞으로 노사정 간 사회 협약이 제도화되어 노동계의 국가정책참여가 실질적으로 이루어진다면 노동계의 로비력은 더욱 커질 것이다.

이처럼 차기 정부를 둘러싼 외부환경이 어렵지마는 그보다도 더욱 중요한 것은 차기 정부의 내부구성요소들 간 갈등문제라고 생각된다. 주지하는 바와 같이 차기 정부는 국민회의와 자민련 간의 공동정부 형태를 취하게 된다. 물론 정치적 약속이 앞으로 급속한 상황 변화 가운데서 얼마나 지켜질 수 있을지는

의해 고의적인 불황을 야기한다.

미지수이지만 자민련이 김대중 당선자의 당선에 크게 기여했다는 점, 총리를 비롯한 중요 직책의 분점을 약속했다는 점, 정책 수립을 공동으로 한다는 점, 국민회의 내에는 행정 유경험자가 적어 자민련 내의 행정 유경험자들을 다수 활용할 수밖에 없다는 점, 그리고 무엇보다도 2년 반 후에 내각제 개헌을 하고 그 운영을 자민련에 물려주기로 약속했다는 점 등을 감안할 때 자민련이 차기 정부의 정책방향에 비치는 영향은 예상보다 훨씬 더 클 것으로 생각된다. 이 경우 국민회의 내의 개혁적 세력과 자민련의 다수를 차지하는 보수세력 간의 정책방향을 둘러싼 갈등은 필연적으로 나타나게 될 것이다.

　문제는 이것으로 그치는 것이 아니다. 김대중 당선자 자신 및 그 핵심브레인들의 성격 역시 상당한 혼미와 갈등을 예고하고 있다. 김대중 당선자는 향후 차기 정부가 취할 정책의 기본적 방향을 '민주적 시장주의'라고 발표한 바 있다. 이는 정치적으로는 민주주의를, 그리고 경제적으로는 시장주의를 택하겠다는 의미로 해석된다. 그러한 의미에서 그의 '민주적 시장주의'를 독일식의 '사회적 시장주의'(기본적으로 시장 메커니즘에 의존하되 그 한계를 사회세력 간의 합의로 보완하는)와 혼동해서는 안 될 것이다. 과거 김대중 당선자는 상당히 진보적인 성향을 취했던 것으로 판단된다. 그러나 차츰 시장친화적·신자유주의적 정책방향으로 입장을 바꿔 왔다. 더욱이 최근 IMF와의 협상과정에서 신자유주의적 성향을 띤 인사들이 정책을 주도하면서 뚜렷한 정책방향의 전환을 보이고 있다. 이들은 자신들의 임무를 '시장경제질서에 입각한 신자유주의적 질서의 수립'으로 뚜렷하게 설정하고 있으며 실제로 그와 같은 방향으로 진행되고 있는 것으로 판단된다. 그러나 여전히 김대중 당선자의 주위에는 과거 재야시절부터 활동을 같이 했던 진보적 세력이 남아 있으므로 집권세력 내에서 정책방향을 둘러싼 갈등이 필연적으로 나타날 것으로 예상된다.

　이상의 여러 가지 상황을 종합해 보면 차기 정부는 기본적으로는 IMF가 요구하고 집권세력 핵심부가 원하는 신자유주의적 정책성향을 강하게 띠게 되겠지만 한편으로는 재벌 및 구여권, 그리고 집권세력 내의 자민련 등이 원하는 보수주의적/수구주의적(또는 친재벌적) 정책방향을 의식하지 않을 수 없고 다른 한편으로는 노동계 및 재야가 추가하는 사민주의적 정책방향에 의해 견제를 받는 형태가 될 것으로 생각된다. 이 과정에서 차기 정부는 내적·외적으로 많은 갈등과 혼란에 시달리게 될 것이며 전체적으로 약체 정부의 모습을 면치 못할 가능성도 있다 하겠다.

4. 한국 경제의 과제와 그 전망

1) IMF체제의 탈출 노력과 그 한계

한국 경제가 당면하고 있는 최대의 과제는 무엇보다도 우선 현재의 외환금융위기로부터 탈출함으로써 IMF 관리체제를 벗어나는 일이라 하겠으며 이를 위해 일단 IMF의 요구를 들어줄 수밖에 없는 형편이다. 그러나 IMF가 요구하는 정책방안이 과연 한국 경제의 회생에 도움이 되는 것인지에 대해서는 조지프 스티글리츠(Joseph Stiglitz) 세계은행 수석부총재를 비롯해 제프리 삭스(Jeffrey Sachs) 하버드 대학교 교수 등 많은 학자들이 비판을 하고 있다.

IMF의 구제금융에 따른 정책요구는 기본적으로 라틴아메리카의 경험에 토대를 두고 있다. 라틴아메리카는 오랫동안 수입대체 공업화 과정에서 보호무역주의의 병폐로 자원의 비효율성과 정치권력 및 관료의 부패가 나타났으며, 정부의 과도한 규제로 기업활동이 위축되고 공공부문의 비대화에 따라 비효율과 재정적자가 만연했으며 이는 초인플레이션을 가져왔다. 이에 따라 수출이 정체되고 국제경쟁력이 저하되면서 외채의존도가 심화되어 외채위기를 가져왔던 것이다(Huddle, 1997). 따라서 재정금융긴축에 의해 거시경제를 안정화시키고, 정부규제와 재정적자의 완화, 민영화 등을 통해 시장기능을 회복함으로써 가격체계를 정상화시키며, 수출촉진을 달성함으로써 성장과 발전을 가져온다는 IMF의 정책방안은 나름대로 합리성을 지닌 것이라고도 볼 수 있다 (Edwards, 1995).

그러나 한국의 경우 기본적으로 수출지향적 개방경제와 시장친화적 정책을 꾸준히 추진해 왔기 때문에 라틴아메리카와는 상황이 전혀 다르다. 재정수지는 거의 균형상태를 유지해 왔으며 GDP 대비 재정지출 규모도 매우 낮아 이른바 '작은 정부'에 속한다. 물가상승률은 매우 낮은 상태를 유지해 왔고 국민저축률은 세계에서도 가장 높은 편에 속한다. 즉, 라틴아메리카의 위기가 '정부위기'였다면, 한국의 경우 재정 부문보다는 재벌의 과다한 차입경영과 이에 따른 과잉투자, 과잉생산에 기인한 '재벌위기'라는 점에서 근본적 차이가 있는 것이다. 따라서 위기해결의 방향도 재벌 구조의 개혁에 초점을 맞춰야 하는데도 불구하고 라틴아메리카식 긴축정책에 초점을 맞추고 있다는 점에서 비판의 대상이 되고 있는 것이다.

대부분의 사람들은 현재의 금융외환위기의 극복이라는 단기적 과제의 해결에만 급급해 IMF와 미국이 강요하는 신자유주의적·시장친화적 정책이 가져올 장기적 문제에 대해서는 등한시하고 있다. 그러나 라틴아메리카의 경우에도 보듯이 신자유주의적 개혁은 엄청난 정치적·경제적·사회적 비용을 수반하는 것이다.

앞으로 직면하게 될 장기적 문제점으로서 다음과 같은 것들을 예상해 볼 수 있다.

첫째, 금융자유화, 무역자유화에 따른 국민경제의 항상적 위기상황이다. 많은 사람들이 자본자유화에 따른 외국자본의 한국 기업 인수 및 한국 경제의 지배가능성에 대해 우려하고 있다. 물론 이 문제도 심각한 것이기는 하지만 한국 사회 및 경제의 구조로 볼 때 라틴아메리카식 미국자본에 의한 국민경제의 완전한 지배라는 상황은 한국에서는 일어날 가능성이 적다고 생각된다. 오히려 더 문제가 되는 것은 투기성 국제금융자본(핫머니)의 전횡에 의한 한국 경제의 항상적 위기가능성과 그에 따른 국민국가의 정책자율성의 상실이다. 그동안 한국의 자본시장 자유화 정책은 주로 외국자본의 유입에 초점을 맞춰 왔다. 그러나 멕시코나 한국의 경험에서 보듯이 자본유입 시 대응을 잘못하면 자본유출 시 커다란 혼란을 초래하게 된다. 경제규모(GDP) 대비 5%를 넘는 자본유입이 이루어지면 거시경제운영에 지장이 생기는 경우가 많은 것으로 알려지고 있다(伊藤隆敏, 1977). 특히 단기적인 금리차익, 환차익을 목표로 한 국제투기자금의 대량유입과 대량유출은 또다시 환율, 주가, 금리시세의 조작에 따른 대규모 국부유출과 외채상환위기의 위험을 가져오게 된다. 이러한 위험을 피하기 위해서는 거액의 자본유입에 대한 제어, 금융-자본시장의 건전성 확보, 통화위기에 대한 조기경보 시그널의 개발과 이에 따른 대처방안의 수립 등 여러 가지 정책방안을 미리 수립해 두는 것이 필요할 것이다(伊藤隆敏, 1977: 301). 그러나 IMF와의 합의사항에 의해 국가경제정책의 자율성이 크게 제약된 상황에서 어떠한 정책 옵션이 남아 있을지는 미지수이다.

둘째, 장기적인 외채상환부담 문제이다. 현재 정부는 외환위기 극복을 위해 해외로부터 자금을 차입하는 데 골몰하고 있다. 그러나 국제금융자본은 이러한 한국의 다급한 사정을 이용해 국제금융시장의 원칙에 어긋나는 터무니없는 금리와 조건을 요구하고 있다. 국제금융시장에서 보통 LIBOR(런던금융시장의 은행 간 금리, 현재 5.8%)+0.25%가 일반적 조건인데 비해 JP모건 등 국제금융기관에서는 ▲금융기관의 단기외채의 전액 정부국채로의 전환, ▲금리와 물량을 입찰에 부치되 위에서부터 자르는 더치옥션 방식(이 경우 금리는 연 13~15%), ▲3년 이내 조기상환의 금지 등을 주장하고 있다. 미국 등 G-7 국가들도 조기지원 예정인 80억 달러의 협조융자 금리를 리보+4-6%의 고수준으로 적용하도록 요구하고 있다. 이러한 고금리의 관철을 위해 미국은 이미 약속한 선진국 협조융자를 민간금융계의 지원과 연동시켜 그 실행을 지연시키고 있으며, 로렌스 서머(Lawrence Summer) 재무성 부차관 등을 통해 한국에 대해 고금리를 받아들이도록 압력을 넣고 있다. 만약 이러한 미국과 국제금융자본의 요구가 관철된다면 한국은 장기간의 고금리 부담에 시달리게 될 것이며 납세자들은 민간금융기관의 부실화에 대해서도 책임을 져야 하는 상황을 맞게 된다. 13%의 국제금리가 얼마나 고율인가는 한국 총외채에 대한 평균금리가 1996년 4.5%, 1997년 6.0%에 불과했다는 데서도 알 수 있다. 만약 평균 12%의 국제금리를 1997년 11월 말 외채총액 1569억 달러에 적용해 보면 1998년 중 금리부담은 188억 달러에 달하게 되는데 이는 1997년에 비해 외채금리부담이 두 배로 늘어나게 된다는 것을 뜻한다. 전 국민의 뜻을 모아 진행되고 있는 금모으기 국민운동이 목표로 하고 있는 금 수출량이 300톤(30억 달러)이라는 점을 감안할 때 외채금리부담이 얼마나 높은지를 알 수 있다. 당분간 대규모 경상수지 흑자는 불가능하다고 할 때 우리는 영원히 외채부담에서 헤어날 수 없게 된다는 것을 뜻한다.

셋째, IMF가 요구하는 엄격한 재정금융긴축과 금융산업 구조조정 등의 영향으로 발생하게 될 과잉긴축의 우려이다. 30%를 넘는 고금리와 은행의 건전성 기준 확보를 위한 대출억제 등은 한국의 기업들에게 괴멸적 타격을 주고 있으며 흑자도산을 불가피하게 만들고 있다. 이러한 지나친 긴축정책은 심각하고 고통스런 불황의 지속, 대량실업, 실질임금과 생활수준의 급격한 저하, 소득분배의 악화, 빈곤의 심화, 노동조합의 약화, 근로기준의 악화 등을 가져오게 되며 이는 다시 실업자를 비롯한 노동자들의 반발을 가져와 사회적·정치적 불안으로 연결될 가능성이 크다. 그럼에도 불구하고 미셸 캉드쉬(Michel Camdessus) IMF 총재는 당분간 고금리가 불가피함을 계속 역설하고 있다. 고금리가 지속되어야 외국자본을 끌어들일 수 있고 한계기업이 도산함으로써 구조조정이 더욱 쉬워지며 수입이 억제되어 경상수지 개선에 기여할 수 있다는 것이다. 그러나 IMF를 비판하는 인사들은 이러한 초긴축 재정 및 금융정책으로 부도기업이 속출, 필요 이상으로 경기가 침체하고 있다는 점을 비판하고 있다. 따라서 정부도 IMF의 요구나 국제투자가들의 신뢰도 회복 등만을 이유로 초긴축정책을 강행하려는 자세에서 벗어나 국가정책의 자율성을 회복해야 할 것이다. 사실 이번 한국 경제의 위기에는 무작정 돈을 빌려준 국제금융기관 및 한국 경제의 기초(펀더멘털)를 건전하다고 최근까지 평가해 온 IMF에게도 전혀 책임이 없다 할 수 없다. 또 이번 IMF의 구제금융은 어디까지나 한국의 '유동성의 위기' 회피를 위한 협력이며 결코 '채무의 삭감'이라는 의미에서의 구제라고는 할 수 없다. 사실 회원국이 유동성 위기에 빠졌을 때 이를 지원하는 것이 IMF의 존재이유라고 한다면 이번 한국 지원은 당연한 임무를 한 것이라고 볼 수 있다. IMF의 지원은 외채상환위기로 손해를 보게 된 국제투자가들에 대한 구제의 의미가 더 강하다는 비판도 있다. 장래의 위기에 대한 모럴 해저드(moral hazard)의 의미에서도 이번 한국의 외채위기로 한국만 손해를 보는 것은 정당한 일이 못 되며 국제투자가 및 IMF에게도 그 책임의 일단이 돌아가야 한다고 생각한다.[2]

넷째, 구제금융에 따른 빈곤과 실업의 증가, 소득분배의 악화, 사회불안의 증대 등의 문제이다. IMF에서 돈을 빌린 나라들은 예외 없이 그러한 현상을 겪고 있다. 라틴아메리카의 경우에도 신자유주의적 개혁은 심각한 장기적 불황과 대량실업, 빈곤과 소득불평등의 악화 등 각종 부작용을 가져왔다(Green, 1995). 멕시코의 경우 1994년 IMF로부터 구제금융을 받은 이래 구조조정과 기업도산에 따라 대량해고가 일어나 100만 명 이상의 실업자가 발생했는데 특히 노조활동가들이 해고의 대상이 되었다. 실업률은 1994년의 3.7%로부터 1995년 3/4분기에는 7.4%로 두 배 수준으로 높아졌다. 한편 실질임금의 급속한 저하가 일어났다. 최저임금인상률이 1995년 10%, 1996년 20%로 억제된 반면, 소비자물가상승률은 1995년 35.0%, 1996년 34.4%에 달함에 따라 노동자들의 실질임금은 큰 폭의 저하를 면치 못했다. 정부지출의 삭감에 따라 복지지출이 축소되고 연금도 삭감되었다. 복지지출의 축소로 건강위생에 대한 투자가 줄어들어 국민건강을 위협했으며 환경투자 역시 커다란 타격을 받았다. 정부의 세수노력 증대에 따라 누진적인 소득세로부터 역진적인 판매세 위주로 세수구

---

2)   「貸主責任論」에 대해서는 伊藤隆敏(1977) 참조.

조가 바뀜으로써 소득분배구조에 악영향을 미쳤다. 엄청난 인플레이션 역시 노동자와 빈민의 가계에 커다란 타격을 주었다. 노동시장의 경직성 완화조치에 따라 노동조합이 약화되고 근로기준이 악화되는 결과를 가져왔다(Huddle, 1997). 이러한 라틴 아메리카의 경험은 우리에게도 많은 시사를 던져준다. 한국의 경우에도 심각한 불황과 기업 구조조정에 따른 대량실업, 인플레이션과 임금저하에 따른 빈곤의 증대, 각종 사회복지지출의 삭감에 따른 빈민의 고통 증가 등이 예상되고 있다. 글로벌라이제이션의 진전에도 불구하고 국민국가의 정책이 한 나라의 고용수준과 근로조건에 미치는 영향은 아직도 지대하다는 사실을 감안할 때 차기 정부의 정책은 IMF의 요구나 국제경쟁력에 대한 고려에 의해서만 수립, 집행되어서는 안 되며, 더욱이 임금삭감과 근로조건의 악화 및 대량해고 만이 유일한 국제경쟁력 향상책인 것으로 간주해서는 안 될 것이다(ILO, 1996: 10).

2) 재벌개혁과 그 한계

우리 경제가 안고 있는 구조적 문제점인 재벌체제와 그에 따른 차입경영, 선단경영, 족벌경영체제가 근본적으로 개선되지 않고서는 현 위기의 극복은 물론이고 앞으로의 건전한 국민경제의 발전도 기대할 수 없다는 데 대해서는 많은 사람들이 동의하고 있으며 따라서 이번 기회에 재벌체제에 대한 근본적 구조개혁이 필요하다는 데 대해서도 국민적 합의가 이루어져 있는 것으로 판단된다. 그러한 점에서 차기 정부가 재벌체제의 개혁에 손을 댄 것은 지극히 당연한 일이라 할 것이다. 그러나 재벌개혁에 대한 차기 정부의 정책은 기본적으로 신자유주의적 개혁의 성격을 벗어나지 못하고 있으며 그러한 점에서 국민다수가 요구하는 재벌체제의 '근본적 개혁'과는 거리가 있다 하겠다.

김대중 당선자는 1월 13일 재벌 총수들과의 회동에서 ▲결합재무제표의 조기 도입 등 경영투명성의 제고, ▲계열사 간 상호지급보증 해소, ▲비주력 계열사와 부동산, 주식의 처분 등을 통한 재무구조의 개선, ▲핵심부문 설정 및 중소기업과의 협력강화, ▲총수 개인재산의 경영투입 등 지배주주와 경영진의 책임 강화 등 재벌개혁 관련 5개항에 합의했다. 그 대신 김 당선자는 한시적인 기업 구조조정에 관한 특별법을 제정, 대기업의 부실기업 정리에 따른 각종 규제를 혁파하고 세제혜택을 부여하는 등 대기업의 구조조정 노력을 적극 돕겠다고 밝혔다.

만약 이러한 정책들이 제대로만 실시된다면 현재의 재벌체제에는 상당한 변화가 불가피하다. 결합제무제표의 작성에 따라 그동안 감춰져 왔던 재벌 기업의 현실이 드러나게 되며 매출액의 이중과다계산을 통한 외형 부풀리기, 부당 내부거래, 이익의 내부분산을 통한 합법적 탈세, 비자금의 조성 등이 불가능해진다. 상호지급보증 해소에 따라 기업의 자금조달이 어려워지게 되며 지급보증 축소를 위해 은행부채의 상환, 비주력사의 매각 또는 합병, 신규증자 등을 해야 하는 부담을 지게 된다. 비주력사의 처분 역시 선단경영 해소에 일정하게 기여하게 된다. 총수 개인재산의 경영투입에 따라 과다차입을 해 부실경영을 하다가 기업을 도산시키고도 총수는 전혀 책임을 지지 않는 풍토를 없애고 기업경영에 보다 책임을 지도록 만들 수 있다.

그러나 이번에 나온 재벌개혁 정책에 대해 '현 기업지배구조의 틀에 대한 사형선고'(장상환, 1997: 32)라는 식으로 지나치게 평가하는 것은 잘못일 것이다. 재벌들은 벌써부터 결합제무제표가 국제회계기준에 맞지 않다고 주장하고 있으며 상호지급보증 해소 역시 너무 성급하게 추진하면 기업들을 죽이고 대량실업을 가져오게 되므로 시간을 가지고 천천히 해야 한다고 주장하고 있다. 총수 개인재산의 경영투입에 대해서도 총수가 실제로 가진 재산이 별로 없으며 있다 하더라도 대부분 계열사의 주식 형태이기 때문에 증자 등으로 출연하는 것은 의미가 없다고 주장하고 있다. 이번 재벌개혁정책의 핵심이라고 할 수 있는 상호지급보증의 해소에 대해서는 재벌 간 상호교환방식에 의해 지급보증한도를 피해갈 수 있는 방법이 있으며 이미 일부 재벌은 이러한 방식을 통해 상호지급보증률을 크게 낮춘 것으로 알려지고 있다. 비주력사의 주식처분을 통한 선단경영 해소도 주식의 위장분산 등을 통해 피해 갈 방법이 있으며 더욱이 금융실명제의 사실상의 폐지에 따라 이러한 편법은 더욱 용이해졌다고 하겠다. 특히 상호출자한도에 대한 규제완화와 지주회사 설립의 허용 등에 의해 문어발식 다각화 경영체제는 더욱 심화될 우려도 다분히 있다.

앞에서 우리는 재벌의 3악으로서 차입경영, 선단경영, 족벌경영체제를 지적한 바 있다. 이번에 합의된 재벌개혁방안은 이 가운데서 주로 차입경영의 해소 및 선단경영의 일부 해소에 초점을 맞춘 것으로 볼 수 있다. 그런데 이번 재벌개혁 방안에서 더욱 문제가 되는 것은 총수 및 그 가족에 의해 소유 경영권이 독점되는 족벌경영체제에 대해 아무런 해결책을 제시하지 못하고 있다는 점에 있다. 사실 재벌체제가 가져온 여러 가지 문제점의 근원은 족벌경영체제로부터 나온다는 점을 생각할 때 이는 진정한 의미에서의 재벌개혁과는 거리가 먼 정책이라 할 것이다.

한국의 재벌들은 왕조적 독재체제하에 있다. 30대 재벌의 자기자본 비율은 약 20%에 지나지 않으며 그중 재벌총수와 그 가족이 직접 소유하고 있는 지분은 자기자본의 10% 정도에 불과하다. 즉, 재벌총수는 전체 자본의 10%, 그리고 전체 자산의 2%(20%×10%)만을 가지고서도 무소불위의 권력을 휘두르는 존재인 셈이다(김상조, 1997). 1996년 현재 30대 재벌이 한국 전 산업 부가가치의 14.7%, 자산의 45.6%, 매출액의 47.9%를 차지하고 있다는 점을 감안할 때(최승노, 1997) 재벌총수들의 권력이 얼마나 막강한 것인지를 알 수 있다.

그런데 이러한 재벌 총수들의 권력에 대한 견제는 재벌그룹 내, 외부 그 어디에서도 존재하지 않는다. 상법상 규정된 이사회와 감사의 권한은 유명무실화되어 재벌총수의 집행기관으로 변모해 버렸으며 주주총회 역시 형식에 불과한 것으로 전락해버렸다. 종업원 및 노동조합의 경영참여 기회는 철저히 봉쇄되어 있다. 이러한 가운데 재벌기업은 총수의 독단적 의사결정이 일사불란하게 관철되는 것에 대해 그 누구도 견제할 수 없는 독재체제로 운영되고 있다.

외부적 견제장치도 부실하기는 마찬가지이다. 재벌에 대해 규제, 감독해야 할 관료집단과 정치권은 정경유착과 관경유착구조 속에서 오히려 재벌을 비호하는 데 열중하고 있다. 막대한 대출을 해준 금융권 역시 재벌에 대해 아무런 감시, 견제를 하지 못하고 있다. 미국의 경우처럼 적대적 M&A가 활성화되지 못한 가운데서 주식시장을 통한 견제도 전혀 이루어지지 못하고 있다. 그 밖에 언론계, 학계 등도 재벌의 막대한 자금력과 권력에 눌려 재벌비판을 기피하고 있다. 더욱더 문제가 되는 것은 이러한 재벌총수에 의한 왕조적 독재체제가 경영능력과는 무관하게 2세, 3세에게 그대로 대물림됨으로써 부의 세습화가 이루어지는 것은 물론이고 결국 재벌의 부실화를 가져오고 있다는 점이다. 최근 부실화된 재벌기업들의 대부분이 바로 이처럼 경영능력이 떨어지는 2세들의 무모한 사업확장의 결과로 발생했다는 사실은 한국에서 재벌체제가 더 이상 용인되어서는 안 되는 이유를 잘 보여 주고 있다(김기원, 1997).

이처럼 재벌문제의 근본적 원인이 족벌경영체제에 있음에도 불구하고 이번 재벌개혁방안에서 이 문제가 빠졌다는 것은 IMF가 요구하고 차기 정부가 추진하는 재벌개혁의 기본적 성격이 어떠한 것인지를 잘 보여 주고 있다. 그것은 신자유주의적 시장경제 체제의 수립이라는 대 목표에 충실한 재벌개혁정책이며 그 이상도 그 이하도 아닌 것이다. 불투명한 재벌경영과 지나친 차입경영은 시장경제질서를 해치는 것이므로 재벌기업의 경영투명성 확보와 편중차입의 해소를 통해 시장경쟁을 촉진시키되 총수에 의한 소유 경영권의 독점문제는 자본주의적 시장경제질서와 어긋나는 것이 아니므로 이를 그대로 묵인하다는 것이다(이른바 사유재산 불가침의 원칙).

이러한 방식의 재벌개혁은 결국 재벌경영의 불투명성과 불합리성을 줄여서 재벌을 보다 슬림화시키고 효율적으로 만드는 데는 기여할지 모르나 국민 대중이 바라고 있는 진정한 의미의 재벌개혁='재벌총수에 의한 소유 경영권의 독점체제의 타파'라는 방향과는 거리가 멀다고 하겠다. 따라서 앞으로 재벌개혁 운동의 기본적 방향은 재벌총수의 소유 경영권 독점체제를 개혁하는 데 초점을 맞춰야 할 것이다.

재벌총수에 의한 소유 경영구조의 독점체제를 개혁하는 방안으로서는 ▲재벌총수의 경영권 행사에 대한 감시, 견제장치의 구축(적대적 M&A 허용, 소액주주 대표소송권 등 법적 통제 강화, 이사회 및 감사제도의 개혁, 노동조합의 경영참여 등), ▲재벌총수의 경영권 배제 및 전문경영인 체제의 구축(경영부실화 기업에서의 총수 퇴진, 은행, 연기금이 선임하는 전문경영인 체제, 무능한 2세의 경영권 승계 거부 등), ▲재벌총수 및 그 가족 소유의 주식처분(부도위기 시 총수의 개인재산 헌납, 총수 소유 주식의 회사/종업원에 대한 신탁 또는 기증, 국가에 의한 총수지분 매입/헌납 등) 등이 제안되고 있다(심기원, 1997).

물론 이러한 방안들이 한꺼번에, 그리고 단시일 내에 실현될 수 있는 것은 아니지만 현재의 국가위기 사태를 가져온 주범이 재벌 및 그 총수라는 데 국민들의 여론이 모아지고 있는 상황을 고려할 때 지금이 재벌총수에 의한 소유 경영권의 독제체제를 개혁할 수 있는 좋은 기회라는 점은 뚜렷이 인식되어야 할 것이다. 이는 또 우리 사회 전체의 민주화와 경제발전을 위해서도 불가피한 과제라고 할 수 있다.

3) 노사정 참여체제의 구축

IMF와 한국 정부가 지난해 12월 3일 체결한 구제금융에 따른 양해각서에는 '노동시장의 유연성 제고를 위한 추가조치와 고용보험제도의 기능강화'를 내용으로 하는 노동시장 개혁조치가 포함되어 있으며 그중 외부에 공표되지 않은 노동시장의 유연성 제고조치의 구체적 내용은 '정리해고에 대한 제한 완화와 파견근로제의 도입'인 것으로 알려지고 있다.[3] 뿐만 아니라 미국 측은 데이비드 립튼 재무차관을 통해 IMF와 협약사항 중 노동정책에 대한 부분이 불충

---

3) ≪조선일보≫, 1997년 12월 8일 자.

분하다고 지적하면서 임금유연성 제고, M&A 활성화를 위한 정리해고의 조기 실시뿐만 아니라 파업 시의 대체근로제 등까지 요구한 것으로 알려졌다.

사실 노동시장의 유연화 문제는 IMF와 미국의 요구가 있기 전에 이미 정부와 기업에 의해 꾸준히 추진되어 온 과제이다. 그동안 정부와 기업은 한국 경제의 구조조정을 방해하는 요소로서 노동시장의 경직성을 지적, 노동시장의 유연성 제고가 앞으로 노동정책, 경제정책의 최우선과제가 되어야 한다고 주장해 왔다(재정경제원, 1997). 정부의 21세기 국가과제연구에 의하면 '노동시장의 유연성 제고'가 국가과제의 하나로 거론되고 있으며 이를 위해 파견근로제의 도입, 계약직 근로의 활성화, 시간제 근로 및 재택근로의 활성화, 임금체계의 유연성 제고, 퇴직금 제도의 혜택 축소, 연월차휴가의 축소 등 다양한 정책과제가 제시되고 있다(한국노동연구원, 1997).

이처럼 현재 IMF가 강요하고 정부와 기업에 의해 추진되고 있는 노동시장의 유연화는 시장의 강제력에 의해 유연화를 달성하려는 이른바 '시장적 유연화' 일변도라는 점에서 문제가 있다. '시장적 유연화'는 대량해고와 임시노동자의 대량 도입, 임금의 최대한 삭감, 그리고 노동조합 기능의 최대한 약화 등에 의해 노동시장에서 기업의 이윤을 위한 최대한의 유리한 조건을 창출함으로써 기업의 축적조건을 회복하려는 시도로 해석할 수 있다. 그러나 이러한 '시장적 유연화'는 결국 대량실업과 대량빈곤, 노동시장의 이중구조화, 고용관계의 불안정화, 그리고 이에 따른 노사관계의 악화를 가져오게 될 것이다.

지난번 노동법 개정 파동 과정에서 경험했듯이 우리 사회가 과연 이러한 노동자들을 비롯한 국민대중의 반발을 억누르고 시장적 유연화를 강행함으로써 발생할 수 있는 경제적·사회적·정치적 불안을 감당할 수 있을 만큼 능력이 있는지에 대해서는 의문이 든다. 설혹 노동자들의 반발을 무릅쓰고 '시장적 유연화'를 달성할 수 있다고 하더라도 그 과정에서 생기는 엄청난 혼란으로 인해 현 위기로부터의 극복이 훨씬 지연될 가능성이 크다.

그렇다면 현재의 상황하에서 우리가 택할 수 있는 최선의 길은 무엇일까?

우리가 택할 수 있는 유일한 길은 노사정 등 관련 당사자들의 참여와 협력에 의해 전략적 동맹(Strategic Alliances)을 체결함으로써 현 위기를 극복하고 나아가 한국 경제의 장기적 발전모델을 만들 수 있는 '협력적 유연화'밖에 없다고 생각한다. '협력적 유연화'는 노사정 등 관련 당사자들의 참여와 협력에 의해 서로가 최대한 양보하고 서로 받아들일 수 있는 방법으로 유연화를 달성함으로써 상호이익이 되고자 하는 유연화로 볼 수 있다. 예컨대 독일에서의 노사정 3자에 의한 '협력적 행동(social corporatism)', 일본에서의 기업 치원에서의 노사협력(micro corporatism)은 '협력적 유연화'의 대표적 예이다.[4]

'협력적 유연화'를 위해서는 노사가 국가와 산업 및 기업의 중요의사결정과정에 대등하게 참여할 필요가 있다. 이를 바탕으로 노동자의 훈련, 교육의 강화, 다기능화, 숙련기술의 향상, 인력의 재배치, 근로시간의 조정 등의 방법으로 유연화를 달성할 수 있는 것이다.

이를 위해서는 물론 협력당사자들의 상호희생이 필요할 것이다. 즉, 사측에서는 소유와 경영의 민주화, 정경유착의 근절, 노동자의 경영참여 허용, 고용보장, 실질소득의 보장, 노사관계의 민주화 등을 위해 노력해야 하며, 노측에서도 생산성 향상 노력, 노사관계의 평화유지 노력, 지나친 임금인상 자제 등이 이루어져야 할 것이다. 또 정부도 이러한 양측의 협력적 행동이 이루어질 수 있도록 노사자율을 최대한 보장하고 정치민주화, 노사의 중요정책참여 허용, 고용안정정책을 비롯한 적극적 노동시장정책, 사회보장의 충실화 등이 이루어져야 할 것이다.

혹자는 주로 '시장적 유연화'에 의존하고 있는 미국과 '협력적 유연화'에 의

---

4) 종래 많이 이야기되던 '기능적 유연화'와 '수량적 유연화' 간 구별이 주로 유연화의 수단, 형태에 따른 구별이라고 한다면 '시장적 유연화'와 '협력적 유연화'는 유연화를 취하는 주체의 행동양식에 따른 구별이라고 할 수 있다. 따라서 '협력적 유연화'하에서는 경제주체들의 양보와 협력으로 수량적 유연화와 기능적 유연화 양쪽 모두가 가장 적절한 형태로 도입될 수 있다. 이는 유종일(Jong-Il You, 1997)이 말하는 '전략적 유연화'와 유사한 개념이다.

존하고 있는 독일 등 유럽을 비교해 미국이 보다 고용창출력이 우수하고 경제성과가 좋다고 지적하면서 '시장적 유연화'의 장점을 주장하지만 이는 일방적 견해에 불과하다. 해고가 자유로운 경우 호황 시에 보다 고용창출이 잘되는 경향이 있는 것은 사실이나 반대로 불황 시에는 대량해고가 이루어지는 경향이 강하다. 그 결과 고용의 변동이 심해 전체적으로 노동시장의 안정성을 저해하는 결과를 가져온다(Nickell, 1997). 또 해고규제가 엄격한 나라에서는 불황 시 다른 방법(예컨대 노동시간 감축)에 의해 고용조정이 이루어지므로 전체적 효과는 거의 비슷하다는 실증적 연구결과도 많이 나오고 있다.[5]

현재의 위기 극복을 위한 방안으로 '협력적 유연화'가 거의 유일한 길이라는 점에서 정부가 현 위기 극복을 위한 노사정 참여체제의 구축을 추진하고 있는 것은 올바른 방향이라 할 것이다. 그러나 지난번 노동법 개정과정에서 노사관계개혁위원회가 실질적인 권한이 없는 채로 결국 좌초한 전례에서 보듯이 자칫 정부가 이러한 3자참여체제를 단순한 임금인상억제 및 고용감축을 위한 수단으로서의 의미 정도로 이용하려 한다면 이는 만들지 않는 것만 못한 결과를 가져올 것이다.

그렇다면 노사정 협의체가 성공하기 위해서는 어떻게 해야 할까?

첫째, 무엇보다도 우선 현안 문제에 대한 정부의 솔선수범과 대통령의 지도력 확보가 중요하다. 정부는 재정지출의 축소, 공무원 정원의 삭감, 공기업의 경영합리화, 공공서비스가격의 안정, 부정부패의 발본색원 등을 위해 솔선수범해야 한다. 또 정부가 노사 어느 한쪽에 쏠리지 않고 중립적 입장에서 노사간 문제를 풀려는 의지를 보여 주어야 한다.

둘째, 노사 대표의 지도력 확보가 중요하다. 노사정 상층대표가 합의한 사항이 하부조직에 의해 받아들여지기 위해서는 대표성을 확보한 권위 있는 노사대표의 참여가 필수적이다. 현재의 기업별 노동조합, 기업별 단체협상 체제

---

5)   외국의 실증예에 대해서는 윤진호(1996) 참조.

하에서는 노사 어느 쪽도 강력한 대표성을 확보하기가 어려우며 이 경우 설혹 상층부 대표 간 합의가 이루어지더라도 하부조직의 반발에 의해 협약이 실제로 이행되기 어렵게 될 것이다. 따라서 산업별 노동조합의 형성과 산업별 사용자단체의 형성에 의해 산별협약이 맺어질 수 있도록 유도하는 것이 필요하다. 또 현재 노동자들의 대표권은 한국노총과 민주노총으로 나뉘어져 있으며 그나마 민주노총은 법외단체로 남아 있는 점도 노측의 지도력이 발휘되기 어렵도록 만드는 요인이 되고 있다. 따라서 하루빨리 민주노총을 비롯한 법외 노동단체의 합법화가 이루어지도록 해야 하며 양 노총이 대동단결할 수 있도록 분위기를 형성해 주는 것이 중요할 것이다.

셋째, 노사정 협의회에 경제정책, 노동정책에 관한 상당한 실질적 의사결정 권한이 주어져야 한다. 이를 위해 정부의 책임 있는 정책담당자가 협의회의 구성원으로 참여하고 협의회에서 결정된 사항이 별다른 수정 없이 실제 정책으로 연결될 수 있도록 해야 한다. 더 나아가 멕시코나 독일의 예에서 보듯이 협의회를 공식기구로 제도화하고 회의를 정례화해야 하며 이를 위해 노사정 협의회에 관한 법률적 근거를 마련할 필요가 있다.

넷째, 사회협의의 주 내용은 '고통분담'에 따른 '책임과 권한의 분점'이 되어야 한다. 만약 사회협의의 주 내용이 정리해고나 임금억제 등 어느 일방의 고통만 강요하는 것이 된다면 이 협의회는 결코 성공할 수 없다. '참여 없는 고통분담'은 특히 노동조합이 받아들이기 어려울 것이다. 따라서 현 위기 극복을 위해 고통분담이 꼭 필요하다면 이는 경제주체 간에 공평하게 부담되어야 하며 더 나아가 고통분담에 상승한 '책임과 권한의 분점'이 이루어질 수 있도록 노동조합의 정책참여와 경영참여 등 정부와 기업의 의사결정과정에 대한 참여권을 보장해 주어야 한다.

그렇다면 노사정 협의회에서는 구체적으로 어떠한 정책과제를 어떠한 방식으로 다루어야 할 것인가?

첫째, 정치민주화와 경제민주화 방안에 대한 논의가 우선되어야 한다. 노사정 협의회에서는 단순한 현 위기 극복책이나 고용, 임금, 물가 등의 문제에만 한정하지 말고 우리 경제가 나아가야 할 기본적 방향에 관한 광범한 의제가 토의되어야 할 것이다. 우리 경제가 안고 있는 구조적 문제점인 재벌체제와 그에 따른 선단경영, 차입경영, 족벌경영체제가 근본적으로 개선되지 않고서는 현 위기의 극복은 물론이고 앞으로의 건전한 성장도 기대할 수 없을 것이다. 따라서 이번 기회에 국민적 합의를 바탕으로 재벌체제에 대한 근본적 구조개혁이 필요하다 하겠다. 또 재벌체제를 유지, 발전시키는 온상이 되어 왔던 금융권에 의한 특혜, 편중대출 역시 근본적으로 해결되어야 할 것이다. 이를 위해 금융기관의 자율성, 책임성 보장, 금융기관의 소유 경영체제의 투명화, 관치금융의 척결 등이 필요하다. 한편 정치권 및 관료의 부패와 정경유착/관경유착을 방지하기 위한 근본적 조치로서 정치민주화와 관료민주화의 적극적 추진이 필요하다. 이러한 내용들이 노사정 협의회에서 논의될 때 비로소 노동자들에게도 고통분담을 요구할 명분이 설 수 있을 것이다.

둘째, 고용안정화 방안에 대한 논의가 필요하다. 현 단계에서 무엇보다도 시급한 과제는 앞으로 예상되는 대량실업을 막고 고용을 안정화시킴으로써 국민 대다수를 안심시키는 일이다. 이를 위해 먼저 현재 기업에 의해 이루어지고 있는 무분별한 대량해고, 권고사직은 즉시 중단되어야 하며 사측 대표는 이를 약속해야 한다. 현재의 대량해고는 대부분 법률에서 정한 정당한 해고 요건과 해고절차를 지키지 않는 불법적인 것이며 더욱이 본인의 의사에 반한 권고사직은 명백한 법률위반이다. 기업의 이러한 무분별한 불법적 해고행위에 대해서는 정부의 엄중한 단속이 따라야 할 것이다. 해고는 최후의 수단이 되어야 하며 해고에까지 이르기 전에 기업의 다양한 자구노력 및 기업 내 고용조정이 이루어져야 한다. 특히 근로시간 단축과 인력재배치, 근로자 교육훈련의 강화 등이 선행되어야 한다. 1996년 현재 한국의 전 산업 평균근로시간은 47.3시간으로 이를 연간근로시간으로 환산하면 2500~2600시간에 달한다. 이는 연간근로시간 1500~1600시간대인 유럽은 물론이고 선진국 중 근로시간이 가장 긴

일본의 1900시간에 비해서도 훨씬 긴 수준이다. 현재의 주당 근로시간을 「근로기준법」상의 법정 근로시간(44시간) 수준으로만 줄이더라도 약 7%의 추가적인 고용효과를 거둘 수 있을 것이다. 근로시간 단축과 더불어 여유시간이 생긴 노동자들의 교육, 훈련을 강화하기 위해 대학, 전문대 등을 활용한 교육훈련시스템을 개발할 필요가 있다.

셋째, 고용조정에 관한 한국적 모델개발과 이를 위한 법제화 등이 필요하다. 아무리 정부가 고용보장에 노력한다 하더라도 현재와 같은 불황기에는 휴폐업 기업 등에서 고용조정이 불가피하다. 또 앞으로 M&A가 활성화되면 이에 따른 인력조정의 문제도 필연적으로 발생할 것이다. 문제는 고용조정에 관한 사회적 룰이 한국에서 확립되어 있지 않음으로써 노사 간 많은 마찰과 갈등이 발생하고 있을 뿐만 아니라 많은 노동자들이 실업과 불안정 고용에 시달리고 있다는 점이다. 따라서 노사정 간 사회적 합의에 의해 한국식 고용조정의 룰을 확립하는 것이 필요하다. 고용조정의 구체적 방식은 각국이 가지고 있는 법률적·제도적·정책적 환경과 노사 간의 관행, 세력균형 등에 따라 다른 양상으로 나타나는데 이를 크게 유형화시켜 보면 대체로 미국식, 일본식, 유럽식 등 세 가지가 존재한다고 볼 수 있다. 불황 시 일시해고제(lay-off)를 이용하는 미국식, 가능한 한 해고를 피하고 기업 내 재배치를 통해 과잉인력문제를 해결하는 일본식, 「해고제한법」에 의해 사회적으로 해고를 규제하는 유럽식 등의 장단점6)을 면밀히 분석해 한국의 실정에 가장 알맞은 고용조정방식을 개발할 필요가 있다. 현재 전 국민들이 느끼고 있는 고용위기에 대한 불안감은 단순한 경제적 문제로 그치는 것이 아니며 자칫하면 사회적·정치적 불안으로까지 이어질 가능성이 크다. 현재 논의되고 있는 정리해고제의 조기도입 및 근로자 파견제의 도입 등은 고용위기를 일층 악화시킬 가능성이 있으므로 신중하게 이에 대처해야 한다. 꼭 정리해고제를 조기도입할 필요가 있다면 이는 '정리해고

---

6)   이에 대해서는 윤진호(1996) 참조.

를 가능하게 하는' 제도로서가 아니라 정리해고의 합리적 절차를 법률로 규정함으로써 기업의 무분별한 정리해고 남용을 막는 방식으로 도입되어야 할 것이다. 이를 위해 정리해고 시 노동조합과의 협의의무를 보다 강화하거나 대량해고 시 노동위원회의 승인을 거치도록 하는 방법, 일단 해고된 노동자의 재취업이 어려운 점을 감안해 기업사정이 나아져 인원을 늘리는 경우 해고된 노동자에게 취업 우선권을 주는 리콜제의 도입 등을 검토해 볼 수 있다. 또 해고 당사자에 대한 사전적 전직훈련, 재취업 알선, 창업 지원 등 현장서비스의 강화가 필요하다.

넷째, 현재의 경제사정을 감안할 때 정리해고제의 조기도입 여부에 상관없이 대규모 실업이 발생하는 것은 불가피할 것으로 보인다. 따라서 이러한 대량실업자에 대한 대책이 시급하다. 먼저 선진국에 비해 훨씬 떨어지는 실업급여의 적용 대상, 수준, 지급기간 등을 확대할 필요가 있다. 정부도 이러한 점을 감안해 고용보험 적용 대상 사업장을 현행 종업원 30인 이상 사업장에서 10인 이상 사업장으로 확대하고 실업급여의 최저 소정급여일수를 30일에서 60일로 상향조정하며 실업급여 지급기간도 확대할 계획이지만 이 정도로는 실직자의 생계를 보장하는 데 크게 미흡한 수준이다. 문제는 급격한 실업자 수의 증가와 적용 대상의 확대에 따른 재원조달방안이다. 따라서 고용보험요율을 상향조정하고 국방비, 대규모 국책사업 등 재정의 다른 부문에서 절약한 예산을 투입하는 한편, 고용보장국채 발행 등을 통해 충분한 재원을 확보하도록 한다. 현재 최장 6개월로 지급기간이 제한되어 있는 실업급여만으로는 대량실업에 대한 근본적 대책이 되지 못한다. 따라서 실업자의 재취업을 위한 직업교육, 훈련, 창업, 취업 알선 서비스 등의 강화가 필요하다. 이를 위해 우선 공공직업안정망의 대폭적인 확충이 필요하다. 현재 한국의 공공직업소개기관을 통해 취업하는 신규취업자의 비율은 겨우 10%로서 선진국에 비하면 훨씬 뒤떨어지는 수준이다. 따라서 인력은행을 주요 도시에 추가 설치하고 사용자단체, 노동조합 등의 직업알선창구에 대한 지원을 통해 효율적인 직업알선이 이루어지도

록 노력해야 한다. 아울러 이직자, 전직자를 위한 공공부문에 의한 재훈련의
확충이 필요하다. 1997년 상반기 중 고용보험에 의해 실시된 실업자 재취직훈
련 인원은 겨우 1600여 명에 불과한 것으로 나타나 전체 실업자 수에 비해 극
히 적은 실정이다.

다섯째, 현재의 고용위기를 극복하기 위해서는 수동적인 고용보장에 머물
것이 아니라 적극적으로 고용을 창출해야 한다. 이를 위해 우선 중소기업, 벤
처기업 등 고용창출력이 큰 부문에 대해 고용창출을 위한 세제, 금융상의 인센
티브를 제공해야 한다. 또 노동조합이나 기타 사회단체에 의한 고용창출 프로
그램을 지원할 필요가 있다. 한편 심각한 단기적 실업사태를 막기 위해 공공부
문에 의한 임시적 고용창출방안을 마련해야 한다. 멕시코의 경우 정부가 공공
사업, 저소득층을 위한 주택 건설, 농촌 인프라 건설지원 등을 통해 총 100만
명의 임시 고용창출을 약속한 예가 있다. 우리의 경우에도 사회간접자본의 건
설인력이나 공공봉사요원(교통질서, 환경질서, 취약계층 지원, 공공기관 봉사 등)
의 대량채용 등에 의해 임시적인 고용을 공공부문에서 창출할 필요가 있다.

여섯째, 실업과 물가상승, 실질소득의 저하 등으로 고통 받고 있는 저소득
층을 위한 사회보장지출의 확대가 필요하다. 이는 IMF에서도 예외적으로 인
정하는 지출이다. 실직자, 생활보호대상자에 대한 생계보호, 의료보호, 교육비
지원, 영구임대주택 지원, 직업훈련 확대 등의 제반 조치가 필요하다. 특히 저
소득층을 위한 주택 건설을 통해 한편으로는 저소득층의 생활을 안정시키면서
다른 한편으로는 고용을 창출할 수 있다.

마지막으로 향후 예상되는 실업증대와 실질임금 하락 등 노동자의 희생을
보상하기 위해 노동의 경영참여, 정책참여, 노동시간의 단축, 노동의 인간화
등 노사관계의 민주화와 노동의 인간화를 위한 실질적 조치가 이루어져야 할
것이다. 우리 경제의 구조적 문제점인 동시에 IMF에서 그 해체를 요구하고 있
는 재벌체제의 근본적 개혁을 위해서라도 재벌기업의 경영에 노동조합 및 노
동자 대표가 직접 참여할 수 있는 길을 열어 주어야 할 것이다. 또 정부의 중요

경제정책, 노동정책의 수립 및 실행과정에 대한 노동조합의 참여와 발언권을 보장해 줌으로써 경제민주화와 정책민주화에 기여하는 동시에 노조가 책임감을 가지고 정책운영에 협조할 수 있도록 여건을 조성해 주어야 할 것이다.

5. 맺음말

IMF 구제금융 사태에 따른 한국 경제의 위기는 분명 우리에게 엄청난 시련을 강요하고 있다. IMF 정책의 기조를 이루는 신자유주의적 개혁방안의 지지자들은 규제완화와 시장기능의 회복을 통해 경제 전반의 효율과 생산성 향상을 이룰 수 있다고 주장하고 있지만 그러나 이는 다른 한편으로는 장기간의 불황과 대량실업, 국제금융자본에 의한 국민경제의 지배권 장악, 실질임금과 생활수준의 저하, 근로조건의 악화, 노조세력의 약화 등 국민대중과 노동자들에게 고통스런 희생을 강요하는 것이기도 하다. 특히 이러한 고통의 대부분이 하위 80% 소득계층에게 집중된다는 점(Taylor, 1997)에서 이는 사회적 불공평을 가져올 뿐만 아니라 나아가 하위소득층의 반발에 따른 사회적 긴장의 증대와 개혁의 좌절이라는 결과를 가져올 위험성이 충분히 있다 하겠다.

이러한 의미에서 시장의 냉혹한 힘에 의해 노동시장을 유연화시킴으로써 이윤성을 회복하려는 신자유주의적 개혁 시도는 근본적으로 한계를 갖는 것이다.[7] 이러한 '시장적 유연화'가 아니라 경제주체들 간의 전략적 협력에 의해 유연화를 달성하려는 '협력적 유연화'가 이루어질 때 비로소 현재의 위기를 극복할 수 있을 뿐만 아니라 나아가 우리 경제가 지속적으로 발전할 수 있을 것이다.

---

[7] 신자유주의적 노동시장개혁이 가져오는 모순적 귀결에 대해서는 영국의 예로서 Kelly(1997), 미국의 예로서 Gordon(1996), 라틴아메리카의 예로서 Green(1995) 등 참조.

이러한 협력적 유연화를 통해 우리 경제가 안고 있는 근본적 문제점인 재벌 체제, 정치권 및 관료부패, 관치금융이 해결되고 노사협력에 의해 생산성 향상과 노사관계의 민주화가 이루어질 수만 있다면 이번의 위기를 선진국으로 향하는 우리 사회, 정치, 경제의 성숙의 계기로 삼을 수도 있을 것이다.

참고문헌
(제1부 제4장)

김기원. 1997.12.11. 「재벌의 근본적 개혁방안」. 『IMF 구제금융과 한국 경제, 고용위기: 어떻게 대응할 것인가?』. 전국민주노동조합총연맹.

김상조. 1997.12.11. 「IMF 구제금융과 한국 경제의 미래」. 『IMF 구제금융과 한국 경제, 고용위기: 어떻게 대응할 것인가?』. 전국민주노동조합총연맹.

윤진호. 1996. 「고용조정과 노동조합의 대응」. 『노동시장 유연화의 현황과 정책과제』. 전국민주노동조합총연맹.

장상환. 1997.12. 「외환위기의 원인과 IMF 구제금융의 영향」. ≪연대와 실천≫. 영남노동운동연구소.

재정경제원. 1997.11. 『열린 시장경제로 가기 위한 국가과제』.

≪조선일보≫. 1997.12.8. "IMF "한국 경제 극비보고서"(전문).

최승노. 1997. 『1997년 한국의 대규모기업집단』. 자유기업센터.

한국노동연구원. 1997.7.31. 『노동시장의 유연성 제고』.

伊藤隆敏. 1977. 「資本移動と新興市場(エマ-ジング マ-ケット): メキシコ危機の教訓」. 『經濟研究』, Vol. 48, No. 4(Oct).

Chang, Ha-Joon and A. Singh. 1993. "Public Enterprises in Developing Countries and Economic Efficiency." *UNCTAD Review*, No. 4.

Edwards, S. 1995. *Crisis and Reform in Latin America: From Despair to Hope.* Oxford University Press for the World Bank.

Gordon, D. M. 1996. "Fat and Mean: The corporate Squeeze of Working Americans and the Myth of Managerial "Downsizing"." *The Free Press.*

Green, D. 1995. "Silent Revolution: The Rise of Market Economies in Latin America." The Latin American Bureau.

Huddle, D. C. 1997. "Post-1982 Effects of Neoliberalism on Latin American Development and Poverty: Two Conflicting Views." *Economic Development and Cultural Change.*

ILO. 1996. *World Employment 1996/97: National Policies in a Global Context.*

Jong-Il You. 1997. "Globalization and Labor Market Flexibility: The Case of South Korea." in *The Fifth Seoul Journal of Economics International Symposium.* Seoul National University.

Kelly, J. 1997. "Industrial Relations: Looking to the Future." *British Journal of Industrial Relations*, Vol. 35, No. 3(September).

Nickell, S. 1997. "Unemployment and Labor Market Rigidities: Europe versus North America." *Journal of Economic Prespectives*, Vol. 11, No. 3(Summer).

Taylor, L. 1997. "The Revival of the Liberal Creed-the IMF and the World Bank in a Globalized Economy." *World Development*, Vol. 25, No. 2.

제5장

선진국의 고용·실업대책과 노동조합의 대응

1. 선진국 실업정책의 유형

1) 적극적 노동시장정책과 소극적 노동시장정책

OECD(1994)는 현재 선진국에서 실시하는 실업정책을 크게 나누어 적극적 노동시장정책과 소극적 노동시장정책으로 분류하고 있다. 소극적 노동시장정책이란 실업보험, 실업부조, 정리해고 방지에 대한 정부의 지원제도, 조기퇴직제의 지원제도 등 실업자의 생계유지 및 고용유지를 위한 정책을 말한다. 이에 비해 적극적 노동시장정책이란 실업자에 대한 교육, 훈련, 취업 알선, 공공부문의 고용창출 등을 통해 고용을 적극적으로 창출하는 정책을 말한다. 소극적 노동시장정책의 목표는 비효율적 노동력을 노동시장에서 퇴출시키는 대신 소득지원을 통해 이들이 생계를 유지할 수 있도록 해 주는(welfare) 데 초점을 둔 반면, 적극적 노동시장정책은 노동력을 최대한 노동시장에 끌어들여 이른바 '일을 통한 복지(workfare)'를 제공하는 데 목적이 있다(Adnett, 1996: 234).

〈표 1-5-1〉 노동시장정책에 대한 지출(1996~1997)

(단위: 대 GDP %)

국가	적극적 정책					소극적 정책		총계	소극적/적극적 비율
	공공고용서비스 및 관리	노동시장훈련	청소년대책	채용지원금	장애자대책	실업급여	조기퇴직지원		
호주	0.24	0.09	0.06	0.21	0.06	1.30	-	1.97	2.0
오스트리아	0.13	0.17	0.02	0.07	0.05	1.22	0.07	1.73	2.9
벨기에	0.22	0.28	0.03	0.84	0.14	2.12	0.64	4.27	1.8
캐나다	0.20	0.17	0.02	0.06	0.03	1.17	0.01	1.65	2.5
덴마크	0.13	0.97	0.10	0.31	0.28	2.22	1.79	5.80	2.2
핀란드	0.14	0.55	0.22	0.53	0.12	2.79	0.43	4.79	2.1
프랑스	0.16	0.36	0.24	0.48	0.08	1.44	0.36	3.13	1.4
독일	0.21	0.36	0.07	0.34	0.28	2.49	0.05	3.79	2.0
이탈리아	0.04	0.01	0.42	0.61	-	0.68	0.20	1.96	0.8
일본	0.03	0.03	-	0.04	-	0.40	-	0.50	4.0
한국	0.04	0.03	0.02	-	-	-	-	0.09	-
네덜란드	0.35	0.13	0.10	0.42	0.54	3.33	-	4.86	2.2
포르투갈	0.11	0.31	0.34	0.12	0.07	0.89	0.13	1.97	1.1
스페인	0.08	0.14	0.07	0.20	0.02	1.87	-	2.37	3.7
스웨덴	0.26	0.43	0.02	0.70	0.67	2.16	-	4.25	1.0
스위스	0.15	0.23	-	0.23	0.15	1.42	-	2.18	1.9
영국	0.18	0.09	0.13	-	0.02	1.05	-	1.47	2.5
미국	0.06	0.04	0.03	0.01	0.03	0.26	-	0.43	1.5

자료: OECD(1998).

OECD 국가들은 대체로 적극적 정책보다는 소극적 정책에 비중을 두고 있다. 〈표 1-5-1〉에서 보는 바와 같이 유럽 국가들의 실업정책 중 소극적 정책의 비중은 적극적 정책에 비해 대체로 2배 이상에 달할 만큼 소극적 정책의 비중이 높다. 다만 적극적 노동시장정책을 추진해 온 스웨덴에서만은 적극적 정책의 비중이 소극적 정책의 비중과 비슷하다는 것을 알 수 있다.

Grubb(1994)에 의하면 1985~1990년의 기간 중 OECD 국가들에서 실업률이 1% 증가할 경우 소극적 정책은 1% 이상 증가한 반면, 적극적 정책은 1% 미만으로 증가한 것으로 나타났다. 이처럼 유럽 국가들이 지나치게 소극적 정책에 치중하고 있는 데 대해 소극적 정책이 오히려 실업률을 높이는 반면, 적극적 정책은 실업률을 낮출 수 있다는 이유로 비판의 목소리가 높아지고 있는 것

〈표 1-5-2〉 선진국의 실업예산 비중 변화

(단위: 대 GDP %)

	1993	1994	1995	1996
공공고용서비스	0.14	0.16	0.16	0.15
노동시장훈련	0.23	0.25	0.23	0.24
청소년대책	0.21	0.14	0.12	0.13
채용지원금	0.26	0.29	0.30	0.28
장애자대책	0.12	0.19	0.18	0.14
실업급여	1.30	1.76	1.56	1.50
조기퇴직지원	0.28	0.36	0.37	0.38
합계	2.36	2.94	2.71	2.60
소극적 정책	0.91	0.99	0.99	0.90
적극적 정책	1.40	1.95	1.74	1.60

주: OECD 회원국 중 자료가 제시된 22개국의 실업예산이 GDP에서 차지하는 비율의 단순평균.
자료: OECD(1994, 1998)를 토대로 필자가 계산한 것임.

도 사실이다(Adnett, 1996: 234). 그러나 다른 한편으로는 유럽 국가들이 이처럼 소극적 정책에 치중하고 있는 것은 실업자에 대한 사회적 안전망이 충분히 갖춰져 있다는 증거이기도 하다.

〈표 1-5-2〉는 OECD 회원국들의 실업예산의 대 GDP 비중의 변화가 나와 있다. 이 표에서 보는 바와 같이 1993~1996년의 기간 중 OECD 회원국들의 실업예산이 GDP에서 차지하는 비중은 큰 변화를 보이지 않고 있다. 적극적 정책예산의 비율 역시 0.9%로서 거의 변화가 없으며 소극적 정책예산의 비율은 1994년 이후 다소 감소추세를 보이고 있기는 하지만 여전히 전체 실업예산의 60% 이상을 차지하고 있어 선진국 실업예산이 소극적 정책 위주로 구성되어 있다는 사실을 알 수 있다. 즉, 일부에서 주장하는 것과는 달리 OECD 회원국들의 실업정책의 대종을 차지하는 것은 여전히 소극적 정책(사회보장정책)이며 다만 최근 그 비중이 약간씩 낮아지고 있는 정도인 것이다.

2) 일자리나누기와 조기퇴직제

한 나라의 경제가 전체 고용수준을 증가시키는 방법은 세 가지이다.

첫째, 생산성 향상을 초과하는 생산량의 증가에 의해 시장경제에서 고용을 창출하는 방법이다. 이는 이른바 노동시장의 유연화정책과 연계되어 있다. 단 이러한 노동시장의 유연화정책은 생산증가보다는 생산성을 오히려 저하시킬 가능성도 있다.

둘째, 실업자의 공공부문에서의 흡수를 통해 비시장경제에서 고용을 확대하는 방법이다.

셋째, 노동시간의 단축, 재배분 등을 통해 고용을 재직노동자와 실업자 사이에 재배분함으로써 고용을 확대하는 방법이다.

이 중 최근 유럽의 성장률이 대량실업을 흡수하기에는 부족하다는 인식이 확산되면서 세 번째 방법에 대한 관심이 점점 증대되고 있다. 유럽에서는 이미 1970년대 후반부터 노동시간을 단축함으로써 실업률을 저하시키려는 노력이 꾸준히 진행되어 왔다. 그 결과 유럽 여러 나라의 노동시간은 1970년대에는 주당 40시간 정도로 하락했으며 다시 1980년대 중반 이후에는 주당 40시간 이하로 떨어졌다.

특히 1980년대 들어 대량실업이 본격화되면서 유럽 각국들은 법정 노동시간 이하로 노동시간을 단축하는 각종 일자리나누기(work-sharing) 제도를 도입함으로써 대량실업을 완화시키고자 노력했다. 이처럼 직접적인 고용조정보다는 노동시간조정을 통해 경기변동에 대응하는 것이 유럽에서는 보편화되어 있다. 유럽에서는 노동시간 단축을 통한 일자리나누기 정책이 재직 노동자의 고용 유지(job keeping)라는 소극적 정책으로서만이 아니라 장기 실업자, 청년 실업자의 고용을 창출(job creation)하기 위한 적극적 정책으로 보다 널리 활용되고 있다. 일자리나누기 정책이 사회적인 승인을 획득한 것은 1980년대 중반 이래 장기간의 고실업이 계속되면서 경제성장만으로는 실업을 극복하기 어렵

〈표 1-5-3〉 유럽에서의 일자리나누기 지원정책

A. 전체적인(collective) 노동시간 단축		인센티브		결과
		피고용자에게	고용주에게	
벨기에	1994년 이후로 회사는 개개인의 노동시간을 단축하는 대가로 새로운 일자리를 창출	-	13개 4분기 동안 피고용자 1명 추가 고용당 사회보장분담금을 최대 BF 37,500 감면	5,654명의 피고용자를 추가 고용하기로 한 계획을 1997년 4월 30일까지 637개 기업이 채택
벨기에	고용 협정 전체적인 작업량의 감소 없이 노동자를 추가로 고용하는 조치와 연결해 노동시간 단축	-	협정유지 기간 동안 피고용자 1명 추가 고용당 1/4분기마다 사회보장분담금을 최대 BF 37,500 감면	산별 수준에서는 민간부문 100곳에서 채택. 기업 수준에서는 220곳이 채택
캐나다	퀘벡 주에서는 주당 표준노동시간을 44시간에서 40시간으로 매년 1시간 비율로 감소 (1997년 10월 1일부터 2000년까지)	-	-	아직 확인된 바 없음
프랑스	1996년 「로비앙법 (loi de Robien)」, 회사는 피고용자 일부 또는 전부에 대해 노동시간의 적어도 10%를 단축하고 단축한 비율만큼 새로운 일자리를 창출/유지시켜야 함. 최소 2년 이상		노동시간을 10~15% 줄이면, 첫 해에는 사회보장분담금의 40~50%를, 그 후 6년간은 30~40% 감소	1997년 9월 30일 현재 총 1,144개 협약 체결. 피고용자 121,137명의 노동시간을 단축시켜 약 12,000개의 일자리를 창출하거나 유지

B. 개별 노동시간의 자발적인 단축		인센티브		결과
		피고용자에게	고용주에게	
오스트리아	1998년부터 실업자 채용을 위한 정규 노동시간의 4단축 허용. 노동시간 단축은 노사 간 협약에 의해 이루어짐	정규 노동시간 이하로 일하게 된 노동자에게 실업 수당의 일부 지급. 단 고용권은 유지	-	아직 확인된 바 없음
벨기에	풀타임 노동자들의 노동시간을 50~80%까지 단축하고 대신 실업자들이 고용됨	단축된 노동시간 폭에 따라 매월 BF 2,413~6,033에 해당하는 정액 실업급여	실업자 채용 시 일시적인 사회보장분담금 감면	1996년 12월 현재 32,470명의 노동자들이 노동시간 단축
벨기에	55세 이상 노동자의 노동시간을 절반 단축. 나머지 반은 실업자들을 고용해 행함	실업급여와 고용주로부터 추가 보조금 지급 받음	실업자 채용 시 사회보장분담금 감면	1996년 현재 평균 190명이 수혜
벨기에	1995년 이후 공공부문에서 일자리 재분배	-	적용되지 않음	1995년 말 연방공공부문의 약 8%에 해당하는 7,000명의 피고용인이 이 계획에 참가함

		피고용자에게	고용주에게	
	공공부문의 피고용자 종전 임금의 80%만 받으면서 주당 4일 노동 허용. 나머지 시간은 실업자들이 고용됨	노동한 시간당 임금과 매월 BF 3,250의 수당 지급	-	
	정규직 노동자가 퇴직 정년 최고 5년 전부터 노동시간의 반을 단축. 나머지 시간은 노동자 추가고용	노동한 시간당 임금과 매월 BF 11,940의 수당 지급	-	

C. 파트타임 노동		인센티브		결과
		피고용자에게	고용주에게	
오스트리아	1998년부터 고용주가 동의 시 가족부양 책임이 있는 50세 이상의 피고용자는 고용권을 유지하면서 노동시간 단축	고용권 유지	-	확인된 바 없음
벨기에	기업의 고용 재분배 계획(1994): 회사는 개별 노동자의 노동시간을 단축하는 대신 새로운 일자리를 창출	A 내용 참조	A 내용 참조	A 내용 참조
	기업은 채용촉진조치와 연계하여 파트타임 노동제 자발적으로 도입	A 내용 참조	A 내용 참조	A 내용 참조
	고용 재분배를 통한 실업자들의 직업에의 재흡수 증진: 파트타임 노동을 선택한 노동자는 인센티브를 받음	노동시간 단축 폭에 따라 최고 2년 동안 매월 BP 3,000~5,000 지급	감소된 노동시간 만큼 완전실업자 고용	1997년 1/4분기 동안 6,048명이 이 프로그램에 적용됨
핀란드	고용주가 동의하면 노동자들은 1년간 40~60%만큼 노동시간을 단축. 실업자들을 동일한 직위에 채용해야 함	정부는 노동시간 단축으로 손실된 임금의 반(최고 한도: 실업수당의 1.7배)을 지급		1995년에 주로 공공부문에서 3,500명의 실업자가 고용됨
프랑스	1992년 이래로 파트타임 채용에 대한 사회보장 분담금 감면	-	1994년 4월 현재 정규 노동시간의 16~32%에 해당하는 직무를 유지할 경우 사회보장분담금 30% 감면. 1995년 9월 이후 저임금 노동자 감소제도와 결합	매해 200,000개 이상의 계약 체결
	고용주는 풀타임에서 파트타임 노동자(주당 16~32시간)로 대체 혹은 파트타임 노동자 채용. 단 전체 노동시간 환산 고용은 일정하게 유지해야 함			
네덜란드	노동시간과는 무관하게 동등대우의 일반적 원칙 1996년 11월 노동법에 도입됨	-		아직 확인된 바 없음

D. 직무순환을 통한 장기 휴직		인센티브		결과
		피고용자에게	고용주에게	
오스트리아	1998년부터 고용주 동의 시 노동자는 6개월~1년간 휴직 가능	실업수당 지급. 고용권 유지.	-	아직 확인된 바 없음
벨기에	3개월~1년간 장기휴가제. 단 실업자로 대체 고용함	매월 BF12,066 수당 지급	실업자 채용 시 실업급여분담금 일부 감면	1996년 겨울 19,973명의 노동자 참가
	장기휴가 장려를 통해 일자리 창출	A 내용 참조	A 내용 참조	A 내용 참조
덴마크	1994년 이후 교육휴가, 안식휴가, 육아휴가제	주당 최고 실업급여액 2,625Dkr의 100% (교육휴가), 또는 60%(육아휴가, 안식휴가) 지급		1996년: 121,000명, 1997년(1~10월): 총 99,000명
	고용주 동의 시 최고 1년까지 휴가 가능. 단 안식휴가의 경우 1년 이상 실업자 대체 고용 의무화		-	
핀란드	1996년 직무순환제 시험 도입. 3개월~1년 동안 풀타임 노동자 휴가 가능. 실업자 대체 채용될 때 혜택을 받음	실업급여의 60%를 지급 받음	-	확인된 바 없음
네덜란드	1997년 장기휴가제에 대한 금융지원법 제정 제안. 육아휴가 또는 훈련휴가 2~6개월. 실업자 대체 고용을 조건으로 금융지원 혜택	실제 단축된 노동시간에 따라 매월 최대 960Gld까지 금융지원	-	확인된 바 없음 (내각에서 제청 중)
노르웨이	직무순환계획 휴가 노동자를 대체해 일시적인 고용창출	정규임금지급	대체된 실업자에 대해 매월 13,000 Nkr 지급	1996년 평균 2,539명이 참가
	육아와 관련한 직무순환 계획. 휴직자 대신 일시적인 고용창출	정규임금지급	매월 10,000 Nkr 지급	확인된 바 없음

다는 반성이 대두하면서부터이다. 특히 1980년대 후반 경기회복에도 불구하고 실업률이 종래의 수준으로 하락하지 않고 지속하는 이른바 이력효과(hysteresis effect)가 나타나면서 실업 감축을 위한 수단으로 노동시간 단축이 새롭게 인식되고 있다.

유럽에서 이러한 일자리나누기 제도는 노사 간 합의를 통해서, 또는 법제도적인 강제를 통해서 다양한 수준에 걸쳐 확산되고 있다(〈표 1-5-3〉). 이는 크게 나누어 보면 전체적인 노동시간 단축, 개별노동시간의 자발적 단축, 파트타임 노동, 직무순환을 통한 장기휴직제 등으로 나뉜다. 대부분의 이런 정책들은 정규노동자의 노동시간을 단축하고 대신 실업자 고용을 의무화하는 방식이다. 이에 대해 정부는 사회보장분담금의 감면, 실업보험으로부터의 지원 등 각종 혜택을 주고 있다. 이러한 정책의 대부분은 정도의 차이는 있지만 고용유지/창출에 긍정적인 영향을 미친 것으로 나타나고 있다(OECD, 1994).

EU에서는 개별 회원국가들에 있어서 일관된 노동시간 정책을 위해서 1993년 11월 23일에 노동시간에 관한 지령을 발표했다. 노동자들의 안전과 건강을 주요 목적으로 하는 로마 협약 제118조 a항에 의거해 제정된 이 협약은 회원국들의 과반수 이상의 찬성으로 가결되었다. 회원국들에서는 이미 자기 나라의 노동시간법에 대한 개정이 요구되고 있던 터라 이 원칙이 나라마다의 새로운 노동시간 법 제정에 관한 이론적인 근거가 되었다.

이 원칙이 정하고 있는 내용들은 ① 초과노동을 포함한 주당 노동시간이 최대 48시간을 넘지 못한다, ② 하루 24시간 중 노동자 개인에 대한 최소한 11시간의 휴식시간, ③ 일주일에 최소한 35시간의 휴식시간, ④ 주당 최대한 48시간 이하의 노동시간, ⑤ 1년에 최소한 3주의 유급휴가, 1999년 11월부터는 4주, ⑥ 야간 노동의 경우 하루 최대 8시간의 노동, ⑦ 야간 노동에 임하는 노동자들에 대한 의사의 동의서와 정규적인 건강진단, ⑧ 건강상 문제가 있는 노동자들에 대한 야간노동 배제 등이다.

이 원칙은 1996년 11월부터 그 효력이 발생했고, 공공교통이나 그 밖의 특별한 경우에는 예외 규정을 둘 수 있게 되어 있다.

대량실업과 EU 지령 등의 영향으로 최근 수년간 몇몇 국가에서는 노동시간에 관한 입법을 변화시켰다. 일본에서는 1992년 7월 '생활개선 5개년 계획'을 수립하고 그 일환으로 「노동기준법」을 개정해 주 40시간 노동을 조기달성하기로 결정했다. 이에 따라 산업별로 1994~1997년에 걸쳐 주당 40시간으로 단축하는 법률이 통과되었다.

네덜란드에서는 1996년 봄 정규 노동시간을 주 48시간으로부터 45시간으로 단축하는 법률이 통과되었으며 포르투갈에서는 1996년 체신노동자의 주당

〈표 1-5-4〉 OECD 회원국에서의 노동시간에 관한 규제(1998년 현재)

국가	법적 상한선					단체협약상 정규 근로시간
	정규 주당 노동시간	하루 노동시간	주당 초과근로시간	주당 총 근로시간	연간 초과 근로시간	
오스트레일리아	38~40	-	규제 없음	규제 없음	-	35~40
오스트리아	40	9 혹은 10	5 (1년 중 12주는 10시간 허용)	48 혹은 50		36~40
벨기에	40	11	10	50	-	38
캐나다	40~48	-	규제 없음	규제 없음	-	35~40
체코	42.5	9.5~12	8	51	120	
덴마크	37	노동자 동의 필요	규제 없음 (노동자 동의 필요)	48	-	37
핀란드	40	9	5	45	-	37.5~40
프랑스	39	10	9	48(44)	12주간 96	39
독일	48	10	12	60	-	35~39
그리스	40	-	8	48	-	40
헝가리	40	12	12(통상 8시간)	52		
아일랜드	48	-	12	56	-	38~40
이탈리아	48	-	12	60	96	36~40
일본	40	-	규제 없음	규제 없음	-	40~44
한국	44	12	12	56	-	
룩셈부르크	40	10	8	48	-	40
멕시코	48	-	9	57		
네덜란드	45	10(9)	15	4주 평균 주당 50시간 혹은 13주 평균 주당 45시간	-	36~40
뉴질랜드	40		규제 없음	규제 없음	-	40
노르웨이	40	9	10	48	-	37.5
포르투갈	40	초과 2시간	12	50	-	35~44
스페인	40	9	2	45	80	38~40
스웨덴	40	규제 없음	12	48 혹은 52	200	40
스위스	45(50)	-	16	61 혹은 66	-	40~42
터키	45	9	-	45	270	
영국	규제 없음	-	규제 없음	규제 없음	-	34~40
미국	40	-	규제 없음	규제 없음	-	35~40

자료: OECD(1998).

노동시간을 42시간으로부터 40시간으로 단축한 데 이어 나머지 노동자도 1997년 12월부터 40시간으로 단축했다. 이탈리아에서도 정부가 2001년부터 주 35시간제를 도입하는 방안을 추진 중이다. 그 밖에도 독일, 덴마크 등에서 노동시간 단축입법을 검토 중이다.

최근의 가장 뚜렷한 예는 프랑스이다. 프랑스에서는 1998년 5월 「오브리법 (Aubry Law)」으로 불리는 주 35시간 노동법이 국회에서 통과되었는데, 그 내용을 보면 주당 정규 노동시간을 피용자 20인 이상 고용기업에서는 2000년 1월 1일부터, 그리고 그 나머지 기업은 2002년 1월 1일부터 35시간으로 단축하도록 하고, 그 이전에 단체교섭을 통해 주당 35시간 목표를 달성하는 기업에 대해서는 보조금을 지급한다는 것이다(윤진호, 1998).

〈표 1-5-4〉는 OECD 각국에서의 노동시간에 관한 법적 규제 및 단체협약상의 정규 근로시간을 보여 주고 있다. 이 표에서 보듯이 유럽 국가들의 대부분에서는 정규 노동시간의 법적 상한선이 주당 40시간 또는 그 이하로 되어 있다. 또 법적 상한선이 40시간 이상인 나라에서도 단체협약상 노동시간이 대부분 40시간 이하로 되어 있어 실제로는 40시간 또는 그 이하가 상한선이 되어 있다. 정규 노동시간에 대한 규제 외에도 초과노동시간 및 총 노동시간에 대한 규제를 하고 있는 나라가 많이 있음을 알 수 있다.

3) 소극적 노동시장정책: 실업보험과 실업부조

(1) 실업보험과 실업부조

실업급여에는 기본적으로 두 가지 종류가 있다. 즉, 실업자에 대해 종전임금과 관련해 급여를 지급하는 실업보험과 종전임금과는 관계없이 최저수준의 소득을 보장하는 실업부조제도이다. 실업보험은 실업자 재직 시 기여금에 기초한 급여이다. 이는 재직 시 소득의 일정 비율을 지급하며 그 기간도 일정하게 제한되어 있다. 실업부조는 수혜자의 기여금과는 상관없으며 급여수준도

〈표 1-5-5〉 실직자를 위한 사회보장의 종류 및 형태(1990년)

국가	보장형태	피보험기간		최대 급여기간	급여수준		평균 임금 대비(%)
		기준기간	피보험기간		급여 계산방식	수준(%)	
오스트리아	UI	1년	26주	20주	혼합	40~50	44
	UA	-	-	무제한	혼합	-	41
캐나다	UI	1년	27주	50주	비례	60	60
	UA	-	-	무제한	정액	-	37
프랑스	UI	24개월	12개월	30개월	혼합	-	59
	UA	-	-	무제한	정액	-	26
독일	UI	3년	1년	832일	비례	60	67
	UA	-	-	무제한	비례	53	53
아일랜드	UI	1년	39주	15개월	혼합	-	43
	UA	-	-	-	정액	-	34
포르투갈	UI	2년	540일	30개월	비례	60	60
	UA	1년	180일	15개월	정액	-	44
영국	UI	1년	-	6개월	정액	-	26
	UA	-	-	무제한	정액	-	26
핀란드	UI	-	-	500일	혼합	-	59
	UA	-	-	무제한	정액	-	26
스웨덴	UI	12개월	5개월	450일	비례	90	90
	KAS	-	-	450일	정액	-	44
스페인	UI	6년	12개월	24개월	비례	80	80
	UA	-	-	18개월	비례	75	75
호주	GI	-	-	무제한	정액	-	43
뉴질랜드	GI	-	-	무제한	정액	-	40
그리스	UI	14개월	4개월	12개월	비례	50	50
미국	UI	1년	20주	26주	비례	50	50
일본	UI	1년	6개월	300일	혼합	60~80	48
벨기에	UI	36개월	600일	무제한	비례	60	60
한국	UI	1년	6개월	210일	비례	50	50

주 1): UI=Unemployment Insurance(실업보험), UA=Unemployment Assistance(실업부조), GI=Guaranteed Minimum Income(사회복지급여를 포함한 개인의 모든 소득이 일정 수준 이하일 경우, 국가에서 최저 소득 보장).
주 2): 스웨덴의 KAS는 보통 실업부조의 역할을 하는 것으로 스웨덴식의 실업부조.
주 3): 평균 임금 대비 급여대체율은 피부양자가 있는 근로자의 경우임.
자료: 한국노동연구원(1998).

재직 시 소득과는 아무런 관련 없이 수혜자의 최저생계비와 연관되어 있다. 지급기간은 대체로 무기한이다.

실업보험과 실업부조의 지급유형에 따라 분류하면 선진 각국은 〈표 1-5-5〉와 같이 세 가지로 나뉜다. 첫 번째는 실업보험과 실업부조제도를 모두 가지고 있는 나라들로서 유럽의 대부분의 국가가 이에 속한다. 이 경우 실직하면 일단 실업보험을 받다가 수혜기간이 만료되면 실업부조로 넘어가게 된다. 실업부조 지급기간은 대부분 무제한이다. 두 번째는 실업보험과 최저소득보장제도가 혼합된 형태이다. 벨기에, 덴마크, 룩셈부르크, 네덜란드, 영국 등과 호주, 뉴질랜드 등이 이에 속한다. 이 경우 실업보험 등 모든 사회복지급여를 포함한 개인의 총소득이 국가가 정한 빈곤선 이하로 떨어질 경우 국가에서 최저소득보장을 위한 현금급여를 지급하게 된다. 세 번째는 실업보험만 있는 나라로서 그리스, 미국, 일본, 한국 등이 여기에 속한다. 이 경우 실업보험기간이 만료되면 별다른 대책이 없게 된다. 다만 미국은 주마다 제도가 상당히 다르며 실업보험기간이 만료될 경우에도 기간연장제도, 사회부조제도 등이 존재한다.

(2) 실업보험의 수급조건과 수혜율

실업보험의 목적은 자신의 잘못 때문이 아닌 다른 이유로 일자리를 잃은 사람들에게 당장 시급한 경제적 고통을 덜어주고 또 이를 통해 효율적인 일자리 찾기가 가능하도록 해 주는 데 있다. 따라서 보험급여는 한편으로는 사회적 형평성을 목표로 하면서 다른 한편으로는 경제적 효율성도 가져야 하는데, 문제는 이 두 가지 목표가 종종 서로 부딪친다는 데 있다.

실업급여의 차이는 수혜율(즉, 전체 실업자 중 실제로 실업보험이나 실업부조를 받고 있는 사람의 비율)과 소득대체율(replacement ratio)(즉, 재직 시의 종전 임금에 대한 실업급여액의 비율)의 차이로 나타나는데 이는 사회적 형평성과 경제적 효율성에 대한 일국의 강조점의 차이를 반영하고 있다. 즉, 실업보험기금이 적자상태로 빠지고, 경제적·정치적 상황이 악화되어 국가재정으로부터의 기여나 보조가 어려운 경우 급여액이나 수혜율을 줄이게 된다(Reissert and Schmid, 1994: 93).

실제로 각국의 수혜율에는 상당한 차이가 드러나고 있다. 유럽 각국의 수혜율은 1990년에 그리스의 6%로부터 덴마크의 86%에 이르기까지 상당한 격차를 보였다. 이들은 대체로 두 가지 그룹으로 나뉘는데 덴마크, 벨기에, 아일랜

〈표 1-5-6〉 주요국의 실업자 대비 실업급여 수혜자의 비율

(단위: 천 명, %)

국가(연도)	실업자 수(A)	실업급여수급자수(B)	B/A × 100
일본(1992)	1,420	395	27.8
독일(1990)	1,971	858	43.5
미국(1990)	6,874	2,475	36.0
영국(1993)	2,900	870	30.0
한국(1998)	1,500	200	13.3

자료: 한국노동연구원(1998).

드, 독일, 영국, 프랑스, 네덜란드 등은 50% 이상의 고수혜율을 보이고 있는 반면, 스페인, 이탈리아, 룩셈부르크, 포르투갈, 그리스 등 남유럽 국가들은 30% 미만의 저수혜율을 나타나고 있다. 유럽 외 국가들로 일본은 27.8%(1992년), 미국은 36.0%(1990년)의 비교적 낮은 수혜율을 나타내고 있다(〈표 1-5-6〉). 그런데 대부분의 국가들, 특히 고수혜율 국가들에서는 1980년대 이후 수혜율이 낮아지고 있다. 특히 독일, 영국, 네덜란드 등 과거의 고수혜율 국가에서 이러한 현상이 뚜렷이 나타나고 있다. 이는 고실업률과 장기실업자의 증가 등으로 인한 실업보험기금의 고갈과 이른바 '복지병'에 대한 비판의 고조 등의 영향으로 실업보험 수급자격을 보다 엄격하게 바꾼 결과이다.

실업보험체계에서 수급조건수준에 영향을 미치는 세 가지 요인은 수급기간, 수급자격, 수급급여수준 등 세 가지이다. 실업보험의 최대급여기간은 오스트리아의 최저 20주로부터 프랑스, 포르투갈 등의 30개월에 이르기까지 다양하다. 대체로 영국을 제외한 서유럽 국가들에서는 1년 반 내지 2년 정도까지 실업보험을 지급하는 것이 일반적이다. 기간이 만료되면 실업부조로 넘어가며 기간은 대부분 무제한이다. 비유럽 국가로서 미국은 26주(주마다 다름), 일본은 300일로서 비교적 짧다(〈표 1-5-5〉 참조).

수급자격이 인정되기까지의 최소재직기간은 기준기간과 피보험기간으로 나뉘는데 기준기간은 1~2년 정도, 피보험기간은 6개월~1년 정도가 보통이다.

한편 수급급여액의 수준은 나라마다 상당히 다르다. 호주, 뉴질랜드와 EC

(남부 유럽 제외) 국가들에서는 1960~1970년대에 걸쳐 혜택이 증가해 왔으며 덴마크, 벨기에 등에서는 종전소득의 80~90%에 달했다. 그러나 1970년 후반~1980년대 중반에는 소득대체율의 증가율이 둔화되었으며 일부 국가(벨기에, 영국)에서는 오히려 축소되었다. 1980년대 중반 이후에는 프랑스를 제외하고는 이 비율의 증가는 보이지 않고 있다. 한편 남부 유럽 국가들에서는 소득대체율이 20~30%로 상당히 낮은 상태에서 지속적인 상승이 나타나고 있다. 북구 여러 나라들에서는 1960년대 소득대체율이 낮았지만 이후 차츰 상승하고 있다. 미국과 일본에서는 상대적으로 전 기간에 걸쳐 소득대체율이 낮은 상태이다. 미국에서는 1970년대에 이 비율이 증가하다가 1980년대에 들어서면서 오히려 감소했으며 일본에서는 1975년 이후 소득대체율이 감소하고 있다.

실업보험의 수혜율 및 소득대체율 등 지급조건과 실업률 수준 간의 상관관계에 대해서는 다양한 견해가 나오고 있다. 일반적으로 높은 급여혜택은 높은 실업률에 그다지 심각한 영향을 미치지 않는다는 연구가 많다(Therbon, 1986; OECD, 1991; Atkinson, 1993; Zimmerman, 1993). 예컨대 Zimmerman(1993)은 실업급여가 실업자의 노동시장 복귀를 저해하는 중요요인이 아니라고 주장한다. 반면 다른 연구에서는 실업급여의 수준이 실업률에 마이너스의 영향을 미친다고 주장한다(Layard, 1988; Johnson and Layard, 1986). 예컨대 덴마크, 스페인, 스웨덴에서는 실업보험이 실업자의 실업기간과 정의 상관관계를 나타냄으로써 높은 수준의 실업급여가 실업기간을 길게 만드는 것으로 나타났다(OECD, 1994). 이러한 주장에 근거해 OECD(1994)는 실업보험의 개혁을 권고하고 있다. 즉, 실업급여의 소득대체율이 높을수록 실업자의 구직 열의가 줄어들고 유보임금(reservation wage)이 높아짐으로써 노동공급을 줄이는 효과가 있으며 이는 임금상승과 고용축소를 가져온다는 것이다.

그러나 이러한 주장에 대해서는 실업보험이 실직자의 구직기간 동안 생활을 가능케 하는 여유자금을 제공해 줌으로써 구직활동의 생산성이 증대될 수도 있다는 반론도 나오고 있다(Wadsworth, 1991).

(3) 실업보험의 개혁추세

1980년대 들어 실업자에 대한 지나친 복지혜택이 이들의 복지 의존을 가져와 실업률을 높이고 실업기간을 장기화하며 재정적자를 가중시키는 등 각종 문제를 야기하고 있다는 비판이 고조됨에 따라 선진국들에서는 실업보험제도에 대한 일련의 개혁이 이루어졌다. 실업보험에 대한 개혁의 주된 내용은 급여수준 및 급여기간을 줄이고 수혜자격요건을 강화함으로써 실업자가 노동시장으로 복귀하도록 유인하고자 하는 것이다.

영국을 비롯한 일부 국가에서는 실업급여수준과 기간을 줄이고 수급요건을 강화하는 등 실업급여를 축소했다. 특히 영국은 서유럽 국가들 중 가장 적극적으로 실업보험제도를 개혁하고자 시도했다. 이는 지나친 실업급여가 실업자의 구직활동을 저해하고 임금상승 압력을 가져온다는 전제에 바탕을 둔 것이다. 영국은 1996년 실업자의 적극적 재취업프로그램 참여를 실업급여의 수혜조건으로 함으로써 실업급여를 구직자 수당제도(Job Seekers Allowance)로 전환했다(한국은행, 1998). 이에 따라 모든 실업자는 실업수당 수혜 직후부터 고용전문가와의 개별 면담 및 단계적 구직 프로그램에 반드시 참가해야 한다.

덴마크도 역시 1994년 실업급여를 훈련수당제로 전환해 실업대책을 기존의 소극적 지원대책에서 적극적인 취업대책 중심으로 개편했다. 이에 따라 2년 이상 실업급여 수혜자는 자신이 선택한 분야의 직업훈련을 이수하는 것이 의무화되었다. 또 실업급여의 지급연한도 7년에서 5년으로 단축했다.

여기서 핵심적 문제는 실업자에게 종전소득을 대체할 수 있는 최저한의 소득을 제공한다는 실업보험의 중요한 목표와 이것이 노동에 대한 인센티브를 크게 저해해서는 안 된다는 필요성 사이에 어떻게 적절한 균형을 잡을 수 있을 것인가 하는 점이다. 그 밖에도 실업급여는 노사 간 경제력 불균형을 시정하는 데 도움이 되고 보다 효율적인 구직활동을 촉진시킴으로써 생산성 향상에 기여한다는 점도 고려되어야 한다.

결국 실업급여는 저임금 고용 노동자의 순소득과 같은 선에서 결정하는 것이 가장 타당할 것이다.

이렇게 볼 때 영국처럼 지나치게 실업급여의 수급수준과 수급기간을 축소하고 수급자격요건을 강화할 경우 여러 가지 문제점이 발생하게 된다. 영국에서는 자녀가 없는 기혼남성 실업자의 소득대체율은 1981년의 53%로부터 1991년에는 37%로 떨어졌다(Blondal and Pearson, 1991).

대부분의 연구에 의하면 이러한 실업급여의 축소가 구직자의 구직활동 강도와 실업기간 지속에 영향을 미친 것은 사실이지만 그 효과의 크기는 매우 작은 것으로 나타났다(Narendranathan et al., 1985; Arulampalam and Stewert, 1995; Layard et al., 1991). 설혹 이러한 조치의 효과가 크다 하더라도 이는 불평등의 확대와 실업자 복지의 축소라는 바람직하지 못한 영향과 함께 고려되어야 한다.

4) 적극적 노동시장정책

Grubb(1994)에 의하면 적극적 노동시장정책은 ① 공공취업서비스(Public Employment Service), ② 직업훈련, ③ 청소년 실업대책, ④ 일자리 창출(고용보조 포함), ⑤ 장애인 실업대책의 다섯 가지 범주로 나눌 수 있다. 적극적 노동시장정책은 실업급여와 관련된 도덕적 해이 문제의 일부를 완화하기 위한 방법이다. 왜냐하면 노동시장 참여를 조건으로 해서 실업급여가 지불되기 때문이다.

OECD(1993)에 의하면 적극적 노동시장정책에 대한 지출이 고용증가와 정의 상관관계를 가지고 있다고 한다. 반면 Forslund and Krueger(1994)는 오히려 적극적 노동시장정책의 비율이 높을수록 실업률이 높다는 정반대의 증거를 내놓고 있다.

(1) 공공취업서비스

대부분의 선진국에서는 직업 안정 및 고용보험을 통괄하는 공공취업서비스 조직을 두고 있는데 여기서는 고용정보 네트워크를 통한 노동시장 정보의 제공, 고용훈련 프로그램의 실시, 직업안내센터의 설치, 운영, 고용보험의 관리 운영 등을 맡고 있다(서울대학교 행정대학원 정보통신행정연구소, 1998; OECD, 1993; 1996a; 1996b).

공공취업서비스는 취업 알선, 실업보험 등 소득지원의 관리, 적극적 노동시장정책(특히 직업훈련의 관리) 등 세 가지 주된 기능을 하고 있다(OECD, 1994). OECD국가들에서 구조적 실업자 수가 증가하면서 많은 나라들이 종전의 실업보험관리 및 취업 알선에 더해 적극적 노동시장정책의 관리에 적극적으로 개입하고 있다.

일부 국가에서는 실업자들의 구직활동을 감시하고 이들을 지속적으로 지원하기 위한 목적으로 실업급여 수혜자들이 공공고용서비스(PES)조직과 정기적으로 면접하는 것을 의무화하는 조치를 취하기도 했다. 특히 영국에서는 1996년 실업자의 적극적 재취업프로그램 참여를 실업급여의 수혜조건으로 함으로써 실업급여를 구직자 수당제도로 전환했다. 프랑스에서는 1992년 1년 이상의 장기실직자에 대해 개별 인터뷰를 통해 취업전망과 훈련욕구를 평가하는 제도를 도입했다. 이러한 제도들은 공적 지출을 줄이고 장기실업을 줄이는 데 상당한 효과가 있는 것으로 나타났다(OECD, 1994).

네덜란드, 스페인, 스웨덴 등 일부 국가에서는 빈 일자리가 생길 경우 사용주가 PES에 의무적으로 이를 등록하도록 단체협약 또는 법률로 강제하고 있는데 Muysken(1994)에 의하면 빈 일자리가 생길 경우 PES에의 등록률이 스웨덴에서 약 70%, 독일, 네덜란드, 영국에서 35%, 그리고 오스트리아에서 25% 정도라고 한다. 나라에 따라 다르기는 하나 PES는 실업자의 구직활동에 있어서도 매우 중요한 역할을 하고 있다. 특히 독일과 이탈리아에서는 공공직업 안정망을 통한 구직활동의 비중이 매우 높으며 덴마크, 벨기에, 프랑스, 스페인 등 대부분의 유럽 국가에서 공공직업 안정망의 활용비율이 상당히 높은 것으로 나타나고 있다. 반면 그리스, 포르투갈 및 스페인 등에서는 사적 방법을 통한 구직활동의 비중이 높으며 영국에서는 민간 직업소개기관을 통한 비율이 높다 (Adnett, 1996).

그러나 최근 PES의 효율성에 대해 의문이 제기되고 민간부문의 직업소개기능을 활성화해야 한다는 신자유주의자들의 비판이 고조됨에 따라 PES에도 개혁의 움직임이 나타나고 있는데, 그 방향은 구직자의 자조식 체제를 도입해 단위채용 건수 당 평균비용을 절감하는 한편 장기실업자의 취업 혹은 훈련에 초점을 맞추는 것이다.

예컨대 벨기에와 독일은 실업자 전용 근로자 파견기구를 설립했는데 이는 네덜란드의 START 기구의 모델이 되었다. 오스트리아, 덴마크, 핀란드 등에서는 1990년대에 민간 직업소개소에 대한 제한규정을 철폐함으로써 민간자율을 강화했다. 영국에서도 민간 직업소개소가 시장점유율을 점점 높여가고 있다. 반면 스페인에서는 법률로 PES에 빈 일자리를 통고하도록 했으며 이탈리아와 노르웨이에서도 PES가 사실상 일자리 소개를 독점하고 있다.

PES가 당면한 핵심과제는 기존의 높은 시장점유율을 유지하면서도 동시에 실업자의 구직활동을 효과적으로 지원하는 것이다. 법률 또는 단체협약으로 사용주가 빈 일자리가 생길 경우 PES에 통고하도록 강제하는 것은 더 많은 구직자들이 PES를 찾도록 함으로써 구직활동의 질을 높일 수 있을 것이다.

그러나 이러한 등록의무제도에 대해서는 사용주들의 반발이 만만치 않다. 등록의무제도에 대한 반대론에 의하면 등록의무화는 일자리에 대한 데이터를 왜곡하고 특수한 전문 직종 직업소개소의 발전을 가로막는다는 것이다. 또 등록의무제도는 사용주와 직업소개소 간의 관계를 해침으로써 직업소개기능의 효율을 떨어뜨린다는 것이다(Adnett, 1996).

따라서 Adnett(1996)은 정치적으로 받아들여질 수 있는 체제는 공공부문의 직업 안정기능을 기본으로 하면서 기업이 선호하는 경로를 통해 채용할 수 있도록 부분적으로 허용하는 것이라고 말하고 있다. 그 한 가지 방법은 빈 일자리의 PES 등록을 의무화하되 실업자 채용 시 임금보조를 하는 것이다.

(2) 일자리 창출

실직자를 위한 직접적 일자리 창출은 보통 공공부문에서 이루어진다. 이는 보통 실업자의 특정 그룹(예컨대 장기실업자, 청소년, 장애자)을 위해 일정 기간 (보통 6개월) 일자리를 제공하는 것이다. 이는 특히 청년 장기실업자의 경우 유용하다. 장기실직을 할 경우 향후 경기가 좋아져 일자리가 생기더라도 채용가능성이 떨어진다. 장기실직을 하고 있다는 사실 자체가 사용주로부터 기피사유가 되며 실업자 본인도 일에 대한 경험이 없어서 취직하기가 어려워지기 때문이다. 따라서 이들에게 공공부문에서 직접 단기적인 일자리를 제공해 줌으로써 일에 대한 경험을 쌓게 해 채용가능성을 높이자는 것이 일자리 창출의 일차적인 목표가 된다.

그러나 공공부문을 통한 일자리 창출은 다른 현직 노동자의 해고를 가져오는 '대체효과'가 있으므로 이러한 민간부문 활동과의 대체를 피하기 위해 비상업적 노동에만 국한하고 있는데, 예컨대 지역환경 개선사업 등이 그 예이다. 그러나 이 경우 실업자의 이후의 일자리를 위한 훈련을 거의 제공하지 못함으로써 참여자의 인센티브를 저하하는 것이 문제가 된다.

공공부문을 통한 일자리 창출의 대표적인 예로서 영국의 지역사회 프로그램(Community Program)을 들 수 있다. 이는 연간 30만 명의 청소년 실직자가 참여해 지역사회의 환경 개선사업에 투입된 것이었는데, 행정적으로는 커다란 성공을 거두었지만 노동시장 측면에서 보면 실패작이라고 Adnett(1996)은 평가하고 있다. 왜냐하면 정규직을 구할 수 있는 사람을 지역사회 프로그램으로 유도했으며 또 이 프로그램에의 참여가 이후의 취업가능성을 개선하지 못했기 때문이다. 따라서 참여자들은 이 프로그램에의 참여를 단지 시간 때우기로 여기는 경향마저 있었으며 사기가 낮고 규율이 거의 없었기 때문에 사용주들에게 나쁜 인상만 주었다고 한다.

한편 프랑스의 연대고용계약(Solidarity Employment Contract)은 지방자치단체, 비영리법인, 사회단체, 사회보장단체, 공공서비스단체 등 비상업부문(단, 국가는 제외)에 단기간(6개월~1년) 파트타임으로 취업하는 실업자에게 보조금을 주는 제도이다. 장기실업자와 젊은이에게 우선권을 주고 있는데 연간 40만 명이 혜택을 받고 있다. 그러나 이 경우에도 대체효과가 약 20~30% 정도 된다고 한다.

OECD(1993)의 연구에 의하면 이러한 형태의 일자리 창출이 참가자의 취업전망에 거의 효과를 미치지 못하고 있다고 하며 따라서 1980년대 이후 이런 형태의 프로그램은 축소되거나 또는 장기실업자에게만 적용되고 있다.

한편 대부분의 EU 국가에서는 또 실업자의 자영업 창업에 대한 지원제도를 가지고 있다. 영국의 경우 창업수당제도(Enterprise Allowance Scheme)에 의해 최고 10만 5천 명이 참가했으며, 프랑스의 경우 7만 명이 참여했다. 벨기에는 실직자의 자영업 창업을 장려하기 위해 실업급여 지급대상 창업준비기간을 기존의 3개월에서 6개월로 연장하고 창업자금을 신용대출해 주는 제도를 시행하고 있으며 이탈리아도 실업자의 창업자금에 대한 신용대출제도를 운용하고 있다. 덴마크는 창업을 장려하기 위해 각급 학교 교과과정에 창업과정을 신설해 창업교육을 실시하고 있으며 프랑스, 핀란드 등에서는 기업설립에 필요한 서류를 하나로 통합하는 등 창업 관련 행정규제를 과감히 완화했다(한국은행 브뤼셀사무소, 1998).

Meager(1994)의 연구에 의하면 영국의 경우 자영업 창업자의 약 절반이 2년 간 생존했다고 한다. 그러나 고용에 미치는 순효과는 지원자의 3분의 1에 불과하다. 특히 자영업 창업자는 남성, 중년층, 고학력자에 편중되어 있어 불평등 문제도 발생한다. 실업자에 대한 창업 지원은 고용에 어느 정도 효과가 있는 것으로 입증되긴 했지만 가장 큰 프로그램의 경우에도 연간 전체 실업자의 2~4% 정도만 지원하는 데 그치고 있어 여기에 큰 기대를 걸기는 힘들다.

(3) 채용장려금

민간부문에서 실업자를 고용할 경우 채용장려금을 지급하는 제도는 잘만 계획, 시행된다면 많은 장점이 있다고 한다(Adnett, 1996). 이는 그 속성상 경제의 성장부문에 집중되므로 기업이 부문 간 구조조정을 하는 것을 도와준다. 또 일반적인 임금보조금은 이미 채용되어 있는 현직 노동자만 도와줄 뿐 신규 고용창출에 거의 효과가 없는데 비해 고용창출보조금은 왜곡가능성이 적고 내부자(insider)의 세력을 줄일 수 있다. 한편 환율이 일정하다는 조건하에서는 채용장려금은 기업의 경쟁력을 높임으로써 고용증대에 도움이 되기도 한다.

그러나 이러한 장점 못지않게 채용상려금은 단점도 많다.

첫째, 민간부문에 대한 임금지원은 사중효과(dead weight effect)를 가진다. 즉, 보조금이 있든 없든 어차피 고용을 증대시킬 의사가 있는 기업이 보조금을 받았을 경우 재정이 낭비되는 효과이다. 둘째, 대체효과(substitution effect)이다. 즉, 보조금을 받은 기업이 이를 이용해 가격을 내리고 경쟁기업으로부터 시장점유율을 빼앗음으로써 경쟁기업의 고용량이 줄어드는 효과가 있는 것이다. 셋째, 낙인효과(stigma effect)이다. 즉, 보조금을 받고 취업한 근로자가 비효율적 노동자로 낙인찍힘으로써 근로의욕을 저해하는 것이다. 이들은 취업 기간이 제한되어 있고, 임금이 고정되어 있으며, 승진, 승급의 가능성이 없기 때문에 근로의욕이 떨어질 수밖에 없다. 넷째, 고용불안정효과이다. 즉, 기업이 보조금을 받고 채용한 노동자 대신 기존의 정규 근로자를 해고한다는 것이다(OECD, 1994 참조). 또 기업이 보조금을 받는 동안만 추가고용을 유지시키다가 보조금이 끝나면 도로 해고할 가능성도 있다. 따라서 보조금 지급에 따른 순고용창출효과는 그다지 크지 않을 것이다(OECD, 1994).

실증연구 결과 대부분의 경제학자들은 전반적인 임금보조금보다는 채용장려금 쪽을 권고하고 있다. 왜냐하면 추가적 채용에 대해 기업에 지불하는 채용장려금이나 정리해고를 보류하는 기업에 지불하는 고용유지 지원금이 더 고용에 대한 효과가 컸기 때문이다. 특히 후자보다는 전자의 효과가 더 큰 것으로 나타났다.

많은 유럽 국가에서 이러한 형태의 고용보조금 제도를 가지고 있는데, 예컨대 아일랜드에서는 1977년 이래, 그리스는 1982년 이래 채용장려금 제도를 가지고 있다. 영국은 1975년 임시고용보조금(Temporary Employment Subsidy)제도를 도입해 정리해고를 보류하는 고용유지기업을 지원했는데 이 제도에 의해 최고 20만 명이 지원받았다. 그러나 EC국가들과의 경쟁과정에서 대체효과가 발생했기 때문에 로마조약 위반으로 비난받아 1979년 이 제도를 폐지했다. 이후 영국은 임시단시간고용보조(TSTWCS)제도로 전환했다. 이는 정리해고 대신 노동시간 단축을 통해 일자리나누기를 할 경우 사용주에 대해 지원금을 주는 제도이다. 이 제도에는 최고 100만 명을 포괄할 정도로 큰 효과를 거두었다. 그러나 이에 대해서는 정리해고를 회피하기보다는 단지 지연시킬 뿐이라는 비판도 제기되고 있다. 영국에서는 1986년부터 또 청년실업자지원제도(YWS)에 의해 청년실업자를 고용하는 기업에게 보조금을 주고 있는데 여기에는 약 6만 명이 참가하고 있다. 1993년부터는 Workstart 프로그램을 도입, 장기실업자를 고용하는 기업에게 주당 60파운드를 보조금으로 주고 있다. 스웨덴에서도 1984년 이래 6개월 이상의 장기실업자를 채용할 경우 채용장려금을 주고 있는데, 임금의 최고 60%를 6개월간 지급한다.

그러나 이러한 임금보조금들은 사중효과와 대체효과가 상당히 커서 문제가 되고 있다. 실증연구들에 의하면 호주와 아일랜드에서 실시했던 보조금 제도의 경우 사중효과가 3분의 2에 달하는 것으로 나타났으며 네덜란드의 바우처 프로그램의 경우 4분의 3이 대체효과로 나타났다. 노르웨이에서는 임금보조금의 50%를 채용장려금으로 지급하고 있는데 사용주들은 장려금 지급기간이 끝나면 이들은 해고하는 것으로 나타났다. 핀란드에서도 비슷한 결과가 나타났다(Adnett, 1996).

결국 장기적으로 쇠퇴국면에 있는 기업 또는 산업에 대한 임금보조금 지원은 그 효과가 그다지 크지 않다는 것이다.

(4) 직업훈련

몇몇 국가에서는 직업훈련이 적극적 노동시장정책 중 가장 큰 비중을 차지하고 있으며 특히 최근에 와서는 실업자에 대한 실업보험급여에 대한 대안으로 인식되고 있기도 하다.

OECD(1993)에 의하면 넓은 범위의 실업자들을 대상으로 하는 훈련보다는 실업자 중 특정한 그룹을 대상으로 하는 훈련이 보다 효과적이라고 한다. 즉, 훈련대상자의 요구에 부응할 수 있는 세분화된 훈련이 필요한 것이다.

특히 청소년 실업자와 관련해서는 두 가지 형태의 훈련을 들 수 있다. 첫 번째는 노동시장에서 특히 열악한 지위에 있는 청소년을 위한 훈련이며 두 번째는 도제훈련 및 기타 청소년을 위한 일반적 훈련이다.

전자의 훈련은 주로 학교 중퇴를 한 청소년 실업자를 대상으로 하며 고등학교 중퇴자가 주된 대상이다. 이들은 특히 노동시장에서 열악한 지위에 있으며 훈련에 대한 인센티브도 낮은 그룹이다. 미국의 직업훈련단(Job Corps) 프로그램은 대도시 빈민가의 문제 청소년들을 대상으로 집을 떠난 장소에서 기거하면서 직업훈련과 기타 여러 가지 프로그램을 혼합한 교육을 받도록 하는 것인데 상당한 성공을 거둔 것으로 보고되고 있다(OECD, 1994). 이는 목표그룹의 욕구를 정확히 반영한 매우 특화된 훈련을 한 데서 그 성공요인이 있다.

반면 후자의 훈련은 실업 청소년뿐만 아니라 관심이 있는 청소년은 누구든지 참여할 수 있는 것이다. 예컨대 영국의 청소년 훈련(Youth Training)은 청소년을 훈련하는 기업에게 보조금을 지급하는 동시에 훈련생에게도 소액의 주급수당을 지급하는 제도이다. 이 제도는 1980년대에 청소년 실업률을 낮추는 데 여러 측면에서 기여한 것으로 보고되고 있다(Grubb, 1994). 영국에서는 16~19세의 남성 실업률이 1982년의 34.9%로부터 1989년에는 6.5%로 떨어졌다(OECD, 1994). 이와 더불어 영국에서는 1988년에 16~17세 청소년에 대한 소득지원제도를 철폐함으로써 청소년을 노동시장에 끌어들이려고 노력했다.

한편 1997년 총선에서 당선된 영국의 토니 블레어(Tony Blair) 총리는 1998

년 4월 뉴딜 프로그램을 발표했는데, 이는 청소년실업자의 취업을 촉진하기 위한 종합 프로그램이다. 이는 35억 파운드의 예산으로 실업상태의 청소년을 노동시장에 진입시키는 "Welfare to Work" 프로그램의 일부이다. 이 프로그램에 따르면 우선 1차로 18~24세의 청소년으로서 6개월 이상 실직상태인 11만 8천 명을 선발하게 된다. 선발과정에서 인터뷰를 통해 적격자를 골라낸다. 한편 민간기업으로부터도 참가신청을 받아 이미 4000개 이상의 기업이 참가한 것으로 보고되고 있다. 선발된 청소년에 대해서는 4개월간의 집중적 교육, 지원, 자문(읽기, 쓰기, 수학 등 기초교육 포함)을 하게 된다. 훈련기간이 끝나는 시점에서도 취업이 안 된 청소년에 대해서는 다음 네 가지 중 한 가지를 선택하도록 하고 있다. 첫째, 정부가 임금을 보조해 민간기업에 취업시키는 방식, 둘째, 풀타임으로 교육, 훈련을 계속하는 방식, 셋째, 자원봉사기관에서 봉사하고 정부가 소득을 지원하는 방식, 넷째, 환경보호를 위한 태스크포스 활동에 참가하는 방식 등이다. 뉴딜 프로그램에 대해 노동조합과 사용자 모두 전폭적으로 지원을 함으로써 이미 상당한 효과를 올리고 있다.

참고문헌
(제1부 제5장)

서울대학교 행정대학원 정보통신행정연구소. 1998. 『직업 안정 및 고용보험 관리조직의 재구축 방안』. 한국노동연구원.

한국노동연구원. 1998. 『고실업시대의 실업대책』.

한국은행 브뤼셀사무소. 1998. 『EU의 실업대책』.

Adnett, N. 1996. *European Labour Markets: Analysis and Policy*. Longman.

Arulampalam, W. and M. B. Stewert. 1995. "The Determinants of Individual Unemployment Duration in an Era of High Unemployment." *Economic Journal*, March.

Atkinson, A. 1993. "Have Social Security Benefits Seriously Damaged Work Incentives in Britain?" in A. Atkinson and G. Mogensen(eds.). *Welfare and Work Incentives: A North European Perspective*. Clarendon Press.

Blondal, S. and M. Pearson. 1991. "Unemployment and Other Non-employment Benefits." *Oxford Review of Economic Policy*, Vol. 11, N0. 1.

Forslund, A. and A. Krueger. 1994. "An Evaluation of the Swedish Active Labour Market Policy: New and Received Wisdom." *National Bureau of Economic Research Working Paper*, No. 4082.

Grubb. 1994. "Direct and Indirect Effects of Active Labour Market Policies in OECD Countries." in R. Barrell(ed.). *The UK Labour Market: Comparative Aspects and Institutional Developments*. National Institute of Economic and Social Research and Cambridge University Press.

Johnson, G. and R. Layard. 1986. "The Natural Rate of Unemployment: Explanation and Policy." in O. Ashenfelter and R. Layard(eds.). *The Handbook of Labour Economics*. North-Holland.

Layard, R. 1988. "Discussion." following M. Burda. "Unemployment." in *Economic Policy*, No. 7, October 1998.

Layard, R., S. Nickell and R. Jackman. 1991. *Unemployment: Macroeconomic Performance and the Labour Market*. Oxford University Press.

Meager, N. 1994. "Self-Employment Schemes for the Unemployed in the European Community: the Emergence of a New Institution and Its Evaluation." in G. Schmid(ed.). *Labor Market Institutions in Europe*. M. E. Sharpe.

Muysken, J. 1994. *Measurement and Analysis of Job Vacancies: An International Comparison*. Avebury.

Narendranathan, W., S. Nickell and J. Stern. 1985. "Unemployment Benefits Revisited." *Economic Journal*, June.

OECD. 1991. *Employment Outlook.*

_____. 1993. *The Public Employment Service in Japan, Norway, Spain and the United Kingdom.*

_____. 1994. *The OECD Jobs Study, Evidence and Explanations, Part II, The Adjustment Potential of the Labour Market.*

_____. 1996a. *The Public Employment Service in Austrailia, Germany, and Sweden.*

_____. 1996b. *The Public Employment Service in Denmark, Finland and Italy.*

_____. 1998. *Employment Outlook.*

Reissert, B. and G. Schmid. 1994. "Unemployment Compensation and Active Labor Market Policy: The Impact of Unemployment Benefits on Income Security, Work Incentives, and Public Policy." in G. Schmid(ed.). *Labor Market Institutions in Europe: A Socioeconomic Evaluation of Performance.* M. E. Sharpe.

Therbon, G. 1986. *Why Some People are More Unemployed than Others.* Verso.

Wadsworth, Jonathan. 1991. "Unemployment Benefits and Search Effort in the UK Labour Market." *Economica*, No. 58.

Zimmerman, K. 1993. "Labour Responses to Taxes and Benefits in Germany." in A. Atkinson and G. Morgensen(eds.). *Welfare and Work Incentives: A North European Perspective.* Clarendon Press.

제6장

실업정책의 문제점과 개선방향

1. 실업문제의 심각화

IMF 구제금융 이후 한국 사회가 당면하고 있는 최대의 과제 중 하나는 대량 실업 문제이다. 1998년 11월 실업자 수는 155.7만 명으로 실업률이 7.3%에 달하고 있는데, 이는 전년 동월비 100만 명가량 증가한 것이다. 공식 실업자 외에도 구직활동을 포기한 실망실업자 수도 점점 늘어나고 있는데 노동연구원의 조사에 따르면 실업자 가운데 구직활동을 포기해 비경제활동 인구로 분류된 실망실업자는 3~4월 6.6%, 4~5월 7.4%, 5~6월 9.2%, 6~7월 11.9%로 계속 늘어나고 있으며 전체적으로는 경제활동 인구의 약 3~4%(60~80만 명) 정도인 것으로 보인다(한국노동연구원, 1998).

재직근로자의 처지도 그다지 좋은 것은 아니다. 재직근로자 가운데 고용이 불안정한 임시직, 일용직, 무급 가족 종사자의 비중이 크게 늘고 있는데 1998년 11월 중 일용직 근로자 수는 전월 대비 0.1% 줄어드는 데 그친 반면, 상용직은 10.8%, 임시직은 9.5%나 감소했다. 취업시간대별로도 36시간 미만 취업

〈표 1-6-1〉 최근 고용동향과 전망

(단위: 천 명, %)

		연평균	1/4분기	2/4분기	3/4분기	4/4분기
1998	경제활동 인구	21,417(-0.9)	20,892(-1.0)	21,663(-0.9)	21,571(-1.1)	21,543(-0.4)
	참가율	60.8	59.6	61.6	61.1	60.9
	취업자	19,956(-5.2)	19,710(-3.6)	20,178(-5.4)	19,971(-6.4)	19,964(-5.2)
	실업자	1,461(162.8)	1,182(83.0)	1,485(170.0)	1,600(140.4)	1,579(181.5)
	실업률	6.8	6.3	6.9	7.4	7.3
1999	경제활동 인구	21,644(1.2)	21,121(1.1)	21,850(0.9)	21,841(1.5)	21,765(1.3)
	참가율	60.7	59.5	61.4	61.1	60.7
	취업자	19,946(0.3)	19,260(-2.3)	20,147(-0.2)	20,242(1.7)	20,134(1.8)
	실업자	1,698	1,861	1,703	1,599	1,631
	실업률	7.8	8.8	7.8	7.3	7.5

주: ( ) 안 수치는 전년 동기비 증감률. 1998년 4/4분기는 추정치임.
자료: 한국노동연구원(1998); 노동부(1999).

자는 전년동년대비 46.9%나 늘어난 반면, 36시간 이상 취업자는 10.4% 줄어들어 고용의 불안정화를 반영하고 있다(통계청). 또 임금동결, 삭감과 물가상승 등의 영향으로 노동자 실질소득과 지출도 크게 감소하고 있는데 3/4분기 중 도시근로자의 월평균 실질소득은 전년동기비 20.0%, 실질소비지출은 22.3%나 감소한 것으로 나타났다(통계청, 1998).

더욱더 심각한 문제는 이와 같은 고실업이 앞으로도 장기간 지속될 것으로 예상되는 점이다. 노동연구원에 의하면 1999년 1/4분기 실업자 수는 186만 1천 명(실업률 8.8%)으로 사상 최고수준을 기록할 것이며 1999년 8.3%(179만 명), 2000년 8.0%(174만 명)으로 이러한 고실업 추세가 향후 3~4년간 지속될 것으로 전망되고 있다(한국노동연구원, 1998). 특히 금년 1/4분기에는 5대 그룹 구조조정이 본격화되고 공공부문과 금융부문의 구조조정도 계속될 것으로 보이는데다가 대졸 및 고졸 미취업자들도 대량으로 노동시장에 쏟아져 나올 것으로 예상됨에 따라 최소한 40만 명 이상의 신규실업자가 발생할 것으로 보여 최악의 실업문제에 직면할 것으로 예상된다.

한편 6개월 이상 연속 실업상태에 있는 장기실업자의 비중 역시 1998년 상반기의 7.8%(10만 4천 명)로부터 하반기 19.4%(33만 5천 명), 1999년에는

24.1%(43만 1천 명)로 크게 늘어날 것으로 예상되고 있다.

이와 같은 대량실업과 장기실업은 직접적인 당사자인 실업자의 생활을 크게 악화시키고 있다. 최근 실시된 실업자 실태조사에 따르면 실업가구 중 1998년 8월 기준으로 월 소득 60만 원 미만의 빈곤가구 비율이 60% 가까이 되며 정부의 생활보호대상자 선정 기준(가구원 1인당 월 소득 22만 원, 재산 2800만 원 미만) 이하 가구가 전체 실업가구의 38%에 달하는 것으로 나타났다.

한편 IMF 이후 의료비용(병원비, 약국비) 부담으로 인해 질병을 치료하지 않고 있거나 치료를 중단한 '의료빈곤층'의 비율도 실업가구의 10%에 달하고 있다. 또 월세로 사는 가구 중 월 소득 60만 원 이하로서 월세를 내는 것이 힘든 '주거빈곤층'도 실업가구의 14%로 추정되고 있다. 하루 1회 이상 밥을 굶거나 자녀의 도시락을 싸주지 못하는 가구는 아직 비율이 낮기는 하지만 앞으로 실업이 장기화될 경우 이 비율도 늘어날 것으로 보인다.

실업문제는 단순한 경제적 곤란만을 가져다주는 것은 아니다. 대량실업에 따라 가족해체, 이혼, 영유아 유기, 범죄, 자살, 약물/알코올중독 등 각종 사회적 문제가 급증하고 있으며 이에 따른 사회적 갈등도 증대될 것으로 예상되고 있다. 미국의 경우 실업률 1% 증가에 따라 뇌출혈 사망률이 3.1%, 살인이 6.7%, 폭력이 3.4%, 재산범죄가 2.4% 증가한 것으로 보고되고 있다. 한국의 경우에도 IMF 이후 전년동기비 절도사건이 37.4%, 강도사건이 55%, 사기사건이 58%, 살인사건이 58%나 증가한 것으로 보고되고 있다(≪신동아≫, 1998).

한편 정부당국은 대량실업에 따른 사회적 불안도 심각하게 우려하고 있는 듯하다. 사실 프랑스와 독일에서는 실업률 10~12%에서 대규모 시위가 발생했으며, 멕시코, 인도네시아 등 사회보장체제가 부실한 나라에서는 실업률 6~8%에서 사회적 소요가 발생한 전례가 있다. 한국의 경우에도 실업자의 조직화 가능성 및 소요가능성에 대한 우려가 제기되고 있는 실정이다(≪신동아≫, 1998). 다만 실업문제를 지나치게 사회불안 야기 차원에서 대처하려는 정부와 기업 일각의 자세는 올바른 것은 아니다. 실업대책은 어디까지나 국민대중의 근로권과 생활권에 대한 보호를 책임지고 있는 국가의 기본 의무라는 차원에서 접근해야 할 것이다.

2. 실업대책의 현황

그동안 한국 경제의 고도성장과정에서 고용수준의 급속한 증가와 고용구조의 근대화가 진행되어 왔고 이에 따라 고용불안이 심각한 문제로 대두된 적은 거의 없었다. 오히려 최근 수년간은 생산직, 단순노무직을 중심으로 인력부족 현상이 심각했고 이에 따라 여성의 노동시장 참가유인, 외국인 노동자의 대량 도입 등이 추진되는 등 노동시장정책의 주된 관심사는 노동력 부족의 해결과 인력개발에 두어져 왔다.

이와 같은 상황에서 대량실업이 갑자기 발생하자 정부의 실업정책도 매우 갑작스럽게 수립될 수밖에 없었으며 그 결과 내용면에서 여러 가지 문제점을 가지고 있는 것이 사실이다. 정부의 실업대책은 실업 감소를 위해 고용창출을 촉진하거나 신규실업 발생을 최소화하기 위한 대책(적극적 대책)과 실업자 생활안정 도모와 직업훈련 및 취업 알선을 통해 재취업을 촉진하는 대책(실업자 취업 및 보호대책)으로 나눌 수 있다. 이를 구체적으로 보면, 실업발생을 최소화하기 위한 기업경영 안정지원 및 해고 회피노력 지원 등 고용유지 대책, 공공투자사업의 조기집행과 공공근로사업의 확대 등으로 실직자에 대한 일자리를 제공하는 한편 수출 및 벤처기업 등의 창업촉진, 외국인 투자의 적극유치 등 고용기회를 창출하고자 하는 고용창출 대책, 실업자의 취업능력을 높이기 위한 직업훈련 프로그램의 확충과 구직-구인 연계체계의 강화에 초점을 둔 직업훈련과 취업 알선 사업, 그리고 실업자에 대한 최소한의 생계보장을 위해 고용보험의 역할을 강화하고 고용보험 미적용 사업장 실직자에 대한 생계안정방안을 강구하고자 하는 실업자 생활보호(social care) 사업 등이다(〈그림 1-6-1〉

〈그림 1-6-1〉 종합실업대책의 체계

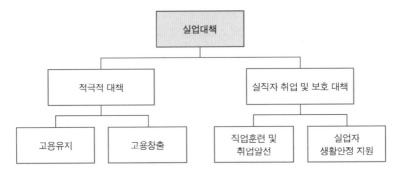

자료: 노동부(1998).

참조).

　이러한 실업대책의 골격에 따라 정부는 1998년 중 총 10조 원(비예산, 간접
예산 포함)에 달하는 실업대책을 수립했는데 그 내용은 〈표 1-6-2〉와 같다. 이
표에서 보는 바와 같이 10조원의 실업예산 중 37.9%가 일자리 제공에, 22.5%
가 고용안정에, 8.9%가 직업훈련과 취업 알선에, 그리고 30.6%가 실업자 생활
보호에 사용된 것으로 나타나고 있다. 노동부는 이를 통해 총 295만 여명의 실
업자가 수혜를 받은 것으로 파악하고 있으며 그 결과 당초 180만~200만 명까
지 증가가 우려되던 실업자 수를 150만 명대로 유지해 사회안정을 달성하는
데 기여한 것으로 자체평가하고 있다.

　그러나 1998년 실업예산은 갑작스러운 대량실업에 대응해 졸속으로 편성됨
으로써 많은 문제점을 남겼다. 무엇보다도 우선 신용보증 확충, 외화대출 만기
연장, 벤처기업 창업 지원 등 순수 실업대책으로 볼 수 없는 사업들이 상당수
실업대책에 포함되어 있다. 이는 대량실업 상황에서 정부가 노력하고 있다는
인상을 국민들에게 심어주기 위한 정치적 조치로 보이지만 결국 실업대책에
대한 국민들의 불신을 사는 결과를 낳았다.

　또 실업대책의 재원 역시 공무원 봉급 삭감, 비실명 장기채권 및 차관 등 정

〈표 1-6-2〉 1998년 실업대책 내용

(단위: 억 원, %, 천 명)

	예산기준	실적 (12월 30일까지)	수혜인원
합계	100,707(100.0)	97,621	2,954천 명
• 일자리 제공	38,170(37.9)	38,095	-
한전송배전 시설 투자 확대	6,000		-
벤처기업창업 지원 등	4,000		-
S/W벤처기업 지원	1,000		-
귀농, 귀어 창업 지원	220		-
주요 SOC 투자 확대 및 지역경제 활성화	26,950		-
• 고용안정	22,674(22.5)	20,588	758
해고 회피노력 지원 등	2,724		758
신용보증 확충	9,000		-
주택 건설 지원(중도금 대출)	3,000		-
외표대출 만기연장	7,950		-
• 직업훈련과 취업 알선	9,011(8.9)	7,576	361
실업자 직업훈련 등	7,377		
구인, 구직 연계체제 확충	660		
고학력 미취업자 지원	810		
여성훈련 및 취업지원 강화	164		
• 실업자 생활보호	30,852(30.6)	31,362	1,834
공공근로사업	10,444		444
실업급여 지급	8,500		438
실직자 대부	6,000		107
저소득실직자 생계보호	2,160		845
일용근로자 대책	450		
저소득자 양곡구입지원 등	398		
실직자 중고생자녀 학비 지원	1,000		
임금채권 보장	1,900		
(국민연금 대부)	(10,000)		

자료: 노동부(1999).

규예산 외의 방법에 의해 조달됨으로써 재원조달의 불안정성을 야기했다.

또 각 실업대책이 부서별로 편성되어 이를 종합하는 과정에서 종합적인 기획이나 충분한 검토 없이 예산편성이 이루어짐으로써 '짜집기식(patch-work)'이 되었고, 그 결과 한편으로는 중복, 낭비가 발생하는 동시에 다른 한편으로는 꼭 필요한 사업에 예산이 배정되지 않는 등 많은 문제점을 낳았다.

1998년 실업대책에 대한 이러한 비판을 감안해 정부는 1999년 실업예산은 비교적 정상적으로 편성했는데 그 내용은 〈표 1-6-3〉과 같다. 이에 따르면

〈표 1-6-3〉 1999년 실업자보호 및 사회안전망 확충 예산

	1998	1999	비고
합계	56,672	76,274	간접실업대책비 제외
• 직업훈련과 취업 알선 등	11,735	14,521	
실업자 직업훈련 등	7,377	7,957	32만 명 훈련실시
구인·구직 연계체제확충	660	636	
고학력 미취업자 지원	810	810	4만 명 지원
여성훈련 및 취업지원 강화	164	203	여성훈련 100억 원(6,400명), 일하는 여성의 집 103억 원
해고 회피노력 지원 등	1,224	4,915	102만 명 지원
• 실업자 생활보호	44,937	61,753	
공공근로사업	10,444	16,000	공공근로 30만 명, 특별취로 42천명 지원
실업급여지급	8,500	15,012	53만 명 지급
실직자 대부	7,500	6,535	13만 명 대부
임금채권보장	1,900	-	
일용근로자 대책	450	-	
귀농·어 창업 지원	220	20	귀어가 100가구 지원
한시적 생활보호	2,160	4,973	57만 명(생계 11만 명, 자활 46만 명) 지원
생계비보조 지원	398	2,340	자활보호대상자 13만 가구 지원 (월 15만원)
실직자 중고생자녀 학비 지원	1,000	1,000	25만 명 지원
결식아동 중식 지원	74	342	122천 명 지원
기존 생활보호	13,791	14,531	116만 명 지원
예비비	-	1,000	

자료: 노동부(1999).

1998년 실업예산 중 순수한 의미의 실업대책비는 5조 6672억 원에 불과한 것으로 나타났다. 1999년 실업예산은 전년비 1조 9602억 원 증가한 7조 6724억 원으로 확정되었는데 그중 19%에 해당하는 1조 4521억 원은 직업훈련과 취업 알선 등에 사용되며 81%에 해당하는 6조 1753억 원은 실업자 생활보호 사업에 사용될 예정이다. 주요 사업을 보면 공공근로사업에 1조 6000억 원이 투입되어 총 30만 명을 취업시킬 계획이며, 실업보험상의 실업급여(비예산항목)에 1조 5012억 원이 투입되어 53만 명에게 지급된다. 또 실업자 직업훈련에 7957억 원이 투입되어 32만 명에게 훈련을 실시하며, 실직자 대부 사업에 6535억 원이 배정되어 13만 명에게 대부 사업을 하게 된다. 당장 생활이 어려운 저소득 실업자를 위한 한시적 생활보호 사업에 4973억 원이 투입되며 생계비 보조

지원, 실직자 중고생 자녀 학비 지원, 결식아동 중식 지원 사업 등에도 예산이
배정되어 있다. 1999년 실업예산은 상당 부분 일반 예산으로 편성됨으로써 재
원조달의 안정성도 기했다.

3. 실업대책의 전체적 평가

1) 대량실업 촉진형 구조조정정책

정부의 실업정책에 대해 평가하기 앞서 무엇보다도 우선 지적되어야 할 것
은 현 정부가 추진하고 있는 구조조정정책 및 노동시장의 유연화정책이 가져
오는 대량실업의 효과이다. 1997년 11월 외환, 금융위기 시 IMF는 구제금융의
조건으로 강도 높은 구조조정과 긴축정책을 요구했다. 한국 경제는 IMF 프로
그램 시행으로 1998년 상반기 중 외환유동성 위기를 벗어나는데 성공했으나
과도한 금융 및 재정긴축정책으로 당초 예상보다 경제사정이 훨씬 더 악화되
었다. 또 금융 구조조정 과정에서 극심한 신용경색 현상이 발생해 국내 경기를
과도하게 침체시키는(overkill) 결과를 가져왔다. 이는 IMF가 과거 중남미의 재
정적자, 과다한 유동성, 초인플레이션 등에 대한 대책으로 실시하던 정책을 무
분별하게 아시아에도 적용한 것이라는 점에서 기본적인 오류를 드러내고 있
다. 한국은 기본적으로 재정이 건전하고, 낮은 인플레이션율을 보여 왔다. 문
제는 재벌의 과다차입과 과잉시설로 인한 유동성 부족 문제였다. 따라서 한국
의 위기는 '정부위기'가 아니라 '재벌위기'인 것이며 대책의 초점도 긴축정책이
아니라 재벌개혁을 위시한 구조개혁에 두어져야 했던 것이다.

IMF 정책에 대해서는 국내외에서 비판이 고조되었다. 이들은 일시적 외환
부족에 따른 신뢰성 저하에 IMF가 과잉반응했다고 주장하면서 고금리 정책 등
을 철폐하고 팽창정책을 사용하라고 주문했다. IMF도 최근 일부 정책오류를

시인하고 한국 정부의 정책자율성을 보다 높이는 방향으로 나아가고는 있지만 여전히 긴축정책 기조는 견지하고 있다. 이러한 잘못된 IMF 정책이 대량실업을 낳는 가장 기본적인 요인으로 작용하고 있는 것이다.

한편 현 정부의 신자유주의적 경제정책 역시 대량실업의 주요 원인이 되고 있다. 김대중 정부는 '민주적 시장경제'를 내걸고 있으나 실제로는 신자유주의적 정책기조를 드러내고 있다. 정부는 IMF 합의 이후 본격적인 구조조정을 추진해 왔으며 이 과정에서 일부 부실기업, 부실은행이 퇴출되고, 재벌개혁 등이 추진되어 왔다. 그러나 부실채권 정리, 은행 소유구조 재편 등 금융구조 개혁은 지지부진한 상태이며 오히려 재벌에 의한 은행 소유를 허용하는 쪽으로 가고 있는 상황이다. 이와 같은 금융개혁의 부진에 따라 국제 신인도가 하락하고, 자기자본비율(BIS)을 맞추기 위한 은행들의 대출 기피로 중소기업은 극도의 금융경색을 경험했다.

재벌개혁의 경우 대통령과 5대재벌이 재벌개혁 5개항에 합의했으나 진행과정에서 논의의 초점은 엉뚱하게도 재벌그룹 간의 사업교환문제(이른바 '빅딜')로 바뀌어 버렸으며 그나마 진행과정이 부진을 면치 못했다. 또 빅딜과정에서 엄청난 새로운 특혜가 제공될 가능성이 커지고 있다. 반면 재벌 소유 경영구조의 투명화, 부실경영책임의 부과 등은 재벌개혁의 과제에서 소리 없이 사라지고 말았다. 재벌들이 실시하고 있는 자체적 기업 구조개혁 역시 주로 인원감축 중심의 감량경영방식으로 이루어지고 있는데 이는 기업체질 개혁은 외면한 채 감원을 통해 경제위기에 대처하겠다는 발상이라 할 수 있다.

이상에서 보듯이 정부가 추진하고 있는 공공, 금융, 기업부문의 구조조정은 법, 제도의 개혁이나 부실경영, 정경유착, 관치금융에 대한 책임을 묻는 것에는 소홀하고 주로 인력감축을 통한 경비절감 위주로 나감으로써 대량실업을 자초하고 있는 것이다.

2) 대량실업 촉진형 노동시장 유연화정책

실업문제를 해결하기 위한 실업대책은 시장원리를 강조하는 영미형, 실업자에 대한 사회보장을 강조하는 유럽형, 그리고 실업발생을 최소화하는 고용조정을 강조하는 일본형으로 유형화할 수 있다. 노동시장 유연화론자들에 따르면 미국, 영국 등 노동시장의 유연성이 상대적으로 높은 국가에서는 경기가 회복되면 실업률이 낮아지지만, 고용보호에 대한 규제가 강하고 실업자에 대한 사회안전망이 충실한 유럽 국가에서는 경기가 회복되더라도 실업률이 여전히 높게 지속되고 있다고 한다(한국노동연구원, 1998: 2).

이러한 인식에 기초해 정부의 노동시장정책 및 실업정책 역시 기본적으로 신자유주의적 노동시장 유연화정책을 그 기조로 하고 있는데, 이는 대량실업을 촉진하는 중요한 요인으로 작용하고 있다. 대량실업에 직면해 정부는 기본적으로 신속한 구조조정과 노동시장의 유연화를 통해 고용창출을 촉진하는 것이 근본적인 실업대책이라고 보고 있으며, 구조조정과 고용조정에 따른 실업의 발생은 불가피한 것으로 보고 있다. 다만 실업자에 대해 최소한의 생활보호와 공공근로사업을 통해 생계를 지원하는 대책을 추진하고 있을 뿐이다. 이와 같은 정부의 대책은 이미 정리해고제의 도입, 근로자 파견제의 도입 등을 통해 꾸준히 추진해 온 노동시장의 유연화정책을 실업대책의 경우에도 그대로 관철시키고자 하는 의도로 풀이된다.

그러나 이러한 신자유주의적 경제정책에 바탕을 둔 실업대책은 그 내부에 기본적인 모순을 가지는 까닭에 근본적으로 실업문제를 해결할 수 없다고 생각된다. 즉, 한편으로는 구조조정과 노동시장 유연화에 의해 실업자를 발생시키면서 다른 한편으로는 그로부터 발생한 실업자의 생계를 해결하고자 하는 것은 마치 한편으로는 전쟁을 계속하면서 다만 그로부터 발생하는 부상자를 치료하는 데만 대책을 한정하고자 하는 것과 마찬가지라고 생각된다. 근본적으로 부상자가 발생하지 않도록 전쟁 자체를 막는 것이 기본적인 정책방향이

〈표 1-6-4〉 선진국의 소득불평등의 변화(최상위 10% 계층소득/최하위 10% 계층소득)

	국가	1980년대 초반	1990년대 중반	연간 변화폭
불평등의 큰 폭 증가	뉴질랜드	2.72('84)	3.16('94)	0.044
	미국	3.18('79)	4.35('95)	0.027
	이탈리아	2.29('79)	2.64('93)	0.025
	캐나다	3.46('81)	3.74('94)	0.021
	영국	2.45('79)	3.31('95)	0.020
불평등의 소폭 증가	오스트레일리아	2.74('79)	2.94('95)	0.013
	일본	2.59('79)	2.77('94)	0.012
	오스트리아	2.61('80)	2.77('94)	0.009
	네덜란드	2.51('85)	2.59('94)	0.009
	스웨덴	2.11('79)	2.20('93)	0.008
	핀란드	2.44('80)	2.53('94)	0.006
	덴마크	2.14('80)	2.17('90)	0.003
	프랑스	3.39('79)	3.43('94)	0.002
불평등의 감소	벨기에	2.29('85)	2.25('94)	-.004
	노르웨이	2.05('80)	1.98('91)	-.006
	독일	2.38('83)	2.25('93)	-.013

자료: 윤진호·이병희(1998).

되어야 하는 것이다.

신자유주의적 노동시장의 유연화정책은 그 노동배제적 성격 때문에 노사관계의 긴장을 증대시키고 있을 뿐만 아니라 실질임금의 저하와 소득 불평등의 확산 등의 문제를 야기할 가능성이 매우 높다. 예컨대 신자유주의적 노동시장론이 모델로 삼고 있는 미국의 경우 실업률이 낮다고 주장되지만 여기에도 함정은 있다. 1995년 현재 미국의 공식 실업률은 5.6%이지만 대량의 실망실업자와 비자발적 파트타임 노동자를 합하면 잠재적 실업률은 12% 이상에 달할 것으로 추정되고 있다(Ginsberg et al., 1997). 미국은 주요 선진국 중 소득분배가 가장 불평등한 나라의 하나이다. 〈표 1-6-4〉에서 보는 바와 같이 1995년 현재 미국의 소득불평등도(최상위 10% 계층의 소득/최하위 10% 계층의 소득)는 4.35로서 선진국 중 최악이며 더욱이 1980년대 초반에 비해 1990년대 중반에 소득 불평등이 가장 악화된 나라 중 뉴질랜드에 이어 두 번째 악화속도를 기록하고 있다. 또 미국의 인구대비 교도소 수감자 비율은 유럽의 10배에 달한다고 하며 전체 수감자 수는 1995년 현재 160만 명으로서 10년 사이에 2배나 증가했다고 한다(Ginsburg et al., 1997). 즉, 미국은 상당한 규모의 저소득 불안정 취업자와 사회배제적 집단이라는 형태로 실업자를 은폐하고 있는 것에 불과한 것이다. 과연 이것이 우리 사회의 미래가 되어야 할 것인가?

현재의 실업문제를 근본적으로 해결하는 길은 이러한 신자유주의적 구조조정과 노동시장의 유연화 일변도의 정책을 전환해 사회통합적 구조조정과 고용창출적 거시경제정책으로 전환하는 길뿐이라고 생각한다.

기업과 금융부문의 과잉투자와 비효율적 운영시스템 등에 대한 구조조정은 우리 경제가 수행하지 않으면 안 될 불가피한 과제이다. 그러나 구조조정=인력감축식의 구조조정은 올바른 방향이 아니며 진정한 의미에서의 구조조정도 아니다. 이는 첫째, 사회보장지출의 증대, 소득세 감수 등 사회 전체의 경제적 비용을 증대시키며, 둘째, 각종 사회적·정치적 문제의 발생으로 인한 사회적·정치적 비용을 증대시키고, 셋째, 남아 있는 재직근로자의 사기 저하 등으로 인해 기업 자체의 효율성 저해를 가져온다. 더욱이 신자유주의적 정책이 별다른 저항 없이 수행된 미국과는 달리 한국에서는 상당한 저항이 존재하므로 이를 둘러싼 갈등으로 인해 구조조정 과정 자체가 좌절될 가능성도 충분히 있다.

따라서 인력감축보다는 기업, 금융부문의 소유 지배구조 개선, 경영의 투명화, 상품시장 및 요소시장에서의 지나친 규제 제거 등에 주력하는 구조조정, 고용유지에 최선을 다함으로써 실업발생을 최소화하는 고용유지정책, 구조조정 과정에서 발생하는 불가피한 실업자에 대한 사회안전망의 제공, 고용창출력 여부를 최우선으로 하는 거시경제정책 등 '사회통합적 구조조정'을 추구해야 할 것이다.

특히 인플레이션을 야기하지 않는 범위 내에서의 강력한 거시경제정책은 실업을 줄이는 데 있어 최선의, 그리고 불가결한 정책이며 이는 선진국 실업문제의 해결을 위해 OECD가 제시하고 있는 정책의 핵심내용을 이루고 있는 부분이기도 하다(OECD, 1994). 이를 위해 단기적으로는 내수 진작을 위한 금융,

재정차원에서의 적극적인 거시경제 운용을 통해 실물경제의 파탄을 예방하고 고용발생 및 실업발생의 최소화를 도모해야 하며(임대주택 건설, SOC 투자, 농촌개발, 중소기업 지원, 창업 지원), 중기적으로는 재정 건전화와 금융부문 개혁을 통해 금리 인하를 유도함으로써 민간투자의 활성화를 도모해야 한다. 특히 기존 기업에 대한 지원보다는 신규기업의 창업, 유지를 지원하고, 고용흡수력이 높은 산업으로의 산업구조 전환을 지원할 필요가 있다. 물론 이를 위해서는 우리 경제의 거시경제정책을 강력히 규제하고 있는 IMF와의 긴밀한 정책협의가 필요하며, 경우에 따라서는 고용창출적 거시경제정책에 대한 우리 나름대로의 당당한 요구도 필요할 것이다.

3) 실업대책 예산규모의 적정성

앞에서 살펴본 바와 같이 정부에서는 1998년 5조 7000억, 1999년 7조 6000억 원(비예산재원 포함)의 실업대책 예산을 편성했다고 주장하고 있다. 그러나 민주노총 등에서는 이것이 부족하다고 주장하면서 20조 원의 실업예산을 요구하고 있다(민주노총, 1998). 또 다른 일부 학자들은 실업예산규모가 너무 크며 낭비가 심하다고 비판하기도 한다.

실업예산규모의 적정성 여부는 그 나라의 실업정책에 대한 철학을 비롯해 실업률, 각종 사회보장제도의 여건, 재정상태, 사회 전체의 인프라 스트럭처, 가족형태 등에 따라 달라질 수 있으므로 한마디로 말하기는 힘들다. 다만 우리보다 앞서 대량실업을 겪었던 선진국의 경험이 우리에게도 좋은 참고가 될 수 있다는 점을 감안해 선진국의 실업예산을 살펴보기로 하자. 〈표 1-6-5〉에서 보는 바와 같이 1985~1995년의 기간 중 실업률 10%를 가정할 경우 유럽 국가들은 대체로 GDP의 2~3%대(예외적으로 스웨덴은 4% 이상), 미국과 일본은 1~2%대를 실업예산으로 지출했는데 그 비중은 점차 높아지는 추세를 보였다. 선진국 전체로서는 실업률 10%를 가정할 경우 GDP의 약 3.34%를 평균적으

〈표 1-6-5〉 주요국의 실업대책 예산비율의 추정치(실업률 10% 가정)

(단위: %)

국가	1985	1990	1995
영국	2.16	2.36	2.42
프랑스	2.79	2.98	3.05
독일	3.25	3.44	3.51
일본	1.77	1.97	2.03
스웨덴	4.59	4.79	4.86
미국	1.18	1.37	1.44

주: GDP 대비 예산비율임.
자료: OECD, *Employment Outlook*, 각 연도에서 계산.

로 지출한 것으로 나타났으며[1] 실업률을 5%로 잡을 경우에는 그 약 60%(GDP 대비 2%)를 지출한 것으로 추정된다. 따라서 실업률을 7.5%로 잡을 경우 GDP 의 2.6~2.7% 정도가 실업예산으로 지출된 것으로 추정된다.

한국의 경우 1998년 실업예산 5조 6672억 원은 GDP의 1.3%, 1999년 예산 7조 6274억 원은 GDP의 1.7%에 불과하다. 따라서 1999년 실업률을 7.5%로 가정할 경우 한국의 실업예산은 선진국의 경험에 비해 0.9~1.0%포인트(4조~ 4조 6000억 원) 정도 적은 것으로 볼 수 있다.

더욱이 이미 노동시장 인프라가 잘 갖춰져 있는 선진국과는 달리 한국의 실 업예산에는 노동시장 인프라 구축비용까지 포함되어 있어 더욱 문제가 되고 있다. 이러한 여러 점을 감안할 때 실업대책 예산은 현재보다 더 증가되어야 할 것으로 보인다.

4) 적극적 실업정책과 소극적 실업정책

실업정책은 크게 직업훈련, 일자리 창출, 취업 알선 등을 통해 실업을 최소

---

1)   선진국 22개국에 대한 실업예산지출의 GDP에 대한 비율과 실업률 자료를 풀링(pooling)해
      회귀분석한 결과임.

〈표 1-6-6〉 선진국의 소극적 노동시장정책 비율

(단위: %)

국가	1985	1990	1995
영국	75.6	70.9	68.4
프랑스	71.0	67.6	65.7
독일	63.9	61.4	59.8
일본	85.2	78.6	75.4
스웨덴	49.4	48.2	47.3
미국	81.4	72.4	68.2

자료: OECD, *Employment Outlook*, 각 연도에서 계산.

화하고자 하는 적극적 노동시장정책과 실업보험, 공적부조 등을 통해 실업자
에 대한 생계보호에 치중하는 소극적 노동시장정책으로 나뉜다. 〈표 1-6-6〉에
서 보는 바와 같이 선진국에서는 실업정책이라 하면 곧 소극적 노동시장정책
을 뜻할 만큼 소극적 정책의 비중이 전체 실업정책에서 차지하는 비중이 높다.
스웨덴을 제외한 대부분의 나라들은 소극적 노동시장정책이 전체 실업재원에
서 차지하는 비율이 60~80% 수준이다(23개국 평균 70.4%). 물론 최근 소극적
노동시장정책이 실업자의 지나친 복지혜택의존과 장기실업을 가져온다는 비
판이 높아짐에 따라 소극적 정책의 비율은 점차 하락하고 있는 것은 사실이다.
그러나 여전히 선진국 실업대책의 본질은 실업자에 대한 최소한의 생계보호를
위주로 하고 있으며, 다만 이 과정에서 장기실업자가 근로의욕을 잃지 않도록
적극적 노동시장정책으로 보완하는 추세에 있다고 볼 수 있다.

반면 한국의 경우 1999년 실업예산 중 소극적 정책의 비중은 50%에 약간
못 미치는 수준으로서,[2] 소극적 노동시장정책의 비율이 선진국에 비해 그 비
중이 낮은 상태에 있다. 즉, 한국의 실업정책은 적극적 노동시장정책 위주이며
소극적 노동시장정책은 매우 미흡한 상태인 것이다. 더욱이 최근 실업정책에
대한 비판이 고조되면서 실업대책의 초점이 일자리 창출정책 쪽으로 모아짐에
따라 소극적 정책의 비중은 더욱 낮아질 것으로 예상된다.

---

2)　〈표 1-6-2〉로부터 계산. 단 공공근로사업은 적극적 정책으로 분류.

이와 같은 소극적 노동시장정책의 미비는 상당 부분 정부의 잘못된 정책편향에 기인한다. 즉, "정리해고의 억제와 실업자에 대한 생계보장에 초점을 둔 유럽식 실업대책이 고실업의 고착화와 과도한 사회복지비용으로 국가경쟁력을 쇠퇴시킨 반면, 일시적인 고실업을 감수하면서도 노동시장의 유연성 제고와 실업자의 노동시장 참여를 촉진시킨 미국, 영국의 실업대책이 높은 고용흡수력과 국가경쟁력 제고를 가져왔다"는 판단 아래 실업자에 대한 생계보장보다는 직업훈련과 일자리 창출에 초점을 맞추는 정책을 추진하겠다는 정부의지의 표현인 것이다.

그러나 이는 현실에 대한 잘못된 인식과 과도한 경제논리에 기초한 무분별한 정책응용이라 아니할 수 없다. 미국과 유럽노동시장을 비교한 Nickell (1997)은 고실업률과 장기실업을 가져오는 노동시장의 요인으로서 다음 네 가지를 들고 있다. 즉, ① 실업수당의 지급기간이 너무 장기이고 실업자에게 구직활동을 하도록 할 압력이 충분하지 않을 경우, ② 노조조직률이 매우 높고 단체교섭이 중앙집중식으로 행해질 뿐만 아니라 이에 대한 사용자 측의 대항조직이 없을 경우(노동시장의 경직성 초래), ③ 노동자의 조세 및 사회보장분담금 부담률이 매우 높고(근로의욕 저해) 최저임금수준이 높을 경우(신규 채용 저해), ④ 저소득층 노동자들의 교육수준이 매우 낮을 경우 등이 그것이다. 이때 정부는 ① 실업자의 노동시장 참여를 촉진시키기 위한 정책(사회보장수혜자의 근로의무화, 공공부문 고용, 인턴쉽, 파트타임 노동 장려, 청소년 고용촉진, 실업자 채용과 연계된 조기퇴직제), ② 노조세력 억압 및 단체교섭의 분산화 촉진, ③ 조세부담의 완화 및 최저임금의 동결, 하향조정, 실업급여에 대한 과세, ④ 실업자, 청소년 층에 대한 직업훈련의 강화 등 각종 적극적 노동시장정책을 추진하는 것이다. 특히 첫 번째와 네 번째가 바로 'welfare로부터 workfare로' 라는 구호 아래 행해졌던 영미식 실업정책의 핵심이다.[3]

---

3) 선진국의 경우 workfare가 의미하는 바는 사회보장수혜자의 근로의욕을 높이겠다는 것이지

그러나 한국의 경우 ① 실업급여가 그 수급자격, 지속기간, 지급수준 등 모든 면에서 다른 OECD국가들에 비해 훨씬 떨어지며, ② 노조조직률이 매우 낮고 기업별 단체협상이 이루어지고 있을 뿐만 아니라 사용자들의 조직이 임금 담합을 통해 이에 대항하고 있고, ③ 노동자의 조세부담률은 다른 OECD국가들에 비해서는 낮으며 최저임금수준은 매우 낮고, ④ 노동자들의 일반적 교육수준이 높고 저소득층 노동자들도 평균 이상의 교육수준을 보이고 있는 등 장기실업과 '복지병'을 기져올 수 있는 제도적·행대적 요인들이 결여되어 있다.

실제로 선진국에서는 1년 이상 장기실업자의 비율이 청소년층(14~24세)에서 30~40%, 고령층(50세 이상)에서 60% 이상에 달하는 심각한 장기실업에 시달려 왔으며 이것이 심각한 사회문제를 낳았다는 배경이 있다(OECD, 1998). 반면 한국의 경우 아직 1년 이상 장기실업자의 비중은 낮은 실정이다. 노동연구원에 의하면 1년 이상 장기실업자 비중은 1998년 하반기 1.7%, 1999년 8.2%로 추정되고 있다. 최근 실태조사 결과 실업자의 평균 실직기간은 20~29세에서 8.8개월, 50~59세에서 9.3개월 정도이다. 실업상태로부터의 탈출비율은 25~30%에 이르고 있다. 실업자들의 구직의욕도 매우 높아서 '예전보다 못한 일거리라도 어떻게든 구해야겠다'는 응답이 77.3%(아니다 12.0%), '열심히 노력하면 예전의 생활수준을 조만간 회복할 수 있을 것이다'는 응답이 63.4%(아니다 17.7%)에 이르고 있다. 즉, 한국의 실업자들은 행태 면에서 유럽의 장기실업자들과는 달리 노동시장 참여의욕이 매우 높다는 특징을 지니고 있는 것이다.

반면 노동시장 참여의욕을 떨어뜨리는 요인이라고 할 수 있는 사회적 안전망 면에서는 한국은 매우 미흡한 상태이다. 실업급여가 도입된 지 얼마 안 되고 실업부조제가 없으며 생활보호 사업 등 공적부조제도도 열악한 상황이다. 이러한 상황하에서 '복지병'을 걱정하는 것은 지나친 생각이라 하겠다. 결국

복지지출 자체를 하지 않겠다는 의미는 아니라는 것을 유의해야 한다.

선진국의 경우와는 달리 한국에서는 'welfare로부터 workfare로'가 아니라 'no-fare(or little-fare)로부터 workfare로' 가고 있는 실정인 것이다.

이러한 정부의 편향된 정책의 결과 광범한 저소득층이 아무런 보호도 받지 못한 채 방치상태에 놓여 있다. 최근의 한 추정에 따르면 1998년의 경우 전체 연평균 실업자 150만 명 중 약 40%에 해당하는 60여만 명의 실업자가 일정 시점에서 아무런 실업대책의 대상도 되지 못하는 사회안전망의 사각지대에 있는 것으로 나타났으며 1999년에도 연평균 실업자의 27%에 해당하는 45만여 명의 실업자가 역시 사회적 안전망의 사각지대에 있게 될 것으로 나타났다(윤진호, 1998).

모든 국민에게 근로권과 최소한의 생계유지수단을 제공하는 것이 국가의 기본 임무라 할 때(헌법 32조, 34조) 이와 같이 광범한 저소득층 실업자가 사회 안전망의 사각지대에 방치된다는 것은 국가의 기본 임무를 소홀히 하는 것이라 할 수 있다.

따라서 근로능력이 없는 공공부조 대상자에게는 최저생계비 수준의 생활보장을 위해 최저생계비와 자가소득의 차액을 지급하고, 근로능력이 있는 공공부조 대상자에게는 생활비 대여, 실업부조제, 공공근로 등을 제공하며, 그 밖에 긴급의료권, 식품교환권(food stamp) 등 긴급보호제를 실시해야 할 것이다. 이것이 경제정책의 최우선과제의 하나가 되어야 한다.

4. 개별 프로그램의 평가

1) 일자리 제공 사업

1998년 실업대책에 포함되어 있던 일자리 제공 사업은 한전송배전 시설 투자 확대, 벤처기업 창업 지원, S/W벤처기업 지원, 귀농, 귀어 창업 지원, 주요

SOC사업 투자 확대 및 지역경제 활성화 등을 통해 총 3조 8170억 원을 투입함으로써 일자리를 제공한다는 내용이었다.

먼저 이들 사업의 대부분은 직접적인 실업대책과는 상관없는 간접적 실업정책들로서 선진국에서는 실업대책으로 분류하지 않는 사업들이다. 정부는 정치적 목적으로 이들 사업을 실업대책 가운데 포함시킴으로써 실업대책에 대한 국민들의 불신만 가중시킨 것이 아닌지 우려된다.

한전송배전 시설 투지 확대사업은 그 고용효과에 많은 의문이 제기되고 있으며, 공사 발주과정에서의 부정부패의 의혹도 크다. 공사실적 3억 원 이상으로 참가자격이 제한되어 있어 지방중소기업의 참여가 극히 어려운 실정이다.

벤처기업 창업 지원이나 S/W 벤처기업 지원사업 등은 벤처기업의 특성상 사업성공률이 극히 낮고 주로 전문직이 근무하는 직종이므로 고용효과가 의문시된다. 이는 '기업살리기' 차원의 위장된 실업대책이라 할 수 있다. 최근 실업대책이라는 미명하에 '기업살리기' 운동이 횡행하고 있는 바 이에 대해서는 정말로 실업자를 구제하기 위한 운동인지 아닌지 그 옥석을 구분해야 할 필요성이 있다.

SOC 투자 확대는 경기부양 효과 및 고용창출효과가 크다는 점에서 주요한 실업대책의 하나이다. 그러나 재원조달문제, 용지보상 등 협의 절차의 장기화, 하청-재하청 구조에 의한 예산의 누출, 부정부실 등으로 인해 상당 부분이 중간에서 새고 있다는 평가가 나오고 있으며 이에 대한 보완대책이 필요하다.

최근 실업문제에 대한 근본적 대책으로서 고용창출의 중요성이 강조되면서 이른바 신산업, 지식기반산업, 신지식인 등의 지원을 통한 대규모 고용창출 쪽으로 실업대책의 초점이 모아지고 있다. 노동부에서는 이러한 신산업 육성을 통해 향후 4년간 총 200만 명의 일자리를 창출한다는 계획을 발표한 바 있다. 원칙적으로 고용창출을 통해서 실업자를 흡수하는 것이 근본적 실업대책이라는 데 대해서는 아무런 반대도 있을 수 없다. 다만 구체적인 고용창출 프로그램과 이를 뒷받침할 예산이 결여된 상태에서 막연한 고용창출계획을 제시하는 것은 뜬구름잡기식 정책으로 끝날 가능성이 크다 하겠으며 결과적으로 실업자들에게 또 다른 실망을 가져다줄 위험마저 있다. 더욱이 언제 실현될지 모르는 고용창출에 예산과 자원이 집중됨으로써 이미 발생한 실업자에 대한 당장의 시급한 생계보호대책이 소홀해진다면 이는 크나큰 오류라고 아니할 수 없다.

2) 고용안정사업

최근 대량실업의 극복방안으로서 노동시간 단축을 통해 일자리를 나눔으로써 대량해고를 막고 나아가 고용을 창출하고자 하는 '일자리나누기(work-sharing)'에 대한 관심이 높아지고 있다.

경기변동에 따른 고용조정방식은 정리해고 외에도 노동시간 단축, 초과노동시간 축소, 조기퇴직제, 배치전환이나 타 부서 지원, 타 공장 전출, 계열사 파견, 유무급 휴직, 순환휴직제, 교육휴가, 임금억제 등이 있다.

이 가운데 일자리나누기는 경기변동에 따른 노동수요의 감소를 고용규모 자체의 조정보다는 노동시간의 조정을 통해 일자리를 나눔으로써 대응하자는 것이다. 이러한 노동시간 단축을 통한 고용창출은 1980년대 이래 장기간의 고실업에 직면한 유럽 노동조합의 가장 적극적인 정책이 되어 왔다. 물론 종전에도 기업 차원에서 일시적인 불황에 대응해 노동시간 단축을 행함으로써 해고를 피하는 일감나누기는 흔히 사용되어 왔다. 그러나 1980년대 이후 유럽에서 실시되고 있는 일자리나누기는 노동력의 장기적 수급균형이 깨졌다는 전제하에 종전과 같이 경제성장만으로는 대량실업을 해결할 수 없다고 보고 노동시간 단축을 통해 노동자 1인당 노동공급량을 줄임으로써 대량실업이 가져오는 사회, 경제적 문제에 대해 대규모적으로 대응하고자 하는 것이며 그런 의미에서 이는 과거 개별 기업 차원에서 불황 시 일시적으로 행해지던 일자리나누기와는 구별할 필요가 있다.

이러한 일자리나누기제는 비자발적 실업을 줄이고 고용을 유지·창출하기 위해 일자리를 재분배함으로써 실업에 따른 고통을 함께 분담하자는 적극적인 사회연대적인 의미를 가지고 있다. 이처럼 대량해고 및 실업증대로 인한 사회적 비용을 줄일 수 있을 뿐만 아니라 노사협력을 통한 고용조정과정은 노사관계의 개선과 노동자의 헌신성 증대를 통해 장기적으로 경영의 효율성을 높이고 발전적인 한국 경제 모델을 모색할 수 있는 계기가 될 수 있을 것이다. 사실 한국은 OECD뿐만 아니라 발전도상국에서도 최장시간 노동국가라는 점에서 비단 실업 억제를 위해서만이 아니라 하더라도 노동시간 단축은 절실한 과제라고 할 수 있다.

민주노총은 '민주노총 내정부 5내 요구안'에서 고용안정방안으로서 노동시간 단축을 통한 일자리나누기를 제안하고 구체적 방법으로서 ① 전 산업에 주 40시간 법정 근로시간제 실시, ② 특정 산업의 경우 주 35~38시간의 산업별 협약으로 현 수준의 고용유지, ③ 「노동시간 단축특별법」의 제정, 노동시간 단축위원회의 구성, 운영 등을 주장했다.

한국노총 역시 법정 근로시간을 주 40시간으로 줄이는 「노동시간 단축특별법」의 제정을 촉구하고 있다. 금속산업연맹과 완성 차 6사 노조도 시간분할제를 요구하면서 주당 35~38시간 노동제를 주장한 바 있다.

그러나 이에 대한 사측과 정부 측의 반응은 냉담한 편이다. 재계는 임금삭감 없는 근로시간 단축은 기업경쟁력을 떨어뜨린다고 주장하면서 노동계의 주장을 거부하고 있으며 일부에서는 근로시간 단축을 통한 고용유지가 기업의 구조조정을 지연시키고 임금비용 부담을 높여 오히려 실업의 악순환을 야기한다고 주장하기도 한다.

정부 역시 임금 삭감 없이 법정 근로시간을 40시간으로 줄일 경우 기업의 초과부담이 너무 커진다고 소극적 자세를 보이고 있다. 따라서 개별 기업이 자발적으로 노동시간을 줄이고 그 대신 정부로부터 지원금을 받는 방안을 제시하고 있다.

제1기 노사정위원회에서도 "근로시간위원회를 98년 상반기 중 구성하여 근

로시간 단축을 통한 고용안정방안을 강구"하기로 합의한 바 있으며 다시 정부
와 민주노총 간 6·4 합의에서는 "노사정위원회에 근로시간위원회를 설치하여
법정 근로시간 및 실근로시간 단축, 이와 관련된 임금조정 등 근로시간제도 개
선방안을 논의, 마련한다. (법정 근로시간과 관련해 2000년부터 업종별, 규모별
법정 근로시간을 주 40시간으로 단축하는 방안을 함께 논의한다.) 필요할 경우 고
용보험의 '근로시간 조정지원금' 등 지원방안과 재원규모 확충문제를 적극 추
진한다"고 보다 구체적으로 합의한 바 있으나 이들 합의의 실제 이행은 지지부
진한 상태이다.

　실제로 현행 실업대책 가운데서도 근로시간 단축을 통한 일자리나누기를
지원하는 사업이 없는 것은 아니다. 즉, 고용보험상의 해고 회피노력 지원이
그것이다. 고용보험상의 고용유지 지원금은 기업의 구조조정 과정에서 고용
조정으로 잉여인력이 발생했음에도 불구하고 근로시간 단축, 휴업, 훈련, 사외

〈표 1-6-7〉 고용유지 지원금 활용 신청현황

(단위: 개소, 명, 백만 원)

		1/4분기	2/4분기	3/4분기	계
계	사업장 수	579	960	2,680	4,219
	근로자 수	139,106	175,964	413,956	729,026
	지급금액	2,322	10,396	24,182	36,900
휴업	사업장 수	525	855	2,407	3,787
	근로자 수	116,688	167,005	388,175	671,868
	지급금액	2,287	9,756	16,954	28,997
근로시간 단축	사업장 수	20	30	23	73
	근로자 수	7,757	2,808	13,245	23,810
	지급금액	-	179	29	208
훈련	사업장 수	34	61	105	200
	근로자 수	14,661	5,812	9,936	30,409
	지급금액	15	227	6,085	6,327
사외파견	사업장 수		14	33	47
	근로자 수		339	517	856
	지급금액		159	334	493
휴직	사업장 수	-	-	112	112
	근로자 수	-	-	2,083	2,083
	지급금액	-	-	601	601

자료: 노동부.

파견, 휴직 등의 고용유지조치를 통해 그 잉여인력에 대해 고용을 유지할 경우 고용유지조치 기간 동안 근로자에게 지급한 임금의 2/3(대규모기업 1/2)와 훈련비를 6개월간 지급하는 제도이다.[4] 노동부의 통계를 보면 그동안은 기업의 인식 저조와 까다로운 신청절차 등으로 인해 활용사업장이 극히 적었으나 차츰 늘어나고 있고 특히 3/4분기 들어 급증하고 있는 것으로 나타나고 있다(〈표 1-6-7〉 참조). 그러나 그 대부분은 휴업에 대한 지원신청이며 근로시간 단축조치를 취한 곳은 사업장이나 대상근로자, 지원 금액 면에서 모두 미미할 뿐만 아니라 3/4분기 들어 오히려 사업장수와 지원 금액 면에서 줄어들고 있는 것으로 나타나고 있다.

이와 같은 결과는 곧 한국의 기업들이 해고 회피를 위한 노력으로 주로 휴업을 선호하며 근로시간 단축방법은 거의 사용하지 않고 있다는 것을 보여 준다. 이는 다른 여러 가지 요인에도 기인하겠지만 기업들의 근로시간 단축을 지원하기 위해서는 현재의 고용유지 지원금 제도에도 여러 가지 문제가 있어 개선이 필요할 것으로 보인다.

첫째, 지원금의 수준과 기간이 미흡하다.

둘째, 고용유지 지원에 대한 예산이 너무 적다. 1998년도 실업대책 예산 10조 원 중 해고 회피노력 지원예산은 겨우 2724억 원(2.7%)에 불과하며 그나마 10월 21일 현재 실제 집행된 예산은 697억 원(집행예산대비 1.0%)에 불과한 실정이다(정인수, 1998). 그중에서도 다시 근로시간 단축 지원금은 2억 원 정도만이 지급되었을 뿐이다. 따라서 고용유지 지원금, 특히 그중에서도 근로시간 단축지원 예산을 획기적으로 늘려야 할 것이다.

셋째, 신청절차가 많이 간소화되었다고는 하나 아직도 까다로우며 제도 자체에 대한 홍보도 부족한 형편이다.

---

4)   단, 1999년 1/4분기에는 한시적으로 근로자 임금의 4분의 3(대기업은 3분의 2)으로 지원금을 상향 조정하고 지급기간도 현재의 6개월에서 8개월로 연장된다.

넷째, 현재의 제도하에서는 지원대상 사업체에 대한 실사 없이 서류상의 심사만 거쳐 지원금을 지급하므로 부정과 부실이 발생할 수 있으며 사후관리가 잘 안 되는 문제점이 있다. 특히 고용안정기금을 이미 지원받고도 정리해고를 행하는 사업장 등에 대한 노동부의 사후관리가 필요하다.

다섯째, 고용유지 지원제도와 신규 고용창출 지원제도의 연결이 필요하다. 현재의 고용유지 지원제도는 이른바 '수세적' 조치에 대한 지원이며 '공세적' 조치에 대해서는 지원제도가 미흡한 실정이다. 근로시간 단축을 통해 단순히 고용을 유지할 뿐만 아니라 대체 고용을 유도할 수 있도록 이에 대한 지원제도의 보완이 필요하며 더 나아가 근로시간 단축분만큼 대체 고용을 의무화하도록 해야 고용효과가 제대로 발휘될 수 있을 것이다.

여섯째, 고용유지 지원제도가 근본적으로 잘 활용되지 못하고 있는 이유는 사업주의 일방적인 이윤동기에 의한 의사결정의 결과이다. 따라서 고용유지를 위한 노동조합의 의사가 잘 반영될 수 있도록 하는 방안을 연구할 필요가 있다. 예컨대 해고필요가 발생할 경우 고용유지제도의 활용을 의무화하는 방안 등이 그것이다.

이상의 문제점이 있기는 하지만 고용유지 지원제도는 일자리나누기를 위한 가장 핵심적 수단이 되므로 현재의 제도와 운영상의 문제점을 보완해 확대 실시해야 할 것이다.

그러나 보다 근본적으로는 사회 전체의 노동시간 단축을 통해 일자리를 나누는 방안을 강구해야 할 것이다. 그 구체적 방안으로서는 ① 법정 근로시간을 주 40시간으로 일괄 단축하는 방안, ② 초과근로시간에 대한 규제강화를 통해 점차 이를 해소해 가는 방안, ③ 불황이 심한 특정 산업에서 단체협약에 의해 법정 근로시간 이하로 근로시간을 줄임으로써 일자리를 나누는 방안, ④ 휴일, 휴가를 증대해 연간근로시간을 실질적으로 줄이는 방안, ⑤ 유무급 휴직제도의 확대를 통해 일자리를 나누는 방안, ⑥ 고령노동자의 조기퇴직과 청년실업자의 신규 채용을 연동시켜 일자리를 교환하는 방안, ⑦ 정규직 노동자의 노동

시간을 단축해 여러 명의 파트타임 노동자를 채용하는 직무분할제 등이 제시되고 있다.[5]

물론 이러한 노동시간 단축을 통한 일자리나누기의 실시 과정에서 임금의 처리문제, 고용효과문제, 노동시간의 유연화문제 등 여러 가지 과제가 제기되는 것도 사실이다. 그러나 현재와 같은 대량실업의 시대에 대처해 기존 노동자들끼리 노동시간을 나눔으로써 더 이상의 대량해고를 막고 노동자들의 노동과 생활을 안정시켜 줄 뿐만 아니라 더 나아가 장기적으로 노동자의 삶의 질 향상을 가져올 수 있다는 점에서 노동시간 단축은 긴급히 추진되어야 할 과제이다.

3) 직업훈련과 취업 알선 사업

직업훈련사업은 선진국에서 적극적 노동시장정책의 가장 중요한 부분이며 최근에는 실업급여사업을 대신하는 의미를 가지고 있기도 하다. 그러나 현재의 실업자에 대한 실업 훈련사업은 내용의 부실성, 실업 훈련기관(특히 사설학원)의 부실성 문제, 훈련 후 취업기회의 문제 등 많은 문제점을 드러내고 있어 이에 대한 보완이 필요할 것으로 보인다. 한국노총의 실태조사에 따르면 조사대상자 중 직업훈련을 받은 경험이 없는 경우가 69.3%나 되었고, 훈련받은 사람들도 훈련 이후 취업가능성(56.8%), 취업 알선 실적(71.7%) 등에서 불만을 나타내고 있다(엄규숙, 1998).

직업훈련과 관련된 문제점은 훈련자 수 급증에도 불구하고 재취업률이 매우 낮다는 점, 수강료, 교육에 관한 기준요건 등에 대한 규제가 까다롭다는 점, 교육내용이나 기간이 비현실적이라는 점, 위탁훈련과 관련한 부정, 부조리 발생 가능성이 크다는 점 등이다.

따라서 기업과 훈련생 등에 대한 인력수요조사를 통해 수요자 중심으로 교

---

5) 보다 자세한 것은 윤진호(1998) 참조.

육기간, 교육내용을 재조정하고 기업과 연계시켜 재취업률을 높여야 할 것이다. 또 직업훈련과 관련된 각종 규제를 재검토해 비합리적인 부분을 개선해야 할 것이다. 특히 위탁훈련과 관련된 부조리를 막기 위해 건실한 훈련기관을 집중육성하고 감독을 강화해야 할 것이다.

OECD(1994)의 연구에 의하면 일반적인 훈련사업보다는 특정 그룹(청소년, 장기실업자 등)을 대상으로 하는 특정화된 훈련이 훨씬 효과적이라고 한다. 즉, 신규 학졸 청소년을 대상으로 하는 프로그램, 학교 중퇴자를 대상으로 하는 프로그램(미국의 Job Corps: 집을 떠나 집단생활하면서 훈련 및 기타 청소년활동), 학교와의 연계 프로그램, 취업기회의 전망을 높이기 위한 인턴십(영국의 Youth Training: 기업에 보조금을 줘 청소년 훈련-상당히 효과적) 등 대상자 특성에 맞게 세분화되고 전문화된 프로그램을 실시할 때 효과적이라는 것이다. 한국의 경우에도 이와 같은 보다 세분화된 프로그램을 마련해야 할 것이다.

이와 관련해 영국에서 최근 도입한 뉴딜 정책은 우리로서도 참고할 만하다. 영국의 블레어 총리는 1998년 4월 뉴딜 프로그램을 발표했는데 이는 청소년실업자의 취업을 촉진하기 위한 종합 프로그램이다. 이는 35억 파운드의 예산으로 실업상태의 청소년을 노동시장에 진입시키는 "Welfare to work" 프로그램의 일부이다. 이 프로그램에 따르면 우선 1차로 18~24세의 청소년으로서 6개월 이상 실직상태인 11만 8천 명을 선발하는데 선발과정에서 인터뷰를 통해 적격자를 골라낸다. 한편 민간기업으로부터도 참가신청을 받았는데 이미 4000개 이상의 기업이 참가의사를 밝혔다. 선발된 청소년에 대해 4개월간의 집중적 교육과 취업지원, 자문 등이 실시된다(읽기, 쓰기, 수학 등 기초교육 포함). 훈련기간이 끝나는 시점에서도 취업이 안 된 청소년에 대해서는 다음 네 가지 중 한 가지를 선택하도록 한다[이를 게이트웨이(Gateway)라고 부름]. 즉, ▲정부가 임금을 보조해 민간기업에 취업하는 방법, ▲풀타임으로 교육, 훈련을 계속 받는 방법, ▲자원봉사기관에서 봉사하고 정부가 소득을 지원하는 방법, ▲환경보호를 위한 태스크포스에 참가하는 방법 등이다. 뉴딜 프로그램에 대해서는 노동조합과 사용자 모두가 전폭적으로 지원함으로써 이미 상당한 효과를 올리고 있는 것으로 보고되고 있다.

한편 취업 알선 사업과 관련해서는 직업 안정조직의 획기적인 확충과 추가 인력보강이 필요하다. 선진국의 경우 공공부문을 통한 취업 알선비율이 매우 높다. 반면 한국의 경우 고용안정센터 41개소와 인력은행 12개소를 증설하는 등 공공부문을 통한 구인-구직연계기능이 급속하게 확충되고 있기는 하나 아직 전체 취업 알선시장에서 차지하는 점유율은 낮은 형편이다. 더욱이 세계은행의 권고 등에 의해 유료직업소개 기능이 허용됨으로써 노동시장 왜곡현상이 너욱 심화될 것으로 우려된다.

4) 공공근로사업

정부가 실업대책의 주요한 한 축으로 실시하고 있는 공공근로사업에 대해 최근 비판의 목소리가 높아지고 있다. 사업내용의 비효율성과 대상자 선정의 공정성 여부 등에 대해 많은 문제가 제기되고 있으며 일부에서는 공공근로사업을 축소하고 다른 용도로 예산을 돌리자는 주장도 있다.

물론 이러한 비판은 나름대로 근거가 있는 것이 사실이다. 실제로 공공근로사업의 상당 부분에 비효율성이 존재하고 있으며 대상자 선정에 문제가 있는 것도 사실이다. 그러나 결론부터 말하자면 공공근로사업 시행과정상에서 나타나고 있는 문제점을 이유로 해서 공공근로사업 자체를 축소, 폐지하자는 주장은 너무나 성급한 것이라고 생각한다.

대량실업 사태에 대한 정부의 대책은 마치 '구멍 많은 그물'과 같아서 여기 저기에 허점투성이인 것이 사실이다. 1998년 10월 1일부터 고용보험 적용 대상 범위가 확대되긴 했지만 여전히 일용직 근로자, 자영업자, 새로 학교를 졸업한 신규실업자 등이 고용보험의 혜택을 못 받고 있다. 또 실업급여의 혜택을 받는 경우에도 그 기간이 최대 7개월로 제한되어 있으므로 이 기간이 끝나면 생계대책은 막막한 실정이다. 그 밖에 실직자 대부 사업, 한시적 생활보호 사업 등 각종 실업자 생계보호 사업은 예산제약으로 그 대상 수가 매우 제한되어 있다.

이와 같은 상황에서 공공근로사업은 사실상 생계수단이 막막한 실업자들에게 거의 유일한 탈출구 노릇을 하고 있는 것이 사실이다. 따라서 실업자에 대한 사회안전망이 충분치 않은 현 단계에서 저소득 실직자의 생계를 보호할 수 있는 중요한 수단이 되고 있는 공공근로사업은 그것이 가지고 있는 문제점을 보완, 개선해 가면서 지속되어야 할 사업이라고 생각한다.

흔히 공공근로사업의 비효율성에 대해 많이 지적하고 있지만 이에 대해서는 보다 깊은 고려가 필요하다. 공공근로사업 내용 중 상당 부분은 각종 DB 구축, 과학기술지원사업, 문화활동지원사업, 도로·철도·교량·공공건물 등 사회간접자본 유지, 보수사업, 숲 가꾸기 사업 등 당장에는 효율성이 나타나지 않지만 장기적으로는 우리 사회에 꼭 필요한 사업들로 구성되어 있다. 이 경우 당장의 효율성만 문제 삼아 이를 비판하는 것은 너무나 근시안적 시각이라 할 것이다. 실상 미국의 경우에도 1930년대 대공황 당시 실시된 도로, 공공건물, 공원 등 각종 사회간접자본 건설, 보수사업과 도서관, 박물관, 미술관 등에 대한 서비스 사업이 오늘날까지도 커다란 기여를 하고 있다는 점을 간과해서는 안 될 것이다.

공공근로사업의 다른 중요 부분은 저소득아동 생활지도, 생활보호자 특별취로 사업, 사회복지기관 도우미 사업 등 저소득 가구 생활보호 사업으로서 사실상 '돈을 쓰기 위한' 사업이다. 이는 저소득 실직자의 생계보호에 주안점을 둔 것으로서 효율성 여부를 논할 성질의 것이 아니다. 만약 이러한 사업에 대해 효율성을 이유로 사업을 축소하거나 또는 다른 효율성 높은 사업으로 대체할 경우 학력과 기술이 떨어지는 상당수 저소득 가구는 공공근로사업에 참여할 길이 없어지게 될 것이며 따라서 이들에 대한 생계보호문제가 대두될 것이다.

또한 이들에게 지급되는 돈이 모두 낭비적인 것으로 끝나는 것도 아니다.

경제학에 대한 기초 지식이 있는 사람이라면 모두 알고 있듯이 저소득층에게 지급된 돈은 이들의 기초소비재 소비를 통해 유효수요를 창출하는 데 기여하게 되며 이는 다시 승수효과를 통해 다른 산업으로 파급됨으로써 결국 상당한 고용창출효과를 가져올 수 있는 것이다. 이러한 유효수요 창출효과를 무시하고 공공근로사업의 비효율성만 강조하는 것은 지나치게 일면적인 생각이라 할 것이다.

다만 현재 공공근로사업이 지니고 있는 문제점에 대해서는 꾸준한 보완이 필요한 것이 사실이다. 무엇보다도 공공근로사업은 그 참여자에 대해 미래의 희망을 주는 사업내용이 되어야 한다. 단순근로나 참여자의 경력, 연령, 적성과 상관없는 사업에의 일괄적 배치는 참여자에게 일의 보람이나 미래에 대한 희망을 줄 수 없는 것이다. 따라서 공공근로사업 참여자의 직업능력을 높이고 미래에 희망을 줄 수 있는 사업을 꾸준히 개발하는 동시에 실직자에 대한 데이터베이스를 구축해 이들의 경력, 연령, 적성을 고려한 사업배치가 될 수 있도록 노력해야 할 것이다.

또 현재의 임금수준이 지나치게 낮고 공공근로사업 참여기간이 3개월로 제한되어 있어 저소득자에 대한 실질적인 생계지원에 미흡한 것은 물론이고 사업의 효율성을 높이는 데도 근본적인 한계로 작용하고 있다. 따라서 참여자의 경력, 학력에 맞는 적정한 수준으로 임금을 현실화하는 한편 참여기간도 연장해 사업의 지속성과 참여자의 경력개발이 이루어지도록 해야 할 것이다.

중장기적으로는 공공근로사업의 성격에 근본적 변화가 필요한 것은 사실이다. 선진국의 경우 실업보험 외에 실업부조나 공공부조 등 다양한 사회적 안전망 장치를 갖추고 있어 실업자의 최소한의 생계를 국가가 보장해 주고 있으므로 공공근로사업의 목적도 저소득자에 대한 소득지원보다는 장기실업자에게 일에 대한 경험과 직업경력을 제공해 줌으로써 미래에 대한 희망을 주기 위한 성격의 것이 대부분이다.

공공부문 및 비영리기관에 의한 직접적 고용창출은 선진국에서는 노동시장정책의 가장 핵심적 역할을 한다. 이는 주로 장기실업자나 노동시장 취약계층을 대상으로 하는데, 그 목적은 '돈을 주는 것'보다는 장기실업자에게 취업경험을 줌으로써 향후 취업가능성을 높이기 위한 것이다(career-buiding). 보통 취업기간은 7~9개월이며, 임금수준은 민간부문과 같은 경우가 많다.

우리의 경우에도 궁극적으로는 실업부조제도나 공공부조제도의 도입을 통해 저소득 실직자의 최소한의 생계를 국가가 보장해준다는 것을 전제조건으로 해서 공공근로사업의 성격을 근본적으로 변화시킬 필요가 있다. 즉, 정부뿐만 아니라 지방자치단체, 사회복지시설, 각종 시민단체, 사회단체, 노동단체 등에서 적극적으로 공공성 강한 사업을 개발하고 이에 실직자를 참여시킴으로써 한편으로는 실직자의 경력개발을 꾀하면서 다른 한편으로는 우리 사회에 꼭 필요한 공공성 강한 장기적 사업을 추진해가는 일석이조의 효과를 거두어야 할 것이다.

또 취업기간과 임금수준에 대해 재검토해야 할 것이다. 실업자를 대상으로 한 조사결과 이들의 유보임금은 70~80만 원 수준인 것으로 나타나고 있다. 따라서 현재의 공공근로사업의 임금(일당 2만 원~3만 원 정도)과 기간(3개월)으로서는 실업자 중에서도 질적 수준이 낮은 인력밖에 유인할 수 없다.

5) 실업급여와 실업부조의 평가

실업급여는 정부의 실업대책의 기간을 이루는 제도이지만 그 포괄 대상범위가 너무 좁고 기간이 한정되어 있어 효과적인 실업대책으로서 기능하지 못하고 있다. 그동안 정부는 꾸준히 고용보험 적용범위를 확대해 1998년 1월에는 10인 이상 상용직, 3월에는 5인 이상 상용직, 10월에는 5인 미만 상용직 및 임시, 단시간 근로자를 고용보험 적용 대상으로 했으며 그 결과 적용 근로자 수 859만 명, 임금근로자 중 적용비율이 71%에 달한다고 노동부는 밝히고 있다.

그러나 여전히 일용직 근로자, 자영업자 및 무급 가족 종사자, 노동시장 신규 진입 실업자 등은 고용보험의 대상 밖에 있다. 또 1998년 10월 1일부터 적용 대상으로 된 1~4인 기업 근로자들도 의무근무기간 6개월이 채워지는 1999년 4월 1일까지는 혜택을 못 받는다. 그 결과 1999년 중 실업급여 대상재(스톡 (stock) 기준)는 전체 실업자의 8%(정규)~15%(연장급여 포함) 정도에 불과할 것으로 추정되는데(한국노동연구원, 1998) 이는 독일 43.5%, 미국 36.0%, 영국

〈표 1-6-8〉 실직자를 위한 사회보장의 종류 및 형태(1990년)

국가	보장 형태	피보험기간		최대급여기간	급여수준		평균 임금 대비(%)
		기준기간	피보험기간		급여계산방식	수준(%)	
오스트리아	UI	1년	26주	20주	혼합	40~50	44
	UA	-	-	무제한	혼합		41
캐나다	UI	1년	27주	50주	비례	60	60
	UA	-	-	무제한	정액	-	37
프랑스	UI	24개월	12개월	30개월	혼합	-	59
	UA	-	-	무제한	정액	-	26
독일	UI	3년	1년	832일	비례	60	67
	UA	-	-	무제한	비례	53	53
아일랜드	UI	1년	39주	15개월	혼합	-	43
	UA	-	-	-	정액	-	34
포르투갈	UI	2년	540일	30개월	비례	60	60
	UA	1년	180일	15개월	정액	-	44
영국	UI	1년	-	6개월	정액	-	26
	UA	-	-	무제한	정액	-	26
핀란드	UI	-	-	500일	혼합	-	59
	UA	-	-	무제한	정액	-	26
스웨덴	UI	12개월	5개월	450일	비례	90	90
	KAS	-	-	450일	정액	-	44
스페인	UI	6년	12개월	24개월	비례	80	80
	UA	-	-	18개월	비례	75	75
호주	GI	-	-	무제한	정액	-	43
뉴질랜드	GI	-	-	무제한	정액	-	40
그리스	UI	14개월	4개월	12개월	비례	50	50
미국	UI	1년	20주	26주	비례	50	50
일본	UI	1년	6개월	300일	혼합	60~80	48
벨기에	UI	36개월	600일	무제한	비례	60	60
한국	UI	1년	6개월	210일	비례	50	50

주 1): UI=Unemployment Insurance(실업보험), UA=Unemployment Assistance(실업부조), GI=Guaranteed Minimum Income(사회복지급여를 포함한 개인의 모든 소득이 일정 수준 이하일 경우, 국가에서 최저소득 보장).
주 2): 스웨덴의 KAS는 보통 실업부조의 역할을 하는 것으로 스웨덴식의 실업부조임.
주 3): 평균 임금 대비 급여대체율은 피부양자가 있는 근로자의 경우임.
자료: 한국노동연구원(1998).

30.0%, 일본 27.8% 등에 비해 매우 낮은 비율이다. 따라서 실업급여 수급요건을 최대한 완화해 보다 많은 실직자들이 실업 시 급여혜택을 받을 수 있도록 해야 할 것이다.

특히 단기간 취업, 실업을 반복하는 건설업 일용직 근로자 등 불안정 취업층이 문제이다. 이들에 대해서는 최소 피보험기간(현재 6개월)의 단축, 또는 기준기간(현재 1년)의 연장을 통해 실업급여의 대상을 넓혀야 할 것이다. 예컨대 영국은 일정액의 소득세 및 보험료를 납부하면 최소 피보험기간 없이 자격을 인정하고 있으며, 독일은 기준기간 3년 내에 1년(계절노동자는 180일)만 취업하면 자격을 인정하고 있다.

실업급여 지급기간이 짧아 장기실직자에 대한 대책이 없는 것도 문제이다. 현재 한국의 실업급여 최대지급기간은 210일(7개월)인데 이는 프랑스의 30개월, 독일의 2.3년, 스웨덴의 1.2년, 일본의 300일에 비해 매우 짧은 것이다(〈표 1-6-8〉 참조). 또 실업급여가 끝난 뒤에도 대부분의 유럽 국가들은 실업부조를 지급하고 있는데 이는 기간이 무제한이며 실업자의 최저한의 생계를 충족시킬 수 있는 정액급여를 지급하는 것이다. 현재 OECD 회원국 중 실업부조제도를 가지고 있지 않은 나라는 미국, 일본, 그리스, 벨기에, 한국 등 5개국에 불과하며 실업부조제도가 없는 미국, 일본 등에서는 실업보험의 연장급여를 지급하고 있다. 결국 선진국에서는 어떤 형태로든 실직자의 최저한의 생계는 보장된다. 반면 한국의 경우 실업급여기간이 끝나면 아무런 대책이 없는 상황이다.

급여수준 면에서도 한국은 종전 급여의 50%인데 비해 유럽 국가들은 60~90%이다. 미국은 종전 급여의 50%를 지급하기는 하지만 단체협약에 의한 보충급여(supplementary benefits)가 있기 때문에 실질적인 급여 삭감은 그다지 크지 않다.

한국도 앞으로 실업급여기간의 연장, 지급수준의 상향조정 등을 통해 실직자의 최저한의 생계를 보장하는 한편 장기간 고실업이 계속될 것에 대비해 실업부조제도의 도입이 불가피할 것으로 보인다.

이 경우 예상되는 상당한 재원소요 증가에 대비해 다양한 방안을 마련할 필요가 있는데 예컨대 고용세 등 목적세의 도입, 채권발행, 국방비 등의 재조정, 금융 종합소득과세의 실시 등이 그것이다.

6) 실직자 대부 사업의 평가

실직자 대부 사업으로서는 기존 국민연금 가입자에게 납부 보험료의 80% 범위 내에서 최고 1000만 원까지 생활자금을 대여하는 사업과 고용보험 비적용자이거나 실업보험급여 소진자에 대한 대부 사업(근로복지공단)이 시행되고 있다. 이들 사업은 실직자들로부터 높은 호응도를 보여 예산배정분이 대부분 소진되는 성과를 거두고 있다.

그러나 실직자 대부금의 60% 정도가 기본 생계자금으로 사용되어 상환가능성이 매우 낮은 형편이다. 결국 앞으로 대량의 신용불량자가 양산되는 동시에 국민연금, 무기명 장기채 등 재원에 대한 상환불능 시 대책 수립이 필요하게 될 것이다.

한편 실직자 대부 사업의 신청자격과 요건이 까다롭고 홍보 부족으로 주로 중소득자 이상의 실업자만이 신청하고 있는 것으로 나타난 점도 문제이다.

대부 액 역시 대부분 소액(1,000만 원 미만 80% 이상)이므로 실질적인 생계유지에 큰 도움이 못된다.

실직자 대부 사업은 생계지원효과가 크므로 현 사업을 지속하되 신청자격, 요건을 완화하는 대신 대출금이 생산적으로 쓰이고 상환가능성이 높아지도록 유도할 필요가 있다.

5. 실업대책의 추진체제의 재정비

실업대책을 효율적으로 기획, 추진하는 데 있어 무엇보다도 중요한 것은 그 추진체제를 잘 정비하는 일이다. 그러나 적어도 수십 년간에 걸쳐 실업대책에 관한 경험을 축적해 온 선진국과는 달리 실업정책에 관한 체계적 대비책과 경험을 거의 갖지 못하고 있던 정부로서는 갑작스러운 대량실업을 맞이해 상당한 혼란을 드러내고 있다. 정부는 지금부터라도 실업대책 추진체제를 재정비해 체계적이고 효율적인 대책을 내놓을 수 있도록 해야 할 것이다. 효율적인 실업대책 추진체계의 정비는 ① 관련 부처 간 정책조정력 및 정책기획력의 제고, ② 중앙부처와 지방자치체 간의 협조강화 및 지자체의 역할 강화, ③ 민간부문과의 협력강화 및 수요자 의사반영의 강화 등 세 가지 측면에서 이루어져야 한다.

먼저 실업대책 관련 부처 간 정책조정력과 정책기획력을 높이는 일이 시급하다. 현행 실업대책은 각 관련 부서가 상호연관 없이 내놓은 정책의 짜집기식이라는 점에서 많은 문제를 야기하고 있다. 더욱이 방대한 예산에도 불구하고 정책효과에 대한 타당성 검토 등이 미흡한 채 급조된 정책이 많아 혼란, 낭비, 중복을 야기하고 있다. 현장에서 실업대책이 실제로 집행되는 과정에 대한 감독, 피드백 기능이 미약하다. 전체적으로 실업대책에 대한 기획력, 조정력, 수요자 대응력의 제고가 필요하다.

이러한 점을 감안해 실업대책의 부처 간 조정을 위해 총리 산하에 실업대책위원회가 구성되어 있으나 각 부처의 기존 업무 취합에 주력하고 있으며 새로운 정책, 정책효과의 평가 등은 제대로 하지 못하고 있는 상황이다.

정부는 이러한 상황을 개선하기 위해 최근 실업대책 추진위원회(추진위) 산하에 실업대책평가기획단을 구성, 발족시켰다. 그러나 '평가기획단' 역시 각 부처에서 파견된 공무원들로만 이루어짐으로써 여전히 부처 이기주의에서 벗어나기 힘들며 또 하나의 '옥상옥'으로서 쓸데없는 서류작업만 하는 조직이 될 가능성이 있다. 따라서 현재의 공무원 위주로 구성된 평가기획단을 민간전문가들과 정부의 실질적 전문가들로 구성되는 '기획단'으로 바꾸는 것이 올바른 방향일 것이다. '기획단'이 구성될 경우 학계, 노동계, 경영계, 시민단체, 실업자단체 등 광범한 층의 전문가들을 참여시켜 실업대책에 대한 국민각계의 여론을 모으는 동시에 그 추진과정에 대한 참여를 높여야 할 것이다.

둘째, 중앙정부와 지방자치체 간의 실업대책에 관한 공조를 강화하는 한편 지자체 스스로 실업대책에 대한 대응력을 높이는 것이 긴요하다. 실업대책에 있어 앞으로 지방자치제의 역할이 한층 중요해짐에 따라 중앙정부와 지자체 간의 공조 및 지자체 자체의 전문성 확보가 중요해질 것이다. 대부분의 지자체에서는 실업문제에 대한 사명감이나 전문성이 떨어지고 있는 점을 감안해 중앙정부로서도 지자체 실업정책 전담인력의 사명감과 전문성을 확보할 수 있도록 실업대책 예산의 차등배분이나 인력증원 등 인센티브를 제공하는 방안을 강구해야 할 것이다(최영기, 1998). 지자체 스스로도 지역주민의 삶의 질을 향상시키고 지역경제를 활성화하는 데 있어 실업문제가 갖는 중대한 의의를 재인식하고 지금까지 다소 소홀히 취급되어 왔던 이 분야에 대해 재정과 전문인력을 집중 투입해야 할 것이다. 여러 가지 여건상 당장 인력증원과 대규모 재정투입이 불가능한 점을 감안해 외부전문가 이용, 노동단체, 시민단체, 학계 등 민간부문과의 협력강화 등을 통해 민간의 창의력과 전문성을 활용해야 할 것이다.

셋째, 실업대책이 효율적으로 수립되고 그 정책효과가 제대로 발휘되기 위해서는 정부의 힘만으로는 한계가 있으며 민간부문과의 적극적인 협조강화가 필수적이다. 공무원들의 관료적 행정관행, 인력부족, 현장과 유리된 행정체제 등의 문제점을 해결하고 더 나아가 민간부문의 창의력과 전문성을 적극 활용할 수 있는 방안을 강구해야 할 것이다. 한편 실업대책의 수요자인 실업자 및 현장근로자들의 의사가 반영될 아무런 통로가 없는 것도 문제이다. 노동조합 또는 실업자조직이 항상적·체계적으로 의사를 반영할 수 있도록 기획단을 비롯해 각종 실업대책기구에 이들을 참여시켜야 할 것이다.

6. 맺음말

현재 우리는 대량실업의 시대를 살고 있다. 엄청난 실업자와 반실업자의 발생은 비단 당사자 자신과 그 가족에게 있어 경제적·정신적 고통을 강요하는 것뿐만 아니라 재직노동자의 고용을 위태롭게 하고 임금과 근로조건을 저하시키며 노동조합의 조직률을 떨어뜨리는 요인으로 작용하고 있다. 더 나아가서 대량실업은 자살, 범죄, 이혼 등 사회적 문제를 야기하고 전체적으로 사회적·정치적 불안을 야기하는 요인으로 작용하고 있다.

바로 이러한 점에서 대량실업을 최소화할 수 있는 적극적 정책이 요구되는 것이다. 그러나 현재의 정부의 실업정책은 많은 문제점을 가지고 있다. 우선 지적하지 않으면 안 될 것은 구조조정정책과 실업정책 간의 모순이다. 정부가 추진하고 있는 신자유주의적 구조조정 정책과 노동시장의 유연화정책은 대량실업을 야기하는 주요 요인으로 작용하고 있다. 한편으로는 끊임없이 실업을 발생시키는 정책을 취하면서 다른 한편으로는 실업대책을 강구한다는 것은 그 자체로서 모순된 처사이며 이러한 모순된 정책이 계속될 경우 대량실업의 해결은 요원한 일이라 할 것이다. 인원삭감 위주의 구조조정이 아니라 부실경영, 정경유착, 관치금융을 척결하는 진정한 의미의 구조조정정책으로 방향을 전환해야 하며, 구조조정의 최대의 희생자인 노동자들의 의견을 무시하고 진행되는 일방적 구조조정이 아니라 이들의 의사를 최대한 반영하는 사회통합적 구조조정으로 바뀌어야 한다.

특히 앞으로 상당 기간 동안 노동력 수급균형이 회복되기 어려운 상황에서 추가적 실업발생을 막기 위해 무분별한 대량해고를 막는 것은 실업정책의 최우선순위가 되어야 한다. 그러한 면에서 노동시간 단축을 통한 일자리나누기가 우리 사회에서 진지하게 검토되어야 할 것이라고 생각한다.

또한 이미 발생한 실업자에 대한 대책 역시 신자유주의적 정책의 연장선상에 놓여 있는 점도 문제이다. 사회적 안전망이 제대로 갖춰지지 못한 상태에서 발생한 대량의 실업자 중 상당수가 당장 생계유지수단이 막막한 상황임에도 불구하고 정부는 이른바 '복지병'의 발생을 지레 경계하면서 '일을 통한 복지'에만 집착하고 있다. 그러나 한국은 모든 면에서 복지병이 발생할 여건이 아직 갖춰지지 않은 사회이다. 실업급여의 혜택을 받을 수 있는 사람은 아직 소수이며 그 기간도 최대 7개월로 제한되어 있다. 실업부조제가 없기 때문에 실업급여 수혜기간이 끝남과 동시에 생계유지수단이 막막해진다. 정부는 이들에 대해 공공근로사업을 통해 일을 시키면서 돈을 주겠다는 입장이나 이는 기간이 매우 한정되어 있는 일시적 미봉책에 불과하며 더욱이 사업의 비효율성, 대상자 선정의 불공정성 등의 문제를 드러내고 있다. 그 밖에 실업자 대부, 한시적 생활보호 등도 모두 일시적인 미봉책에 불과하다.

따라서 사회적 안전망을 올바로 구축함으로써 실업자들에게 최소한의 생계수단을 제공하는 것이 무엇보다도 급선무이다. 즉, 실업급여의 대상과 기간을 확대하는 한편 실업부조제를 도입해 실업급여기간이 끝난 사람들에게 최소한의 생계수단을 제공해야 한다. 물론 이와 더불어 실업부조 대상자에 대해 직업훈련과 취업 알선, 구직의사 확인 등의 조치를 취함으로써 영구히 복지 의존적이 되지 않고 미래에 희망을 갖도록 하는 것이 중요하다. 연소자, 여성, 고령자 등 근로능력이 없는 사람들을 위해서는 공공부조제를 크게 확대해 사회적 안전망의 사각지대를 없애야 한다.

현재의 대량실업을 해소하는 근본적인 방법은 물론 일자리 창출이다. 현재 민간부문의 투자의욕이 매우 떨어져 있는 점을 감안해 당장은 공공부문이 일자리 창출의 주역을 맡을 수밖에 없다. 즉, 적극적인 재정금융정책과 사회간접자본 투자 등을 통해 고용을 흡수하는 이른바 '고용흡수적 거시경제정책'의 추진이 요구된다. 아울러 국가, 지방자치단체, 각종 비영리기관 등에 청년실업자들을 단기간 취업시켜 직업경험을 갖도록 함으로써 이들에게 '미래에 대한 희망주기'를 할 필요가 있다. 중장기적으로는 고용흡수력이 높은 업종의 창업을 지원하고 금리인하 등을 통해 민간투자의 활력을 살림으로써 현재의 대량실업을 줄여 나가야 할 것이다.

참고문헌
(제1부 제6장)

노동부. 1998. 10. 「실업대책 추진현황과 중점과제」. 노사정위원회 보고자료.

_____. 1998. 5. 「실업문제 종합대책」.

_____. 1999. 1. 「'99년 및 중기실업대책 구상」.

엄규숙. 1998. 11. 「실태조사결과의 정책적 함의」. 한국노동조합총연맹. 『경제위기와 노동운동 대응방안 모색을 위한 토론회』.

윤진호. 1997. 12. 「IMF 구제금융과 고용위기: 어떻게 대응할 것인가?」. 전국민주노동소합총연 맹. 『IMF 구제금융과 한국 경제, 고용위기: 어떻게 대응할 것인가?』.

_____. 1998. 11. 「노동시간 단축을 통한 일자리 나누기와 노동조합의 정책과제」. 전국민주노동 조합총연맹. 『노동시간 단축과 노동조합의 정책과제』.

_____. 「실업정책의 현황과 문제점」. 『경제와 사회』, 1999년 봄호.

윤진호·이병희. 1998. 「위기에 빠진 현대자본주의, 위기에 빠진 노사관계」. 김수행 편저. 『청년 을 위한 경제학 강의』. 한겨레신문사.

전국민주노동조합총연맹. 1998. 「민주노총 대정부 5대요구안(해설)」.

정인수. 1998. 10. 「실업대책 현황과 평가」. 서울사회경제연구소 월례발표회 발표논문.

최영기. 1998. 11. 「구조조정기의 실업 및 사회정책과제」. 국제무역경영연구원 발표논문.

통계청. 1998. 9. 「1998. 9월 고용동향」.

_____. 1998. 11. 「도시근로자 가계수지동향」.

한국노동연구원. 1998. 『고실업시대의 실업대책』.

한국노동조합총연맹. 1998. 11. 『경제위기와 노동운동 대응방안 모색을 위한 토론회』.

Ginsburg, H. L. et al. 1997. "Special Issue on: The Challenge of Full Employment in the Global Economy." *Economic and Industrial Democracy*, Vol. 18, No. 1(Feb. 1997).

Nickell, S. 1997. "Unemployment and Labor Market Rigidities: Europe versus North America." *Journal of Economic Perspectives*, Vol. 11, No. 3(Summer).

OECD. 1994. *Jobs Study--Facts, Analysis, Strategy*.

_____. *Employment Outlook*, various issues.

제2부 새로운 노사관계와 노동운동을 위하여

제1장

IMF 시대의 노사관계
시장적 유연화로부터 협력적 유연화로[*]

1. IMF 구제금융과 고용위기

IMF 구제금융 신청에 따른 한국 경제의 위기는 우리가 종전에 경험하지 못했던 미증유의 시련을 한국 경제에 가져다주고 있다. 급속한 성장둔화와 물가상승, 환율 및 금리의 폭등, 기업의 부도, 도산, 임금의 동결 및 삭감 등으로 국민들의 고통은 점점 늘어나고 있다. 특히 그 가운데서도 성장률 저하와 산업구조조정 및 기업의 도산, 인원감축에 따른 대량실업의 우려는 앞으로 한국 경제가 해결해야 할 최대의 과제로 되고 있다.

정부는 애초 IMF와 1998년 성장률을 2.5~3%선, 물가인상률을 5% 내로 유지하기로 약속했으나 IMF 구제금융이 실시된 후에도 외환사정 및 금융시장사정이 개선되지 않음에 따라 1998년 1월 다시 IMF와의 협의를 통해 1998년 GDP 성장률을 1~2%로, 그리고 물가상승률을 9%로 수정 발표했다. 이처럼 성

---

[*] 이 글은 ≪노동사회≫, 제19호(한국노동사회연구소, 1998)에 게재되었다.

장전망치가 하향수정됨에 따라 실업률 역시 애초의 3.9%로부터 5~6%선으로 높아질 것으로 예상되고 있다. 그러나 일부 민간경제연구소에서는 이러한 정부의 전망치도 낙관적인 것이며 실제로는 마이너스 성장이 불가피할 것으로 보고 있으며 실업률 역시 7% 이상에 달할 것으로 예상하고 있다. 이렇게 될 경우 실업자 수는 150만 명 이상까지도 될 수 있을 것으로 보고 있다.

물론 한국의 노동시장에서는 실직을 하더라도 재취업 가능성이 적고 사회보장기능도 미약하기 때문에 구직을 포기하고 비경제활동 인구로 되는 이른바 실망실업자 효과가 커서(특히 여성, 노령자) 이들 실직자가 곧 실업률 상승으로 이어지기보다는 오히려 경제활동 참가율을 떨어뜨리는 쪽으로 작용할 가능성이 크지만 아무튼 종전에 우리가 경험하지 못했던 대규모 실업이 불가피한 것이다.

실업과 고용불안정 외에도 임금동결 및 삭감, 물가상승에 따른 실질임금 저하, 세금 인상에 따른 가계부담의 증대 등이 예상되며 또 임금체계의 개편, 퇴직금 제도를 비롯한 각종 사회보장제도의 개편, 축소, 휴일, 휴가 등 부가급부의 축소 등도 예상되어 노동자 및 일반 국민대중은 그 어느 때보다도 어려운 시기를 맞이할 것으로 예상된다.

2. IMF의 신자유주의적 정책처방과 그 한계

지난해 12월 IMF는 한국에 대한 구제금융의 대가로 가혹한 내용의 구조조정 조건을 담은 양허안을 내놓았으며 정부는 이를 거의 그대로 수용함으로써 양해각서가 체결되었다. 이 양해각서의 내용은 성장률, 물가상승률 등 거시경제지표의 설정, 재정금융긴축정책의 실시, 금융산업의 구조조정, 무역 및 자본 자유화, 기업경영의 투명성 제고, 노동시장의 유연화 등 광범하고도 엄격한 내용을 담은 것으로 앞으로 IMF는 한국 정부가 이 양해각서를 얼마나 잘 이행하느냐를 감시하고 그 결과에 따라 자금 지원을 하게 되므로 한국 정부로서는 이를 충실히 지키겠다고 IMF에 이미 약속한 바 있다. 그러나 과연 이러한 IMF의 정책처방이 진정으로 한국 경제를 살릴 수 있는 성격의 것인가에 대해서는 국내외에서 많은 의문이 제기되고 있는 것이 사실이다.

특히 IMF와 한국 정부가 지난해 12월 3일 체결한 구제금융에 따른 양해각서에는 '노동시장의 유연성 제고를 위한 추가조치와 고용·보험제도의 기능강화'를 내용으로 하는 노동시장 개혁조치가 포함되어 있으며 그중 외부에 공표되지 않은 노동시장의 유연성 제고조치의 구체적 내용은 '정리해고에 대한 제한 완화와 파견근로제의 도입'인 것으로 알려지고 있다.[1] 뿐만 아니라 미국 측은 데이비드 립튼 재무차관을 통해 IMF와의 협약사항 중 노동정책에 대한 부분이 불충분하다고 지적하면서 임금유연성 제고, M&A 활성화를 위한 정리해고의 조기실시뿐만 아니라 파업 시의 대체근로제 등까지 요구한 것으로 알려졌다.

사실 노동시장의 유연화 문제는 IMF와 미국의 요구가 있기 전에 이미 정부와 기업에 의해 꾸준히 추진되어 온 과제이다. 그동안 정부와 기업은 한국 경제의 구조조정을 방해하는 요소로서 노동시장의 경직성을 지적, 노동시장의 유연성 제고가 앞으로 노동정책, 경제정책의 최우선과제가 되어야 한다고 주장해 왔다(재정경제원, 1997). 정부의 21세기 국가과제연구에 의하면 '노동시장의 유연성 제고'가 국가과제의 하나로 거론되고 있으며 이를 위해 파견근로제의 도입, 계약직 근로의 활성화, 시간제 근로 및 재택근로의 활성화, 임금체계의 유연성 제고, 퇴직금 제도의 혜택 축소, 연월차휴가의 축소 등 다양한 정책과제가 제시되고 있다(한국노동연구원, 1997).

그러나 이러한 정부와 기업의 주장은 매우 일면적인 것이다. 먼저 노동시장 유연성론은 좁은 의미의 효율성에 지나치게 매몰된 논리이다. 자본주의 사회에 있어 고용은 노동자가 자기 및 가족의 생계를 유지하기 위한 필수적 수단이

---

1) ≪조선일보≫, 1997년 12월 8일 자.

다. 효율성이라는 이름 아래 기업의 자의적인 해고를 인정하는 것은 사회적 정의와 공정성을 해치고 나아가 노동자의 최소한의 생계수단을 빼앗는 행위이다. 실업은 비단 노동자 가족의 생계불안을 가져올 뿐만 아니라 당사자의 정신적 파탄, 이혼, 가출, 범죄, 자살 등 가정파괴를 가져와 사회적 문제를 야기한다는 것은 이미 선진국에서도 실증적으로 증명된 바 있다.

고용불안정은 경제적 효율성에 측면에서도 과연 바람직한 것인지 의문이다. 장기적 고용관계는 협조적 노사관계를 유도하고 기업의 기능적 유연성을 증대시키며 기술변화에 대한 노동자의 수용을 쉽게 만든다. 뿐만 아니라 노동자의 기업에 대한 헌신성과 자발직 노력을 유인하고 인적사본에 내한 투자를 유인해 숙련의 형성을 가져옴으로써 전반적인 생산성 향상과 경쟁력 강화를 가져올 수 있다(Buechtemann, 1993). 일본의 종신고용제는 그 대표적인 예라 할 것이다.

노동시장 유연성론에서는 또 해고의 자유에 따른 기업의 사적 효율성을 지나치게 강조하는 경향이 있다. 해고는 당해 기업에는 비용절감을 가져다줄지 모르나 해고에 따라 노동자와 지역사회가 입게 되는 사회적 비용은 증가하게 된다. 예컨대 실업수당 지출의 증대, 지역사회의 붕괴, 범죄, 알코올중독, 약물중독, 가정파괴, 청소년문제의 증대 등이 그것이다. 따라서 해고의 비용과 수익을 기업의 좁은 틀 안에서만 평가해서는 안 되며 사회 전체의 관점에서 평가될 필요가 있다.

그렇다면 일부에서 주장하듯이 한국의 노동시장은 과연 경직적인가? 먼저 법적·제도적 요인을 살펴보면 정리해고제의 경우 이미 「신노동법」에 제도가 도입되어 있으며 1999년 3월부터 발효 예정이다. 「신노동법」상의 정리해고조항은 '긴박한 경영상의 이유'가 있을 경우 정리해고가 가능하도록 하고 있다. 긴박한 경영상의 이유가 과연 구체적으로 무엇을 의미하는지는 법원의 판례에 따르게 되는데 최근 법원은 정리해고 요건을 점차 완화시키고 있어 사용자의 자의적인 해고가 빈발할 것으로 우려되고 있다.

정리해고제 도입이 유예되어 있음에도 불구하고 현재도 법원판례에 의해 정리해고가 빈번하게 행해지고 있는 것이 현실이다. 노동부의 보고에 따르면 1997년 중 정리해고나 이와 유사한 방식으로 직장을 떠난 노동자 수가 연말까지 3만 명을 넘어선 것으로 추정된다. 1997년 10월 말까지 해고된 총 2만 3천 명 중 정리해고된 노동자 수는 1만 76명이고 사업주 권유에 의한 반강제적 퇴직자 수는 1만 3307명에 달한다(노동부). 그동안 법원은 정리해고 요건에 대한 판례를 점차 완화시켜 옴으로써 현재로서는 사실상 광범하게 정리해고가 이루어지고 있는 실정이다. 따라서 현재 정리해고조항이 없어 정리해고가 불가능하다는 주장은 사실과 다르다고 하겠다.

　또한 정리해고 외에도 명예퇴직, 조기퇴직 등 사실상 반강제적인 자발적 퇴직이 광범하게 이루어지고 있다. 노동연구원의 조사에 따르면 조사대상 기업의 11.5%가 명예퇴직제를 실시한 경험이 있는 것으로 나타났으며(노동연구원, 1997) 노동부의 고용전망조사에서도 고용조정 실시방법으로 '희망퇴직자 모집'을 든 기업의 비율이 1995년 3/4분기의 1.3%로부터 1997년 3/4분기에는 2.1%로 크게 높아지고 있다. 그 밖에도 권고사직 등 불법적 방법에 의한 반강제적 퇴직도 광범하게 이루어지고 있는데 최근 한라중공업의 대규모 해고사태는 그 전형적인 사례라 하겠다.

　한국 노동시장의 유연성을 논함에 있어 무엇보다도 우선 고려해야 할 것이 고용계약이 1년 미만의 단기간인 임시노동자의 확산이 급격해지고 있다는 사실이다. 한국의 임시직 노동자 비율은 1997년 2/4분기 현재 전체 임금노동자의 45.5%에 달하고 있는데, 이는 다른 OECD국가들에 비해서도 훨씬 높은 수준이다(〈표 2-1-1〉). 따라서 한국의 기업들은 주부 등 보조적 노동자의 파트타임 노동에 의해 노동시장 유연성을 추구하는 유럽 국가들과는 달리 정규직과 거의 노동시간이 같으면서 고용계약기간만 짧은 임시직 노동자에 의해 노동시장 유연성을 추구하고 있으며 이는 가장 등 핵심 노동자의 고용안정성을 해치는 요인으로 작용하고 있는 것으로 분석된다.

〈표 2-1-1〉 취업자 대비 임시직과 단시간 노동자 비중의 국제비교

(단위: %)

국가		임시직(계약직) 노동자			단시간 근로자		
		1992	1993	1994	1992	1993	1994
EU		10.8	10.6	11.0	14.2	14.8	15.3
벨기에		4.9	5.1	5.1	12.4	12.8	12.8
덴마크		11.0	10.7	11.9	22.5	23.3	21.2
독일		10.4	10.2	10.2	14.1	15.1	15.8
그리스		10.3	10.4	10.3	4.8	4.3	4.8
스페인		33.5	32.1	33.6	5.8	6.6	6.9
프랑스		10.4	10.8	10.9	12.7	13.9	14.9
아일랜드		8.7	9.3	9.4	9.1	10.8	10.8
이탈리아		7.6	6.1	7.3	5.9	5.6	6.2
룩셈부르크		2.9	2.7	2.7	6.9	7.3	7.9
네덜란드		9.7	10.0	10.9	34.5	35.0	36.4
오스트리아		-	-	-	8.2	8.7	-
포르투갈		10.8	9.6	9.3	7.3	7.4	8.0
핀란드		13.1	12.7	12.9	7.4	8.4	8.4
스웨덴		10.5	11.5	-	24.3	24.9	-
영국		5.4	5.7	6.3	23.2	23.9	23.8
한국	취업자 대비	26.1	25.2	26.1	7.1	6.6	6.6
	피용자 대비	42.9	41.3	42.2	-	-	-

자료: European Commission(1995).

실증적으로도 한국의 노동시장이 외국에 비해 경직적이라는 증거는 매우 미약하다. 노동연구원의 연구에 의하면 〈표 2-1-2〉에서 보듯이 한국의 고용유연성 수치는 0.55로서 미국(0.67)이나 영국(0.71) 등에는 미치지 못하지만 여타 OECD국가들의 중간 정도에 속하고 특히 일본(0.46)에 비해서는 상당히 유연성이 높은 것으로 나타나고 있다. 임금의 유연성 역시 OECD국가들 중 중간 정도의 수준이다. 다만 근로시간의 유연성은 매우 낮게 나타나는데 이는 그동안 한국의 기업들이 장시간 노동을 계속해 왔기 때문에 근로시간의 유연성을 발휘할 여유가 없었기 때문인 것으로 생각된다(정인수, 1997b). 그러나 이것도 「신노동법」에서 변형근로시간제가 도입되었으므로 앞으로 유연성이 높아질 것으로 생각된다.

이렇게 볼 때 한국의 노동시장이 유연성을 결여하고 있다는 주장은 그 근거

〈표 2-1-2〉 산출량에 표준화한 노동변수의 국제비교(1950~1983년)

국가	고용	근로시간	실질임금
한국	0.55(0.54)	0.06(0.13)	0.68(0.80)
미국	0.67(0.18)	0.19(0.07)	0.25(0.26)
일본	0.46(0.23)	0.21(0.09)	0.50(0.37)
독일	0.66(0.36)	0.33(0.13)	0.54(0.73)
영국	0.71	0.30	0.54
캐나다	0.66	0.30	0.34
덴마크	0.94	0.43	0.80
프랑스	0.59	0.40	0.79
이탈리아	0.51	0.42	0.79
네덜란드	0.63	0.29	0.82
노르웨이	0.68	0.32	0.84
스웨덴	0.64	0.26	0.82

주 1): 고용, 근로시간, 실질임금의 각각의 연도별 값에 로그(log)를 취하여 표준편차 값을 구한 후 제조업 총
산출량(실질)의 연도별 값에 로그를 취하여 표준편차 값을 나누어서 표준화(normalized)한 수치임.
주 2): 한국, 미국, 일본, 독일의 ( ) 안의 수치는 1983~1991년까지의 것임.
자료: 정인수(1997b).

가 희박하며 다른 나라에 비해 보더라도 노동시장의 유연성이 크게 떨어지는
것은 아니라고 결론지을 수 있다. 특히 최근 불황의 심화에 따라 취업자 증가
율이 뚜렷이 떨어지고 임시노동자의 수가 급증하는 등 오히려 지나친 노동시
장 불안정화의 부작용이 나타나고 있어 정책 중심이 노동시장 유연화보다는
고용안정에 두어져야 할 것으로 생각된다.

3. 시장적 유연화로부터 협력적 유연화로

현재 IMF가 강요하고 정부와 기업에 의해 추진되고 있는 노동시장의 유연
화는 시장의 강제력에 의해 유연화를 달성하려는 이른바 '시장적 유연화' 일변
도라는 점에서 문제가 있다. '시장적 유연화'는 대량해고와 임시노동자의 대량
도입, 임금의 최대한 삭감, 그리고 노동조합 기능의 최대한 약화 등에 의해 노
동시장에서 기업의 이윤을 위한 최대한의 유리한 조건을 창출함으로써 기업의

축적조건을 회복하려는 시도로 해석할 수 있다. 그러나 이러한 '시장적 유연화'는 결국 대량실업과 대량빈곤, 노동시장의 이중구조화, 고용관계의 불안정화, 그리고 이에 따른 노사관계의 악화를 가져오게 될 것이다.

　대부분의 사람들은 현재의 금융외환위기의 극복이라는 단기적 과제의 해결에만 급급해 IMF와 미국이 강요하는 신자유주의적·시장친화적 정책이 가져올 장기적 문제에 대해서는 등한시하고 있다. 그러나 라틴아메리카의 경우에도 보듯이 신자유주의적 개혁은 엄청난 정치적·경제적·사회적 비용을 수반하는 것이다. 이는 심각하고 고통스런 불황의 지속, 대량실업, 실질임금과 생활수준의 급격한 저하, 소득분배의 악화, 빈곤의 심화, 노동조합의 약화, 근로기준의 악화 등을 가져오게 되며 이는 다시 실업자를 비롯한 노동자들의 반발을 가져와 사회적·정치적 불안으로 연결될 가능성이 크다. 지난번 노동법 파동 과정에서 경험했듯이 우리 사회가 과연 이러한 노동자들을 비롯한 국민대중의 반발을 억누르고 경제적·사회적·정치적 불안을 감당할 수 있을 만큼 능력이 있는지에 대해서는 의문이 든다. 설혹 노동자들의 반발을 무릅쓰고 '시장적 유연화'를 달성할 수 있다고 하더라도 그 과정에서 생기는 엄청난 혼란으로 인해 현 위기로부터의 극복이 훨씬 지연될 가능성이 크다.

　따라서 정부도 IMF의 요구나 국제투자가들의 신뢰도 회복 등만을 이유로 시장적 유연화를 강행하려는 자세에서 벗어나 국가정책의 자율성을 회복해야 할 것이다. 사실 글로벌라이제이션의 진전에도 불구하고 국민국가의 정책이 한 나라의 고용수준과 근로조건에 미치는 영향을 아직도 지대하다는 사실을 감안할 때 일국의 노동정책이 단지 국제금융자본의 요구나 국제경쟁력에 대한 고려에 의해서만 수립, 집행되어서는 안 되며, 더욱이 임금삭감과 근로조건의 악화 및 대량해고만이 유일한 국제경쟁력 향상책인 것으로 간주해서는 안 될 것이다(ILO, 1996: 10).

　그렇다면 현재의 상황하에서 우리가 택할 수 있는 최선의 길은 무엇일까? 우리가 택할 수 있는 유일한 길은 노사정 등 관련 당사자들의 참여와 협력에 의해 전략적 동맹(Strategic Alliances)을 체결함으로써 현 위기를 극복하고 나아가서 한국 경제의 장기적 발전모델을 만들 수 있는 '협력적 유연화'밖에 없다고 생각한다. '협력적 유연화'는 노사정 등 관련 당사자들의 참여와 협력에 의해 서로가 최대한 양보하고 서로 받아들일 수 있는 방법으로 유연화를 달성함으로써 상호이익이 되고자 하는 유연화로 볼 수 있다. 예컨대 독일에서의 노사정 3자에 의한 '협력적 행동(social corporatism)', 일본에서의 기업 차원에서의 노사협력(micro corporatism)은 '협력적 유연화'의 대표적 예이다.2)

'협력적 유연화'를 위해서는 노사가 국가와 산업 및 기업의 중요의사결정과정에 대등하게 참여할 필요가 있다. 이를 바탕으로 노동자의 훈련, 교육의 강화, 다기능화, 숙련기술의 향상, 인력의 재배치, 근로시간의 조정 등의 방법으로 유연화를 달성할 수 있는 것이다.

이를 위해서는 물론 협력당사자들의 상호희생이 필요할 것이다. 즉, 사측에서는 소유와 경영의 민주화, 정경유착의 근절, 노동자의 경영참여 허용, 고용보장, 실질소득의 보장, 노사관계의 민주화 등을 위해 노력해야 하며, 노측에서도 생산성 향상 노력, 노사관계의 평화유지 노력, 지나친 임금인상 자제 등이 이루어져야 할 것이다. 또 정부도 이러한 양측의 협력적 행동이 이루어질 수 있도록 노사자율을 최대한 보장하고 정치민주화, 노사의 중요정책참여 허용, 고용안정정책을 비롯한 적극적 노동시장정책, 사회보장의 충실화 등이 이루어져야 할 것이다.

혹자는 주로 '시장적 유연화'에 의존하고 있는 미국과 '협력적 유연화'에 의존하고 있는 독일 등 유럽을 비교해 미국이 보다 고용창출력이 우수하고 경제

---

2)   종래 많이 이야기되던 '기능적 유연화'와 '수량적 유연화' 간 구별이 주로 유연화의 수단, 형태에 따른 구별이라고 한다면 '시장적 유연화'와 '협력적 유연화'는 유연화를 취하는 주체의 행동양식에 따른 구별이라고 할 수 있다. 따라서 '협력적 유연화'하에서는 경제주체들의 양보와 협력으로 수량적 유연화와 기능적 유연화 양쪽 모두가 가장 적절한 형태로 도입될 수 있다. 이는 유종일(Jong-Il You, 1997)이 말하는 '전략적 유연화'와 유사한 개념이다.

성과가 좋다고 지적하면서 '시장적 유연화'의 장점을 주장하지만 이는 일방적 견해에 불과하다. 해고가 자유로운 경우 호황 시에 보다 고용창출이 잘되는 경향이 있는 것은 사실이나 반대로 불황 시에는 대량해고가 이루어지는 경향이 강하다. 그 결과 고용의 변동이 심해 전체적으로 노동시장의 안정성을 저해하는 결과를 가져온다(Nickell, 1997). 또 해고규제가 엄격한 나라에서는 불황 시 다른 방법(예컨대 노동시간 감축)에 의해 고용조정이 이루어지므로 전체적 효과는 거의 비슷하다는 실증적 연구결과도 많이 나오고 있다.[3]

4. 노사정 협의체의 성공을 위한 조건

현재의 위기 극복을 위한 방안으로 '협력적 유연화'가 거의 유일한 길이라는 점에서 정부가 현 위기 극복을 위한 노사정 참여체제의 구축에 나선 것은 올바른 방향이라 할 것이다. 그러나 지난번 노동법 개정과정에서 노사관계개혁위원회가 실질적인 권한이 없는 채로 결국 좌초한 전례에서 보듯이 자칫 정부가 이러한 3자참여체제를 단순한 임금인상억제 및 고용감축을 위한 수단으로서의 의미 정도로 이용하려 한다면 이는 만들지 않는 것만 못한 결과를 가져올 것이다.

그렇다면 노사정 협의체가 성공하기 위해서는 어떻게 해야 할까?

첫째, 무엇보다도 우선 현안 문제에 대한 정부의 솔선수범과 대통령의 지도력 확보가 중요하다. 정부는 재정지출의 축소, 공무원 정원의 삭감, 공기업의 경영합리화, 공공서비스가격의 안정, 부정부패의 발본색원 등을 위해 솔선수범해야 한다. 또 정부가 노사 어느 한쪽에 쏠리지 않고 중립적 입장에서 노사 간 문제를 풀려는 의지를 보여 주어야 한다.

---

3)   외국의 실증예에 대해서는 윤진호(1996) 참조.

둘째, 노사 대표의 지도력 확보가 중요하다. 노사정 상층대표가 합의한 사항이 하부조직에 의해 받아들여지기 위해서는 대표성을 확보한 권위 있는 노사대표의 참여가 필수적이다. 멕시코에서 노사정 협의회가 비교적 성공할 수 있었던 이유도 산별노동조합을 중심으로 조직된 멕시코의 노동의회(CT)가 조합원들에게 명목임금 안정과 생산성 향상을 통해 장기적으로 실질임금과 고용안정을 쟁취한다는 논리를 설득력 있게 전개해 조합원들의 동참을 유도하는 데 성공했기 때문이라고 할 수 있다(어수봉, 1993). 현재의 기업별 노동조합, 기업별 단체협상 체제하에서는 노사 어느 쪽도 강력한 대표성을 확보하기가 어려우며 이 경우 설혹 상층부 대표 간에 합의가 이루어지더라도 하부조직의 반발에 의해 협약이 실제로 이행되기 어렵게 될 것이다. 따라서 산업별 노동조합의 형성과 산업별 사용자단체의 형성에 의해 산별협약이 맺어질 수 있도록 유도하는 것이 필요하다. 또 현재 노동자들의 대표권은 한국노총과 민주노총으로 나뉘어져 있으며 그나마 민주노총은 법외단체로 남아 있는 점도 노측의 지도력이 발휘되기 어렵도록 만드는 요인이 되고 있다. 따라서 하루빨리 민주노총을 비롯한 법외 노동단체의 합법화가 이루어지도록 해야 하며 양 노총이 대동단결할 수 있도록 분위기를 형성해 주는 것이 중요할 것이다.

셋째, 노사정 협의회에 경제정책, 노동정책에 관한 상당한 실질적 의사결정 권한이 주어져야 한다. 이를 위해 정부의 책임 있는 공직자가 협의회의 구성원으로 참여하고 협의회에서 결정된 사항이 별다른 수정 없이 실제 정책으로 연결될 수 있도록 해야 한다. 더 나아가 멕시코나 독일의 예에서 보듯이 협의회를 공식기구로 제도화하고 회의를 정례화해야 하며 이를 위해 노사정 협의회에 관한 법률적 근거를 마련할 필요가 있다.

넷째, 사회협의의 주 내용은 '고통분담'에 따른 '책임과 권한의 분점'이 되어야 한다. 만약 사회협의의 주 내용이 정리해고나 임금억제 등 어느 일방의 고통만 강요하는 것이 된다면 이 협의회는 결코 성공할 수 없다. '참여 없는 고통분담'은 특히 노동조합이 받아들이기 어려울 것이다. 따라서 현 위기 극복을 위해 고통분담이 꼭 필요하다면 이는 경제주체 간에 공평하게 부담되어야 하며 더 나아가 고통분담에 상승한 '책임과 권한의 분점'이 이루어질 수 있도록 노동조합의 정책참여와 경영참여 등 정부와 기업의 의사결정과정에 대한 참여권을 보장해 주어야 한다.

그렇다면 노사정 협의회에서는 앞으로 어떠한 정책과제를 어떠한 방식으로 다루어야 할 것인가?

첫째, 정치민주화와 경제민주화 방안에 대한 논의가 우선되어야 한다. 노사정 협의회에서는 단순한 현 위기 극복책이나 고용, 임금, 물가 등의 문제에만 한정하지 말고 우리 경제가 나아가야 할 기본적 방향에 관한 광범한 의제가 토의되어야 할 것이다. 우리 경제가 안고 있는 구조적 문제점인 재벌체제와 그에 따른 선단경영, 차입경영, 족벌경영체제가 근본적으로 개선되지 않고서는 현 위기의 극복은 물론이고 앞으로의 건전한 성장도 기대할 수 없을 것이다. 따라서 이번 기회에 국민적 합의를 바탕으로 재벌체제에 대한 근본적 구조개혁이 필요하다 하겠다. 또 재벌체제를 유지, 발전시키는 온상이 되어 왔던 금융권에 의한 특혜, 편중대출 역시 근본적으로 해결되어야 할 것이다. 이를 위해 금융기관의 자율성, 책임성 보장, 금융기관의 소유 경영체제의 투명화, 관치금융의 척결 등이 필요하다. 한편 정치권 및 관료의 부패와 정경유착/관경유착을 방지하기 위한 근본적 조치로서 정치민주화와 관료민주화의 적극적 추진이 필요하다. 이러한 내용들이 노사정 협의회에서 논의될 때 비로소 노동자들에게도 고통분담을 요구할 명분이 설 수 있을 것이다.

둘째, 고용안정화 방안에 대한 논의가 필요하다. 현 단계에서 무엇보다도 시급한 과제는 앞으로 예상되는 대량실업을 막고 고용을 안정화시킴으로써 국민 대다수를 안심시키는 일이다. 이를 위해 먼저 현재 기업에 의해 이루어지고 있는 무분별한 대량해고, 권고사직은 즉시 중단되어야 하며 사측 대표는 이를 약속해야 한다. 현재의 대량해고는 대부분 법률에서 정한 정당한 해고 요건과 해고절차를 지키지 않는 불법적인 것이며 더욱이 본인의 의사에 반한 권고사직은 명백한 법률위반이다. 기업의 이러한 무분별한 불법적 해고행위에 대해서는 정부의 엄중한 단속이 따라야 할 것이다. 해고는 최후의 수단이 되어야 하며 해고에까지 이르기 전에 기업의 다양한 자구노력 및 기업 내 고용조정이 이루어져야 한다. 특히 근로시간 단축과 인력재배치, 근로자 교육훈련의 강화 등이 선행되어야 한다. 이와 관련해 최근 벨기에, 네덜란드, 프랑스, 독일 등 유럽 여러 나라에서 실업률을 낮추기 위해 실시하고 있는 '일자리 나눠 갖기(work sharing)'에 대한 구체적 논의가 필요하다. 일자리 나눠 갖기는 불황 시 과잉인력 축소수단으로서 정리해고보다는 노동시간을 줄이는 조치를 말한다. 이를 위해 잔업축소, 파트타임제 도입, 기준노동시간 축소 등이 이루어지고 있으며 정부는 이를 촉진하기 위해 노동시간 단축 기업에 대한 정부보조금 지급, 직업훈련 지원, 공공부문 노동시간의 단축, 일자리 나눠 갖기를 위한 「노동관계법」의 개정 등 다양한 노력을 기울이고 있다(Blyton and Trinczek, 1997). 1996년 현재 한국의 전 산업 평균근로시간은 47.3시간으로 이를 연간근로시간으로 환산하면 2500~2600시간에 달한다. 이는 연간근로시간 1500~1600시간대인 유럽은 물론이고 선진국 중 근로시간이 가장 긴 일본의 1900시간에 비해서도 훨씬 긴 수준이다. 현재의 주당 근로시간을 「근로기준법」상의 법정 근로시간(44시간) 수준으로만 줄이더라도 약 7%의 추가적인 고용효과를 거둘 수 있을 것이다. 근로시간 단축과 더불어 여유시간이 생긴 노동자들의 교육, 훈련을 강화하기 위해 대학, 전문대 등을 활용한 교육훈련시스템을 개발할 필요가 있다.

셋째, 고용조정에 관한 한국적 모델 개발과 이를 위한 법제화 등이 필요하다. 아무리 정부가 고용보장에 노력한다 하더라도 현재와 같은 불황기에는 휴폐업 기업 등에서 고용조정이 불가피하다. 또 앞으로 M&A가 활성화되면 이에 따른 인력조정의 문제도 필연적으로 발생할 것이다. 문제는 고용조정에 관한 사회적 룰이 한국에서 확립되어 있지 않음으로써 노사 간에 많은 마찰과 갈등이 발생하고 있을 뿐만 아니라 많은 노동자들이 실업과 불안정 고용에 시달리고 있다는 점이다. 따라서 노사정 간 사회적 합의에 의해 한국식 고용조정의 룰을 확립하는 것이 필요하다. 고용조정의 구체적 방식은 각국이 가지고 있는 법률적·제도적·정책적 환경과 노사 간의 관행, 세력균형 등에 따라 다른 양상으로 나타나는데 이를 크게 유형화시켜 보면 대체로 미국식, 일본식, 유럽식 등 세 가지가 존재한다고 볼 수 있다. 불황 시 일시해고제(lay-off)를 이용하는 미국식, 가능한 한 해고를 피하고 기업 내 재배치를 통해 과잉인력문제를 해결하는 일본식, 「해고제한법」에 의해 사회적으로 해고를 규제하는 유럽식 등의 장단점[4]을 면밀히 분석해 한국의 실정에 가장 알맞은 고용조정방식을 개발할 필요가 있다. 현재 전 국민이 느끼고 있는 고용위기에 대한 불안감은 단순한 경제적 문제로 그치는 것이 아니며 자칫하면 사회적·정치적 불안으로까지 이어질 가능성이 크다. 현재 논의되고 있는 정리해고제의 조기도입 및 근로자 파견제의 도입 등은 고용위기를 일층 악화시킬 가능성이 있으므로 신중하게 이에 대처해야 한다. 정리해고제를 조기도입할 필요가 있다면 이는 '정리해고를 가능하게 하는' 제도로서가 아니라 정리해고의 합리적 절차를 법률로 규정함으로써 기업의 무분별한 정리해고 남용을 막는 방식으로 도입되어야 할 것이다. 이를 위해 정리해고 시 노동조합과의 협의의무를 보다 강화하거나 대량해고 시 노동위원회의 승인을 거치도록 하는 방법, 일단 해고된 노동자의 재취업이 어려운 점을 감안해 기업사정이 나아져 인원을 늘리는 경우 해고된 노동자에게 취업 우선권을 주는 리콜제의 도입 등을 검토해 볼 수 있다. 또 해고 당사자에 대한 사전적 전직훈련, 재취업 알선, 창업 지원 등 현장서비스의 강화가 필요하다.

넷째, 현재의 경제사정을 감안할 때 정리해고제가 조기도입되느냐의 여부에 상관없이 대규모 실업이 발생하는 것은 불가피할 것으로 보인다. 따라서 이러한 대량실업자에 대한 대책이 시급하다. 먼저 선진국에 비해 훨씬 떨어지는

---

4)   이에 대해서는 윤진호(1996) 참조.

실업급여의 적용 대상, 수준, 지급기간 등을 확대할 필요가 있다. 정부도 이러한 점을 감안해 고용보험 적용 대상 사업장을 현행 종업원 30인 이상 사업장에서 10인 이상 사업장으로 확대하고 실업급여의 최저 소정급여일수를 30일에서 60일로 상향조정하며 실업급여 지급기간도 확대할 계획이지만 이 정도로는 실직자의 생계를 보장하는 데 크게 미흡한 수준이다. 문제는 급격한 실업자수의 증가와 적용 대상의 확대에 따른 재원조달방안이다. 따라서 고용보험요율을 상향조정하고 국방비, 대규모 국책사업 등 재정의 다른 부문에서 절약한 예산을 투입하는 한편, 고용보장국채 발행 등을 통해 충분한 재원을 확보하도록 한다. 현재 최장 6개월로 지급기간이 제한되어 있는 실업급여만으로는 대량실업에 대한 근본적 대책이 되지 못한다. 따라서 실업자의 재취업을 위한 직업교육, 훈련, 창업, 취업 알선 서비스 등의 강화가 필요하다. 이를 위해 우선 공공직업 안정망의 대폭적인 확충이 필요하다. 현재 한국의 공공직업소개기관을 통해 취업하는 신규취업자의 비율은 겨우 10%로서 선진국에 비하면 훨씬 뒤떨어지는 수준이다. 따라서 인력은행을 주요 도시에 추가 설치하고 사용자단체, 노동조합 등의 직업알선창구에 대한 지원을 통해 효율적인 직업알선이 이루어지도록 노력해야 한다. 아울러 이직자, 전직자를 위한 공공부문에 의한 재훈련의 확충이 필요하다. 1997년 상반기 중 고용보험에 의해 실시된 실업자 재취직훈련 인원은 겨우 1600여 명에 불과한 것으로 나타나 전체 실업자수에 비해 극히 적은 실정이다.

다섯째, 현재의 고용위기를 극복하기 위해서는 수동적인 고용보장에 머물것이 아니라 적극적으로 고용을 창출해야 한다. 이를 위해 우선 중소기업, 벤처기업 등 고용창출력이 큰 부문에 대해 고용창출을 위한 세제, 금융상의 인센티브를 제공해야 한다. 또 노동조합이나 기타 사회단체에 의한 고용창출 프로그램을 지원할 필요가 있다. 한편 심각한 단기적 실업사태를 막기 위해 공공부문에 의한 임시적 고용창출방안을 마련해야 한다. 멕시코의 경우 정부가 공공사업, 저소득층을 위한 주택 건설, 농촌 인프라 건설지원 등을 통해 총 100만 명의 임시 고용창출을 약속한 예가 있다. 우리의 경우에도 사회간접자본의 건설인력이나 공공봉사요원(교통질서, 환경질서, 취약계층 지원, 공공기관 봉사 등)의 대량채용 등에 의해 임시적인 고용을 공공부문에서 창출할 필요가 있다.

여섯째, 실업과 물가상승, 실질소득의 저하 등으로 고통 받고 있는 저소득층을 위한 사회보장지출의 확대가 필요하다. 이는 IMF에서도 예외적으로 인정하는 지출이다. 실직자, 생활보호대상자에 대한 생계보호, 의료보호, 교육비 지원, 영구임대주택 지원, 직업훈련 확대 등의 제반 조치가 필요하다. 특히 저소득층을 위한 주택 건설을 통해 한편으로는 저소득층의 생활을 안정시키면서 다른 한편으로는 고용을 창출할 수 있다.

마지막으로 향후 예상되는 실업증대와 실질임금 하락 등 노동자의 희생을 보상하기 위해 노동의 경영참여, 정책참여, 노동시간의 단축, 노동의 인간화 등 노사관계의 민주화와 노동의 인간화를 위한 실질적 조치가 이루어져야 할 것이다. 우리 경제의 구조적 문제점인 동시에 IMF에서 그 해체를 요구하고 있는 재벌체제의 근본적 개혁을 위해서라도 재벌기업의 경영에 노동조합 및 노동자 대표가 직접 참여할 수 있는 길을 열어 주어야 할 것이다. 또 정부의 중요 경제정책, 노동정책의 수립 및 실행과정에 대한 노동조합의 참여와 발언권을 보장해 줌으로써 경제민주화와 정책민주화에 기여하는 동시에 노조가 책임감을 가지고 정책운영에 협조할 수 있도록 여건을 조성해 주어야 할 것이다.

5. 맺음말

IMF 구제금융 사태에 따른 한국 경제의 위기는 분명 우리에게 엄청난 시련을 강요하고 있다. IMF 정책의 기조를 이루는 신자유주의적 개혁방안의 지지자들은 규제완화와 시장기능의 회복을 통해 경제 전반의 효율과 생산성 향상을 이룰 수 있다고 주장하고 있지만 그러나 이는 다른 한편으로는 장기간의 불황과 대량실업, 국제금융자본에 의한 국민경제의 지배권 장악, 실질임금과 생활수준의 저하, 근로조건의 악화, 노조세력의 약화 등 국민대중과 노동자들에게 고통스런 희생을 강요하는 것이기도 하다. 특히 이러한 고통의 대부분이 하위 80% 소득계층에게 집중된다는 점(Taylor, 1997)에서 이는 사회적 불공평을 가져올 뿐만 아니라 나아가 하위소득층의 반발에 따른 사회적 긴장의 증대와 개혁의 좌절이라는 결과를 가져올 위험성이 충분히 있다 하겠다.

이러한 의미에서 시장의 냉혹한 힘에 의해 노동시장을 유연화시킴으로써 이윤성을 회복하려는 신자유주의적 개혁 시도는 근본적으로 한계를 갖는 것이다.[5] 이러한 '시장적 유연화'가 아니라 경제주체 간 전략적 협력에 의해 유연화를 달성하려는 '협력적 유연화'가 이루어질 때 비로소 현재의 위기를 극복할 수 있을 뿐만 아니라 나아가 우리 경제가 지속적으로 발전할 수 있을 것이다.

이러한 협력적 유연화를 통해 우리 경제가 안고 있는 근본적 문제점인 재벌체제, 정치권 및 관료부패, 관치금융이 해결되고 노사협력에 의해 생산성 향상과 노사관계의 민주화가 이루어질 수만 있다면 이번의 위기를 선진국으로 향하는 우리 사회, 정치, 경제의 성숙의 계기로 삼을 수도 있을 것이다.

---

5) 신자유주의적 노동시장개혁이 가져오는 모순적 귀결에 대해서는 영국의 예로서 Kelly(1997), 미국의 예로서 Gordon(1996), 라틴아메리카의 예로서 Green(1995) 등 참조.

참고문헌
(제2부 제1장)

노동부. 『고용보험동향』. 각 호.

노동연구원. 1997. 『고용조정실태조사』.

어수봉. 1993. 「멕시코의 사회 협약(PECE)의 내용과 전개과정」. 『노-사-정 간의 사회적 합의 형성방안 모색을 위한 토론회』. 한국노동연구원.

윤진호. 1996. 「고용조정과 노동조합의 대응」. 『노동시장 유연화의 현황과 정책과제』. 전국민주노동조합총연맹.

재정경제원. 1997. 11. 『열린 시장경제로 가기 위한 국가과제』.

정인수. 1997a. 「고용조정 현황과 정책과제」. 『민주노총고용특위 수련회 자료』.

_____. 1997b. 『주요국 노동시장정책의 변화』. 한국노동연구원.

≪조선일보≫. 1997. 12. 8. "IMF "한국 경제 극비보고서"(전문)".

한국노동연구원. 1997. 7. 31. 『노동시장의 유연성 제고』.

Blyton, P. and R. Trinczek. 1997. "Renewed Interest in Work-sharing? Assesing Recent Developments in Germany." *Industrial Relations Journal*, Vol. 28, No. 1.

Buechtemann, C. F. 1993. *Employment Security and Labor Market Behavior*. ILR Press.

European Commission. 1995. *Employment in Europe*.

Gordon, D. M. 1996. *Fat and Mean: The corporate Squeeze of Working Americans and the Myth of Managerial "Downsizing."* The Free Press.

Green, D. 1995. *Silent Revolution: The Rise of Market Economies in Latin America*. The Latin American Bureau.

ILO, *World Employment 1996/97: National Policies in a Global Context*, 1996, p. 10.

Jong-Il You. 1997(August). "Globalization and Labor Market Flexibility: The Case of South Korea." in *The Fifth Seoul Journal of Economics International Symposium*. Seoul National University.

Kelly, J. 1997. "Industrial Relations: Looking to the Future." *British Journal of Industrial Relations*, Vol. 35, No. 3(September).

Nickell, S. 1997. "Unemployment and Labor Market Rigidities: Europe versus North America." *Journal of Economic Prespectives*, Vol. 11, No. 3(Summer).

제2장

노사정위원회*
성과와 과제

1. 머리말

한국 경제는 1960년대 이래 급속한 성장을 이룩했다. 1995년에 1인당 GNP
는 1만 달러를 넘어섰고 1996년 말에는 마침내 OECD 가입이 이루어짐으로써
한국은 선진공업국의 일원으로 국제사회에서 인정받게 되었다. 경제성장과
더불어 노동자계급의 조건도 개선되었다. 실업률은 1980년대 후반 이래 계속
2%대의 완전고용수준을 유지했으며, 임금 상승률은 매년 두 자리 수의 고성장
을 계속했다. 근로시간은 1987년의 주 51.9시간으로부터 1997년에는 46.7시

*   이 글은 변형윤 외(1999)에 게재되었다. 또한 노사정위원회의 내부자료 및 노사정위원회가
     수차례 열었던 워크숍, 심포지엄, 학자들과의 토론모임, 그리고 노사정위원회 내부관계자들
     에 대한 필자의 인터뷰 등에서 큰 도움을 받았다. 자료를 제공해 주시고 인터뷰에 응해 주신
     관계자 여러분께 감사드린다. 이 글의 초고는 日本 法政大學 大原社會問題硏究所, 國際勞動硏究
     センター, 서울사회경제연구소 등에서 발표되었다. 토론회에서 좋은 코멘트를 해 주신 여러분
     께 감사드린다.

간으로 단축됨으로써, 10년 동안 10% 이상의 감소를 보였다. 노사관계도 비교적 안정되어 1987년 3700여 건에 달했던 노동쟁의행위 발생건수가 1997년에는 단 78건으로 줄어들었다.

그러나 1997년 말 몰아닥친 외환위기는 이른바 '한강의 기적'이라고 불리는 한국 경제의 성과를 일거에 무너뜨리고 말았다. 고도성장 뒤에 가려져 있던 한국 경제의 온갖 구조적 문제점들 — 재벌의 방만한 경영, 금융기관의 부실채권, 정경유착, 관료의 부정부패 — 이 동남아시아의 외환위기라는 외적 조건의 악화를 계기로 일시에 그 취약성을 드러냄으로써 한국 경제는 외환, 금융, 실물경제의 총체적 위기를 맞게 되었다.

대외신인도의 하락에 따른 국제금융자본의 자금회수, 신규신용 및 차환의 거절, 외화유출 등으로 인해 외환보유고의 급감, 외채상환의 곤란, 환율과 금리의 급등, 주가의 폭락 등 일련의 사태가 잇달아 일어났으며 마침내 1997년 11월 말 한국은 IMF에 구제금융을 신청하기에 이르렀다. 1997년 12월 3일 한국 정부와 IMF는 총 570억 달러에 달하는 구제금융협정에 서명했다.

IMF는 한국에 대한 구제금융의 조건으로 한국 경제의 대폭적인 개혁 프로그램을 요구했다. 산업, 금융, 국제무역, 외국인투자, 노동시장, 기업지배구조 등의 분야에 대한 개혁을 추구하는 일련의 프로그램에 한국 정부와 IMF는 합의했다.

그러한 구제금융 조건(conditionality) 중 하나로서 IMF는 노동시장 유연성 증대를 요구했는데, 특히 해고규제의 완화(=정리해고제의 도입)와 근로자 파견업의 허용 등을 구체적으로 요구했다.

12월 17일 대통령 선거에서 당선된 김대중 대통령 당선자는 IMF가 요구하는 노동시장 유연성 제고를 위한 논의뿐만 아니라 경제위기 극복을 위해서도 노사정 협력체제가 필요하다는 인식을 가지고 노사정위원회의 구성을 제안했다. 우여곡절을 거친 끝에 1998년 초 탄생한 노사정위원회는 그동안 정리해고제와 근로자 파견제의 도입 등 IMF와 기업 측이 요구하는 노동시장 유연화 조치에 합의하는 한편, 교원노조의 허용, 실업자의 노조 가입권 허용, 노동조합의 정치활동 보장, 공무원의 직장협의회 결성 허용 등 오랫동안 노동계가 요구해 왔던 개혁조치에도 합의하는 등 성과를 올렸다.

그러나 노사정위원회가 순탄하게 진행되었던 것은 아니다. 오랫동안 노동배제적이고 권위주의적인 노동정책을 답습해 왔던 관료들의 행태와, 노사 양측의 대립적 노사관계의 관행이 쉽게 사라지지 않고 있는데다가 기업, 금융, 공공부문에서 지속되어 온 구조조정의 결과로 대규모의 실업자가 발생하면서 노사 간, 노정 간 갈등은 점점 심화되어 왔다. 일방적 구조조정과 노사정위원회의 위상 약화 등에 반발한 노동조합 측은 수차례에 걸쳐 노사정위원회의 불참과 총파업의 감행 등을 되풀이 해오다가 마침내 1998년 말부터 노사정위원회 불참 또는 탈퇴를 선언하고 장외투쟁에 돌입했다. 민주노총은 정부의 일방적 구조조정과 노사정위원회의 합의사항 미이행 등에 반발해 1999년 2월 말 노사정위원회 탈퇴선언을 하고, 4월부터는 총파업 등 강경투쟁에 나섰다. 4월 중순부터 한 달간 계속된 민주노총의 총파업은 정부의 강경억압과 내부동력의 취약 등으로 일단 끝났으나 민주노총은 5월 말 현재 여전히 노사정위원회에의 복귀를 거부하고 있다. 한국노총도 정부에 대해 구조조정 시의 노동조합과의 사전협의, 노조 전임자 임금지급 금지 조항 폐지 등 여섯 가지 요구사항을 제시하고 실무협상을 벌였으나 정부의 양보가 충분하지 못하다고 판단해 4월 9일 노사정위원회로부터의 조건부탈퇴를 결의했다. 정부는 5월 초 「노사정위원회법」을 국회에서 통과시킴으로써 한국노총을 노사정위원회에 끌어들이려고 시도했으나 한국노총 역시 요구사항의 미충족을 이유로 노사정위원회 복귀를 거부하고 있다. 한편 재계 역시 한국노총과 정부와의 협상결과를 '밀약'이라고 주장하면서 노사정위원회 탈퇴를 고려하고 있다고 밝혔다. 노사정위원회는 그야말로 사면초가 상태에 빠진 셈이다. 한국의 노사관계는 또다시 커다란 기로에 서 있는 것이다.

지난 수십 년 동안 한국은 대립적 노사관계와 권위주의적 노동통제정책을 지속해 왔다. 1987년 이후 노동조합의 세력증대로 노사관계 및 노정관계에 있어 세력균형이 다소 회복된 것은 사실이지만 노사관계 및 노동정책의 기본적 성격에는 변화가 없었다. 노사정위원회는 이러한 과거의 대립적 노사관계와 권위주의적 노동정책을 버리고 정부와 사용자 측이 최초로 노동계를 국정운영의 파트너로서 받아들여 노동정책뿐만 아니라 경제, 사회정책에 이르기까지 폭넓은 분야의 정책형성과정에 노동조합을 참여시켰다는 점에서 적어도 형식상으로는 종래의 한국 노사관계에서는 결코 볼 수 없었던 새로운 실험이라고 할 수 있다. 이는 서유럽의 이른바 '사회적 합의주의(Social Corporatism)'[1]와 유사한 형태로 아시아 각국에서는 낯선 형태이다. 오랫동안 대립적이고 노동 배제적인 노사관계를 지속해 왔던 한국에서 과연 이러한 실험이 지속적인 성공을 거둘 수 있을 것인가, 아니면 이는 위기 극복과정에서 일시적으로 나타난 해프닝에 불과한 것인가 하는 의문은 비단 한국의 연구자들뿐만 아니라 아시아 각국의 연구자들, 나아가 노사관계에 관심을 가진 모든 사람들에게 흥미 있는 과제를 안겨 주고 있다.

이 글은 노사정위원회의 성립배경과 진행과정, 그 성과 등을 살펴보고 이에 대한 평가를 통해 그 시사점을 찾아보는 것을 목표로 한다. 글의 순서는 다음과 같다. 2절에서는 노사정위원회의 성립배경과 진행경과를 살펴본다. 3절에서는 노사정위원회의 성격과 구조 및 성과를 살펴본다. 4절에서는 노사정위원회를 둘러싼 각 경제주체들의 입장을 살펴본다. 5절에서는 노사정위원회에 대한 찬반양론과 평가를 살펴본다. 마지막으로 6절에서는 지금까지의 논의를 요약하면서 노사정위원회가 노사관계에 주는 시사점을 살펴보고 결론을 맺는다.

---

1)   사회적 합의주의에 대한 일반적 논의 및 유럽에서의 각국 경험에 대해서는 Pekkarinen et al.(1992); Wiarda(1997); 선한승(1992) 참조.

2. 노사정위원회의 배경과 진행경과

1) 제1기 노사정위원회의 배경과 진행경과

(1) 배경

한국의 전통적 노동정책은 노동배제적·권위주의적인 특징을 가져왔다. 이러한 권위주의적 노동정책은 1987년의 노동자대투쟁 이후 노동조합의 세력증대에 따라 상당 부분 깨지긴 했으나 노동정책의 노동배제적 성격은 이른바 '문민정부'로 불리는 김영삼 정부 들어서도 여전히 유지되었다. 다만 1980년대 전반까지는 경찰, 군대에 의한 물리적 탄압과 노동조합 지도자 구속, 해고 등에 의존하는 '병영적 노동통제' 방식이었던 것이 1990년대 들어서는 경제위기에 대한 노동자 책임론, 고통분담론 등 논리적 설득을 가장한 이데올로기적 공세에 의존하는 '이데올로기적 통제' 방식으로 바뀌었다는 점이 다를 뿐이다. 그러나 여전히 노동조합을 국정운영의 파트너로 인식하고 정책결정 및 집행에 참여시키기보다는 노조를 귀찮은 존재나 방해물, 또는 말썽꾼으로 여겨 가능한 한 배제하려는 것이 노동정책의 기조였다.

물론 1993년 및 1994년에 한국노총과 경총 사이에 맺어졌던 임금합의(이른바 '사회적 합의')나 1995년 한국노총과 경총 간의 '산업평화체제선언' 등 '의사(疑似) 코포라티즘'(김상곤, 1998)적 성격의 사회적 합의 시도가 있기는 했지만 이는 한국노총과 경총의 자발적 의사에 의해 이루어진 것이라기보다는 정부 주도하에 이루어진 것으로서 민주노총을 배제하고 순응적 노조와 사용자만을 참여시킨 가운데 이루어진 '강요된 타협'(이병훈·유범상, 1998)이라는 점에서 그 본질에 있어서는 권위주의적 노동통제정책을 벗어난 것은 아니었다.

1996년에 「노동관계법」 개정을 위해 구성되었던 노사관계개혁위원회는 노사정 3자가 자발적으로 참여한 최초의 진정한 사회적 합의 시도였다. 그러나 노사관계개혁위원회는 그 과제를 노동법 개정으로 한정했을 뿐만 아니라 결과적으로도 노사가 합의에 실패하고 정부, 여당이 일방적으로 노동법 개정안을 국회에서 통과시킴으로써 노동계의 총파업을 일으켰으며, 그 결과 다시 노동법이 재개정되는 등 우여곡절을 겪었다.[2] 그러한 의미에서 노사관계개혁위원회는 제한된 의미에서의 사회적 합의주의의 시도였으며 결과적으로도 실패로 끝난 것으로 평가된다.

1998년 초 탄생한 제1기 노사정위원회는 그 과제의 포괄성이나 구성의 대표성, 그리고 합의사항의 이행담보장치의 설치 등 여러 점에서 적어도 외형적으로는 상당히 진전된 형태였으며 서구의 사회적 합의모형과 유사한 외형을 갖추었다고 할 수 있나.[3] 이는 적어도 외형상으로는 종래의 노동배제적·권위주의적 노동정책 모델로부터 사회적 합의주의 모델로의 변화의 시도라고 해도 좋을 것이다.

이처럼 노사관계 모델의 변화가 시도된 배경에 대해서는 IMF 경제위기에 따른 사회전반의 개혁의 필요성, 김대중 정부의 개혁적 성격, 노동운동의 세력 증대 등의 요인이 지적되고 있다(이병훈, 1998a). 이러한 요인들 중 보다 본질적이고도 직접적인 요인은 역시 IMF 경제위기라는 외적 요인이라고 할 수 있으며 여기에 국내 제 세력 간의 복잡한 역관계가 작용함으로써 노사정위원회의 구성이 가능해졌다고 하겠다.

물론 IMF가 노사정 협력체제를 직접적으로 요구한 것은 아니며 오히려 노사정위원회는 국내 각 경제주체들의 필요성에 의해 상호타협이 이루어진 결과로 볼 수 있다. 우선 정부, 여당으로서는 정권의 취약성이라는 점이 중요한 요인으로 작용했다. 상대적으로 중도-개혁적 성격의 '새정치국민회의(국민회의)'와 보수적 성격이 강한 '자유민주연합(자민련)'과의 연합정권으로서 탄생한 김

---

2) 노사관계개혁위원회의 경과에 대해서는 김상곤(1998); 이병훈·유범상(1998); 三滿照敏(1998) 등 참조.
3) 그러한 점에서 한상진(1998)은 노사정위원회에 의한 노사정 협약을 1938년의 스웨덴 살츠요바덴 협약이나 1978년의 스페인의 몽클로아 협약에 못지않은 것으로 평가하고 있다.

대중 정부로서는 국회 내의 여소야대 현상까지 겹쳐 매우 취약한 상태로 출범할 수밖에 없었다. 외환위기로 인한 기업부도의 계속과 대량실업 등으로 인해 사회적 불안이 높아져 가는 상황 속에서 IMF가 요구하는 노동시장 유연화와 재벌개혁을 정권 혼자만의 힘으로 추진하는 데는 한계가 있었다. 더욱이 경제위기 극복에 절대적으로 필요한 외국자본의 유치를 위해서는 국내정치와 노사관계의 안정이 반드시 필요했다. 이러한 점에서 김대중 정부로서는 노사정위원회의 구성과 그 성공적 운영은 정권의 사활이 걸릴 만큼 중요한 일이었다. 즉, 노사정위원회의 구성요인을 김대중 정부의 개혁성에서 찾기보다는 그 취약성에서 찾는 것이 보다 올바를 것이다.

한편 그동안 노조 측을 정당한 파트너로 대우하기를 거부해 왔던 자본 측도 외환위기가 재벌의 방만한 경영에 의해 촉발되었다는 국민 대다수와 정부의 비판을 받게 됨에 따라 그 사회적 발언권이 극히 축소되었으며, 따라서 위기 극복을 위한 노사정위원회에의 참여를 요구하는 정부의 정책을 수동적으로 받아들일 수밖에 없었다. 더욱이 자본 측으로서는 노사정위원회에의 참여를 통해 국난 극복에 동참한다는 명분을 얻음으로써 재벌에 대한 비난을 완화시킬 수 있을 뿐만 아니라, 그동안 줄기차게 주장해 왔던 정리해고제, 근로자 파견제의 도입 등 노동시장 유연화 조치의 획득이라는 실리를 얻을 수 있다는 계산도 작용한 것으로 보인다.

한편 노동조합 측으로서도 정부와 기업에 의한 일방적 구조조정과 대량해고에 대한 불안감이 심해짐에 따라 이를 제지할 수 있는 사회적 협의기구의 필요성을 강하게 느꼈다. 물론 노동조합으로서는 정부/자본과의 사회적 협의 대신, 총파업 등 실력행사를 통해 정부와 자본을 압박함으로써 자신의 요구를 관철시키는 수단이 없는 것은 아니지만 실업자가 급증하는 상황 속에서 노조조직률이 떨어지고 해고에 대한 조합원들의 불안감이 높아짐에 따라 노조의 세력 동원이 점점 어려워졌기 때문에 정부/자본과의 정면대결은 쉽게 선택하기 힘든 대안이었다.[4]

이와 같이 노사정위원회는 IMF 경제위기 상황 속에서 노사정이 객관적 여건에 강제되어 구성한 것이었으며 특히 노동 측의 입장에서는 '잃을 것은 많고 얻을 것은 그다지 없는' 점을 미리 잘 알면서도 차선의 선택으로서 참여를 결정했다는 점에서 매우 힘든 선택을 했다 하겠다.

(2) 진행경과5)

노사정 3자협의를 먼저 제안한 것은 외환위기의 직접적 책임자인 정부, 자본이 아니라 노동 측이었다. 민주노총은 1997년 12월 3일에 '경제위기 극복 및 고용안정을 위한 노사정 3자기구'의 설치를 정부에 요구했다. 이러한 요구를 받아 김대중 대통령 당선자(당시)는 한국노총과 민주노총에 대해 'IMF 극복을 위한 노사정협의회'의 구성을 제안했다.

그러나 1998년 연초부터 IMF의 권고를 받아들인 정부가 정리해고, 근로자파견제의 법제화 방침을 밝힘에 따라 이에 대한 노동계의 반발이 높아져 노사정위원회 구성에 난항을 겪게 된다. 노동계는 노사정위원회 참여를 거부하고 총파업을 벌이겠다고 위협했으나 국난 극복을 위해 노사정위원회의 구성을 요구하는 국민여론과, 노사정위원회에 참여하지 않을 경우 일방적인 법제화 방침을 밝힌 정부의 강경태도 등으로 인해 마침내 참여방침을 밝힘으로써 1998년 1월 15일 제1기 노사정위원회가 출범하게 된다.

제1기 노사정위원회의 핵심과제는 IMF와 정부, 그리고 자본이 요구하는 노

---

4) 최근 민주노총 지도부가 제1기 노사정위원회에 참여한 사실에 대해 비판하는 논자들이 있다. 그러나 이러한 비판의 상당 부분은 당시의 민주노총 지도부가 처했던 객관적 상황을 고려하지 않고 단순히 민주노총 지도부의 전략 선택이 결과에 커다란 차이를 가져왔을 것이라고만 주장하는 점에서 이른바 주의주의적 오류를 범하고 있다고 생각된다.

5) 제1기 노사정위원회의 진행경과에 대해서는 이병훈·유범상(1998); 이병훈(1998a); 이정희(1998); 김상곤(1998); 노사정위원회(1998a) 등 참조. 제1기 노사정위원회에 대한 비판적 평가로서는 한국노동사회연구소(http://bora.dacom.co.kr/~klsi/), 한국노동이론정책연구소(http://members.iworld.net/labor95/) 등의 인터넷 홈페이지 참조.

동시장의 유연화 제고를 위한 정리해고제와 근로자 파견제의 법제화였다. 이에 대한 노동 측의 반발을 무마하기 위한 반대급부로서 해고남용 방지책, 파견남용 방지책, 노조의 정치활동 허용, 공무원 및 교원의 노조 결성권 허용, 재벌개혁, 사회보장제도 확충 등의 약속이 주어졌다. 제1기 노사정위원회는 노사정 3자의 대표들만으로 구성되었는데(공익위원 없음) 여당인 국민회의의 부총재를 위원장으로 해 한국노총, 민주노총 등 양대 노총 위원장, 경제단체 대표, 재정경제부 장관, 노동부 장관, 국회 내 3당 국회의원 등 총 11명으로 구성된 본위원회와 16명으로 구성된 기초위원회(노동조합 및 경제단체 부위원장, 사무총장, 행정부 차관, 국회의원 등), 그리고 12명으로 구성된 전문위원회(국장급 실무자)를 둔 3층 구조였다. 위원회는 2월 초까지 11차례의 전문위원회, 10차례의 기초위원회, 그리고 6차례의 본위원회를 거치면서 난상토론과 밤샘협상을 거듭했다.

제1기 노사정위원회는 1월 20일 「경제위기 극복을 위한 노사정 간의 공정한 고통분담에 관한 노사정 공동선언문(I)」을 발표한 데 이어 2월 6일 최초의 노사정 대타협을 도출했다. 노사정위원회는 「고용조정법」 정비 등 8개 핵심쟁점사항을 일괄 타결하는 한편 「경제위기 극복을 위한 노사정간의 공정한 고통분담에 관한 노사정 공동선언문(II)」을 발표했다.

노사정 대타협의 내용은 모두 10개 대 항목에 90개 합의사항으로 되어 있는데 그중 중요한 것은 〈표 2-2-1〉에서 보는 바와 같다. 이 표에서 보는 바와 같이 노사정 합의사항은 노사관계와 실업대책 등 전통적인 노동정책 분야뿐만 아니라 재벌정책, 사회보장정책, 거시경제정책 등의 분야와 외환위기 원인규명을 위한 경제청문회 개최, 「부패방지법」 제정, 정부조직 개편, 행정규제완화, 사교육비 절감 등 광범한 분야에 걸쳐 있다. 또 「경영참가법」 제정, 재벌총수 책임규명 등 일부 항목은 노사 간 의견이 대립되어 완전타결을 보지 못한채 2차 과제로 돌려 추후 논의하기로 했다. 그러나 노사정 합의사항 중 즉시입법화된 것은 정리해고제와 근로자 파견제 도입 등 노동 측에 불리한 내용뿐

〈표 2-2-1〉 노사정 합의안 주요 내용(1998년 2월 6일)

주요 의제	주요 타결 내용
정리해고제 및 근로자 파견제	- 정리해고제 즉시 도입, M&A 시 정리해고 허용 - 근로자 파견제 도입
고용안정 및 실업대책	- 실업대책기금 5조 원 이상 조성 - 실업급여 확충 - 근로시간 단축방안 검토
공무원 및 교원의 노동기본권 보장	- 1999년 7월 교원노조 허용, 단결권 및 단체교섭권 부여 - 1999년 1월부터 공무원 직장협의회 설치 - 1998년 상반기에 노조 정치활동 보장 - 실업자에 대한 노조 가입자격 인정
재벌개혁	- 상호지급보증 규제 강화 - 종업원지주제 개선 - 결합재무제표 조기 도입 - 소액주주의 권리 강화 - 대기업 총수 경영책임 부과
사회보장제도 확충	- 의료보험 통합 일원화 - 임금채권보장기금제 도입 - 고용보험·산재보험·국민연금·의료보험 등 4대보험 통합방안 강구 - 사회보험 관련 위원회에 노사관계자 참여 확대
물가안정	- 1998년 물가상승률 9% 이내 억제 - 공공요금 조정 시 근로자, 소비자 대표 참여
국민대통합	- 구속노동자 석방 및 사면복권 - 외환위기 원인규명을 위한 경제청문회 개최 - 「부패방지법」, 「자금세탁방지법」의 조기 제정
경제위기 극복	- 사교육비 절감방안 마련 - 정부조직의 통폐합, 예산절감 노력 - 행정규제완화, 기업부담 경감
2차 개혁과제	- 「경영참가법」 제정 - 재벌총수 책임규명 및 재산공개 - 일용근로자에 대한 고용보험 적용 - 사회보험제도 중장기 발전방안 마련 - 공공부문 단체교섭구조, 정책협의를 위한 노사정협의체 구성 - 노조 전임자 임금지급 시 처벌문제 - 필수공익사업 범위의 조정 문제 - 「노동조합 조직 및 교섭체제(기업별, 산업별) 개선방안」 - 해고자 복직 및 노조에 대한 손해배상청구소송 취하문제

주: 고딕 강조한 항목은 합의문 통과 후 즉시 법제화, 또는 실행된 것임. 나머지는 추후 이행하기로 함. 2차
개혁과제는 일단 의안에만 합의하고 구체적 내용은 추후 다루기로 함.
자료: 노사정위원회(1998a).

이었으며 나머지는 추후 추진하기로 함으로써 2기 노사정위원회의 과제로 남
게 되었다.

제1기 노사정 합의 결과 정부와 사용자 측은 외환위기 극복을 위한 토대를
마련했으며 특히 노사관계의 안정으로 당시 미국 뉴욕에서 진행되고 있던 외

채협상에 큰 도움을 받는 등 결정적인 실익을 거두었다. 반면 노동 측은 정리해고제, 근로자 파견제 등의 도입으로 당장 큰 불이익을 당하는 대신 장기적·제도적 측면에서의 추상적 약속을 받음으로써 이른바 '현금을 주고 어음을 받은' 것으로 평가된다.

2월 6일의 노사정 사회 협약에 따른 정리해고 및 파견근로제의 법제화로 당장 고용불안 및 생존권 위협에 직면한 현장 노동자들은 노사정 협약에 대해 강력하게 반발하기 시작했다. 협약 추인을 위해 2월 9일 열린 민주노총 임시대의원대회에서는 노사정 합의 결정이 부결되었으며 이에 따라 지도부가 총사퇴하고 비상대책위원회가 구성되는 등 커다란 내부분열을 겪게 된다. 비상대책위원회는 총파업을 결의했으나 역량 부족으로 파업을 철회하고 다시 정부와 재교섭에 나서는 등 혼란상을 보였다.

2) 제2기 노사정위원회의 배경과 진행경과[6]

(1) 배경

제1기 노사정위원회의 합의 이후 노동계의 반발로 노사정위원회의 기능은 사실상 정지되었다. 민주노총은 투쟁성이 강한 새 집행부를 구성한 뒤 정부에 대한 정면투쟁방침을 굳히고 5월 27~28일에 걸쳐 제1차 총파업을 단행해 상당한 성공을 거두었다. 이후 민주노총은 정부에 대해 직접교섭(이른바 노정 중앙교섭)을 요구했다. 약 4개월간 노사정위원회가 공전되는 동안 노사정위원회 재개를 위한 정부와 민주노총 간의 비공식교섭은 계속되었지만 여러 가지 조건(특히 민주노총의 정리해고제 철폐 요구)을 둘러싸고 양측의 이견이 맞서 교섭은 난항을 계속했다.

그러자 정부는 민주노총을 배제시킨 채 정부, 정당, 사용자대표와 한국노총

---

6) 제2기 노사정위원회의 배경과 경과에 대해서는 노사정위원회(1998d) 참조.

만이 참여한 가운데 6월 3일 제2기 노사정위원회를 일단 출범시켰다. 2기 노사정위원회는 그 조직 구조를 완전히 바꾸고 위원들도 대폭 교체하는 등 새로운 외양을 갖추었다. 그러나 민주노총의 참여 없이는 노사정위원회의 순조로운 운영이 불가능하다는 것을 잘 알고 있는 정부는 다시 민주노총과의 비공식 교섭에 나섰다.

당시 정부 측으로서는 금융, 공공부문의 순조로운 구조조정을 위해서는 노동계의 협력이 절실하게 요구되었으며 특히 6월 10일 대통령의 미국 방문 경제외교를 앞두고 국내의 노사 안정구도를 마련해야 할 필요성을 다급하게 느끼고 있었다. 한편 민주노총으로서도 노사정위원회에 불참할 경우 정부와 사용자가 일방적인 구조조정을 강행할 것이라는 불안감이 있는데다가 6월 5일로 예정된 제2차 총파업을 앞두고 파업에 부정적인 국민여론과 내부 투쟁동력의 취약성 등을 강하게 느끼고 있었기 때문에 정부와의 교섭에 나서게 되었다.

그 결과 6월 5일 정부와 민주노총은 노정합의에 이르게 된다. 노정합의의 주요 내용은 민주노총이 총파업을 철회하고 노사정위원회에 참여하는 대신, 정부는 정리해고제와 근로자 파견제의 남용 방지대책 논의, 부당노동행위 사업주의 엄단, 노동조합구조 및 교섭구조의 산별화 논의, 노사정위원회의 위상 강화, 구속노동자 석방 등을 약속한 것이었다. 6·5 노정합의는 노사정 3자합의가 아니라 노동과 정부의 직접적 교섭에 의한 합의란 점에서 새로운 모델을 제시한 것이었다.

(2) 진행경과

민주노총의 참여로 2기 노사정위원회가 정상 운영되기 시작한 후에도 실제 활동은 지지부진한 상태였다. 그 주요 이유는 정부의 일방적 구조조정 조치 때문이었다. IMF와의 협정에 몰린 정부는 부실기업 퇴출, 부실은행 퇴출, 공기업 민영화, 현대자동차 정리해고 신고 접수 등 급격한 구조조정정책을 강행했고 이 과정에서 대량의 실업자가 발생했다. 실업률은 1997년 3/4분기의 2.2%로부터 1998년 3/4분기에는 7.4%로 3배 이상 높아졌으며 실업자 수도 같은 기간 동안 47만 명으로부터 160만 명으로 무려 110만 명 이상 증가했다. 정부의 구조조정정책은 대부분 노사정위원회와의 사전협의 절차 없이 단행되었고 단지 그 사후대책에 대해서만 노사정위원회와 사후협의하는 방식으로 진행되었기 때문에 노동계의 반발을 샀다. 한편 대량실업이라는 노동시장의 여건변화를 기회로 기업에서의 부당노동행위도 유례없이 다수 발생했다.

이러한 일방적 구조조정과 부당노동행위에 대한 노동계의 불만이 증폭됨에 따라 7월 10일 양 노총은 노사정위원회에의 불참을 선언했고 특히 민주노총은 7월 14~16일에 걸쳐 제2차 총파업을 단행했다. 정부는 이에 대해 종래와는 달리 강경대응 방침을 세우고 민주노총의 사무총장을 비롯한 다수 지도부와 조합원을 구속하는 등 노정 간 정면충돌 상황으로 발전했다. 그러나 7월 23일로 예정된 제3차 총파업을 앞두고 정면충돌에 부담을 느낀 민주노총과 정부는 다시 교섭에 나서 총파업이 벌어지기 직전에 극적인 노정합의에 성공함으로써 7월 29일부터 노사정위원회는 다시 정상 가동되기 시작했다. 당시 정부는 양 노총이 총파업을 철회하고 노사정위원회에 복귀하는 대가로 공공·금융부문 구조조정에 관한 노사정위원회 내에서의 논의, 고용·실업문제에 대한 대책 마련, 부당노동행위 엄단, 노사정위원회 위상강화 등을 약속했다. 그러나 이러한 노정합의에 대해 정부 내에서도 강경파와 온건파 간에 이견이 노출되어 갈등 양상을 드러냈다. 한편 노정합의에 대해 이번에는 사용자 측이 반발해 7월 23일 노사정위원회 불참을 선언했다가 1주일 만에 복귀하는 해프닝도 있었다. 이상에서 살펴봤듯이 제2기 노사정위원회가 정상 가동되기까지에는 노동 측의 불참/참여 반복, 사용자 측의 반발, 정부의 강경대응/교섭의 교차, 정부 내에서의 강온 노선의 대립 노정 등 여러 가지 우여곡절이 있었다.

제2기 노사정위원회의 과제는 ① 제1기 노사정위원회 합의사항에 대한 이행여부의 점검 및 추진, ② 금융부문과 공공부문의 구조조정에 대한 협의, ③ 새로운 노사관계의 수립을 위한 개혁방안 발굴, 협의, ④ 기업별 현장에서 발생하는 노사대립의 조정, 중재 등으로 나눌 수 있다.

노사정위원회는 8월 초 제1기 노사정위원회의 합의사항 이행점검을 위해 4개의 소위원회(경제개혁소위, 고용실업대책소위, 노사관계소위, 사회보장소위)를 구성하고 본격적인 제도개선방안을 논의하기 시작했다. 12월 말까지 약 5개월간 계속된 소위 논의의 결과 1기 합의사항 중 상당 부분에 대한 구체적 제도화에 합의했는데 그중 주요 항목으로서는 교원노조 합법화, 실업자의 노조 가입권 보장, 노조 정치활동 보장, 공무원 직장협의회 허용, 재벌개혁을 위한 「공정거래법」 개정, 경제청문회 개최, 종업원지주제 활성화, 실업대책의 추진, 사회보험의 개혁 등을 들 수 있다.

그러나 이러한 일련의 제도개혁에 대한 합의에도 불구하고 정부의 금융, 공공, 기업부문에 대한 구조조정과 이에 따른 대량실업사태를 둘러싼 노정, 노사간 대립은 계속되었다. 특히 현대자동차의 대규모 정리해고를 둘러싼 장기파업(7월 20일~8월 24일) 문제, 일방적 구조조정 문제, 부당노동행위를 둘러싼 대립, 1기 합의사항 미이행 문제를 둘러싼 대립 등으로 노사정위원회는 난항을 거듭했으며 노동계의 일부 회의 불참선언, 부분적 파업 등이 이어졌다.

특히 1998년 말에는 노사정위원회에서 이미 합의된 교원의 노조 결성권 보장과 실업자 노조 가입권 보장조치 등을 정부, 여당이 입법화하는 과정에서 정부 내 일부 강경파 각료와 여당의 일부 국회의원 등의 반대로 법안처리가 지연되거나 합의내용이 변경되었으며 특히 실업자 노조 가입 문제는 입법화가 보류되는 사태가 일어났다. 이에 반발한 양 노총은 1999년 초 들어 다시 한 번 노사정위원회의 불참을 선언하기에 이르렀으며 특히 민주노총은 노사정위원회로부터의 탈퇴와 총력 투쟁 계획을 발표했다. 이리하여 노사정위원회는 다시 한 번 기능 정지 상태에 빠지게 되었다.

정부와 여당은 노동계의 반발을 무마시키기 위해 교원노조의 입법화(1999년 1월 국회통과, 1999년 7월 합법화 예정), 실업자 노조 가입권 허용 검토, 노사정위원회의 위상강화를 위한 입법화(1999년 5월 국회 통과), 노조 전임자 임금

지급 금지 조항의 개선 검토, 노동조합의 재정자립 지원 검토 등 일련의 대 노동계 유화책을 내놓고 있다. 그러나 1999년 5월 말 현재 양 노총은 여전히 노사정위원회에의 참여를 거부하고 있으며 특히 민주노총은 4~5월에 걸쳐 일련의 총파업을 강행하는 등 노정은 정면 대립 양상을 나타냈다. 따라서 노사정위원회의 향후 전망은 매우 불투명한 상태이다.

3. 노사정위원회의 성격, 구조, 성과

1) 노사정위원회의 성격

노사정위원회는 그 성격의 모호성으로 인해 지금까지 많은 혼란과 비판을 일으켜 왔다.

제1, 2기 노사정위원회의 법률적 성격은 대통령령에 의한 '대통령의 자문기구'로 규정되어 있었다('노사정위원회 규정' 제1조). 따라서 적어도 법률적으로는 노사정위원회는 다른 많은 대통령 자문기구와 마찬가지로 대통령의 자문에 응해 의견을 건의하는 기구에 불과하며 대통령이나 행정부, 또는 입법부에 대해 어떠한 법률적 구속성을 가지는 것은 아니었다.

그러나 노사정위원회는 다른 대통령 자문기구와는 달리 사회적 합의기구라는 독특한 위상을 가지고 있다. 즉, 노사정위원회에는 정부의 장관들과 양 노총 위원장, 재계대표, 여야정당 대표 등 한국 사회의 정치, 경제를 움직이는 주체들의 대표가 모두 참여하고 있다는 점에서 국회에 버금가는 국민적 대표성을 지니고 있으며 따라서 그 결정사항에는 상당한 힘이 실려 있다 하겠다. 특히 재정경제부 장관, 노동부 장관, 여당 국회의원 등이 노사정위원회에 참여하고 있으므로, 총리가 참여하고 있는 오스트리아의 동등위원회(Paritatische Kommission)나 네덜란드의 사회경제협의회(Social-Economische Raad)의 경우와 같이 위원회 결정사항을 곧바로 법률화, 제도화, 정책화로 이행할 수 있는 장치를 갖추고 있다고 할 수 있다.

실제로 노사정위원회 규칙 제14조에서는 '정부는 위원회에서 합의된 사항 등 협의결과를 정책에 반영하고 성실히 이행하도록 최대한 노력해야 한다'고 규정하고 있었다.

그러나 노사정위원회의 이러한 두 가지 성격은 때로는 상호모순을 일으키면서 많은 혼란과 갈등을 낳아 왔다. 정부와 사용자 측은 노사정위원회가 구조조정을 지연, 왜곡시킬 것을 우려해 가능한 한 구조조정에 개입하는 것을 꺼려 왔다. 따라서 이들은 노사정위원회의 대통령 자문기구로서의 성격을 강조하면서 합의사항의 구속성을 부인해 왔다. 정부와 사용자 측의 이러한 태도는 노사정위원회의 위상을 왜소화하는 결과를 낳았다.

반면 노동계는 사회적 합의기구로서의 노사정위원회의 성격을 강조하면서 노사정위원회가 구조조정 과정은 물론, 중요한 사회경제정책에 모두 개입해야 하며 합의사항은 별다른 변경 없이 그대로 법률화, 제도화, 정책화되어야 한다고 주장해 왔다. 따라서 노동계는 노사정위원회의 법률적 성격의 명확화를 통해 그 위상을 강화해야 한다고 주장했다.

1999년 5월 3일 국회에서 「노사정위원회 설치 및 운영 등에 관한 법률」이 통과됨으로써 노사정위원회 입법화를 둘러싼 논란은 일단 결말을 맺었다. 새로 통과된 「노사정위원회법」에서는 그동안 대통령 자문기구로 되어 있던 노사정위원회를 명실상부한 법적 협의기구로 만듦으로써 그 위상을 높였을 뿐만 아니라 내용이나 기능 면에서도 위상강화가 이루어졌다. 즉, "근로자의 고용안정과 근로조건 등에 관한 노동정책 및 이에 중대한 영향을 미치는 산업·경제·사회정책" 등은 노사정위원회에서 사전협의를 거치도록 의무화했고, 노사정위원회가 관계당사자 및 기관에 대한 출석, 자료제출 및 설명을 요구할 수 있도록 함으로써 그 위상을 높였으며, 노사정위원회 합의사항에 대해서는 노사정 3자가 이를 성실히 이행하도록 노력할 의무가 있음을 규정함으로써 합의사항

이행력도 높였다.

그러나 「노사정위원회법」이 통과되었음에도 불구하고 여전히 그 규정들이 추상적이고 강제력이 없어 과연 법률의 실제 운용과정에서 얼마나 실효성을 거둘 수 있을지는 의문으로 남아 있다.

한편 노사정위원회의 위상문제는 단순히 법률제정만으로 해결될 문제는 아니다. 보다 근본적으로는 노사정위원회를 바라보는 경제주체들의 시각이 보다 적극적으로 바뀌어야 비로소 그 위상이 강화될 수 있을 것이다.

2) 제2기 노사정위원회의 구조와 기능

노사정위원회는 본위원회, 상무위원회, 소위원회(소위), 특별위원회(특위) 등 여러 회의체들과 사무국, 전문위원, 이행점검반 등 지원기구로 구성되어 있는 상당히 방대한 기구이다. 1999년 2월 말 현재 70여 명의 본 위원, 상무위원, 특별위원들과 20여 명의 전문위원, 26명의 사무국 직원 등이 노사정위원회에 소속되어 있었다. 노사정위원회의 기구는 〈그림 2-2-1〉에서 보는 바와 같다.

(1) 본위원회

본위원회는 위원장 등 노사, 정부, 정당, 공익대표 15명으로 구성되어 있으며 노사정위원회의 최고의결기관이다. 김원기 위원장(새정치국민회의 상임고문)을 비롯해 양 노총 위원장, 경총 및 전경련 회장, 재정경제부 장관, 노동부 장관, 3당 국회의원 각 1명, 공익위원(변호사, 교수, 연구소장 등) 5명 등이 위원이다. 이들은 경제 3주체를 대표하는 한국 사회의 중요인물들이다. 특히 노사관계개혁위원회 때와는 달리 여당인 국민회의 출신 인사들이 위원장과 간사위원(국회의원)을 맡아 운영책임을 지고 있는 것이 특징인데 이를 통해 정부, 여당과 긴밀한 관계를 가지고자 하는 것이 목표이다.

본위원회의 정기회의는 월 1회로 되어 있으나 수시로 임시회의가 개최된다.

〈그림 2-2-1〉 제2기 노사정위원회 기구

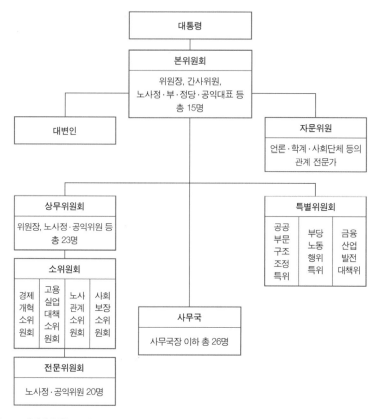

자료: 노사정위원회(1998d).

1998년 6월부터 12월 말까지 총 12차례의 본위원회가 열려 주요사항을 의결, 정부에 건의했다.

본위원회는 중요인사들로 구성된 까닭에 대리 참석이 많은 점이 문제점으로 지적되고 있다.

(2) 상무위원회

상무위원회는 본위원회에 상정할 의안의 사전검토, 조정 및 본위원회로부터 위임받은 사항의 처리를 위해 구성된 실무처리 위원회이다. 위원장은 본위원회 간사위원을 겸한 여당 국회의원이 맡고 있으며 위원은 양 노총 부위원장, 산별연맹 위원장 등 노동계 5인, 경총 및 전경련의 부회장 등 사용자 측 5인, 재정경제부·행정자치부·산업자원부·보건복지부·노동부 등 행정부처 차관 5인, 3당 전문위원 3인, 공익위원 4인(교수, 언론계, 연구소) 등 총 23명으로 구성되어 있다.

상무위원회는 1998년 12월 말까지 총 12차례의 회의를 개최해 본위원회에 상정할 안건을 심의, 의결했다.

(3) 특별위원회

특별위원회는 공공부문, 금융부문, 기업부문에서 진행되고 있는 구조조정과 관련한 긴급 현안 문제를 다루기 위해 설치된 한시적 위원회이다. 제2기에서 구성되었던 특별위원회는 모두 3개로서 부당노동행위특별위원회, 공공부문 구조조정특별위원회, 금융산업발전대책위원회 등이 있었다.

① 부당노동행위특별위원회

기업의 부당노동행위에 대한 근절을 바라는 노동계의 요구에 따라 구성된 특별위원회로서 "노사단체 등이 제기하는 부당해고, 임금체불, 일방적 임금삭감, 부당노동행위, 단체협약 위반, 기타 고질적 노사분규를 야기하는 「노동관계법」 위반사항"을 다루는 것을 목적으로 하고 있다. 노사, 정부, 정당, 공익위원 등 모두 11명의 위원으로 구성되어 있다. 사건의 사전심의, 의견조정을 위해 산하에 전문위원회가 구성되어 있다.

1998년 12월 말까지 특위 22차례와 전문위원회 19차례가 열려 총 111개소의 부당노동행위 사업장(한국노총 소속 24, 민주노총 소속 87)을 심사대상으로 올렸으며 그중 91개 사업장을 실제로 심의했다. 심의결과 중재, 조정, 조사, 권고안의 채택, 관계기관에의 협조의뢰 등으로 처리했다. 특위가 실제 조사권과 처벌권이 없기 때문에 실효성이 없다는 노동계의 비판이 제기된 바 있다(이명호, 1998).

② 공공부문 구조조정특별위원회

공공부문 구조조정 과정에서 제기되는 문제들을 원만하게 해결하기 위해 구성된 특별위원회이다. 노사, 정부, 정당, 공익위원 등 모두 13명의 위원으로 구성되어 있다. 1998년 말까지 총 29차례의 회의를 열어 공기업 민영화 방안, 정부출연기관 경영혁신 추진계획, 지방공기업 구조조정 및 경영혁신계획 등 공공부문 구조소정과 관련한 노사 간 현안 문제를 논의했다.

특위의 주요 성과로서는 공기업 민영화 및 경영혁신계획의 시기조정, 실업대책 마련 등에 관한 대정부 건의문 채택, 정부출연기관·지방공기업·정부투자기관 등의 경영혁신 추진계획에 관한 대정부 건의문 채택 등을 들 수 있다.

그러나 공공부문특위의 권고문이 대부분 주요 현안에 대한 원칙적 입장 표명에 그치고 있고 구체적 내용이 부족하며, 정부가 노사정 협의와 상관없이 일방적으로 공공부문 구조조정 계획을 밝힘으로써 노사정 간에 많은 마찰이 야기되었다. 다만 특위의 권고문은 각 해당 사업장에서 구조조정에 관한 노사협상 시 유용한 기준을 제공해 줌으로써 일정한 역할을 했다 하겠다(양완식, 1998).

③ 금융산업발전대책위원회

외환위기의 결과 발생한 은행, 증권, 보험, 투신, 종금사 등 금융기관의 구조조정 과정과 관련한 제반 문제를 해결하기 위해 구성된 특위이다. 노사, 정부, 정당, 공익위원 등 총 12명으로 구성되었다.

특위는 1998년 12월 말까지 총 21차례의 회의를 개최해 5개 부실은행 퇴출 문제, 7개 조건부 승인은행 경영정상화 문제, 보험·증권·투신·종금사 등 제2금융권 구조조정 문제 등을 논의했다. 특위의 주요 성과로서는 퇴출은행 직원의 재고용 추진, 금융부문 실직자를 위한 특별지원대책, 구조조정 시 노동계와의 사전협의 권고, 노조 간부의 고소, 고발 철회, 제2금융권 구조조정원칙의 수립 등을 들 수 있다.

특위는 모두 6차례에 걸쳐 대정부 건의문, 또는 노사 당사자에 대한 권고문을 채택했으나 대부분 원칙적 수준에 그치고 구체적 해결방안이 없다는 비판을 받았다. 더욱이 구조조정과 경영정상화 그 자체보다는 퇴출직원의 생계문제에만 초점을 두었다는 비판도 제기되었다. 특히 금융부문의 구조조정을 책임진 금융감독위원회의 일방적 독주와 은행권의 비협조, 눈치 보기 등으로 인해 특위는 잦은 대립과 난항을 계속했다(김상조, 1998a).

(4) 소위원회

상무위원회의 안건심의의 효율화를 위해 안건별로 4개의 소위원회가 구성되어 상무위원회 상정안건을 사전 심의, 조정하는 역할을 맡는다. 각 소위는 모두 노사, 정부, 공익대표로 구성된다.

① 경제개혁소위원회

재벌개혁, 노동자 경영 참가, 정부와 정치권의 개혁방안 등을 다루기 위해 설치된 소위로 노사정 대표 8명으로 구성되었다. 경제개혁소위의 주요 성과로는 재벌개혁을 위한 「공정거래법」의 개정, 경제청문회의 개최, 재벌 구조조정, 종업원지주제 활성화, 노동자 인수기업 지원 등에 합의했으며, 그 밖에 「부패방지법」 제정, 지주회사 설립 허용, 노동자 경영 참가 등의 안건은 노사정 간 의견대립으로 무산되거나 보류, 미논의되는 결과로 끝났다(김상조, 1998b).

② 고용실업대책소위원회

IMF 위기에 따른 대량실업에 대처하기 위한 실업대책, 고용확대, 고용보험, 고용안정, 직업훈련 등의 제반 문제를 논의하기 위해 구성된 소위이다. 노사, 정부, 공익대표 등 8명으로 구성되었다. 주요 성과로는 고용조정 매뉴얼 작성,

55개 퇴출기업 실업대책, 1998~1999년 실업대책, 일용직 실업대책, 중소기업 및 해외취업 지원방안, 장기체불 사업장에 대한 긴급융자, 실업대책 공청회 개최, 실업대책기획단 구성, 실업대책 효율성 제고 등을 들 수 있다(조준모, 1998).

③ 노사관계소위원회

노사 간에 현안이 되고 있는 노사관계의 제반 현안을 다루기 위해 구성된 소위이다. 노사, 정부, 공익위원 등 총 8명으로 구성되었다. 주요 성과로서는 교원노조 결성권 보장, 실업자의 노조 가입자격 인정, 노동조합의 정치활동 보장을 위한 「정치자금법」의 개정, 「공무원직장협의회법」 시행령 검토 등을 들 수 있다. 그러나 법정 노동시간 단축 문제는 아직 미해결사항으로 남아 있다 (김소영, 1998).

④ 사회보장소위원회

사회보험, 사회부조와 관련한 제반 문제를 논의하기 위해 구성된 소위이다. 노사, 정부, 공익위원 등 총 9명으로 구성되어 있다. 1998년 말까지 총 17차례의 회의를 개최했다. 주요 성과로서는 「공공자금관리법」의 개정, 의료보험 통합 및 적용확대, 「국민연금법」 개정안, 사회안전망 확충, 산업재해보험제도의 개선 등을 들 수 있다(이충렬, 1998).

(5) 지원기구 및 기타 기구

① 전문위원

제기되는 의제들에 대한 전문적 조사, 연구, 보고서 작성 등을 수행하기 위해 노사, 공익 전문가들로 전문위원회가 구성되었다. 전문위원들은 각 위원회 상정안건의 사전 작성, 조정, 합의까지 맡음으로써 실질적으로 매우 중요한 역할을 했다.

② 사무국

위원회의 운영지원 및 행정사무를 수행하기 위한 기구이다. 사무국은 노동부, 재정경제부, 행정자치부 등 행정부처로부터 파견된 공무원 26명으로 구성되었다. 사무국 공무원들은 순수한 행정지원만 맡으며 위원회 의사결정과정에는 관여하지 않는다.

③ 이행점검반

제1기 노사정위원회에서 합의한 90여 개 항목에 이르는 합의사항의 이행현황을 지속적으로 점검, 평가하기 위해 구성된 기구로서 상무위원회 공익위원들로 구성되었다. 1998년 12월 말까지 2차례 회의를 개최하고 각 소위원회의 이행사항 평가결과를 확인했으며 특히 노사정 간에 의견이 불일치하는 항목에 대해서는 독자적인 평가를 실시해 그 결과를 상무위원회에 보고했다.

이행점검반의 평가결과에 따르면 제1기 노사정위원회의 합의사항 중 정부가 책임지고 추진해야 할 사항은 모두 71개 항목이며 그중 완료 51개, 추진 중 20개인 것으로 나타났다. 나머지 19개 사항은 노사 및 정치권의 과제이다.

주요 완료과제로서는 재벌기업의 결합재무제표 작성 의무화, 상호지급보증 금지, 사회안전망 등 실업대책의 확충, 5인 미만 사업체의 「근로기준법」 적용 확대, 「임금채권보장법」 제정 등이다.

(6) 노사정위원회의 의결 절차

노사정위원회의 각급 위원들은 모두 의안 발의권을 가진다. 발의된 의안은 분야별 전문위원회 검토, 조정→소위원회에서 합의문안, 보고서 의결→상무위원회에서 심의, 의결→본위원회에서 심의, 의결→합의된 확정 과제를 대통령에게 건의→대통령 재가를 얻은 후 정부 각 부처 등 관련 기관에서 후속조치→노사정위원회에서 이행사항 점검의 절차를 거친다.

제2기 노사정위원회에서 모든 회의체는 전원합의제를 원칙으로 했다. 전원

합의가 어려울 경우, 부결, 공익위원만의 결의문 채택, 위원장에게 처리방안 위임 등의 방식을 사용해 안건을 처리했다. 그러나 이러한 전원합의제 원칙은 결국 당사자 중 어느 한 위원이라도 반대하면 안건이 통과될 수 없는 결과를 낳았다. 각 당사자는 자신에게 불리한 안건에 대해 사실상 거부권(Veto)을 행사할 수 있는 것과 마찬가지였으며 이는 노사정위원회의 실효성을 떨어뜨리는 요인으로 작용했다.[7] 따라서 새로 통과된 「노사정위원회법」에서는 재적위원 과반수 출석에 출석위원 2/3 이상의 찬성으로 의결하도록 의결방식을 바꿈으로써 노사정위원회의 효율을 높이도록 하고 있다.

그 밖에 노사정위원회는 공청회 및 정책토론회의 개최, 국민제안창구의 운영, PC통신 및 인터넷 운영, 여론조사, 국내외 홍보활동 등을 수행하고 있다.

노사정위원회의 공식활동 못지않게 중요한 것이 비공식 논의이다. 노사정위원회의 위원장, 간사위원, 상무위원회 간사(이상 모두 여당인 국민회의 소속 인사들)를 중심으로 노사, 정부인사들과의 빈번한 비공식접촉을 통해 어려운 안건들을 사전 조정해 왔다.

3) 제2기 노사정위원회의 성과

〈표 2-2-2〉는 지금까지 살펴본 제2기 노사정위원회의 각 회의체별 성과를 종합해서 보여 주고 있다.

---

[7]   Wiarda(1997)은 사회적 합의주의하에서 각 이해당사자들이 이와 같은 거부권을 행사함으로써 전체 시스템을 마비상태에 빠뜨릴 수 있다고 경고하고 있다.

〈표 2-2-2〉 제2기 노사정위원회의 성과

위원회별		토의의제	합의 여부	이행 여부	비고
소위원회	경제개혁소위	「공정거래법」 개정	합의	이행완료	국회통과
		경제청문회 개최	합의	이행완료	국회에서 청문회 개최 (1999년 1월)
		재벌 구조조정	합의	추후 재론	본위원회에서 재심의 요청
		종업원지주제 활성화	합의	추진 중	재경부와 협의 중
		노동자인수기업 지원대책	합의	추진 중	재경부와 협의 중
		지주회사 설립문제	논의 중		
		「부패방지법」 제정	공청회 개최		정치권에서 법 제정 추진 중
		• 노동자 경영 참가 확충은 노사 간 의견대립으로 미합의 • 기타 실업대책을 위한 세제 개편, 수출증대 지원책, 구조조정 투명화 방안 등은 미논의			
	고용실업대책소위	고용조정 지원 매뉴얼 작성	작성 완료		
		퇴출기업 노동자 실업대책	미합의		55개 퇴출기업 실업대책 논의했으나 가시적 성과 없음
		1998년 하반기 및 1999년 실업대책	논의 완료		노동부에 의견서 전달
		일용직 실업대책	논의 완료		노동부에 의견서 전달
		중소기업 및 해외취업 지원방안	협의		노동부와 협의
		장기체불 사업장 긴급융자	미합의		노사정 의견대립
		실업대책 공청회 개최	합의	이행 완료	공청회 개최(1998년 12월)
		실업대책기획단 구성	합의	이행 완료	정부에서 구성
		실업대책 개선방안	합의	일부 이행	실업대책기획단 설치
		한전 송배전 사업 문제	결론 없음		한전 측에 권고안 전달
		고용창출을 위한 노사정 연대협약	논의 중		
		고용보험기금 및 실업대책재원 정부출연 확대	일부 합의	추진 중	
		기타 기업 고용확대를 위한 제도개선, 고용안정 인프라 효율성 제고, 실업부조제도 도입, 고용보험제도 개선, 직업능력개발제도 개선 등은 미논의(중기 과제)			
	노사관계소위	교원노조 결성권 보장	합의	이행완료	국회통과(1999년 1월)
		실업자의 노조 가입권 허용	합의	추진 중	정부 내 이견으로 입법보류, 논의 중.
		노동조합 정치활동 보장을 위한 「정치자금법」 개정	합의	추진 중	입법추진 중
		「공무원직장협의회법」 시행령	합의	추진 중	
		법정 근로시간 단축	논의 중		공청회 개최
		택시임금제도 개선	계속 논의		
		• 기타 필수공익사업 범위조정 문제, 업종-지역 등 노사협의 활성화, 노조 전임자 임금지급 문제 등 논의 중. • 임금체계 개선, 노동조합 조직 및 교섭체계(기업별 또는 산업별 개선방안), 퇴직금 제도 개선방안 등은 미논의.			

특별위원회	사회보장소위	「공공자금관리기금법」개정	합의	이행 완료	국회통과(1999년 1월)
		의료보험 통합, 일원화 및 적용확대	일부 합의	이행 완료	국회통과(1999년 1월)
		「국민연금법」 개정	합의	이행 완료	국회통과(1999년 1월)
		사회안전망 확충	합의	추진 중	사회보험통합추진기획단과 계속 협의
		산재보험제도 개선 및 산재예방 효율화 방안	논의 중		산재보험관련기구에 노사대표의 참여 확대, 「산업안전보건에 관한 노사정특별선언문」에 합의
		• 기타 세제개편, 생활보호제도의 확충, 공공의료서비스 확대, 사교육비 절감방안 등은 미논의(중기 과제)			
	부당노동행위특위	부당해고, 금품체불, 임금삭감, 부당노동행위 등	총 111개 사업장 제기, 91개 사업장 심의		중재-조정-조사활동 30개, 권고안 채택 35개, 관계기관 협조의뢰 12개, 보류 등 기타 6개(일부 중복)
	공공부문구조조정특위	제1차 공기업 민영화방안	공익위원 건의문	추진 중	노정 간 의견대립으로 공익위원 명의의 대정부 건의문 채택
		제2차 공기업 민영화방안	합의	추진 중	대정부 건의문 채택
		비연구 정부출연기관 경영혁신 방안	합의	추진 중	대정부 건의문 채택
		「정부출연연구기관법」 제정문제	합의	이행 완료	국회통과
		지방공기업 구조조정	협의 진행 중		지방자치단체에 권고문 발송
		「정부투자기관관리기본법」	합의	추진 중	대정부 건의문 채택
		「지방공기업법 및 공기업민영화법」	일부 합의	추진 중	대정부 건의문 채택, 일부는 노정대립으로 합의실패
		서울지하철 구조조정 논의			권고문 채택
	금융산업발전대책위	5개 퇴출은행 직원의 재고용 및 생활안정대책	일부 합의		대정부 건의문 채택, 인수은행에 권고문
		장은증권 진상조사 문제	합의 실패		
		제2금융권 구조조정 대책	일부 합의		대정부 건의문 채택, 당사자에 대한 권고문 채택
		9개 은행 구조조정 관련	합의		노사정에 대한 권고문 채택
		노조 간부에 대한 고발철회		완료	위원장에게 일임

자료: 노사정위원회(1998d); 노사정위원회(1998e).

4. 노사정위원회를 둘러싼 경제주체들의 입장

1) IMF와 외국자본

앞에서 살펴본 바와 같이 IMF는 한국 정부와 체결한 구제금융협약에서 노동시장 유연화 조치를 요구했으며 한국 정부와의 분기별 협의를 통해 그 이행 상황을 점검하고 있다. IMF 관리체제로 상징되는 이러한 상황은 한국 정부와 기업은 물론이고 노동조합에까지 커다란 규제력을 발휘하고 있다.[8]

단순한 노동시장의 유연화 요구를 넘어서서 경제의 개방화, 규제완화, 유연화를 요구하는 IMF와 외국자본의 요구는 노동에게는 불리한 요인으로 작용하고 있다. 더욱이 이러한 요구는 이른바 글로벌 스탠다드(global standard)라는 명분을 가지고 있기 때문에 국제자본에 취약한 입장을 지니고 있는 한국으로서는 거부할 수 없는 규제력을 가지고 있는 것이다. 해고규제 등 노동시장의 경직성이 외국자본의 유입을 억제하고 있다는 주장에 근거해 정리해고제와 근로자 파견제의 도입을 요구, 관철시킨 것은 그 전형적인 예라 할 것이다.

IMF와 외국자본이 목표로 하고 있는 것은 궁극적으로는 한국 경제를 앵글로색슨(Anglo-Saxon)형 경제로 전환시키는 것이다(김상조, 1999; 김형기, 1999). 그러나 IMF의 이러한 요구는 여러 가지 점에서 문제를 만들고 있다. 첫째, IMF의 압도적 규제력하에서 국가의 자율적 정책능력이 박탈당하고 그 결과 외국자본의 이익에 국익이 종속되는 결과를 가져온다는 점이다. 둘째, 한국 경제의 여러 요소, 특히 노동시장의 고유한 특징들 가운데 앵글로색슨형 경제 및 노동

---

8) 이를 Crotty(1998)는 다음과 같이 표현하고 있다. "IMF의 한국 경제에 대한 개입의 폭과 깊이는 유례없는 정도이다. 미국의 압력하에서 IMF는 위기 극복을 위한 한국의 노력과정에 파트너로서 도와주기보다는 점령군처럼 행동해 왔다. IMF는 동아시아 모델을 완전히 파괴하고 이를 신자유주의적 제도와 관행으로 대체하기를 요구했다. 이는 미국이 지난 수십 년간 한국에 강요해 왔지만 단지 부분적 성공만 거두었을 뿐인 전환이다."

시장의 특징과 다른 요소들이 많이 존재하기 때문에 IMF가 요구하는 앵글로색슨형 경제로의 전환이 어려우며 그 과정에서 많은 대립과 혼란이 야기된다는 것이다. 예컨대 종신고용제, 대립적 노사관계와 전투적 노동조합의 존재, 사회 안전망의 미비 등은 앵글로색슨형 노동시장과는 다른 한국의 특수성이라 할 수 있으며 이러한 특수성을 무시한 노동시장 개혁은 많은 혼란과 대립을 가져오고 있다. 셋째, 앵글로색슨형 노동시장으로의 전환과정이 주로 해고규제의 완화, 근로자 파견제 등 노동시장의 경직성 완화=대량해고의 형태로 진전됨으로써 노동자들만이 일방적으로 고통을 전담하는 결과를 가져옴으로써 형평성 측면에서 문제를 야기하고 있다는 점이다.

IMF는 공식적으로는 한국의 노사정위원회가 노사 간 협의를 통해 외환위기 극복에 크게 기여했다고 평가한다. 그러나 앞에서 본 대로 개방화, 시장화, 유연화를 요구하는 IMF 및 국제금융자본의 기본적 입장은 계급 간 타협에 기초한 제도화를 통해 시장의 무분별한 횡포를 제약하고자 하는 사회적 합의주의와는 기본적으로 대립할 수밖에 없는 것이다. 그러나 한편으로 Crotty(1998)가 지적하고 있듯이 IMF와 국제금융자본이 가장 우려하고 있는 것은 IMF가 강요하는 신자유주의적 개혁에 대한 노동계 및 민중의 저항으로 사회혼란이 야기될 가능성이므로 노동계는 이를 역으로 이용해 국가에 대한 교섭력을 높일 수 있었다. 노동계가 노사정위원회의 장을 뛰쳐나와 정면저항을 벌일 경우 IMF 위기국면하에서 정부는 과거와 같은 노동운동에 대한 강경대응 정책을 사용하기가 어려워졌기 때문이다.

2) 정부

IMF의 한국에 대한 요구는 현 정부에 의해 거의 100% 수용되고 있다. 아시아의 경제위기의 원인을 국제투기자본의 음모에서 찾으면서 국제투기자본의 규제를 주장하는 말레이시아의 마하티르 모하맛(Mahathir Mohamad) 총리 등과는 달리 김대중 정부는 IMF와 국제금융자본의 요구를 충실히 따르는 것이 한국 경제 회생의 길이라고 보고 있으며 실제로 그러한 정책을 실행하고 있다. 현 정부의 이러한 태도가 앵글로색슨형 경제로의 전환을 더욱 촉진하는 요인이 되고 있는 것이다.

그러한 면에서 현 정부의 경제정책 및 노동정책의 기본적 성격은 신자유주의적 정책이라고 봐도 좋을 것이다. 그러나 현 정부의 정책을 신자유주의적 정책 일색으로 평가하는 것은 지나치게 단순한 평가이다. 오히려 한편으로는 신자유주의적 노동시장 유연화정책을, 그리고 다른 한편으로는 코포라티즘적 요소인 노사정위원회와 실업대책을 동시에 펴고 있는 데서도 드러나듯이 김대중 정부의 노동정책은 상호 모순되는 여러 요소가 착종하면서 상당한 혼란과 모순, 그리고 취약성을 드러내고 있다고 봐야 할 것이다(김형기, 1999 참조).

김대중 정부는 그 기본 이념으로서 '민주주의와 시장경제의 병행발전'을 내걸고 있다(대한민국정부, 1998). 그러나 '민주'와 '시장'이라는 두 이질적 요소는 상당한 상호모순과 혼란을 불러일으키고 있다(김균·박순성, 1998). 더욱이 이 두 가치 가운데 본질적으로 '시장'이 더 강조되면서 '민주'란 용어는 자칫 하나의 수식어에 불과하고 그 실질적 내용은 없는 존재로 전락할 위험마저 안고 있다. 그런 면에서 현 정부의 경제정책 및 노동정책의 기본적 성격은 신자유주의적 정책이라고 봐도 좋을 것이다. 다만 노동정책에 있어서 영국의 대처 행정부나 미국의 레이건 행정부에서 보는 것처럼 신자유주의적 정책이 체계적이고 일관성 있게 추진되고 있다고는 할 수 없다.[9] 오히려 한편으로는 신자유주의적 노동시장 유연화정책을 실시하면서도 다른 한편으로는 계급타협체제인 노사정위원회를 설치하고 있는 데서도 드러나듯이 상호 모순되는 여러 요소가 뒤섞여 있으며 이로 인해 상당한 내부모순과 혼란, 그리고 취약성을 드러내고

---

9)   영국 및 미국의 신자유주의적 노동정책과 이에 대한 노동운동의 대응양상에 대해서는 윤진호(1999) 참조.

있다는 것이 보다 정확한 평가일 것이다.

노사정위원회와 관련해서도 '민주'가 강조되면 그 위상이 올라가고 합의의 이행가능성이 높아지다가 다시 '시장'이 강조되면 그 위상이 약화되고 합의이행이 무산되는 과정을 여러 차례 되풀이했다. 이처럼 '민주'와 '시장' 간의 상호 대립, 모순, 그리고 일관성의 결여 등이 김대중 정부의 노동정책의 가장 중요한 특징이 되고 있는 것이다.

한편 김대중 정부의 취약성 역시 정책혼란과 모순 및 일관성 결여를 가져온 또 하나의 요인이다. 김대중 정부는 상대적으로 중도-개혁적 성격을 가진 '새정치국민회의'와 보수적 성격이 짙은 '자유민주연합'의 공동정권으로서 탄생되었다. 정부출범 시 경제분야 각료는 자민련이, 비경제분야 각료는 국민회의가 맡기로 함으로써 김대중 정부의 경제정책은 처음부터 강한 보수성 내지 친자본적 성격을 띠게 되었다. 더욱이 IMF 관리체제하에서 경제정책의 자율성이 크게 제약되었고, 국회 내에서 여소야대 상황이었던 점, 그리고 재벌 등 기득권층이 개혁정책에 강력하게 반발했던 점 등 여러 가지 요인으로 인해 김대중 정부는 개혁정책을 힘 있게 추진할 수 없었다.

정치적 기반이 약한 상황 속에서 김대중 대통령은 정책의 수립, 집행을 관료에게 크게 의존할 수밖에 없었다. 이들 관료들은 기본적으로 과거 군사정권과 김영삼 정부 이래 가져왔던 보수성 내지 친자본성을 그대로 가지고 있는 위에 새로이 신자유주의의 이데올로기까지 곁들임으로써 개혁정책의 추진에 결정적 걸림돌로 작용하고 있다. 이러한 관료들의 보수성과 친자본성으로 인해 관료집단과 노사정위원회는 기본적으로 마찰, 대립할 수밖에 없었다. 특히 재정경제부, 금융감독위원회, 기획예산위원회 등 경제 관련 부처들은 노사정위원회를 구조조정에 대한 방해물로, 그리고 노동조합을 노동자들의 이기주의를 반영하는 집단으로 간주하고 있었기 때문에 노사정위원회에서의 협의나, 합의 사항의 이행에 지극히 소극적이었으며 때로는 노사정위원회의 존재 자체를 무시하기도 했다. 노사정위원회의 의결구조가 전원합의제로 되어 있으므로 정부위원 중 어느 한 명이라도 반대하면 각종 개혁조치가 무산될 수밖에 없는 것도 문제점으로 작용했다.

또 노동정책을 둘러싸고 정부 내에서 강온 노선의 대립이 자주 표면화되었다. 현대자동차 파업사태의 처리를 둘러싼 강온 노선의 대립, 6·5 노정합의사항의 이행을 둘러싼 대립, 교원노조 설립을 둘러싼 대립, 실업자의 노조 가입 허용을 둘러싼 대립 등은 모두 정부 내의 이러한 대립이 표면화된 구체적인 예이며 결과적으로 김대중 정부의 기본 정책방향에 대한 혼란과 모순, 갈등을 야기하는 요인으로 작용했다.[10]

3) 사용자

노사정위원회의 또 다른 주체인 사용자들은 대체로 노사정위원회에 대해 매우 소극적인 자세로 임했다. 앞에서 지적했듯이 한국의 경제위기를 가져온 주요 원인 중의 하나가 재벌의 방만한 경영과 족벌체제적 기업 소유 지배구조라는 점이 인식되면서 재벌을 비롯한 사용자 측의 발언권은 그 어느 때보다도 위축되었다. 노사정위원회에의 참여도 정부의 요구에 의해 매우 수동적으로 이루어졌다. 그러나 경제위기 극복을 위한 구조조정 과정에서 정부가 차츰 재벌의존적으로 되어 가면서 재벌의 발언권은 다시 회복되는 양상을 보였다.

경제위기에 대응해 사용자들은 노동시장 유연화라는 신자유주의적 전략을 추구했다. 이 점에서는 정부와 사용자 측의 기본 인식은 같다고 할 수 있다. 그러나 개별 기업 차원으로 내려가면 사용자들은 단순한 신자유주의적 이데올로기를 넘어서서 경제위기를 이용해 노사관계에서 힘의 우위를 차지하고 노조를 약화시키려는 매우 공세적 전략을 사용하고 있다.[11] 즉, 무차별적인 해고, 임

---

10) 이러한 정부의 태도를 김기원(1999)은 '오른손에는 개혁조치, 왼손에는 반개혁조치', 또는 '약 주고 병주는 식의 개혁'이라고 표현하고 있다.

금인하, 노조에 대한 압박, 부당노동행위 등이 빈발하고 있는 것이다. 이러한 점에서 사용자 측은 기본적으로는 과거의 억압적·노조배제적 노사관계에 여전히 미련을 가지고 있으며 새로운 노사관계의 비전은 보여 주지 못하고 있다고 평가할 수 있다.

사용자 측의 이러한 태도는 노사정위원회의 원만한 운영을 한층 어렵게 만드는 요인으로 작용했다. 전원합의제의 의사결정방식하에서 많은 의제들이 사용자 측의 거부로 합의상태에 이르지 못하고 자동 부결되었으며 이에 따라 '노사정위원회에서 논의되는 사항은 많지만 막상 합의되는 사항은 매우 적은' 결과를 가져왔다. 이는 노동세의 반발을 부르는 요인이 되었다.

4) 노동조합

노동조합 역시 그 기본적 구조의 취약성과 노선의 혼란 등으로 인해 노사정위원회의 원활한 운영이 이루어지지 못하도록 만드는 한 요인이 되었다. 사회적 합의주의가 성공하기 위해서는 강력한 산별노조와 노동운동에 우호적인 정치세력의 존재 등이 필요하다. 그러나 한국의 노동조합은 이러한 조건이 제대로 갖춰지지 못한 채 그 기본적 구조 면에서 취약성을 면치 못하고 있다.

1998년 말 현재 노동조합의 조직률은 약 10% 선에 머물고 있는데 이는 조직률이 피크에 달했던 1989년의 23.4%에 비하면 절반 이하로 떨어진 것이다. 이와 같은 낮은 조직률로는 노사정위원회를 통해서든, 장외투쟁을 통해서든 노동운동이 위력을 발휘하기가 매우 어려운 형편이다. 뿐만 아니라 한국의 노동조합은 기본적으로 기업별 노조체제를 취하고 있기 때문에 그 조직적 역량

---

11) 김형기(1999)는 이를 '시장전제주의'라고 부르고 있다. 그러나 개별 기업 차원에서 이루어지고 있는 여러 노동억압 양상은 순수한 의미의 시장전제주의라기보다는 오히려 과거의 억압적 노동통제정책에 더욱 가깝다고 해야 할 것이다.

이 분산적인 특징을 가진다. 사회적 합의주의가 성공하기 위해서는 강력한 산별노조와 전국조직을 통한 의사의 집결과 합의사항의 실행이 필요하다는 점을 생각할 때 노동운동의 이러한 분산성은 사회적 합의와 그 이행을 힘들게 만드는 요인으로 작용했다(윤진호, 1998c).

기업별 노조체제하에서는 개별 사업장에서의 노사대립이 즉각적으로 내셔널센터인 한국노총이나 민주노총의 정책방향을 흔드는 경우가 많았다. 정리해고 등 고용불안에 대한 개별 사업장에서의 노동자들의 반사적·즉자적 저항이 아무 여과장치 없이 그대로 내셔널센터의 투쟁적 정책으로 반영됨으로써 노동운동의 리더십은 노사정위원회에의 참가에 커다란 부담감을 갖지 않을 수 없었으며 노사정위원회에 참여하는 노동운동의 리더십은 늘 불안정한 상태를 면치 못했다. 노사정위원회의 기능 역시 장기적인 제도와 정책의 형성보다는 개별 사업장에서 나타나는 노사대립을 중재, 해결하는 데 더 중점을 둠으로써 사회적 합의기구로서의 본래의 기능을 다할 수 없었다.

노동운동의 분산성은 또한 내셔널센터의 정책역량의 취약화를 가져왔다. 노사정위원회에서 다루고 있는 사항의 포괄성, 복잡성에 비춰 노동운동의 정책역량이 매우 전문화, 세련화될 필요가 있지만 노동운동은 인적·물적 제약으로 인해 정책역량 면에서 한계를 드러냈다. 그 결과 노동운동이 적극적이고 진취적으로 새로운 대안을 제기하기보다는 정부정책에 대한 반대('정리해고 반대', '구조조정 반대')에만 치중하는 것으로 비추어졌다.

전체 노동운동이 한국노총과 민주노총으로 양분되어 있는 상황 역시 노동운동을 취약하게 만드는 요인으로 작용했다. 양 노총은 대부분의 사안에 대해서는 보조를 같이 했지만 일부 사안(예컨대 의료보험 통합문제)에 대해서는 조직이익이 상이함에 따라 의견 차이를 나타냈다. 이러한 노동운동의 분열은 정부와 사용자로 하여금 노동운동을 경시하게 만드는 요인의 하나로 작용했다.

노동운동의 노선분열 역시 매우 심각했다. 민주노총 내에서도 한편으로는 노사정위원회에 참여해 제도, 법률, 정책을 개혁하자는 주장이 있는가 하면 다른 한편에서는 총파업과 대중투쟁 등 저항을 통해 위기상황을 정면돌파하자고 주장하는 측도 있었다.[12] 전자는 주로 내셔널센터나 산별연맹의 일부 노조 간부들이 주장한 반면, 후자는 고용불안에 직접 직면하고 있는 현장 노동자들과 현장 간부들이 주로 주장했다. 양 파 간의 노선논쟁이 치열하게 전개됨에 따라 민주노총은 노사정위원회에의 참여와 탈퇴를 되풀이했다. 민주노총의 이러한 노선혼란은 외부의 비난을 받았을 뿐만 아니라 조직 내에서도 지도부와 현장 간의 갈등을 가져옴으로써 지도력을 손상시키고 조직 내 결집력을 저히시키는 요인이 되었다.

결국 이상에서 살펴본 대로 노사정 등 경제주체들은 노사정위원회에 대한 기본 입장 면에서 주체 상호 간에 상당한 대립과 갈등을 보였을 뿐만 아니라 각 주체 내부에서도 상당한 내부대립, 노선혼란, 갈등을 드러내 왔다. 그러한 가운데 복잡한 정치역학관계에 의해 세력균형이 바뀔 때마다 노사정위원회의 운영은 혼란을 면치 못하는 양상을 나타냈다.

바로 이러한 주체 상호 간의 상호의존성 및 내부의 전략적 선택을 종합적으로 고려할 때 노사정위원회의 기본적 성격을 한 가지 색깔로 표현하기는 상당히 어려우며 한편으로는 신자유주의적 요소를, 그리고 다른 한편으로는 사회적 합의주의를 가진 복합적 성격의 기구로 파악해야 할 것이다. 다만 그러한 가운데서도 힘의 우위를 가지고 있는 정부와 사용자 측의 기본 전략인 신자유주의가 우세하게 관철되고 있다는 점은 지적해 두어야 할 것이다.

---

[12] 민주노총 내에서 전자는 '사회적 조합주의'로 후자는 '전투적 조합주의'로 분류된다. 양 파 간의 논쟁에 대해서는 김유선(1998)과 노중기(1998a, b) 및 민주노총의 기관지인 ≪노동과 세계≫를 통해 전개된 양자 간 논쟁(1998년 10월 26일 및 11월 23일 자) 참조.

5. 노사정위원회에 대한 평가

노사정위원회의 위상과 활동에 대한 평가는 크게 엇갈리고 있다. 노사정 3주체와 학계는 각자의 이해관계와 이념, 비전에 따라 노사정위원회의 성과에 대해 매우 상반된 평가를 내리고 있다. 논쟁은 신자유주의, 사회적 합의주의, 급진주의 간에 다양하게 전개되고 있지만 이를 이슈 중심으로 파악하면 크게 노사관계에 대한 국가의 개입을 둘러싼 논쟁과 노사정위원회에의 노동조합의 참여여부를 둘러싼 논쟁으로 나눌 수 있다. 다음에서는 이들 논쟁을 살펴보고 이에 대해 평가하고자 한다.

1) 노사관계에의 국가의 개입을 둘러싼 논쟁

신자유주의적 시각에 선 논자들은 노사정위원회와 같은 3자협의체제를 시장에 대한 이익집단의 부당한 간섭으로 파악하면서 이를 통해 시장기능이 왜곡되고 있다고 비판한다(박덕제, 1998a; 1998b; 박기성, 1998). 이들의 주장을 정리하면 다음과 같다.

첫째, 이들은 우선 원리적으로 사회적 합의주의가 시장을 왜곡하는 기능을 하고 있다고 비판한다. 이들 논자들은 시장이 가진 효율성을 강조하면서 따라서 시장에 대한 정부개입은 최소화해야 한다고 주장한다. 정부개입은 시장의 기능을 방해함으로써 효율성을 저해하기 때문이다. 이러한 면에서 볼 때 사회적 합의주의는 시장기능을 왜곡하고 구조조정을 방해, 지연시키는 역할을 하며 특히 노동조합이나 사용자단체 등 특정 이익집단에게 국가정책을 좌우하는 권력을 제공함으로써 국민대중의 일반적 이익에 배치되는 결과를 낳는다고 한다. 특히 현대자동차의 정리해고 시 노사정위원회가 개입해 이를 억제한 것은 개별 기업의 노사관계에 정부가 개입하는 선례를 세운 것이라고 이들은 비판한다.

둘째, 이들은 노사관계 면에서도 기업노사관계의 자율성이 최대한 보장되어야 한다고 주장하면서 노사정 중앙단체에 의한 중앙협약의 시도는 결국 개별 기업 노사관계의 자율성을 해치는 결과를 가져올 뿐만 아니라 교섭비용을 증가시킨다고 주장한다. 이들은 특히 사회적 합의주의하에서 해고가 부자유스럽고 복지제도가 발달한 유럽이 높은 실업에 시달리는 반면, 시장의 기능에 의존하고 해고가 자유스러우며 복지제도가 상대적으로 덜 발달되어 있는 미국의 실업률이 낮은 점을 지적하면서 사회적 합의주의가 국민경제에 폐해를 가져온다고 주장한다.

셋째, 이들은 특히 한국 사회에서 사회적 합의주의가 성공할 가능성은 매우 낮다고 주장한다. 한국 사회에서는 사회적 합의주의의 전통이 결여되어 있으며 유럽에서와 같은 산별노조나 사민당이 없기 때문에 계급이익을 결집해 노사단체가 타협할 수 있는 가능성이 매우 낮다고 한다. 오히려 정치적 판단에 의한 타협에 의해 중요한 국민경제의 과제가 결정될 가능성이 있으며 이는 국민경제 전체의 이익에 배치되는 것이라고 한다.

넷째, 이들은 세계적으로도 사회적 합의주의가 후퇴하고 있다고 지적한다. 과거 사회적 합의주의의 전통이 강하던 독일이나 스웨덴에서도 최근 노사정 간의 중앙협약이 해체되고 있으며 한때 이를 시도했던 영국에서도 사회적 합의주의는 실패로 끝났다고 이들은 주장한다.

따라서 신자유주의론자들은 노사정위원회를 전면 폐지하거나 또는 노동부 장관의 비상설 자문기구로 두는 것이 바람직하다고 주장한다. 또 다루는 과제도 폭넓은 사회경제정책이 아니라 노사관계에 대한 현안논의에 국한되어야 한다고 주장한다. 이들은 또 노사정위원회가 철저히 노사 당사자 자율주의에 입각해야 한다고 주장한다.

사회적 합의주의에 대한 신자유주의자들의 비판은 매우 일면적인 것으로 생각된다. 이들은 노사관계의 자율성 원칙이 자원배분의 효율성을 가져오는 측면을 강조하지만 또 하나의 중요 목표인 공정성도 보장하는지에 대해서는 입을 다물고 있다. 이들은 노동력을 철저하게 하나의 상품으로만 인식하며 따라서 다른 일반적 상품과 다름없는 것으로 취급한다. 그러나 노동시장은 일반적 상품시장과는 달리 매우 특수한 성격의 시장이다. 고용계약은 대등한 개인간의 계약이 아니라 회사라는 조직과 개별 노동자 간의 계약이라는 불평등한 형태를 취한다. 고용계약은 단순한 경제적 교환이 아니라 임금이란 대가를 받는 대신 개인이 조직의 권위, 통제에 종속될 것을 약속하는 계약이다. 개별 노동자는 자본에 그 생계를 의존하지만 자본은 개별 노동자에게 의존하지 않는다. 결과적으로 노동시장에서 노동은 취약하고 비조직적이며 자본에 종속될 수밖에 없다. 이와 같이 시장체제는 간접적 통제를 통해 노동자를 종속시키며 그 결과 노동시장에서의 불평등이 야기되는 것이다(Salamon, 1987). 사회적 합의주의는 바로 이러한 자본주의적 노동시장에서 발생하고 있는 근원적 불평등을 사회집단 간의 교섭과 합의에 의해 보완하고자 하는 시도인 것이다.

신자유주의자들이 주장하고 있는 유연화는 시장의 강제력에 의해 유연화를 달성하려는 이른바 '시장적 유연화' 일변도라는 점에서 문제가 있다. '시장적 유연화'는 대량해고와 임시노동자의 대량 도입, 임금의 최대한 삭감, 그리고 노동조합 기능의 최대한 약화 등에 의해 노동시장에서 기업의 이윤을 위한 최대한의 유리한 조건을 창출함으로써 기업의 축적조건을 회복하려는 시도로 해석할 수 있다. 그러나 이러한 '시장적 유연화'는 결국 대량실업과 대량빈곤, 노동시장의 이중구조화, 고용관계의 불안정화, 그리고 이에 따른 노사관계의 악화를 가져오게 될 것이다.

사회적 합의주의가 효율성 저해를 가져온다는 신자유주의자들의 주장 역시 받아들이기 어렵다. 시장에 의존하는 고용계약은 지나친 거래비용으로 인해 오히려 비효율적으로 된다는 점은 많은 학자들이 지적하고 있는 바와 같다. 중앙집중식 교섭구조는 노동시장에서 시장실패를 극복하는 수단이 됨으로써 국민경제의 성과에 도움이 된다. 통일적인 전국 교섭이 노사 간 분쟁을 제거하는 데 유리하므로 파업빈도를 줄일 수 있으며, 교섭비용을 줄일 수 있고, 노동조합의 연대주의적 임금정책에 의해 임금격차를 제거하는 동시에 사양산업이 효율적 산업으로 자원 전환을 하도록 촉진하며 거시경제의 안정에 도움이 되는 등 여러 가지 이점이 있다(Rowthorn, 1992; Soskice, 1990; Jackman et al., 1990; 윤진호, 1998 등 참조). 실증적으로 보더라도 교섭구조가 집중화될수록 소득불평등이 감소하는 관계가 뚜렷하게 증명되고 있는 반면, 실업률, 인플레율, 실질소득증가율 등 거시경제 변수는 교섭구조의 집중화와 거의 아무런 관련도 찾아보기 힘들다는 것이 증명되고 있다(OECD, 1997; Teulings and Hartog, 1998; 윤진호, 1998c).

공정성의 위기는 또한 효율성의 위기로 연결된다는 점도 신자유주의자들이 간과하고 있는 부분이다. 시장의 힘에 의존하는 일방적 유연화는 실업자를 비롯한 노동자들의 반발을 가져와 사회적·정치적 불안으로 연결될 가능성이 크다. 1997년의 노동법 개정 파동 과정에서 경험했듯이 우리 사회가 과연 이러한 노동자들을 비롯한 국민대중의 반발을 억누르고 경제적·사회적·정치적 불안을 감당할 수 있을 만큼 능력이 있는지에 대해서는 의문이 든다. 설혹 노동자들의 반발을 무릅쓰고 '시장적 유연화'를 달성할 수 있다고 하더라도 그 과정에서 생기는 엄청난 혼란으로 인해 현 위기로부터의 극복이 훨씬 지연될 가능성이 크다.

따라서 신자유주의자들이 주장하는 시장의 힘에 의한 유연화는 바람직하지도 않고, 가능하지도 않은 선택이라고 생각한다.

2) 노사정위원회에의 노동조합 참여를 둘러싼 논쟁

급진론적 시각을 가진 논자들 역시 노사정위원회에 대해 비판하고 있다(노중기, 1998a, b; 김상곤, 1998; 김세균, 1998). 이들은 노사정위원회를 기본적으로 정부가 신자유주의적 구조조정 과정에서 노동운동의 반발을 막기 위해 구성한 노동통제기구의 하나로 파악하고 있다. 이들의 주장을 요약하면 다음과 같다.

첫째, 이들 중 일부 논자들은 사회적 합의주의의 원리 그 자체에 대해 비판적 시각을 가지고 있다. 이들은 사회적 합의주의를 현대자본주의체제 내에서 국가와 자본이 노동계급을 회유, 통제하기 위해 발전시킨 고도의 조직적 수단으로 간주한다. 즉, 사회적 합의주의를 통해 노조 지도자들에게 국가정책의 형성, 집행과정에의 제한적 참여를 허용하는 대신 노동운동이 계급투쟁을 포기하고 국가에 협력하도록 요구하며 더 나아가 이들이 임금인상 등 노동자 요구를 억제하는 역할까지 맡도록 한다는 것이다(Panitch, 1979; 김수진, 1992에서 재인용). 따라서 사회적 합의주의를 통해 노동계급이 기대할 수 있는 실익은 극히 적으며 더욱이 선진자본주의국가들이 위기에 빠진 1970년대 중반 이후에는 그 적은 실익마저도 국가에 의해 부인당하고 있다고 이들은 보고 있다. 무엇보다도 사회적 합의주의는 자본주의하에서 다른 대안적 모델을 모색하는 것 자체를 불가능하거나 어렵게 만든다는 점이 결정적 한계라고 이들은 주장한다. 이와 같이 노동계급이 사회적 합의주의를 통해 얻는 실익은 적은 대신 사회적 합의주의가 가져오는 폐해가 크기 때문에 노동계급은 이를 거부하거나 최소한의 의의밖에 인정하지 말아야 한다고 이들은 주장한다.

둘째, 설혹 사회적 합의주의의 의의를 인정한다고 하더라도 한국 사회에서는 서구에서와 같은 사회적 합의주의의 모델이 성립할 수 있는 전제조건이 결여되어 있거나 불충분한 상태에 있기 때문에 모델 자체의 성공가능성이 낮고 노동계급에 불리한 결과만 가져올 뿐이라고 급진론자들은 주장한다. 주지하는 바와 같이 서구에서 사회적 합의주의의 성립한 배경에는 강력한 산별노조, 그리고 노동운동과 밀접한 관계를 가진 정당(주로 사민당)이 존재하고 있었다는 점이 중요한 역할을 했다(Meier, 1984). 이에 비해 한국에서는 노조조직률이 매우 낮고, 기업별 노조체제로 그 역량이 분산되어 있으며, 노동운동이 한국노총과 민주노총으로 분열되어 있고, 노동운동을 정치적으로 뒷받침할 정당이 없는 등 사회적 합의주의 체제를 위한 토대가 전무하다는 것이다(김수진, 1998; 노중기, 1998b). 따라서 현재의 노사정위원회는 서구의 사회적 합의주의와 형식적 틀만 유사할 뿐 내용적으로는 전혀 다른 것이며 신자유주의적 노동통제전략의 실행기구에 불과하다고 한다. 이들은 실제로 노사정위원회의 정부 내에서의 위상이 낮고 합의사항이 잘 이행되지 않고 있는 사실을 지적하면서 이는 바로 노사정위원회가 가진 이러한 근본적 한계로부터 나온 것이며 정부는 노사정위원회의 합의를 지킬 의사가 거의 없다고 보고 있다.

셋째, 노동운동의 측면에서 보더라도 노사정위원회에의 참여는 노동운동에 이득보다는 해악을 더 많이 끼칠 것으로 이들은 보고 있다. 노동조합 지도부가 노사정위원회에 참여해 자본/국가와의 상층교섭에 치중함으로써 현장에서 일어나고 있는 정리해고 등을 제대로 막지 못하고 대중투쟁을 봉쇄하는 역할을 했을 뿐만 아니라 더 나아가 노조 지도부와 현장 노동자들 간의 갈등만 야기함으로써 노동운동을 약화시키는 결과를 가져왔다고 이들은 비판한다. 노동운동이 노사정위원회를 탈퇴하고 정부 및 자본과의 정면투쟁에 나설 경우 비록 단기적으로는 노동운동 및 조합원이 피해를 입게 되겠지만 이를 통해 조합의 계급성과 투쟁성을 보존, 강화시킴으로써 장기적으로는 노동운동에 더 이익이 될 수 있다고 이들은 주장한다. 또 이와 같이 자본/국가와 정면 투쟁할 때 비로소 자본/국가도 노동운동에 대해 더 타협적인 대안을 제시할 것으로 이들은 보고 있다.

넷째, 지금까지 노사정위원회에서 이룬 성과에 대해서도 그 대부분이 노동운동의 이익과 배치되거나 노사정위원회가 없었더라도 어차피 국가의 필요에 의해 도입되었을 정책밖에 없다고 이들은 주장하고 있다. 서구의 사회적 합의주의에서는 사회적 합의의 주요 내용이 성장, 물가 등 거시경제정책이었던 반면 한국의 노사정위원회에서는 노동시장 유연화, 구조조정 등 신자유주의적 정책을 다루었으며 그것도 정부가 사전에 정책 수립, 시행을 끝낸 뒤 노사정위원회는 그 후유증을 수습하는 역할만 한 데 지나지 않는다고 이들은 보고 있다 (이른바 '소방수론', '청소부론'). 결국 노사정위원회는 형식은 사회적 합의주의 형태를 취하면서 내용은 신자유주의적 경제정책을 지지한다는 의미에서 '형식과 내용의 기묘한 괴리'(노중기, 1998b)를 보였으며 궁극적으로는 신자유주의적 정책의 들러리 역할(들러리론)을 하는 데 지나지 않는다고 한다.

이와 같은 비판에 근거해 이들은 노사정위원회의 해체 또는 쇄신을 주장하고 있다. 즉, 법률적 근거를 갖는 노사정위원회의 상설화와 국정 전반에 대한 논의 및 합의, 그리고 합의의 실행 보장 메커니즘 도입 등을 주장한다. 그러나 이들은 이러한 노사정위원회 위상강화 방안이 실제로 실현되기는 어려울 것으로 보고 있으며(이정식, 1998) 또 설혹 실현된다 하더라도 노동운동이 노사정위원회에 큰 의미를 두어서는 안 된다고 주장한다.

급진론자들의 비판은 사회적 합의주의에 대한 원칙론적 비판과 노사정위원회에의 노동조합 참여에 대한 전술론적 비판으로 분류할 수 있다. 먼저 사회적 합의주의에 대한 원칙론적 비판은 그 근저에 이데올로기적 배경을 깔고 있다. 즉, 자본주의체제 자체에 대한 문제제기와 대안적 사회에 대한 전망을 전제로 자본주의 내의 모든 형태의 계급타협체제에 대해 비판하는 것이다. 따라서 노동운동의 과제 역시 기본적으로 탈자본주의를 위한 정치적 대중동원에 있다고 보며 사회적 합의주의는 이러한 노동운동의 계급성을 저해하는 것으로 간주한다(김세균, 1998).

그러나 이러한 급진론자들의 주장은 일면적이라고 생각한다. 자본주의 사회 내의 노동조합은 기본적으로 대중조직이라는 성격을 가진다. 따라서 이는 자본주의 내에서의 노동자의 정치, 경제, 사회적 이익을 보호, 증진하는 것을 기본적 임무로 한다. 노동조합운동이 자칫 목전의 이해관계에 매몰되어 장기적 사회경제전망을 잊어버리는 데 대한 경고는 정당한 것이라 하더라도 이에서 한걸음 더 나아가 자본주의 사회 내에서 노동조합운동이 가진 복합성을 외면하고 노동운동의 계급성만을 일면적으로 강조할 경우 이는 결국 소수파 운동으로 전락하고 전체 노동운동을 후퇴시키는 결과를 낳을 위험이 있다는 사실을 우리는 선진자본주의국들의 노동조합운동 역사로부터 배워야 한다.[13]

노동조합운동이 노동자들의 정치, 경제, 사회적 이익을 보호, 증진시키기 위해서는 교섭과 투쟁을 적절히 병행해야 한다는 것은 당연한 일이다. 교섭과 투쟁을 어떻게 적절히 배치할 것인가는 주, 객관적 정세판단에 따른 전술상의 문제일 뿐이다. 교섭에만 의존하지 말되 교섭을 두려워해서도 안 된다. 노동운동이 자본과의 산별교섭, 산별협약체제를 강력히 주장하는 것과 같은 맥락에서 노동조합이 국가의 중요 경제사회정책의 결정과 시행과정에 참여, 개입함으로써 노동의 이익을 보호하고자 하는 사회적 교섭, 합의체제는 자본주의 사회 내의 노동운동이 추구하는 중요한 목표의 하나인 것이다.

물론 사회적 합의주의에 대한 여러 비판론자들이 지적하고 있는 바와 같이 자본주의 사회 내의 계급 헤게모니를 장악하고 있는 자본, 국가와의 교섭이 진정한 의미의 민주적 코포라티즘으로 나타나기는 극히 어려우며, 스웨덴, 독일처럼 상당히 진전된 형태의 코포라티즘 국가에서도 경제적 상황에 따라 코포라티즘이 붕괴되고 신자유주의적 정책이 강행되는 등 민주적 코포라티즘이 극히 불안정한 체제라는 것은 잘 알려져 있는 바와 같다(김수진, 1992). 그러나 이러한 사회적 합의주의의 불안정성에도 불구하고 선진국에서 사회적 합의주의의 시도가 되풀이해서 나타나는 것은 결국 계급 간 세력이 어느 정도 균형을 이루고 있는 상황하에서는 한 계급이 다른 계급을 완전히 압도하는 상황(시장을 통한 자본의 지배이든, 변혁을 통한 노동의 지배이든)이 불가능하다는 현실적 인식에 기초한 것이라고 생각한다. 어차피 사회적 합의주의라는 계급타협체제는 노동, 자본 어느 쪽에서 보든 '차선의 선택'인 것이다. 왜 최선의 선택을 버리고 차선의 선택을 취하느냐 하는 불만은 우익에서든 좌익에서든 제기될 수밖에 없다. 그러나 이 경우 '최선의 선택'이 과연 가능한 대안인지에 대한 냉정한 객관적 검토가 필요할 것이다.

사회적 합의주의는 자본주의 사회 내의 계급 간의 타협체제이긴 하지만 그와 동시에 그러한 타협이 계급 간의 교섭과 투쟁을 통해 귀결된다는 의미에서

---

13) 1980년대 초 영국의 전투적 노동조합주의에 대해서는 윤진호(1999) 참조.

는 계급갈등체제이기도 하다. 계급 간 타협의 결과가 어떤 계급의 이익으로 더욱 기울 것인가 하는 것은 사전적으로 결정되는 것이 아니라 바로 이러한 교섭과 투쟁과정에서 계급 간의 세력관계에 의해 결정될 것이다. 따라서 사회적 합의주의를 일방적으로 자본/국가의 이익이 관철되는 구조로 보는 것은 사태를 지나치게 단순화시킨 것일뿐더러 노동운동이 지닌 주체성을 무시한 것이라 할 수 있다. 실제로 코포라티즘은 국가의 강력한 지도력하에 사회세력이 통합되는 국가 주도적 코포라티즘으로부터 상대적으로 자유로운 이해집단들의 자유로운 참여에 기초하는 민주적 코포라티즘에 이르기까지 다양한 형태와 그에 따른 다양한 결과가 나타나고 있으며 따라서 이를 한 가지 색깔로 채색하는 것은 무리한 이론화라고 할 수 있다(Wiarda, 1997).

코포라티즘적 체제는 노동운동에 대해 긍정적 효과를 가져올 가능성이 충분히 있다. 이는 다양하고 파편화된 노동운동을 통합하는 수단이 될 수 있으며, 조직률의 공백을 메우는 수단이 될 수도 있다. 이는 노동운동의 정치적 진출을 위한 통로가 될 수 있으며, 국가정책에의 영향력 행사를 통해 경제, 노동, 사회복지정책 등 여러 분야에서 사회 프로그램을 조직하고 실행하는 수단이 되기도 한다. 한마디로 말해서 자본주의하에서 노동운동의 영향력을 증대시킬 수 있는 유력한 수단을 코포라티즘은 제공해 주는 것이다(Wierda, 1997).

사회적 합의주의에 대한 평가가 곧 현재의 노사정위원회의 정당성에 대한 평가와 같을 수는 없다. 비판론자들이 올바로 지적하고 있는 바와 같이 현재 한국의 노사정위원회는 서구의 사회적 합의주의에서와 같은 조건을 갖추고 있지 못하며 따라서 형태상의 유사성에도 불구하고 실제 내용과 성과는 전혀 다르기 때문이다. 노사정위원회가 가진 이러한 한계에 대해 충분히 고려하지 못하고 있는 것이 노사정위원회 옹호론(최영기, 1998a, 1998b, 1998c; 한상진, 1998)의 한계라고 볼 수 있으며 그러한 면에서 노사정위원회에 대한 급진론자들의 비판은 일정한 정당성을 가진다.

그러나 다른 한편으로는 서구에서 볼 수 있는 바와 같이 모든 조건을 다 갖추어야만 사회적 합의주의가 의미가 있다고 생각하는 것도 너무 경직적 사고 방식이라고 생각한다. 역사에는 때로 비약도 있고 생략도 있을 수 있으며 발전 순서의 선후관계가 바뀔 수도 있는 것이다. 산별노조와 노동운동에 우호적인 정당의 존재 등 사회적 합의주의 발전에 필요한 요소들이 한국에서 현재 결여되어 있는 것은 사실이지만 거꾸로 국가, 자본과의 교섭과 투쟁을 통해 그러한 조건을 창출하는 데 유리한 법률, 제도, 정책을 만들어 냄으로써 진정한 의미에서의 사회적 합의주의를 이끌어 낼 수도 있는 것이다.

특히 현재의 한국과 같이 공황기에 있어 노동운동의 주, 객관적 상황이 매우 곤란하고 권력자원이 빈약한 상황하에서는 노동의 이익을 보호하기 위한 법률, 제도, 정책의 수립을 통해 노동운동의 취약성을 메우고자 하는 노력은 중요한 의미를 띤다. 그러한 법률, 제도, 정책의 수립을 위해서는 노동운동은 필연적으로 자본, 국가와 교섭에 나설 수밖에 없는 것이며 그러한 의미에서 노사정위원회는 의미 있는 전술적 수단을 제공해 주는 것이다.

노사정위원회가 신자유주의적 정책을 합리화하는 수단에 불과하다고 하면 왜 신자유주의자들이 노사정위원회의 해체를 주장하고 있는지, 그리고 경제관료들이 노사정위원회의 기능 정지를 은근히 즐기고 있는지를 이해할 수 없을 것이다. 노사정위원회가 기능 정지 상태가 된 가운데 이루어지고 있는 일방적 구조조정으로 결국 피해를 보는 것은 노동자 대중이라는 사실을 우리는 직시해야 할 것이다.

노사정위원회는 한편으로는 자본과 국가가 노동운동을 체제 내로 끌어들이기 위해 설치한 장이긴 하지만 다른 한편으로는 국가정책에의 참여를 요구하는 노동운동의 힘에 의해 구성되었다는 측면도 무시할 수 없다. 따라서 노동운동으로서는 노사정위원회가 가진 이러한 복합성을 충분히 인식하고 노동운동의 주체적 역량을 강화함으로써 진정한 의미에서의 사회적 합의주의를 이룩할 수 있는 기구로 노사정위원회가 탈바꿈하도록 노력해야 할 것이다.

6. 맺음말

한국은 오랫동안 대립적 노사관계와 권위주의적 노동정책을 유지해 왔다. 사회계급 간의 대화와 타협을 통해 새로운 노사관계와 노동정책을 만들어 가려는 노사정위원회의 시도는 그런 의미에서 한국 노사관계의 새로운 실험이며 나아가 국가 주도적 성격이 강한 아시아적 노사관계 전체에 대해서도 의미심장한 시사점을 던져주는 일이라 하겠다.

노사정위원회는 출범 이래 IMF 위기 극복에 크게 기여했을 뿐만 아니라 더 나아가 오랫동안 노동계의 숙원사항이 되어 왔던 교원노조의 합법화나 노동조합의 정치참여 허용 등 민주적 노사관계의 제도화에도 합의하는 등 상당한 성과를 거두어 왔다.

그러나 노사정위원회의 운영이 순조로웠던 것만은 아니다. IMF 관리체제라는 상황에 기본적으로 규정되면서 정부와 자본에 의해 추진되는 신자유주의적 노동시장 개혁과 이에 반발하는 노동계 간의 충돌이 계속되면서 노사정위원회도 대립과 파행을 거듭해 왔다. 마침내 1998년 말부터는 일방적 구조조정과 합의사항 미이행에 반발한 노동계의 불참, 탈퇴로 노사정위원회는 기능 정지 상태에 빠지고 말았다.

노사정위원회의 성격에 대한 평가도 상당히 엇갈리고 있다. 신자유주의론 자들은 노사정위원회를 시장에 대한 정부의 부당한 간섭이며 시장기능을 왜곡하고 구조조정을 방해하는 것이라고 비판하면서 그 철폐를 주장하고 있다. 반면 급진론자들은 노사정위원회가 구조조정 과정에서 노동자들의 반발을 막기위한 정부의 필요에 의해 구성된 것으로서 신자유주의적 노동통제기구에 불과하다고 비판하면서 노동계는 이로부터 탈퇴해 전면투쟁에 나서야 한다고 주장하고 있다.

우리는 이러한 양측의 주장이 모두 일면적인 것이라고 생각한다. 노사정위원회는 '신자유주의적 노동통제기구'라는 측면과 '경제민주주의적 참가기구'라는 측면을 모두 가지고 있는 복합적 성격의 기구이며 이미 그 가운데서 계급 간 갈등, 투쟁, 교섭, 합의가 이루어지는 장이라는 총체성을 인식해야 한다(김형기, 1999). 이러한 양 측면 중 물론 전자의 측면이 보다 우세하게 나타나고 있는 것은 사실이지만 이는 경제주체들의 세력관계와 전략 선택, 그리고 외부 정세의 변화 등에 의해 바뀔 수 있는 유동적인 것이며 노사정위원회의 운명이 사전 결정되어 있는 것은 아니라고 생각한다.

따라서 문제는 노사정위원회를 본래적 의미에서의 사회적 합의기구로 자리 매김하기 위해서 어떠한 조건이 필요하며 어떠한 전략이 세워져야 할 것인가 하는 것으로 귀결된다. 이미 봤듯이 사회적 합의기구가 성공하기 위한 조건들은 잘 알려져 있다.

첫째, 노사정위원회의 제도화, 법제화를 통한 위상강화가 필요하다. 현재와 같이 대통령의 자문기구에 불과한 애매한 성격으로서는 노사정위원회가 본래의 기능을 발휘하기 힘들뿐만 아니라 경제주체들의 전략 선택(특히 정부의 전략 선택)에 따라서는 그 존재 자체가 사라질 위험도 있는 불안정성을 벗어날 수 없다. 비록 「노사정위원회법」이 국회에서 통과되기는 했지만 그 기본적 성격은 여전히 추상적이고 합의사항의 이행장치도 취약한 채로 남아 있다. 따라서 앞으로 노사정위원회가 사회적 합의기구로서 사회 내에서 안정적 지위를 지닐 수 있도록 이를 제도화하고 합의사항의 강제 이행장치를 마련할 필요가 있다.

둘째, 노사정위원회에 참여하는 경제주체들 간의 대등한 세력균형과 사회적 합의주의에 걸맞은 의사결정의 집중성이 필요하다. 특히 현재와 같이 노동운동이 기업별 노조로 분산되어 있고 내셔널센터가 분열되어 있는 상황에서는 사회적 합의에의 도달을 위한 의사결집과 합의사항 하부로의 이행 강제가 곤란하다. 따라서 산별노조의 건설과 산별교섭체계로의 전환을 위한 제도적·정책적 지원이 이루어져야 한다. 또 노동조합의 정책역량도 강화되어야 할 것이다. 나아가 한국노총과 민주노총의 대통합을 통해 단일 내셔널센터가 탄생된다면 사회적 합의주의를 성공시키는 데 커다란 힘으로 작용할 수 있을 것이다.

셋째, 사회적 합의주의에 우호적인 정치세력의 결집이 필요하다. 한국의 정치세력은 기본적으로 지역주의에 매몰되어 있으며 정당 내부 민주주의가 확립되지 못한 채 정당 지도자 개인의 의사에 따라 당 정책이 좌우되는 전근대적 구조를 가지고 있다. 이러한 상황에서는 계급 간 이해타협을 근본으로 하는 사회적 합의주의가 성공하기 힘들다. 따라서 단기적으로는 현재의 정치권이 노사정위원회와 좀 더 밀접한 관계를 갖고 이를 지원할 수 있도록 하는 방안을 마련해야 하며, 중장기적으로는 개혁적 정치세력의 총집결을 통해 사회적 합의를 주도, 지원할 수 있도록 해야 할 것이다.(→ 2부 3장)

현재 한국의 노사관계는 중대한 기로에 서 있다. 과연 과거의 권위주의적 노동정책과 대립적 노사관계로 복귀할 것인가, 아니면 참여와 협력에 기초한 새로운 민주적 노사관계와 참여적 노동정책이라는 새로운 모델을 만들어 낼 수 있을 것인가를 가름하는 시점에 서 있는 것이다. 이는 노사정위원회의 성공 여부로 나타날 것이다.

현재로서 과연 한국의 노사관계가 새로운 모델을 만들어 낼 수 있을 것인지는 매우 불투명한 상황이며 장래를 어둡게 보는 견해도 많이 있다. 그러나 노사정위원회의 운명, 그리고 더 나아가 한국 노사관계의 운명이 사전적으로 결정되어 있는 것은 아니며 내외적 정세와 각 경제주체들의 전략 선택에 따라서 얼마든지 바뀔 수 있는 복합적·유동적 성격을 가지고 있다. 따라서 노동운동으로서는 이상에 비춰 쉽게 실망하기보다는 냉엄한 현실을 직시하고 주체형성의 시점에서 주체역량을 강화함으로써 노사정위원회의 성공에 유리한 조건을 조성하도록 최대한 노력해야 할 것이다.

역사의 진보는 직선적인 것은 아니다. 그러나 우여곡절을 겪으면서도 결국 역사는 한걸음씩 진보한다는 믿음을 우리는 가지고 있다. 그런 의미에서 우리는 노사정위원회에서 작은 희망을 본다. 그것은 역사발전의, 작지만, 그러나 의미 있는 진보라고 믿기 때문이다.

참고문헌
(제2부 제2장)

김균·박순성. 1998. 「김대중정부의 경제정책과 신자유주의」. 이병천·김균(편).

김기원. 1999. 「IMF사태 이후 재벌의 구조조정」. 서울사회경제연구소.

김동춘. 1998.3. 「새 정부의 노동정책 전망」. ≪노동사회≫, 제20호. 한국노동사회연구소.

김상곤. 1998.11. 「사회적 합의주의와 노사정위원회」. ≪민주노동과 대안≫, 제14호. 노동조합 기업경영연구소.

김상조. 1998a. 「금융산업발전대책위원회 성과 및 향후과제」. 노사정위원회(1998e).

_____. 1998b. 「경제개혁소위원회 성과, 현안, 계획」. 노사정위원회(1998e).

_____. 1999. 「IMF관리체제하의 금융 구조조정」. 서울사회경제연구소.

김세균. 1998.10. 「노동계급의 탈계급화, 탈정치화를 위한 최근의 시도들에 대한 비판」. 『현장 에서 미래를』. 한국노동이론정책연구소.

김소영. 1998. 「노사관계소위원회 추진성과 및 현안과 향후 운영계획」. 노사정위원회(1998e).

김수진. 1992.9. 「민주적 코포라티즘에 관한 비판적 고찰」. ≪사회비평≫, 제8호. 나남.

김유선. 1998.9. 「민주노조운동의 혁신을 위한 제언」. ≪노동사회≫, 제26호. 한국노동사회연구소.

김형기. 1998. 「노사정위원회 활동에 대한 비평과 제언」. 『노사정위원회 실무관련자 WORK SHOP』. 노사정위원회.

_____. 1999. 「김대중 정부의 노동정책: 평가와 전망」. 서울사회경제연구소.

노사정위원회. 1998a.2. 『위원회 활동자료』.

_____. 1998b.9. 『합의사항 이행현황』.

_____. 1998c.10. 『역할강화 및 위상정립을 위한 워크샵』.

_____. 1998d.12. 『1998 노사정위원회 활동현황』.

_____. 1998e.12. 『노사정위원회 운영관계자 워크숍』.

_____. 1998f.12. 『노사정위원회 실무관련자 워크숍』.

_____. 1999.1. 「노사정 협력체제 1년의 성과와 향후과제」. 내부자료.

_____. 1998. 「위원회 활동현황」. 내부자료, 각 호.

노중기. 1998a. 「김대중 정권의 노동정책과 노동정치」. 『IMF체제하의 정세전망과 민주노총의 대응방향』. 전국민주노동조합총연맹.

_____. 1998b. 「김대중 정부의 노동정책과 노동정치」. 이병천·김균(편). 『위기, 그리고 대전환-새로운 한국 경제 패러다임을 찾아서』. 당대.

대한민국정부. 1998. 『국민과 함께 내일을 연다: '국민의 정부'의 경제청사진』.

박기성. 1998. 「노동정책에 있어서의 자유재량과 원칙: 노사정위원회를 중심으로」. ≪노동경제 논집≫, 제21권 제2호. 한국노동경제학회.

박덕제. 1998a. 「노사관계개혁의 방향」. ≪노동경제논집≫, 제21권 제1호. 한국노동경제학회.

_____. 1998b. 「'노사정위원회'의 문제점과 개선방향」. ≪노동경제논집≫, 제21권 제2호. 한국노

동경제학회.

변형윤 외. 1999. 『IMF관리 후 한국의 경제정책-평가와 과제』. 서울사회경제연구소.

서울사회경제연구소. 1999. 『IMF관리 후 1년간의 경제정책-평가와 과제-』.

선한승. 1992. 『사회적 합의주의 연구』. 한국노동연구원.

양완식. 1998. 「공공부문 구조조정특별위원회 평가와 활동방향」. 노사정위원회(1998e).

윤진호. 1998a.3. 「IMF시대의 노동시장과 고용위기의 극복방안」. ≪황해문화≫, 제18호.

_____. 1998b. 「한국 사회의 실업문제와 대책」. 이병천·김균(편).

_____. 1998c. 『노동조합 조직체계의 동향과 정책과제』. 한국노동연구원.

_____. 1999.3. 「한국 노사관계의 새로운 실험: 노사정위원회의 성과와 그 평가」. SIES Working Paper Series, No. 96.

이명호. 1998. 「부당노동행위특별위원회 활동실적 및 '99년도 활동계획(안)」. 노사정위원회(1998e).

이병천·김균(편). 1998. 『위기, 그리고 대전환-새로운 한국 경제 패러다임을 찾아서』. 당대.

이병훈. 1998a.10. 「노사정위원회의 활동평가와 향후전망」. ≪노동사회≫, 제26호. 한국노동사회연구소.

_____. 1998b.12. 「1999년 노사관계 전망」. ≪노동사회≫, 제28호. 한국노동사회연구소.

이병훈·유범상. 1998. 「한국노동정치의 새로운 실험: 노사관계개혁위원회와 노사정위원회에 대한 비교평가」. 비판사회학대회 발표논문.

이정식. 1998.8. 「노사정위원회의 위상과 과제」. ≪금속노련노보≫, 제157호.

이정희. 1998.3. 「노사정위원회: 출범에서 합의까지」. ≪노동사회≫, 제20호. 한국노동사회연구소.

이충렬. 1998. 「사회보장소위원회 활동보고서」. 노사정위원회(1998e).

조준모. 1998. 「고용실업대책 '98 평가와 '99 운영방안」. 노사정위원회(1998e).

천창수. 1998.4. 「노사정위원회의 평가와 민주노조운동의 전망」. ≪연대와 실천≫.

최영기. 1998a. 「노사정위원회 '98년도 평가와 '99년 운영방향」. 노사정위원회(1998e).

_____. 1998b. 「신노사문화의 창출」. 노사정위원회(1998c).

_____. 1998c.11. 「노사정위원회에 대한 평가」. 진보학자간담회 발표문.

_____. 1998d. 「미래의 노사관계와 노사정위원회」. ≪노동경제논집≫, 제21권 제2호. 한국노동경제학회.

한상진. 1998. 「제2의 건국에 따른 노사정위원회의 역할」. 노사정위원회(1998c).

三滿照敏. 1998. 「勞動法制の過去と現在-勞使關係改革委員會での爭點事項を中心に-」. 法政大學大原社會問題研究所(編). 『現代の韓國勞使關係』. 御茶の水書房.

Crotty, J. 1998.3. "Korean Economic Crisis and IMF." 『한국 사회경제학회 제17회 정기학술대회 논문집』. 한국 사회경제학회.

Frenkel, S. J. and D. Peetz. 1998. "Globalization and Industrial Relation in East Asia: A Three-Country Comparison." Industrial Relations, Vol.37, No.3(July 1998).

Jackman, R. et al. 1990. "Labor Market Policies and Unemployment in the OECD." Economic Policy, No.5.

Lee, C. H. 1998. "New Unionism and the Transformation of the Korean Industrial Relations

System,." *Economic and Industrial Democracy*, Vol. 19, No. 2(May 1998).

Lee, J. H. 1998. "Micro-Corporatism in South Korea: A Comparative Analysis of Enterprise-Level Industrial Relations." *Economic and Industrial Democracy*, Vol. 19, No. 3(August 1998).

Meier, C. 1984. "Preconditions for Corporatism." in J. H. Goldthorpe, *Order and Conflict in Contemporary Capitalism*. Clarendon Press.

OECD. 1997. "Economic Performance and the Structure of Collective Bargaining." in OECD, *Employment Outlook*(July).

Panitch, L. 1979. "The Development of Corporatism in Liberal Democracies." in P. C. Schmitter and G. Lehnbruch.(eds.) *Trends Toward Corporatist Intermediation*. Sage.

Pekkarinen, J. et al.(eds.) 1992. *Social Corporatism: A Superior Economic System?*. Clarendon Press.

Rowthorn, R. E. 1992. "Corporatism and Labor Market Performance." in J. Pekkarinenn et al. *Social Corporatism: A Superior Economic System?*. Clarendon Press.

Salamon, M. 1987. *Industrial Relations: Theory and Practice*. Prentice hall.

Soskice, D. 1990. "Wage Determination: The Changing Role of Institutions in Advanced Industrial Countries." *Oxford Review of Economic Policy*, No. 6.

Teulings, C. and J. Hartog. 1998. *Corporatism or Competition? Labour Contracts, Institutions and Wage Structures in International Comparison*. Cambridge University Press.

Therborn, G. 1992. "Lessons from 'Corporatist Theorizations." in J. J. Pekkarinenn et al. *Social Corporatism: A Superior Economic System?*. Clarendon Press.

Wierda, H. J. 1997. *Corporatism and Comparative Politics: The Other Great "Ism"*. M. E. Sharpe.

노사정위원회 (http://www.koilaf.org/cgi-local/)

전국금속산업노동조합연맹 (http://kmwf.or.kr)

전국민주노동조합총연맹(민주노총) (http://www.kctu.org)

한국대외경제정책연구원(KIEP) (http://www.kiep.go.kr)

한국노동사회연구소 (http://bora.dacom.co.kr/~klsi/)

한국노동이론정책연구소 (http://members.iworld.net/labor95/)

노사정위원회, 어디로 가나?*

한국의 노사관계가 다시 동요되고 있다. 정부와 기업에서 진행되고 있는 공공, 금융, 기업부문의 구조조정의 결과로 대량실업과 재직노동자의 임금삭감, 근로조건 악화, 고용불안정이 계속되고 있다. 이러한 가운데 그동안 노사갈등을 완화하는 유일한 완충장치 역학을 해왔던 노사정위원회는 양 노총은 물론이고 재계로부터까지 외면당하면서 그 기능이 마비상태이다.

민주노총은 정부의 일방적 구조조정과 노사정위원회의 합의사항 미이행 등에 반발해 이미 지난 2월 말 노사정위원회 탈퇴선언을 하고, 총파업 등 강경투쟁에 나선다는 방침을 밝히고 있다. 한국노총도 정부에 대해 구조조정 시의 노동조합과의 사전협의, 노조 전임자 임금지급 금지 조항 폐지 등 여섯 가지 요구사항을 제시하고 실무협상을 벌였으나 정부의 양보가 충분하지 못하다고 판단해 4월 9일 노사정위원회로부터의 조건부탈퇴를 결의했다. 한편 재계 역시 한국노총과 정부와의 협상결과를 '밀약'이라고 주장하면서 노사정위원회 탈퇴

---

*   이 글은 ≪창작과 비평≫, 104호(창작과 비평사, 1999)에 게재되었다.

를 고려하고 있다. 노사정위원회는 그야말로 사면초가 상태에 빠진 셈이다.

정부로서는 한국노총이 요구하는 6대 요구에 대해 일정한 양보를 하면서「노사정위원회법」을 국회에서 통과시킴으로써 한국노총을 노사정위원회에 복귀시키기 위해 노력하고 있지만 정부의 이러한 구상이 과연 제대로 관철되기까지는 많은 난관이 가로놓여 있는 것으로 보인다.

우선 고용불안과 임금삭감의 직접적 희생자인 현장 노동자들의 노사정위원회에 대한 거부감이 강하기 때문에 한국노총 지도부로서도 쉽사리 노사정위원회 복귀결정을 내리기 힘들다. 설혹 한국노총이 노사정위원회에 복귀한다 하더라도 재계가 강력하게 반대하고 있는 노조 전임자 임금지급 문제나 근로시간 단축 문제 등이 노사정위원회를 통해 합의되리라고 기대하는 사람은 드물다. 더욱이 노사정위원회 복귀를 거부하면서 노정 간, 노사 간 직접협상을 요구하고 있는 민주노총을 참여시키지 않은 채 노사정위원회가 어떤 의미 있는 합의를 이루어 내기는 매우 힘들 것이다. 보다 근본적인 문제는 정부의 태도이다. 노사정위원회 와해가 몰고 올 파장이 무서워서 정부는 우선 노동계에 몇 가지 양보안을 내놓기는 했지만 그 대부분이 노사정위원회 합의과정을 거쳐야 되는 것이다. 그런데 이들 양보안에 대해서는 재계는 물론이고 정부 내에서도 반대하는 분위기가 높기 때문에 지난 2기 노사정위원회와 마찬가지로 또다시 정부의 약속이 공수표로 끝나는 것은 아닌가 하는 불신을 노동계는 하고 있다.

돌이켜보건대 1998년 1월 제1기 노사정위원회가 발족되어 최초의 사회적 합의를 이루었을 때만 해도 이에 대한 국민들의 기대는 매우 높았다. 노사정위원회는 단기적으로는 IMF 위기국면으로부터의 탈출에 기여했을 뿐만 아니라 나아가서는 과거의 대립적 노사관계와 권위주의적 노동통제정책을 버리고 노동조합을 국정운영의 파트너로 받아들여 노동정책뿐만 아니라 경제, 사회정책에 이르기까지 폭넓은 분야의 정책형성과정에 노동조합을 참여시키는 제도라는 점에서 적어도 형식상으로는 종래 볼 수 없었던 새로운 실험이었기 때문이다. 그런 기대가 있었기 때문에 노동계로서도 정리해고제와 근로자 파견제의 수용이라는 참으로 수용하기 힘든 조항들을 받아들였던 것이다.

그러나 이러한 노동 측의 현실적 양보의 대가로 노동 측이 받아낸 것은 90여 개 항목에 달하는 경제, 노동, 복지정책을 미래에 개혁하겠다는 추상적 약속에 불과한 것이었기에 결국 '현금을 주고 어음을 받는' 형국이 되어 버렸고 이에 반발한 민주노총 대의원들의 거부로 민주노총은 제1기 노사정위원회를 탈퇴하고 총파업의 길로 나섰던 것이다.

우여곡절 끝에 1998년 6월 재개된 제2기 노사정위원회는 시종일관 '어음을 현금화'하려는 양 노총의 요구와 '어음을 부도내려는' 정부 및 사용자 측의 태도가 맞서 파행을 면치 못했다. 교원노조 결성권 보장이나 의료보험 및 국민연금 등 사회보험제도의 개선 등 일부 사항에 대해 노사정 합의를 이루는 성과를 거두기도 했으나 대부분의 이슈들에 대해 노사정의 이해관계가 날카롭게 대립함으로써 합의에 도달하지 못했으며, 특히 실업자의 노조 가입권 허용문제는 노사정위원회에서 합의가 이루어졌음에도 불구하고 정부 내 일부 부처의 반발로 입법이 보류되는 결과로 되어 노사정위원회 합의사항의 이행력에 심각한 의문을 던져주었다.

제2기 노사정위원회에서는 특히 공공부분 및 금융부문의 구조조정과 이에 따른 대량실업문제를 둘러싸고 정부와 노동 간 대립이 계속되었다. 당초 정부는 구조조정의 원칙, 절차 등에 대해 노사정위원회에서 사전협의하겠다고 약속했으나 실제로는 일방적 구조조정을 강행함으로써 노동계의 반발을 샀다. 노사정위원회 합의사항에 대한 불이행과 일방적 구조조정에 반발하는 노동계의 불만은 지난 12월 말 실업자 노조 가입권 허용의 입법화 지연문제로 마침내 폭발해 양 노총이 노사정위원회를 탈퇴하게 되었던 것이다.

한국에서는 처음인 신선한 시도로서 많은 국민들의 기대를 모았던 노사정위원회가 왜 이처럼 실패로 끝나고 말았는가?

노사정위원회는 서유럽을 중심으로 나타나고 있는 이른바 네오코포라티즘(Neo-corporatism)을 모델로 한 것이라고 볼 수 있다. 네오코포라티즘이 무엇을 의미하는가 하는 개념 규정 자체가 커다란 논쟁의 대상이 되고 있지만 일단 우리는 이를 "자본주의체제 내에서 자본과 노동의 조직화된 이익을 대표하는 정상조직(頂上組織)들이 이익집단들 상호 간 및 국가와의 타협을 통해 국가의 사회, 경제정책에 참여함으로써 그 이해관계를 조정하고자 하는 기구"(김수진, 1992)라고 정의할 수 있다. 다시 말해서 네오코포라티즘은 자본주의 내 주요 계급들 간의 계급타협체제인 것이다.

서유럽에서 이와 같은 계급타협이 성립한 배경에는 계급타협을 가능케 하는 일정한 물질적 조건, 강력한 산별노조, 노동운동과 밀접한 관계를 가진 정당(주로 사민당)의 존재 등이 중요한 역할을 했다(Meier, 1984).

이러한 서유럽의 경험에 비하면 한국에서는 네오코포라티즘적 계급타협체제가 성립할 수 있는 조건이 대부분 결여되어 있으며 따라서 그만큼 노사정위원회와 같은 시도가 성공할 수 있는 여지도 크게 제한되어 있다고 할 수 있다. 노사정위원회의 지난 1년간의 경험은 이를 증명해 주고 있다. 노사정위원회를 둘러싼 환경적 요인들과 노사정위원회에 참여한 노사정 각 주체들의 태도는 모두 노사정위원회의 성공을 저해하는 방향으로 작용해 왔다.

노사정위원회의 정상적 기능을 저해했던 환경적 요인 중 가장 중요한 것은 IMF 관리체제라는 상황이 한국 정부, 기업, 노동에 미치는 규제력이었다. 지난 1987년 이후 지속적 임금상승, 근로조건의 향상 및 완전고용 등이 가능했던 것은 한편으로는 노동조합의 세력 강화에 기인한 것이지만 다른 한편으로는 한국 경제의 고도성장에 따라 자본과 국가가 노동의 요구에 양보할 수 있는 물질적 조건이 존재했기 때문이다. 그러나 IMF 위기상황은 자본과 국가가 노동에 양보할 수 있는 물질적 여지를 한꺼번에 빼앗아 가 버렸다. 공공부문, 금융부문, 재벌부문은 모두 감량경영 위주의 개혁을 요구받았으며 중소기업 역시 휴폐업과 도산에 내몰렸다.

더욱이 IMF와 국제금융자본은 한국에 대해 경제의 개방화, 규제완화, 유연화를 요구함으로써 계급타협체제를 원천적으로 불가능하게 만들었다. IMF와 국제금융자본이 목표로 하는 것은 궁극적으로는 한국 경제를 영미식의 앵글로색슨형 경제=시장만능주의적 체제로 전환하는 것이다. 이는 계급 간의 타협에 기초한 제도화를 통해 시장의 무분별한 횡포를 제약하고자 하는 유럽대륙식의 네오코포라티즘과는 기본적으로 대립할 수밖에 없는 것이다. IMF의 요구에 따른 앵글로색슨형 노동시장으로의 전환과정이 주로 해고규제의 완화, 근로자 파견제의 도입 등 노동시장의 경직성 완화=대량해고의 형태로 진전됨으로써 노동자들만이 일방적으로 고통을 전담하는 결과를 가져오고 이에 대해 노동 측이 강하게 반발하는 상황이 계속되는 한 노사 간 계급타협체제는 성립하기 어려운 것이라 하겠다.

한편 노사정위원회에 참여한 노사정 각 주체들의 구조와 행동양식 역시 노사정위원회의 순조로운 운영을 저해하는 요소로 작용했다. 그 가운데서도 노사정위원회의 실패에 가장 큰 책임을 지지 않으면 안 될 주체는 역시 정부이다. 정부는 그동안 IMF의 요구를 거의 10% 수용해 왔다. 아시아의 경제위기의 원인을 국제투기자본의 음모에서 찾으면서 국제투기자본의 규제를 주장하는 말레이시아의 마하티르 총리 등과는 달리 김대중 정부는 IMF와 국제금융자본이 요구를 충실히 따르는 것이 한국 경제 회생의 길이라고 보고 있으며 실제로 그러한 정책을 실행하고 있다. 현 정부의 이러한 태도가 앵글로색슨형 경제로의 전환을 더욱 촉진하고 있는 것이다.

김대중 정부는 그 기본 이념으로서 '민주주의와 시장경제의 병행발전'을 내걸고 있다. 그러나 '민주'와 '시장'이라는 두 이질적 요소는 상당한 상호모순과 혼란을 불러일으키고 있다. 더욱이 이 두 가치 가운데 본질적으로 '시장'이 더 강조되면서 '민주'란 용어는 자칫 하나의 수식어에 불과하고 그 실질적 내용은 없는 존재로 전락할 위험마저 안고 있다. 그런 면에서 현 정부의 경제정책 및 노동정책의 기본적 성격은 신자유주의적 정책이라고 봐도 좋을 것이다. 다만 노동정책에 있어서만은 영국의 대처 행정부나 미국의 레이건 행정부에서 보는 것처럼 신자유주의적 정책이 체계적이고 일관성 있게 추진되고 있다기보다는 오히려 한편으로는 신자유주의적 노동시장 유연화정책을 실시하면서도 다른 한편으로는 계급타협체제인 노사정위원회를 설치하고 있는 데서도 드러나듯이 상호모순되는 여러 요소가 뒤섞여 있으며 이로 인해 상당한 내부모순과 혼란, 그리고 취약성을 드러내고 있다는 것이 보다 정확한 평가일 것이다.

노사정위원회와 관련해서도 '민주'가 강조되면 그 위상이 올라가고 합의의 이행가능성이 높아지다가 다시 '시장'이 강조되면 그 위상이 약화되고 합의이행이 무산되는 과정을 여러 차례 되풀이했다. 이처럼 '민주'와 '시장' 간의 상호 대립, 모순, 그리고 일관성의 결여 등이 김대중 정부의 노동정책의 가장 중요한 특징이 되고 있는 것이다.

정치적 기반이 약한 상황에서 김대중 대통령은 정책의 수립, 집행을 관료에게 크게 의존할 수밖에 없었다. 이들 관료들은 기본적으로 과거 군사정권과 김영삼 정부 이래 가져왔던 보수성 내지 친자본성을 그대로 가지고 있는 위에 새로이 신자유주의의 이데올로기까지 곁들임으로써 개혁정책의 추진에 결정적 걸림돌로 작용하고 있다. 이러한 관료들의 보수성과 친자본성으로 인해 관료집단과 노사정위원회는 기본적으로 마찰, 대립할 수밖에 없었다. 특히 재정경제부, 금융감독위원회, 기획예산위원회 등 경제 관련 부처들은 노사정위원회를 구조조정에 대한 방해물로, 그리고 노동조합을 노동자들의 이기주의를 반영하는 집단으로 간주하고 있었기 때문에 노사정위원회에서의 협의나, 합의사항의 이행에 지극히 소극적이었으며 때로는 노사정위원회의 존재 자체를 무시하기도 했다. 노사정위원회의 의결구조가 전원합의제로 되어 있으므로 정부위원 중 어느 한 명이라도 반대하면 각종 개혁조치가 무산될 수밖에 없는 것도 문제점으로 작용했다.

노동정책을 둘러싸고 정부 내에서 강온노선의 대립이 자주 표면화되었다. 현대자동차 파업사태의 처리를 둘러싼 강온노선의 대립, 노정합의사항의 이행을 둘러싼 대립, 교원노조 설립을 둘러싼 대립, 실업자의 노조 가입 허용을 둘러싼 대립 등은 모두 정부 내의 이러한 대립이 표면화된 구체적인 예이며 결과적으로 김대중 정부의 기본 정책방향에 대한 혼란과 모순, 갈등을 야기하는 요인으로 작용했다.

노사정위원회의 또 다른 주체인 사용자들은 대체로 노사정위원회에 대해 매우 소극적인 자세로 임했다. 한국의 경제위기를 가져온 주요 원인 중의 하나가 재벌의 방만한 경영과 족벌체제적 기업 소유 지배구조라는 점이 인식되면서 재벌을 비롯한 사용자 측의 발언권은 그 어느 때보다도 위축되었다. 노사정위원회에의 참여도 정부의 요구에 의해 매우 수동적으로 이루어졌다. 그러나 경제위기 극복을 위한 구조조정 과정에서 정부가 차츰 재벌의존적으로 되어가면서 재벌의 발언권은 다시 회복되는 양상을 보였다.

경제위기에 대응해 사용자들은 노동시장 유연화라는 신자유주의적 전략을 추구했다. 이 점에서는 정부와 사용자 측의 기본 인식은 같다고 할 수 있다. 그러나 개별 기업 차원으로 내려가면 사용자들은 단순한 신자유주의적 이데올로기를 넘어서서 경제위기를 이용해 노사관계에서 힘의 우위를 차지하고 노조를 약화시키려는 매우 공세적 전략을 사용하고 있다. 즉, 무차별적인 해고, 임금인하, 노조에 대한 압박, 부당노동행위 등이 빈발하고 있는 것이다. 이러한 점에서 사용자 측은 기본적으로는 과거의 대립적·노조배제적 노사관계에 여전히 미련을 가지고 있으며 새로운 노사관계의 비전은 보여 주지 못하고 있다고 평가할 수 있다.

사용자 측의 이러한 태도는 노사정위원회의 원만한 운영을 한층 어렵게 만드는 요인으로 작용하고 있다. 전원합의제의 의사결정방식하에서 많은 의제들이 사용자 측의 거부로 합의상태에 이르지 못하고 자동부결되었으며 이에 따라 '노사정위원회에서 논의되는 사항은 많지만 막상 합의되는 사항은 매우 적은' 결과를 가져왔다. 이는 노동계의 반발을 부르는 요인이 되었다.

노동조합 역시 그 기본적 구조의 취약성과 노선의 혼란 등으로 인해 노사정위원회의 원활한 운영이 이루어지지 못하도록 만드는 한 요인이 되었다. 네오코포라티즘이 성공하기 위해서는 강력한 산별노조와 노동운동에 우호적인 정치세력의 존재 등이 필요하다. 그러나 한국의 노동조합은 이러한 조건이 제대로 갖춰지지 못한 채 그 기본적 구조 면에서 취약성을 면치 못하고 있다.

1998년 말 현재 노동조합의 조직률은 약 11% 선에 머물고 있는데 이는 조직률이 피크에 달했던 1989년의 23.4%에 비하면 절반 이하로 떨어진 것이다. 뿐만 아니라 한국의 노동조합은 일본과 마찬가지로 기본적으로 기업별 노조체제를 취하고 있기 때문에 그 조직적 역량이 분산적인 특징을 가진다. 네오코포라티즘이 성공하기 위해서는 강력한 산별노조와 전국조직을 통한 의사의 집결과 합의사항의 실행이 필요하다는 점을 생각할 때 노동운동의 이러한 분산성은 사회적 합의와 그 이행을 힘들게 만드는 요인으로 작용했다.

기업별 노조체제하에서는 개별 사업장에서의 노사대립이 즉각적으로 내셔널센터인 한국노총이나 민주노총의 정책방향을 흔드는 경우가 많았다. 정리해고 등 고용불안에 대한 개별 사업장에서의 노동자들의 반사적·즉자적 저항이 아무 여과장치 없이 그대로 내셔널센터의 투쟁적 정책으로 반영됨으로써 노동운동의 리더십은 늘 불안정한 상태를 면할 수 없었다. 노사정위원회의 기능 역시 장기적인 제도와 정책의 형성보다는 개별 사업장에서 나타나는 노사대립을 중재, 해결하는 데 더 중점을 둠으로써 사회적 합의기구로서의 본래의 기능을 다할 수 없었다. 노동운동의 분산성은 또한 내셔널센터의 정책역량의 취약을 가져왔다. 노사정위원회에서 다루고 있는 사항의 포괄성, 복잡성에 비추어 노동운동의 정책역량이 매우 전문화, 세련화될 필요가 있지만 노동운동은 인적·물적 제약으로 인해 정책역량 면에서 한계를 드러냈다. 그 결과 노동운동이 적극적이고 진취적으로 새로운 대안을 제기하기보다는 정부정책에 대한 반대('정리해고 반대', '구조조정 반대')에만 치중하는 것으로 비추어졌다.

전체 노동운동이 한국노총과 민주노총으로 양분되어 있는 상황 역시 노동운동을 취약하게 만드는 요인으로 작용했다. 양 노총은 대부분의 사안에 대해서는 보조를 같이 했지만 일부 사안(예컨대 의료보험 통합문제)에 대해서는 조직이익이 상이함에 따라 의견 차이를 나타냈다. 이러한 노동운동의 분열은 정부와 사용자로 하여금 노동운동을 경시하게 만드는 요인의 하나로 작용했다.

　노동운동의 노선분열 역시 매우 심각했다. 민주노총 내에서도 한편으로는 노사정위원회에 참여해 제도, 법률, 정책을 개혁하자는 주장이 있는가 하면 다른 한편에서는 총파업과 대중투쟁 등 저항을 통해 위기상황을 정면돌파하자고 주장하는 측도 있었다. 전자는 주로 내셔널센터의 노조 간부들이 주장한 반면, 후자는 고용불안에 직접 직면하고 있는 현장 노동자들과 현장 간부들이 주로 주장했다. 양 파 간 노선논쟁이 치열하게 전개됨에 따라 민주노총은 노사정위원회에의 참여와 탈퇴를 되풀이했다. 민주노총의 이러한 노선혼란은 외부의 비난을 받았을 뿐만 아니라 조직 내에서도 지도부와 현장 간의 갈등을 가져옴으로써 지도력을 손상시키고 조직 내 결집력을 저하시키는 요인이 되었다.

　결국 이상에서 살펴본 대로 노사정 등 경제주체들은 노사정위원회에 대한 기본 입장 면에서 주체 상호 간에 상당한 대립과 갈등을 보였을 뿐만 아니라 각 주체 내부에서도 상당한 내부대립, 노선혼란, 갈등을 노정시켜 왔다. 그러한 가운데 복잡한 정치역학관계에 의해 세력균형이 바뀔 때마다 노사정위원회의 운영은 혼란을 면치 못하는 양상을 나타냈다.

　노사정위원회의 위상과 활동에 대한 평가는 크게 엇갈리고 있다. 노사정 3주체와 학계는 각자의 이해관계와 이념, 비전에 따라 노사정위원회의 성과에 대해 매우 상반된 평가를 내리고 있다.

　자본주의체제하에서의 네오코포라티즘적 계급타협체제는 끊임없이 좌와 우로부터의 비판을 받고 있다. 이는 비단 한국의 노사정위원회뿐만 아니라 외국의 경우에도 마찬가지로 볼 수 있는 현상이다.

　네오코포라티즘에 대한 우로부터의 비판은 주로 신자유주의적 입장에 선 논자들에 의해 제기되고 있다. 이들은 노사정위원회와 같은 계급타협체제를 시장에 대한 이익집단의 부당한 간섭으로 파악하면서 이를 통해 시장기능이 왜곡되고 있다고 비판한다. 이들은 노사정위원회가 한국 경제의 구조조정을 방해, 지연시키는 역할을 하며 특히 노동조합이나 사용자단체 등 특정 이익집단에게 국가정책을 좌우하는 권력을 제공함으로써 국민대중의 일반적 이익에 배치되는 결과를 낳는다고 한다. 이들은 특히 네오코포라티즘적 체제를 취하고 있는 유럽이 고실업에 시달리는 반면, 시장의 기능에 의존하고 해고가 자유스러운 미국의 실업률이 낮은 점을 지적하면서 네오코포라티즘이 국민경제에 폐해를 가져온다고 주장한다.

한편 좌로부터의 비판은 급진론적 시각을 가진 논자들 역시 노사정위원회에 대해 비판하고 있다. 이들은 노사정위원회를 기본적으로 정부가 신자유주의적 구조조정 과정에서 노동운동의 반발을 막기 위해 구성한 노동통제기구의 하나로 파악하고 있다. 이들의 주장을 요약하면 다음과 같다.

첫째, 이들 중 일부 논자들은 사회적 합의주의의 원리 그 자체에 대해 비판적 시각을 가지고 있다. 이들은 사회적 합의주의를 현대자본주의체제 내에서 국가와 자본이 노동계급을 회유, 통제하기 위해 발전시킨 고도의 조직적 수단으로 간주한다. 즉, 사회적 합의주의를 통해 노조 지도자들에게 국가정책의 형성, 집행과정에의 제한적 참여를 허용하는 대신 노동운동이 계급투쟁을 포기하고 국가에 협력하도록 요구하며 더 나아가 이들이 임금인상 등 노동자 요구를 억제하는 역할까지 맡도록 한다는 것이다(Panitch, 1979; 金秀鎭, 1992에서 재인용). 따라서 사회적 합의주의를 통해 노동계급이 기대할 수 있는 실익은 극히 적으며 더욱이 선진자본주의국들이 위기에 빠진 1970년대 중반 이후에는 그 적은 실익마저도 국가에 의해 부인당하고 있다고 이들은 보고 있다. 무엇보다도 사회적 합의주의는 자본주의하에서 다른 대안적 모델을 모색하는 것 자체를 불가능하거나 어렵게 만든다는 점이 결정적 한계라고 이들은 주장한다. 이와 같이 노동계급이 사회적 합의주의를 통해 얻는 실익은 적은 대신 사회적 합의주의가 가져오는 폐해가 크기 때문에 노동계급은 이를 거부하거나 최소한의 의의밖에 인정하지 말아야 한다고 이들은 주장한다.

둘째, 설혹 사회적 합의주의의 의의를 인정한다고 하더라도 한국 사회에서는 서구에서와 같은 사회적 합의주의의 모델이 성립할 수 있는 전제조건이 결여되어 있거나 불충분한 상태에 있기 때문에 모델 자체의 성공가능성이 낮고 노동계급에 불리한 결과만 가져올 뿐이라고 급진론자들은 주장한다. 주지하는 바와 같이 서구에서 사회적 합의주의 성립 배경에는 강력한 산별노조, 그리고 노동운동과 밀접한 관계를 가진 정당(주로 사민당)이 존재하고 있었다는 점이 중요한 역할을 했다(Meier, 1984). 이에 비해 한국에서는 노조조직률이 매우 낮고, 기업별 노조체제로 그 역량이 분산되어 있으며, 노동운동이 한국노총과 민주노총으로 분열되어 있고, 노동운동을 정치적으로 뒷받침할 정당이 없는 등 사회적 합의주의 체제를 위한 토대가 전무하다는 것이다(金秀鎭, 1998; 盧仲基, 1998b). 따라서 현재의 노사정위원회는 서구의 사회적 합의주의와 형식적 틀만 유사할 뿐 내용적으로는 전혀 다른 것이며 신자유주의적 노동통제전략의 실행기구에 불과하다고 한다. 이들은 실제로 노사정위원회의 정부 내에서의 위상이 낮고 합의사항이 잘 이행되지 않고 있는 사실을 지적하면서 이는 바로 노사정위원회가 가진 이러한 근본적 한계로부터 나온 것이며 정부는 노사정위원회의 합의를 지킬 의사가 거의 없다고 보고 있다.

셋째, 노동운동의 측면에서 보더라도 노사정위원회에의 참여는 노동운동에 이득보다는 해악을 더 많이 끼칠 것으로 이들은 보고 있다. 노동조합 지도부가 노사정위원회에 참여해 자본/국가와의 상층교섭에 치중함으로써 현장에서 일어나고 있는 정리해고 등을 제대로 막지 못하고 대중투쟁을 봉쇄하는 역할을 했을 뿐만 아니라 더 나아가 노조 지도부와 현장 노동자들 간의 갈등만 야기함으로써 노동운동을 약화시키는 결과를 가져왔다고 이들은 비판한다. 노동운동이 노사정위원회를 탈퇴하고 정부 및 자본과의 정면투쟁에 나설 경우 비록 단기적으로는 노동운동 및 조합원이 피해를 입게 되겠지만 이를 통해 조합의 계급성과 투쟁성을 보존, 강화시킴으로써 장기적으로는 노동운동에 더 이익이 될 수 있다고 이들은 주장한다. 또 이와 같이 자본/국가와 정면투쟁할 때 비로소 자본/국가도 노동운동에 대해 더 타협적인 대안을 제시할 것으로 이들은 보고 있다.

넷째, 지금까지 노사정위원회에서 이룬 성과에 대해서도 그 대부분이 노동운동의 이익과 배치되거나 노사정위원회가 없었더라도 어차피 국가의 필요에 의해 도입되었을 정책밖에 없다고 이들은 지적하고 있다. 서구의 사회적 합의주의에서는 사회적 합의의 주요 내용인 성장, 물가 등 거시경제정책이었던 반면 한국의 노사정위원회에서는 노동시장 유연화, 구조조정 등 신자유주의적 정책을 다루었으며 그것도 정부가 사전에 정책 수립, 시행을 끝낸 뒤 노사정위원회는 그 후유증을 수습하는 역할만 하는 데 지나지 않는다고 이들은 보고 있다(이른바 '소방수론', '청소부론'). 결국 노사정위원회는 형식은 사회적 합의주의 형태를 취하면서 내용은 신자유주의적 경제정책을 지지한다는 의미에서 '형식과 내용의 기묘한 괴리'(盧仲基, 1998b)를 보였으며 궁극적으로는 신자유주의적 정책의 들러리 역할(들러리론)을 하는 데 지나지 않는다고 한다.

이와 같은 비판에 근거해 이들은 노사정위원회의 해체 또는 쇄신을 주장하고 있다. 즉, 법률적 근거를 갖는 노사정위원회의 상설화와 국정 전반에 대한 논의 및 합의, 그리고 합의의 실행 보장 메커니즘 도입 등을 주장한다. 그러나 이들은 이러한 노사정위원회 위상강화 방안이 실제로 실현되기는 어려울 것으로 보고 있으며(李庭植, 1998) 또 설혹 실현된다 하더라도 노동운동이 노사정위원회에 큰 의미를 두어서는 안 된다고 주장한다.

우선 사회적 합의주의에 대한 신자유주의자들의 비판은 매우 일면적인 것으로 생각된다. 이들은 시장에서의 경쟁이 효율성을 가져오는 측면을 강조하지만 시장경쟁에 내재되어 있는 불평등성 문제에 대해서는 입을 다물고 있다. 이들은 노동력을 철저하게 하나의 상품으로만 인식하며 따라서 다른 일반적 상품과 다름없는 것으로 취급한다. 그러나 노동시장은 일반적 상품시장과는 달리 매우 특수한 성격의 시장이다. 고용계약은 대등한 개인 간의 계약이 아니라 회사라는 조직과 개별 노동자 간의 계약이라는 불평등한 형태를 취한다. 고용계약은 단순한 경제적 교환이 아니라 임금이란 대가를 받는 대신 개인이 조직의 권위, 통제에 종속될 것을 약속하는 계약이다. 개별 노동자는 자본에 그 생계를 의존하지만 자본은 개별 노동자에게 의존하지 않는다. 결과적으로 노동시장에서 노동은 취약하고 비조직적이며 자본에 종속될 수밖에 없다. 이와 같이 시장체제는 간접적 통제를 통해 노동자를 종속시키며 그 결과 노동시장에서의 불평등이 야기되는 것이다(Salamon, 1987).

신자유주의자들이 주장하고 있는 유연화는 시장의 강제력에 의해 유연화를 달성하려는 이른바 '시장적 유연화' 일변도라는 점에서 문제가 있다. '시장적 유연화'는 대량해고와 임시노동자의 대량 도입, 임금의 최대한 삭감, 그리고 노동조합 기능의 최대한 약화 등에 의해 노동시장에서 기업의 이윤을 위한 최대한의 유리한 조건을 창출함으로써 기업의 축적조건을 회복하려는 시도로 해석할 수 있다. 그러나 이러한 '시장적 유연화'는 결국 대량실업과 대량빈곤, 노동시장의 이중구조화, 고용관계의 불안정화, 그리고 이에 따른 노사관계의 악화를 가져오게 될 것이다.

이는 1980년대 초의 외채위기 이래 꾸준히 IMF가 강요하는 신자유주의적 개혁을 추진해 왔던 중남미 여러 나라에서도 그대로 나타났던 현상이다. 라틴 아메리카의 경우에도 보듯이 신자유주의적 개혁은 엄청난 정치적·경제적·사회적 비용을 수반하는 것이다. 이는 심각하고 고통스런 불황의 지속, 대량실업, 실질임금과 생활수준의 급격한 저하, 소득분배의 악화, 빈곤의 심화, 노동조합의 약화, 근로기준의 악화 등을 가져오게 되며 이는 다시 실업자를 비롯한 노동자들의 반발을 가져와 사회적·정치적 불안으로 연결될 가능성이 크다. 1997년의 노동법 개정 파동 과정에서 경험했듯이 우리 사회가 과연 이런 노동자들을 비롯한 국민대중의 반발을 억누르고 경제적·사회적·정치적 불안을 감당할 수 있을 만큼 능력이 있는지에 대해서는 의문이 든다. 설혹 노동자들의 반발을 무릅쓰고 '시장적 유연화'를 달성할 수 있다고 해도 그 과정에서 생기는 엄청난 혼란으로 인해 현 위기로부터의 극복이 훨씬 지연될 가능성이 크다.

따라서 신자유주의자들이 주장하는 시장의 힘에 의한 유연화는 바람직하지도 않고, 가능하지도 않은 선택이라고 생각한다.

한편 사회적 합의주의에 대한 급진론자들의 비판 역시 매우 일면적인 것이라고 생각한다. 주지하는 바와 같이 사회적 합의주의는 자본주의 사회 내의 계급들 간의 타협체제이다. 그러한 타협의 결과가 어떤 계급의 이익으로 더욱 기울 것인가 하는 것은 사전적으로 결정되는 것이 아니라 계급들 간의 세력관계에 최종적으로 의존할 것이다. 따라서 사회적 합의주의를 일방적으로 자본/국가의 이익이 관철되는 구조로 보는 것은 사태를 지나치게 단순화한 것이라 할 수 있다.

급진론자들이 사회적 합의주의의 대안으로 제시하는 길은 명확하지 않다. 현실사회주의가 자체 내의 모순으로 붕괴된 상황에서 자본주의를 대신할 새로운 대안적 사회체제는 쉽게 떠오르지 않고 있다. 이러한 상황에서 노동운동이 취할 수 있는 최선의 선택은 신자유주의적 정책의 일방적 관철을 최대한 저지함으로써 노동자들의 피해를 최소화하면서 장기적으로 새로운 대안을 모색하는 것이 아니겠는가? 이 두 가지 과제는 결코 모순되지 않는다고 생각된다. 그러한 의미에서 사회적 합의주의는 자본주의 사회 내에 존재하고 있는 노동조합이 현재 취할 수 있는 최선의 정책대안이라고 생각된다.

사회적 합의주의에 대한 평가가 곧 현재의 노사정위원회의 정당성에 대한 평가와 같을 수는 없다. 비판론자들이 올바로 지적하고 있는 바와 같이 현재 한국의 노사정위원회는 서구의 사회적 합의주의에서와 같은 조건을 갖추고 있지 못하며 따라서 형태상의 유사성에도 불구하고 실제 내용과 성과는 전혀 다르기 때문이다. 노사정위원회가 가진 이러한 한계에 대해 충분히 고려하지 못하고 있는 것이 노사정위원회 옹호론의 한계라고 볼 수 있으며 그러한 면에서 노사정위원회에 대한 급진론자들의 비판은 일정한 정당성을 가진다.

그러나 다른 한편으로는 서구에서 볼 수 있는 바와 같이 모든 조건을 다 갖춰야만 사회적 합의주의가 의미가 있다고 생각하는 것은 너무 경직적 사고방식이라고 생각한다. 역사에는 때로 비약도 있고 생략도 있을 수 있으며 발전순서의 선후관계가 바뀔 수도 있는 것이다. 산별노조와 노동운동에 우호적인 정당의 존재 등 사회적 합의주의 발전에 필요한 요소들이 한국에서 현재 결여되어 있는 것은 사실이지만 거꾸로 노사정위원회에서의 협의를 통해 그러한 조건을 창출하는 데 유리한 법률, 제도, 정책을 만들어 냄으로써 진정한 의미에서의 사회적 합의주의를 이끌어 낼 수도 있는 것이다. 실제로 산별교섭체제의 창출이나 노동조합의 정치참가 등은 노사정위원회의 중요의안으로 올라 있기도 하다.

현재와 같이 노동운동의 역량이 취약한 상황에서 설혹 노사정위원회에 불참하고 전면투쟁에 나선다고 해서 그것이 성공하리라는 보장도 없다. 실제로도 이미 몇 차례의 총파업이 그다지 성공적으로 끝나지 못했던 경험도 있다. 또 그동안 노사정위원회가 올린 성과 역시 적지 않은 것으로 평가해야 마땅할 것이다.

현재의 노사정위원회는 한편으로는 신자유주의적 요소, 그리고 다른 한편으로는 경제민주주의적 요소를 가진 복합적 성격의 기구이며 계급 간 세력관계에 의해 어느 쪽이 우세한 경향으로 나타날 것인가가 결정된다는 총체적 시각을 가지고 노동운동의 주체적 역량을 강화해 가는 것이 필요할 것이다.

한국은 오랫동안 대립적 노사관계와 권위주의적 노동정책을 유지해 왔다. 사회계급 간의 대화와 타협을 통해 새로운 노사관계와 노동정책을 만들어 가려는 노사정위원회의 시도는 그런 의미에서 한국 노사관계의 새로운 실험이며 나아가 국가 주도적 성격이 강한 아시아적 노사관계 전체에 대해서도 의미심장한 시사점을 던져주는 일이라 하겠다.

노사정위원회는 출범 이래 IMF 위기 극복에 크게 기여했을 뿐만 아니라 더 나아가 오랫동안 노동계의 숙원사항이 되어 왔던 교원노조의 합법화나 노동조합의 정치참여 허용 등 민주적 노사관계의 제도화에도 합의하는 등 상당한 성과를 거두어 왔다.

그러나 노사정위원회의 운영이 순조로웠던 것만은 아니다. IMF 관리체제라는 상황에 기본적으로 규정되면서 정부와 자본에 의해 추진되는 신자유주의적

노동시장 개혁과 이에 반발하는 노동계 간의 충돌이 계속되면서 노사정위원회
도 대립과 파행을 거듭해 왔다. 마침내 1998년 말부터는 일방적 구조조정과
합의사항 미이행에 반발한 노동계의 불참, 탈퇴로 노사정위원회는 기능 정지
상태에 빠지고 말았다.

노사정위원회의 성격에 대한 평가도 상당히 엇갈리고 있다. 신자유주의론
자들은 노사정위원회를 시장에 대한 정부의 부당한 간섭이며 시장기능을 왜곡
하고 구조조정을 방해하는 것이라고 비판하면서 그 철폐를 주장하고 있다. 반
면 급진론자들은 노사정위원회가 구조조정 과정에서 노동자들의 반발을 막기
위한 정부의 필요에 의해 구성된 것으로서 신자유주의적 노동통제기구에 불과
하다고 비판하면서 노동계는 이로부터 탈퇴해 전면투쟁에 나서야 한다고 주장
하고 있다.

우리는 이러한 양측의 주장이 모두 일면적인 것이라고 생각한다. 노사정위
원회는 '신자유주의적 노동통제기구'라는 측면과 '경제민주주의적 참가기구'라
는 측면을 모두 가지고 있는 복합적 성격의 기구라는 총체성을 인식해야 한다
(김형기, 1999). 이러한 양 측면 중 물론 전자의 측면이 보다 우세하게 나타나
고 있는 것은 사실이지만 이는 경제주체들의 세력관계와 전략 선택, 그리고 외
부정세의 변화 등에 의해 바뀔 수 있는 유동적인 것이며 노사정위원회의 운명
이 사전결정되어 있는 것은 아니라고 생각한다.

따라서 문제는 노사정위원회를 본래적 의미에서의 사회적 합의기구로 자리
매김하기 위해서 어떠한 조건이 필요하며 어떠한 전략이 세워져야 할 것인가
하는 것으로 귀결된다. 이미 봤듯이 사회적 합의기구가 성공하기 위한 조건들
은 잘 알려져 있다.

첫째, 노사정위원회의 제도화, 법제화가 필요하다. 현재와 같이 대통령의
자문기구에 불과한 애매한 성격으로서는 노사정위원회가 본래의 기능을 발휘
하기 힘들뿐만 아니라 경제주체들의 전략 선택(특히 정부의 전략 선택)에 따라
서는 그 존재 자체가 사라질 위험도 있는 불안정성을 벗어날 수 없다. 따라서

노사정위원회가 사회적 합의기구로서 사회 내에서 안정적 지위를 지닐 수 있도록 이를 법제화하고 합의사항의 강제 이행장치를 마련할 필요가 있다.

둘째, 노사정위원회에 참여하는 경제주체 간 대등한 세력균형과 사회적 합의주의에 걸맞은 의사결정의 집중성이 필요하다. 특히 현재와 같이 노동운동이 기업별 노조로 분산되어 있고 내셔널센터가 분열되어 있는 상황에서는 사회적 합의에의 도달을 위한 의사결집과 합의사항의 하부로의 이행 강제가 곤란하다. 따라서 산별노조의 건설과 산별교섭체계로의 전환을 위한 제도적·정책적 지원이 이루어져야 한다. 또 노동조합의 정책역량도 강화되어야 할 것이다. 나아가 한국노총과 민주노총의 대통합을 통해 단일 내셔널센터가 탄생된다면 사회적 합의주의를 성공시키는 데 커다란 힘으로 작용할 수 있을 것이다.

셋째, 사회적 합의주의에 우호적인 정치세력의 결집이 필요하다. 한국의 정치세력은 기본적으로 지역주의에 매몰되어 있으며 정당 내부 민주주의가 확립되지 못한 채 정당 지도자 개인의 의사에 따라 당 정책이 좌우되는 전근대적 구조를 가지고 있다. 이러한 상황에서는 계급 간 이해타협을 근본으로 하는 사회적 합의주의가 성공하기 힘들다. 따라서 단기적으로는 현재의 정치권이 노사정위원회와 좀 더 밀접한 관계를 갖고 이를 지원할 수 있도록 하는 방안을 마련해야 하며, 중장기적으로는 개혁적 정치세력의 총집결을 통해 사회적 합의를 주도, 지원할 수 있도록 해야 할 것이다.

현재 한국의 노사관계는 중대한 기로에 서 있다. 과연 과거의 권위주의적 노동정책과 대립적 노사관계로 복귀할 것인가, 아니면 참여와 협력에 기초한 새로운 민주적 노사관계와 참여적 노동정책이라는 새로운 모델을 만들어 낼 수 있을 것인가를 가늠하는 시점에 서 있는 것이다. 이는 노사정위원회의 성공 여부로 나타날 것이다.

현재로서 과연 한국의 노사관계가 새로운 모델을 만들어 낼 수 있을 것인지는 매우 불투명한 상황이며 장래를 어둡게 보는 견해도 많이 있다. 그러나 노사정위원회의 운명, 그리고 더 나아가 한국 노사관계의 운명이 사전적으로 결정되어 있는 것은 아니며 내외적 정세와 각 경제주체들의 전략 선택에 따라서 얼마든지 바뀔 수 있는 복합적·유동적 성격을 가지고 있다. 따라서 노동운동으로서는 이상에 비추어 쉽게 실망하기보다는 냉엄한 현실을 직시하고 주체형성의 시점에서 주체역량을 강화함으로써 노사정위원회의 성공에 유리한 조건을 조성하도록 최대한 노력해야 할 것이다.

역사의 진보는 직선적인 것은 아니다. 그러나 우여곡절을 겪으면서도 결국 역사는 한걸음씩 진보한다는 믿음을 우리는 가지고 있다. 그런 의미에서 우리는 노사정위원회에서 작은 희망을 본다. 그것은 역사발전의, 작지만, 그러나 의미 있는 진보라고 믿기 때문이다.

참고문헌
(제2부 제3장)

김수진. 1992.9. 「민주적 코포라티즘에 관한 비판적 고찰」. ≪사회비평≫, 제8호. 나남.

김형기. 1998. 「노사정위원회 활동에 대한 비평과 제언」. 『노사정위원회 실무관련자 WORK SHOP』. 노사정위원회.

노중기. 1998b. 「김대중 정부의 노동정책과 노동정치」. 이병천·김균(편). 『위기, 그리고 대전환-새로운 한국 경제 패러다임을 찾아서』. 당대.

이정식. 1998.8. 「노사정위원회의 위상과 과제」. ≪금속노련노보≫, 제157호.

Meier, C. 1984. "Preconditions for Corporatism." in J. H. Goldthorpe, *Order and Conflict in Contemporary Capitalism*. Clarendon Press.

Panitch, L. 1979. "The Development of Corporatism in Liberal Democracies." in P. C. Schmitter and G. Lehnbruch. (eds.) *Trends Toward Corporatist Intermediation*. Sage.

Salamon, M. 1987. *Industrial Relations: Theory and Practice*. Prentice hall.

제4장

노사정위원회와 노동운동*

1. 머리말

한국 노사관계를 개혁하기 위한 새로운 실험으로 주목을 모았던 노사정위
원회가 제대로 기능하지 못한 채 파탄상태에 도달했다. 노사정위원회는 과거
의 권위주의적이고 노동배제적이던 노사관계, 노동정책으로부터 참여와 협력
에 바탕을 둔 새로운 노사관계, 노동정책으로의 변화를 목표로 내걸었지만 실
제 현실은 이와는 달랐다. IMF와 국제금융자본이 강요하는 신자유주의적 구
조조정정책에 기본적으로 규정되면서 관료의 보수성, 자본의 무성의, 그리고
노동조합의 취약성 등 노사정위원회에 참여하는 경제주체들의 구조와 행태마
저 노사정위원회의 정상적인 작동을 저해하는 방향으로 작용함으로써 노사정
위원회는 사회적 합의기구로서의 소임을 다하지 못한 채 기능 정지상태에 빠
지고 말았다.

---

* 이 글은 1999년 ≪당대비평≫(여름호)에 게재되었다.

이러한 가운데 정부는 한편으로는 노사정위원회를 탈퇴한 민주노총에 대해 강경대응을 불사하면서 다른 한편으로는 노사정위원회 설치에 관한 법률을 국회에서 통과시킴으로써 한국노총을 끌어들이려는 전략을 구사하고 있다. 이렇게 함으로써 노동운동을 분단화하고 약체화해 정부가 의도하는 구조조정을 차질 없이 추진하겠다는 것이다.

그러나 이러한 정부의 구도는 경제주체들 간의 합의에 기초한 사회경제정책의 수립과 집행이라는 사회적 합의주의의 진정한 정신에 어긋나는 '사이비적 사회적 합의주의'에 불과한 것이라는 혹평을 면할 수 없을 것이다. 주요한 경제주체의 하나일뿐더러 구조조정 과정의 직접적 피해자인 민주노총을 제외한 채 구성되는 새로운 노사정위원회가 과연 정당성과 실효성을 갖출 수 있을지 의심스럽기 때문이다.

이 글에서는 노사정위원회의 그동안의 경과를 되돌아보고, 노사정위원회를 둘러싼 논쟁을 살펴본 뒤 이에 대해 평가하는 것을 목적으로 한다. 이러한 과정에서 과연 노동운동이 노사정위원회를 어떻게 바라봐야 할 것인가에 대한 필자 나름대로의 견해를 밝히고자 한다.

2. 노사정위원회의 경과

한국의 전통적 노동정책은 노동배제적·권위주의적인 특징을 가져왔다. 이러한 권위주의적 노동정책은 1987년의 노동자대투쟁 이후 노동조합의 세력증대에 따라 상당 부분 깨지긴 했으나 노동정책의 노동배제적 성격은 김영삼 정부 들어서도 여전히 유지되었다. 다만 1980년대 초까지는 경찰, 군대에 의한 물리적 탄압과 노동조합 지도자의 구속, 해고 등에 의존하는 '병영적 노동통제' 방식이었던 것이 1990년대 들어서는 경제위기에 대한 노동자 책임론, 고통분담론 등 논리적 설득을 가장한 이데올로기적 공세에 의존하는 '이데올로기적 통제'방식으로 바뀌었다는 점이 다를 뿐이다. 그러나 여전히 노동조합을 국정운영의 파트너로 인식하고 정책결정 및 집행에 참여시키기보다는 노조를 귀찮은 존재나 방해물, 또는 말썽꾼으로 여겨 가능한 한 배제하려는 것이 노동정책의 기조였다.

물론 1993년 및 1994년에 한국노총과 경총 사이에 맺었던 임금합의(이른바 '사회적 합의')나 1995년 한국노총과 경총 간의 '산업평화체제선언' 등 '의사(疑似)코포라티즘'(김상곤, 1998)적 성격의 사회적 합의 시도가 있기는 했지만 이는 한국노총과 경총의 자발적 의사에 의해 이루어진 것이라기보다는 정부의 주노하에 이루어진 것으로서 민주노총을 배제하고 순응적 노조와 사용자만을 참여시킨 가운데 이루어진 '강요된 타협'(이병훈·유범상, 1998)이라는 점에서 그 본질에 있어서는 권위주의적 노동통제정책을 벗어난 것은 아니었다.

1996년에 「노동관계법」 개정을 위해 구성되었던 노사관계개혁위원회는 노사정 3자가 자발적으로 참여한 최초의 진정한 사회적 합의의 시도였다. 그러나 노사관계개혁위원회는 그 과제를 노동법 개정으로 한정했을 뿐만 아니라 결과적으로도 노사가 합의에 실패하고 정부, 여당이 일방적으로 노동법 개정안을 국회에서 통과시킴으로써 노동계의 총파업을 야기했으며, 그 결과 다시 노동법이 재개정되는 등 우여곡절을 겪었다.[1] 그러한 의미에서 노사관계개혁위원회는 제한된 의미에서의 사회적 합의주의의 시도였으며 결과적으로도 실패로 끝난 것으로 평가된다.

1998년 초 탄생한 제1기 노사정위원회는 그 과제의 포괄성이나 구성의 대표성, 그리고 합의사항의 이행담보장치의 설치 등 여러 가지 점에서 적어도 외형적으로는 상당히 진전된 형태였다.[2] 이는 적어도 외형상으로는 종래의 노

---

1) 노사관계개혁위원회의 경과에 대해서는 김상곤(1998); 이병훈·유범상(1998); 윤진호(1999); 三滿照敏(1998); Korea International Labour Foundation(1998a) 등 참조.
2) 그러한 점에서 한상진(1998)은 노사정위원회에 의한 노사정 협약을 1938년의 스웨덴 살트요바덴 협약이나 1978년의 스페인의 몽클로아 협약에 못지않은 것으로 평가하고 있다.

동배제적·권위주의적 노동정책 모델로부터 사회적 합의주의 모델로의 변화의 시도라고 해도 좋을 것이다.

이처럼 노사관계 모델의 변화가 시도된 배경에 대해서는 IMF 경제위기에 따른 사회전반의 개혁의 필요성, 김대중 정부의 개혁적 성격, 노동운동의 세력 증대 등의 요인이 지적되고 있다(이병훈, 1998a). 이러한 요인들 중 보다 본질적이고도 직접적인 요인은 역시 IMF 경제위기라는 외적 요인이라고 할 수 있으며 여기에 국내 제 세력들 간의 복잡한 역관계가 작용함으로써 노사정위원회의 구성이 가능해졌다고 하겠다.

1998년 1월 15일 구성된 제1기 노사정위원회의 핵심과제는 IMF와 정부, 그리고 자본이 요구하는 노동시장의 유연화 제고를 위한 정리해고제와 근로자 파견제의 법제화였다. 이에 대한 노동 측의 반발을 무마하기 위한 반대급부로서 해고남용 방지책, 파견남용 방지책, 노조의 정치활동 허용, 공무원 및 교원의 노조 결성권 허용, 재벌개혁, 사회보장제도 확충 등의 약속이 주어졌다. 위원회는 2월 초까지 11차례의 전문위원회, 10차례의 기초위원회, 그리고 6차례의 본위원회를 거치면서 난상토론과 밤샘협상을 거듭했다.

제1기 노사정위원회는 1월 20일 「경제위기 극복을 위한 노사정 간의 공정한 고통분담에 관한 노사정 공동선언문(I)」을 발표한 데 이어 2월 6일 최초의 노사정 대타협을 도출했다. 노사정위원회는 「고용조정법」 정비 등 8개 핵심쟁점사항을 일괄타결하는 한편 「경제위기 극복을 위한 노사정 간의 공정한 고통분담에 관한 노사정 공동선언문(II)」을 발표했다.

노사정대타협의 내용은 모두 10개 대항목에 90개 합의사항으로 되어 있는데 노사정 합의사항은 노사관계와 실업대책 등 전통적인 노동정책 분야뿐만 아니라, 재벌정책, 사회보장정책, 거시경제정책 등의 분야와 외환위기 원인규명을 위한 경제청문회 개최, 「부패방지법」 제정, 정부조직 개편, 행정규제완화, 사교육비 절감 등 광범한 분야에 걸쳐 있었다. 그러나 노사정 합의사항 중 즉시 입법화된 것은 정리해고제와 근로자 파견제 도입 등 노동 측에 불리한 내용뿐이었으며 나머지는 추후 추진하기로 함으로써 2기 노사정위원회의 과제로 남게 되었다.

제1기 노사정 합의 결과 정부와 사용자 측은 외환위기 극복을 위한 토대를 마련했으며 특히 노사관계의 안정으로 당시 미국 뉴욕에서 진행되고 있던 외채협상에 큰 도움을 받는 등 결정적인 실익을 거두었다. 반면 노동 측은 정리해고제, 근로자 파견제 등의 도입으로 당장 큰 불이익을 당하는 대신 장기적·제도적 측면에서의 추상적 약속을 받음으로써 이른바 '현금을 주고 어음을 받은' 것으로 평가되었다.

2월 6일의 노사정 사회 협약에 따른 정리해고 및 파견근로제의 법제화로 당장 고용불안 및 생존권 위협에 직면한 현장 노동자들은 노사정 협약에 대해 강력하게 반발하기 시작했다. 협약 추인을 위해 2월 9일 열린 민주노총 임시대의원대회에서는 노사정 합의 결정이 부결되었으며 이에 따라 지도부가 총사퇴하고 비상대책위원회가 구성되는 등 커다란 내부분열을 겪게 된다. 비상대책위원회는 총파업을 결의했으나 역량 부족으로 파업을 철회하고 다시 정부와 재교섭에 나서는 등 혼란상을 보였다.

제1기 노사정위원회의 합의 이후 노동계의 반발로 노사정위원회의 기능은 사실상 정지되었다. 민주노총은 투쟁성이 강한 신집행부를 구성한 뒤 정부에 대한 정면투쟁방침을 굳히고 5월 27~28일에 걸쳐 제1차 총파업을 단행해 상당한 성공을 거두었다. 이후 민주노총은 정부에 대해 직접교섭(이른바 노정 중앙교섭)을 요구했다. 약 4개월간 노사정위원회가 공전되는 동안 노사정위원회 재개를 위한 정부와 민주노총 간의 비공식교섭은 계속되었지만 여러 가지 조건(특히 민주노총의 정리해고제 철폐 요구)을 둘러싸고 양측의 이견이 맞서 교섭은 난항을 계속했다.

이에 대해 정부는 민주노총을 배제시킨 채 정부, 정당, 사용자대표와 한국노총만이 참여한 가운데 6월 3일 제2기 노사정위원회를 일단 출범시켰다. 2기 노사정위원회는 그 조직 구조를 완전히 바꾸고 위원들도 대폭 교체하는 등 새로운 외양을 갖추었다. 그러나 민주노총의 참여 없이는 노사정위원회의 순조로운 운영이 불가능하다는 것을 잘 알고 있는 정부는 다시 민주노총과의 비공식교섭에 나섰다.

당시 정부 측으로서는 금융, 공공부문의 순조로운 구조조정을 위해서는 노동계의 협력이 절실하게 요구되었으며 특히 6월 10일의 대통령의 미국 방문 경제외교를 앞두고 국내의 노사 안정구도를 마련해야 할 필요성을 다급하게 느끼고 있었다. 한편 민주노총으로서도 노사정위원회에 불참할 경우 정부와 사용자가 일방적인 구조조정을 강행할 것이라는 불안감이 있는데다가 6월 5일로 예정된 제2차 총파업을 앞두고 파업에 부정적인 국민여론과 내부 투쟁동력의 취약성 등을 강하게 느끼고 있었기 때문에 정부와의 교섭에 나서게 되었다.

그 결과 6월 5일 정부와 민주노총은 노정합의에 이르게 된다. 노정합의의 주요 내용은 민주노총이 총파업을 철회하고 노사정위원회에 참여하는 대신, 정부는 정리해고제와 근로자 파견제의 남용 방지대책 논의, 부당노동행위 사업주의 엄단, 노동조합구조 및 교섭구조의 산별화 논의, 노사정위원회의 위상 강화, 구속노동자 석방 등을 약속한 것이었다. 6·5 노정합의는 노사정 3자합의가 아니라 노동과 정부의 직접적 교섭에 의한 합의란 점에서 새로운 모델을 제시한 것이었다.

민주노총의 참여로 2기 노사정위원회가 정상운영되기 시작한 후에도 실제 활동은 지지부진한 상태였다. 그 주요 이유는 정부의 일방적 구조조정 조치 때문이었다. IMF와의 협정에 몰린 정부는 부실기업 퇴출, 부실은행 퇴출, 공기업 민영화, 현대자동차 정리해고 신고의 접수 등 급격한 구조조정정책을 강행했고 이 과정에서 대량의 실업자가 발생했다. 정부의 구조조정정책은 대부분 노사정위원회와의 사전협의 절차 없이 단행되었고 단지 그 사후대책에 대해서만 노사정위원회와 사후협의하는 방식으로 진행되었기 때문에 노동계의 반발을 샀다. 한편 대량실업이라는 노동시장의 여건변화를 기회로 기업에서의 부당노동행위도 유례없이 다수 발생했다.

이러한 일방적 구조조정과 부당노동행위에 대한 노동계의 불만이 증폭됨에 따라 7월 10일 양 노총은 노사정위원회에의 불참을 선언했고 특히 민주노총은 7월 14~16일에 걸쳐 제2차 총파업을 단행했다. 정부는 이에 대해 종래와는 달리 강경대응방침을 세우고 민주노총의 사무총장을 비롯한 다수 지도부와 조합원을 구속하는 등 노정 간 정면충돌 상황으로 발전했다. 그러나 7월 23일로 예정된 제3차 총파업을 앞두고 정면충돌에 부담을 느낀 민주노총과 정부는 다시 교섭에 나서 총파업이 벌어지기 직전에 극적인 노정합의에 성공함으로써 7월 29일부터 노사정위원회는 다시 정상가동되기 시작했다. 당시 정부는 양 노총이 총파업을 철회하고 노사정위원회에 복귀하는 대가로 공공·금융부문 구조조정에 관한 노사정위원회 내에서의 논의, 고용·실업문제에 대한 대책 마련, 부당노동행위 엄단, 노사정위원회 위상강화 등을 약속했다. 그러나 이러한 노정합의에 대해 정부 내에서도 강경파와 온건파 간 이견이 노출되어 갈등양상을 드러냈다. 이상에서 살펴봤듯이 제2기 노사정위원회가 정상가동되기까지는 노동 측의 불참/참여 반복, 사용자 측의 반발, 정부의 강경대응/교섭의 교차, 정부 내에서의 강온 노선의 대립 노정 등 여러 가지 우여곡절이 있었다.

제2기 노사정위원회의 과제는 ① 제1기 노사정위원회 합의사항에 대한 이행여부의 점검 및 추진, ② 금융부문과 공공부문의 구조조정에 대한 협의, ③ 새로운 노사관계의 수립을 위한 개혁방안 발굴, 협의, ④ 기업별 현장에서 발생하는 노사대립의 조정, 중재 등으로 나눌 수 있다.

노사정위원회는 8월 초 제1기 노사정위원회의 합의사항 이행점검을 위해 4개의 소위원회(경제개혁소위, 고용·실업대책소위, 노사관계소위, 사회보장소위)를 구성하고 본격적인 제도개선방안을 논의하기 시작했다. 12월 말까지 약 5개월간 계속된 소위논의의 결과 1기 합의사항 중 상당 부분에 대한 구체적 제도화에 합의했는데 그중 주요 항목으로서는 교원노조 합법화, 실업자의 노조 가입권 보장, 노조 정치활동 보장, 공무원 직장협의회 허용, 재벌개혁을 위한 「공정거래법」 개정, 경제청문회 개최, 종업원지주제 활성화, 실업대책의 추진, 사회보험의 개혁 등을 들 수 있다.

그러나 이러한 일련의 제도개혁에 대한 합의에도 불구하고 정부의 금융, 공공, 기업부문에 대한 구조조정과 이에 따른 대량실업사태를 둘러싼 노정, 노사 간의 대립은 계속되었다. 특히 현대자동차의 대규모 정리해고를 둘러싼 장기파업(7월 20일~8월 24일) 문제, 일방적 구조조정 문제, 부당노동행위를 둘러싼 대립, 1기 합의사항 미이행 문제를 둘러싼 대립 등으로 노사정위원회는 난항을 거듭했으며 노동계의 일부 회의 불참선언, 부분적 파업 등이 이어졌다.

특히 1998년 말에는 노사정위원회에서 이미 합의된 교원의 노조 결성권 보장과 실업자 노조 가입권 보장조치 등을 정부, 여당이 입법화하는 과정에서 정부 내 일부 강경파 각료와 여당의 일부 국회의원 등의 반대로 법안처리가 지연되거나 합의내용이 변경되었으며 특히 실업자 노조 가입 문제는 입법화가 보류되는 사태가 일어났다. 이에 반발한 양 노총은 1999년 초 들어 다시 한 번 노사정위원회의 불참을 선언하기에 이르렀으며 특히 민주노총은 노사정위원회로부터의 탈퇴와 총력 투쟁 계획을 발표했다. 이리하여 노사정위원회는 다시 한 번 기능 정지상태에 빠지게 되었다.

정부와 여당은 노동계의 반발을 무마시키기 위해 한국노총과의 실무협상에 나서 노사정위원회의 위상강화를 위한 입법화, 노조 전임자 임금지급 금지 조항의 개선 검토, 노동시간 단축 문제의 검토, 향후 구조조정 시 노동조합과의 사전협의 등 일련의 유화책을 내놓았지만, 한국노총 역시 일방적 구조조정에 반발하는 현장 노조원들을 의식해 노사정위에서 조건부 탈퇴를 단행했다.

이후 민주노총과 정부는 대화 창구마저 끊긴 채 대치상태이며 특히 서울지하철 파업사태 이후 정면충돌 양상을 나타내고 있다. 정부는 5월 초 「노사정위원회법」의 국회통과에 따라 한국노총만을 참여시켜 다시 제3기 노사정위원회를 가동한다는 구상을 세우고 있다.

3. 노사정위원회의를 둘러싼 논쟁

노사정위원회의 위상과 활동에 대한 평가는 크게 엇갈리고 있다. 노사정 3주체와 학계는 각자의 이해관계와 이념, 비전에 따라 노사정위원회의 성과에 대해 매우 상반된 평가를 내리고 있다. 논쟁은 신자유주의, 사회적 합의주의, 급진주의 간에 다양하게 전개되고 있지만 이를 이슈 중심으로 파악하면 크게 봤을 때 노사관계에 대한 국가의 개입을 둘러싼 논쟁과 노사정위원회에의 노동조합의 참여여부를 둘러싼 논쟁으로 나눌 수 있다. 다음에서는 이들 논쟁을 살펴보고 이에 대해 평가하고자 한다.

1) 노사관계에의 국가의 개입을 둘러싼 논쟁

신자유주의적 시각에 선 논자들은 노사정위원회와 같은 3자협의체제를 시장에 대한 이익집단의 부당한 간섭으로 파악하면서 이를 통해 시장기능이 왜곡되고 있다고 비판한다(박덕제, 1998a; 1998b; 박기성, 1998). 이들의 주장을 정리하면 다음과 같다.

첫째, 이들은 우선 원리적으로 사회적 합의주의가 시장을 왜곡시키는 기능을 하고 있다고 비판한다. 이들 논자들은 시장이 가진 효율성을 강조하면서 따라서 시장에 대한 정부개입은 최소화되어야 한다고 주장한다. 정부개입은 시장의 기능을 방해함으로써 효율성을 저해하기 때문이다. 이러한 면에서 볼 때 사회적 합의주의는 시장기능을 왜곡하고 구조조정을 방해, 지연시키는 역할을 하며 특히 노동조합이나 사용자단체 등 특정 이익집단에게 국가정책을 좌우하는 권력을 제공함으로써 국민대중의 일반적 이익에 배치되는 결과를 낳는다고 한다. 특히 현대자동차의 정리해고 시 노사정위원회가 개입해 이를 억제한 것은 개별 기업의 노사관계에 정부가 개입하는 선례를 세운 것이라고 이들은 비판한다.

둘째, 이들은 노사관계 면에서도 기업노사관계의 자율성이 최대한 보장되어야 한다고 주장하면서 노사정 중앙단체에 의한 중앙협약의 시도는 결국 개별 기업 노사관계의 자율성을 해치는 결과를 가져올 뿐만 아니라 교섭비용을 증가시킨다고 주장한다. 이들은 특히 사회적 합의주의하에서 해고가 부자유스럽고 복지제도가 발달한 유럽이 고실업에 시달리는 반면, 시장의 기능에 의존하고 해고가 자유스러우며 복지제도가 상대적으로 덜 발달되어 있는 미국의 실업률이 낮은 점을 지적하면서 사회적 합의주의가 국민경제에 폐해를 가져온다고 주장한다.

셋째, 이들은 특히 한국 사회에서 사회적 합의주의가 성공할 가능성은 매우 낮다고 주장한다. 한국 사회에서는 사회적 합의주의의 전통이 결여되어 있으며 유럽에서와 같은 산별노조나 사민당이 없기 때문에 계급이익을 결집해 노사단체가 타협할 수 있는 가능성이 매우 낮다고 한다. 오히려 정치적 판단에 의한 타협에 의해 중요한 국민경제의 과제가 결정될 가능성이 있으며 이는 국민경제 전체의 이익에 배치되는 것이라고 한다.

넷째, 이들은 세계적으로도 사회적 합의주의가 후퇴하고 있다고 지적한다. 과거 사회적 합의주의의 전통이 강하던 독일이나 스웨덴에서도 최근 노사정 간의 중앙협약이 해체되고 있으며 한때 이를 시도했던 영국에서도 사회적 합의주의는 실패로 끝났다고 이들은 주장한다.

따라서 신자유주의론자들은 노사정위원회를 전면폐지하거나 또는 노동부 장관의 비상설 자문기구로 두는 것이 바람직하다고 주장한다. 또 다루는 과제도 폭넓은 사회경제정책이 아니라 노사관계에 대한 현안논의에 국한되어야 한다고 주장한다. 이들은 또 노사정위원회가 철저히 노사 당사자 자율주의에 입각해야 한다고 주장한다.

사회적 합의주의에 대한 신자유주의자들의 비판은 매우 일면적인 것으로 생각된다. 이들은 노사관계의 자율성 원칙이 자원배분의 효율성을 가져오는 측면을 강조하지만 또 하나의 중요 목표인 공정성도 보장하는지에 대해서는 입을 다물고 있다. 이들은 노동력을 철저하게 하나의 상품으로만 인식하며 따라서 다른 일반적 상품과 다름없는 것으로 취급한다. 그러나 노동시장은 일반적 상품시장과는 달리 매우 특수한 성격의 시장이다. 고용계약은 대등한 개인 간의 계약이 아니라 회사라는 조직과 개별 노동자 간의 계약이라는 불평등한 형태를 취한다. 고용계약은 단순한 경제적 교환이 아니라 임금이란 대가를 받는 대신 개인이 조직의 권위, 통제에 종속될 것을 약속하는 계약이다. 개별 노동자는 자본에 그 생계를 의존하지만 자본은 개별 노동자에게 의존하지 않는다. 결과적으로 노동시장에서 노동은 취약하고 비조직적이며 자본에 종속될 수밖에 없다. 이와 같이 시장체제는 간접적 통제를 통해 노동자를 종속시키며 그 결과 노동시장에서의 불평등이 야기되는 것이다(Salamon, 1987).

신자유주의자들이 주장하고 있는 유연화는 시장의 강제력에 의해 유연화를 달성하려는 이른바 '시장적 유연화' 일변도라는 점에서 문제가 있다. '시장적 유연화'는 대량해고와 임시노동자의 대량 도입, 임금의 최대한 삭감, 그리고 노동조합 기능의 최대한 약화 등에 의해 노동시장에서 기업의 이윤을 위한 최대한의 유리한 조건을 창출함으로써 기업의 축적조건을 회복하려는 시도로 해석할 수 있다. 그러나 이러한 '시장적 유연화'는 결국 대량실업과 대량빈곤, 노동시장의 이중구조화, 고용관계의 불안정화, 그리고 이에 따른 노사관계의 악화를 가져오게 될 것이다.

사회적 합의주의가 효율성 저해를 가져온다는 신자유주의자들의 주장 역시 받아들이기 어렵다. 시장에 의존하는 고용계약은 지나친 거래비용으로 인해 오히려 비효율적으로 된다는 점은 많은 학자들이 지적하고 있는 바와 같다. 중앙집중식 교섭구조는 노동시장에서 시장실패를 극복하는 수단이 됨으로써 국민경제의 성과에 도움이 된다. 통일적인 전국 교섭이 노사 간 분쟁을 제거하는 데 유리하므로 파업빈도를 줄일 수 있으며, 교섭비용을 줄일 수 있고, 노동조합의 연대주의적 임금정책에 의해 임금격차를 제거하는 동시에 사양산업이 효율적 산업으로 자원 전환을 하도록 촉진하며 거시경제의 안정에 도움이 되는 등 여러 가지 이점이 있다(Rowthorn, 1992; Soskice, 1990; Jackman et al., 1990; 윤진호, 1998 등 참조).

공정성의 위기는 또한 효율성의 위기로 연결된다는 점도 신자유주의자들이 간과하고 있는 부분이다. 시장의 힘에 의존하는 일방적 유연화는 실업자를 비롯한 노동자들의 반발을 가져와 사회적·정치적 불안으로 연결될 가능성이 크다. 1997년의 노동법 개정 파동 과정에서 경험했듯이 우리 사회가 과연 이러한 노동자들을 비롯한 국민대중의 반발을 억누르고 경제적·사회적·정치적 불안을 감당할 수 있을 만큼 능력이 있는지에 대해서는 의문이 든다. 설혹 노동자들의 반발을 무릅쓰고 '시장적 유연화'를 달성할 수 있다고 하더라도 그 과정에서 생기는 엄청난 혼란으로 인해 현 위기로부터의 극복이 훨씬 지연될 가능성이 크다.

따라서 신자유주의자들이 주장하는 시장의 힘에 의한 유연화는 바람직하지도 않고, 가능하지도 않은 선택이라고 생각한다.

2) 노사정위원회에의 노동조합 참여를 둘러싼 논쟁

급진론적 시각을 가진 논자들 역시 노사정위원회에 대해 비판하고 있다(노중기, 1998; 김상곤, 1998; 김세균, 1998). 이들은 노사정위원회를 기본적으로 정부가 신자유주의적 구조조정 과정에서 노동운동의 반발을 막기 위해 구성한 노동통제기구의 하나로 파악하고 있다. 이들의 주장을 요약하면 다음과 같다.

첫째, 이들 중 일부 논자들은 사회적 합의주의의 원리 그 자체에 대해 비판적 시각을 가지고 있다. 이들은 사회적 합의주의를 현대자본주의체제 내에서 국가와 자본이 노동계급을 회유, 통제하기 위해 발전시킨 고도의 조직적 수단으로 간주한다. 즉, 사회적 합의주의를 통해 노조 지도자들에게 국가정책의 형성, 집행과정에의 제한적 참여를 허용하는 대신 노동운동이 계급투쟁을 포기하고 국가에 협력하도록 요구하며 더 나아가 이들이 임금인상 등 노동자 요구를 억제하는 역할까지 맡도록 한다는 것이다.[3] 따라서 사회적 합의주의를 통해 노동계급이 기대할 수 있는 실익은 극히 적으며 더욱이 선진자본주의국들이 위기에 빠진 1970년대 중반 이후에는 그 적은 실익마저도 국가에 의해 부인당하고 있다고 이들은 보고 있다. 무엇보다도 사회적 합의주의는 자본주의 하에서 다른 대안적 모델을 모색하는 것 자체를 불가능하거나 어렵게 만든다는 점이 결정적 한계라고 이들은 주장한다. 이와 같이 노동계급이 사회적 합의주의를 통해 얻는 실익은 적은 대신 사회적 합의주의가 가져오는 폐해가 크기 때문에 노동계급은 이를 거부하거나 최소한의 의의밖에 인정하지 말아야 한다고 이들은 주장한다.

둘째, 설혹 사회적 합의주의의 의의를 인정한다고 하더라도 한국 사회에서는 서구에서와 같은 사회적 합의주의의 모델이 성립할 수 있는 전제조건이 결여되어 있거나 불충분한 상태에 있기 때문에 모델 자체의 성공가능성이 낮고 노동계급에 불리한 결과만 가져올 뿐이라고 급진론자들은 주장한다. 주지하는 바와 같이 서구에서 사회적 합의주의의 성립 배경에는 강력한 산별노조, 그리고 노동운동과 밀접한 관계를 가진 정당(주로 사민당)이 존재하고 있었다는 점이 중요한 역할을 했다(Meier, 1984). 이에 비해 한국에서는 노조조직률이 매우 낮고, 기업별 노조체제로 그 역량이 분산되어 있으며, 노동운동이 한국노총과 민주노총으로 분열되어 있고, 노동운동을 정치적으로 뒷받침할 정당이 없는 등 사회적 합의주의 체제를 위한 토대가 전무하다는 것이다(김수진, 1998; 노중기, 1998b). 따라서 현재의 노사정위원회는 서구의 사회적 합의주의와 형식적 틀만 유사할 뿐 내용적으로는 전혀 다른 것이며 신자유주의적 노동통제전략의 실행기구에 불과하다고 한다. 이들은 실제로 노사정위원회의 정부 내에서의 위상이 낮고 합의사항이 잘 이행되지 않는 사실을 지적하면서 이는 바로 노사정위원회가 가진 이러한 근본적 한계로부터 나온 것이며 정부는 노사

---

3)   Panitch(1979), 김수진(1992)에서 재인용.

정위원회의 합의를 지킬 의사가 거의 없다고 보고 있다.

셋째, 노동운동의 측면에서 보더라도 노사정위원회에의 참여는 노동운동에 이득보다는 해악을 더 많이 끼칠 것으로 이들은 보고 있다. 노동조합 지도부가 노사정위원회에 참여해 자본/국가와의 상층교섭에 치중함으로써 현장에서 일어나고 있는 정리해고 등을 제대로 막지 못하고 대중투쟁을 봉쇄하는 역할을 했을 뿐만 아니라 더 나아가 노조 지도부와 현장 노동자들 간의 갈등만 야기함으로써 노동운동은 약화시키는 결과를 가져왔다고 이들은 비판한다. 노동운동이 노사정위원회를 탈퇴하고 정부 및 자본과의 정면투쟁에 나설 경우 비록 단기적으로는 노동운동 및 조합원이 피해를 입게 되겠지만 이를 통해 조합의 계급성과 투쟁성을 보존, 강화시킴으로써 장기적으로는 노동운동에 더 이익이 될 수 있다고 이들은 주장한다. 또 이와 같이 자본/국가와 정면투쟁할 때 비로소 자본/국가도 노동운동에 대해 더 타협적인 대안을 제시할 것으로 이들은 보고 있다.

넷째, 지금까지 노사정위원회에서 이룬 성과에 대해서도 그 대부분이 노동운동의 이익과 배치되거나 노사정위원회가 없었더라도 어차피 국가의 필요에 의해 도입되었을 정책밖에 없다고 이들은 지적하고 있다. 서구의 사회적 합의주의에서는 사회적 합의의 주요 내용인 성장, 물가 등 거시경제정책이었던 반면 한국의 노사정위원회에서는 노동시장 유연화, 구조조정 등 신자유주의적 정책을 다루었으며 그것도 정부가 사전에 정책 수립, 시행을 끝낸 뒤 노사정위원회는 그 후유증을 수습하는 역할만 한 데 지나지 않는다고 이들은 보고 있다 (이른바 '소방수론', '청소부론'). 결국 노사정위원회는 형식은 사회적 합의주의 형태를 취하면서 내용은 신자유주의적 경제정책을 지지한다는 의미에서 '형식과 내용의 기묘한 괴리'(노중기, 1998b)를 보였으며 궁극적으로는 신자유주의적 정책의 들러리 역할(들러리론)을 하는 데 지나지 않는다고 한다.

이와 같은 비판에 근거해 이들은 노사정위원회의 해체 또는 쇄신을 주장하고 있다. 즉, 법률적 근거를 갖는 노사정위원회의 상설화와 국정 전반에 대한 논의 및 합의, 그리고 합의의 실행 보장 메커니즘 도입 등을 주장한다. 그러나 이들은 이러한 노사정위원회 위상강화 방안이 실제로 실현되기는 어려울 것으로 보고 있으며(이정식, 1998) 또 설혹 실현된다 하더라도 노동운동이 노사정위원회에 큰 의미를 두어서는 안 된다고 주장한다.

급진론자들의 비판은 사회적 합의주의에 대한 원칙론적 비판과 노사정위원회에의 노동조합 참여에 대한 전술론적 비판으로 분류할 수 있다. 먼저 사회적 합의주의에 대한 원칙론적 비판은 그 근저에 이데올로기적 배경을 깔고 있다. 즉, 자본주의체제 자체에 대한 문제제기와 대안적 사회에 대한 전망을 전제로 자본주의 내의 모든 형태의 계급타협체제에 대해 비판하는 것이다. 따라서 노동운동의 과제 역시 기본적으로 탈자본주의를 위한 정치적 대중동원에 있다고 보며 사회적 합의주의는 이러한 노동운동의 계급성을 저해하는 것으로 간주한다(김세균, 1998).

그러나 이러한 급진론자들의 주장은 일면적이라고 생각한다. 자본주의 사회 내의 노동조합은 기본적으로 대중조직이라는 성격을 가진다. 따라서 이는 자본주의 내에서의 노동자의 정치, 경제, 사회적 이익을 보호, 증진하는 것을 기본적 임무로 한다. 노동조합운동이 자칫 목전의 이해관계에 매몰되어 장기적 사회경제전망을 잊어버리는 데 대한 경고는 정당한 것이라 하더라도 이에서 한걸음 더 나아가 자본주의 사회 내에서 노동조합운동이 가진 복합성을 외면하고 노동운동의 계급성만을 일면적으로 강조할 경우 이는 결국 소수파 운동으로 전락하고 전체 노동운동을 후퇴시키는 결과를 낳을 위험이 있다는 사실을 우리는 선진자본주의국들의 노동조합운동 역사로부터 배워야 한다.

노동조합운동이 노동자들의 정치, 경제, 사회적 이익을 보호, 증진시키기 위해서는 교섭과 투쟁을 적절히 병행해야 한다는 것은 당연한 일이다. 교섭과 투쟁을 어떻게 적절히 배치할 것인가는 주, 객관적 정세판단에 따른 전술상의 문제일 뿐이다. 교섭에만 의존하지 말되 교섭을 두려워해서도 안 된다. 노동운동이 자본과의 산별교섭, 산별협약체제를 강력히 주장하는 것과 같은 맥락에서 노동조합이 국가의 중요 경제사회정책의 결정과 시행과정에 참여, 개입함으로써 노동의 이익을 보호하고자 하는 사회적 교섭, 합의체제는 자본주의 사회 내의 노동운동이 추구하는 중요한 목표의 하나인 것이다.

물론 사회적 합의주의에 대한 여러 비판론자들이 지적하고 있는 바와 같이 자본주의 사회 내의 계급 헤게모니를 장악하고 있는 자본, 국가와의 교섭이 진정한 의미의 민주적 코포라티즘으로 나타나기는 극히 어려우며, 스웨덴, 독일처럼 상당히 진전된 형태의 코포라티즘 국가에서도 경제적 상황에 따라 코포라티즘이 붕괴되고 신자유주의적 정책이 강행되는 등 민주적 코포라티즘이 극히 불안정한 체제라는 것은 잘 알려져 있는 바와 같다. 그러나 이러한 사회적 합의주의의 불안정성에도 불구하고 선진국에서 사회적 합의주의의 시도가 되풀이해서 나타나는 것은 결국 계급 간 세력이 어느 정도 균형을 이루고 있는 상황하에서는 한 계급이 다른 계급을 완전히 압도하는 상황(시장을 통한 자본의 지배이든 변혁을 통한 노동의 지배이든)이 불가능하다는 현실적 인식에 기초한 것이라고 생각한다. 어차피 사회적 합의주의라는 계급타협체제는 노동, 자본 어느 쪽에서 보든 '차선의 선택'인 것이다. 왜 최선의 선택을 버리고 차선의 선택을 취하느냐는 불만은 우익에서든 좌익에서든 제기될 수밖에 없다. 그러나 이 경우 '최선의 선택'이 과연 가능한 대안인지에 대한 냉정한 객관적 검토가 필요할 것이다.

사회적 합의주의는 자본주의 사회 내 계급 간 타협체제이긴 하지만 그와 동시에 그러한 타협이 계급 간 교섭과 투쟁을 통해 귀결된다는 의미에서는 계급 갈등체제이기도 하다. 계급 간 타협의 결과가 어떤 계급의 이익으로 더욱 기울 것인가 하는 것은 사전적으로 결정되는 것이 아니라 바로 이러한 교섭과 투쟁 과정에서 계급 간 세력관계에 의해 결정될 것이다. 따라서 사회적 합의주의를 일방적으로 자본/국가의 이익이 관철되는 구조로 보는 것은 사태를 지나치게 단순화시킨 것일뿐더러 노동운동이 지닌 주체성을 무시한 것이라 할 수 있다.

사회적 합의주의에 대한 평가가 곧 현재의 노사정위원회의 정당성에 대한 평가와 같을 수는 없다. 비판론자들이 올바로 지적하고 있는 바와 같이 현재 한국의 노사정위원회는 서구의 사회적 합의주의에서와 같은 조건을 갖추고 있지 못하며 따라서 형태상의 유사성에도 불구하고 실제 내용과 성과는 전혀 다르기 때문이다. 노사정위원회가 가진 이러한 한계에 대해 충분히 고려하지 못하고 있는 것이 노사정위원회 옹호론의 한계라고 볼 수 있으며 그러한 면에서 노사정위원회에 대한 급진론자들의 비판은 일정한 정당성을 가진다.

그러나 다른 한편으로는 서구에서 볼 수 있는 바와 같이 모든 조건을 다 갖춰야만 사회적 합의주의가 의미가 있다고 생각하는 것은 너무 경직적 사고방식이라고 생각한다. 역사에는 때로 비약도 있고 생략도 있을 수 있으며 발전순서의 선후관계가 바뀔 수도 있는 것이다. 산별노조와 노동운동에 우호적인 정당의 존재 등 사회적 합의주의 발전에 필요한 요소들이 한국에서 현재 결여되어 있는 것은 사실이지만 거꾸로 국가, 자본과의 교섭과 투쟁을 통해 그러한 조건을 창출하는 데 유리한 법률, 제도, 정책을 만들어 냄으로써 진정한 의미에서의 사회적 합의주의를 이끌어 낼 수도 있는 것이다.

특히 현재의 한국과 같이 공황기에 있어 노동운동의 주, 객관적 상황이 매우 곤란하고 권력자원이 빈약한 상황하에서는 노동의 이익을 보호하기 위한 법률, 제도, 정책의 수립을 통해 노동운동의 취약성을 메꾸고자 하는 노력은 중요한 의미를 띤다. 그러한 법률, 제도, 정책의 수립을 위해서는 노동운동은 필연적으로 자본, 국가와 교섭에 나설 수밖에 없는 것이며 그러한 의미에서 노사정위원회는 의미 있는 전술적 수단을 제공해 주는 것이다.

노사정위원회는 한편으로는 자본과 국가가 노동운동을 체제 내로 끌어들이기 위해 설치한 장이긴 하지만 다른 한편으로는 국가정책에의 참여를 요구하는 노동운동의 힘에 의해 구성되었다는 측면도 무시할 수 없다. 따라서 노동운동으로서는 노사정위원회가 가진 이러한 복합성을 충분히 인식하고 노동운동의 주체적 역량을 강화함으로써 진정한 의미에서의 사회적 합의주의를 이룩할 수 있는 기구로 노사정위원회가 탈바꿈하도록 노력해야 할 것이다.

4. 맺음말

현재 노사정위원회는 신자유주의자들과 급진론자들로부터 협공을 받고 있다. 적어도 노사정위원회를 해체하자는 주장에 관한 한 기묘한 계급연대가 이루어지고 있는 셈이다. 그러나 이 양 측의 주장은 동상이몽에 바탕을 둔 것이다. 즉, 신자유주의자들은 사회적 합의주의 대신 시장의 힘에 의한 자본의 지배를 꿈꾸고 있는 반면, 급진론자들은 반대로 대중의 정치적 동원에 의한 직접투쟁으로 정부, 자본에 압박을 가하고 더 나아가 대안적 사회로 한걸음 나아가는 것을 꿈꾸고 있는 것이다.

그러나 현재의 상황에서 계급타협체제의 시도가 실패하고 적나라한 계급대립이 나타날 경우 과연 이 양자가 생각하는 시나리오가 현실화될 수 있을 것인지는 의심스럽다. 격렬한 계급갈등이 가져오는 정당성의 위기를 과연 신자유주의자들이 극복할 수 있을 것인가? 반대로 불리한 주, 객관적 상황에서 전투적 노동조합주의가 목표한 바를 실현하기는커녕 노동운동을 후퇴시키는 결과로 귀결되지는 않을 것인가?

이러한 의문이 남아 있는 한 '차선의 선택'으로서의 사회적 합의주의는 여전히 노동조합에 있어 그 전술적 유효성을 가지는 것이라고 할 수 있다.

참고문헌
(제2부 제4장)

김상곤. 1998.11. 「사회적 합의주의와 노사정위원회」. ≪민주노동과 대안≫, 제14호. 노동조합 기업경영연구소.

김세균. 1998.10. 「노동계급의 탈계급화, 탈정치화를 위한 최근의 시도들에 대한 비판」. 『현장 에서 미래를』. 한국노동이론정책연구소.

김수진. 1992.9. 「민주적 코포라티즘에 관한 비판적 고찰」. ≪사회비평≫, 제8호, 나남.

심형기. 1999. 「김대중 정부의 노농정책: 평가와 전망」. 서울사회경제연구소.

노중기. 1998a.7. 「김대중 정권의 노동정책과 노동정치」. 『IMF체제하의 정세전망과 민주노총의 대응방향』. 전국민주노동조합총연맹,

_____. 1998b. 「김대중 정부의 노동정책과 노동정치」. 이병천·김균(편). 『위기, 그리고 대전환-새로운 한국 경제 패러다임을 찾아서』. 당대.

박기성. 1998.12. 「노동정책에 있어서의 자유재량과 원칙: 노사정위원회를 중심으로」. ≪노동경 제논집≫, 제21호, 제2권. 한국노동경제학회.

박덕제. 1998a. 「노사관계개혁의 방향」. ≪노동경제노집≫, 제21권 제1호. 한국노동경제학회.

_____. 1998b. 「'노사정위원회'의 문제점과 개선방향」. 한국노동경제학회 추계정책토론회 발표문.

윤진호. 1998. 『노동조합 조직체계의 동향과 정책과제』. 한국노동연구원.

_____. 1999.3. 「한국노사관계의 새로운 실험-노사정위원회의 성과와 그 평가」. 서울사회경제연 구소 Working Paper, No. 96.

이병천·김균(편). 1998. 『위기, 그리고 대전환-새로운 한국 경제 패러다임을 찾아서』. 당대.

이병훈. 1998.10. 「노사정위원회의 활동평가와 향후전망」. ≪노동사회≫, 제26호. 한국노동사회 연구소.

이병훈·유범상. 1998. 「한국노동정치의 새로운 실험: 노사관계개혁위원회와 노사정위원회에 대 한 비교평가」. 비판사회학대회 발표논문.

이정식. 1998.8. 「노사정위원회의 위상과 과제」. ≪금속노련노보≫, 제157호.

한상진. 1998. 「제2의 건국에 따른 노사정위원회의 역할」.

三滿照敏. 1998. 「勞動法制の過去と現在-勞使關係改革委員會での爭點事項を中心に-」. 法政大學大原 社會問題硏究所(編). 『現代の韓國勞使關係』. 御茶の水書房.

Jackman, R. et al. 1990. "Labor Market Policies and Unemployment in the OECD." *Economic Policy*, No.5.

Korea International Labour Foundaton. 1998(Feb). Labor Reform in Korea toward the 21st Century.

Meier, C. 1984. "Preconditions for Corporatism." in J. H. Goldthorpe. *Order and Conflict in Contemporary Capitalism*. Clarendon Press.

Panitch, L. 1979. "The Development of Corporatism in Liberal Democracies." in P. C. Schmitter and G. Lehnbruch.(eds.) *Trends Toward Corporatist Intermediation*. Sage.

Pekkarinen, J. et al.(eds.) 1992. *Social Corporatism: A Superior Economic System?*. Clarendon Press.

Rowthorn, R. E. 1992. "Corporatism and Labor Market Performance." in J. Pekkarinen et al.(eds.) 1992. *Social Corporatism: A Superior Economic System?*. Clarendon Press.

Salamon, M. 1987. *Industrial Relations: Theory and Practice*. Prentice Hall.

Soskice, D. 1990. "Wage Determination: The Changing Role of Institutions in Advanced Industrial Countries." *Oxford Review of Economic Policy*, No. 6.

Therborn, G. 1992. "Lessons from 'Corporatist Theorizations'." in J. Pekkarinen et al.(eds.) 1992. *Social Corporatism: A Superior Economic System?*. Clarendon Press.

제5장

민주노총의 임금정책방향*

　임금정책은 노동조합의 가장 기본적인 임무인 동시에 조직결속을 도모하고 투쟁성을 유지할 수 있는 가장 기본적인 수단으로서의 중요성을 갖는다. 그럼에도 불구하고 과거 노동조합의 임금정책은 국내외 환경변화에 대응하면서 조합원들의 요구를 반영할 수 있는 합리적인 방법으로 수립되었다고 보기 힘들다. 따라서 임금인상의 요구기준, 요구방식, 임금체계의 설정 등 모든 면에서 새로운 정책 수립이 요청된다고 하겠다.

1. 생산성과 임금

　임금의 결정기준은 생계비, 노동시장의 수급관계, 그리고 생산성 등 세 가지가 있다. 이것은 임금이 어느 하나의 요소만으로 결정되는 것은 아니라는 것

---

*　　이 글은 『민주노총 임금정책 워크숍 발표논문집』(전국민주노동조합총연맹, 1996)에 실렸다.

을 뜻한다. 과거 임금이 최저생계비에도 미달되었던 시기에는 생계비가 노동조합 임금요구의 근거를 이루었다. 그러나 차츰 임금수준이 상승하고 물가상승률이 안정되는 국면에서는 필연적으로 임금수준결정에 있어 생산성의 역할이 강조될 수밖에 없다. 물론 이때 생산성이 임금에 미치는 영향은 단기적·미시적·사전적인 것이 아니라 장기적·거시적·결과적인 것이지만 결국은 임금의 상승에 부합되는 생산성 향상이 절대의 조건을 이룬다는 것은 사실이다. 구미의 경험을 살펴보더라도 과거 100년간의 임금상승은 주로 생산성 향상에 의해 이루어졌으며, 양자의 움직임은 거의 일치하고 있다. 이것이 곧 단기적 생산성 향상률에 의해 임금 상승률이 결정되는 '생산성임금제'를 주장하는 것은 아니다. 다만 장기적인 임금상승의 전망과 결의를 가지고 그러한 임금상승을 가능하게 하는 혹은 그것을 흡수할 수 있는 생산성 향상목표를 세우고 그 달성을 위해 노사가 노력해야 한다는 것을 의미한다. 민노총으로서도 이와 같은 생산성의 문제를 어떻게 접근할 것인가 하는 데 대해 좀 더 고민할 필요가 있다.

2. 신생계비 개념과 임금

임금인상 요구에 있어 과거 노동조합은 최저생계비를 그 기준으로 삼아왔다. 그러나 국민소득 1만 달러 시대에는 더 이상 최저생계비 개념을 임금인상 요구기준으로 삼는 것은 걸맞지 않다. 따라서 민노총이 이번에 표준생계비 개념으로 바꾼 것은 올바른 방향이다. 그러나 이 개념에도 문제가 여전히 남아 있다. 우선 표준생계비 수준이 너무 높아 임금요구에 이를 모두 반영하지 못하고 있다. 그렇다면 앞으로 몇 년 내에 표준생계비 100% 확보를 목표로 할 것인가? 혹은 표준생계비 상승률만을 반영할 것인가? 또 현재 표준생계비 수준 이하의 임금을 받고 있는 노동자들에 대해 앞으로 어떤 정책을 취할 것인가?(표준생계비 상승률을 상회하는 임금인상률 지속?), 표준생계비보다 많이 받고 있는 노동자들에 대해서는 어떤 정책을 취할 것인가도 문제이다.

지금까지의 생계비 개념(최저생계비든 표준생계비든)은 주로 노동자 가족의 물량적 소비액을 중심으로 한 것이었다. 그러나 오늘날 노동자들의 요구는 단순한 물량적 소비를 넘어 주거, 환경, 노동내용, 가족건강, 사회의 공정성, 취미, 안전 등으로 넓어지고 있으며 따라서 이러한 노동자 가족생활 전반에 걸친 영역을 포괄할 수 있는 '신생계비' 개념이 필요하다고 하겠다. 임금투쟁은 단순한 임금인상률뿐만 아니라 이러한 노동자 가족의 생활수준 전반에 걸친 수준향상을 목표로 해야 한다.

이 신생계비 개념의 내용, 항목, 중요도를 파악하기 위해 종래의 단순한 생계비조사와는 다른 '신생계비조사'가 필요하다. 이는 ① 현재 조합원들이 바라는 '풍요로운 생활'의 내용이 무엇인지를 파악하고, ② 현재 어떠한 항목이 얼마만큼 결여되어 있는지, 그 중요도의 우선순위는 어떠한지를 결정하며, ③ 이를 토대로 조합원 또는 국민 전체의 생활수준을 측정할 수 있는 지표(People's Life Indicator: PLI)를 개발하며, ④ 임금투쟁도 단순한 임금인상률뿐만 아니라 PLI 지표 자체의 향상을 목표로 해야 한다. 경우에 따라서는 임금인상을 어느 정도 자제하고 그 대신 다른 항목의 개선을 요구하는 패키지 협상도 가능하다.

3. 표준임금모델의 개발과 연대임금제

임금인상 요구율의 결정방식도 과거처럼 상급조직에서 하부조직으로 내려가는 하향식이 아니라 조합원의 실태조사와 요구조사에 바탕을 둔 상향집계식, 토론식으로 결정되어야 한다.

현재의 임금인상 요구는 전체 평균 몇 %, 또는 몇 원 인상방식(평균 임금인상방식)이었다. 이는 기업별, 산업별 임금격차의 유지 내지 확대를 가져올 우려가 있다. 산별노조의 가장 중요한 과제의 하나는 산별 '임금시세'의 형성(일정 숙련도를 가진 노동자가 산업 내 어떤 기업, 어떤 직무에 종사하든 동일한 임금을 받는 시세)이다. 이를 바탕으로 산별노조는 노동력 공급의 독점력을 행사할수 있다. 기업별, 직급별 임금격차가 심한 상황에서는 산별노조의 성공가능성이 낮다(일본의 예). 따라서 각 산별노조는 각 산별 표준임금모델을 개발하고이를 토대로 산별 임금수준을 통일할 필요가 있다. 이 표준임금모델에서는 각산업별로 연령, 숙련도에 따라 각 표준노동자가 받아야 할 임금수준이 명시되며 노동조합은 이를 토대로 산별로 임금인상을 요구, 타결하게 된다.

이때 산별 표준임금은 연령별 생계비에 입각한 '개별임금인상방식'(또는 포인트별 임금인상방식)으로 바꿔야 한다. 이는 또 노동자의 합리적 생애임금 확보를 가능하게 함으로써 노동자의 생활을 안정시키는 기능을 한다.

한편 현재의 기업 규모별 임금격차를 축소하기 위해서는 당분간 '연대임금제'의 개발을 검토할 필요가 있다. 이 제도 아래서는 고임금업체 노동자들이전체 노동가들의 연대를 위해 임금인상분의 일부를 적립한 '임금균등화기금'에서 '임금균등화보조금'의 형태로 저임금업체 노동자들에게 장기저리로 대부하거나 또는 노동자 전체의 기능, 숙련, 지식을 높이는 직업교육과 직업훈련에지출하도록 해 노동자들의 생산성을 높이는 데 기여할 수 있다. 이러한 물적조건을 노동조합이 주체적으로 만들 때 저임금기업, 중소기업의 노동자와 다수의 여성 노동자들이 노동운동에 광범위하게 참여할 수 있을 것이다.

4. 직무, 직능급에의 대응

현재 기업에서 급속하게 확산일로에 있는 직무, 직능급 임금체계로의 전환에 대한 대응도 시급하다. 과거 노동조합은 직무, 직능급 임금체계에 대해 반대일변도의 입장을 취해 왔으나 직무, 직능급 임금체계로의 전환 주장에도 일정한 근거가 있고, 조합원 간에도 이에 대한 일정한 요구가 있기 때문에 반대만이 능사는 아니며 노조가 이에 적극적으로 대응할 필요가 있다. 직무, 직능급 임금체계에 대한 노조의 대응책으로서는 ① 직무, 직능급 체계 도입에 앞서 일단 생활급 확보가 전제되어야 한다. 생활급 확보 없는 직무, 직능급 체계의 도입은 자칫 노동자들의 생활을 불안정하게 만들 우려가 있다. ② 직무, 직능급 체계의 도입에 있어 가장 중요한 점은 직무, 직능의 평가문제이다. 투명하고 공정한 평가를 위해서는 노조의 참여가 필수적이다. ③ 직무, 직능급 체계에서는 조합원들의 직무능력, 기술, 숙련 형성이 중요해진다. 따라서 노동조합도 노조원들의 훈련, 재훈련기능을 개발할 필요가 있다.

5. 임금정책의 역할분담

〈표 2-5-1〉 노동조합 조직별 생계비 기준 임금요구

이때 핵심은 산별 요구목표이며 이는 산별 최저치임
각 기업별로 여기에 기업별 요구를 더하는 방식

6. 중기임금정책의 수립

현재 매년 임금인상률을 정하는 방식 대신 중기임금정책을 도입할 필요가 있다. 이러한 중기임금정책하에서는 당해 연도의 경제상황에 구애받지 않고 중기적(5년 정도)으로 조합원들의 생활향상을 위해서 목표임금인상률 및 목표연도가 설정되고 이에 바탕을 둔 임금인상공식 등이 만들어져야 한다.

이 중기임금정책이 수립되면 이를 체계화, 집중화, 슬로건화해 조합원은 물

론이고 국민 누구라도 쉽게 이해할 수 있는 수준으로 만들 필요가 있다(예: '국민소득 1만 달러 시대에 걸맞은 임금확보', 노총의 2000/2000 프로젝트).

이상에서 살펴본 대로 임금정책과 관련한 여러 가지 과제가 산적해 있는바, 이러한 과제들의 해결을 위해서는 노조의 정책역량이 현재보다 훨씬 강화될 필요가 있을 것이다.

7. 몇 가지 건의

① 민노총 임금정책의 수립을 위해 임금정책 전문위원회(실무자, 학자로 구성)와 임금정책위원회(민노총 간부와 산하조직대표로 구성)를 구성할 필요가 있다. 전문위원회의 연구결과를 임금정책위원회에서 검토, 최종적으로 민노총 의사결정기관에서 통과해 민노총 임금기본 정책을 결정하도록 한다. 이 임금 정책은 중기적 시점에서 본 생활목표와 임금목표의 설정, 이의 달성을 위한 임금인상 요구, 타결방식의 결정, 임금제도의 검토, 임금격차의 시정, 기타 후생 복지제도 등이 검토될 수 있다.

② '신생계비' 개념의 수립을 위한 새로운 조합원 조사가 필요하다. 이 조사는 조합원이 바라는 생활내용, 현재의 부족한 점, 우선순위, 이를 토대로 한 새로운 지표의 개발 등이 포함될 수 있다.

③ 산별로 가능한 곳부터 표준임금모델을 개발한다. 이를 토대로 임금인상 요구기준을 평균기준(4인 가족 몇 원)으로부터 개별기준(5세 단위로 연령별 임금인상액 기준)으로 점차 바꿔 간다.

④ 연대임금정책의 구체적 방안을 검토하도록 한다.

⑤ 당장 착수할 수 있는 사업으로서 외국 노동조합의 임금정책에 관한 번역, 연구사업이 있다. 특히 일본 연합의 '연합임금정책'(1993년 10월)이 검토대상이 될 수 있다.

제6장

경제민주화와 노동운동[*]

1. 경제민주화와 노동운동

'경제민주화'란 개념이 학문적인 엄밀성을 가지고 있는 것은 아니다. 이것은 '경제민주화'란 개념에 대한 다양한 해석이 존재하고 있다는 사실에서도 쉽게 찾아볼 수 있다.

그러나 일반적으로 말해서 경제민주주의란 '경제에 관한 기본적 제 결정에 사회의 전 구성원이 실질적으로 관여하는 것'(置鹽信雄·野澤正德, 1982: 3)이라고 할 때 경제민주화란 그러한 경제민주주의를 달성하기 위한 과도기적 과정이라고 이해할 수 있을 것이다. 따라서 경제민주화란 용어 자체가 이미 현재의 한국 사회에서 경제민주주의가 실현되지 않고 있으며 이것이 우리가 앞으로 실현해야 할 과제임을 나타내고 있다 하겠다.

---

[*]   이 글은 『경제민주화의 길(학현 변형윤 박사 정년퇴임기념논문집)』(비봉출판사, 1992), 제III부 2장에 게재되었다.

그렇다면 이처럼 경제에 관한 기본적 제 결정에 사회의 전 구성원이 실질적으로 참여하는 것을 가로막고 있는 실체는 무엇인가? 그것은 두말할 나위 없이 오늘날 우리 사회에서 경제력을 집중적이고 배타적으로 소유, 운영하고 있는 독점자본의 힘이다. 독점자본은 생산수단의 독점적·배타적 소유, 지배를 기초로 경제의 기간부문에서 결정권을 지배하고 있으며, 또 이를 토대로 국가권력까지 장악하고 있다. 이러한 경제적·정치적 권력을 이용해 독점자본은 독점이윤을 유지하려고 하며 독점자본의 이러한 행동이 국민생활에 여러 가지 곤란을 가져오고 있다. 따라서 경제민주화 과제란 이처럼 독점자본이 추진해 왔던 독점본위의 재생산구조, 축적기구를 국민생활 본위의 재생산구조, 축적기구로 전환하는 것이며 이는 오늘날 국민 대중이 절실히 원하는 과제인 것이다.

이러한 의미에서 볼 때 경제민주화의 과제는 단순히 "정부의 개입을 줄이고 시장기구를 가능한 한 많이 활용하는 분권적인 의사결정에 기초한 민간주도형 경제운용으로의 전환"(정창영, 1988: 6)이라거나 혹은 '분배의 평등화 노력' 등에 끝나지 않고 독점자본의 축적구조 자체를 어떻게 하면 민주적으로 규제, 통제해 노동자계급을 비롯한 국민대중의 이익에 합치되는 방향으로 전환시킬 수 있을까 하는 보다 근본적인 문제로 제기되어야 한다고 생각한다.

그런데 이와 같이 경제민주화의 과제를 독점자본의 축적구조를 국민대중의 이익에 합치되는 방향으로 전환하는 것으로 설정할 때 노자관계 내지 노동운동은 이 속에서 어떻게 위치하는 것일까 하는 것이 이 글의 중심과제이다. 이에 대해 우리는 노자관계의 민주화가 경제민주화의 주요한 내용을 이루는 것이자 동시에 이를 실현하기 위한 수단이기도 하다고 주장한다.

노자관계의 민주화는 우선 경제민주화의 핵심적 내용을 이룬다. 자본주의 사회의 가장 기본적인 계급관계는 말할 나위도 없이 자본-노동관계이다. 따라서 경제력 불평등의 가장 기본적인 핵심 역시 자본과 노동 간 경제력 불평등이다. 그러므로 노자 간 경제력 불평등 해소는 경제민주화의 핵심이 된다. 더욱이 한국의 경우 이러한 과제는 매우 절박한 문제로 대두되고 있다. 그동안 한국 자본주의의 축적 과정에서 독점자본이 고도 축적을 달성할 수 있었던 데는 여러 가지 요인이 작용했겠지만 노동자계급의 저임금과 장시간 노동이 독점자본의 주요 축적기반이었음은 부인할 수 없는 사실이다. 이러한 노동자계급의 저임금과 장시간 노동은 독점자본과 노동자계급 간 압도적인 경제력 불균형에 토대를 둔 것이다. 따라서 이러한 노자 간 경제력 불균형을 제거하고 독점자본의 초과착취체제를 개혁하는 것은 경제민주화의 핵심적 내용을 이루는 것이다.

역으로 노동자계급의 입장에서도 전체적인 경제민주화의 문제는 매우 중요한 의의를 지닌다. 오늘날 독점자본은 생산=노동과정에서뿐만 아니라 사회생활의 모든 측면에서 노동자를 지배하고 있으며, 성치권력까지 장악해 노동자의 생활과 권리를 침해하고 있다. 노동자의 생활수준 개선을 위한 노동쟁의조차 즉각적인 법률이나 경찰의 개입에 의해 봉쇄되며, 설혹 약간의 임금상승이 이루어진다고 하더라도 독점자본과 정부에 의한 물가인상이나 집값, 부동산값의 인상, 세금증대 등에 의해 그 성과는 하루아침에 물거품이 되는 수가 많다. 따라서 경제민주화 없이는 노동자계급의 초보적인 노동조건의 개선조차 어려운 것이다. 여기에 노동운동이 경제민주화 운동에 적극적으로 참여해야 할 필요성이 주어진다.

노자관계의 민주화는 경제민주화를 달성하기 위한 주요수단이기도 하다. 독점자본을 규제, 통제하는 데 있어서는 정부에 의한 여러 가지 반독점정책의 시행을 통한 '위로부터의' 규제, 통제와 노동자계급을 중심으로 하는 대다수 국민의 통일된 힘을 기초로 하는 직장, 지역에서의 운동에 의한 '아래로부터의' 규제, 통제방법을 생각할 수 있다.

그런데 대기업에 대한 사회적 통제, 특히 아래로부터의 민주적 규제의 움직임에 대해 대기업 자신은 물론, 지배층은 매우 민감하고 신경질적인 반응을 보이는 것이 일반적이다. 지배층은 이러한 움직임이 자신들의 기반을 뿌리로부터 붕괴시키는 것으로 파악하고 온갖 수단으로 대응하게 된다. 따라서 독과점 규제법 등 위로부터의 통제만으로는 경제를 민주화하는 데 한계를 가질 수밖에 없으며, 국민대중의 민주적 감시, 비판, 규제운동 등 아래로부터의 통제가 중요한 역할을 할 수밖에 없는 것이다. 이 경우 그것을 담당할 주체의 형성, 발전은 결정적 의미를 지닌다.

그런데 이러한 아래로부터의 운동을 기본적으로 담당할 현실적인 능력과 조건을 갖춘 계급이 바로 노동자계급이다. 노동자계급은 우선 그 양적인 규모면에서 자본주의 사회의 최대계급을 구성하고 있다. 한국의 경우에도 전체 취업자의 60% 이상이 노동자계급이며 그 비중은 해마다 증가하고 있다. 이것은 자본주의 발전의 합법칙성에 비춰 당연한 일이라 하겠다.

그러나 노동자계급의 중요성이 단지 그 양적 규모에 머무는 것은 아니다. 이들은 자본주의적 생산의 핵심적 부분을 담당하고 있으며 따라서 자본주의적 경제의 유지, 재생산에 핵심적 역할을 하고 있다. 이것은 거꾸로 말하자면 일거에 자본주의적 생산을 마비시킬 힘도 갖고 있다는 것을 의미한다. 또한 이들은 생산현장에서 자본에 의한 지배-통제를 일상적으로 경험하면서 그에 대해 반항하는 과정에서 자본과의 관계에서 첨예한 모순관계를 드러내고 있으며 그러한 의미에서 이들의 자본에 대한 반항은 거의 운명적인 것이라 할 수 있다. 이들은 또한 대공장에서의 집합적 노동을 통해 계급의식을 발전시키고 이를 통일된 힘으로 표출할 수 있는 조직을 키울 수 있다.

따라서 노동운동은 다른 계급의 운동을 선도하면서 경제민주화를 이룩하는 핵심적 역할을 맡게 되는 것이다. 노동운동은 결코 노동자계급 자신만의 이기적 이익을 위한 것이 아니라 이와 같이 전체 국민의 이익을 위한 것이며 따라서 노자관계의 민주화는 경제민주화의 핵심적 내용을 이루는 것이자 동시에 경제민주화를 추진하기 위한 필수적 조건이 되기도 한다는 점에서 중요한 의의를 지니는 것이다.

물론 이처럼 노자관계의 민주화 내지 노동운동을 경제민주화를 위한 투쟁의 주요 내용이자 수단으로 보는 데 대해서는 여러 가지 반대와 비판이 있을 수 있다.

먼저 보수적인 입장에 선 논자들은 노동운동의 목표를 개별자본가를 상대로 하는 임금, 근로조건의 개선운동에 국한시키며, 노동조합 역시 임금, 근로조건 등에 관한 조합원의 경제적 이익을 추구하는 압력단체로 이해하고 있다. 따라서 이러한 입장에 설 경우 독점자본 및 국가를 상대로 하는 경제민주화 투쟁은 이러한 노동운동 내지 노동조합의 '고유한' 기능을 넘어서는 무언가 '불순한' 움직임으로 치부하게 된다.

앞에서도 봤듯이 현대자본주의하에서 노동자계급 내지 노동조합이 처한 여건 자체가 변화하고 있으며, 따라서 독점자본 및 국가권력을 대상으로 하는 경제민주화 투쟁 없이는 노농자계급의 기본적인 노동조건의 개선조차 어려운 것이다. 실상 선진자본주의국들에서도 일찍부터 노동자계급 내지 노동조합에 의한 광범한 경제민주화 투쟁이 산업민주주의, 노동자 자주관리운동, 공장평의회운동 등 다양한 방법으로 전개되어 왔음은 주지의 사실이다.[1] 더욱이 한국과 같이 내외독점자본의 지배력이 강한 나라에서는 내외독점자본은 기업 내 노자관계를 통해서뿐만 아니라 사회생활 전 영역에 걸쳐 불평등을 심화하고 있으며 따라서 노동자계급에 의한 경제민주화 운동의 필요성은 그 어느 나라보다도 절실하다 하겠다.

한편 노동자계급에 의한 경제민주화운동에 대해서는 다른 측면에서도 비판이 제기되고 있다. 즉, 노동운동의 본질을 자본주의체제로부터의 노동자계급의 해방투쟁으로 보는 입장에서는 모든 운동의 평가기준은 그 운동이 어떻게 자본주의체제를 붕괴시키는 데 기여할 수 있는가 하는 점에 있게 된다.

그러나 경제민주화 운동이란 일단은 자본주의체제 가운데서의 운동이며 따라서 이 체제의 기구 및 특질 중 많은 것을 용인하고 있다. 따라서 이른바 '정통적인' 노동운동에 비교해 볼 때 경제민주화 운동은 '개량주의'로 불리는 것이

---

1)   이에 대해서는 김윤환, 「산업민주주의의 세계적 조류와 한국적 풍토」, 『노동자운동과 산업민주주의』(민중사, 1983) 참조.

불가피하며 이러한 의미에서 노동운동의 주류 밖에 서 있는 일종의 '불순한' 운동으로 규정된다(栗田健, 1980: 5).

그러나 이러한 견해는 경제민주화운동을 지나치게 부정적인 시각에서만 보는 것이라 할 수 있다. 현실의 노동운동은 노동자계급의 완전한 해방으로 가는 하나의 중간적 과정에 머물고 있다. 항상 그것은 미달성의 문제를 남기고 있으며 따라서 불완전한 성과에 도달하는 데 불과하다. 그럼에도 불구하고 노동운동 그 자체는 끊임없이 발전하고 있는 것이다. 따라서 설혹 일정 시점에서의 운동이 노동자계급의 완전한 해방에 있어서는 과도기적인 미완성에 머무르고 있다는 점을 인정한다고 하더라도 그 과정의 하나하나의 단계에는 각각의 의의가 있다고 봐야 할 것이다(栗田健, 1980: 6).

더욱이 설혹 생산수단의 사유제가 철폐되는 경우라 하더라도 생산수단의 운영, 관리에 대한 노동자계급의 민주적 참여가 보장되지 못하면 사회주의 사회에서조차 노동자계급은 소외에 빠진다는 것을 현실의 사회주의 사회의 경험이 여실히 보여 주고 있다. 이렇게 볼 때 경제민주주의의 주요 목표의 하나가 생산수단의 운영, 관리에 대한 노동자계급의 민주적 참여를 보장하는 것이라는 점에서 노동자계급에 의한 경제민주화운동은 현실의 사회주의의 '실패'와 관련해서도 매우 중요한 의의를 지닌다 하겠다.

이처럼 독점자본의 민주적 규제를 통한 경제민주화에의 방향은 오늘날 노동운동의 새로운 투쟁영역으로 떠오르고 있다. 그럼에도 불구하고 우리 사회에서는 이에 대한 인식이 미흡한 것으로 보인다. 종래 독점자본에 의한 고용, 해고, 배치전환, 승진, 작업방법, 표준노동시간 및 표준노동량의 책정, 작업환경, 직무배치, 임금형태 및 임금체계의 결정, 기계 및 설비의 도입 등 작업장내 제 문제와 합병, 계열화, 생산계획, 판매계획, 신규투자 등의 문제는 이른바 기업의 '경영권'에 속하는 문제로 성역시되어 왔고, 사회적으로도 이러한 문제들은 '영업의 자유'에 속하는 문제로 파악되어 노동운동이 쉽사리 관여할 수 없는 문제로 인식되어 왔다.

이제 진정한 경제민주화의 실현을 위해서는 이러한 인식을 불식하고 독점자본의 여러 결정에 대해 노동운동을 중심으로 하는 사회 제 계층의 운동역량에 의해 여러 가지 각도에서 사회적인 검토와 규제가 가해질 필요성이 제기되어야 할 시점이라고 생각한다.

2. 노동자계급에 의한 경제민주화 투쟁의 배경

1) 자본축적과 노동소외

1960년대 이후 한국의 경제개발 정책은 한마디로 말해서 대외지향적 불균형 성장정책이었다. 그것은 기본적으로 다음과 같은 성격을 갖는 것이었다.

첫째, 경제개발의 목표를 공업화를 통한 고도성장에 두고 이를 위한 자원의 동원과 배분에 경제개발 정책의 모든 수단을 동원한다.

둘째, 국내 저축이 적으므로 공업화를 위한 재원조달은 대부분 외자에 의존한다.

셋째, 국내시장이 협소할 뿐더러 외자원리금의 상환을 위한 외환조달을 위해서도 수요기반을 해외에서 찾는 수출주도형 성장전략을 채택한다.

넷째, 수출경쟁력을 유지하기 위한 수단은 주로 저임금정책에 의존하며, 이를 뒷받침하기 위해 농업 부문에 대해 저곡가정책을 강요한다.

이러한 형태의 불균형 경제개발 정책은 지난 30년간에 걸쳐 경제성장의 면에서는 괄목할 만한 성과를 가져왔으나, 그와 동시에 그러한 고도성장은 저소득층 임금노동자, 농민, 도시빈민의 희생을 바탕으로 한 것이었다.

생산과정의 통제와 잉여의 분배과정은 철저하게 독점자본의 배타적이고도 전제적인 장악하에서 이루어졌으며, 자본주의적 생산의 실질적 담당자인 노동자계급은 고도성장과정에서 생산과정에의 민주적 참여, 성장과실의 민주적 분배 등 모든 면에서 철저히 소외되어 왔다.

자본주의 세계체제하에 종속적으로 편입된 한국의 독점자본은 그 자본규모와 기술수준에서 선진국 자본에 비해 열위에 놓여 있었기 때문에 오직 값싼 노동력에 의존해 국제경쟁력을 확보하는 동시에 자신의 지속적인 자본축적을 보장하려고 했으며, 그 결과 저임금-장시간 노동체제가 필연화되었다.

동시에 자본분파 내에서는 독점자본을 정점으로 하고 중소자본-영세자본-노동자, 농민으로 이루어지는 연쇄적 피라미드 구조에 의해 이러한 저임금-장시간 노동체제의 현실적 기반이 주어지는 것이다.

〈표 2-6-1〉에서 자본주의 부문의 핵심이라고 할 수 있는 제조업에서의 실질임금 상승률과 노동생산성 향상률 간의 관계를 살펴보기로 하자. 1966~1970년에 걸쳐 노동생산성은 연평균 19.1%, 물가변동을 감안한 실질임금은 연평균 13.0%로 증가함으로써 노동생산성 향상률과 실질임금 상승률 간에 큰 괴리를 나타냈다. 또 1970~1975년 사이에는 노동생산성은 연 10.0%씩 상승했고 이 기간 동안 제조업 실질임금은 연평균 5.6%로 상승되었다. 1975~1980년의 기간에는 노동시장 여건의 일시적 변화로 실질임금이 급상승하면서 노동생산성 향상률과 거의 보조를 같이 했다. 그러나 다시 1980~1985년에는 실질임금 향상률은 연평균 5.4%에 머문 반면, 노동생산성 향상률은 10.2%에 달했다. 최근 4년간 노동쟁의의 급증과 더불어 노동자들의 발언권이 강화됨에 따라 실질임금 상승률은 연평균 11.1%로 높아졌지만 노동생산성 향상률이 연평균 14.6%에 달함으로써 노동자들의 분배분은 여전히 개선되지 못하고 있음을 알 수 있다.

따라서 지난 30년 가까운 세월 동안 한국의 자본축적 과정에서 몇몇 예외적인 해(1973년, 1976~1978년)를 제외하고는 실질임금 상승률이 항상 노동생산성 향상률을 하회했으며 이에 따라 기업주들이 부담하는 단위당 임금비용은 감소해 왔음을 알 수 있다.

이러한 저임금구조는 노동자들의 장시간 노동을 구조화한다. 노동자들은

〈표 2-6-1〉 임금 상승률과 생산성 향상률의 추이(제조업)

(단위: 연평균 %)

연도	실질임금 상승률(A)	노동생산성 향상률(B)	A-B
1966~1970	13.0	19.1	-5.9
1970~1975	5.6	10.0	-4.4
1975~1980	11.5	11.3	0.2
1980~1985	5.4	10.2	-4.8
1985~1989	11.1	14.6	-3.5

자료: 경제기획원, 『주요경제지표』, 각 연도.

노동력 재생산비에도 미치지 못하는 저임금률을 보충하기 위해 노동시간을 연장할 수밖에 없게 된다. 거꾸로 장시간 노동에 따른 추가적 노동공급은 임금수준을 낮은 선에서 묶어두도록 만든다. 이리하여 저임금과 장시간 노동은 한 세트로 구조화된다. 그리고 이러한 저임금-장시간 노동 구조는 곧 재생산기반이 취약한 자본의 잉여가치 생산방법의 특질인 절대적 잉여가치 생산구조에 연유하는 것이다.

자본의 규모가 국제적 기준으로 볼 때 작고, 기술수준 및 생산시설이 취약한 한국의 독점자본은 상대적 잉여가치 생산보다는 노동시간을 늘리는 절대적 잉여가치 생산을 주된 수단으로 삼았고 이것이 장시간 노동을 결과하는 것이다. 더욱이 가공무역형 무역구조 아래 해외 바이어들의 촉박한 주문에 맞춰 납기를 지키기 위해서는 노동자들에게 연장근무나 휴일근무를 빈번하게 시킬 수밖에 없는 체제인 것이다.

〈표 2-6-2〉를 살펴보면 한국의 제조업 노동자들의 주당 평균 노동시간은 1987년 현재 54.1시간으로서 세계 최장 근로시간에 해당된다. 물론 1988년 이후 연속된 노동자들의 노동시간 축소투쟁과 그에 따른 「근로기준법」 개정의 결과로 최근 들어 노동시간이 급속하게 단축되고 있는 것은 사실이지만 아직도 선진자본주의국의 주당 40~43시간 노동에 비해 훨씬 장시간일 뿐만 아니라 대만, 싱가포르 등 다른 아시아 신흥공업국에 비해서도 한국의 노동시간은 길다. 그러나 문제는 이러한 노동시간에 관한 공식통계 자체가 과소평가된 것일

<표 2-6-2> 각국의 주당 노동시간 추이(제조업)

(단위: 시간)

연도	한국	미국	일본	서독	영국	프랑스	대만	싱가포르
1965	57.0	41.2	44.3	44.1	46.1	45.6	-	47.2
1970	53.4	39.8	43.3	43.8	44.9	44.8	-	-
1975	50.5	39.5	38.8	40.4	42.7	41.6	50.7	47.7
1980	53.1	39.7	41.2	41.6	41.9	40.6	50.9	48.0
1985	53.8	40.5	41.5	40.7	41.8	38.6	47.5	46.5
1986	54.8	40.7	41.1	40.4	42.9	38.7	48.2	47.7
1987	54.1	41.0	41.3	40.1	43.0	-	48.2	48.4
1988	52.6	41.1	41.8	-	43.3	-	47.6	47.4
1989								

자료: ILO, *Yearbook of Labor Statistics*, 각 연도; 한국노동연구원(1990).

가능성이 크다는 점이다. 「근로기준법」 개정 이전까지 법상의 기준노동시간은 48시간이었으며 노동자들과의 합의에 의해 최대 주당 12시간까지 근로시간을 연장할 수 있었으므로 법상 허용된 최대노동시간은 60시간이었으며 이를 넘으면 당연 불법이 되었다. 그러나 실제로는 노동현장에서 노동자들의 동의 없이 주당 60시간을 상회하는 불법적 장시간 노동이 항상적으로 이루어져온 것이 사실이다. 이를 확인할 수 있는 하나의 자료로서 1983년 실시된 '고용구조특별조사' 자료에 따르면 상용고의 경우 주당 54시간 이상 노동자가 전체의 56.5%에 달했으며, 주당 72시간 이상의 최장시간 노동을 하는 노동자도 전체의 13.7%에 달하고 있다. 따라서 우리는 공식 보고되고 있는 노동시간 자체가 턱없이 적게 평가되고 있다는 것을 짐작할 수 있다. 사실 아직도 많은 중소기업에서는 일과 후 잔업이나 휴일특근 등이 일상화되어 있는 것을 쉽게 관찰할 수 있다.[2]

이러한 저임금-장시간 노동체제의 유지는 단순히 국가에 의한 억압적 노동정책만으로는 유지되기 곤란하며, 기본적으로는 대량의 상대적 과잉인구의 유지, 창출이 끊임없이 요구되는 것이다. 이러한 이유 때문에 노동자들의 취업안

---

[2]   그 구체적 예로 윤진호(1990)에 수록된 사례 참조.

〈표 2-6-3〉 종사상 지위별 피고용자(비농가)

(단위: 천 명, %)

연도	피용자 전체	상용고	임시고	일고
1970	2,962(100.0)	1,959(66.1)	427(14.4)	576(19.4)
1975	4,068(100.0)	2,340(57.5)	955(23.5)	773(19.0)
1980	5,680(100.0)	3,833(67.5)	914(16.1)	933(16.4)
1985	7,564(100.0)	4,860(64.3)	1,527(20.2)	1,177(15.6)
1986	7,935(100.0)	6,666(84.0)		1,269(16.0)
1987	8,628(100.0)	7,315(84.8)		1,313(15.2)
1988	9,087(100.0)	7,771(85.5)		1,316(14.5)
1989	10,355(100.0)	8,635(83.4)		1,720(16.6)
1990. 5.	10,910(100.0)	8,992(82.4)		1,918(17.6)

자료: 경제기획원, 『경제활동인구연보』, 각 연도.

정성은 보장되지 못하고 임시고, 일고 등 불안정 취업층의 수가 절대적·상대적으로 확대되어 왔다.

〈표 2-6-3〉에서 보는 바와 같이 최근 기업에서 근무하는 노동자 중 상시고용 근로자는 그 비중이 줄어들고 있는 반면, 일용, 임시직 근로자는 크게 늘어나는 등 노동자들의 취업상태가 불안정화하는 현상이 뚜렷이 나타나고 있다. 1989년 현재 일용노동자 수는 1,720천 명으로 전체 비농가부문 노동자 수의 16.6%를 차지하고 있는데 이는 전년에 비해 2.1%포인트나 증가한 것이다. 또 상시근로자 가운데 포함되어 있는 임시노동자의 비율도 1980년대 들어 꾸준히 증가해 비농가부문 피용자의 20% 이상을 차지하고 있다. 이렇게 볼 때 임시고, 일고 등 불안정 고용 노동자는 전체 비농가부문 노동자의 35~40%선에 달하는 셈이다.

이와 같이 불안정 노동자가 급증하고 있는 이유는 기업들이 노사분규를 겪은 뒤 공장자동화를 통해 상용고의 수를 감축하는 대신, 경기변동에 따른 해고가 용이하고 상대적으로 임금이 싸며 노조 가입이 어려운 임시직 및 시간제 근로자의 채용을 늘리고 있기 때문이다.

그러나 이와 같은 불안정 고용의 급증은 그 해당 노동자들에게 취업과 생활의 불안정을 가져오고 저임금과 열악한 노동조건에 시달리도록 만들 뿐만 아니라, 나아가 조직 노동운동의 발전을 저해하는 수단으로 기업에 이용되고 있는 것이다.

그러나 이러한 임시고, 일고 등의 비율이 곧 한국 노동자들의 취업 불안정성을 모두 보여 주고 있는 것은 아니다. 중소기업 등에서는 명목상으로는 상용형태를 취하면서도 실제적으로는 불안정 고용 상태에 빠져 있는 노동자가 많기 때문이다. 실제로 1988년 현재 100~299인 규모의 중소기업 생산직 종업원의 월평균 이직률은 6.5%로서 이를 연평균으로 환산하면 무려 78.0%에 달하고 있다(윤진호, 1990). 이것은 중소기업 노동자들의 신분 자체가 지극히 불안정한 상태에 있을 뿐만 아니라 저임금과 장시간 노동 및 연공서열형 승진제도의 결여, 퇴직금 제도의 불비 등으로 인해 장기적 생활설계가 불가능하기 때문에 작은 임금 차에도 쉽게 이동하기 때문이다. 그러나 이러한 높은 노동이동률이 노동자들의 장기적인 생활안정을 해치는 요소로 작용한다는 것은 말할 나위도 없다.

한편 고용의 질적 측면을 보여 주는 또 하나의 지표인 산업재해율을 보면 과거 15년간 한국에서는 위험하고 열악한 작업환경 및 조건의 개선이 거의 미미했음을 알 수 있다. 총근로자 수의 급증으로 재해율 자체는 하락했으나, 재해자 수는 14만여 명으로 4배, 사망자 수는 1718명으로 3배 가까이 늘어났으며, 재해자 1인당 경제적 손실의 실질지수도 4.8배로 늘어났다.

자본주의경제에 있어 자본은 노동에 대한 지배력의 강화를 통해 보다 많은 이윤을 획득하고 자본-임노동관계에 내포된 모순을 은폐, 억제, 지연시키기 위해 임노동을 양적·질적으로 통제하는 것이 필수적 과제이다. 더욱이 앞에서 본 대로 한국의 자본축적 과정의 특수성으로 인해 저임금-장시간 노동체제가 구조적으로 정착화되어 있는 상황하에서 노동자계급의 이에 대한 불만이 고조됨에 따라 노동통제의 필요성은 더욱 커지기 마련이다.

그런데 이러한 노동통제의 수단은 일차적으로 자본에 의해 주어지는 것이지만 한국의 경우 자본의 축적기반이 취약하기 때문에 국가에 의한 노동통제양식이 큰 역할을 해온 것이 특색이다.

국가의 노동통제방식은 먼저 법적·행정적 수준에서의 억압적 노동정책에 의해 주어진다. 즉, 종래 「노동조합법」이 노사 간 대등교섭력의 제고 및 확보에 불리한 요인이 되어 왔으며, 「노동쟁의조정법」이 노사분쟁의 신속, 공정, 합리적인 해결의 틀을 제공해 주지 못했다. 예컨대 기업별 조합형태의 강용, 노조 설립 시 행정관청 신고제, 단체교섭권 위임금지, 유니언숍(union shop)의 부인, 정치활동의 금지 등 「노동조합법」상의 제 조항과 공무원의 쟁의행위 금지, 냉각기간의 설정, 행정관청에 의한 알선, 조정 및 중재제도 등 「노동쟁의조정법」상의 제 조항 등이 그것이다. 요컨대 노동조합의 조직형태와 활동은 철저히 좁은 한계 내에서 통제되었으며 합법적인 쟁의행위는 사실상 불가능했다. 그 결과 노사분쟁의 부분적 폭력화, 비합법적 수단을 통한 문제 해결의 시도, 노동문제의 사회-정치문제로의 비화 등이 빈번히 나타났으며, 더 나아가 합법적 노동운동의 약화와 비합법적 노동운동의 대두, 즉 노동운동의 2원화까지 나타나고 있는 것이다.

또한 그동안의 노사분쟁에 대해 정부의 과잉개입, 편파적 개입이 많았고 그것도 정권유지 내지 치안적 차원에서 소방행정식인 무원칙적 개입이 많았다. 저임금의존적 공업화로 빚어진 저임금과 열악한 노동조건에 저항하는 노동자들의 요구는 묵살되고 임금억제, 노동운동의 규제방침 등이 고수되었다. 이를 위해 「노동관계법」이 잇달아 개악되었으며, 기업에 일방적으로 유리한 임금 가이드라인정책, 인플레이션정책 등이 추구되었고 이를 유지하기 위해 반공이데올로기의 이용, 국가의 제도적 억압기구의 적극적 이용 등의 수단이 강구되었다.

그 결과 기업주들은 노동자들과의 성실한 대화나 협상보다는 정부의 보호 및 개입에 안주해 노사문제를 해결하려는 타성이 발생했고, 반면 노동자들 역시 기업주와의 성실한 협상보다는 비합법적 수단에 호소하고, 노동문제를 정치문제화함으로써 문제를 해결하려는 경향을 지니게 되었다. 결국 노사 쌍방 모두 규범의식이 약화되고 문제의 자율적·자주적 해결능력이 약화되는 결과를 가져왔다.

일부 기업주들은 전근대적인 권위주의적 노사관계관을 갖고 있어 노동자들의 대등한 교섭력을 인정하지 않아 왔다. 기업은 정부의 기업우대정책에 힘입어 권위주의적 자세로 노동자들의 일방적인 협력을 강요하는 등 저임금-장시간 노동지향적 경영정책을 고수했다. 이러한 저임금-장시간 노동체제에 대한 노동자들의 반발을 막기 위해 기업주들은 다양한 노동통제수단을 사용했다. 예컨대 해고, 욕설, 구타 등 원초적 통제, 관리직 및 사무직을 우대하고 생산직을 박대하거나 미숙련 노동자 및 불안정 노동자를 이용하는 등 노동시장의 분할에 의한 통제, 가족주의적 경영이데올로기(전통적 요소의 이용, 가족의식 강조, 가부장적 권위주의 이용), 군대식 규율과 조직의 도입에 의한 노동자 관리 등의 수단이 사용되었으며, 1970년대 중반 이후부터는 일부 독점자본을 중심으로 해서 테일러리즘(Taylorism) 등 이른바 '과학적' 노동관리법이나 포디즘 등 기계화, 자동화 발전에 의한 기술적 통제방법 등도 이용되고 있다.

또 노동조합의 활동을 억제하기 위한 다양한 수단도 이용되고 있다. 기업은 일차적으로 노동조합의 설립을 사전에 방지하기 위한 예방책을 강구한다. 예컨대 사내 복지시설의 설치, 경조금 지급제도, 사내 복지제도의 운영 등 '당근'에 해당하는 수단과 더불어 조합설립 추진자에 대한 회유, 설득, 협박, 전근, 해고 등 '채찍'에 해당하는 수단이 이용되어 왔다. 또 노조가 일단 결성될 경우 이를 탄압, 파괴하기 위해 여러 가지 방책이 이용된다. 예컨대 불순노조라고 비방하거나 조합간부에 대한 회유, 협박, 부서이동, 부당해고, 기업간부나 '구사대' 등을 통한 조합원에 대한 협박, 폭행 등의 수단이 그것이다. 그래도 기업이 뜻하는 바대로 조합이 분쇄되지 않으면 조합의 존재는 인정하면서도 그것을 어용화하려고 시도한다. 그 결과 노사분쟁은 대화와 협상보다는 극한적 탄압과 극한적 투쟁이라는 형태를 취하게 되는 경우가 많다. 따라서 노조가 있다 하더라도 단체교섭력이 약화되고 단체교섭기능을 상실한 노조는 대표성을 잃게 되어 노동자들로부터 외면당하며, 현장 노동자들의 쟁의는 외부세력의 도움을 받으면서 재야노동세력을 형성함으로써 노동운동이 2원화되는 경향을 낳았다. 결국 노사 쌍방 모두 규범의식의 약화, 문제의 자율적·자주적 해결능력의 약화라는 결과가 나타났다.

2) 자본축적과 노동의 사회화

앞에서 본 바와 같이 자본축적은 끊임없이 노동의 소외를 가져오지만 다른 한편으로는 노동자계급의 수적 증대와 그 구성변화, 그리고 노동자계급의 조직화와 의식의 향상을 통해 변혁주체를 형성해 간다. 이것이 바로 '노동의 사회화'론이다.

1990년 현재 한국 노동자계급의 총 수는 10,910천 명으로서, 전체 취업인구의 58.8%에 해당하는 숫자이다. 이것은 한국 자본주의가 고도성장을 시작했던 1963년의 노동자계급의 총수 2,384천 명에 비해 4.6배에 해당하는 것으로, 그동안의 독점자본이 주도하는 축적 과정에서 노동자계급의 사회적 세력이 크게 증대되어 왔음을 반영하고 있다. 이와 같이 자본주의적 축적은 노동운동의 출발점이자 기초인 사회적 빈곤을 축적할 뿐만 아니라 그 대립물로서의 노동자계급의 형성을 촉진해 노동운동 발전을 객관적으로 성숙시켜 왔던 것이다.

한국 자본주의의 고도 축적 과정은 노동자계급의 수적 증대만 가져온 것은 아니다. 노동자계급의 구성 역시 변화시켜 그 프롤레타리아적 성격을 뚜렷하게 만들어 왔다. 그것은 다음과 같은 지표들에 의해 확인되고 있다.

첫째, 노동자계급의 수적 증가와 더불어 이 계급의 핵심을 이루는 공업 프롤레타리아가 절대적·상대적으로 증대되었다. 공업 프롤레타리아, 즉 직접적 생산과정에 종사하는 공장노동자 및 그와 유사한 광업노동자, 건설노동자, 운수, 통신노동자, 단순노무자 등의 수는 1990년 5월 현재 6,203천 명으로서 전체 노동자계급(피용자)의 56.9%로 과반수를 넘어서고 있으며, 총취업자 수의

〈표 2-6-4〉 직업별 취업자 구성 추이

(단위: %)

	1966	1970	1975	1980	1983	1986	1990.5
전체	100.0	100.0	100.0	100.0	100.0	100.0	100.0
전문직, 기술직	3.0	3.2	3.3	4.6	5.2	5.8	8.5
행정, 관리직	0.9	0.9	0.8	1.1	0.9	0.9	
사무직	4.8	5.8	6.7	9.5	9.9	11.4	12.7
판매직	10.7	10.1	10.4	12.1	14.7	14.9	13.9
서비스직	5.2	6.7	6.4	7.1	8.4	9.0	10.7
농림수산직	56.8	50.7	48.8	37.6	33.1	28.0	20.7
생산직, 운수직, 노무직	18.6	21.6	22.8	28.1	27.8	30.0	33.4
(직접생산직)	(11.6)	(13.1)	(15.4)	(19.3)	(17.3)	(19.5)	
(건설직)	(0.8)	(2.7)	(2.8)	(2.8)	(3.0)	(4.3)	
(운수직)	(0.9)	(3.2)	(2.7)	(4.3)	(5.1)	(5.7)	
(단순노무직)	(5.3)	(2.6)	(1.9)	(1.7)	(2.4)	(0.5)	
분류불능, 기타	0.0	0.8	0.8	0.0	0.0	0.0	

자료: 경제기획원, 『인구 및 주택센서스보고』, 각 연도; 경제기획원, 『고용구조특별조사결과보고』, 각 연도; 한국은행(1990).

33.4%에 이르고 있다(〈표 2-6-4〉 참조). 이것은 공업화가 본격적으로 시작되던 때였던 1966년에 생산직 노동자의 수가 전체 취업자에서 차지하는 비중이 18.6%에 불과했던 것에 비해 크게 높아진 것임을 알 수 있다. 특히 생산직 노동자 가운데서도 핵심적 노동자층인 직접생산직의 수가 크게 증가했음을 알 수 있다.

둘째, 이러한 공업 프롤레타리아의 절대적·상대적 증가는 발전 초기단계의 경공업 위주의 산업구조가 1970년대 중반 이후 중화학공업을 중심으로 한 산업구조로 변화한 것을 반영하고 있다. 중화학공업 부문은 자본의 필요최저한계 자체가 거액의 규모에 달해야 하므로 독점자본의 거대기업으로 구성되어 있다. 따라서 중화학공업화의 급격한 진행은 거대 독점체에 의한 자본의 집중과 지배의 강화에 수반해 공업 프롤레타리아가 집중해 가는 과정이기도 하다. 〈표 2-6-5〉에서 보는 바와 같이 1987년 현재 제조업 전체 사업체 수의 1.3%를 차지하는 데 불과한 종업원 500인 이상의 대기업이 상용노동자 수의 35.4%를 집중시키고 있는데, 이는 1966년의 대기업 노동자 집중률 25.9%에 비해 크게

〈표 2-6-5〉 종업원 500인 이상 대규모 사업체의 상대적 비중 추이(제조업)

(단위: %)

	1966	1970	1975	1980	1985	1987
사업체 수	0.5	1.0	2.1	2.0	1.4	1.3
종업원 수	25.9	35.0	43.6	41.9	36.3	35.4
부가가치	37.2	57.0	55.8	55.3	53.0	52.2

자료: 경제기획원, 『광공업통계조사보고서』, 각 연도.

증가한 것이다. 뿐만 아니라 대기업에 주변적·임시적으로 종사하고 있는 임시공, 사외공, 일용고, 하청노동자 등을 합치면 실질적으로 독점체하에 집중되어 있는 노동자의 수는 훨씬 늘어날 것이다. 이러한 사실은 곧 자본의 집적, 집중이 그 반대편에 노동자의 집적, 집중을 가져오며 자본주의적 생산에 있어 독점체가 차지하는 관제고지가 곧 그대로 노동자계급의 주요 진지로도 된다는 것을 보여 주고 있다.

셋째, 급속한 자본축적 과정에서 공업노동자뿐만 아니라 상업노동자, 금융노동자, 공무원노동자, 교육노동자 등 3차산업에 종사하는 노동자의 수가 급속히 증대하고 있다. 〈표 2-6-4〉에서 보는 바와 같이 전문직, 기술직, 행정직, 관리직에 종사하는 노동자들의 비중은 1966년의 3.9%로부터 1990년에는 8.5%로 증가했으며, 사무직종사자의 비중도 같은 기간 동안 4.8%로부터 12.7%로 크게 늘어났다. 이들 3차산업 노동자들은 이른바 화이트칼라 노동자에 속하는 사람이 많으나 이들 역시 독점체, 금융과두제의 지배 강화, 컴퓨터를 비롯한 첨단사무기계의 도입에 따른 사무노동의 계층분화, 상대적인 저임금(상업노동자, 공무원노동자의 경우) 등의 문제에 직면하고 있으며 이에 따라 이른바 블루칼라 노동자와의 연대의식이 강화되고 공업노동자와 유사한 투쟁형태와 투쟁방법을 보임으로써(금융, 언론, 교원노조 등) 전체 노동운동에 새로운 활력과 영향력의 증대를 보이고 있다.

이상에서 살펴본 바와 같이 노동자계급의 수가 증가하고 이들 노동자계급의 대부분이 독점체가 지배하는 경제의 기간적 부문, 정치의 중추부인 대도시

〈표 2-6-6〉 노동조합의 성장 추이

(단위: 개소, 천 명, %)

연도	산업별노련 수	단위노조 수	조합원 수	조직률*
1965	16	2,255	302	22.4
1970	17	3,063	473	20.0
1975	17	3,585	750	23.0
1980	16	2,618	948	20.1
1985	16	2,534	1,004	15.7
1987	16	4,086	1,267	17.3
1988	21	6,142	1,707	22.0
1989.6	21	7,380	1,825	22.3

주: *조직률=노동조합원 수/비농가부문 상시고 수(%).
자료: 한국노동연구원(1989: 112~113).

에 집중되었을 뿐만 아니라 노동자계급의 일반적 교육수준도 크게 높아짐에 따라 이들의 계급적 자각도 크게 높아졌다. 이것은 다시 독점체의 착취강화에 반대하는 노동자계급의 조직적 결집의 조건을 점점 증대시키고 있다.

이 점에서 먼저 지적되어야 할 것은 노동자계급의 대중적 조직인 노동조합의 운동이 거대한 규모로 성장했다는 사실이다. 예컨대 〈표 2-6-6〉에서 보는 바와 같이 1965년에 불과 30만 명이던 노동조합원의 수는 1979년에는 100만 명을 돌파했다. 이후 1980년대 초 「노동조합법」의 개악과 노동운동에 대한 탄압으로 인해 그 수가 일시 줄어들었으나 1986년 이후 조합원의 수는 다시 폭발적으로 증가해 1987년 127만 명, 그리고 1989년 6월에는 183만 명에 달하고 있다.

이와 더불어 노조조직률 역시 1965년의 22.4%로부터 1975년에는 23.0%까지 상승했다가 1980년대 초에는 크게 낮아졌으나 이후 다시 높아지기 시작해 1989년 6월 22.3% 수준이다.

또 금융노동자, 언론노동자, 교육노동자, 일용노동자 등 종전에 거의 노동조합으로 조직되어 있지 않았던 부분도 이제 활발한 조합활동을 벌이고 있다. 이러한 의미에서 1980년대 후반이 되면 집적된 사회적 힘으로서 자본에 대항하는 노동자계급의 힘은 종전에 도저히 상상할 수 없었던 규모로 성장했다고 평가해도 좋을 것이다.

둘째, 노동조합운동의 저류에서 민주적·계급적 조류가 확실하게 강화되고 있다는 사실이다. 1987년 노동자대투쟁을 계기로 많은 노동현장에서 이른바 어용노조가 축출되고 현장 노동자들의 의사를 제대로 반영하는 민주노조가 성립되었으며 이러한 움직임을 바탕으로 하여 전노협이 창립되기에 이르렀다. 이러한 움직임은 최근에 한층 가속되어 보수적 조합주의, 경제주의에 안주하던 대기업에서도 대부분의 노조가 민주화되는 양상을 보이고 있는데 이는 앞으로의 노동운동 발전에 큰 영향을 미칠 것으로 보인다.

3. 노동자계급에 의한 경제민주화 투쟁상의 과제

이상에서 살펴본 바와 같이 한편으로는 자본축적의 진행과 생산력의 발전, 자본의 집적, 집중강화 등에 상응해 노동의 사회화가 진행되고 있는 반면, 다른 한편으로는 독점자본에 의한 노동자계급에 대한 지배=착취관계의 확대, 심화, 저임금, 장시간 노동, 억압적 노무관리와 노동운동의 탄압 등 노동의 소외가 계속됨에 따라 두 계기는 서로 모순, 대립되지 않을 수 없고 그 결과 노동자계급의 사회적 의식이 형성되고 노동운동이 격화되어 간다.

그러나 현재 대부분의 노동조합은 기업별 조합주의의 좁은 틀 안에 묶여 있기 때문에 기업 노조의 당면과제(임금인상, 노동시간 단축)에 집착함으로써 장기적 전망으로서의 경제민주주의, 즉 경제 및 경영의 민주적 규제와 민주적 개혁에 대한 전망과 정책을 가지고 있지 않은 것으로 보인다. 그 결과 이른바 기업의 '경영권'은 성역화되고 있으며 이것은 다시 노동운동의 발전에 중대한 장애로 등장하고 있다.

따라서 경제민주주의에 대한 장래의 전망을 명시하고 독점자본에 대한 민주적 규제, 민주적 개혁을 위한 구체적 정책을 제시하는 것은 매우 중요한 과제라 하겠다. 그러나 이와 같은 과제를 체계적·포괄적으로 제시하기 위해서는 보다 깊은 연구가 필요하므로 이 글에서는 다만 경제민주화를 위한 몇 가지 과제를 제시하는 것으로 그치고자 한다.

1) 임금투쟁의 의의와 문제점

노동조합의 경제민주화 투쟁에 있어 기본적으로 중요한 목표의 하나가 노동자계급의 임금투쟁이라는 것은 말할 나위도 없다. 노동조합운동에 있어 통일된 요구에 기초한 임금투쟁은 그 운동의 전진의 조건이며 가장 기본적인 위치를 차지한다. 실질임금의 대폭적인 인상은 국민생활의 향상과 안정이라는 목표의 실현에 필요한 것은 물론이지만 오늘날 이른바 한국 경제의 '위기'라고 운위되고 있는 시점에서 그 의의는 더욱 크다.

주지하는 바와 같이 최근 수년간 노동자계급의 투쟁역량 강화에 따라 과거보다는 높은 임금인상이 이루어지면서 독점자본과 정부는 과도한 명목임금율 인상이 국민경제의 인플레이션과 불황을 가져올 뿐만 아니라 결과적으로 실질임금마저 떨어뜨리게 되므로 명목임금인상을 억제, 자숙해야 한다고 주장하고 있다.

이러한 주장에 입각해 이들은 이른바 '생산성임금제'를 주장한다. 즉, 인플레이션 없는 안정성장을 이룩하기 위해서는 명목임금 상승률을 생산성 향상률 범위 내로 묶어야 한다는 것이다.

이러한 생산성임금제에 대해서는 여러 가지 비판이 주어질 수 있지만 가장 기본적으로는 이것이 노자 간 분배율 고정을 전제로 하고 있다는 점에서 문제가 있다 하겠다.[3] 노동분배율이 불변으로 되어야 할 아무런 합리적 근거도 없

---

[3] 국민총생산을 Y, 총고용량을 L, 명목임금을 W, 물가수준을 P, 노동분배율을 s라고 하면, $s=WL/PY$ 이므로

다. 만약 노동조합운동에 의해 노동분배율이 상승할 수 있다면 비록 임금 상승률이 생산성 향상률을 상회한다 하더라도 물가는 상승하지 않을 수 있다. 물론이 경우 이윤분배율은 하락하게 될 것이다. 따라서 결국 생산성임금제란 이러한 이윤분배율의 하락을 막고 노자 간 기존 분배율은 유지하려는 독점자본의 노골적 주장에 불과한 셈이다. 더욱이 선진 각국에서 1960~1970년대에 걸쳐 '소득정책'이란 이름으로 실시된 생산성임금제의 경험은 이것이 결국 물가상승은 억제하지 못한 채 임금억제만을 가져옴으로써 결과적으로 노동분배율을 하락시키는 결과로 끝날 수밖에 없다는 사실을 보여 주고 있다.[4]

그러나 이러한 주장의 결정적 잘못은 독점자본의 기득권과 그에 근거한 여러 가지 결정 태도를 신성불가침의 것으로 보는 데 있다. 현재의 자본주의 사회에서는 기본적으로는 독점자본이 생산을 둘러싼 제 결정을 장악하고 있는 것은 사실이나 독점자본의 결정방법이 결코 움직일 수 없는 '여건'인 것은 아니다. 독점자본과 노동자계급 및 근로시민 간의 역관계 여하에 따라 독점자본에 양보를 강요하는 것은 충분히 가능한 일이다. 그러한 독점자본의 양보의 가능성을 생산성임금제는 원천적으로 봉쇄하고 있는 것이다.

그러나 한걸음 더 나아가 노동자계급의 처지를 개선하기 위해서는 이러한 임금투쟁(및 노동시간 등 제반 근로조건투쟁)만으로는 충분하지 않다. 왜냐하면 생산성 향상률을 넘어서는 명목임금 상승률이 계속될 경우 독점자본은 독점가격을 인상시켜 임금상승의 부담을 소비자(곧 그 대부분은 노동자대중)에게 전가하거나 또는 이윤의 저하에 수반해 투자를 축소시키게 되고 그 결과 불황과

---

s=W+L-P-Y (단 s=Δs/s 다른 것도 마찬가지)

=W-π-P (단 π=Y/L 즉 평균노동생산성)

→ P=W-π-s

이때 생산성임금제는 W=π 를 의미하므로 물가상승률 P=0가 되기 위해서는 s=0가 되어야 한다. 이는 노동 분배율의 고정을 의미한다.

4) 선진자본주의국에서 실시된 소득정책의 경험에 대해서는 奥野博幸(1982); 日本經濟新聞社 編 (1975); Chater et al.(1981); Fallick and Elliott,(ed.)(1981) 등을 참조.

실업을 초래할 것이기 때문이다. 이렇게 되는 경우 임금인상 투쟁은 결국 노동 자계급 자신의 부담(물가상승에 따른 실질소득 감소 또는 실업의 증가)으로 귀결될 수밖에 없다.

따라서 독점자본이 생산과 투자에 대한 결정 및 가격의 결정에 대한 권리를 전횡적으로 구사하는 한 노동조합의 임금인상 투쟁은 자기 한계를 가질 수밖에 없는 것이다. 그러므로 노동조합으로서도 임금인상 투쟁에 넘어서서 독점 자본에 의한 물가인상, 투자의 감퇴, 휴폐업, 불황화, 실업발생 등을 방지하기 위한 이른바 '합리화' 반대투쟁으로 대응할 수밖에 없게 되는 것이며 실상 오늘 날 선진자본주의국의 노동운동에 있어 주요한 이슈의 하나는 바로 이와 같은 독점자자본에 의한 생산과정의 '합리화'를 어떻게 막느냐 하는 점인 것이다.

이것은 곧 노동조합에 의한 생산과정에서의 독점자본에 대한 민주적 규제와 의사결정과정에의 참여로 연결될 수밖에 없다.

2) 생산과정의 민주화와 노동자의 참여, 통제

오늘날 작업장 조직에 있어서 경영 측에 의한 전제적 의사결정을 거부하고 노동자계급에 의한 참여와 통제를 가능하게 하는 방향으로 개선이 모색되고 있는 것은 하나의 세계적인 추세이다. 유럽에서는 이미 20세기 초부터 다양한 형태로 노동자의 참여, 통제운동이 전개되어 왔다. 영국에서는 1918년 노동당이 '노동당과 신사회질서'라는 강령을 발표해 생산수단의 공동소유와 국민에 의한 생산수단의 관리, 통제의 실현을 부르짖은 바 있으며, 독일에서도 1918년 독일혁명 후 설립된 사회화위원회에서 사회화구상을 발표, 생산수단을 공동사회의 처분권으로 이관할 것을 주장했다. 프랑스에서는 같은 해 노동총동맹(CGT)의 '최소한강령'이 채택되어 노동자의 권리확립과 경영평의회의 설치 등을 주장했다(栗田健 外, 1980: 29~31).

그 후 이러한 주장들은 전후 위기와 파시즘의 대두, 이에 따른 유럽노동운동의 쇠퇴, 제2차 세계대전과 전후 케인스적 복지국가제도의 도입 등을 거치면서 많은 우여곡절을 겪기는 했지만 오늘날에 와서 서독의 노자 공동결정제를 위시해 네덜란드, 스웨덴, 노르웨이, 덴마크 등 많은 나라에서 노동자에 의한 경영참여와 통제가 실현되고 있으며 영국과 프랑스에서도 부분적으로 이와 유사한 제도가 실시되고 있다. 실상 오늘날에 와서 많은 유럽 국가에서는 '산업민주주의'라는 개념이 결코 이상적인 것이 아니라 하나의 현실적이고도 달성 가능한 목표로 위낙 광범하게 받아들여지고 있기 때문에 좌익이든 우익이든 그 기본적 원리 자체에 대해 반대하는 사람은 거의 찾아보기 힘들다고 젠킨스(D. Jenkins)는 말하고 있다(Jenkins, 1974: 448).

반면 미국에서는 실리적 조합주의의 전통이 오랫동안 지켜져 왔다. 이러한 전통하에서 노동조합은 작업조직을 주어진 여건으로 간주하고 오직 임금과 근로조건의 개선에 주력하게 된다. 그러나 그 결과 경영층이 투자전략, 기업경영전략 등 경영전권을 장악함으로써 노동자계급 전체의 장기적 이익을 저해하는 결과를 낳은 것으로 평가되고 있다(조우현, 1986: 84). 이처럼 실리적 조합주의의 전통이 강한 미국에서조차 최근 노동조합들이 기업의 전략적 의사결정(strategic business decisions)에 참여해 이에 영향을 미치고자 하는 노력이 점점 강해지고 있다고 한다(Kochan et al., 1986: 178). 즉, 1970년대 말~1980년대 초에 걸친 불황과정에서 자본이 '합리화'를 강행하는 과정에서 전통적인 단체협약만으로는 대응할 수 없는 각종 노무전략을 구사함에 따라 노조의 기존 지위에 중대한 위협이 가해지게 되었고, 이에 대응해 노조 역시 단체협약의 대상 범위를 넓혀서 신규투자, 노동자 배치전환, 신기술 도입, 작업조직의 재편 등의 문제에 관한 의사결정에 참여하는 것을 목표로 삼게 되었으며 이미 상당한 수의 기업에서 이것이 실현되고 있는 것이다.[5]

실상 현대자본주의하에서 자본의 소유와 관리기능이 분리되는 것과 더불어

---

5)   그 구체적 예에 관해서는 Kochan et al.(1986: 183~201) 참조.

관리기능을 수행하는 사람들의 대다수가 노동자들로 되고 이에 따라 노동자의 전문적 능력의 향상, 조직화의 고도화 및 전체로서의 노동자계급의 중요성 증대 등이 나타나고 있다. 이러한 사태는 곧 노동자의 경영참여 및 통제의 물적 기초를 제공해 주고 있는 것이다. 노동자계급이 생산과정에서 차지하는 중요성이 이처럼 커지고 있음에도 불구하고 생산의 목적, 투자의 결정, 이윤의 이용 등에 관한 결정은 여전히 자본소유자의 독점에 맡겨져 있으며 그 결과 노동자계급의 잠재적 능력은 억압되고 있다(村田和彦, 1977: 446). 사전계획된 작업과업과 조립라인 방식의 생산방법의 적용으로 노동자의 작업은 반복적이고 단조로운 것으로 되며 노동자에게 무조건적인 복종을 요구하는 군사적 규율과 수직적 위계질서가 작업장을 지배하고 있다. 그 결과 작업의 적극적 성격, 잠재적인 창조성은 억압되고 노동자는 기계의 부속물화하는 것이다(Gorz, 1974: 459).

우리는 노동자들의 임금인상 요구 중 상당수가 사실은 이러한 생산과정상의 불만에 대한 항의표출의 한 형태임을 알아야 한다. 최근 우리 사회에서도 중소기업 노동자들보다 상대적으로 임금이 높은 대기업 노동자들이 더욱 격렬하게 파업행위를 하는 현상이 관찰된다. 그 이유는 무엇일까? 바로 노동자들의 '인간답게 살고 싶다'는 절규, 다시 말해 작업장 내에서의 자본-노동관계가 권위적·독재적(대기업일수록 관료적 통제가 심함)인 데 대한 노동자들의 항의의 표현인 것이다. 이것을 역으로 말하면 노동조합이 임금인상에만 주력하는 것은 생산과정을 조직하는 힘을 경영층에 넘겨주는 것에 다름 아님을 인식해야 한다는 것이다.

사실 노동자계급이 하나의 계급으로서의 그 잠재력을 보존하고자 한다면 우선 무엇보다도 생산과정에서의 노동자의 근로조건을 공격해야 한다. 왜냐하면 이곳이 바로 노동자가 가장 직접적으로 소외되는 곳이며 자본주의 사회가 가장 직접적으로 도전받을 수 있는 곳이기 때문이다. 억압적 근로조건에 대해 의식적으로 거부하고 이러한 조건들을 결합된 노동자의 통제 아래 두도록 하며 노동조건에 관해 자주적 결정을 내릴 수 있도록 끊임없이 노력하는 것을

하며 노동조건에 관해 자주적 결정을 내릴 수 있도록 끊임없이 노력하는 것을 통해서만 노동자계급은 하나의 계급으로서의 의식을 유지할 수 있는 것이다 (Silverman and Yanowitch, 1974: 461).

최근 한국에서도 노동자계급의 저항이 강했던 생산라인이나 공장에서 자본의 노동통제전략 차원에서 생산과정의 자동화가 급속히 이루어지고 있다. 자본은 이와 더불어 한계 업종의 휴폐업과 업종 전환, 하청업체 및 외부 노동력(사외공, 임시공, 일용공)의 이용, 산업구조조정, 해외진출 등의 형태로 이른바 '합리화'를 광범하게 전개하고 있다.[6]

이는 노동자계급에 대해 실업, 임시직, 파트타이머 등 불안정 고용화, 숙련의 해체, 노동강도의 강화, 기계의 부속물로의 전락 등 광범한 영향을 미치고 있다. 이처럼 자본에 의한 '합리화'가 강행되는 상황에서는 작업조직의 민주화 등은 2차적 관심사가 되며 합리화 반대투쟁이 당면과제로 등장한다. 그러나 그러한 합리화 반대투쟁은 하나의 방어적 투쟁에 머무른다. 노동자계급은 보다 적극적으로 생산과정에의 참여, 통제를 요구하는 방향으로 나아가야 한다. 즉, 작업장 조직에 대한 경영 측의 전제적 의사결정을 거부하고 노동자계급의 실질적 참여를 가능하게 하는 방향으로 작업조직을 개선하는 방안을 모색함으로써 기업 내 권력구조의 변화를 지향해야 하는 것이다.

이러한 합리화 반대투쟁과 작업장에서의 참여 확대 투쟁은 필연적으로 기업 및 경영에 대한 민주적 규제투쟁과 결부될 수밖에 없게 된다. 즉, 기업, 경영 내의 노동조합 조직이 강화되고 그 투쟁영역이 확대되어 합리화 반대투쟁이 발전하면 생산계획, 판매계획, 합병, 계열화, 신규투자, 원가공개 등 기업, 경영에 대한 민주적 규제투쟁으로 발전하게 되는 것이다.

이는 다시 최종적으로 노동조합의 전국적 조직에 의한 산업의 민주적 개혁, 혹은 지역 및 국민경제의 민주적 개혁투쟁으로 발전하게 된다.

---

6)   이에 대해서는 임휘철·전병유(1990) 참조.

단, 노동조합에 의한 이러한 경영참여, 통제운동은 현실적으로는 복잡하고 어떤 의미에서는 위험한 요인을 포함하고 있는 것도 사실이다. 즉, "자본주의적 산업에 대한 노동운동의 영향력이 강화되고 양자 간 관계가 종래에 비해 보다 직접적인 것으로 되었다고 하는 것은 한편으로는 바로 자본주의적 산업에 대해 노동자계급의 이익을 관철시킬 가능성의 증대, 투쟁방법의 확대를 의미하고 있으나 다른 한편으로는 이것이 불가피하게 양자 간 동화작용(협조주의)을 낳는 조건이 된다는 것을 부정할 수 없는 것"(大月書店, 1977: 156)이기 때문이다.[7] 특히 전국적인 노동조합 조직이나 진보적 정당 등에 의한 전국적 수준에서의 민주적 독점자본 규제운동이 없고 기업 내 노동조합의 힘 역시 아직까지 약한 상태인 한국의 경우에는 더욱 그러하다.

그러나 우리는 민주적 참여, 규제의 과제를 포기할 수는 없다. 민주적 참여, 규제가 과연 자본에 의한 노동자 통합전략인가 아니면 노동자계급에 의한 노자관계의 혁신적 변화전략인가는 선험적으로 결정되는 것이 아니며 노동조합이 노동자계급의 전진이라는 자신의 목표에 얼마나 충실한가, 그리고 그러한 목표를 달성하기 위해 얼마나 단결의 원칙, 민주의 원칙에 충실한가에 달려 있다 하겠다(Gorz, 1974: 466~467).

---

7) 예컨대 서독의 노자 공동결정제의 경우에도 이것이 노동자계급의 투쟁성과인 측면과 더불어 자본 측에 의한 노동자계급의 통합이라는 측면을 지닌다. 이에 대해서는 윤진호(1984) 참조.

참고문헌
(제2부 제6장)

김윤환. 1983. 「산업민주주의의 세계적 조류와 한국적 풍토」. 『노동자운동과 산업민주주의』. 민중사.

윤진호. 1984. 「현대자본주의와 노사관계」. 『인하대학교 사회과학연구소논문집』, 제3집.

임휘철·전병유. 1990. 「산업구조조정의 성격과 노동자계급」. ≪동향과 전망≫, 봄호. 백산서당.

_____. 1990. 「한국의 불안정 취업층에 관한 연구」. 서울대학교 대학원 박사학위논문.

정창영. 1988. 「경제민주화의 방향」. 『경제민주화의 기본구상』. 한국경제연구원.

조우현. 1986. 「임금 및 근로조건」. 한국노총정책연구실 편. 『90년대 노동정책 방향』.

경제기획원. 『인구 및 주택센서스보고』. 각 연도.

_____. 『고용구조특별조사결과보고』. 각 연도.

한국은행. 1990. 7. 『조사통계월보』.

한국노동연구원. 1989. 『노동동향분석』(3/4분기).

栗田健. 1980. 「ヨ-ロッパ勞動運動と經濟民主主義」. 勞動運動研究會 編. 『勞動運動と經濟民主主義』. 勞動旬報社.

置鹽信雄. 1982. 「本卷の課題と構成」. 野澤正德. 『講座 今日の日本資本主義』, 第10卷, 大月書店.

奧野博幸. 1982. 『所得政策の 經濟分析』. 中央經濟社.

日本經濟新聞社 編. 1975. 『所得政策の知識』. 日本經濟新聞社.

栗田健 外. 1980. 「ヨ-ロッパ勞動運動の經濟改革プラン」.

村田和彦. 1977. 「階級鬪爭と勞資共同決定」. ≪一橋論叢≫, 제78권 제4호(1977. 10).

大月書店. 1977. 『堀江正規著作集』, 第1卷.

Chater, R. E. J. et al. 1981. *Incomes Policy*. Oxford University Press.

Fallick, J. L. and R. F. Elliott. (ed.) 1981. *Incomes Policies, Inflation and Relative Pay*. George Allen & Unwin.

Gorz, A. 1974. "A Radical Strategy for Worker Control." in Silverman and Yanowitch. (ed.) *The Worker in Post-Industrial Capitalism*.

Jenkins, D. 1974. "Industrial Democracy." in B. Silverman and M. Yanowitch. (ed.) *The Worker in Post-Industrial Capitalism*. The Free Press.

Kochan, T. A. et al. 1986. *The Transformation of American Industrial Relations*. Basic Books.

Silverman and Yanowitch. (ed.) 1974 *The Worker in Post-Industrial Capitalism*.

제3부 산별노조운동의 동향과 과제

제1장

문제의 제기

일반적으로 노동조합의 구조란 노동조합이 조합원을 충원하는 형태나 노조원의 대상범위에 따라 분류된 노동조합의 유형을 말한다. 이는 개별 노동조합이 자신의 내부적 행정, 관리체계를 어떻게 조직하는가의 문제가 아니라, 하나의 독립적이고 자주적인 조직으로서의 노동조합이 노동자들을 충원하고 조직하고 이익을 대변하는 과정에서 산업사회 내에 존재하고 있는 다양한 산업 및 직업에 걸쳐 어떻게 그 범위를 정의하고 이를 발전시켜 왔는가 하는 문제인 것이다(Salamon, 1987).

잘 알려져 있는 바와 같이 이러한 노동조합의 조직 구조는 기본적으로 산업별·직업별·기업별 노동조합 등의 형태로 나뉜다. 원래 노동조합은 공통의 이익에 기반한 노동자들의 자주적 조직이므로 노동조합이 어떠한 형태의 조직유형을 취하든 그것은 노동자들의 자주적 판단에 맡겨 둘 성질의 것이지만 동시에 노동조합이 어떠한 형태의 조직 구조를 취하느냐 하는 것은 노동자와 기업 및 더 나아가 국민경제 전체에 여러 가지 영향을 미치기 때문에 주요 관심사가 되지 않을 수 없다.

많은 노사관계 학자들이 노동조합의 구조적 특징의 중요성에 대해 지적한 바 있다. 노동조합의 조직 구조는 단체교섭 및 기타 여러 가지 노사관계 측면에 작용함으로써 기업, 노동자, 국민경제의 성과에 여러 영향을 미친다. 예컨대 노동조합의 구조는 임금, 노동시간, 기타 근로조건 등에 관한 교섭의 결과, 노동자의 노동조합 가입 결정, 노동조합의 결성률과 해산율, 노조의 파업성향, 노조의 전반적 세력 등에 영향을 미친다. 노동조합의 조직 구조는 또 기업의 인사노무정책, 기업의 경쟁력, 기업의 생산성과 효율성에 영향을 미친다. 노동조합의 조직 구조는 국민경제 전체로서도 인플레이션, 생산성, 총수요, 기술변화, 노동력의 양적·질적 변화, 사회보장입법, 실업률 등에 커다란 영향을 미친다(Leap, 1995; Barling, et al., 1992).

한국은 지난 수십 년간 기본적으로 기업별 노동조합구조를 유지해 왔다. 물론 그동안 법률적으로는 1961~1980년까지 산업별 노동조합구조로 되어 있었으나 이 기간 중에도 사실상 기업별 노동조합구조가 그대로 유지되어 왔다는 것이 일반적 견해이다(임영일, 1994d). 그러나 최근 기업별 노동조합구조에 커다란 변화의 바람이 불고 있다. 즉, 지난 수십 년간 유지되어 온 기업별 노동조합으로부터 산업별 노동조합으로 전환하고자 하는 활발한 움직임이 나타나고 있는 것이다.

1996~1997년의 노동법 개정을 둘러싼 총파업을 계기로 한국의 노동운동은 기업별 노동조합으로서는 더 이상 노동운동의 발전을 가져올 수 없다는 인식하에 산별노조 건설운동을 활발하게 전개하고 있다. 이는 해방후 전평(全評)에 의해 전개되었던 산별노조운동 이후 최초의 의식적이고 체계적인 산별 건설운동이며 한국 노동운동사에 커다란 획을 긋는 중요한 움직임이라 할 것이다. 만약 이러한 노동운동의 산별노조 건설운동이 성공한다면 앞으로 한국의 노동운동과 노사관계의 지형은 과거와는 판이한 형태를 취할 것이며 이에 따라 노동자, 기업 및 국민경제 전체에도 커다란 영향을 미칠 것으로 예상된다.

이처럼 노동조합의 조직 구조의 변화가 갖는 중요성에도 불구하고 한국에서는 그동안 이 주제에 대한 본격적인 연구가 드물었다.[1] 이 주제를 다룬 기존 연구들의 상당수는 산별노조의 원론적 당위성을 강조하는 데 머무르거나 외국 사례 소개에 그치는 등 본격적인 연구가 제대로 이루어지지 못했다. 왜 산별노조로 가야 하는가, 그리고 산별노조로 갈 경우 어떠한 장단점이 있는가에 대한 진지한 문제제기와 토론보다는 원론적 당위성만이 강조되기 일쑤였고 그 결과 산별노조로 갈 경우 당연히 제기될 수 있는 다양한 문제점(관료화, 현장과의 유리 등)에 대한 대비방안은 관심사에서 멀어졌다. 한편 현실적으로 산별노조가 건설되면서 갖추어져야 할 산별노조의 다양한 요소 ─ 이념 조직 운영 재정 단체협약, 조합원 가입자격, 단체행동, 정책, 정치 ─ 에 대해서도 구체적인 분석과 대안 제시가 이루어지지 못한 상태에서 현장의 노조간부들은 외국(주로 독일의 산별노조)의 경험을 무비판적으로 차용하는 경향을 보이고 있고 이는 또 다른 왜곡을 낳을 우려가 있다. 더 나아가 산별노조 건설이 노사관계를 둘러싼 제반 환경요인(기술, 시장, 정치, 여론, 법률, 이데올로기)과 어떤 상호작용을 할 것인지, 그리고 궁극적으로 이것이 노동운동과 기업성과, 그리고 국민경제 전체에 어떤 영향을 미치게 될 것인지 문제에 대한 논의는 이제 겨우 초보적인 수준에서 제기되고 있을 뿐이다.[2]

우리는 현재 노동운동이 산별노조 건설운동에 본격적으로 나서고 있는 점을 감안할 때 앞에서 열거한 여러 문제에 대한 본격적인 연구와 토론이 시급히 이루어져야 한다고 믿는다. 이 연구는 그러한 본격적 연구의 기초 작업으로서 우선 현 단계에서 산별노조 건설운동의 동향을 개관하고 그 대표적 사례를 살펴본 뒤 몇 가지 정책적 제안을 하는 것을 목표로 한다.

이를 위해 우선 외국 산별노조의 동향을 파악하고 국내 산별노조에 관한 주

---

1) 한국의 노동조합 조직 구조에 대한 연구로는 김금수(1996); 전국민주노동조합총연맹(1997); 임영일 외(1994); 김종한(1995); 영남노동운동연구소의 기관지인 ≪연대와 실천≫에 실린 많은 글들을 참고할 수 있다.

2) 최근 금속연맹의 중앙교섭 요구를 둘러싸고 경총과 노동계 간에 이루어진 찬반양론을 보라.

요 문헌을 수집했으며, 주요 노조의 간부들과 인터뷰를 실시했다.

3부의 구성은 제2장에서 기업별 노조와 산별노조에 대한 이론적 이슈들을 정리하고, 제3장에서 미국·독일·스웨덴·일본 등의 산별노조를 살펴보며, 제4장에서 한국노동조합 조직체계의 변화 과정과 현황을 살펴보고, 제5장에서 노동조합 조직체계에 대한 정책과제를 제시하며, 마지막으로 제6장에서 이상의 논의를 요약하면서 결론을 맺고자 한다.

제2장

노동조합 조직체계에 관한 이론적 접근

1. 노동조합 조직체계의 유형과 특징

노동조합 조직체계에 대한 유형분류, 특히 직업별·산업별·일반노동조합 간의 분류는 서구 사회에서의 19세기 및 20세기 초 노동조합운동 발전양상에 그 뿌리를 두고 있다.

1) 직업별 노동조합

직업별 노조는 "특정 직종직업 혹은 숙련수준에 종사하는 노동자는 그 종사 산업에 관계없이 모두 조직하고자 하는 노동조합"을 말한다. 노동조합운동이 본격적으로 성립했던 산업혁명 후의 시기로부터 19세기 말까지의 시기에 서구 제국에서 발전했던 것은 이러한 직업별 혹은 직능별 노동조합이었다. 이들 직업별 노조의 조직주체는 숙련 노동자들이다. 직업별 노조의 조직원리는 노동자들의 공통 이해관계가 그 노동자가 수행하는 일의 성질 및 직종위계 가운데서의 위치에 있다는 것을 전제로 한다. 직업별 노조는 해당 직업에 대한 진입의 통제와 숙련기술에 대한 관심에 토대를 두고 있다. 원래는 도제를 가지고 있는 장인에게만 충원이 한정되었으며 오늘날에도 직업별 노조는 기본적으로 노조원의 숙련기술에 토대를 두고 있다. 숙련기술의 지위, 그리고 임금수준은 도제의 숫자와 그 훈련의 질을 통제함으로써 통제된다.

직업별 노조는 잘 정의된 조합원 경계를 가지고 있으며 따라서 안정적 형태의 노조라고 할 수 있다. 그러나 직업별 노조는 기술변화에 취약하다는 결정적 약점을 지닌다. 기술변화와 기계화에 따라 숙련 노동이 해체되고 미숙련·반숙련 노동자가 대량으로 유입되면서 숙련 노동자 중심의 직업별 노조는 그 조직 토대가 약화되었다.

직업별 노조는 노조의 가장 초기 형태이긴 하지만 오늘날 순수한 의미에서의 직업별 노조는 거의 사라지고 없다. 기술변화와 기계의 도입에 따른 미숙련 노동자의 유입에 의해 직업별 노조의 성격과 구조는 많이 달라졌다. 직업별 노조가 가장 많이 남아 있는 영국에서도 일부는 다직종 노조로 통합되었고 일부는 직업 및 일반노조로 변화되었다.

2) 산업별 노동조합

산업별 노동조합은 "직종직업 숙련수준에 상관없이 특정 산업에 종사하는 모든 노동자를 조직하려는 노동조합"을 말한다. 산업별 노동조합의 조직원리는 노조원의 충원에 있어 산업 내에 존재하는 직업별 장벽을 없애고 노동자들이 서로 다른 일을 하고 있다 하더라도 같은 산업 내 노동한다는 데서 공통의 이해관계를 찾는 것이다.

산업별 노동조합은 독점자본주의의 산물이라고 해도 좋을 것이다. 자본주의가 19세기 말 독점자본주의 단계로 들어서면서 직업별 조합으로는 자본에 대항할 힘이 약하다는 것을 느낀 노동자들이 산업별 조직화 운동을 벌이게 된다. 이는 단지 노동조합 조직형태상의 변화뿐만 아니라 사회주의 및 생디칼리즘(syndicalisme) 등의 급진사상과 밀접한 관계를 가지면서 전개되었고 따라서 정치투쟁을 포함한 계급적 운동으로서 전개되었던 것이다. 한편 독점자본주의의 발전에 따른 숙련 노동의 해체와 횡단적 노동시장의 형성은 이러한 산업별 노동조합운동을 가능케 하고 촉진시키는 요인으로 작용했다.

이와 동시에 산업별 노동조합은 산업 전체에 걸친 통일기준으로서의 임금 및 근로조건의 개선을 요구하는 투쟁을 벌이게 된다. 독점자본주의 아래 기업 간에 사활을 건 경쟁이 벌어지면서 노동자는 하나의 기업, 하나의 직종에서의 투쟁만으로는 성과를 거둘 수 없게 됨에 따라 동일산업의 노동자가 단결해 노동력의 공급을 독점하고 노동력에 대한 단일가격(산업통일임금)을 요구하게 되는 것이다.

이와 같이 산업별 노동조합의 조직원리는 산업과 지역의 동일성에 의한 단결에 있으며 동일지역의 동일산업 노동자가 모여 조합의 기초조직(지부)을 만들고 그것이 지방, 그리고 더 나아가 전국 수준으로 결집해 사용자단체와의 지방 수준과 전국 수준에서의 교섭을 행하고 각각 기업의 틀을 넘어선 산업별 협약으로 임금과 근로조건을 결정하는 것이다.

선진 각국의 노동조합운동 발전과정에서 노조조직 구조는 산업별 노조로 귀착되는 경향이 압도적으로 나타났다. 그 이유는 분명하다. 산업별 노조는 소규모의 기업별 노조나 직업별 노조의 분산적 성격에서 오는 한계를 극복할 수 있으며 복잡한 정치적·경제적 환경에 잘 적응할 수 있기 때문이다(ILO, 1987). 산업별 노조는 대량생산산업의 미숙련·반숙련 노동자를 중심으로 조직되므로 교섭력이 강하고 단일적 노동운동을 할 수 있다. 이와 같은 것이 바로 선진국 노동운동이 산업별 노조로 귀착되는 원인이 된 것이다.

3) 일반노동조합

일반노동조합은 "직업별·산업별로 충원에 아무런 제한을 두지 않는 형태의 노동조합"을 말한다. 그러나 Farnham and Pimlott(1983)에 의하면 이것은 특정한 범주의 노동조합이 전혀 아니며 단지 직업별 혹은 산업별 노동조합으로 정의하기 어려운 모든 노동조합을 포괄하는 하나의 잔여개념적(殘餘槪念的) 용어에 불과하다고 한다. 사실 일반노동조합의 아이디어는 19세기 중반 직업별 노동조합이 발전하기 이전에 이미 존재하고 있었다. 당시의 일반노동조합 추진사들은 모든 노동자들이 하나의 노동조합으로 단결해 자본에 대항해야 한다는 생각에 기초해 일반노동조합을 주장했는데(1834년의 영국의 Grand National Consolidated Trades Union), 이러한 형태의 일반노동조합을 Salamon(1987)은 "정치적 동기에 의한 일반노동조합"이라고 부르고 있다.

반면 1920년대 이후 나타나 오늘날까지 존재하고 있는 일반노동조합은 종전의 직업별 노동조합이나 산업별 노동조합 간의 통합에 의해 탄생한 것이다. 이러한 종류의 일반노동조합을 Salamon(1987)은 "구조변화에 의한 일반노동조합"이라고 부른다. 직업별 노동조합이나 산업별 노동조합의 통합에 의해 일반노동조합이 탄생할 경우 이러한 노동조합은 특정 직업이나 특정 산업으로 조합원 범위에 제한을 두지 않으므로 넓은 범위의 숙련, 직업, 산업을 조직대상으로 할 수 있다는 장점이 있다. 반면 노동조합의 경계가 불명확하기 때문에 조직관할 면에서 분쟁이 발생할 수 있으며 조직 내 이질적 성격의 부문들이 혼재되어 있기 때문에 노동조합의 정체성을 살리기 힘들고 자칫하면 일부 부문이 소외되거나 조직 내 부문 간 갈등이 발생할 소지가 있다는 점이 단점이다.

4) 기업별 노동조합

일반적으로 구미 문헌에서 기업별 노동조합은 노동조합의 한 조직유형으로서 독자적 지위를 인정받지 못하고 있으며 따라서 이에 대한 논의도 찾아보기 힘들다. 다만 일본 문헌에서만 기업별 노조에 대한 여러 가지 논의를 발견할 수 있다.

일본의 기업별 노동조합에 대한 통설에 의하면 기업별 노조는 기업의 내부에서 그 기업의 정규종업원만으로 조직되는 노동조합을 말한다(中村賢二郞, 1985). 이러한 조직원리는 직업, 산업 및 지역의 동일성에 의한 단결과는 상당히 다른 의미를 지닌다.

첫째, 직업별 조합, 일반노동조합, 산업별 노동조합은 모두 조합이 기업 밖에서 기업과는 관계없이 독립적으로 존재하고 있는 데 비해 기업별 조합은 종업원이라는 것이 조합원 자격의 전제가 되므로 종업원 신분이 조합원 신분과 밀접한 관계를 지닐뿐더러 그에 우선하는 중요성을 가진다. 따라서 조합이 기업으로부터 독립하기 어려운 경향이 있다.

둘째, 조합원 자격을 대부분 정규의 종업원층에게만 한정하므로 그 하층에 위치해 임금과 노동조건이 더욱 열악한 임시노동자, 파트타임 노동자, 파견노동자 등은 조직대상이 되지 않는다.

셋째, 조직원리상 기업 내 정규종업원은 모두 조직대상이 되므로 사무직, 관리직 등 장래 기업의 중간관리층으로 승진할 수 있는 사람들도 노조원이 되며 이에 따라 회사 충성의식의 조합 내 침투, 계층·직종 간 갈등 등이 발생할 수 있다.

넷째, 기업별 조합은 기업의 틀을 넘어선 지방 혹은 전국 수준의 통일협약 교섭을 행하지 않고 각 기업별로 교섭·타결하므로 요구나 타결 수준이 기업마다 달라지며, 그 결과 조합원의 이익은 기업의 이익에 종속되는 경향이 있다.

요컨대 기업별 노조는 지나치게 노동운동을 파편화함으로써 노동조합의 시간, 에너지, 재원을 낭비하게 만들고 노조 간의 상호경쟁을 심화시키며 나아가서는 사용주의 입장에서도 서로 다른 노조의 상충되는 요구에 직면함으로써 생산성 저하, 노사관계 악화, 노노 간 분쟁 등의 문제를 가져올 가능성이 있다는 것이다.

2. 기업별 노조에 관한 이론

1) 기업별 노조의 개관

유럽과 미국 등 선진국에서는 일반적으로 기업별 노조에 관한 논의를 최근까지 거의 찾아볼 수 없다.[1] 특히 유럽의 경우 기업별 노조는 회사노조(Company Union)로 취급되어 독립된 노동조합으로서의 정체성을 가진 존재로 인정받지 못했다. 미국의 경우 소수의 기업별 노조가 존재하긴 하지만 그 비중은 극히 미미한 형편이다. 따라서 기업별 노조에 대한 논의는 대부분 일본, 한국 및 일부 아시아 국가들에서만 볼 수 있다.

그러나 아시아의 경우에도 노동조합 조직 구조는 국가마다 다양한 모습을 보이고 있다. Frenkel(1993)에 의하면 〈표 3-2-1〉에서와 같이 아시아 각국에서도 기업별 노조의 비중은 90%가 넘는 나라(일본·한국)부터 전혀 없는 나라(중국)까지 다양하다. 〈표 3-2-1〉에서 보듯이 아시아 국가들의 노동조합 조직 구조는 대체로 세 가지 유형으로 나눌 수 있는데, 첫째, 기업별 노조의 비중이 절대적으로 높은 한국과 일본형, 둘째, 기업별 노조의 비중이 매우 낮고 주로 산별 또는 직업별 노조 중심으로 조직되어 있는 중국과 홍콩형, 그리고 이들 사이에서 기업별·산별·직업별이 혼재되어 있는 태국, 말레이시아, 대만, 싱가포르형 등이다. 이 표에서 보듯이 중국을 제외하면 아시아 국가들의 노조조직률

---

[1]   대부분의 노동경제학 및 노사관계론 교과서에서 노동조합구조에 대해 설명하는 부분에서는 직업별·산업별 및 일반노조에 대한 설명만 볼 수 있을 뿐 기업별 노조에 대한 설명은 발견할 수 없다.

〈표 3-2-1〉 아시아 국가들의 노조 조직형태

국가	노조 조직률(%)	주요 조직형태	기업별 노조의 비중(%)	노동조합 수	노조의 중앙집권화
중국	90	주로 산별	0	15	높음
태국	6	기업별·산별	65	713	중간/낮음
말레이시아	14	기업별·산별	55	411	낮음
한국	24	기업별	90 이하	7,833	낮음
대만	33	직업별·기업별	42	3,462	낮음
홍콩	19	직업별·기타	20 이상	452	낮음
싱가포르	17	기업별·기타	45	83	높음
일본	26	기업별	90 이하	72,065	낮음

자료: Frenkel(1993).

은 비교적 낮은 편이며, 조직 구조 형태와 노조조직률 사이에는 뚜렷한 상관관
계를 찾아볼 수 없다.

이렇게 볼 때 결국 일국의 노동조합 조직 구조가 거의 전적으로 기업별 노
조를 중심으로 이루어져 있는 현상은 한국과 일본에서만 볼 수 있는 것으로 세
계적으로도 매우 특이한 현상이라 하겠다. 다만 최근 들어 일본 기업의 동남아
시아 진출에 따른 영향과 일부 아시아 국가들의 '일본 따라 배우기' 정책 등으
로 인해 말레이시아 등에서 의식적·정책적으로 기업별 노동조합구조를 도입
하려는 움직임이 나타나고 있는 것은 주목할 만한 현상이라 하겠다(O'Brien,
1988; Kuruvilla and Arudsothy, 1995; Bhopal, 1997).

2) 일본의 기업별 노조에 관한 논의

(1) 일본의 노동조합 조직 구조의 특징

1996년 일본 조직노동자의 수는 1245만 1천 명이며, 조직률은 23.2%로 나
타나고 있다(勞働省, 1997). 노동성 통계에 따르면 〈표 3-2-2〉에서 보듯이 1991
년 단일 노동조합 수는 7만 1685개에 달하는데 이는 공장 하나만 가지고 있는
소기업의 단일노동조합으로부터 여러 개의 분회를 가진 대기업 노조에 이르기

<표 3-2-2> 일본의 노동조합 조직 구조의 변화 추이

(단위: 명, %)

		1964	1975	1988	1991
전체	조합 수	51,457 (100.0)	69,333 (100.0)	72,792 (100.0)	71,685 (100.0)
	조합원 수 (천 명)	9,652 (100.0)	12,472 (100.0)	12,157 (100.0)	12,323 (100.0)
기업별 조직	조합 수 조합원 수	94.0 91.4	94.2 91.1	94.5 91.8	93.4 91.3
직업별 조직	조합 수 조합원 수	1.0 0.7	1.0 1.4	2.0 3.0	2.1 3.0
산업별 조직	조합 수 조합원 수	2.4 4.9	2.6 5.5	1.6 3.9	2.3 4.3
기타	조합 수 조합원 수	2.6 3.0	2.2 2.1	2.0 1.3	2.3 1.4

자료: 勞働省, 勞働組合基本調査; 勞働省, 勞働組合基礎調査.

까지 다양하며 각 공장분회는 상당한 독립성을 지니고 있으므로 이것까지 포함된 수치이다.

이들 단일노동조합은 기업별·산업별·직업별 조직 등 여러 가지 노조 조직 형태를 취하고 있지만 그중 기업별 노조가 전체 조합 수의 93.4%, 노조원 수의 91.3%를 차지하고 있어 절대적인 비중을 지니고 있음을 알 수 있다. 더욱이 지난 30년에 걸친 변화 양상을 보더라도 기업별 노조의 비중은 1960년대 이래로 거의 변함이 없어 일본에서의 기업별 노조의 강고성을 알 수 있다.

물론 일본에도 직종별 노조, 산업별 노조가 있지만 그 수는 매우 제한적이다. 이들의 대부분은 소규모이고 지역적으로 한정되어 있으며, 단일고용주를 대상으로 조직된 경우가 많다. 예컨대 일본의 전국전기통신노동조합(全國電氣通信勞働組合)(21만), 전체신노동조합(全遞信勞働組合)(16만)은 단일고용주를 대상으로 조직된 경우이며 나머지는 대부분 수만 명에서 수천 명 수준에 불과하다. 이들 산업별 노조는 산별노조로서의 기능을 하지 못하고 있기 때문에 진정한 의미의 산별과는 다르다. 다만 예외적으로 전일본해원조합(全日本海員組合)(5만)은 산별 기능을 하고 있는 것으로 보고되고 있다(Furstenberg, 1989). 따라서 일본의 노동조합 조직 구조는 기업별 노조가 주된 형태라고 규정할 수 있다.

(2) 일본에서의 기업별 조합의 특질에 관한 논의

일본에서 기업별 노동조합의 특질에 관한 논의는 大河內一男(1955)의 설이 통설로 되어 있다. 그는 일본의 기업별 노동조합의 특질을 "기업단위마다에 조직되는 노동조합이며, 직원·공원을 포함한 정규채용의 전 종업원을 구성원으로 하는 1기업 1조합"으로 규정했다. 이러한 규정을 보다 상세히 설명하면 다음과 같다.

첫째, 기업·사업소 단위의 노동조합이라는 것이 특징이다. 기업별 조합은 특정의 기업 내지 사업장 단위로 조직된다는 것뿐만 아니라 그 운영상의 주권을 거의 완전히 조합 자신이 장악하는 독립된 조합이라는 것이 특징이다. 따라서 기업별 조합은 독자적인 조합규약을 갖고, 조합간부의 선출이나 재정 등에서 외부의 통제나 간섭 없이 독자성을 가진다. 무엇보다 단체협약권을 가진다는 점이 중요하다. 물론 일본에서도 기업 차원을 넘어서는 노동자조직으로서 지역별·산업별 연합체와 전국적 중앙조직이 있기는 하지만, 이들은 그 하부의 구성조직인 기업별 조합에 대해 실질적인 지배와 통제권을 행사하지 못한다는 점에서 구미의 조합체계와는 대조적이라고 한다.

둘째, 특정 기업의 종업원으로 조직되는 조합이라는 것이 특징이다. 기업별 조합은 그 조합원 자격을 특정 기업의 종업원, 그것도 본공이나 본직원이라고 하는 정규종업원 신분을 가진 노동자로 제한하고 있다. 따라서 퇴직자나 임시공, 계절공, 시간제 근무 노동자 등은 조합원이 될 수 없다. 다시 말해 해당 기업의 정규종업원 신분이 조합원 자격 획득의 전제조건이 된다. 따라서 회사와의 고용관계가 자격 여부에 결정적인 변수로 작용한다. 회사와 고용관계가 단절되면 자동적으로 조합원 자격도 상실된다. 조합간부도 동 기업에 고용된 정규고용 노동자 가운데 선출된다.

셋째, 공직혼합형(工職混合型) 조합이라는 것이 특징이다. 일본의 기업별 조합은 기업 내 직종 구분에 상관없이 생산직·사무직이 동일한 조합으로 조직되는 종업원 전원 일괄가입형 조합이라는 것이다. 이는 흔히 제조업의 경우 생산직에게만 가입자격을 주는 한국의 기업별 조합과 다른 점이다. 이러한 공직혼합형의 특성으로 인해 장차 회사간부로 성장하게 될 사무직과 일반생산직 간에 이해가 깊어져 노사협력이 장려되는 장점이 있는 반면, 조합원 내부에서 직종 간 대립으로 조합이 분열될 위험, 직제를 통한 노조조직 장악이 가능한 점 등이 단점으로 지적되고 있다.[2]

첫째, '1기업 1조합'이라는 大河內一男의 규정과는 달리 기업 내에 복수조합이 병존하는 경우가 있다는 점이다. 일본에서는 중요한 시점에서 중요한 노동조합에 조합 분열이 발생하고 그 결과 기업 내에 복수조합이 발생했다. 이는 다수파 조합 대 소수파 조합으로 나뉘어져 일본 노동조합을 약체화하고 노사협력적으로 만드는 요인으로 작용해 왔다.

둘째, '정규직만으로 조직되는 조합'이라는 제하의 규정과는 달리 최근 조직률 저하에 따라 비정규 종업원에게도 가입자격을 주는 조합이 늘고 있다는 점이다.

셋째, 최근 기업별 틀을 넘어선 신설 노동조합이 나타나고 있다는 점이다. 특히 노동운동의 변경지대라고 할 수 있는 중소·영세기업의 분야에서 직업별 조합, 임시공 조합, 파트타이머 조합 등을 새로 결성하려는 움직임이 나타나고 있는데, 이들 노동조합은 기업별 조합에 머무는 예도 많지만 그중에는 기업별 조합의 틀을 넘어서는 조직형태와 운동사상을 가지고 있는 예도 존재한다.

결국 河西宏祐는 이러한 비판에 기초해 "기업별 조합이란 조합원 자격을 특정 기업 종업원에게만 한정하고 있는 노동조합"으로 정의함으로써 통설의 요건을 완화하고 있다(河西宏祐, 1989).

---

2)   이러한 공직혼합형 조합이 한국과 비교해서 어떻게 다른가 하는 점은 二村一夫(1996) 참조.

(3) 일본에서의 기업별 조합의 형성 요인에 관한 논의

우리는 앞에서 서구의 자본주의 발전과정에서 정상적인 노동조합의 형태가 처음에 직업별 조합으로부터 시작되어 자본주의 발전과 더불어 산업별 조합 중심으로 전환되는 길이라는 것을 봤다. 그렇다면 일본에서 이와는 다른 기업별 노동조합이 발생하게 된 원인은 무엇일까? 이에 대해서는 다음과 같은 설명들이 있다(이원보, 1996b).

첫째, 문화론적 접근이다. 즉, 일본인에게 전통적으로 이어 내려오는 관습과 의식이 기업별 노조를 형성한 원인이라고 보는 관점이다. 일본인에게는 이른바 '이에(家)', '무라(村)' 의식에 기초한 공동체적 의식이 있는데, 이것이 그대로 기업공동체로 이어졌고 노동조합도 기업을 하나의 공동체 단위로 하는 조직형태를 이루게 되었다고 한다. 대기업에 고용된 노동자들은 자신의 기업을 단순히 수입획득을 위해 일하는 장소로만 생각하지 않고 그들이 속한 하나의 공동체로 인식하는 '기업의식'을 가진다는 것이다. 이것이 기업별 노조의 토대가 된다고 한다. 이러한 견해는 특히 Dore(1973)의 영국과 일본 공장의 비교연구에 의해 서구에도 널리 알려져 하나의 통설로 된 바 있다.

그러나 이 같은 분석은 제1차 세계대전 이전 직업별 횡단적 노동시장의 형성을 토대로 직업별 횡단적 조직이 광범하게 존재했던 사실이나 오래전부터 산업별 노동조합의 형태를 취해 왔던 전일본해원조합의 결성 등을 설명하지 못한다. 더욱이 오늘날 핵가족화 현상에서 나타나는 바와 같이, '이에·무라' 의식이 붕괴되고 있는 상황에서 일본적 공동체의식론을 주장하는 것은 명백한 오류라고 할 수 있다.

둘째, 출가형 임노동론(出嫁型 賃勞働論)이다. 大河內一男(1955)은 일본의 기업별 노동조합이 형성된 가장 중요한 요인을 노동자들이 자신들의 노동력 공급을 통제할 수 있는 횡단적인 노동시장을 갖지 못했다는 점에서 찾고 있다. 횡단적 노동시장이 형성되지 않았던 것은 일본의 임노동이 본질적으로 출가형 임노동이기 때문이라고 한다. 제1차 세계대전 이전까지 일본의 임노동은 출가형이 대부분이었다. 즉, 도시로 공급되는 노동력이 농촌에 집을 가진 농가의 차남, 3남의 단신이촌형으로 구성되었으며 이들은 농촌과 공장 간을 끊임없이 환류하고 있었으므로 통일적·횡단적 노동시장을 형성하지 못했다. 이에 따라 노동력은 개별 기업이 각각 조달했는데 주로 모집인이나 연고를 통한 노동자 개인별, 개별 기업별 노동력 조달통로를 형성했다. 이것이 바로 일본의 기업별 노동조합을 형성한 기본 원인이라는 것이다.

大河內一男의 출가형 임노동론은 상당히 오랜 기간 통설로 되어 왔으나 후에 많은 비판을 받았다. 이 설은 노동력의 공급요인을 지나치게 강조했다는 점에서 결정적 한계를 지닌다. 제2차 세계대전 후 대량실업으로 노동시장의 기업별 분단이 사실상 와해되었고, 소기업 노동시장이 기업별로 봉쇄되지 않았음에도 불구하고 기업별 노조 형태가 여전했다는 것은 출가형 임노동론으로는 설명할 수 없다. 더욱이 직원과 공원 간의 이해 불일치에도 불구하고 이들이 동일 노동조합을 형성하고 있다는 사실 역시 출가형 임노동론으로 설명하기 곤란한 현상이다.

셋째, 노사관계론적 접근방법이 있다(高橋光, 1982). 이 설에 따르면 일본에서도 이미 기업별 노동조합에 앞서 횡단적 노동조합 설립이 이루어져 있었다. 그럼에도 불구하고 제2차 세계대전 이전에 자본과 반동적 국가권력에 의해 횡단적 노동운동이 파괴되었으며 전후에도 일시적으로 횡단적 노동운동이 활발하게 전개되었으나 미군정 및 자본의 탄압으로 패배했다는 것이다. 이러한 상황에서 경영 측이 받아들일 수 있는 유일한 노조조직이 기업별 체계였기 때문에 오늘날 일본의 노동조합이 기업별 노조 체계를 취하고 있다고 한다.

그러나 이 접근방법은 권력 및 자본 측의 탄압만 일방적으로 강조할 뿐 노동운동 측이 이에 대응하지 못한 주체적인 이유를 설명하지 못한다는 점에서 한계가 있다.

넷째, 내부 노동시장론적 접근방법이 있다(藤田若雄, 1968). 이 설에 따르면 제2차 세계대전 이전기와 같은 노동력 과잉의 시기에는 수요 측 요인, 즉 경영 측의 노무관리정책이 노사관계의 규정요인으로서 중요하다고 한다. 이 경우 경영 측의 기업 내 질서형성책으로서 확립된 연공제도를 정형화하고 있다. 즉, 메이지(明治) 말기 이후 대기업을 중심으로 하여 연공적 노사관계가 확립된 결과로서 노동자가 기업 내에 정착되게 되어 계급연대의식보다도 종업원 결합의식이 강해지게 되었기 때문에 종전 직후의 조합결성기에 자연스럽게 기업마다로 결집했다는 것이다.

그 외에 기업별 노동조합의 형성 기원을 제2차 세계대전 후 연합군사령부의 정책에서 찾는 설, 당시 공산당의 정책에서 찾는 설 등이 있다.

(4) 기업별 조합의 기능론

大河內一男은 당초 기업별 조합의 장점에 주목했다. 즉, 제2차 세계대전 패전 직후의 인플레기에 기업별 조합은 경영 내부에서 유리한 지위를 차지하고 있었으며 기업의 이윤을 잘 알고 있었으므로 경영자에 대해 유효한 투쟁을 수행했다는 것이다. 그 결과 경영민주화의 성과를 거두고 신분적 질서를 폐기했다고 기업별 노조를 긍정적으로 평가했다.

그러나 1960년대 이후의 조합운동 쇠퇴기에는 마이너스 측면이 두드러지게 나타났다. 즉, 기업이기주의 문제가 나타났던 것이다. 기업별 노조는 다른 노조와의 연대를 배제하고, 임시공을 배제해 상용노동자인 본공 내지 본사원 중심으로 구성되어 있다. 그 결과 노동자로서의 넓은 시야와 의식보다는 특정 기업 종업원으로서의 지위의 안정과 노동조건의 개선이 최대 관심사가 되었다는 것이다.

이러한 일본의 기업별 노조에 대한 부정적 평가는 오랫동안 통설로 되어 왔다. 그러나 최근 들어 내부 노동시장론에서는 기업별 조합의 장점과 보편성을 강조하고 있다. 1970년대 이후 일본 자본주의가 좋은 성과를 올리면서 그 요인으로 일본식 노사관계의 장점이 강조되고 있다. 특히 기업 수준에서의 노사 간 소통관계가 잘 이루어짐으로써 노사협력이 잘 되고 있다는 것이다. 이처럼 기업별 노조, 기업별 노사관계는 기업의 고유한 문제를 해결하는 데 있어 매우 유효한 기능을 한다고 이들은 주장한다(Fujimura, 1997). 그 결과 생산성 향상과 국제경쟁력 강화가 이루어진다고 한다.

이들은 특히 전 세계적으로 자본주의의 고도화와 더불어 노사 쌍방 간에 노동이동을 피하고 노동력 수급을 기업 내부에서 완결하려고 하는 욕구가 강해 노동시장이 내부화하는 공통적인 경향이 나타나고 있으며, 따라서 노동조합의 조직형태는 고도자본주의국가에 공통으로 되어 필연적으로 전 종업원 일괄가입형의 기업별 조합으로 수렴할 것이라고 주장한다(小池和男, 1977). 小池和男은 구미 선진제국의 종업원조직도 실질적으로는 기업별 조합과 유사하다고 주장한다. 그에 따르면 일본의 기업별 조합은 고도자본주의 사회에 최적의 조직형태이며 다른 선진자본주의국가에서도 일본의 기업별 조합은 그 모델이 될 것이라고 한다. 이들은 기업별 조합 현상을 오히려 적극적으로 긍정하고 있는 것이다.

이들은 기업별 노조의 장점으로 다음과 같은 요인들을 열거하고 있다.

첫째, 조합관할권 문제(demarcation problem)에 구애받지 않는 기업별 조합은 산업구조의 변화, 기술혁신의 촉진 요인이 된다고 한다.

둘째, 경제의 고도성장기에는 기업별 조합의 활동에 의해 명목임금이 상승하고, 임금과 노동시간이 개선될 수 있다고 한다.

셋째, 석유쇼크 후의 저성장기에는 임금 상승률의 저하를 용인하는 것에 의해 인플레이션의 진행을 예방하는 한편, 고용조정에 협력하는 것에 의해 기업경영의 조정을 촉진하고 대량실업의 발생을 예방할 수 있다고 한다.

넷째, 경영참여의 정도를 강하게 하는 것에 의해 고용 및 노동조건의 결정에 대해 발언하고 규제범위를 증대시킬 수 있다고 한다.

다섯째, 조합민주주의가 잘 지켜질 수 있다고 한다.

그러나 이러한 내부 노동시장론에 입각한 기업별 노조 예찬론에 대해서는 비판도 만만치 않게 제기되고 있다. Shirai(1983)는 기업별 노조의 약점을 다음과 같이 정리하고 있다.

첫째, 기업별 노조는 분산화된 구조로 인해 전반적 노동운동 차원에서는 자원을 분산시킨다는 점, 둘째, 기업별 노조는 통일된 노동운동의 발전을 저해한다는 점, 셋째, 기업별 노조는 실업자 등의 조직에 소극적이라는 점, 넷째, 기업별 노조는 퇴직노동자의 이익을 보호하지 않는다는 점, 다섯째, 기업별 노조는 행정적·재정적인 비효율성을 가져온다는 점, 여섯째, 기업별 노조는 고용주의 간섭 및 압력을 받기 쉽다는 점, 일곱째, 기업별 노조는 교섭력이 약하다는 점 등이다.

요컨대 기업별 노조는 노동운동의 분산적 구조와 기업과의 밀착을 그 특징으로 하며 이는 노동운동의 발전에 여러 가지 제약을 가져온다는 것이다. 분산적 구조로 인해 노조는 노동시장의 공급 독점력을 발휘하기가 어려우며 그 결과 교섭력에 한계를 갖는다. 분산적 구조는 노동조합이 인력·재원 등의 자원을 효율적으로 배치할 수 없게 만듦으로써 노동조합 조직 구조의 약화를 가져온다. 더욱이 조직이 기업 내에 한정되므로 실업자나 미조직 노동자의 신규 조직은 원천적으로 불가능해지며 이는 조직발전을 가로막는 요인으로 작용한다. 조직의 기업 내 한정으로 인해 노동조합의 임금협상 및 단체협상은 기본적으로 기업의 지불능력에 의해 좌우되며 그 결과 노조원들은 조합원으로서의 정체성보다는 종업원으로서의 정체성을 우선하게 되어 조합의 독립성 보장이 어려워진다. 단체교섭과 노사협의의 구별이 곤란해지고 고용주의 간섭, 압력이 쉽게 작용할 수 있게 된다. 이러한 분산적 노동운동 구조와 기업과의 밀착으로 인해 전체적으로 통일적 노동운동이 불가능해지고 해고문제 등 기업 내에서 해결하기 힘든 산업 전체적·사회적 차원의 문제에 대한 조합의 대응능력은 떨어지게 된다.

실제로 일본의 기업별 노동조합이 임금, 고용, 노동시간 등에 미친 영향에 관한 실증적 연구들(Brunello, 1992; Benson, 1994; 河西宏祐, 1989)을 보면, 다른 나라에서와는 달리 일본의 노동조합들이 이들 변수에 미치는 영향은 매우 낮은 것으로 나타나고 있으며 그 결과 미조직 노동자를 끌어들일 수 있는 유인동기가 매우 약해 앞으로 노조조직률의 하락이 계속될 것으로 내다보고 있다 (Tsuru and Rebitzer, 1995).

3) 미국의 기업별 노조

미국의 노동조합은 기본적으로 산업별 노동조합 체제를 취하고 있다. 그러나 미국에서도 기업별 노조와 유사한 형태가 존재하는데 그것이 바로 회사노조이다. 미국의 회사노조는 미국 고용주들이 1920~1930년대에 사용했던 논란 많은 인사, 노조회피 전략의 하나였다. 그러나 이후 회사노조는 전국노조(National Unions)에 흡수되거나 법적으로 무효화됨으로써 이 전략은 실패로 간주되고 있다. 그럼에도 여전히 제2차 세계대전 후 그리고 현재에도 상당히 많은 수의 기업별 노조가 남아 있다. 특히 최근 노동자 참가 프로그램의 확산과 더불어 회사노조의 합법화 추진 움직임이 나타나고 있어 주목의 대상이 되고 있다.

뉴딜 이전에 미국의 노조조직 노력은 사용주와 국가에 의해 탄압을 받았다. 일부 기업들은 독립적 노조조직 움직임에 대항해 회사노조를 설립했다. 회사노조는 기업이 설립하고 재정지원하며 통제하는 노조를 말한다. 회사노조는 일반적으로 단일 사용주, 단일 공장, 또는 단일 사업장 노동자를 대표한다. 이러한 노동자 대표체제는 기업 간의 노동자 연대를 차단하기 위한 것이다. 회사노조는 일반적으로 단체교섭에 종사하지 않으며 파업도 하지 않는다.

후버 행정부는 당시의 코포라티즘 정책에 의해 회사노조를 장려했다. 특히 1933년의 전국산업부흥법(NIRA)에 의해 회사노조가 허용되면서 산별노조와 회사노조 간의 조직경쟁이 나타났다. 이 시기에 회사노조는 급격히 늘어났는데, 1932년 125만 명(산별노조의 40%)이던 회사노조 소속 노조원 수가 1935년에는 250만 명(산별노조의 60%)으로 늘어났다. 이들 대부분은 1933년 이후 세

위진 것이었다. 대부분의 회사노조는 단체교섭을 하지 않았으며 경영전권을 인정했다(Skocpol, 1991).

그러나 1935년의 「와그너법」에 의해 회사노조는 불법화되었다. 「와그너법」 제8조 제2항은 고용주가 노동조직에 지배, 간섭, 재정지원을 제공하는 것을 불공정 노동행위로 규정했으며, 만약 노조가 고용주로부터 지원받는 경우 전국노사관계위원회는 해산명령을 내릴 수 있게 되었다. 이에 회사노조는 대부분 산별노조로 흡수되거나 또는 남아 있는 경우에도 과거와 달리 재정 및 기타 측면에서 고용주로부터 독립된 조직으로 되었다. 회사노조는 산별노조의 조직, 절차를 모델로 다른 특성을 더한 형태로 존재하게 되었다.

그러나 1947년의 「태프트-하틀리법(Taft-Hartley Act)」에 의해 산별노조 지부와 기업별 노조 간의 차별이 금지됨으로써 회사노조에 다시 유리한 환경이 조성되었다. 「태프트-하틀리법」 이후 전국노사관계위원회는 기업별 노조에 대해 종전보다 관대한 태도를 보였다. 단, 고용주에 의한 노조의 지배행위나 불법적 간섭, 지원 등은 여전히 금지되었다. 이에 따라 1940년대 말에서 1950년대에 걸쳐 이른바 독립적 지역노조(independent local union)가 다수 설립되었다. 이들은 산별노조에 가입하지 않고 단일 회사 또는 단일 사업장 종업원들을 조직대상으로 삼는 사실상의 기업별 노조였으며 기본적으로 회사 측의 지원을 받는 노조였다. 그러나 1960년대 이후 전반적인 노동조합운동의 저조에 따라 회사 측은 노조운동에 더 이상 위협을 느끼지 않게 됨으로써 기업별 노조의 설립수도 둔화되었고 특히 1970~1980년대에는 신규 설립이 거의 없었다(Skocpol, 1991).

오늘날 기업별 노조는 주로 노조 불신임(decertification)의 결과로 회사 안에 남은 노조들이다. 1983년 통계로는 미국 전체에 1500개소의 사업장과 47만 9천 명의 조합원을 가지고 있다고 한다. 이는 전체 조직노동운동의 3% 정도에 해당하는 세력이다. 기업별 노조는 주로 몇몇 대공장기업(듀퐁, 텍사코, EXXON, AT&T, Procter&Gamble), 몇몇 중규모 기업(Dow-Jones, Weirton Steel, Zenith),

그리고 수많은 소기업들에서 발견된다(Jacoby and Verma, 1992).

이들의 특성을 연구한 Jacoby(1989, 1992)에 따르면 회사노조가 존재하는 곳의 특성은 첫째, 노동자의 회사충성심이 강한 곳, 둘째, 회사노조가 고충처리 등을 효율적으로 행하는 곳 등이다. 회사노조의 고용계약은 산별노조인 UAW의 패턴에 따르고 있다. Jacoby에 따르면 회사노조는 즉각적이고도 비관료적인 형태의 조합민주주의를 제공하고 있다고 한다. 이들 기업의 노동자들 역시 경영진의 강제도 있었지만 회사노조를 산별노조에 비해 선호하고 있다고 한다.

Jacoby는 오늘날 미국의 산별노조가 비노조기업 노동자들에게 지지를 받지 못하고 있는 상황에서 회사노조는 하나의 대안적 모델이 될 수 있으며 노조의 조직영역을 확대할 수 있는 기회를 제공한다고 주장한다. 미국 노동자의 87%가 독립적 대변기구를 갖고 있지 못한 상황에서 회사노조를 통해 조직률을 상승시킬 수 있다는 것이다. 그는 회사노조가 교섭력이 결여되어 있으며 경영 측에 무비판적이라고 비난하는 것은 이 조직의 고유한 특성을 제대로 보지 못한 비판이라고 말한다. 그에 따르면 회사노조 사이에도 상당한 차이가 있어 그중에는 노사 간의 보다 협조적이고 신뢰성 있는 관계를 형성함으로써 현재의 '신노사관계' 모델이 될 수 있는 것도 있다는 것이다. 즉, 참여 프로그램, 의사소통 프로그램 등을 통해 그룹 관심사를 집결하고 이를 경영진에게 제시하는 기능을 한다는 것이다.

따라서 Jacoby는 국가경쟁력 향상을 위해 산업 내 참여와 협의를 촉진시켜야 한다는 당위성에 비추어 볼 때 회사노조는 그 한 대안이 될 수 있다고 주장하면서 기업별 노조에 대한 규제를 완화시키기 위한 법률 개정을 제안한다. 현재 미국 법원은 독립지역노조(ILU)에 대해 과거보다 허용적인 태도를 취하고 있으며 의회에서도 법 개정안 제안 움직임이 나타나고 있다.

그러나 이러한 기업별 노조 허용론에 대한 반대론 역시 많다. 첫째, 기업별 노조는 산별노조로부터 독립되어 개별 사업장에만 존재하고 있는 단일지역노조이므로 여러 곳에 사업장을 가진 다공장기업의 최상층부에는 영향을 줄 수 없으며, 따라서 기업의 전략적 의사결정에 영향을 줄 수 없다는 점, 둘째, 개별 사업장별로 단체협약이 맺어지므로 임금 및 근로조건의 산업 내 표준화에 역행한다는 점, 셋째, 기업이기주의 및 폐쇄주의를 가져올 가능성이 있다는 점, 넷째, 고용주가 산별노조를 대체하기 위해 기업별 노조를 이용할 가능성이 있다는 점을 들어 기업별 노조 허용론에 반대한다.

미국자동차노조 등 산별노조들은 현재 의회에 제안되어 있는 회사노조 합법화를 위한 법률 개정에 강력히 반대하는 운동을 펼치고 있기도 하다.[3]

3. 산별노조와 단체교섭의 분산화 문제

1) 산별노조에 관한 논의

(1) 유럽 국가들의 노조조직 구조 유형

유럽과 미국 등 대부분의 선진국은 노조조직 체계로서 산별노조체제를 취하고 있다. 그러나 국가에 따라 다소 달라 영국 등에서는 아직도 직업별 노조의 전통이 강한가 하면 미국과 독일은 같은 산별체제이면서도 의사결정의 집중화 정도가 매우 다르다.

〈표 3-2-3〉에서 보는 바와 같이 유럽 국가들의 대다수는 산별노조체제를 기

---

3)   공화당은 최근 팀워크 법안(The Teamwork for Employees and Managers Act)을 의회에 제출해 상하 양원에서 다수결로 통과시켰으나 민주당과 노동조합의 강력한 반대와 빌 클린턴 (Bill Clinton) 대통령의 거부권 행사로 인해 법률로 성립되지는 못하고 있다. 이 법안의 골자는 노조가 조직되어 있지 않은 사업장에서 사용자들이 여러 가지 형태의 노동자 참여 프로그램을 설치할 수 있도록 NLRA를 수정하자는 것이다. 이 경우 1930년대에 유행했던 회사노조의 설립을 금지하는 현행 법률을 약화시킬 것으로 노조는 우려하고 있다. 이태헌(1998) 및 UAW 홈페이지(www.uaw.org) 참조.

〈표 3-2-3〉 유럽 국가들의 노조조직 구조 유형

국가	노조 수		대안적 노동자조직	조직 구조
	주요 센터	노조 수		
스웨덴	2	41	없음	산별/직위별
핀란드	2	48	없음	산별/직위별
덴마크	2	59	없음	직업별/산별
노르웨이	2	45	없음	산별/직위별
오스트리아	1	14	있음	산별/직위별
독일	1	16	있음	산별
스위스	3	43	(있음)	산별/직위별(직종별)
벨기에	3	37	있음	산별/직위별(직역별)
네덜란드	3	36	있음	산별/(직위별)
영국	1	74	없음	직업별/(산별)/직위별
아일랜드	1	58	없음	직업별/(산별)/직위별
프랑스	5	90	있음	산별/직위별
이탈리아	3	58	없음	산별/(직위별)
그리스	1	50	(있음)	직종별/(산별)
포르투갈	2	80	(있음)	직종별/산별/지역별
스페인	2	29	있음	산별/지역별

자료: 비서(1996).

본 구조로 하면서 여기에 직위별(화이트칼라/블루칼라) 노조 체제가 가미된 형태를 취하고 있다. 특히 스웨덴, 핀란드, 노르웨이 등 스칸디나비아 국가들과 오스트리아, 독일, 스위스, 벨기에, 네덜란드, 프랑스, 이탈리아 등이 이러한 형태의 노조조직 구조를 가지고 있다. 반면 영국, 아일랜드, 그리스, 포르투갈 등은 직업·직종별 노조가 중요한 비중을 차지하고 있다.

노조의 전국조직 면에서는 오스트리아, 독일 등 전형적인 산별노조 형태를 취하고 있는 국가들과 영국, 아일랜드, 그리스 등 전형적인 직업별 노조 형태를 취하고 있는 국가들은 단일 중앙조직을 가지고 있는 반면, 스칸디나비아 국가들처럼 산별·직위별 노조 형태를 취하고 있는 나라들은 중앙조직도 직위별로 나눠져 있다.

노조의 수는 오스트리아, 독일 등 산별노조 구조를 가진 나라가 가장 적은 반면, 직업별 노조 형태를 취하거나 또는 프랑스처럼 이념적으로 나눠져 있는 국가는 많은 수의 노조로 나눠져 있다.

또한 노동조합 외의 대안적 근로자 기구(주로 기업 현장에서의 참여조직)의 유무 면에서는 오스트리아, 독일, 벨기에, 네덜란드, 프랑스, 이탈리아 등 산별노조 형태를 취하고 있는 나라들에서 대안적 근로자대표기구를 가지고 있는 예가 많은데, 이것은 산별노조의 중앙집중화로 인해 자칫 현장근로자의 이해관계를 반영하는 통로가 소홀해질 수 있기 때문에 노조와는 별도의 대안적 조직을 통해 이를 반영하기 위한 것이다.

(2) 산별노조와 직업별 노조의 결정 요인

Bean(1985)에 의하면 어떤 나라가 산별노조 형태를 취하는지 직업별 노조 형태를 취하는지는 다음과 같은 요인들에 의해 결정된다고 한다.

첫째, 산업화 시기와 숙련 내용이 노조 형태를 결정한다. 예컨대 영국의 경우 초기 산업화가 기계화 이전에 이루어졌으며 이에 따라 숙련형태 역시 기계화 이전의 수공업적 숙련이 주를 이루었다. 이러한 특징은, 곧 직업별 노조의 탄생 및 강화를 가져왔다. 영국에서는 산업자본주의로의 전환이 매우 느리게 진행되었으며 이에 따라 직업별 연대와 직업의식이 강한 직업별 노조는 매우 튼튼하게 자리 잡았다. 이후에도 일반노조, 화이트칼라노조의 등장으로 이들 국가에서 산별노조의 성장은 늦었다. 반면 독일과 스칸디나비아 제국에서도 초기에는 직업별 노조 중심이었지만, 이는 단기간에 그쳤다. 독일은 제2차 세계대전 이후 16개의 산별노조로 재편되었는데 이는 유럽에서 가장 간단한 노동조합 모델이었다. 이와 같이 이들 국가가 산별노조 중심으로 재편된 것은 이들 국가의 산업화가 비교적 늦어 기계화 및 대량생산체제가 성립된 후 산업화가 이루어졌기 때문에 직업별 노조가 채 정착하지 못한 가운데 반숙련 대량생산 노동자들이 대거 등장해 이들을 중심으로 산별노조가 발전한 결과이다.

둘째, 노동시장의 상황 역시 노동조합구조에 영향을 미친다. Sellier(1973)에 의하면 프랑스의 경우 출생률의 저하가 일찍부터 시작됨으로써 인력과잉 상태가 사라졌으며 이것이 직업별 노조의 발전을 저해했다고 한다. 그에 따르면 노동시장에서 노동력 공급이 과잉상태일 때 숙련 노동자들의 지위가 위협받게 됨에 따라 강력한 직업별 노조를 만들어 노동시장을 통제하고자 하는 유인동기가 강해진다는 것이다.

셋째, 고용주의 산별조직 존재 여부도 노동조합 조직 구조에 영향을 미친다. 스웨덴의 경우 고용주 조직이 이미 산업별로 존재하고 있었다는 사실이 육체노동자들로 하여금 산별노조를 만드는 데 부분적으로 영향을 미쳤다고 한다.

넷째, 정치나 이념 역시 노조조직 구조에 커다란 영향을 미친다. 일반적으로 사회주의 이념은 노동자들의 협소하고 특수한 이해관계보다는 노동자계급 전체의 이해관계와 연대를 강조하고 있으며 이에 따라 노조의 구조적 형태를 가능한 한 넓히려는 경향이 있다. 이러한 점에서 역사적·이념적으로 사회주의와 노동조합운동 간의 관계가 약한 앵글로 색슨 국가들에서는 고도로 분산화된 노동운동이 나타나는 반면, 강력한 사회주의적 전통을 지닌 스웨덴, 오스트리아, 독일 등의 유럽 국가에서는 대규모의 산별노조가 존재함으로써 노동자계급의 포괄적 이해관계를 대변하는 조직으로서 기능하고 있는 것을 서로 비교할 수 있다(Streeck, 1981).

한편 Hyman(1975)은 노조조직 구조를 결정하는 데 있어 2개의 대립적 힘이 작용하고 있음을 지적한다. 즉, 한편으로 노동자계급은 넓이와 단결과 연대를 추구하며 다른 한편으로는 족벌주의, 분파주의, 배제주의를 추구한다. 전자는 노조조직 구조를 가능한 한 개방적이고 광범위하게 만드는 힘으로 작용하는 반면, 후자는 노조조직 구조를 폐쇄적이고 제한적인 것으로 만든다. 이 양자 간의 긴장관계가 끊임없이 작용하기 때문에 노동조합구조는 동태적 성격을 가진다는 것이다.

(3) 노조조직 구조 유형의 결과

어떤 나라가 산별노조 형태를 취하는지 아니면 직업별 노조 형태를 취하는지는 노동운동의 성과와 기업성과뿐만 아니라 국민경제 전체의 성과에도 커다란 영향을 줄 수 있다.

일반적으로 직업별 노조는 고도로 분산화된 노조이다. 더욱이 여기에 이념적·종교적 분단까지 더해 노조조직이 중첩되기에 노조의 교섭력이 약화되고 개별 사업장에서의 노동자 이해관계를 효율적으로 대변하기가 곤란해진다.

이에 비해 산별노조는 전체 노동자계급의 단결을 목표로 하므로 노동운동의 측면에서 여러 가지 장점을 가진다. 이와 관련해 산별노조의 두 가지 의미를 구별하는 것이 중요하다. 즉, 조직원리로서의 산별노조와 사회정치적 의미로서의 산별노조의 구별이 그것이다. Salamon(1987)에 의하면 산별노조는 물론 산업별로 노동자를 조직한다는 조직원리에 바탕을 둔 것이긴 하지만 보다 중요한 것은 후자의 의미에서의 산별노조이다. 즉, 산별노조운동의 원래의 의의는 총파업과 더불어 노동자계급이 작업장과 사회라는 양쪽의 통제권을 잡기 위한 또 하나의 수단이라는 것이다.

산별노조는 직업별 노조에 비해 여러 가지 면에서 장점을 가지고 있다(Salamon, 1987).

첫째, 노조원과 조직의 통일이 강화될 수 있다. 노동자들이 산별노조로 뭉침으로써 노조 간의 경쟁이 제거된다. 산별노조는 직업별 노조하에서 숙련 노동자 등 강력한 그룹만이 가졌던 단체협상력을 모든 노동자에게 골고루 전파하는 수단이 된다. 또 현장 활동가가 비공식 공동위원회를 만드는 대신 노조조직에 공식적으로 참여하게 됨으로써 협상력을 높일 수 있다.

둘째, 단체교섭이 단순화될 수 있다. 산별노조는 사용자의 일반적인 조직 구조에 상응한 노조조직 구조를 가짐으로써 단체교섭 대상이 분명해지며, 산별 수준과 직업별 수준의 교섭 간 통합이 수월하다. 또 노동운동 내 일부분의 주장이나 관할권 분쟁 등의 해결이 직업별 노조에 비해 더 쉽다.

셋째, 국민경제의 계획 및 조정 과정을 쉽게 만든다. 국민경제의 계획 및 조정은 일반적으로 산업 수준에서 이루어지는 경우가 많으므로 산별노조와 해당 산업 간의 긴밀한 관계에 의해 이를 쉽게 만든다.

넷째, 노동조합의 협상력이 높아진다. 산별노조의 경우 노조 간 및 노조와 비노조기업 간의 경쟁문제가 적으며 산업 전체에 걸친 협정과 단체협약의 전체 산업에의 적용이 가능해져 노조조직률이 높아진다.

그러나 산별노조도 여러 가지 단점을 가지고 있다.

첫째, 산별체제의 분류가 어려운 경우가 많다. 산업별 경계가 애매하고 끊임없이 산업이 분화하고 있기 때문에 새로운 산업은 자칫하면 미조직 상태가 되어 중앙조직이 관할권을 결정할 필요가 생긴다. 한 고용주가 여러 산업분야에 걸친 사업을 하고 있을 경우 한 기업에 다노조 상태가 발생할 수 있다.

둘째, 어떤 나라가 산별노조와는 다른 기업별·직업별 노조 형태를 취하고 있을 경우 산별노조로의 전환은 각 기존 조직의 정책, 제도, 관행, 상근자, 노조원의 통합을 필요로 하게 만듦으로써 모순과 긴장관계를 가져올 수 있다.

셋째, 산별노조의 노조원 중 일부는 다수파에 의해 그들의 부문 이익이 침해당한다고 느낄 수 있으며 이에 따라 이들은 조직 내에서 소외되거나 말썽꾼이 될 가능성이 있다.

넷째, 산별노조에서는 중앙조직과 일반노조원 간의 거리가 멀어진다. 이에 따라 작업장의 권리, 노조의 대표권, 공장의 고충처리 등을 수행하는 것이 어려워진다.

결국 이렇게 볼 때 산별노조가 갖는 장점을 충분히 살리면서도 산별노조의 약점을 보완할 필요가 생기게 된다. 그 가장 대표적인 방법은 다수 준대표제이다. 즉, 중앙집권적 산별노조와 지역별·기업별 분산적 조직을 모두 갖추고 두 수준 간의 조정을 효율적으로 하는 데 성공한 노조가 가장 높은 조직률을 가지고 있다는 것이다(Crouch, 1993; Kjellberg, 1992). 스웨덴과 벨기에가 그 가장 좋은 예이다. 독일 역시 종업원평의회가 노조의 연장선상에서 기능을 하고 있다고 봐야 할 것이다. 반면 영국은 노조구조가 파편화됨으로써 집중화의 이점을 누리지 못하고 있으며, 네덜란드는 노조구조가 지나치게 집중화되어 분산화의 장점이 결여되어 있다. 이탈리아의 경우 양 수준의 조직을 모두 가지고 있기는 하나 조직 구조가 양극화되어 상하 간 조정이 잘안 되는 약점이 있다 (Ruysseveldt, 1995).

2) 단체교섭의 분산화 문제

(1) 단체교섭구조의 변화 추세

지난 수십 년간 선진국에서는 노조구조 자체에는 큰 변화가 없었으며 주로 문제가 되는 것은 단체교섭구조의 변화였다. 단체교섭은 여러 형태로 이루어진다. 예컨대 단체교섭은 개별 노조와 개별 기업 간에 이루어질 수도 있고(단일고용주 교섭) 또는 노조연맹과 사용자 연맹 간에 이루어질 수도 있다(복수고용주 교섭). 더욱이 이 두 가지 수준은 반드시 상호배타적인 것은 아니어서 교섭 이슈의 성격에 따라 교섭 수준이 달라질 수도 있다. 예컨대 미국의 노조들은 상세한 근로조건을 기업 측과 교섭하는 반면, '사회적 합의주의'의 전통을 가지고 있는 나라들에서는 노조연맹이 사용자의 중앙단체와 전국임금협정에 관해 협상하거나 더 나아가 정부와 임금정책 등에 관해 교섭하기도 한다.

단체교섭 수준은 대체로 세 가지로 나눌 수 있다.

첫째, 경제 전체 교섭은 노동조합의 중앙조직, 사용자 중앙조직, 그리고 정부기관 간의 교섭이나 협조적 행동에 의해 노사협약 혹은 노사정 협약을 체결하는 것을 말한다. 이는 근로조건에 관한 최저기준을 제공하는 동시에 종종 거시경제적 목표를 포함하기도 한다. 이와 같은 경제 전체 교섭은 오스트레일리아, 벨기에, 핀란드, 네덜란드, 노르웨이, 포르투갈, 스페인, 스웨덴 등에서 이루어진 바 있다.

둘째, 부문 교섭(산별교섭)은 한 산업에서의 고용조건 표준화를 목표로 산별노조와 산별 사용자단체가 교섭하는 것을 말한다. 이 경우 교섭은 지역별 하부교섭단위에 의해 이루어질 수도 있고 혹은 산업별 전국 교섭으로 이루어질 수도 있다. 부문 교섭은 오스트리아, 독일, 네덜란드, 스위스 등의 국가에서 주로 볼 수 있으며, 경제 전체 교섭을 하는 나라에서도 부문 교섭이 중요한 역할을 한다.

셋째, 기업 및 사업장 교섭은 기업별 또는 사업장별로 노사가 해당 기업 및 사업장의 임금과 근로조건에 관해 교섭하는 것을 말한다. 이는 캐나다, 미국, 뉴질랜드(1991년 이후), 영국 등에서 특징적으로 나타나며 다른 유럽 대륙국가에서도 경제 전체 교섭 및 산별교섭의 보충적 교섭형태로 나타난다. 이 경우 경제 전체 혹은 산업 전체에 걸친 조정은 유형교섭(pattern bargaining) 형태로 이루어지게 된다.

앞에서 봤듯이 영국, 미국 등을 제외한 대부분의 선진국들은 경제 전체 교섭 혹은 산별교섭 등 중앙집중적 교섭형태를 보여 왔다. 그러나 1980년대 이후 이러한 중앙집중적 교섭구조 형태가 점차 분산화되면서 경제 전체 교섭 → 산별교섭 → 기업별 교섭으로 교섭구조가 변화하는 양상이 나타나고 있어 많은 연구자들의 관심을 끌고 있다(비서, 1996; Katz, 1993; Clarke, 1993). 예컨대 비서(1996)는 유럽에서 나타나고 있는 단체교섭구조의 변화의 특징을 분권화, 파편화, 탈조직화, 탈규제화 등으로 규정하면서 유럽의 거의 모든 국가에서 단체교섭의 분권화를 관찰할 수 있다고 한다. Katz(1993) 역시 스웨덴, 오스트레일리아, 독일, 이탈리아, 영국, 미국 등 6개국에 대한 연구를 통해 이들 국가에서 공통적으로 단체교섭구조의 분산화가 나타나고 있다고 지적한다. 스웨덴 등에서 중앙교섭이 해체된 반면 기업별 교섭은 점점 강화되는 모습이다. 그는 종전에도 기업·공장 수준의 교섭이 없었던 것은 아니지만 종전과는 달리 중앙교섭이 없는 상태에서 이러한 분산적 교섭이 이루어지는 것이 새로운 점이라고 한다. Clarke(1993)는 선진 9개국의 경험을 요약하면서 임금이 결정되는 교섭 수준이 명백히 산업에서 기업 또는 사업장으로 하향 이동되었다고 말하고 있다. 그러나 Katz 스스로도 시인하고 있듯이 이러한 단체교섭 분산화론자들의 주장이 충분한 실증적 증거에 의해 뒷받침되고 있는 것은 아니다.

단체교섭구조의 변화에 관한 최근의 가장 포괄적이고도 체계적인 연구는

OECD(1994, 1997)에 의해 이루어졌다. 그러나 OECD의 연구에 의하면 단체교섭의 분산화 추세가 이들 연구자가 주장하는 것처럼 그렇게 명확하게 드러나지는 않는다. 시기별로 볼 때 1960~1974년까지는 산업별 수준으로부터 기업·사업장 수준으로의 단체교섭 권한 이양이 나타났다가 1974~1980년까지는 노동조합 전국연맹에 의한 단체협약권 재통제 시도가 있었으며, 다시 1980년대 이후 새로운 단체교섭의 분산화 국면을 맞고 있다(Money, 992). 그러나 대부분의 OECD 국가에서는 여전히 부문 교섭이 임금결정의 지배적 영역으로 남아 있다. 뿐만 아니라 1980년대와 1990년대 초에도 여전히 일부 유럽 국가에서는 경제 전체에 걸친 교섭구조가 계속되고 있거나 또는 재도입되는 현상이 나타나고 있다.

〈표 3-2-4〉는 OECD 국가들에 있어 1980~1994년의 교섭 수준의 변화 추이를 보여 주고 있다.

이 표는 각국의 법률이나 제도에 의해 제도화된 교섭 수준과 지배적인 교섭 수준의 변화 추이, 그리고 각 교섭 수준 간의 조정목표와 실행능력을 보여 주고 있다. 여기서 교섭 수준 간의 조정이란 전국, 부문, 기업 등 각 수준에서 이루어지는 교섭이 상호모순을 일으키지 않도록 조정하는 것을 말한다. 예컨대 거시경제 목표에 관한 경제 전체 수준의 교섭이 성공하기 위해서는 산업 수준에서의 교섭이 이를 뒷받침해 주어야 한다는 것이다. 만약 각 수준 간의 조정이 잘 될 경우 노동조합의 중앙집중력은 더욱 강해지는 것이며, 반대로 이러한 조정이 잘 이루어지지 않을 경우 설혹 교섭이 중앙집중적으로 이루어지고 있다 하더라도 그 실효성은 떨어질 것이다.

이 표로부터 발견할 수 있는 사실은, 첫째, 대부분의 나라에서 제도화된 교섭구조 측면에서 어느 한 가지 수준의 교섭에만 의존하고 있지 않다는 것이다. 이 표에 제시된 17개국 중 9개국에서는 기업별·산별·전국 교섭 등 세 가지 수준의 교섭이 모두 제도화되어 있으며 나머지 8개국에서는 기업별 교섭과 산별 교섭이 제도화되어 있다. 그럼에도 불구하고 대부분의 나라에서는 명백히 어

〈표 3-2-4〉 OECD 국가들의 교섭 수준 변화 추이(1980~1994년)

국가	제도화된 교섭 수준[1]	지배적인 교섭 수준[2]	경제 전체의 조정목표[3]	조정실행능력
오스트레일리아	1, 2, 3	2 → 3, 1	명시적 조정	높음
오스트리아	2, 3	2	묵시적 조정	높음
벨기에	1, 2, 3	2	명시적 조정	제한적
캐나다	1, 2	1	조정 없음	없음
핀란드	1, 2, 3	3 → 2/1	명시적 조정	높음
프랑스	1, 2, 3	2	명시적 조정	제한적
독일	1, 2	2	묵시적 조정	높음
일본	1, 2	1	묵시적 조정	높음
네덜란드	1, 2, 3	2	명시적 조정	제한적
뉴질랜드	1, 2	2 → 1	명시적 조정	없음
노르웨이	1, 2, 3	2 → 3	명시적 조정	높음
포르투갈	1, 2, 3	2 → 2/3	명시적 조정	제한적
스페인	1, 2, 3	2/3 → 2	명시적 조정	제한적
스웨덴	1, 2, 3	3 → 2	명시적 조정	제한적
스위스	1, 2	2	조정 없음	제한적
영국	1, 2	2 → 1	조정 없음	없음
미국	1, 2	1	조정 없음	없음

주 1): 1=기업/공장 수준, 2=부문 수준, 3=중앙 수준
주 2): → 변화 방향
주 3): 명시적 조정은 노사의 전국조직(및 정부)에 의해 이루어지는 중앙집중식 교섭에 토대를 둔 조정이며,
　　 묵시적 조정은 전국조직에 의한 조직 내 통제나 교섭 시기의 통일 등에 이루어지는 조정임.
자료: OECD(1994).

느 한 가지 교섭 수준이 지배적으로 나타나고 있는데, 특히 산별교섭 내지 복수사용자 교섭이 가장 널리 이용되는 교섭구조로 나타나고 있다.

둘째, 조사대상이 된 1980~1990년대 전반의 15년간 교섭구조의 변화에 뚜렷한 패턴이 드러나지 않는다. 일부 국가에서는 이 기간 중 단체교섭의 분산화 현상이 나타나고 있다. 특히 스웨덴에서는 노사 간 경제 전체에 걸친 중앙교섭이 약화 내지 소멸되었으며 다른 북유럽 국가들도 마찬가지이다.

뉴질랜드, 오스트레일리아, 영국 등에서도 단체교섭의 분산화 현상이 나타났다. 반면 이탈리아, 노르웨이, 포르투갈 등에서는 이 기간 중 교섭구조가 오히려 집중화되거나 또는 각 교섭 수준 간의 조정이 강화되었다(노사정 협약, 사

회적 협약 등). 오스트레일리아 등 다른 일부 국가에서는 단체교섭의 분산화와 집중화가 동시에 일어나기도 했다. 그러나 보다 많은 나라에서는 단체교섭의 집중화 정도나 교섭 수준 간의 조정 정도가 15년간 거의 변함이 없었다.

따라서 선진국에서 일반적으로 단체교섭구조의 분산화 현상이 나타나고 있다는 주장은 과장된 것이라 할 수 있다.

셋째, 단체교섭의 분산화가 일어나는 국가에서도 조직적 분산화와 비조직적 분산화를 구별할 필요가 있다. 조직적 분산화란 노조와 사용자의 중앙조직의 계획적인 조치에 의해 일부 교섭 이슈를 하부 이양함으로써 단체교섭의 분산화가 이루어지는 것을 말한다. 이 경우 교섭과정에 대한 통제는 여전히 상부조직에 그대로 남아 있는 것이다. 반면 비조직적 분산화란 그러한 조정 메커니즘 없이 분산화가 이루어지는 것을 말한다. 단체교섭의 분산화가 일어난 국가 중에서도 오스트레일리아, 핀란드, 뉴질랜드, 스페인, 스웨덴 등 대부분의 국가에서는 노조의 중앙조직, 산별조직, 기업 수준의 조직 사이에 명시적인 조정 메커니즘이 존재하고 있다. 따라서 단체교섭 수준의 분산화에도 불구하고 노조 상부조직에 의한 단체교섭과정의 통제력은 여전히 강하다고 할 수 있다. 다만 그러한 조정 메커니즘이 실제로 얼마나 실행될 수 있느냐의 능력은 나라에 따라 다르다는 것을 알 수 있다. 영국의 경우에는 단체교섭의 분산화와 노조조직 내의 조정 메커니즘 결여가 함께 작용함으로써 노조의 교섭력이 크게 약화되는 결과를 가져왔다.

넷째, 단체교섭구조의 분산화와 노조구조의 파편화를 혼동해서는 안 된다. 노조구조의 집중 정도와 단체교섭의 집중 정도는 대부분 병행하기는 하지만 반드시 이 양자가 일치하는 것은 아니다. 예컨대 노조구조가 산별노조 형태를 취하고 있다 하더라도 교섭구조는 기업별 교섭구조를 취할 수 있고(미국 UAW의 패턴교섭), 반대로 노조구조가 기업별 노조 형태를 취하고 있다 하더라도 교섭구조는 산별교섭 내지 경제 전체 교섭형태를 취할 수도 있는 것이다(최근 한국의 교섭권 위임에 의한 산별교섭 및 노사정 협약의 시도의 예). 그런데 1980년대 이후 선진국의 노동조합들은 조직률 하락에 따른 교섭력 약화와 재정적 곤란 등을 타개하기 위해 적극적으로 노조 간의 합병을 시도함으로써 노조구조의 집중화 현상이 나타나고 있다. 예컨대 UAW와 기계공노조(IAM) 및 철강노조(USA) 등 세 조직 간의 통합이나 IG Metall와 섬유의복노조(GTB) 및 목재-플라스틱노조(GHK) 간의 통합 등은 그 전형적인 예이다.[4] 따라서 단체교섭의 분산화에도 불구하고 노조구조는 오히려 집중화되는 경향이 나타나고 있다고 할 수 있다.

(2) 단체교섭구조의 분산화 원인

그렇다면 과연 일부 선진국에서 1980년대 이후 단체교섭의 분산화 현상이 나타나는 원인은 무엇일까? 이에 대해 Katz(1993)는 다음과 같이 설명한다.

첫째, 노사 간의 교섭력에 변화가 나타났다는 것이다. 즉, 1980년대 이후 경영 측의 힘이 강화된 반면 노조의 힘이 약화된 것이 교섭구조의 분산화를 가져온 원인이라는 가설이다. 국제경쟁의 격화와 노조조직률의 감소 및 노조의 정치적 발언권 약화 등에 따라 경영 측은 자신의 교섭력을 높이기 위한 수단으로서 교섭구조의 분산화를 추진했으며 이는 결국 경영 측에 유리하게 작용했다는 것이다. 여기서 교섭구조의 분산화 과정이 매우 중요한 의미를 갖는다. 즉, 경영 측은 분산화 과정에서 노동조합 간의 경쟁을 유발시킴으로써 자신에게 유리한 교섭구조를 확보할 수 있었다는 것이다.

둘째, 작업조직의 변화가 단체교섭구조의 분산화를 가져온 원인이라고 한다. 1980년대 이후 자본 간 경쟁 격화와 경영환경의 유동화, 그리고 유연기술의 도입 등의 결과로 작업조직이나 현장문제의 중요성이 증대되었고 종전의 포드주의적인 경직적 작업장을 보다 유연한 작업장으로 개혁할 필요성이 높아졌다. 그 결과 경영 측, 노조 측 모두 작업장에 밀착한 교섭구조의 필요성을 느

---

4) 선진국의 노조 간 통합의 동향에 대해서는 Chaison(1996) 참조.

끼게 된 것이 교섭구조 분산화의 원인이라는 가설이다. 이 경우 교섭대상으로서 비임금 이슈가 중요해진 것이 분산화 협상의 결정적 이유가 된다. 이노베이션이나 새 작업조직의 도입은 현장 노동자 및 지역노조의 참여를 필요로 하기 때문이다. 새 작업조직은 다양한 고용관행(팀워크, 성과급, 참여 프로그램, 훈련 등)의 변화를 요구하는 것이다.

셋째, 기업구조와 노동자 이해관계의 다양화가 단체교섭의 분산화를 가져온 원인이라고 한다. 기업은 경제적 압력의 결과로 내부조직 구조가 분산화되고 기업경영 책임의 하부이양이 이루어짐에 따라 교섭구조의 분산화를 요구하게 된다. 한편 노동자 측에서도 노동력 구조의 다양화에 따른 이해관계의 다양화와 전체적인 노동운동의 연대 약화의 결과로 교섭구조의 분산화가 필요하게 된다는 것이다.

Katz는 이상의 가설에 대해 다음과 같이 평가하고 있다. 우선 첫 번째 가설은 타당성이 있다. 많은 경우 경영자들은 단체교섭의 분산화를 적극적으로 추진해 왔으며 이에 대해 노조 중앙조직이 반대해 온 것이 이를 뒷받침한다. 또 많은 경우 교섭구조의 분산화가 임금 및 근로조건에 관한 양보교섭과 연관되어 있는 것도 그 증거이다. 그러나 중앙교섭이 반드시 노조에 유리하고 사용주에 불리한지는 명확하지 않다고 한다. 때로는 중앙교섭에 의해 노조 간 임금인상 경쟁을 피할 수 있기 때문에 사용주 측도 유리한 경우가 있기 때문이다. 예컨대 스웨덴의 경우 과거 노사 간 중앙교섭과정에서 임금인상의 둔화와 안정성을 누리는 등 사용주도 큰 혜택을 봤다는 것이다. 한편 지역노조나 일반노동자들의 경우 교섭구조의 분산화를 지지하는 경우가 많다. 분산화에 의해 경영참여나 근무교대제의 탄력성 등의 이점을 누릴 수 있기 때문이다. 또 독일의 경우에도 단체교섭구조의 분산화에도 불구하고 노조세력은 여전히 튼튼하며 성과가 양호한 점도 세력관계 변화설로는 설명하기 힘들다.

두 번째 가설은 타당하다고 Katz는 주장한다. 교섭구조의 분산화에 의해 노동자와 경영 측 모두 이익을 얻을 수 있다는 것이다. 노동자와 노조는 기업경영 및 작업장 참가를 획득할 수 있으며 경영 측은 경영의 유연성을 얻을 수 있다는 것이다.

세 번째 가설에 대해서 그 가능성은 인정하지만 이런 요인이 교섭구조 분산화를 설명할 만큼 광범위한 것인지에 대한 증거가 거의 없다고 Katz는 말한다.

(3) 단체교섭구조 분산화의 결과

단체교섭구조의 차이는 단체협약 결과 및 전체 경제의 성과에 중요한 영향을 미친다. 그런데 여러 나라가 동일한 외부 충격을 받았음에도 불구하고 왜 다른 반응, 다른 결과를 낳았을까 하는 점은 의문이며 이러한 측면에서 단체교섭구조, 특히 유럽식의 중앙집중식 교섭구조에 대해 많은 연구자들이 관심을 가지고 연구해 왔다.

유럽식의 중앙집중식 교섭구조가 국민경제에 미치는 영향에 대해서는 극단적으로 대조적인 평가들이 존재한다.

먼저 주로 경제학자들 및 정책담당자들을 중심으로 한 이른바 유럽동맥경화증(Eurosclerosis) 논자들은 교섭구조의 중앙화가 노동시장의 경직성을 가져옴으로써 국민경제의 성과를 저해하고 있다고 주장한다(Heitger, 1987; Fosh, 1993; Darlington, 1994; Fairbrother, 1994). 이들은 중앙집중식 교섭이 노동자들 간의 경쟁을 제한하고 임금의 신축성을 제한함으로써 경제적 성과를 저해한다고 한다. 더욱이 중앙집중식 교섭구조하에서 노조는 공식화·관료화하고 일반 조합원의 참여가 제한됨으로써 노조의 비민주화와 조직률 하락을 가져오고 있다고 주장한다. 따라서 이들은 분산화 교섭을 통해 노동시장에서의 경쟁을 촉진하고 가격 및 임금의 유연성을 회복해야 한다고 주장한다. 동시에 이러한 분산적 교섭은 일반노조원의 참여를 증대시킴으로써 현장참여에 바탕을 둔 노조의 재생가능성을 가져다줄 것이라고 주장한다(Lloyd, 1997).

반면 사회적 합의주의자(Corporatist)들은 중앙집중식 교섭구조가 노동시장에서의 시장실패를 극복하는 수단이 됨으로써 국민경제의 성과에 도움이 된다고 주장한다. 이들은 통일적인 전국 교섭이 노사 간 분쟁을 제거하는 데 유리하므로 파업빈도와 교섭비용을 줄일 수 있고, 연대주의적 임금정책에 의해 임금격차를 제거하는 동시에 사양산업이 효율적 산업으로 자원 전환하도록 촉진하며, 자발적 소득정책에 협조함으로써 거시경제의 안정에 도움이 되는 등 여러 가지 이점이 있다고 주장한다(Rowthorn, 1992; Soskice, 1990; Jackman et al., 1990; Newell and Symons, 1987; Bean et al., 1986).[5] 한편 Freeman(1995)은 미국과 영국의 분산적 단체교섭이 노조조직률의 하락과 고용불안정, 소득격차의 확대, 노동조합의 정치적 영향력 감소, 그리고 전체적으로 개인주의적 사회의 심화를 가져와 비단 경제적 측면에서뿐만 아니라 사회적·정치적 측면에서도 바람직하지 못한 결과를 가져왔다고 비판하고 있다. 미국 대통령의 특명으로 미국의 노사관계를 조사한 던롭위원회나 영국의 노사관계를 조사한 도노반(Donnovan) 보고서도 미국 및 영국에서의 지나친 단체교섭의 분산화가 악영향을 가져왔다고 언급하면서 보다 집중화된 단체교섭구조의 도입을 권고하고 있기도 하다.

이상의 주장들이 단체교섭구조와 경제성과 간의 단선적(linear) 관계를 가정하고 있는 데 비해 Carmfors and Driffill(1988)은 이른바 비선형적(non-linear) 가설을 주장하고 있어 관심을 끌고 있다. 이들은 완전히 집중화된 단체교섭구조와 완전히 분산화된 단체교섭구조를 가진 나라가 중간적(즉, 부문별 또는 산별) 교섭구조를 가진 나라에 비해 보다 경제성과가 뛰어나다는 가설을 주장하고 있다. 이러한 주장은 단체교섭구조와 경제성과(고용, 인플레이션 등) 사이에 'U자' 형태의 관계가 존재한다는 것이다.

이들은 임금협상과 경제실적 간의 관계에 관해 다음과 같은 두 가지 효과가 작용한다고 한다.

첫째, 경쟁효과이다. 개별 노조와 개별 사용주 간의 협상 시 임금인상이 고

---

5)　단체교섭구조의 분산화와 집중화의 장단점에 대한 연구의 리뷰로서는 Moene(1993) 참조.

용에 미치는 효과는 생산물 시장에서의 수요의 가격탄력성에 크게 의존한다. 독점기업은 수요의 가격탄력성이 경직적이므로 판매의 감소 없이도 임금인상분을 그대로 소비자에게 전가할 수 있다. 반면 완전경쟁기업의 경우 수요의 가격탄력성은 무한대이며 따라서 임금인상에 따른 가격인상은 그 해당 기업의 수요를 제로로 만들 것이다. 이러한 경쟁시장에서는 기업 수준에서의 임금인상과 고용유지 간의 상충(trade-off)관계가 발생하며 이는 기업별 노조에 의해 인식될 것이다. 최근 여러 나라에서 있었던 양보교섭은 바로 이러한 비용 및 가격과 산출량 및 고용량 간의 상충관계에 대해 기업과 노조 양쪽 모두 인식한 결과라고 한다(Mitchell, 1994). 이제 부문별 혹은 산별노조에 의한 협상을 생각해 보자. 산별 수준에서 협상하는 노조는 자신의 시장력을 이용해 해당 산업 노동자의 임금인상을 확보할 수 있을 것이다(Booth, 1995; Carmfors, 1993). 그 결과 해당 산업의 가격이 상승하겠지만 이는 경쟁시장의 경우만큼 산출량을 떨어뜨리지는 않을 것이다. 왜냐하면 해당 산업 산출물에 대한 대체재가 별로 없기 때문이다. 따라서 고용감소량도 적다. 결국 임금인상의 '가격'은 소비자가 부담할 수밖에 없게 된다. 따라서 경쟁효과 면에서는 분산화된 교섭일수록 임금인상률이 낮고 고용수준이 높을 것이라고 결론 내릴 수 있다.

둘째, 외부경제 효과이다. 경제 내 어떤 한 부문의 임금교섭 결과는 다른 부문의 고용과 이윤에 파급효과를 가져온다. 특정 그룹 노동자의 임금교섭이 경제 내의 다른 개인에게 미치는 외부불경제 효과로서는 소비자 가격 불경제(임금인상에 따른 소비자 가격의 인상으로 실질소득 감소), 투입가격 불경제(임금인상에 따른 투입재 가격 인상으로 생산량 및 고용 감소), 재정 불경제(실업증대에 따른 재정지출의 증가), 실업 불경제(임금인상에 따른 실업증대로 실업자들이 일자리를 발견하는 것이 보다 어려워짐), 투자 불경제(임금인상에 따른 자본에 의한 노동대체의 촉진), 질투 불경제(일부 노동자에 대한 임금인상이 다른 노동자에게는 상대임금 및 복지의 감소를 가져옴), 효율임금 불경제(단체교섭에서 제외된 노동자들은 임금인상 혜택에서 소외됨에 따라 노동의욕 감소), 노조 간 경쟁 불경제

(임금인상에 관한 노조 간 경쟁으로 인플레이션 압력 발생) 등이 있다(OECD, 1997). 이러한 불경제 효과들이 교섭과정에서 고려되는 정도는 교섭구조에 따라 다르다. 분산화된 교섭의 경우 이러한 불경제 효과가 노조조직 내에서 내부화되기 힘들다. 반면 교섭구조가 중앙화될수록 외부불경제를 통해 혜택받는 사람과 불이익을 받는 사람이 동일인으로 되며 이에 따라 외부불경제 효과는 노조조직 내에서 내부화될 것이다(Dowrick, 1993). 따라서 상호보완적인 노동자들이 광범위한 노조로 조직될 경우 임금상승 압력은 완화될 수 있다. 전국단일노조의 경우 임금인상에 따른 거시경제 효과는 완전히 내부화되며 그 결과 임금상승 압력은 완화되어 실업률과 인플레율이 낮아질 것이다.

Carmfors and Driffill(1988)은 경쟁효과와 외부효과가 작용하는 순효과의 결과로 단체교섭구조의 집중화와 일국의 경제실적 사이에는 U자 모양(따라서 실업률과 단체교섭구조 사이에는 낙타 등 모양)의 관계가 성립한다고 주장한다. 즉, 분산화된 교섭구조와 완전 집중화된 교섭구조를 가진 나라가 부문별 교섭구조를 가진 중간단계의 나라보다 더 우수한 경제실적을 보인다는 것이다. 분산화된 교섭구조를 가진 나라의 경우 고임금에 따른 부정적 결과를 상당한 정도로 외부화하지만 이는 생산물 시장에서의 경쟁에 의해 억제된다. 반면 집중화된 교섭구조를 가진 나라의 경우 경쟁효과에 의한 임금상승에 대한 억제는 적지만 대신 중앙노조조직이 경제 악화에 따른 노조원의 복지 악화를 염려해 임금상승에 따른 부정적 효과를 상당한 정도 내부화할 것이며 이에 따라 임금상승 압력은 완화될 수 있다. 이에 비해 산별교섭에 의존하는 중간단계의 경우 경쟁압력이 없는데다가 외부불경제의 내부화 효과도 충분히 발휘될 수 없기 때문에 거시경제적 성과는 가장 나쁘게 나타날 것이라고 한다.

그러나 이러한 Carmfors and Drifill의 주장에 대해서는 다음과 같은 반론이 가능하다.

첫째, 경쟁효과의 경우 임금인상이 반드시 물가인상을 가져오는 것은 아니다. 독과점 산업의 경우 이윤삭감 효과에 의해 임금인상 효과를 어느 정도 상쇄할 수 있으며 임금인상이 생산성 향상을 가져온다는 이른바 효율임금가설이나 충격가설 등도 있기 때문에 임금인상과 물가인상 간의 관계를 일원적으로 규정하기는 힘들다.

둘째, 교섭구조 집중화에 따른 임금평준화 효과를 고려해야 한다. 임금평준화가 경제실적에 미치는 영향에 대해서는 양론이 있다. 한편으로는 임금평준화가 노동시장의 경직성을 심화시키고 인센티브 기능을 약화시킨다는 주장이 있는 반면, 다른 한편으로는 임금평준화가 노사협조를 가져오고 생산성을 높인다는 주장도 있다(Moene, 1993).

셋째, 단체교섭구조의 집중화가 교섭비용을 줄이고 파업빈도를 줄인다는 데 대해서는 거의 모든 논자들이 동의하고 있다(Hibbs, 1978; Korpi and Shalev, 1980; Paldam and Pedersen, 1984; Moene, 1993; OECD, 1997). 이는 한 나라에 대한 시계열적 분석이나 여러 국가에 대한 횡단면적 분석 모두에서 확인되고 있다(Moene, 1993). 노르웨이와 스웨덴은 중앙교섭이 도입되기 이전인 제2차 세계대전 이전까지만 해도 세계에서 파업이 가장 빈번하게 발생하는 나라였으나 제2차 세계대전 후 중앙교섭이 도입된 뒤부터는 세계에서 파업이 가장 잘 일어나지 않는 나라로 바뀌었다. 최근 스웨덴에서 교섭구조가 분산화되면서 파업빈도는 다시 증가하고 있다. 이와 같이 중앙교섭에서 파업이 잘 일어나지 않는 이유는 기업 차원보다는 중앙 차원에서 경제 전체에 대한 정보가 노사 간에 공평하게 공유되기 쉽기 때문에 노조의 임금인상에 대한 기대가 보다 객관적인 경제현실에 부합하게 되고 이에 따라 노사 간 갈등 없이 합의에 도달하기가 쉽기 때문이다(Moene, 1993).

넷째, 단체교섭구조의 집중화는 노조의 조직률을 높이게 된다. 이러한 노조조직률의 상승은 임금인상에 따른 외부불경제 효과를 노조조직 내에서 내부화할 가능성을 높이기 때문에 임금상승 압력이 둔화된다.

따라서 일부 논자들은 단체교섭구조와 경제실적 간의 U자형 관계 가설에 반대하면서 양자 사이에 단선적이고 정비례적인 관계가 존재한다고 주장하고 있다(Bruno and Sachs, 1985; Layard et al., 1991; Soskice, 1990). 이 경우 보다 집중화된 교섭체제는 보다 거시경제적인 영향을 잘 고려할 것이다. 즉, 집중화에 따른 긍정적 효과(외부효과의 내부화)가 생산물 시장에서의 경쟁감소에 따른 부정적 효과를 압도할 것으로 생각된다.

단체교섭구조의 집중화 정도와 경제실적 간의 관계에 대한 이론이 이와 같이 여러 갈래로 나뉨에 따라 이를 실증적으로 증명하기 위한 몇몇 연구들이 이루어졌다. 이러한 실증연구들에서는 대부분 이른바 '사회적 합의주의'의 정도를 지표로 나타내고 단체교섭 집중화의 정도에 대한 국가별 순위를 중심으로 그 밖에 노조조직률(단체교섭 포괄범위, 교섭 수준 간 조정 정도 등을 사용함)과 실업률, 인플레율, 오쿤지수, 경상수지적자 비율 등 거시경제 변수 간의 관계를 살펴보고 있다. 이런 기존 연구결과는 〈표 3-2-5〉에 정리되어 있다.

이 표에서 보듯이 기존 연구결과를 가지고는 이 문제에 대해 명확한 결론을 내리기가 힘들다. 일부 연구에서는 단체교섭구조의 집중화와 경제실적 간의 긍정적 선형관계를 발견하고 있다. 그러나 다른 일부 연구에서는 오히려 양자 간에 부정적 선형관계가 발견되고 있다. 그런가 하면 다른 일부 연구에서는 U자형 관계가 발견되기도 했다. 가장 최근의 체계적 연구인 OECD(1997)의 연구에서는 U자형 관계에 대한 증거가 거의 없다고 결론짓고 있다.

〈표 3-2-6〉에서 노조조직률, 단체교섭 포괄범위, 교섭구조 및 조정의 집중화 정도 등에 대한 OECD 국가들의 순위와 실업률, 고용률, 실질소득 증가율, 소득불평등 등 거시경제 변수 간의 상관관계를 살펴보면 소득불평등 외에는 통계적으로 유의한 관계를 거의 발견할 수 없다는 것을 알 수 있다. 소득불평등의 경우에는 교섭구조가 집중화될수록 소득불평등이 감소하는 관계가 뚜렷이 드러나는데 이는 기대와 맞아떨어지는 결과이다. 그 밖에 고용률의 경우에 단체교섭 포괄범위가 넓을수록, 그리고 교섭구조가 집중화될수록 고용률이 낮다는 부분적인 증거가 보인다. 실업률, 인플레율, 실질소득 증가율 등에 대해서는 거의 아무런 연관관계를 발견할 수 없다. 이 표에는 표시하지 않았지만

〈표 3-2-5〉 단체교섭구조와 경제실적 간의 관계에 관한 기존 연구결과

연구자	경제실적지표	대상국 수	대상연도	연구결과
Bean(1994)	실업률	20	1956~1992	집중화에 따른 긍정적 선형관계
Bleaney(1996)	실업률, 인플레율	17	1973~1989	집중화에 따른 부정적 선형관계, 일부 U자형
Dowrick(1993)	생산성 향상률	18	1960s~1980s	U자형 지지
Freeman(1998)	고용, 실업, 임금 상승률	19	1984, 1979~ 1984/1985	U자형 지지
Golden(1993)	실업, 고용, 오쿤(Okun)지수, API	17	1974~1984	혼합적 결과
Grier(1997)	실질성상률	24	1951~1988	집중화에 따른 부정적 선형관계
Heitger(1987)	생산성 향상률	18	1960s~1970s	U자형 지지
Jackman(1993)	실업률	20	1983~1988	집중화에 따른 긍정적 선형관계
Jackman et al. (1993)	실업률	20	1983~1994	집중화에 따른 긍정적 선형관계
McCallum(1986)	오쿤지수, 실질일금경직성	18	1974~1984	집중화에 따른 긍정적 선형관계
OECD(1988)	실업률, 인플레율	17	1971~1986	U자형 지지
Rowthom(1992)	고용, 실업	17	1973~1985	U자형 지지(1980년 대만)
Scarpetta(1996)	실업률	15~17	1970~1993	집중화에 따른 긍정적 선형관계, 일부 U자형 지지
Soskice(1990)	실업률, API	11	1985~1989	집중화에 따른 긍정적 선형관계
Traxler et al. (1996)	실업률, 고용, 오쿤지수, API	16	1974~1985	혼합적 결과
OECD(1997)	실업률, 고용인플레, 실질소득, 소득불평등	19	1980~1994	U자형 증거 없음

주: Okun지수=실업률+인플레율, API(Alternative Performance Index)=실업률+경상수지적자/GDP
자료: OECD(1997).

〈표 3-2-6〉 단체교섭과 경제실적 간의 상관관계

	노조조직률 순위			단체교섭 포괄범위 순위			교섭구조/조정의 집중화 순위		
	1980	1990	1994	1980	1990	1994	1980	1990	1994
실업률	-0.117	0.056	0.263	-0.050	0.193	0.423*	-0.280	-0.136	0.189
고용률	0.401*	0.224	-0.065	-0.211	-0.414*	-0.621***	0.289	-0.086	-0.451*
인플레율	0.212	0.205	-0.149	-0.098	-0.003	0.204	-0.325	0.018	0.142
실질소득 증가율	-0.400*	-0.066	0.291	0.248	0.321	0.144	-0.035	0.087	-0.130
소득불평등	-0.527**	-0.607***	-0.371	-0.390	-0.341	-0.469*	-0.596**	-0.474**	-0.530**

주 1): 숫자는 스피어먼(Spearman) 순위상관계수임.
주 2): * 10% 수준에서 유의, ** 5% 수준에서 유의, *** 1% 수준에서 유의.
자료: OECD(1997).

상승-하강 순위를 이용한 U자형 가설에 대한 검증에서도 부정적 결과가 발견되었다. 결국 OECD는 단체교섭구조와 경제실적 간에 U자형 관계가 존재한다는 주장에 대해 부정적인 결론을 내리고 있다(OECD, 1997).

한편 Moene(1993) 역시 단체교섭구조의 집중도와 경제실적 간의 관계에 대한 모델 분석을 통해 양자 간의 관계가 매우 불확실하다고 결론짓고 있다. 다만 그는 이 관계가 해당 산업의 성격(사양산업인가 성장산업인가), 노조의 조직구조(집중화 정도), 경제실적지표 등에 의존한다고 밝히고 있다.

한편 Rama(1994)는 국민경제의 외부에 대한 개방 정도에 따라서도 단체교섭구조와 경제실적 간의 관계가 달라질 수 있다고 한다. 그에 따르면 폐쇄적 경제에서는 단체교섭구조가 집중화될수록 국민경제의 후생수준이 낮아지게 된다. 중간 정도의 개방경제에서는 단체교섭구조가 집중화될수록 국민경제의 후생수준이 높아지다가 완전히 중앙집중화된 교섭구조하에서 하락하는 역U자형이 나타난다. 고도로 개방된 경제에서는 단체교섭구조가 집중화될수록 국민경제의 후생수준은 높아진다고 한다. 이와 같은 현상이 나타나는 이유는 개방경제를 상정할 경우 임금인상에 따라 국내재 가격이 높아지면 교역조건이 개선되어 국민경제의 후생수준을 상승시키기 때문이다.

결론적으로 지금까지의 실증적 연구결과는 단체교섭구조와 경제실적 간의 관계가 긍정적·부정적 또는 U자형 그 어느 쪽도 확실한 증거를 갖지 못한 것으로 나타났으며 이는 다른 여러 가지 요소(산업의 성격, 노조의 구조, 경제의 개방 정도 등)에 따라 달라진다고 말할 수 있다.

선진국 산별노조의 사례연구

1. 전미자동차노동조합

1) 전미자동차노동조합의 약사

전미자동차노동조합(공식명칭 전미자동차-항공우주-농기구국제노동조합, Inter-national Union, United Automobile, Aerospace and Agricultural Implement Workers of America: UAW)은 1996년 말 77만 명의 현역 조합원과 50만 명의 퇴직 조합원을 가진 미국 최대의 노동조합 중 하나이다. 노조원 수 규모로는 교원노조(NEA 200만 명), 운수노조(IBT 140만 명), 공무원노조(AFSCME 130만 명), 식품-상업노조(UFCW 140만 명), 서비스노조(SEIU 110만 명)에 이어 6위이지만, 핵심 산업인 자동차, 항공산업을 위시해 UAW가 포괄하고 있는 산업, 직종, 지역의 중요성과 다양성, 노조원의 결집력, 유형교섭(pattern bargaining)에 의한 타 산업에 대한 영향력, 강력한 재정력, 정치에 대한 영향력 등 여러 가지 면에서는 다른 산별노조와 비교할 수 없는 세력을 가진 미국 산별노조의 대표격이다.

UAW는 1935년 8월 26일 미시간 주 디트로이트(detroit)에서 창립되었다.[1] 1930년대의 뉴딜정책 아래 「와그너법」의 제정으로 노동3권이 보장되면서 대량생산산업의 미숙련·반숙련 노동자의 조직화가 촉진되었고 그 일환으로 UAW도 창립되었던 것이다. UAW는 창립 초기부터 많은 시련을 겪었다. 사용자의 조합 반대공작이 끈질기게 전개되었을 뿐만 아니라 AFL(노동총연맹)의 헤게모니 장악 시도로 인해 UAW는 조직분규에 시달렸다. 이에 따라 조합원도 급감했다. 1936년 CIO(산업별조합회의)가 결성됨에 따라 UAW는 AFL로부터 탈퇴해 CIO에 가입했다.

UAW는 1930년대 말에서 1940년대 초에 걸쳐 강력한 노동자계급 세력 확대 전략에 나섰다. 이는 상당히 전투적 성격을 띠고 있었다. 연좌농성(sit-down strike) 등 대중투쟁전술이 흔히 사용되었으며 노조원의 참여율도 높았다. 강력한 현장 노조 대표의 지도력하에 비공식파업(wild-cat strike)이 빈발했고 대규모 파업과 라인 정지가 잇달았다. 특히 1937년 GM에서 일어난 연좌농성은 유명하다. UAW는 근 2개월간의 격렬한 투쟁 끝에 GM으로부터 배타적 단체교섭권을 획득하는 데 성공했다.

이러한 UAW의 성공으로 조합원이 급증했다. 자동차 3사(Big Three)는 완전 조직화되었으며 이 시기에 유형교섭 전략도 정립되었다. 노조 내부적으로도 양대 계파가 노조 지도부를 장악하기 위해 경쟁하는 과정에서 전체 조직의 민주화가 이루어졌고, 정치·경제적 전략에 대한 활발한 토의가 진행되었다.

그러나 UAW는 제2차 세계대전을 계기로 해서 실리적 조합주의 노선으로 선회했다. 특히 1946~1970년까지 무려 24년이나 집권했던 월터 로이터(Walter Reuther) 위원장은 임금인상, 근로조건 개선에 집중하면서 노조의 경

---

[1] 이하 UAW의 약사는 최영기·이병훈(1995); Perusek and Worcester(1995); Mann(1987, 1988); UAW 홈페이지(www.uaw.org) 등 참조.

영참가 요구를 포기했다. 그는 또 내부적으로는 노조권력을 노조 본부로 집중화하고, 조직운영의 전권을 장악했다. 또한 그는 전임자 제도와 체크오프(check-off)제를 도입했다. 그리고 UAW 내의 분파를 제거했는데, 특히 1940년대 말에서 1950년대 초에 걸쳐 UAW 내의 급진파가 대부분 제거되었다.

전후 미국 경제의 장기호황에 따라 단체교섭은 안정적 발전을 계속했다. 노사 간에 연차적 인상요인(Annual Improvement Factor: AIF)과 생계비 연동제(Costs of Living Adjustments: COLA) 조항 등의 임금인상 공식이 확립되었다. 또 유형교섭에 의한 기업·공장 간 계약조건의 평준화와 직무통제 등이 이루어졌다.

이에 따라 UAW는 상당한 임금임상과 기업 내 복지제도(유급휴가, 실업보조수당, 기업연금), 근로조건 개선 등을 획득할 수 있었다. 그러나 UAW는 그 대가로 근로기준의 결정, 유지, 실행권을 경영자 전권으로 인정했다. 예컨대 단체협약에 파업금지 조항(no-strike clause)이 포함되었고, 노조 현장 활동가의 권한이 약화되었다. 그 결과 1960년대에 UAW는 대규모의 관료화된 조직으로 변신했다. 지도부는 정기총회에서 선출되며 이들은 1천 명 가까운 유급전임 임직원 관료층의 임명을 통해 강력한 조직권력을 행사한다. 이들 조합관료층은 지부노조에 대한 서비스가 주임무이다. 그러나 지도부에 비판적인 지부에는 서비스를 중지함으로써 이들 지부에 압력을 넣을 수 있다.

이에 대해 1960년대 말에서 1970년대 초에 일반노조원의 반발이 나타났다. 조합지도부에 반대하는 독립적인 일반노조원의 조직이 성장했으며 비공인파업이 빈발했다. 이들은 고충처리 절차의 개선, 노조구조의 개혁 등을 주장했다. 즉, 지부에 의해 선출된 위원들이 지부에 서비스하도록 요구했던 것이다. 그러나 이러한 일반조합원들의 조합개혁 운동은 실패로 끝났다.

1973년 이후 미국 자동차산업의 위기가 닥쳤다. 오일쇼크로 인해 내수가 격감하는 한편 일본제 자동차의 수입이 급증했다. 이에 따라 미국 자동차 회사들은 공장폐쇄, 대량해고 등을 단행했는데 1975년 한 해 동안 자동차 3사 생산직의 4분의 1이 일시해고(lay-off)되었다. 이에 따라 UAW의 전투성은 완전히 소멸되었다.

경영 측은 공장폐쇄, 대량해고와 더불어 생산성 향상과 노조통제를 위해 노동생활의 질(QWL), 팀제도, 근로자 참여 등 일본식 생산방식에 기초한 노사협조주의적 전략을 도입하기 시작했다. 이에 대해 UAW는 제대로 대응하지 못했다. 노조는 회사의 전략적 의사결정에 대한 투쟁을 포기하고 양보교섭을 받아들이는 한편 노사 공동 프로그램에 참여했다. 1978년 당시 UAW 위원장 더글라스 프레이저(Douglas Fraser)가 크라이슬러의 구조조정계획을 받아들이는 대신 이 회사의 이사직에 취임했던 것은 이러한 움직임의 상징적 사건이었다. 그 뒤를 이어 1980년 취임한 오웬 비버(Owen Bieber) 위원장 역시 마찬가지 전략을 사용했다.

이에 대해 일반노조원들은 반기를 들기 시작했다. UAW의 노사협조전략에 반대하는 현장노조원의 운동 중 가장 유명한 것이 신노선운동(New Direction Movement: NDM)이다. 1986년 UAW 제5지역본부(세인트루이스) 본부장 선거에서 UAW 본부가 지명한 후보에 대항하여 NDM의 지도자 터커(Tucker)가 출마했다. 그는 적은 표차로 패배했으나 노동부에 의해 선거부정으로 판정받아 재선거에서 승리함으로써 제5지역본부장 겸 UAW 본부 집행위원이 되었다. 터커는 1989년 선거에서 노조 본부 지명후보에게 패배했다. 그러나 여전히 NDM은 여러 지부노조에서 영향력을 가지면서 UAW 지도부에 반대하는 운동을 전개하고 있다(Perusek, 1995; Katz and Kochan, 1992).

한편 UAW 캐나다 지부는 UAW 본부의 양보교섭에 반대, 1984년 UAW로부터 분리해 캐나다자동차노조(CAW)를 창설하기도 했다.[2] 이러한 위기 속에서 1979~1996년에 UAW의 조합원 수는 절반 이하로 떨어졌다. 그러나 최근

---

2) 캐나다자동차노조의 분리 배경에 대해서는 Perusek(1995); Yanarella(1996); Yates(1992) 등 참조.

<표 3-3-1> UAW의 조합원 수 추이(현역 조합원)

(단위: 천 명)

연도	1939	1960	1979	1983	1988	1989	1995	1996
조합원 수	165	1,136	1,520	1,026	1,003	917	757	770

자료: UAW 홈페이지.

UAW는 다시 조직 활성화의 조짐을 보이고 있는데, 이는 다음과 같은 다양한 형태로 나타나고 있다.

첫째, 다각화의 움직임이다. UAW는 자동차산업을 중심으로 한 전통적인 제조업으로부터 사무직, 공공부문, 3차산업, 전문직 등으로 조직대상을 다각화함으로써 최근 조합원 수가 약간 증가했다(<표 3-3-1> 참조).

둘째, 조합원에 대한 서비스의 다양화이다. 전통적인 단체교섭에 의한 임금, 복지 향상뿐만 아니라 조합원을 위한 신용조합, 의료보험, 취업알선, 신용카드, 직업훈련 등 다양한 서비스를 제공함으로써 조합에 대한 관심과 참여를 높이기 위해 노력하고 있다.

셋째, 조직통합이다. UAW는 노조세력의 약화에 대응하고, 비용을 절감하는 한편, 노조를 부흥시키기 위한 목적으로 조직통합에 노력하고 있다. 이러한 노력의 결과 1995년 7월 UAW, 기계공노조(International Association of Machinists: IAM), 철강노조(United Steelworkers of America: USA) 등 세 조직은 2000년까지 통합을 완료한다고 발표했다. 이들은 공동회의 개최 등 통합절차를 추진 중이다. 통합이 완료되면 현역 조합원 200만 명, 퇴직 조합원 130만 명을 자랑하는 미국 최대의 노조가 탄생하게 될 것으로 보인다.

2) 조직 및 운영체계

(1) 개관

1996년 말 UAW의 조합원 수는 현역 조합원 76만 9685명, 퇴직 조합원 49

만 5850명으로 총 126만 5535명에 달한다(UAW 홈페이지 참조).[3] UAW는 미국, 푸에르토리코, 캐나다 온타리오 주 등에 걸쳐 1130개의 지부노조를 거느리고 있으며 1500여 곳의 사용주를 대상으로 2100개의 단체협약을 체결하고 있다. 본부는 미시간 주 디트로이트 시에 있다. 상급조직으로는 AFL-CIO에 가맹하고 있으며, 그 밖에 국제금속노련(IMF), 국제자유노련(ICFTU)의 가맹단체이기도 하다.

UAW는 산별조직을 원칙으로 하지만 다양한 업종별·기업별 조직을 포괄하고 있다. 조합원의 부문별 구성을 보면 다음과 같다.

첫째, **자동차**: GM, 포드, 클라이슬러 등 완성차 3사(사무직 포함)와 일본과의 합작회사(NUMMI, AutoAlliance, Mitsubishi), 중트럭, 자동차부품사 등.

둘째, **항공우주**: 맥도넬, 더글라스, 보잉, 록히드, 벨, 록웰, GE 등 군수용 및 민간용 항공기, 우주관계 제조업.

셋째, **방위산업**: 제너럴다이내믹, AM 제너럴, 일렉트릭보트 등.

넷째, **농기구 및 건설장비**: 존디어, 캐터필러, 코마쓰-드레슬러 등.

다섯째, **기타 제조업**: 가전제품, 양조업, 정원유지장비, 공구, 자전거, 무기완구, 악기, 제약, 화장품, 식품, 보트, 이동주택 등.

여섯째, **기술직 사무직 전문직(TOP)**: 공무원, 대학, 의료보건산업, 비영리단체, 박물관, 출판, 언론매체 등 다양한 분야. 이 분야 조합원은 최근 증가하고 있다.

이처럼 UAW 소속 분야가 다양한 것은 지부노조가 상급 산별노조를 상당히 자유롭게 선택할 수 있기 때문이다. 최근 다른 산별노조 소속 지부노조가 교섭

---

[3]   UAW의 노조원은 현직에서 퇴직하더라도 조합원 자격을 유지한다. 퇴직과 더불어 퇴직 조합원은 퇴직자 지부(Retired Workers Local)에 소속되어 조합 내에서 중요한 역할을 계속한다. 퇴직자 지부는 파업투표권 등 두세 가지 권리를 제외하면 다른 지부와 거의 동등한 권리를 갖는다. 퇴직 조합원은 월 1~2달러 정도의 적은 조합비를 납부하는 대신 조합이 적립하고 있는 퇴직 조합원기금을 비롯해 각종 복지혜택을 받을 수 있다(秋元樹, 1984).

권 강화를 위해 기존의 가맹단체를 탈퇴해 UAW에 가입하는 경향이 늘고 있다.[4]

UAW의 조직 구조는 UAW 전국본부(International Union)[5]-12개 지역본부(Regional Office)-지부노조(Local Union)로 되어 있다. 그 밖에 정계에 대한 로비활동을 담당하는 워싱턴사무소와 조합원 및 그 가족에 대한 교육을 담당하는 가족교육센터가 있다. UAW의 최고의사결정기관은 3년마다 개최되는 전국대의원대회이지만 평상시에는 집행위원회가 실질적 의사결정기구 역할을 한다.

(2) 정기대의원대회

UAW 헌장에 따라 3년마다 개최되는 정기대의원대회(Constitutional Convention)는 UAW의 최고정책결정기구이다. 다른 산별노조가 대부분 1~2년마다 정기대의원대회를 개최하는 데 비해 UAW의 정기대의원대회가 3년마다 개최되는 이유는 한편으로는 조직의 방대함 때문이기도 하지만 다른 한편으로는 UAW가 주로 집행기구를 중심으로 의사결정이 이루어지기 때문이다. 각 지부노조는 비밀투표에 의해 정기대의원대회 대의원을 선출하는데, 대의원 수는 노조원 수에 따라 배정된다.[6]

대의원대회의 권한은 헌장의 개정, 집행위원의 선출, 사회·경제적 이슈에 대한 정책결정, 임원권한의 결정, 임직원 봉급의 결정, 제소절차의 결정, 선거규칙위 결정 등이다.

정기대의원대회 이외에 집행위원의 3분의 2 이상, 또는 조합원의 20% 이상

---

4) 예컨대 중소 규모의 의류판매점에 종사하는 점원들의 조직인 UAW District 65 조합은 유통노동조합(DWA)을 탈퇴해 UAW에 가입했다(秋元樹, 1984 참조). 이처럼 다양한 분야를 포괄하는 과정에서 필연적으로 다른 산별노조와 관할권 분쟁을 일으키기도 한다. 하버드 대학교 직원 노동조합을 만드는 과정에서 일어났던 관할권 분쟁은 유명한 예이다. 이에 대해서는 Weil (1994) 참조.

5) 'International'이란 캐나다를 포함하고 있다는 의미이다.

6) 조합원 200명까지 1표, 추가되는 300명에 1표, 그 이상은 800명 추가 시마다 1표.

의 요구가 있을 때 임시대의원대회를 개최할 수 있다.

(3) UAW 본부조직

① 집행위원회

정기대의원대회의 기능을 평소에 담당하는 실질적 의사결정기구로서 UAW 집행위원회(International Excutive Board)가 있다. 집행위원회는 대의원대회에서 승인된 사업 및 정책을 실행하고 UAW의 일상 운영을 담당한다. 집행위원회는 모두 18명의 집행위원으로 구성되는데 이는 다시 본부임원 6명(위원장, 사무총장, 부위원장 4명)과 각 지역본부장 12명으로 이루어진다. 이 중 본부임원 6명이 실질적으로 의사결정의 주요 담당자이며 바로 이 점에서 UAW의 정책결정의 중앙집권화에 대한 비판이 자주 대두되고 있다.

집행위원 전원은 정기대의원대회에서 선출되며 임기는 3년이지만 연임 제한이 없기 때문에 장기집권이 가능하다. 집행위원회는 최소한 분기별 1회 이상 개최되는데 주요 기능으로서는 전국 차원의 주요 정책결정, 단체교섭전략의 수립, 쟁의행위 결정, 지부노조의 단체협약 체결 및 파업요청에 대한 승인, 파업기금 지원, 일상활동 관리감독 등이다. 특히 지부노조의 단체협약 체결 및 파업요청에 대한 최종승인권을 집행위원회가 가지고 있어 지부노조에 대한 강력한 통제력을 행사할 수 있다.

② 임원

UAW의 위원장은 조합원의 이익을 보호·증진하는 데 필요한 임무의 수행을 책임지고 있다. 전통적으로 UAW의 위원장은 상당한 권한을 행사해 왔다. 교섭전략의 수립, 조직 캠페인, 관할권 결정, 조합헌장 및 규약의 개정, 기타 운영문제의 결정 등을 실질적으로 주도하며 유급직원의 채용, 배치권을 가지고 있다. 위원장은 분기별로 개최되는 집행위원회에 업무를 보고할 의무가 있다. UAW의 위원장은 일단 선출되면 정치적 반대파를 억누르고 상당 기간 집권하는 것이 보통이다. 위원장직을 떠나는 경우는 대부분 자진사임, 퇴직, 사망 등이며 선거에 패배해서 떠나는 경우는 거의 없다. 예컨대 1946년 당선된 로이터 위원장은 1970년 비행기 사고로 사망할 때까지 무려 25년간이나 위원장직을 유지했다. 1995년 취임한 현 위원장(제31대) 스테픈 요키치(Stephen Yokich) 역시 부위원장을 5회나 역임한 노련한 조합간부 출신이다. 위원장은 상당히 많은 연봉(10만 달러 이상)을 받는 것으로 알려져 있으며 기타 판공비, 조합 소유 비행기와 여가시설 등을 이용할 수 있다. 위원장 봉급은 때때로 대의원대회에서 논란거리가 되고 있다.

부위원장 4인은 자동차 3사(GM, 포드, 클라이슬러) 노조 대표 3인과 기타 부문 대표 1인으로 구성된다. 이들은 각각 해당 사 단체교섭부의 부서장직도 겸임한다.

사무회계총장은 UAW의 살림살이와 일상운영을 책임지는 중요 직책이다. 사무회계총장은 기금운영, 회계처리, 재무관계 사무 등이 노조헌장과 법률에 부합되도록 유지할 책임을 진다. 사무회계총장은 매년 UAW에 재정상황을 보고할 책임이 있다.

③ 본부 각 부서

UAW는 복잡한 부서조직을 갖고 있는 것으로 유명하다. 한때는 단체교섭부 27개, 기술행정부 17개, 특별블록부 7개 등 총 51개의 부서를 갖고 있었던 적도 있다(Wallihan, 1985: 118). UAW 본부의 부서는 사용주별 단체교섭을 책임지는 단체교섭 부서, 노조 본부를 대표하고 지부에 대한 서비스를 책임지는 위원장 직속부서, 노조 본부의 내부행정을 책임지는 사무회계총장 직속부서 등세 부문으로 대별된다. 그 밖에 특별부서로서 정치로비활동을 책임지는 워싱턴사무소, 교육을 담당하는 가족교육센터 등이 있다.

〈표 3-3-2〉 UAW 본부의 조직구성

전국단체교섭 부서(National Collective Bargaining Departments)
전국 차원에서의 단체교섭 조정, 전국협약 실행, 지부협약 지원
ㅇ GM부　　　　　　　　ㅇ 포드부　　　　　　　ㅇ 크라이슬러부
ㅇ 항공우주부　　　　　ㅇ 농기구부
ㅇ 경쟁사업장부: 부품, 원자재 기업 및 전국협약이 없는 기업 담당
ㅇ 중(重)트럭부　　　　ㅇ 다국적기업 및 합작기업부
ㅇ 숙련공, 기술자, 사무직, 전문직부

위원장 직속부서
ㅇ 중재부: 지부간부, 본부 직원을 대상으로 고충처리 절차, 중재교육, 중재결정의 동향 파악, 분석
ㅇ 지역사회행동사업(CAP)부: 지역사회의 사회경제적 조건 개선, 사회 전체의 삶의 질 향상을 위한 정책개발, 촉진
ㅇ 전국 CAP부: 정치활동, 선거 캠페인, 입법활동 담당
ㅇ 민권부(Civil Rights): 인종차별, 성희롱 금지, 유권자등록운동
ㅇ 지역사회서비스부: 현직 및 실직 조합원에 대한 보건, 사회복지서비스
ㅇ 퇴직 조합원부: 퇴직 조합원을 위한 사업
ㅇ 환경보호 및 자원부: 환경보호에 관한 교육, 동원, 정책수립, 입법활동 요구
ㅇ 소비자문제부: 소비자 보호, 소비자를 위한 입법활동
ㅇ 교육부
ㅇ 산업안전부
ㅇ 정보시스템부: 조합 내 컴퓨터 하드웨어, 소프트웨어, 프로그램, 네트워킹
ㅇ 법규부: 법률문제 자문, 대변
ㅇ 조직부
ㅇ 홍보출판부
ㅇ 여가활동부: 조합원 및 가족을 위한 레크리에이션, 스포츠 활동
ㅇ 연구부: 단체교섭, 조직활동, 공공정책 등에 관한 연구조사
ㅇ 연구도서관
ㅇ 사회보장부: 의료보험, 연금, 생명보험, 실업보조보험, 기타 직업 및 소득보장
ㅇ 시간연구 및 공학부: 라인속도, 표준작업, 직무평가, 직업훈련 등에 관한 조언
ㅇ 여성문제부
ㅇ 워싱턴사무소: 정부 및 국제문제 담당, 입법부 담당

사무회계총장 직속부서
ㅇ 회계부
ㅇ 회계검사부: 지부노조의 회계에 대한 자문, 지원
ㅇ 유통부: 조합원 성명 및 주소 처리, 유지. 조합간행물 발송 주소록 유지관리
ㅇ 구매조달부
ㅇ 파업보험부: 파업보험의 지급, 기타 파업 시 사회보장 관련 정보, 연락
ㅇ 재향군인문제부: 조합 내 재향군인 관련 사업

주: 1985년의 수치이지만 각 산별노조의 조합원 1만 명당 유급직원 수는 운수노조(IBT) 1.38명, 철강노조
　　(USWA) 14.13명, 철도·항공사노조(BRAC) 10.77명, 고무노조(URW) 10.43명 등임(Mills, 1994: 85).
자료: UAW 홈페이지.

④ 유급직원

UAW는 현재 1천여 명의 유급직원을 거느리고 있는데 이는 조합원 1만 명당 14명 수준으로서 다른 산별노조에 비해 높은 수준이다. 1960년대 이래 UAW의 관료화에 따라 유급직원 수는 급속하게 증가해 왔다.

이들 유급직원은 두 가지 종류로 나뉜다. 첫 번째는 UAW 본부에서 각 지역본부, 지부노조에 파견되는 본부노조 파견 대표[International Representative, 일명 '대표(rep)']들이다 이들은 전국본부와 지부노조 간의 중개 역할을 맡는다. 지부노조의 단체교섭, 고충처리 등에 대해 지원하며 지부운영도 지원한다. 이들은 관할지역 내 미조직 노동자의 조직 노력을 책임지며 지부운영 상황에 대해 본부에 보고할 책임도 진다.

두 번째는 전문가 그룹이다. 이들은 변호사, 회계사 및 연금문제, 산업안전, 조직활동, 교육, 정치로비활동, 출판, 교섭분야 등의 전문가이다. 이들은 UAW 본부의 각 부서에 소속되어 단체교섭, 고충처리, 중재, 노동법, 산업안전, 의료보험 및 퇴직연금, 실업보험, 임금, 입법활동, 경제학, 교육훈련, 홍보활동 등의 전문분야별 업무를 수행한다.

(4) 지역본부

UAW 지역본부(Regional Office)는 9개 광역지역과 3개 지구 등 총 12개가 있다.[7] 지역본부는 지리적 넓이나 행정구역 등과는 상관없이 노조원들의 밀집도에 따라 구획되는데, 자동차 공장이 밀집되어 있는 미시간 주에는 4개의

---

7)   1(디트로이트 동부, 캐나다), 1A(미시간 주 웨인 군, 몬로 군, 와시테노 군), 1C(미시간 주 남부, 서부), 1D(미시간 주 서부, 북부), 2(오하이오 동부, 펜실베이니아, 웨스트버지니아), 2B (오하이오 서부), 3(인디애나, 켄터키), 4(일리노이, 아이오와 등 북부, 중부 9개 주), 5(미조리로부터 캘리포니아, 하와이까지 서부, 서남부 17개 주), 8(매릴랜드로부터 플로리다까지 남부, 동남부 11개 주), 9(펜실베이니아, 뉴욕 주 서부, 뉴저지), 9A(뉴욕 동부부터 메인 주까지 북동부 8개 주).

지역본부가 있는 반면, 미조리 주로부터 캘리포니아 주, 하와이 주에 이르는 광범한 지역의 서남부 17개 주가 1개 지역본부로 묶여 있기도 하다. 지역본부장은 UAW 정기대의원대회 때 해당 지역 대의원들이 따로 모여 선출하는데 임기는 3년이다. 지역본부장은 UAW 본부의 집행위원을 겸임한다. 지역본부의 주요 임무는 지역 차원에서의 노조의 정책, 사업수행을 책임지며 지부노조의 단체교섭을 지원하고 기타 교육, 정치활동 등을 수행한다.

(5) 지부노조

지부노조는 산별노조체제하에서 노조원과 가장 가까운 최말단 노동조합이다. UAW에는 1996년 말 1086개의 지부노조가 있다. 지부노조의 규모는 각양각색이어서 작은 것은 수십 명 규모에서부터 큰 것은 1만 5천 명 이상인 것도 있다.

지부노조는 해당 교섭단위(들)(하나 내지 그 이상의 고용주)에 고용된 노조원들로 구성된다. 업종, 규모, 직종을 불문하고 어떤 지부노조에 속하고 싶은 사업장 노동자들은 모두 조직하지만 개인가맹은 아니며 사업장 단위로 지부노조에 가입한다.[8]

지부노조는 하나의 교섭단위(고용주)에 속하는 노동자들로 구성되는 단일지부노조(single local)와 2개 이상의 교섭단위에 속하는 노동자들로 구성되는 연합 지부노조(amalgamated local)의 두 종류로 나뉘며 이를 공장단위 지부노조(factory local)와 비공장단위 지부노조(non-factory local)라고 부르기도 한다.

각 지부노조는 UAW 헌장 및 규약에 부합되는 한도에서 독자적인 규약을 제정하고 임원을 선출한다.

---

8) 흔히 산별노조는 개인가맹을 원칙으로 한다고 알려져 있으나 반드시 그런 것은 아니다. UAW에서 지부노조에 대한 최소 가맹단위는 사업장이다. 물론 동일 직종에 종사하며 여러 사업장에 흩어져 있는 노동자들은 직종 단위로 가맹할 수도 있다.

지부노조의 최고의사결정기관은 조합원회의이다. 조합원회의는 매월 1회 개최되는 정기회합이다. 그러나 선거, 단체협약 찬반투표, 파업 찬반투표 등 특수한 경우를 제외하고는 조합원 출석률이 5~10%로 저조한 편이다(Ballot, 1996). 조합원 참석률을 높이기 위해 지부노조는 불참자에게 벌금을 물리거나 레크리에이션, 스포츠, 각종 행사활동 등 다양한 수단을 사용하고 있다. 단, 현장대표인 직장위원(shop steward)은 반드시 출석해야 한다. 직장위원이 정당한 이유 없이 2회 이상 연속 불참한 경우 그 직에서 해임된다.

지부노조의 집행기구는 지부집행위원회이다. 집행위원회는 지부위원장, 부위원상, 사무회계국장, 기타 집행부 간부들로 구성된다. 집행부는 지부조합원 전원의 비밀투표로 선출되며 임기는 3년이다. 규모가 큰 지부는 임원이 상근하면서 노조로부터 월급을 받지만 대부분의 지부는 지부위원장이 회사로부터 급여를 받으면서 파트타임으로 노조에 근무한다. 위원장 등 지부간부가 노조활동에 사용한 시간에 대한 보수는 고용주 또는 노동조합이 보상하는데 이는 해당 지부의 단체교섭사항으로 규정된다. 지부 임원직은 업무가 힘들고 보수가 낮은 고된 직책이며 대부분 노동운동에 대한 사명감으로 이 일을 하고 있다고 한다(Ballot, 1996).

지부에는 UAW 헌장에 의해 의무적으로 설치하도록 규정된 각종 상설위원회와 그 밖의 여러 가지 임의위원회가 있다. 그중 가장 중요한 위원회는 교섭위원회(상층위원회, 공장위원회로도 불림)이다. 교섭위원회는 조합원회의에서 선출되며 규모가 큰 지부에서는 산하의 여러 지구단위에서 선출된 대표로 구성되기도 한다. 교섭위원(위원회위원, 공장위원, 고충처리위원, 지부노조 대의원 등 여러 가지 명칭으로도 불림)들은 UAW 본부의 지원을 받아 단체협상, 고충처리, 노조사무에 관한 조합원들의 질문에 응답하기 등을 담당한다.

교섭위원회 외에 규약위원회, 조합상표위원회(노조원에 의해 생산되는 상품과 노조원이 있는 상점에 노조상징물 부착, 선전 및 노조탄압 회사의 상품에 대한 불매운동 등 담당), 교육위원회, 환경보전 및 여가활동위원회, 지역사회서비스위원회, 민권위원회, 시민권 및 법규위원회, 소비자문제위원회, 여성위원회 등 상설위원회와 기타 여러 가지 위원회가 있다.

지부노조 운영은 이원화되어 있다. 즉, 단체협약의 운영은 조합원 10~20명 단위로 선출된 직장위원(공장위원, 공장 고용위원으로도 불림)들이 맡는다. 한편 지부노조의 운영은 위원장, 부위원장, 사무국장 등 선출된 집행부가 맡는다.

지부노조의 양대 기능은 해당 지부 노동자들을 대표해 지부노조 단체교섭을 벌이는 기능과 체결된 지부협약의 일상적 운영 기능이다. 전자의 기능은 주로 지부노조의 교섭위원회가 담당한다. 지부노조는 해당 교섭단위(하나 또는 둘 이상의 사용주)와 지부 차원의 단체협약을 맺는데 임금 및 기타 경제적 이슈는 전국 차원의 교섭에서 결정되므로 지부 차원에서는 주로 지역(또는 공장) 차원의 이슈만 다룬다. 지부교섭 시 중앙에서 파견된 본부노조 파견 대표의 지원을 받는다.

한편 후자의 기능은 주로 직장위원이 담당한다. 이는 조합원의 고충처리 및 중재업무로 이루어진다. 고충처리는 단체협약의 운영과 관련해 제기되는 개별 근로자와 사용자 사이의 이익분쟁을 해결하기 위한 제도적 장치이다. 관리자가 취한 조치가 단체협약의 내용과 기준에 위배되어 본인에게 피해를 주고 있다고 개별 조합원이 불만을 제기하고, 그 불만 제기가 문제가 되고 있는 현장감독자와의 사이에서 해결될 수 없을 때 조합원은 직장위원에게 문제해결을 요구할 수 있다. 직장위원은 이 문제를 본인과 상의하고 사실조사를 벌이며 감독자에게 고충해결을 제기한다. 만약 이 단계에서 문제가 해결되지 않을 경우 서면으로 고충처리 절차를 개시할 수 있다. 고충처리 절차가 개시되면 직장위원과 관리자 대표가 만나 협의를 하게 되며 이 단계에서도 해결되지 않으면 보다 상위의 협의단계로 올라가게 된다. 각 단계별로 문제에 대한 검토, 협의가 이루어지며 상위수준에서도 해결되지 않으면 고충위원회가 최고경영자에게 문제를 제기한다. 이 절차로도 문제가 해결되지 않을 경우 제3의 중립적인 중재인에 의한 강제적 중재절차를 밟게 된다.

직장위원은 그 밖에도 사업장 내 노조멤버회의 개최, 회의내용의 상부보고, 조합비 징수 등 여러 가지 업무를 담당한다. 그러나 직장위원은 노조의 전임종사자는 아니다.

지부노조는 지부협약의 체결과 유지 기능 외에도 다양한 기능을 하고 있다. 지부노조의 기능으로 열거되고 있는 사항을 보면 부가급여(각종 연금, 보건의료급부 등)의 설정 및 관리, 관할구역 내 미조직 노동자의 조직, 조합원에 대한 직업훈련, 정치활동, 지역사회활동, 조합원 및 조합간부 교육, 법률문제 관리, 다른 노사 단체와의 대외 협조, 지부조직 운영(레크리에이션 활동, 스포츠 활동, 뉴스레터 발간 등) 등 다양한 범위에 걸쳐 있다(Mills, 1994: 92). 이러한 기능을 제대로 수행하기 위해 지부사무소는 단순한 노조사무소가 아니라 진료소, 직업소개소, 기술훈련소, 신용조합, 약국, 안경점, 퇴직 조합원 홀, 조합대학 등 각종 시설을 갖춰 조합원을 위한 종합서비스 기능(one stop service)을 하고 있다(秋元樹, 1984).

(6) 기타

• 워싱턴사무소: 정부와 의회관계 로비활동과 입법감시를 담당하는 곳이다. 조직은 정부-국제부와 입법부부로 나뉘어져 있다. 정부-국제부는 백악관, 각료급 정부부처, 기타 연방기관과 국제노동기구, 외국 노동조합, 인권단체 등을 담당하며 국제무역의 기본 조건으로서 외국 정부가 노동권과 인권을 존중하도록 압력을 넣는 것이 주요한 기능의 하나이다. 입법부부는 의회에 대한 로비활동, 각종 정치단체와의 협조, 조합원과 관련 있는 입법문제에 대한 정보 제공, 교육, 조합원 동원 등을 담당한다.

• 가족교육센터: 미시간 주 블랙 레이크(Black Lake)에 소재한 월터와 메이 로이터 UAW 가족교육센터(Walter and May Reuther UAW Family Education Center)는 조합원과 그 가족을 위한 교육, 휴양시설로 산별노조로서는 매우 큰 규모의 시설이다. 재정은 파업기금의 이자로 충당하고 있다. 매년 여름 조합

원 가족을 위한 교육, 레크리에이션 활동을 개최한다. 교육센터는 또 조합간부를 위한 교육, 지역본부의 리더십 훈련 등 다양한 용도로 사용되고 있다.

• 공공감독위원회(Public Review Board): UAW의 독특한 조직으로 공공감독위원회가 있다. 1957년 UAW 대의원총회의 의결로 설치된 공공감독위원회는 노조의 선출직 간부들과 노조의 각종 기관의 행위와 UAW 윤리규정에 대한 위반 여부를 독립적 입장에서 감사할 수 있는 권한을 가지고 있다. 공공감독위원회의 위원은 UAW와 관련 없는 외부인사들로서 윤리학, 노동법, 노사관계의 전문가들이다. 위원회의 결정은 구속력을 지닌다. 공공감독위원회는 미국 산별노조로서는 처음 설치된 것으로 조합원의 민주적 권리를 보호하기 위한 제소위원회의 성격을 지니고 있다.

3) 재정

UAW는 미국 산별노조 가운데 가장 재정이 튼튼한 노조이다. 1995년 총자산은 12억 8천만 달러로 미국 노조 전체의 12.9%를 차지하고 있으며 2위 노조인 IBEW(International Brotherhood of Electrical Workers)의 7억 3500만 달러와도 큰 격차를 보인다(〈표 3-3-3〉 참조).

〈표 3-3-3〉 미국 주요 산별노조의 자산상태(1994~1995년)

	총자산(백만 달러)	비중(%)
UAW	1,280	12.86
IBEW	735	7.39
CJA	548	5.51
LIU	479	4.81
IBT	433	4.35
UFCW	390	3.92
PPI	376	3.79
기타 노조(148개)	5,709	57.36
전체(155개)	9,950	100.0

자료: Masters and Atkin(1997).

수입의 대부분은 조합원이 내는 조합비로 구성된다. UAW는 1967년 총회에서 조합비를 '두 시간 분 임금'으로 정했는데 이는 월급여(통상급: 보너스 포함, 잔업수당 제외)의 약 1.15% 수준이다. 단, 공무원은 파업이 금지되어 있으므로 파업기금을 낼 필요가 없기 때문에 보다 낮은 조합비가 적용된다. 1995년 UAW 조합원의 연봉 평균은 3만 4923달러이며 조합비 평균은 연간 403달러(월평균 33.84달러) 수준이다(UAW 홈페이지 참조). 조합비 징수는 봉급에서 일괄징수(check-off)하는 것으로 되어 있으며, 지부노조에서 징수해 지부노조 몫을 뗀 다음 본부로 보낸다.

조합비는 UAW 헌장에 따라 지부노조 38%, 본부 일반기금(지역본부 운영비 포함) 32%, 파업보험기금 30%로 배정하도록 되어 있다. 그러나 파업보험기금 잔고가 5억 달러를 넘을 경우 지부노조는 10%, 본부 일반기금은 5%의 환불금을 받도록 되어 있다. 1996년 1월 파업보험기금 잔고는 7억 달러를 넘어 지부노조 48%, 본부 일반기금 37%, 파업보험기금 15%의 비율로 분배되었다. 이는 다른 산별노조와 거의 비슷한 배정비율이다.[9]

1996년도 UAW의 총수입은 2억 6810만 달러, 총지출은 2억 3570만 달러로 흑자재정이었다. 지출은 대부분 운영비로 사용되며, 특히 임직원 봉급이 큰 비중을 차지한다.[10]

일반 운영기금과 별도로 운영되는 파업보험기금은 1996년 7억 1613만 달러에 달하고 있다. 미국은 파업 시 무노동 무임금 원칙이 적용되므로 노조에서 파업수당을 지불한다. 이는 파업기간 중 노조원의 생계를 유지하는 동시에 단체협상에서의 지위를 강화하기 위한 방법이기도 하다. 많은 파업보험기금을 가지고 있는 노조는 단체협상에서도 유리한 압력을 행사할 수 있기 때문이다.

---

9) 미국 산별노조의 조합비 배분 평균은 지부노조 48.1%, 중간단계(지역본부 등) 13.2%, 전국본부(파업보험기금 포함) 38.7%이다(Maters and Atkin, 1997).

10) 1970년대 중반 통계이기는 하지만 미국 산별노조의 지출에서 임직원 봉급이 차지하는 비중은 43%에 달한다(Mills, 1994).

일단 파업이 개시되면 유효한 자격을 갖춘 조합원은 주당 150달러의 파업수당과 의료보험 및 생명보험을 적용받을 수 있다. 이를 현금으로 모두 환산하면 주당 270달러에 이른다(UAW 홈페이지). 파업수당을 받기 위해서 조합원은 피켓라인 및 기타 파업지원활동에 참가할 의무가 있다. 1996년 중 UAW 산하의 파업자 수는 2만 1천 명으로 전체 조합원의 3% 수준이었으며 이들에게 지급된 파업수당은 6600만 달러에 달했다.

파업보험기금 외에도 퇴직자기금, 가족교육센터기금, 조직·교육·홍보기금 등 각종 기금을 별도로 운영하고 있다.

4) 단체교섭

단체교섭은 산별노조의 핵심적 기능 중 하나이다. UAW에 의한 단체교섭은 다음과 같은 특징을 지닌다(최영기·이병훈, 1995).

첫째, 이원적 교섭이다. 즉, 전국 수준에서의 산업협약과 지부 수준에서의 지부협약이라는 이원적 교섭과 이원적 협약을 그 특징으로 한다. 산업협약에서는 임금인상, 부가급여, 고충처리 절차, 기본적 작업규칙 등을 다루며, 지부협약에서는 작업장 관리규칙, 선임권, 직급, 산업안전 등을 다룬다.

둘째, 집중교섭구조이다. 즉, 대부분의 중요한 교섭사항은 UAW 본부에 의한 산업협약에서 처리되며 지부는 지역, 공장 이슈만 주로 다룬다. 이에 따라 임금평준화가 이루어진다. 그러나 1980년대 들어 UAW에서도 교섭구조의 분산화가 이루어졌는데, 이는 자동차산업의 위기에 대응해 고용을 보장받기 위한 임금양보교섭을 하는 과정에서 각 회사별로 다른 기준을 적용할 수밖에 없는 사정이 작용했기 때문이다.

셋째, 유형교섭구조이다. UAW는 미국 내에서 유형(패턴)교섭을 실시하는 대표적인 산별노조이다. 다른 많은 노조에서도 유형교섭을 행하고 있지만 UAW가 가장 잘 알려져 있고 가장 큰 영향력을 가지고 있다. 유형교섭은 다음과 같이 이루어진다. 먼저 UAW는 자동차 3사 중 목표기업을 설정하고 이 회사와 일정한 내용의 단체협약을 체결한다. 이 단체협약은 보통 유효기간이 3년이다. 그런 다음 이 타결 결과를 다른 자동차 회사와도 협상해 그 기준을 그대로 적용한다. 뿐만 아니라 UAW가 진행하는 모든 협상에도 이 유형이 적용된다. 그런 의미에서 UAW의 유형교섭은 매우 중요한 의미를 지닌다. Budd(1992)에 의하면 UAW의 패턴교섭은 타 산업에도 상당한 파급효과를 갖는다고 한다. 대규모 교섭단위일수록 특히 유형교섭의 결과를 잘 따른다. 자동차뿐만 아니라 농기구, 항공우주산업도 자동차산업의 타결 결과를 따르는 경향이 있다. 또 기업의 개별 사정(수익 등)에 상관없이 유형교섭의 결과를 그대로 따르는 것으로 나타났다. 그러나 최근 단체교섭구조가 분산화되면서 유형교섭의 중요도가 떨어지고 있는 것은 사실이다.

5) 조합민주주의의 문제

UAW는 상당한 관료주의와 조합의 비민주적 운영 등으로 비판받고 있다. Yates(1992)는 그 이유를 조합의 내부구조와 의사결정 절차의 비민주성에서 찾고 있다. 예컨대 CAW의 경우 노조정책 방향에 대한 일반조합원의 영향력이 큰데 이는 일반노조원과 노조 지도층 간의 의사소통 기회가 제공되기 때문이다. 그러한 의사소통 기회의 핵심적 요소는 CAW 규약상 지역평의회를 두도록 되어 있는 점이다. 지역평의회는 산별노조 지도부로부터 상당히 고도의 자율성을 누린다. 지역평의회는 분기별로 회의를 열며 재정은 노조의 공식재정과는 별도로 노조원 1인당 정액으로 부과되는 회비가 직접 평의회로 들어가는 형식을 취한다. 각 지부노조는 평의회 대의원을 선출하고 이들 대의원은 평의회 집행부를 선출한다. 산별노조 지역본부는 평의회의 절차에 대해 발언권은 있으나 투표권은 없다. 이에 따라 일반노조원에 의한 지역평의회의 통제가 수월하다. 평의회는 정책수립 능력을 가지고 있다. 즉, 정치, 경제정책, 노조 내부문제 등에 대한 정책을 수립하고 산별노조 본부에 제안한다. 단체교섭안은 전국대의원대회에서 결정되지만 캐나다지역평의회는 캐나다만의 관심사항에 대해 발언하고 조직할 수 있는 포럼을 제공한다.

이러한 지역평의회는 다음과 같은 중요한 의의를 가진다. 첫째, 지역평의회는 산별노조 본부 집행부에 대한 반대파가 조직 구조를 가질 기회를 제공한다. 이들 반대파는 지역평의회에 조직의 거점을 마련함으로써 독자적인 힘을 가질 수 있으며 이것이 조합민주화에 기여하게 된다. 둘째, 지역평의회는 노조 지도부와 일반노조원 간의 의사소통 통로를 제공해 준다. 거대한 규모와 관료적 조직체계를 갖춘 산별노조에서 일반조합원이 노조 지도부와 의사소통할 수 있는 기회는 매우 제한되어 있다. 이때 일반노조원들은 지역평의회를 통해 자신들의 의사를 수렴하고 이를 조합본부에 제안할 수 있는 통로를 가질 수 있는 것이다.

이에 비해 UAW는 독립적 중간구조를 가지고 있지 않다. 과거에는 UAW에도 지역평의회가 있었으나 1945년까지 대부분 해체되었다. 노조 지도부와 일반노조원 간의 접촉은 주로 노조 행정간부들을 통해 이루어지고 있다. 그러나 이들 간부는 집행부에 의해 선정되었으며 따라서 반대파가 설 자리는 없는 것이다. 더욱이 이들 집행간부는 그 생존을 현재의 지도부에 전적으로 의존하고 있다. 따라서 지역본부나 지부 등에서 토론은 이루어질 수 없으며 지도부의 정책을 통과시키는 수단에 불과한 것으로 전락하고 만다.

한편 전국대의원대회나 단체교섭총회 등도 지도부의 정책에 대한 도전이 불가능한 구조로 되어 있다. 노조의 각종 물적·인적 자원이 지도부에 집중되며 일반노조원이 독립적으로 자원을 동원할 수 있는 조직적 기회는 거의 주어지지 않는다.

이러한 권한의 집중은 필연적으로 조합운영의 관료화와 비민주화를 야기한다. 노조 본부의 일상적 운영은 전문가들에 의해 이루어짐으로써 집행부의 관료화가 나타난다. 워싱턴사무소는 로비활동의 프로화를 보여 주며 미시간 주의 교육센터는 기업화하고 말았다는 비판을 받고 있다. 따라서 일반노조원은 노조가 공동투쟁을 위한 집합체라기보다는 그들과 같이 있지 않은 특별하고 분리된 기구라고 인식하고 있다.

노조 내의 이념논쟁은 거의 없으며 기업과 비슷한 성격을 가지고 있다. 전략적 선택은 지도부에 의해 계획·실행되며 노조원은 노조로부터 점점 멀어지고 있다.

Leap(1995)은 UAW의 조합민주주의를 가로막는 장벽으로 다음과 같은 요인들을 지적하고 있다.

첫째, 조합헌장이 지도부에게 광범한 권한을 부여하고 있으며 조합원이 지도부 결정의 합법성에 도전하기 곤란하게 만들고 있다.

둘째, 조합원 징계권 조항은 조합원의 언론자유를 침해하고 있으며, 정치적 반대파를 처벌하는 수단으로 사용되고 있다. 이를 막기 위해서는 중립적인 공공감독위원회가 필요하다고 그는 주장한다.

셋째, 조합원의 무관심으로 조합집회에 참석률이 저조한 것이 조합의 관료화와 비민주화를 부추기는 요인이 되고 있다.

넷째, 조합임원의 장기집권과 반대파의 부재도 심각한 현상으로 나타나고 있다.

다섯째, 조합 가입자격이 제한되어 있고, 차별정책이 실시되고 있다.

2. 독일금속노동조합

1) 독일금속노동조합의 역사

독일금속노동조합(IG Metall)은 1997년 조합원 수 275만 명(그중 현역 조합원은 236만 명)을 자랑하는 독일 최대의 노동조합이며, 나아가 서방세계 최대

<표 3-3-4> DGB 소속 산별노조 현황(1997년)

(단위: 천 명)

산별노조	조합원 수
금속(IG Metall)	2,752.2
섬유·의복(GTB)	200.1
목재·플라스틱(GHK)	160.8
공공서비스·운수·교통(OTV)	1,721.1
건설·농업·환경(Bau)	693.9
광업·화학·에너지(IG BCE)	1,081.1
상업·은행·보험(HBV)	505.4
미디어(IG Medien)	197.3
체신(Postgewerkschaft)	513.3
철도(GED)	383.9
음식·유흥·숙박(NGG)	310.9
교육·과학(GEW)	296.2
경찰(Polizei)	199.4
전체	9,006.6

자료: DGB 홈페이지, IG Metall 홈페이지.

의 노동조합이기도 하다. 독일노동조합총연맹(DGB) 소속 13개 산별노조 중 규모 면에서 압도적으로 클 뿐만 아니라 독일 경제에서 IG Metall이 관장하는 금속산업의 중요성, 단체협약 패턴을 형성하는 데 있어 IG Metall의 지도적 지위, 그리고 이념적·정치적 입장의 지도력 등으로 인해 명실상부 독일을 대표하는 노동조합이다. IG Metall은 DGB의 가맹조직이며 국제금속노련과 유럽 금속노련(EMF)의 가맹단체이기도 하다.

독일의 산별노조는 독일 통일(1991년) 전까지 16개였으나 통일 후 동서독 노동조합 간의 관할권 차이 등을 해소하고 경비를 절감하는 한편, 단체교섭력을 강화하기 위해 노조통합과 DGB 재조직 등이 이루어져 1996년 건설·토목 노조와 원예·농림노조가 통합되어 건설·농업·환경노조가 되고, 1997년에는 화학노조와 광업·에너지노조 및 피혁노조가 통합해 광업·화학·에너지노조가 됨으로써 1998년 초 13개 산별노조가 존재하고 있다(<표 3-3-4> 참조). 이러한 노조 간 통합은 1998년 들어서도 계속되어 의복노조와 목재·플라스틱노조가 금속노조에 통합될 예정이며, 상업·금융·보험노조와 미디어노조 및 체신노조는 통합까지는 가지 않더라도 상호협의체 구성을 검토 중이다(DGB 홈페이지, IG Metall 홈페이지 참조).

금속노조는 철강, 기계공구, 조선, 항공우주, 전기기계, 자동차, 일반금속, 금속 수공업 등 금속관계 산업 일체를 그 조직대상으로 삼고 있다. 독일의 산별노조는 노동자의 숙련 정도나 직업, 그리고 조합원의 정치적·이념적 성향에 상관없이 한 산업 내의 모든 노동자를 하나의 산별노조로 조직하는 '단일노조 (Eigenheitsgewerkschaft)' 원리에 따라 조직되어 있으며 금속노조도 예외는 아니다. 해당 산업 내의 노동자(실업자, 퇴직자 포함)는 누구든지 사업장 내 노조 직장위원이나 노조의 지역지부 등을 통해 금속노조에 개인석으로 가맹할 수 있다.

IG Metall은 1891년 창립된 독일금속노동자연맹(Deutsche Metallarbeiter Verband: DMV)을 전신으로 하는 100년 이상의 역사를 자랑한다.[11] 독일은 다른 선진자본주의국가에 비해 훨씬 늦은 1850년대에 본격적인 산업화를 시작했다. 산업화 초기에는 주로 국가 주도하에 철도, 중화학공업, 철강 부문 등을 중심으로 발전했고 따라서 이들 부문에서 근대적 노동자계급이 형성되었다. 그러나 산업화 초기의 노동자 상태는 매우 열악했다. 저임금, 장시간노동, 아동·여성노동, 열악한 노동환경 등에 저항하는 노동자들의 자발적 움직임에 따라 산업화 초기부터 노동조합 결성이 시작되었다.

독일 최초의 노동조합은 1849년 베를린에서 창립된 '노동자연맹'과 뒤이어 결성된 인쇄공협회, 연초공협회 등이다. 1848년 프랑스에서 일어난 혁명이 독일로 전파됨에 따라 결성된 이들 최초의 노동조합은 직업별 노조 형태로 결성되었으며 결성 초기부터 파업에 들어가는 등 활동을 벌였다. 그러나 1848~1849년에 걸친 대대적인 탄압으로 노동조합운동은 일시 잠복했다. 그러나 1860년

---

11) IG Metall의 역사에 대해서는 영남노동운동연구소(1994); 임영일 외(1994); 전국민주노동조합총연맹(1997); IG Metall 홈페이지 등 참조.

대 다시 고양기를 맞아 노동조합 결성과 노동쟁의의 빈발 등 노동운동은 다시 활발해졌다. 이에 철혈재상으로 유명한 비스마르크(Bismarck)는 1878년 「반사회주의의자 법률」을 만들어 모든 산별노조와 지역노조를 강제해산하고 대대적인 노동조합 탄압운동을 벌였다. 독일 사민당과 노동조합은 여기에 굴하지 않고 투쟁을 계속해 1890년 이 법률이 폐지됨에 따라 노동조합운동은 또한 번 획기적인 진전의 기회를 맞게 된다.

이러한 배경 속에 1891년 DMV가 결성된다. 이미 1880년대 이후의 노조 재조직화 과정에서 금속노동자들은 종전의 직업별 조합의 한계를 깨닫고 직종을 초월한 산별노조의 건설에 노력해 왔다. 그 결과 1880년대에 '게라(Gera)'로 불리는 독일금속노동자연합이 결성되었으나 불과 1년 만에 경찰의 탄압으로 해체되었다. 그 후 금속노동자들은 지역단위 노조 건설에 노력을 집중했다. 1891년 결성된 DMV는 독일 최초의 산별노조이다. 이후 DMV는 다른 노동조합들과의 통합과정을 거치면서 급속하게 발전하여 1913년에는 조합원 56만 6천 명을 가진 최대의 단일산별노조로 성장했다. 이러한 DMV의 급성장 뒤에는 19세기 말 독일 경제의 독점자본화 과정에서 전기·기계·화학 등 중화학공업에 자본이 집중되었다는 사실이 있다.

1919년 제1차 세계대전이 끝난 뒤 독일노동조합총연맹이 설립되고 1922년 라이프치히(Leipzig) 대회 이후 산별노조체제로 전환함으로써 독일의 노동조합들은 모두 산별체제를 갖추게 되었다. 이 과정에서 금속노조는 조합원 수가 1913년 56만 명에서 1922년에는 162만 명으로 급격하게 성장했다. 제1차 세계대전 후 성립한 바이마르공화국의 민주주의체제 아래 독일의 노동조합들은 8시간 노동제의 도입 등 많은 성과를 거둔다. 그러나 노조운동 내의 이념적·종교적 대립과 1929년 세계대공황의 여파 등으로 노동조합운동은 점점 약화되며, 금속노조 역시 조합원 수가 1924년 89만 명, 1929년 95만 명, 1932년 74만 명으로 격감한다.

1933년 집권한 히틀러의 나치정권은 모든 노동조합활동을 금지시키고 노동

〈표 3-3-5〉 IG Metall 조합원 수 추이

(단위: 천 명)

연도	1965	1975	1985	1987	1990	1992	1994	1997	1998.2
조합원 수	2,011	2,556	2,553	2,609	2,727	3,394	2,996	2,752	2,360

자료: DGB 홈페이지, IG Metall 홈페이지.

조합원들을 체포하거나 사형시키는 등 노동조합활동에 결정적 타격을 가했다. 제2차 세계대전이 끝난 후 노동조합은 다시 재건되었는데, 이때 노동운동 지도자들은 전전의 노조운동의 분열상을 되풀이하지 않기 위해 '개방된 통합노조' 원칙에 따라 노동조합을 재건하기로 결정했다. 이는 노조원의 정치적·종교적 성향에 상관없이, 그리고 생산직·사무직·공무원 등 직종을 망라해 한 산업 내의 모든 노동자들을 하나의 산별노조로 통합한다는 원칙이다. 이에 따라 1949년 DGB가 창설되었으며 1950년에는 프랑크푸르트에서 IG Metall이 결성되었다. IG Metall은 이후 전전의 이념적 색채를 버리고 자본과의 역사적 타협을 단행함으로써 노동자들의 경제적 복지 향상에 주력했다.

이후 IG Metall은 순조로운 발전을 보여 1965년 조합원 수 200만 명, 1975년 256만 명, 1985년 256만 명, 1990년 273만 명으로 늘어났으며 1991년 독일 통일에 따라 구동독의 5개 주 소속 금속노조가 편입되어 1992년에는 조합원 수가 339만 명으로 급증했다. 그러나 이후 독일 경제의 침체에 따른 실업 증가와 3차산업화 등으로 인해 금속산업 노동자 수가 급속하게 줄어듦에 따라 노조원 수도 차츰 줄어들기 시작해 1998년 2월 조합원 수는 236만 명이다(〈표 3-3-5〉). 금속산업 노동자 수는 1991년 488만 8천 명, 1997년에는 339만 6천 명으로 불과 6년 사이에 150만 명 가까이 줄어들었는데, IG Metall의 전망에 따르면 금속산업에 종사하는 노동자 수는 2002년 319만 7천 명, 2010년 292만 8천 명으로 계속 줄어들 것으로 예상된다. 이러한 노조원 수 감소에 대응해 IG Metall은 다른 산별노조와 통합을 추진해 1998년 4월 1일 부로 섬유·의복노조(조합원 수 17만 9905명)가 통합된 데 이어 목재·플라스틱노조(조합원 수 16만

800명)도 통합이 예정되어 있어 조합원 수는 다시 늘어날 것으로 보인다(IG Metall 홈페이지 참조).

1997년 금속산업의 단체협약 적용률은 노동자 기준 88.8%, 사업장 기준 68.7%로 상당히 높은 수준이다.

2) 조직과 운영

IG Metall의 조직은 크게 집행기능을 가진 조직과 대의기능을 가진 조직으로 나뉘며, 이는 다시 중앙 수준, 지방 수준, 지역 수준의 세 가지로 나뉜다.

(1) 중앙본부조직

① 전국대의원대회

IG Metall의 최고의사결정기관으로서 4년마다(종전에는 3년마다였으나 1996년 규약개정에 따라 4년마다 개최) 정기대회가 개최된다. 그 소집은 중앙집행위원회(Vorstand)가 한다. 대의원은 조합원 5천 명당 1명 비율로 중앙집행위원회가 정한 선거지역(지역지부)에서 선출된다. 전국대의원대회의 임무로서는 중앙집행위원회의 활동보고서 승인, 감독위원회의 활동보고 승인, 회계보고 승인, 노동정책 및 정치입장 결정, 규약개정, 제안된 안건 심의, 중앙집행위원회 선출, 감독위원회 선출 등이 규약에 명시되어 있다.

② 중앙집행위원회

IG Metall의 최고집행기관이다. 중앙집행위원회는 위원장 1인, 부위원장 1인, 본부회계국장 1인, 상근위원 7인, 비상근위원 24인 등 34명으로 구성된다(이상 1996년 규약으로 정함). 모두 4년의 임기로 전국대의원대회에서 선출되는데, 상근위원들은 업무집행권을 가지며 비상근위원들은 직장에 근무하면서 수시로 조합업무를 보고 있다. 비상근 중앙집행위원들은 지역대의원대회에서 추천한 후보가 전국대의원대회에서 선출되는 방식으로 이루어진다. 중앙집행위원회는 내적·외적으로 금속노조를 대표, 규약의 준수 감독 및 전국대의원대회와 중앙위원회의 결정 실행, 단체협약의 종료 신청, 파업 찬반투표 결정, 파업결정, 지역사무소에 대한 업무 지시 등의 권한을 가진다고 규약에 명시되어 있다.

③ 중앙위원회

전국대의원대회와 다음 번 대회 사이에 IG Metall의 최고의사결정기관으로서의 성격을 가진다. 지역대의원대회에서 조합원 3만 명당 1명의 비율로 선출된 지역선출위원들과 중앙집행위원 34명 등으로 구성된다. 임기는 4년이다. 중앙위원회(Beirat)는 1년에 최소 3회 이상 개최된다. 그리고 필요한 경우 중앙집행위원회와 감독위원회의 보궐선거를 실시할 수 있는 권한을 가진다.

④ 감독위원회

전국대의원대회에서 선출된 의장, 부의장, 그리고 6인의 배석위원(이상 1996년 개정규약에 의거)으로 구성된다. 임기는 4년이다. 감독위원회(Kontroll-ausschuss)의 임무는 전국대의원대회 및 중앙위원회의 결정과 규정이 중앙집행위원회에 의해 준수·실행되고 있는지를 감독하며, 중앙집행위원회의 결정·행위·활동에 관한 소원사항을 접수·심의·결정하며, 감사보고를 검사하고 독자적으로 감사를 실시하는 것 등이 규약에 명시되어 있다.

⑤ 유급직원

중앙집행위원회는 업무수행을 위해 유급직원을 고용할 수 있다. IG Metall 전체에 각종 전문가와 일반사무직, 일반잡급직 등 총 2500여 명의 상근직원이 있으며, 프랑크푸르트의 IG Metall 본부에는 700여 명의 직원이 있다.

(2) 지방조직

IG Metall은 구동독지역까지 포함한 전국을 9개 지역으로 나누어 지방사무소(Bezirksleitung)를 두고 있다. 각 지방은 대체로 주 단위와 일치하지만 경우에 따라서는 1개 지방사무소가 수개 주를 관할하거나 반대로 수개 지방사무소가 1개 주를 나누어 관할하기도 한다(〈표 3-3-6〉 참조).

① 지방대의원대회

지방사무소의 의결기구이다. 대의원들은 각 지역지부 대의원대회에서 선출된다. 대의원은 조합원 1천 명 이하 지부는 1명, 1천~2천 명 지부는 2명, 2천~5천 명 지부는 3명, 5천~1만 명 지부는 4명, 1만 명 이상 지부는 5명의 대

〈표 3-3-6〉 IG Metall의 지방사무소 현황

지방사무소	조합원 수(1994)	교섭지역	협약대상 노동자 수(1995)
베를린/브란덴부르크	150,345	동베를린/브란덴부르크 서베를린	65,000 75,000
도르트문트	385,059	노르트라인-베스트팔렌	900,000
부퍼탈	340,872		
드레스덴	204,344	작센	110,000
프랑크푸르트	449,304	자아란트 라인란트-라인헤센/팔츠 헤센 풀다 튀링엔	47,000 104,500 300,000 3,600 60,000
퀸스테(해안)	240,373	베저 하류지역 북서 니더작센 함부르크 슐레스비히-홀슈타인 맥클렌부르크/포폼메른	47,000 21,000 60,000 35,000 18,000
하노버	347,919	오스나부뤼크 니더작센 작센-안할트	24,000 90,000 40,000
뮌헨	358,391	바이에른	700,000
슈투트가르트	519,131	노르트뷔템베르크/노르트바덴 쥐드뷔템베르크-호헨졸런 쥐드바덴	597,600 125,000 138,700
전체	2,995,738		3,554,400

자료: 박장현(1996).

의원이 배정된다. 지방대의원대회의 임무는 지방사무소의 지방위원회 선출, 전국대의원대회 대의원 선출, 지방사무소의 활동보고 승인, 지방 차원의 조합 정책 및 조직정책에 대한 결의, 지방사무소 및 중앙집행위원회에 의해 제출된 안건의 심의·의결, 단체협약위원회의 승인 등이다. 지방대의원대회는 매년 1회 개최된다.

② 지방사무소 집행부

지방사무소 집행부는 지방본부장, 부본부장, 사무국장, 서기 등으로 구성된다. 이들은 모두 중앙집행위원회에서 임명하며 업무집행권은 지방본부장이 가진다. 지방사무소 집행부의 주요 임무는 단체협약의 체결, 지방사무소의 행정사항 처리, 지역지부에 대한 지도 및 감사, 지역지부 간 분쟁 처리 등이다. 노동조합활동의 중심인 단체협약교섭은 이 지방사무소에서 이루어지고 협약의 체결 당사자도 일반적으로 지방본부장이지만, 법적으로는 협약의 해약·체결 및 파업결정 등의 중요한 권한은 중앙집행위원회에 속하며 지방본부장은 단지 중앙집행위원회로부터 권한을 위임받아 단체협약권을 행사하고 있을 뿐이다. 지방사무소에는 대체로 지방본부장 아래 4~5인의 서기와 7~8인의 유급 사무직원이 있다(日本勞働協會, 1989).

③ 지방위원회

지방대의원대회에서 선출되는 5인의 위원으로 구성된 지방위원회는 해당 지방의 노조 관련 제 문제에 대해 지방본부장 및 지방사무소 서기와 협의하고 지방사무소 회계의 감사, 지방본부장의 활동에 관한 소원의 접수·조사 및 중앙집행위원회에 대한 결과 보고, 지방본부장과 지방사무소 서기의 직에 대한 응모자의 심사와 중앙집행위원회에의 제안 등의 임무를 맡고 있다. 그 성격은 지방본부장의 자문 및 감독기관으로서 아무런 업무집행권을 가지지 않는다. 임기는 1년이다.

(3) 지역지부 조직

IG Metall 조직의 최하위에 있는 것이 지역조직으로서의 지역지부(Verwaltung-sstelle)이다. 지역지부는 대체로 시·군 단위로 설치되는데 IG Metall의 경우 191개의 지역지부가 있는 것으로 보고되고 있다(영남노동운동연구소, 1994). 지역지부의 규모는 각양각색이지만 대체로 5천 명에서 2만 명 정도가 일반적이다.

① 지역대의원대회

지역지부의 의결기구이다. 분기별로 1회 개최된다. 지역대의원대회의 임무로서는 지역지부 집행부의 선출, 전국대의원대회 대의원 선출, 지방대의원대회 대의원 선출, 지역지부의 업무보고 및 회계보고, 감사보고 승인, 지역지부 집행부나 집행책임자의 해고에 관한 결정, 기타 지역 차원의 일상적 사항 결정 등이다.

② 지역지부 집행부

지역지부 집행부(Orstwaltung)는 업무집행권을 가진 대표집행위원(Orstver-waltung)과 집행위원(Beisitzer)으로 구성된다. 대표집행위원은 제1대리인이라 불리는 지부장, 제2대리인이라 불리는 부지부장, 그리고 회계서기를 말한다. 일반 집행위원은 최소 6인 이상으로 규약에 규정되어 있으나 실제 지부 집행위원 수는 전임종사자, 비전임종사를 포함해 9명 정도부터 29명의 지부에 이르기까지 지역지부의 규모에 따라 다르나 대체로 15명 정도가 평균이다. 지역지부 집행부는 모두 지역대의원대회에서 선출되어 중앙집행위원회의 승인을 받아야 하며 임기는 4년(1996년 규약개정에 의거)이다. 지역대의원대회는 조합원 수에 따라 대의원수가 결정되므로 많은 경우 비전임 집행위원은 해당 지역지부 관할하에 있는 대표적 기업의 종업원평의회 위원으로 되어 있다. 일반 집행위원 중 3인은 감사로 지정될 수 있다. 지역집행부의 임무로서는 중앙집행위원회의 결정과 지시에 따른 지역 수준에서의 일상업무 수행, 노조 직장위원의 활동 지원, 직장위원회·종업원평의회·감독위원회 등 사업장 내 각종 위원회의 선거 조직·감독·지원·노조원 및 노조간부에 대한 교육과 훈련, 본부 파견 지역활동가들의 활동에 대한 통제·감독, 직장위원 총회와 지역활동가 총회의 소집·실행, 신규 조합원 조직, 노조신문의 배포, 조합원에 대한 상담 및 고충처리, 지역 수준에서의 임금인상 및 단체교섭 활동과 단체협약 수행의 감시, 다른 노조 및 지역공동체와의 연대활동, 조합비 징수 등 다양한 범위에 걸쳐 있다.

③ 기타

지역지부에는 지역집행부, 지역대의원대회라는 조합규약상의 기관 외에 지역집행부 임무의 일환으로서 중앙집행위원회가 정한 지침에 기초한 기구인 전문부회(Ausschuss)와 작업부회(Arbeitskreis)가 설치되어 있다. 예컨대 직장위원, 사무직, 여성, 수공업, 청소년, 외국인 노동자 활동지침에 기초한 직장위원부회, 사무직부회, 여성부회, 수공업부회, 청소년부회, 외국인노동자부회가 각각 설치되어 있다. 지역지부에는 조합에 의해 고용된 일반직원도 있는데 이들은 대리인, 회계, 지부전문서기, 사무직원 등이다.

(4) 직장위원

금속노조의 인적·물적 기반을 가진 최말단기관은 지역지부이다. 그러나 지역지부는 기업 밖에 존재하고 있으므로 직장에서 일어나는 현장문제에 대한 접근이 용이하지 않다. 따라서 직장의 조합원들과 기업 밖의 노동조합을 연결시켜 주는 매개수단으로서 기업 내에 직장위원회가 설치되어 있다.

이 직장위원회는 기본적으로 두 가지 임무를 가진다. 첫째, 기업 및 사업소 내에서 노동조합을 대표해 노조원의 이익을 대변하고 노조의 임무를 수행하는 것, 둘째, 종업원평의회의 활동을 지원하는 것이 바로 그것이다. 이를 위해 조합원들에게 단체협약 및 고용협약에 기초한 권리와 건강보건 및 산업안전 등에 관한 법적 규제에 기초한 권리를 알려 주고 자문하며, 임금 요구액을 토론하고, 금속노조의 정책을 알려 주며, 금속노조의 대의원 후보와 종업원평의회 위원 후보를 추천한다.

직장위원(Vertrauensleute)은 조합원이 있는 사업소 내에서 종업원 5~20명마다 1명의 비율로 노조원 중에서 선출된다. 선거를 할 수 있을 만큼 조직화가 진행되지 않은 직장에서는 조합 지역지부가 지명한다. 직장위원 선거는 3년마다 종업원평의회 선거와 함께 실시된다.

선출된 직장위원들은 직장위원회(Vertrauenskoerper)를 구성한다. 그중 위원장과 부위원장이 선출되어 직장위원회 집행부를 구성한다. 예컨대 종업원 1만 3천 명을 가진 어느 자동차 공장의 경우 230~250명의 직장위원이 선출되며 그중 직장위원회 집행부 20명이 다시 선출된다. 이 공장의 종업원평의회 위원은 25명(그중 전임종사자 5명)이므로 직장위원회 집행부 수는 종업원평의회 위원 수와 거의 같은 규모로 설정됨을 알 수 있다(日本勞働協會, 1989).

독일의 노동자 이익대변은 이른바 이중이익대변제에 의해 이루어지고 있다. 즉, 임금 및 고용, 근로조건 등에 관한 단체협약은 노동조합을 통해 대변되는 한편 직장 내 인사사항 등은 노조원 및 비노조원을 가리지 않고 기업 내 전체 종업원에 의해 구성되는 종업원평의회에 의해 대변된다.

이때 노조의 직장위원회 활동은 종업원평의회의 활동을 지원하는 요소가 강하다. 금속노조의 지침에 따르면 종업원평의회에 대한 지원과 그 활동에 대한 감시의 임무를 직장위원회에 맡기고 있다. 그중 특히 중요한 것은 종업원평의회 선거 시 직장위원회가 노조 추천 후보자를 결정하는 것이다. 직장 내의 조합원 비율이 높으므로 종업원평의회 위원은 노조 직장위원회의 의사를 무시하고 활동하기란 불가능하다. 차기선거에서 노조 후보자로서 추천되지 않으면 선거에서 이기는 것이 힘들기 때문이다. 현재 금속산업 직장평의회 위원의 80% 이상이 금속노조 소속 조합원이다.

3) 재정

금속노조 재정의 기초가 되는 조합비는 일반노동자의 경우 수입의 1%, 훈련생과 연수생은 월 4마르크, 연금생활자, 조직퇴직자, 질병수당을 받고 있는 병자는 0.5%, 그리고 실업자, 교육휴직자, 일반병자는 월 3마르크로 되어 있다. 조합비의 징수방법은 조합원의 은행구좌로부터 자동 인출되도록 되어 있다. 규모가 큰 사업장에서는 많은 경우 회사가 임금으로부터 조합비를 일괄 공제해 조합본부의 구좌로 이체하는 제도를 취하고 있다. 단, 어느 경우든 조합비 액수는 본인의 신고에 기초한다.

각 지역지부는 징수된 조합비를 직접 본부에 납입하고 그 규모에 따라 조합비 전체의 60%(조합원 3천 명 이하)부터 23%(조합원 1만 7천 명 이상)까지 배분을 받는다. 1996년도의 지역지부 배분 비율은 평균 28.43%였다.

조합 재정지출은 지역지부에 대한 교부금 외에 상급단체 회비분담금, 인건비, 관리비(세금, 전산기기 사용료, 광열비 등), 출판홍보비(정보자료, 인쇄비, 기관지 우송비, 정보선전비 등), 교육비(연수시설 보조, 연수비, 연수참가자 보조, 여비 등), 생활보조비(파업 및 공장폐쇄수당, 해고자 구원수당, 연금생활자 일시금, 사망급부금, 긴급위난수당, 권리보호비용, 여가재해보험 등) 등으로 사용되는데, 1996년도의 금속노조 재정지출 내역은 〈표 3-3-7〉과 같다.

〈표 3-3-7〉 금속노조의 재정지출 내역(1996년)

내역	비율(%)
지역지부교부금	28.43(평균)
DGB, IMF, EMF 분담금	12.83
인건비	13.13
예비비	10.37
기타 비용	10.16
출판홍보비	7.62
교육비	9.80
생활보조비	7.65

자료: IG Metall 홈페이지.

4) 단체교섭

(1) 단체교섭의 당사자와 교섭 수준

독일의 단체교섭(협약교섭)은 산별노조와 산별 사용자단체 간 이루어지는 전국 교섭과 노사 쌍방의 지역조직에 의해 이루어지는 지역교섭이 일반적 형태이며, 기업별 교섭은 예외적인 사례에 머문다. 법률적으로는 협약 당사자로서 노동조합(산별노조를 말함)과 사용자 내지 사용자단체라는 것이 명기되어 있다(단체협약법 제2조 제1항). 그러나 실제로는 개별 사용자가 협약체결의 당사자로 되는 일은 드물다(이광택, 1994). 산별노조의 상부단체(독일노총)와 사용자단체의 상부단체(전국조직)도 규약상 그 임무의 일부로 되어 있거나 또는 위임을 받는 경우에는 노동협약을 체결할 권한을 가진다(동 제2, 3항). 이론적으로 말하자면 DGB도 그 가맹조합으로부터 교섭권을 위임받으면 노동협약법에 저촉되지 않고서 노동협약을 체결할 수 있는 것이다. 그러나 현행 DGB 규약 가운데 그런 효과를 가지는 조항은 보이지 않는다. 마찬가지로 경영자 총단체인 BDA도 노동협약을 체결하는 권한을 가맹단체로부터 위임받지 않고 있다.

금속노조의 협약교섭은 중앙집권적 교섭인 동시에 산업별·지역별 교섭이라는 특징을 지닌다. 조합규약상 협약의 교섭과 체결의 권한은 중앙집행위원회와 그 위임을 받은 자만이 가진다고 되어 있다. 일반적으로는 지방사무소가 협약교섭과 체결의 주체이다. 지역지부는 교섭권한을 일절 가지고 있지 않다.

사용자 측의 교섭주체는 일반적으로 사용자단체이다. 금속노조가 조직대상으로 하는 금속산업 가운데 금속가공업은 13개의 지방별 사용자단체가 있고 이것이 금속산업연맹이라는 상부단체를 이루고 있으나 교섭주체는 각 지방별 사용자단체이다. 이에 비해 철강업에서는 전국조직인 철강업 사용자단체가 교섭주체로 되어 있다.

산업별 조합의 교섭이기 때문에 교섭의 대상업종은 광범위하다. 금속노조의 경우 일반적으로는 금속공업, 철강업, 금속수공업의 세 업종으로 나누어 교섭이 이루어진다. 또한 교섭은 광범위한 지역을 대상으로 하는 것이다. 금속 노조의 경우 전국이 21개의 협약지역((《표 3-3-6) 참조)으로 나뉘어져 있다. 그 규모는 풀다지역처럼 지역 내의 금속산업 노동자가 3600명인 극히 작은 협약 지역도 있으나 대표적인 협약교섭지역인 노르트라인-베스트팔렌이 90만 명, 노르트뷔템베르크/노르트바덴이 약 60만 명, 헤센이 30만 명 등 다수의 금속 산업 노동자를 안고 있는 곳도 있다.

또 이 협약지역은 일반적인 협약체결 당사자인 지방사무소의 관할지와 반 드시 일치하는 것은 아니다. 베를린을 포함해 총 9개의 지방사무소 중 지역관 할이 협약지역과 같은 곳은 베를린, 드레스덴, 뮌헨뿐이다. 그 밖에는 한 지방 사무소가 다수의 협약지역을 관할하거나 반대로 복수의 지역사무소가 하나의 협약지역을 이루는 곳도 있다.

협약교섭은 이처럼 산업별 내지 업종별로 지방 수준에서 행해지므로 기업 수준에서 협약교섭이 행해지는 것은 기본적으로 없지만, 사용자단체에 가맹되 어 있지 않은 경우에는 사용자와의 사이에 기업별 교섭이 이루어진다. 단, 이 경우에도 노동자 측의 당사자는 지방사무소로서 지역지부가 교섭 당사자로 되 는 것은 아니다. 또, 이 교섭은 일반적으로 지방 수준에서의 교섭결과를 기업 수준에서의 협약으로 적용시키기 위한 것이며 독자적인 협약정책을 여기서 전 개하는 것은 아니다. 그러나 특히 폴크스바겐과 페겔에서의 기업교섭처럼 협 약정책으로서 독자성을 가지는 예외적인 사례도 있다.[12]

(2) 단체협약위원회

협약교섭의 구조가 중앙집권적이기 때문에 하부조직의 의견을 반영하기 위 해 단체협약위원회(Tarifkommission)가 협약지역마다 설치되어 있다. 단체협 약위원회의 규모는 지방본부에서 결정되며 위원 수는 각 지역지부에 그 규모

---

12) 폴크스바겐의 기업별 교섭에 대해서는 Streek(1984) 참조.

에 따라 할당된다. 조합의 지역지부에서는 집행부의 제안에 기초해 대의원대회에서 위원을 선출한다. 각 지부에서 적어도 1인은 전임종사 지부임원이 단체협약위원회 위원으로 된다. 특히 노르트라인-베스트팔렌 지역에는 금속공업, 철강업, 자동차, 기계의 네 부문에 별개의 단체협약위원회가 설치되어 있다. 단체협약위원회는 규모가 커서 100명 이상에 이르는 경우가 많으므로 실제 교섭 시에는 단체협약위원회의 추천으로 지방본부장을 위원장으로 하는 교섭위원회(Verhandl- ungskommission)가 설치된다.

금속노조본부가 정한 '단체협약위원회 지침'에 의하면 단체협약위원회의 임무는 협약정책문제, 협약요구와 초안, 협약해약, 교섭결과의 수락과 거부, 추천투표, 파업신청 등에 관한 의견 제시로 되어 있다.

(3) 교섭절차와 조정절차

단체협약의 교섭은 협약을 해약하고 상대방에게 요구를 제시하는 것으로부터 시작된다. 협약의 해약에는 일반협약과 임금기본협약의 경우에는 3~6개월, 임금협약의 경우에는 4주간의 예고기간이 필요하다. 또한 조정중재 협정에 의한 요구의 제시는 늦어도 협약실효 4주 전에 해야 한다. 요구가 제시되면 협약만료 2주 전에 제1회의 교섭이 개시된다. 교섭이 개시되고 협약만료 후 4주가 경과되면 평화의무가 소멸하므로 조합은 교섭과 더불어 항의파업이나 경고파업을 할 수 있다. 교섭이 진전되지 않는 경우에 협약 당사자는 교섭의 결렬을 선언한다.

독일에서는 노사분규에 대한 국가의 강제적 해결을 위법한 것으로 보고 있으므로 교섭에 의해 해결을 볼 수 없을 경우에는 쟁의행위로 해결하게 된다. 그러나 금속노조와 금속산업사용자연합은 교섭이 실패로 끝난 후 쟁의행위에 들어가기 전에 조정절차로 분쟁을 해결하기 위한 조정협정을 체결하고 있다. 조정기관인 조정위원회는 사용자단체와 노동조합으로부터 선출된 위원들(각 2인)과 중립위원(2인)으로 구성된다. 중립위원의 선출은 협약 당사자의 합의에 의하되 합의가 곤란한 경우에는 협약 당사자가 별도로 각각 중립위원을 선임한다. 조정절차는 교섭의 결렬이 선언된 후 일방 또는 쌍방 당사자의 신청에 기초해 쌍방이 합의한 경우에만 개시된다. 조정위원회의 조정안은 당사자가 거기에 따를 것을 동의한 경우를 제외하고는 구속력을 가지지 않는다. 당사자가 수락하면 이는 노동협약과 동일한 효력을 가진다.

(4) 단체협약의 적용범위와 내용

독일에서 노동법이 노동협약으로부터 출발한 것처럼 노동협약이 노사관계에서 가지는 의미는 매우 크다. 그것은 전체 노동자의 90% 이상이 노동협약에 의해 그 노동조건을 형성하고 있기 때문이다. 노동협약의 구속력을 직접 받는 노조원뿐만 아니라 노동협약의 일반적 구속력 선언을 통해 혹은 노동계약을 통해 협약노동조건이 사회적인 기준으로서 파급되어 보편화된다. 노동협약은 노동생활에서 하나의 법률로서 기능하는 것이다.

노동협약은 단체교섭의 당사자와 마찬가지로 노동조합의 중앙 내지 지방본부와 사용자단체 사이에 체결된 단체협약이 중심이다. 노동조합과 개별 사용자 간에 체결된 기업협약의 비중은 매우 적다.

노동협약은 통상 일반협약과 임금기본협약, 임금협약, 그리고 복지협약 등 네 가지로 나뉜다. 임금기본협약은 임금등급과 임금격차의 원칙을 정하며, 임금협약은 이를 전제로 한 구체적인 임금액 내지 임금률을 정한다. 일반협약은 임금 이외의 노동조건, 즉 노동시간, 초과노동의 할증임금률, 연차유급휴가, 노동계약의 체결, 해고 등의 노동조건 일반을 포괄적으로 정하고 있다. 노동협약의 유효기간은 금속산업에서는 흔히 일반협약과 임금기본협약은 3년, 임금협약은 1년이다.

또 전통적인 공원(현장 노동자)과 사무직원에 있어 각각 별도의 협약이 있었으나 오늘날에는 일반협약에서 양자가 하나의 협약을 이루는 경우가 많다. 그러나 임금관계는 아직 별도의 협약 쪽이 많다.

체결되어 있는 노동협약의 수를 보면 최고 1500여 개를 헤아리고 있다. 그 중 3분의 1가량은 기업협약인데 이는 기업이 사용자단체에 가맹하지 않고 있는 경우 지역별 협약에 준해 기업협약을 체결하기 때문이며 기업별 협약의 비중이 높기 때문은 아니다.

(5) 노동쟁의

독일은 다른 선진국에 비해 쟁의행위가 적은 나라이다. 그러나 주기적으로 비교적 대규모의 쟁의가 일어나는 것이 특징이다. 금속산업의 경우 주로 노동시간 단축 문제를 둘러싸고 1970~1980년대에 파업이 있었으며 1990년대에도 파업이 있었다.

노동조합은 노동협약의 유효기간 중 노동협약에 규제되어 있는 사항에 관해서 파업을 할 수 없다는 '상대적 평화유지의무'를 지고 있으므로 협약유효기간 중 파업은 위법이다. 연방노동법원의 판결에 의하면 파업 찬반투표조차도 평화유지의무를 위반하는 것으로 되어 있다.

앞에서 본 대로 협상이 결렬되는 경우, 그리고 경우에 따라서는 중재조차도 무위로 끝나는 경우 노동조합은 파업을 할 수 있다. 파업권을 명문화해 놓은 실정법은 없지만 연방노동법원의 판례로 인정되고 있다. 이 판례들에 따르면 파업은 노동조합(산별노조)에 의해서만 수행될 수 있으며, 비노조파업은 위법이다. 파업은 단체협약 사항에 대해서만 적법하며 정치적 파업은 인정되지 않는다. 파업은 평화의무기간(협약유지기간) 중에는 단행될 수 없다. 파업은 최후수단으로서만 사용될 수 있다. 파업 시 형평의 원칙이 준수되어야 하며 불가결한 노동과 긴급사태 처리는 수행되어야 한다.

금속노조의 규약에 따르면 파업행위의 결정권한은 중앙집행위원회에 있다. 그러나 정식파업을 하기 전에 파업 찬반투표를 해 조합원 75% 이상의 찬성을 얻어야 한다.

국제적으로 비교해 볼 때 독일의 파업빈도는 상대적으로 적은 편이다. 이는 앞에서 봤듯이 단체협약 중의 평화유지의무, 협상이 결렬되었을 때의 중재제도, 조합원 75% 이상의 찬성투표 등 파업을 예방하기 위한 여러 가지 제도가 존재할 뿐만 아니라 노동조합이 파업 또는 직장폐쇄 시 조합원들에게 파업수당을 지급해야 하는 데 따른 재정부담 등으로 파업돌입에 매우 신중한 자세를 취하고 있기 때문이다. 그러나 무엇보다도 기업 내 공동결정제나 종업원평의회제도를 통한 노동자의 기업경영참여가 가능하고, 산별노조와 사용자단체 간의 사회적 합의주의에 의한 노동조합의 정책참여가 가능한 점 등 평소에 분쟁을 회피할 수 있는 각종 장치들이 존재한다는 점이 독일의 파업빈도를 낮추는 가상 중요한 요인이 되고 있다.

5) 노동조합의 기타 활동

금속노조는 그 기본 임무인 단체협약의 체결 외에 다양한 서비스를 노조원들에게 제공하고 있다.

(1) 파업지원활동

금속노조는 중앙집행위원회에 의해 결정된 파업이 일어날 때는 파업참가자에게 생계유지를 위한 파업수당을 지급한다. 지급액은 평소의 조합비 납부기간에 비례하는데, 1996년 개정된 규약에 의하면 조합비를 3~12개월 납부한 경우 매주당 평균조합비의 12배, 12~60개월 납부한 경우 평균조합비의 13배, 60개월 이상 납부한 경우 평균조합비의 14배를 지급한다. 예컨대 5년 이상의 조합원 경력을 가지고 있고, 파업 개시 3개월 전부터 파업 시까지 조합비 납부액이 매월 평균 40마르크인 조합원의 경우 파업 시 주당 560마르크를 지원받게 된다. 중앙집행위원회는 파업 주간의 나머지 날들에 대해서는 비례적으로 지원액을 결정한다. 훈련생에게는 특별히 평균조합비의 14배를 지급한다. 매월 평균조합비가 월수입의 1%로 되어 있으므로 60개월 이상 조합비를 납부한 조합원의 경우 파업 시 주당 월수입의 14%, 즉 월간으로 보면 평균 월수입의 약 60%를 파업수당으로 받게 되는 셈이다.

파업에 대항한 사용자의 공장폐쇄 시에도 파업 때와 동일한 액수의 수당을 지급한다. 다만 이 경우에 최장지급기간은 13주로 한정되어 있다.

(2) 법률보호

금속노조는 조합원들에게 무료로 법률보호를 제공하고 있다. 임금, 휴가·휴일수당, 직무분류, 고용기간, 모성보호, 징계, 해고, 회사연금, 노조활동에 따른 부당노동행위, 조세문제 등 노사관계에서 발생할 수 있는 여러 가지 법률적 문제뿐만 아니라 사회보장제도, 직업소개, 연금기금 등 사회적 분쟁과 관련된 법률적 문제에 대해서도 법률보호를 제공한다. 금속노조는 최고법원까지 소송을 대리해 주며 모든 비용은 무료이다. 예컨대 부당해고에 관한 소송의 경우 소송비용(증인보수 등)과 변호사 비용 등을 합쳐 3심까지 1만 마르크 이상의 법률비용이 든다는 점(IG Metall 홈페이지)을 생각할 때 금속노조의 무료법률보호는 조합원들에게 실질적으로 도움이 되는 제도이다. 금속노조는 조합원들을 위해 매년 1만 3천 건 이상의 노동소송 및 사회보장소송을 맡고 있다.

(3) 여가 중 사고보험

직업상 재해나 산업재해의 경우 법률적 보상을 받을 수 있지만 여가시간에 일어난 사고의 경우는 법률상 보상을 받지 못한다. 금속노조는 노동시간의 단축과 이에 따른 여가시간의 증대에 따라 일어나는 여가시간 중의 사고로부터 조합원들을 보호하기 위해 조합 차원의 여가 중 사고보험을 제공하고 있다. 이 보험은 직업상 발생하는 사고를 제외한 모든 사고를 포괄하고 있으며, 지역적으로는 세계 어디서 일어나는 사고든 상관없이 해당된다. 모든 종류의 운송수단을 사용할 때 일어나는 사고가 보험 범위에 포함된다. 12개월 이상 조합비를 납부한 조합원은 여가 중 사고보험을 받을 자격이 있다. 최저 48시간 이상의 입원가료를 요하는 사고를 당한 경우 평균조합비의 30배에 달하는 보험금을 받게 되는데 최고한도액은 1일당 100마르크이다. 여가시간 중 일어난 사고로 중증장애를 입었을 경우 평균조합비의 500배를 받게 된다. 부분장애의 경우 비례적으로 적당한 보험금을 받는다. 사고로 인한 사망의 경우 최고 200배의 보험금을 지급한다.

(4) 퇴직 조합원 보호

현직으로부터 퇴직한 조합원도 여전히 금속노조의 조합원 자격을 유지한다. 이들은 조합비를 납부함으로써 조합활동에 활발하게 참여한다. 이들은 월 10마르크 이하의 적은 조합비를 내고 조합활동을 유지함으로써 연금인상의 혜택(연금액은 임금액에 연동되어 있으므로), 여가 중 사고보험의 혜택, 무료법률보호의 혜택 등을 누린다. 또 금속노조 가입 후 60주년이 된 조합원에게는 200마르크, 70주년이 된 조합원에게는 300마르크, 그리고 그 후 5년마다 300마르크의 기념금을 지불한다. 조합원이 사망했을 때는 가입기간에 따라 조합비의 15~31.5배의 사망위로금을 가족에게 지급하며 조합원 배우자 사망 시 그 절반을 지급한다.

(5) 실업조합원 보호

실업한 조합원은 매월 3마르크의 조합비를 납부하는 대신 조합으로부터 여러 가지 혜택을 받는다. 조합이 제공하는 혜택에는 노동계약 및 노사관계와 관련한 일체의 문제에 대한 상담(해고보호, 고용주와의 협상, 정리해고 및 공장폐쇄 통지, 해고수당, 실업보험 등), 노사관계 및 사회문제에 대한 무료법률보호(부당해고, 노동사무소에 대한 행정소송, 사회보험, 의료보험, 노령보험 등), 기타 조합원에게 제공되는 각종 서비스(여가 중 사고보험, 긴급재난 시 지원, 사망 시 지원 등) 등이 있다. 조합은 또 실업조합원들의 재취직 알선, 연금 알선 등을 한다. 이러한 조치에 있어 금속노조는 실업자를 위한 실무그룹을 구성하고 DGB, 교회, 지방자치단체 등 다른 기관들과 긴밀하게 협력한다.

(6) 교육 및 훈련

금속노조는 조합원들에게 광범한 교육 및 훈련의 기회를 제공하고 있다. 각종 세미나 참여에 대한 무료 지원, 기초교육과정 및 고급교육과정 조직, 자체 학교 및 교사진 제공 등 여러 가지 수단을 통해 이러한 교육·훈련의 기회가 제공된다. 최근 금속노조는 독일우편노조와의 협력하에 우편, PC 등을 통한 원격교육을 실시하고 있다. 이는 60~90마르크(＋적은 우편비용)로 매년 40개가량의 직업훈련과정을 이수하도록 하는 것이다. 학기제로 되어 있는 이 원격교육과정을 이수하면 훈련생 증명서가 주어진다.

(7) 기타

금속노조는 보험회사와 제휴하여 적은 비용으로 노조원을 위한 특별복지보험을 제공하고 있는데 여기에 '가정가족보험', '여행건강보험', '자금·연금·생명보험', '자동차종합보험' 등 여러 종류가 있다. 노조원에게는 보험료를 최대 15%까지 할인해 준다. 특히 가정·가족보험에 들면 실업 시 12개월까지 보험료 납부 없이 보험이 보장된다. 현재 독일노동조합총연맹의 약 200만 조합원이 이 복지보험에 가입해 있다. 독일노동조합총연맹은 유럽자동차클럽(ACE)을 운영하고 있는데 이는 교통법규 위반 시 벌금, 교통사고보험, 외국여행 시 건강보험 등을 제공해 준다.

6) 조직민주화 문제

독일금속노조는 거대한 조합원과 이를 관리하기 위한 조합관료층을 가진 거대조직이다. 이러한 거대조직에 있어 필연적으로 제기되는 것이 조직민주화 문제이다. 금속노조에는 공식적 구조 외에도 현실적으로는 일상적 관행과 전통에 따른 비공식 의사결정기구가 존재하고 있다. 특히 중앙집행위원회와 그 행정기구에 광범한 의사결정권과 하부조직에 대한 통제 및 개입권이 집중되어 있으며, 이는 일반조합원이 전체 정책형성에 참여할 기회를 제한하는 구조적 요인이 되고 있다(Berghahn and Karsten, 1987).

중앙집행위원회의 권한은 외부적으로는 단체교섭 및 노사분규에 대한 정책결정, 그리고 내부적으로는 행정·재정·인사에 대한 결정이 핵심적인 요소를 이룬다. 물론 노조규약상으로 단체교섭은 지방본부의 임무로 되어 있다. 그러나 지방본부장은 중앙집행위원회에 의해 임명되고, 그 지시에 구속된다. 단체협약 종료통지도 지방본부장이 중앙집행위원회에 보고해 중앙집행위원회에서 최종 결정하도록 되어 있다. 파업, 공장폐쇄도 즉시 중앙집행위원회에 보고해야 할 사항이다. 지방·지역 차원의 조합원 이해관계를 대변하는 모든 기구는 단지 자문기능만 할 뿐이다. 지역지부에서는 상위수준의 결정을 수행할 의무가 있을 뿐이다. 이와 같이 단체협상에서 중앙집행위원회가 강력한 의사결정권을 행사하는 것은 통일전략의 추진 필요성과 재정적·법률적·조직적 위험을 최소화하기 위한 필요성 때문으로 설명되고 있다. 그러나 이러한 구조로 인해 금속노조의 내부민주주의 구조는 매우 취약한 상태이다. 조합원이 중앙집행위원회 정책에 직접적으로 영향을 미칠 수 있는 것은 단지 파업 찬반투표와 파업참여를 통해서만 가능하다. 이 경우에도 노조원의 참여는 상당히 제한되어 있다. 파업결정 자체는 중앙집행위원회가 하기 때문이다.

그 밖에 유급직원 인사문제, 단체교섭 및 단체협약의 실행, 종업원평의회, 직장위원, 노조원 대표에게 노동법을 자문하는 문제 등에 대해 중앙집행위원회는 광범한 영향력을 가지고 있다. 중앙집행위원회는 조합비의 상당 부분을 지출할 권한이 있으며 경제사회정책의 결정권과 조합 내 언론통제권, 지침수립권 등도 가지고 있다. 반면 조합원과 가까운 하부기구는 거의 권력이 없는 편이다.

3. 스웨덴금속노동조합

1) 스웨덴금속노동조합의 개관13)

스웨덴금속노동조합(Metall, 공식명칭 Metallindustriarbetareförbundet)은 스웨덴 전역의 1만 2천 개 사업장에 43만 명의 조합원을 가지고 있다(1997년 4월). 금속노조는 스웨덴노동조합총연맹(LO)의 20개 산별노조 중 자치단체노조(65만)에 이어 두 번째로 큰 노조로서 LO 전체 노조원 220만 명의 5분의 1을 차지하고 있다.

스웨덴노동조합은 기본적으로 산별조직형태를 취하고 있다. 금속노조는 금속산업에 종사하는 노동자는 직종을 불문하고 조직대상으로 하고 있다. 대산별 원칙에 따라 기계·자동차·철강·수공업·광업·대장간 등 금속산업 노동자의 97%를 조직하고 있으며, 직종별로는 조립공·수리공·기계조작공·선반공·청소부·전기공·용접공·감독자 등을 모두 조직하고 있다. 그러나 독일과 달리 화이트칼라는 별도의 노동조합(TCO)으로 조직되어 있다.

스웨덴은 다른 유럽 국가들에 비해 산업화가 늦어 1870년대 호황기에 근대적 공장의 건설이 시작되었다. 그러나 대규모 산업은 1890년 이후에나 발전하게 된다. 노조활동은 본격적 산업화 이전에 이미 시작되고 있었다. 1846년 스톡홀름에서 결성된 식자공조합(植字工組合)이 스웨덴 최초의 노조이다. 1860~1870년대 초 노조활동 및 투쟁이 본격화되기 시작했다. 이때 첫 지역노조(Local Union)가 탄생했다. 그러나 막 싹텄던 스웨덴의 노동운동은 1870년대 말 경제위기 시 거의 소멸해 버렸다. 이어 1880년대가 되어 다시 노조조직화

---

13) Fulcher(1991); Campbell(1992); Metall(1995); De Geer(1992); Swedish Institute(1996); LO/TCO(1994); LO 홈페이지(www.lo.se); Metall 홈페이지(www.metall.se); Swedish Institute 홈페이지(www.isa.se); SCCJ 홈페이지(www.sccj.org).

가 재개된다. 이때의 노동조합운동은 특히 도시장인, 숙련 노동자가 중심이 되어 이루어졌다. 1880년대 중반 지역노조들이 통합해 전국 산별노조 결성이 시작되었다. 체신부노조(1886), 식자공조합(1887), 페인트공조합(1887), 제화공노조(1888) 등이 이 시기에 결성되었으며, 현 금속노조의 전신인 철·금속노조(1888)도 6개 지역노조가 모여 결성되었다. 이러한 산별노조가 모여 1898년 LO가 결성되었다. 이 해에 금속노조는 최초의 파업을 벌였다. 룬드(Lunds)에서 벌어진 이 파업에는 120명이 참가했다. 1889년 노조와 사회민주연합이 단결하여 스웨덴 사민당(SAP)을 창당함으로써 노동운동 발전에 큰 전기를 마련했다.

초기의 스웨덴 노동조합들은 자본주의의 발전 및 이에 따른 자본주의적 임노동의 확산에 대한 숙련 노동자들의 대응으로 건설된 것이었다. 이들은 노조 결성을 통해 경쟁을 제한함으로써 노동자의 교섭력을 높이려 했다. 따라서 노동자들의 힘이 강하고 경쟁제한을 쉽게 할 수 있는 곳부터 노조가 결성되었다. 다른 나라들과 마찬가지로 숙련 노동자가 이들 초기 노조 결성을 주도했다.

1880년대부터 스웨덴 경제는 호황을 맞게 된다. 이에 따라 노조조직도 크게 증대되었다. 1895~1907년 사이에 노조원 수는 1만 5천 명에서 25만 명으로 증가했다. 전국규모의 노조 수도 50개에 달했다. 당시 스웨덴 노동운동은 세계에서 가장 잘 조직된 노동운동이었다. 노동운동의 발전과 함께 차츰 미숙련·일반노동자 노조도 성장했다.

노조의 급속한 성장과 노사분규의 증대에 따라 고용주도 지역적·전국적 수준에서 조직화되기 시작했다. 1902년에는 스웨덴고용주연맹(SAF)이 결성되었다. 1905년 단체협약 체결 문제를 둘러싸고 금속노조 최초의 전국 총파업이 일어났다. 금속노조 조합원 1만 8천 명 중 8천 명이 6개월간 공장폐쇄를 당하면서 투쟁한 끝에 금속노조와 스웨덴금속산업고용주연맹 간의 단체협약이 체결됨으로써 이 파업은 금속노조의 승리로 끝났다. 그 결과 전체 직종에 중요한 의미를 갖는 협정이 체결되었다.

1906년 SAF와 LO 사이에 이른바 '12월 타협'이 성립된다. 이 타협에서 SAF는 노동자의 조직권, 단체협상권을 인정했으며 그 대신 LO는 고용주의 채용, 해고권, 업무배분권을 인정하고 클로즈드숍은 불인정당하는 양보를 했다.

그러나 타협에도 불구하고 스웨덴의 노사관계는 여전히 갈등적이었다. 1909년 임금인상과 공정대우를 요구하는 총파업이 일어나자 고용주는 공장폐쇄 전략을 사용했다. 그 결과 파업은 노동자 측의 처참한 패배로 끝났다. 이후 1911년까지 LO와 금속노조는 조합원의 절반을 잃게 된다. 고용주는 단체협약을 자신에게 유리하게 이용해 전국협약의 계속을 요구했다.

1914~1920년의 제1차 세계대전 기간 중 스웨덴은 중립국으로서 전쟁특수를 누렸다. 이에 따라 노조원 수도 급속히 증가했다. 그러나 전쟁 중 인플레에 의한 실질임금 저하에 따라 노조운동은 급진화하기 시작한다. 노동운동은 8시간 노동제와 보통선거제를 쟁취하게 되며, 1889년 창당된 사민당은 마침내 1920년 집권하게 된다.

전쟁 후 1920년대의 경제위기로 노조는 다시 약화되었다. 특히 1930년대 대공황 시 스웨덴 경제도 큰 타격을 입음에 따라 파업이 잇달아 일어났으나 실패로 끝나 버렸다.

19세기 말에서 1930년대 중반까지 스웨덴은 노사분규로 얼룩진 나라였다. 장기간의 파업이 빈발했다. 이에 입법화를 통해 산업평화를 증진시키라는 요구가 높아졌다. 1928년 단체교섭법이 의회에서 통과됨에 따라 노동법원이 설립되었다. 1932년 사민당이 재집권에 성공, 이후 1976년까지 무려 44년간 집권을 이어 간다(때로 연정을 이루면서). 1930년대에 사민당, SAF, LO 등 노사정 당사자는 노사관계와 단체교섭의 공식체제 형성을 위해 노력을 계속했다. 사민당 정권 아래 노조세력의 확대도 계속되었으며 노조의 사회적 책임도 높아졌다. 이에 따라 LO도 투쟁노선을 버리고 사용주와 노사협력 및 산업평화를 추구하게 되었고 산업합리화, 경제성장도 추구했다.

그 결과 1938년 LO와 SAF 간에 역사적인 살츠외바덴(Saltsjöbaden) 협약이 맺어졌다. 이 협약은 이후 스웨덴 노사관계의 기본 틀이 되었으며 '스웨덴 모델'로 불리면서 세계적인 관심사가 되었다. 스웨덴 모델의 특징은 노사 양측의 중앙기구에 의한 중앙집중협상에 있으며 국가의 개입이나 소득정책은 일절 없는 것이 특징이다.

제2차 세계대전 중에도 스웨덴은 중립국 지위를 유지했다. 1940년대 말 스웨덴 경제는 급속한 성장을 경험했으며, 산업평화와 사회보장체제가 발전하고 복지국가체제가 성립되었다.

1956년부터 LO-SAF의 노사 간 중앙교섭에 의한 임금협상 조정이 시작되었다. LO는 살츠외바덴 협약의 보완으로서 연대임금정책을 추구했다. 특히 연대임금정책은 저임금노동자에게 초점을 두었다. 연대임금정책은 임금격차 축소와 동일노동 동일임금 원칙의 관철을 가져왔다. 그 결과 성과가 좋은 기업의 노동자 임금은 충분히 상승하지 못한 대신 성과가 나쁜 기업은 문을 닫거나 광범한 합리화가 필요해졌다. 이에 따라 스웨덴 산업의 구조전환이 촉진되었다. 성과가 나쁜 기업의 노동자는 실업할 수밖에 없었다. LO는 이에 따라 적극적 노동시장정책을 촉진했다. 적극적 노동시장정책은 재훈련·재배치 등에 의해 노동시장의 구조개선을 가져오려는 정책이었다. 이 과정에서의 노사 간 사회적 합의는 세계적 모델이 되었다. 실질임금은 상승했고 특히 여성과 저임금노동자의 임금이 상당한 개선을 봤다. 이는 1980년대 초까지 장기간 계속되었다.

그러나 1970년대 중반부터 스웨덴 경제의 성장은 둔화되기 시작했다. 1976년에는 1932년 이래 최초로 비사민당 정부가 집권했다. 그럼에도 불구하고 1970년대 이후 다양한 노동입법이 이루어졌으며 적극적 노동시장정책과 사회보험제도의 확충 등 복지국가의 전성기를 누렸다. 그러나 다른 한편으로는 스웨덴 모델에 따른 평화적 협상의 결과에 대한 불만도 점증하기 시작했다. 특히 LO 지도부의 임금억제정책에 대한 일반노동자들의 반대가 높아졌다. LO는 경제 전체에 대한 책임감으로 인해 임금억제정책을 계속해 왔다. 그러나 금속노조처럼 상대적으로 성과가 좋은 산업의 노동자들은 이 정책으로 인해 충분한 임금인상 혜택을 누릴 수 없었다. 이에 대한 일반노조원의 불만이 높아졌다. 작업환경, 작업속도 증대 등에 대한 불만도 높아졌다. 결국 1969~1970년에는 비공인파업이 일어났다. LO는 일반노조원들의 요구를 받아들여 입법조치를 요구, 일부 성공하기도 했다.

1980년에 노사 간 임금인상을 둘러싼 분규가 일어나 LO는 총파업에 돌입했다. 이에 대한 SAF의 전국적 직장폐쇄로 스웨덴 모델에서는 생각할 수 없는 대갈등이 일어났다. 이 총파업에는 85만 명이 참가했는데 그중 30만 명이 금속노조원이었다. 7일간의 파업 후 고용주가 굴복하고 협정을 체결함으로써 이 파업은 끝을 맺었다.

고용주들은 1980년대 들어 중앙협정에 반발하기 시작했다. 이들은 오직 지역·기업 차원의 협정만 맺자고 주장했다. 중앙집중교섭 파괴의 선도자는 금속산업 고용주들이었다. 이들은 SAF 내에서 가장 강력한 세력을 이루고 있었다. 기계·철강·전자산업을 중심으로 한 이들 부문은 전체 수출의 절반을 차지했다. 수출산업은 스웨덴 경제의 엔진 역할을 하며 따라서 금속산업이 전체 경제의 틀을 만들어 가고 있는 것이다.

1983년 초 금속고용주연맹은 SAF-LO 중앙협정으로부터 교섭분리를 선언했다. 이들은 1970년대 중반 이래 불만을 가지고 있었는데 주로 SAF-LO 협정의 기초를 이루는 연대임금정책에 대한 반발이었다. 연대임금정책으로 고임금·저임금노동자 간 임금격차가 축소되었는데 금속산업의 경우 연대임금정책으로 고임금이 억제되어 이윤이 증가하기 했지만, 대신 숙련 노동력의 유인이 곤란해졌고, 국가의 지나친 개입에 대해서도 불만이었다. 이들은 특정 산업 및 기업에서 지배적인 조건에 중앙협약을 적용시킬 여지가 너무 적다고 비판했다. 전국적으로 강제된 저임금노동자에 대한 보충임금으로 인해 임금격차는 매우 적었다. 또 전국조직의 임금인상 권고안은 상한선보다는 하한선으로 간주되므로 인플레이션을 야기하게 된다. 이에 따라 금속산업 고용주들은 분산화 교섭, 지역노조와의 협상, 생산성 협약 등을 요구했다. 이에 대해 금속노조는 어느 정도 동조하는 입장을 보였다. 금속노조 역시 산업 간 임금격차 축소에 불만을 가지고 있었던 것이다. 이에 따라 LO의 중앙집중교섭 및 연대임금 정책으로부터 탈퇴해 금속노조는 기계산업 고용주 협회와 별개의 협약을 체결했다. 이후 LO는 SAF와의 중앙집중협상을 포기하고 산하 노조의 입장을 조정하는 역할만 하게 되었다(이른바 스웨덴 모델의 붕괴).

1980년대 후반에는 여러 종류의 교섭체제가 SAF와 LO에 의해 시도되었다. 1990년에 SAF는 임금협상에 관한 중앙집중교섭을 영원히 폐기했다. 그 대신 산별 고용주연맹과 산별노조 간의 부문별 협상으로 협상 수준이 바뀌었다. 즉, 교섭구조의 분산화가 이루어진 것이다.

이러한 가운데 노조는 수세적 입장에 서게 되었다. 스웨덴식 상호 동의, 협조 모델은 심각한 타격을 받게 되었으며 인플레이션의 촉발과 실질임금의 파편화가 나타났다. 1990년 사민당 정부는 임금·물가의 2년간 동결안을 제시했으며 이에 대해 LO 지도부는 지지 입장을 나타냈다. 그러나 일반노조원은 사민당과 LO 지도부에 격렬히 항의했고 그 여파로 1992년 총선에서 사민당은 패배를 맛봤다.

사민당을 대신해서 집권한 비사민당 정부는 노동법 개정과 복지체제의 완화를 향한 심각한 압력을 가하기 시작했다. 실업은 급증했으며, 특히 금속산업도 큰 타격을 입었다. 이러한 사태에 대응해 1994년 금속노조는 탄광노조와 합병했다. 동년 사민당은 재집권에 성공했다. 이후 1996년에 스웨덴이 EU에 가입함에 따라 스웨덴 경제와 노동조합은 새로운 경쟁압력에 다시 직면했다.

2) 조직과 운영

(1) 개요
스웨덴은 다른 나라에 비해 수공업적 직업별 노조의 전통이 없는 편이다. 산업화가 다른 나라에 비해 늦고 급속하게 진행됨에 따라 산별노조 형태를 취하게 되었다. 스웨덴노조의 특징은 대산별 원칙에 따라 조직되었다는 데 있다. 즉, 일정한 재료(금속)를 가지고 일하는 모든 노동자를 조직대상으로 하는 것이다.[14] 그래서 '순수한 의미'로 산별노조는 아니라고 Fulcher(1991)는 말한다. 실제로 1906년 LO 총회에서 금속노조는 산별노조 원칙에 반대하면서 가능한 한 최대한의 범위로 단결하기를 원했다. 1909년 사용주 측의 강력한 압력이 있은 후에야 비로소 금속노조는 산별조직 원칙을 받아들였다. 이러한 대산별 원칙은 한편으로는 금속노조의 직종별 파편화를 방지하면서, 다른 한편으로는 미숙련 노동자들의 일반노조 조직을 방지하는 역할을 했다. 그러나 노조 내에는 여전히 직업별 전통이 강하게 남아 있다. 노조 가입은 완전히 노조원의 자발적 의사에 맡겨진다. 클로즈드숍은 금지되어 있지만 그럼에도 불구하고 블루칼라의 90%, 화이트칼라의 80% 이상이 노조에 가입되어 있어 세계 최고의 조직률을 자랑한다.

스웨덴노조 구조는 전체적으로 전국 수준의 산별노조, 지역지부, 지부분회의 3단계 조직이 중심이다. 노조활동의 중심은 산별노조와 지부분회에서 이루어지며 지역지부는 영세분회들을 대변하는 역할에 한정되어 있다.

스웨덴노조는 원래 지부분회(local, 대체로 사업장마다 조직된 최소 단위의 노조조직) 중심으로 발전한 바 있다. 1960년대에 비용절감과 교섭력 강화를 위해 인근에 위치한 지부분회끼리 합병해 지역지부(district branch)를 만들기 시작했다. 이에 따라 LO 전체의 분회 수는 1948년 8950개에서 1974년에는 1879개로 대폭 감소했다(Lewin, 1980). 그러나 여전히 구지부분회는 지역지부의 분회(section)로 남아 있다. 여기에 직종별 노동자들의 의견반영을 위한 장치로서 대의체제도 도입되었다. 이에 따라 스웨덴노조 구조는 다소 복잡한 구조를 가

---

14) 이를 Fulcher(1991)는 "작업재료노동조합(work-material union)"이라고 했다. 즉, 직업별·일반·산별노조라는 분류와는 달리 일정한 재료를 가지고 일하는 모든 사람을 조직한다는 의미이다. 즉, 스웨덴노조는 Metalworkers' Uinon, Woodworkers' Union 등으로 분류된다.

〈그림 3-3-1〉 스웨덴의 노동조합 조직 구조

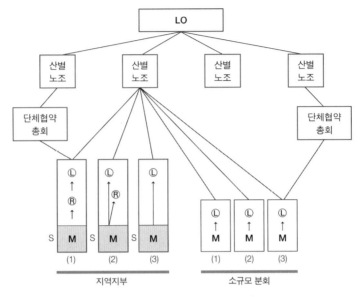

주: M=조합원, R=대의기구, L=지부위원회
자료 : Lewin(1980).

지게 되었다. 〈그림 3-3-1〉에서 보는 바와 같이 지역지부의 경우 일반노조원
들이 대의기구(지역지부위원회)를 선출하고 여기서 다시 지역지부 집행부를 선
출하도록 LO는 권고하고 있지만(〈그림 3-3-1〉 (1) 참조), 일부 지역지부에서는
노조원이 대의기구와 집행부를 모두 직접 선출하기도 하며(〈그림 3-3-1〉 (2) 참
조) 어떤 지역지부에서는 대의기구 없이 집행부만 노조원이 직접 선출한다(〈그
림 3-3-1〉 (3) 참조). 한편 규모가 작은 지부분회들은 지역지부를 형성하지 않고
곧바로 전국노조의 하부조직으로 존재하기도 한다. 각 단체교섭 지역의 대표
들과 전국 산별노조 지도부는 단체협약을 수행하는 기구로서 협약위원회를 구
성하는데, 한 노조가 여러 단체교섭을 수행할 수도 있으므로 단체협약위원회
역시 한 노조에 여러 개가 구성되기도 한다.

(2) 지부분회

지부분회는 노동 및 고용조건의 발전·개선을 위해 대부분의 작업장에 설치되어 있다. 지부분회(흔히 '공장클럽'으로 불림)는 작업장에서 노조조직의 핵으로 광범하게 채용된 구조이다. 노조규약에 따르면 지부분회는 산별노조나 지역지부로부터 받은 지시를 수행하고 노사 간의 모든 요구와 관계에 대비·조직·처리해야 한다. 지부분회는 지부분회위원회와 분회장을 선출한다.

대공장의 경우 분회장이 상근하는 경우가 많다. 분회위원들도 안전, 작업연구 등의 문제를 다루는 책임을 공식 인정받아 업무를 분담하고 있다. 각 부서단위로 조직이 있으며 부서단위 노조책임자가 있다. 이러한 현장에서의 노조조직은 독일이나 미국의 산별노조에서는 볼 수 없는 것으로서 영국이나 이탈리아의 직장위원회, 공장평의회와 비슷한 형태이다. 그러나 스웨덴의 현장조직은 직장위원회나 공장평의회보다 덜 독립적이다. 즉, 지부분회는 노조의 공식기구이며 분회장이나 위원은 전임노조 상근자와 마찬가지로 협약기간 중 평화유지의무를 진다. 만약 협약기간 중 파업을 요구하거나 참가하면 고용주로부터 제소당하게 된다. 지부분회는 사용주에 대해 노조원을 대표하며, 단체협약 및 법률에 따라 직장에서 조합원의 권리가 보호·신장되도록 보장하는 기능을 한다.

위원회는 노조원에게 영향을 미치는 이슈에 관해 고용주와 협상한다. 이는 분회 임금협약으로부터 작업장 조직, 작업환경 등에 이르기까지 광범한 영역을 다룬다. 조합원 수가 적은 소규모 직장에서는 지부분회가 없으며 이 경우 직장에서 노조를 대표하는 노조 대표가 있다. 직장에서 노조활동의 편의를 위해 직장위원은 노조일을 수행할 수 있도록 유급시간공제권을 가진다. 금속노조 전체 분회의 3분의 1 이상이 노조원 20명 이하의 소규모 직장이다.

(3) 지역지부

금속노조에는 전국적으로 130개의 지역지부가 존재하고 있다. 각 지역지부는 해당 지역 내에 고용된 금속노동자로 구성된다(개인 가입). 규모는 여러 가지로 예테보리의 가장 큰 지역지부는 조합원 3만 5천 명에 달하지만 100명 이하의 지역지부도 있다. 지역지부에서는 지역지부위원회를 선출한다. 지부사무소는 선출직 임원과 유급직원으로 구성된다. 이들의 임무는 주로 지부분회가 없는 사업장에서 노동협약을 체결하고, 소규모 작업장에서 작업환경법 및 기타 법률이 준수되도록 감시하며, 조사연구활동을 하고, 정보자료를 제공하는 것 등이다. 모든 노조원은 지부의 회합이나 결정, 선거에 참여권을 가진다.

(4) 전국대의원대회

전국대의원대회는 금속노조의 최고의사결정기관이다. 정기대의원대회는 2년마다 개최된다. 대회에서는 다음 회기까지 노조의 목표와 방향을 설정하며, 제안된 안건을 심사한다. 전국에서 300명의 대의원이 선출되는데 노조원이 직접 선출한다. 지부 규모에 따라 대의원수가 차등 배정된다. 대의원대회에서는 중앙집행위원회를 선출한다.

(5) 중앙집행위원회

중앙집행위원회는 대의원대회 사이의 최고의사결정기관이다. 중앙집행위원회는 모두 15명으로 구성되는데 그중 10명은 생산직, 5명은 사무감독직에서 선출된다. 금속노조본부에는 약 200명의 노조임원, 유급직원, 보조직원이 일하고 있다. 노조 본부는 집행위원회를 대신해서 대의원대회에서 결정된 사항을 집행한다. 여기에는 노동입법, 단체협약, 승진등급, 임금결정, 근로시간, 작업환경, 노동시간, 직업훈련, 사회정책, 사회보험, 조직문제 등이 포함된다.

3) 재정

금속노조의 재정은 대부분 조합비에 의존하고 있다. 조합비는 임금의 평균

1.9%이다. 1997년 평균조합비는 월 275크로네 정도이다. 조합비 중 0.9%는 금속노조 본부로, 0.4%는 실업수당기금으로, 0.6%는 지역지부로 배분된다. 본부 예산은 지역지부교부금과 실업기금 외에 조사, 연구, 정보, 기관지, 여가활동비, 파업기금, 상급단체분담금, 협약교섭비, 관리비(인건비, 우편요금), 위원회 및 대의원회비, 국제노조분담금 등의 순으로 지출된다.

4) 단체협약

스웨덴의 단체협약은 중앙협약·산별협약·지역협약 등 3개 수준에서 이루어진다. 1956~1982년까지 LO 소속 노동조합의 단체교섭은 LO-SAF 간 중앙협약을 중심으로 이루어졌다. 양 중앙기구의 교섭에 의해 협약안이 타결되면 각 산하조직에게 타결된 틀 안에서 단체교섭을 체결하도록 권고했다. 이에 따라 산별노조와 산별 고용주연맹 간의 산별교섭이 이루어지는데, 이때 중앙교섭으로 타결된 임금인상 및 근로조건 개선안을 하회할 수 없다. 이어서 개별 기업과 지역지부 또는 지부분회 간의 기업교섭이 이루어지는데 이는 산별교섭으로 타결된 수준을 하회할 수 없다. 그러나 1983년 중앙교섭이 붕괴되고 현재 중앙교섭은 연금문제만 다루고 있다.

전국협약은 산업별로 이루어지고 있다. 금속노조의 경우 기계산업 고용주연맹과 전국협약을 맺는다. 협약 유효기간은 1~2년으로 되어 있다. 금속노조의 협약은 부분협약이다. 즉, 기계·철강·자동차·광업 등의 각 부문에서 독자적 협약을 맺고 있다. 협약의 내용은 임금 및 고용조건 등에 관한 것이다. 각 부문 간 협약은 거의 유사한 내용으로 되어 있다.

최근 수년간 고용주들은 전국단체협약의 약화를 위해 노력해 왔다. 고용주들의 최종 목표는 전국협약을 없애고 사업장별 개별협약만 맺는 것이다. 혹은 전국협약이 존재하더라도 그 내용을 협상방법, 산재방지 등에 국한할 것을 주장하고 있다. 이에 대해 노조는 미래에도 임금 및 근로조건에 관한 전국적 협약이 있어야 한다고 주장하고 있다. 그러나 노조에서도 공장 수준에서의 보다 많은 조정가능성은 개방할 수 있다는 유연한 입장을 보이고 있다. 지금까지는 노조가 전국 수준의 협약을 유지하는 데 성공해 왔다. 그러나 이 문제는 당사자 간에 계속 논의 중이다.

한편 지부분회협약은 각 사업장의 보충협약이다. 만약 고용주가 고용주단체 회원이 아닐 경우 지역지부는 해당 노동자를 위한 지부협약을 맺을 수 있다. 이는 동 부문의 전국협약과 동일한 내용이다. 그러나 작업장 교섭 범위는 영국·이탈리아에 비해 제한적이다. 스웨덴의 고용주는 영국·이탈리아에 비해 경영권을 더욱 고집하고 있다. 따라서 지부분회가 작업장 교섭 범위를 확대하기가 곤란한 형편이다. Sission(1987)의 연구에 의하면 금속산업 작업장 교섭 이슈의 69%가 임금에 관한 것이며, 8분의 1만이 경영권(충원, 과업배분, 채용, 해고, 작업규율, 생산, 감독자 행동)에 관한 것이라고 한다.

금속노조는 교섭력 강화를 위해 협상기간 중 사무직 노조인 SIF, CF 등과 긴밀히 협력하고 있다.

지부분회나 지역지부 대표가 고용주와 합의를 보지 못할 때는 중앙협상을 요구할 수 있다. 그 경우 지역지부 혹은 노조 본부 대표가 지부분회 대표, 고용주, 고용주연맹 대표와 회합하여 공동 협상한다. 만약 양측의 협상이 결렬되면 정부는 중재위원회를 지명해 중재 노력을 기울인다. 그래도 여전히 양측이 합의에 이르지 못할 경우 노동법원에 제소할 수 있다. 노동법원은 노조, 고용주, 법률계 대표로 구성되며 노동법원에서 분규 해결을 결정한다.

스웨덴에서 공개적인 노사분규는 매우 적다. 그 이유는 극도로 집중된 노동시장으로 인해 소규모 지역 분규가 전국 분규로 확대되기 쉬우므로 노사 양측 모두 분규 발생을 피하기 위해 노력하기 때문이다.

그러나 한편으로는 종전의 LO-SAF 간 중앙협상에 비해 강력한 산별노조가 상호 간 상대적 비교, 상호투쟁에 의해 수행하는 분산적 단체교섭은 커다란 어려움을 낳고 있다는 평가도 있다(Olsson, 1991).

4. 일본자동차총련

1) 개요

일본 노동조합의 기본 구조는 기업별 또는 사업소별 조합이다. 그러나 이들 노동조합은 단독으로 활동하고 있는 것은 아니며 그 대부분이 상부단체에 소속되어 있다. 상부단체에는 그 결정이 가맹조합의 활동을 많든 적든 구속하는 산업별 연합체와 연락협의와 상호지원이 주목적인 느슨한 협의체가 있다.

자동차총련(공식명칭 전일본자동차산업노동조합총연합회)은 자동차, 부품제조, 판매, 수송, 기타 노동조합이 결집된 산업별 연합체로서 자동차 관련 산업의 블루칼라와 화이트칼라를 모두 포괄하고 있다. 일본의 산별연맹은 대체로 소산별체제로서 조직규모가 영세한 것이 특징이다. 中村圭介(1990)의 연구에 의하면 조사대상 48개 조직의 조직 인원규모는 50만 명 이상이 3개, 20만~50만 명이 5개, 10만~20만 명이 10개로 10만 명 이상이 18개에 불과한 것으로 나타나고 있다. 29개가 10만 명 미만의 영세조직인 것이다. 특히 1만 명 이하가 8개에 달하고 있다. 그런 가운데 자동차총련은 1997년 6월 30일 12개의 기업련과 1595개의 단위노조에 조합원 78만 6천 명을 가진 민간부문에서는 일본 최대의 산업별 조직이다.[15] 자동차총련의 소속 상급단체는 연합 및 IMF-JC이며 국제적으로는 국제금속노련, 국제상업노련(FIET)의 멤버이다.

일본의 노동조합운동은 제2차 세계대전 후 본격적으로 시작되었다.[16] 미점령군 당국은 민주적 노동운동을 위해 「노동조합법」을 제정했다(1945년 12월). 이에 따라 많은 노조가 탄생했다. 1946년경부터 자동차산업에서도 닛산,

---

15) 공공부문 최대 산별연맹은 전일본자치단체노동조합으로서 조합원 수 95만 7128명이며 민간부문 2위는 전기연합(電機連合)으로서 77만 7830명이다(勞働省, 1997).

16) 이하 자동차총련의 약사에 대해서는 自動車總連(1997a); 박기성·강순희(1993); 윤진호(1995); 전일본자동차산업노동조합총연합회; 自動車總連 홈페이지(www.jaw.or.jp) 등 참조.

토요타 등에서 잇달아 기업별 노조가 결성되었다. 각 조합은 우선 기업별 단위로 결성되었으며 이들이 모여 1948년 4월 전자동차(全自動車)를 결성했다. 전후 초기 일본 경제는 매우 취약했다. 인플레이션이 지속되고 해고가 빈발했다. 1950년 토요타, 이스즈 등에서 기업합리화를 둘러싼 대노동쟁의가 발생했다. 1950년 한국전쟁에 따른 특수로 일본 자동차산업은 일시 호황을 누리기도 했으나 전쟁 종결 후 다시 불경기가 닥쳤다. 이에 따라 자동차 회사들은 해고와 조업단축을 실시했다. 이에 대한 노동자들의 불안이 높아짐에 따라 투쟁지상주의의 전자동차에 대한 불만이 나타났고 그 결과 1954년 전자동차는 해산되었다.

전자동차 해산 이후 한동안 일본 자동차산업노조들은 산별연맹체를 가지지 못했다. 그 결과 나타난 노동운동의 약화를 막기 위해 1955년 1월 닛산, 토요타, 이스즈 3자 간담회가 발족했으며 이후 히노도 가입해 4자 간담회가 되었다 (1956년 1월). 1958년에는 주요 노조가 가담한 전국자동차노조 간담회가 발족했다. 이를 모태로 1965년 8월 드디어 자동차노협(自動車勞協)이 발족되었는데 여기에는 2단산(單産), 8조합 22만 명의 조합원이 참가했다. 이는 협의회의 성격을 띤 것이었다. 이때부터 일본에서는 자동차의 대중화(motorization)로 자동차 생산대수가 비약적으로 증가하고 이에 따라 조합원 수도 증가하기 시작한다.

1972년 협의체의 한계를 넘어선 연맹 결성이 모색되어 1972년 10월 자동차총련이 결성되었는데, 여기에는 10개 노련, 2개 협의회, 50만 명의 조합원이 참가했다. 자동차총련은 그 후 착실히 조직을 확대해 한때 80만 명 이상의 조직으로 발전했다. 그러나 1991년 이후 자동차산업의 불황에 따라 일본 자동차산업이 감산되자 노조원 수도 감소했고 1996년 이후에는 거의 정체상태에 있다.

2) 조직과 운영

(1) 개요

일본의 산업별 조직은 대부분 기업별 조합을 가맹단위로 한다. 이 점에서 한국과 비슷하다. 中村圭介(1990)의 연구에 의하면 조사대상 48개 중 43개가 기업별 가맹원칙을 취하고 있다. 그러나 자동차총련은 그룹 노련이 유일의 가맹단위라는 점에서 일본의 산별조직 중 독특한 존재이다. 즉, 자동차산업의 완성차 메이커를 중심으로 부품, 판매, 수송회사들이 기업그룹을 결성하고 있는데 대응해 노동조합도 메이커 조합을 핵으로 해 노동조합의 그룹화를 추진해

〈그림 3-3-2〉 자동차총련의 조직 구조

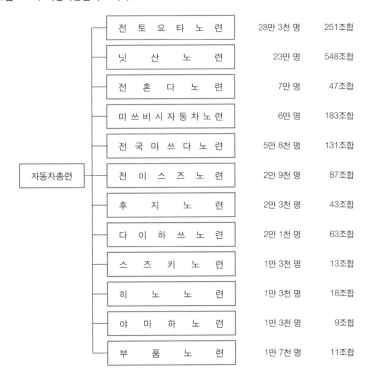

전 토 요 타 노 련	28만 3천 명	251조합
닛 산 노 련	23만 명	548조합
전 혼 다 노 련	7만 명	47조합
미 쓰 비 시 자 동 차 노 련	6만 명	183조합
전 국 마 쓰 다 노 련	5만 8천 명	131조합
전 이 스 즈 노 련	2만 9천 명	87조합
후 지 노 련	2만 3천 명	43조합
다 이 하 쓰 노 련	2만 1천 명	63조합
스 즈 키 노 련	1만 3천 명	13조합
히 노 노 련	1만 3천 명	18조합
야 마 하 노 련	1만 3천 명	9조합
부 품 노 련	1만 7천 명	11조합

(자동차총련)

자료: 전일본자동차산업노동조합총연합회, 『JAW: 조직과 활동』.

왔다.

이러한 점에서는 한국의 현대그룹노동조합총연합(현총련) 등과 유사하나 자동차 관련 기업만 묶는다는 점에서는 차이가 있다. 기업련은 기업그룹별로 노조가 연합화한 형태로 이는 동일규약을 가지고 있으며 자본관계 혹은 거래 관계가 있는 기업그룹의 기업별 조합의 연합체이다. 자동차총련은 이러한 기업그룹별 연합체 조직을 하나로 결집한 산업별 조직이다(〈그림 3-3-2〉 참조).

자동차총련은 중산별주의(中産別主義)를 택하고 있다. 이는 한국의 업종별 조직과 유사한 형태이다. 일본에서 노조를 대산별-중산별로 나누는 기준은 산업분류싱 중분류에 해당하는 산업을 조직범위로 하느냐 대분류에 해당하는 산업을 조직범위로 하느냐 하는 데 있다. 일본의 산별연맹은 하나의 산업 혹은 그 관련 산업을 넘어서 조직화를 시도해 가는 데 대한 관심이 희박하거나 혹은 소극적이다.

자동차총련은 중산별주의이기는 하지만 산하의 그룹별 노련마다에 관련 하청기업의 조직화가 진행되어 있는 것도 있어 조직범위는 29개 산업에 걸쳐 있다. 예컨대 그룹 노련에 따라서는 식품, 인쇄, 사무기기 등의 노동조합도 조직하고 있다.

자동차총련은 내부에 업종별 5개 부회(메이커부회, 차체-부품부회, 판매부회, 수송부회, 일반부회)를 가지고 있다. 그 기능은 임금, 단협, 기타 근로조건 등에 관해 상호 협의하는 것이다. 업종부회는 업종별 조직투쟁을 지도하는 기능이나 사무국 등 공식조직, 재정 등은 가지고 있지 않다.

자동차총련의 노조활동은 주로 본부와 가맹조합(기업노련)을 중심으로 이루어진다. 단, 지역 차원에서의 자동차 관련 노조들의 협의조직으로서 전국을 47개로 나누어 지방협의회를 두고 있다. 각 지협은 비상근 지협의장과 사무국장을 두고 있다.

(2) 대의기관

① 조합대회

자동차총련의 최고의결기관으로서 매년 1회(9월경) 개최된다. 참석대의원은 조합원 수 규모에 따라 가맹 기업노련에서 선출된다. 1996년 대회의 경우 총 616명이 출석했으며 방청을 포함해 1만 1천 명이 참석한 대규모 집회였다.

대의원대회의 기능은 조합활동의 전 부문에 걸쳐 있다. 즉, 사업보고, 조합의 운동방침 결정, 예산 및 결산 심의, 임원선출, 강령 및 규약 개정, 단협승인, 상부단체 가입 및 탈퇴, 가맹조합에 대한 통제처분, 동맹파업 결정, 기타 중요한 사항 등이다.

예컨대 제26회 대회(1997.9)의 대회 의안서를 살펴보면 ① 각종위원 선출, 서기 임명, 해임, ② 임원보충선거, ③ 활동경과보고·승인 ④ 결산보고, 감사보고 승인, ⑤ 중의원 의원선거 후보자 추천 등 다양한 안건을 다루고 있다(自動車總連, 1997d).

② 중앙위원회

조합대회로부터 다음 대회 사이의 기간 동안의 최고의결기관이다. 중앙위원회는 매년 1회(1~2월경) 개최된다. 구성원은 가맹 기업련에서 규모별로 비례해 선출된다. 예컨대 제63회 중앙위원회의 경우 중앙위원 192명, 방청객 552명이 참석했다(自動車總連, 1997e). 중앙위원회의 기능과 목적은 조합대회와 유사하다. 즉, 대의제도를 통해 조합원 의사를 확인하는 기능을 한다. 중앙위원회의 가장 중요한 두 가지 임무는 첫째, 그 해의 임금, 보너스(일시금이라고 함), 노동시간 단축, 정책, 제도개선 투쟁 등의 기본방침을 결정하는 것과 둘째, 수정예산안을 의결하는 것이다.

예컨대 제63회 중앙위원회의 경우 자동차산업에서의 노동조건 확보, 산업 내외의 노동조건 격차 시정, 정책, 제도과제의 개선책 등을 기본으로 한 '1997

년 종합생활개선의 틀 방침'을 결정했으며 그 밖에 공제운영규약 개정, 고문위촉 등의 의안을 처리했다(自動車總連, 1997e).

(3) 집행기관

① 중앙위원회

조합의 일상활동의 집행권한과 책임을 맡는 집행부서이다. 중앙집행위원회는 원칙적으로 매월 1회 개최된다. 각 기업노련의 중요 멤버가 중앙집행위원으로서 출석해 총련의 결성에 출신 노련의 의견을 반영한다. 이들은 모두 비전임인데, 현재 중앙집행위원은 18명이다.

기능은 대부분의 조합의 일상활동에 대해 논의하고 결정하는 것이다. 예컨대 1997년 8월 20일 개최된 제16회 중앙집행위원회의 안건을 보면 ① 각종 위원회 보고, ② 조합회비 결정, ③ 지방선거후보자 추천, ④ 해외파견 국제세미나, ⑤ 산업노사회의, ⑥ 노동조건 개선, ⑦ 복지정책 등이다(自動車總連, 1997c).

② 본부임원

자동차총련의 본부임원은 회장 1명, 부회장 5명인데 부회장은 모두 비전임이다. 그 외 사무국장 1명, 사무국 차장 3명, 상임집행위원 23명, 고용직원 9명등이 있다. 비전임인 부회장과 고용직원을 제외한 전임총련 임원은 28명이다. 이들은 모두 가맹노련에서 추천된 다음 정기대회에서 대의원이 선출하며 임기는 2년이다. 이들은 모두 가맹노련 파견 형식이며 따라서 고용직원을 제외한임원은 모두 소속 기업노련에서 봉급이 지급된다. 일본은 노조상근자에 대한회사로부터의 임금지급이 부당노동행위로 금지되어 있으므로 노조가 임금을지급한다. 비전임자는 노조활동시간만큼 임금을 회사가 지급하지 않으므로조합비로 보충한다.

구미의 산별 노련과는 달리 일본자동차총련은 80만 조직에 비해 전임임원

수가 매우 적은 편이다. 또 일본의 다른 산별조직에 비해서도 적다. 그러나 기업노련에 전임자가 많이 있으므로 평면적으로 비교하는 것은 무리이다.

본부임원은 각 의결기관의 전결사항을 제외한 조합의 일상적 업무를 수행하는 포괄적 권한을 행사한다. 그러나 구미의 산별노조 집행부와 달리 의결기관과 가맹노련의 의사를 존중하고 있으며 독자적 권한 행사나 권한 집중은 없는 편이다. 대부분 회의체를 통한 의사집결·결정방식이 사용된다. 본부임원들로 상임집행위원회가 구성되는데, 상임집행위원회는 매주 1회 이상 개최된다.

③ 사무국과 전문부서

사무국장 산하에 사무국 차장 3명이 있고 각 담당 부차장이 있다(〈그림 3-3-3〉 참조). 이들의 임기는 모두 2년이며 선출직이다. 따라서 전문직 능력이 저해되고 계파 간 안배형식을 취하는 경우가 많다. 이를 보완하기 위해 다양한 각종 전문위원회가 별도로 구성되어 있다. 자동차총련의 경우 기획위원회, 정치위원회, 정책위원회, 산업정책위원회, 복지정책위원회 등이 있다. 각 전문위원회는 총련 회장 또는 부회장을 위원장으로 하고 본부임원 및 산하 기업노련 대표들로 구성된다.

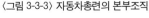

〈그림 3-3-3〉 자동차총련의 본부조직

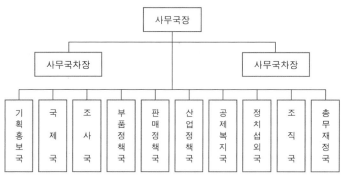

자료: 전일본자동차산업노동조합총연합회, 『JAW: 조직과 활동』.

3) 재정

자동차총련의 재정은 대부분 조합비로 충당된다. 조합비 배분방식은 〈그림 3-3-4〉와 같다.

자동차총련 소속 노조원의 평균조합비 비율은 기준 내 임금(잔업수당 제외)의 1.6~1.8%로서 일본의 다른 산별에 비해 비교적 낮은 수준이다. 이와 같이 재정사정이 열악하기 때문에 평소에 조합간부들은 조합원들로부터 조합비를 낭비하지 말라는 말을 자주 듣는다고 한다(인터뷰 결과). 조합비 징수는 체크 오프세 방식이나.

한편 지출 면에서 살펴보면 제16기(전반기: 1996.7.1~1997.6.30)의 예산안은 〈표 3-3-8〉과 같다.

이 외에 특별회계지출로 각종 기금에 대한 지출이 있는데 국내연대기금, 국제연대기금, 퇴직적립금, 행사적립금, 정치활동적립금, 사무소확충기금 등이 있다. 그러나 이 기금 지출은 모두 합쳐서 1억 4800만 엔으로 적은 편이다.

자동차총련의 지출 특징을 살펴보면 다음과 같다. 첫째, 예산규모가 매우 적다. 자동차총련에 납부하는 맹비는 조합원 1인당 290엔에 불과해 자동차총련의 활동에 한계를 가져온다. 둘째, 인건비와 상부 단체비의 비중이 크다. 인건비를 노조가 부담하므로 이 양자의 지출비중이 높아지는 것이다. 반면 조직 활동비, 교육비는 낮다. 이러한 지출구조는 지출의 경직성을 가져온다. 셋째, 구미 산별노조 지출의 주요 비중을 차지하는 파업기금의 적립이 없다. 이는 한편으로는 파업이 적은 일본의 현실을 반영하는 것이지만 다른 한편으로는 산별의식의 미약과 조직 교섭력의 취약성을 보여 주고 있다.

이와 같이 연맹의 재정은 취약한 반면 개별 기업노련은 재정력이 강하다. 예컨대 닛산노련, 토요타노련 모두 자체 건물을 소유하고 있다. 이는 조합비의 적립(노련회관 건설기금)과 회사가 제공한 부지로 가능했다. 자동차총련은 현재 닛산노련 건물에 세 들어 있다.

〈그림 3-3-4〉 자동차총련의 조합비 배분방식

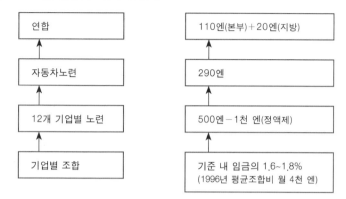

연합	←	110엔(본부)＋20엔(지방)
자동차노련	←	290엔
12개 기업별 노련	←	500엔－1천 엔(정액제)
기업별 조합	→	기준 내 임금의 1.6~1.8% (1996년 평균조합비 월 4천 엔)

자료: 자동차총련 방문 인터뷰(1997.4.25).

〈표 3-3-8〉 자동차총련의 예산안(1996년 7월 1일~1997년 6월 30일)

(단위: 백만 엔)

수입		지출	
전기이월	1,383	직원급료, 후생비	54
회비	2,460	전임임원 보조비	174
파견임원 보조금	29	상급단체 회비	1,684
수취이자, 배당금	24	여비, 교통비	179
공제제도운영 수익금	3	각종 회의비	694
잡수입	3	각종 활동비	241
		각종 정책비	54
		정치섭외비	17
		제경비	100
		예비비	30
경상수입 합계	2,518	경상지출 합계	2,623
전체	3,843	차기이월	1,220

자료: 自動車總連(1997b).

4) 단체교섭

(1) 자동차총련의 단체교섭의 특징

전후 일본의 노동운동은 가능하면 산별조직을 결집해 산별 수준에서 임금협약, 단체협약을 맺는 것을 추구해 왔으나 실제로는 산별조직이 단체협약을 체결하는 곳은 해원조합(海員組合)뿐이고 사철총련(私鐵總連)과 젠센 동맹(同盟)이 기업별 노련과 산별 노련의 공동조인을 하고 있을 뿐 대부분이 기업별 교섭을 기본 교섭단위로 하고 있다. 물론 기업별 교섭 시 산별조직 및 그 지방조직의 집행부가 함께 출석하기는 하지만 주요한 교섭단위는 기업별 교섭이며, 법적으로도 실질적으로도 이를 돌파할 수 없다.

일본의 「노동조합법」 제6조(교섭권한)에는 "노동조합의 대표자 및 노동조합의 위임을 받은 자는 노동조합 혹은 조합원을 위해 사용자 혹은 그 단체와 노동협약의 체결 및 기타 사항에 관해 교섭할 권한을 가진다"고 규정하고 있어, 문구대로 말하자면 노동조합의 교섭 당사자는 기업별 교섭의 대표자로 한정되지는 않으며 더 나아가 사용자단체와의 교섭도 가능하도록 되어 있다. 그러나 실태는 이와 달라서 대부분의 산별연맹이 기업 측의 거부를 돌파하지 못하고 있다. 이와 같이 단체교섭은 실제로는 개별 기업별로 행해지기 때문에 기업별 교섭이 제도적으로는 공식적 교섭기구로 되며 기업별 노동조합 역시 운동론적 시점으로부터 기업별 교섭을 중시하고 있다. 따라서 산업별 노동조합인 자동차총련은 이 교섭기구에 있어 직접적인 당사자는 아니다.

그러나 교섭단위의 주류가 이와 같이 기업별 교섭이라고 하더라도 기업별 노조는 그 수적 세력이 개별 기업 내에 한정되어 있어 교섭력 발휘에 커다란 제약을 받고 있다. 따라서 이를 극복하기 위해 기업별 노동조합은 자동차총련으로 결집해 춘투(春鬪, 자동차총련에서는 종합생활개선 투쟁이라고 부름) 시에는 산별 수준의 투쟁 지도 기관을 설치하고 있다. 이 투쟁 지도 기관은 산하의 기업별 노동조합의 요구, 교섭, 타결의 일정, 단체교섭에 있어 요구사항 및 그

타결액 등에 대해 통일적 정책을 형성함으로써 기업별 교섭을 간접적인 형태이기는 하지만 규제하고 있다.

자동차총련은 매년 초 열리는 중앙위원회를 통해 그해의 임협, 단협의 요구 사항에 대한 가이드라인을 제시하고 교섭의 일정이나 공동투쟁을 위한 전략·전술을 결정해 투쟁 전체를 유리하게 추진하도록 노력한다. 자동차총련의 주된 전술은 주로 대기업 공동투쟁조직을 통한 통일요구 제출, 통일행동 방식이다. 즉, 산하 주요 대기업 12개 조합이 참가하는 '확대전술회의 등록조합'이라는 공투(共鬪) 조직을 만들고 여기서 대기업 노조 간 임금인상 요구액 및 교섭 과정을 통일하고 있다.

주요 대기업 노조가 단체교섭에 들어가기 직전에 자동차총련의 위원장과 산하 노조간부 등이 각 12개 등록조합 회사를 방문해 경영진에게 임금협상투쟁[임투(賃鬪)]에 임하는 기대 및 자세 등을 전달하게 된다(1998년의 경우 1월 22일~2월 10일). 자동차총련은 통일요구 제출일을 정해 산하 노조가 일제히 같은 날(1998년의 경우 2월 12일이 통일요구 제출일) 임금상승, 보너스, 시간단축 등을 주요 내용으로 하는 '종합생활개선의 기본내용'에 관한 요구서를 회사 측에 제출한다. 이로부터 기업별 교섭이 시작되는데 기업별 교섭 시 구체적 전술 및 해결목표를 결정하기 위해 자동차총련에는 '중앙생활투쟁위원회'가 설치된다. 중앙생활투쟁위원회 외에도 전술회의, 확대전술회의, 업종별 부회 등이 수시로 개최된다. 자동차총련은 또 상급단체인 연합 및 IMF-JC와도 긴밀한 연대하에 투쟁을 전개한다.

특히 확대전술회의 등록조합들은 교섭일을 통일해 같은 날 교섭을 하게 된다(1998년의 경우 2월 18일, 2월 25일, 3월 11일, 3월 14일). 자동차총련은 또 12개 조합의 집중회답일을 지정해 회사 측이 동시에 회답을 하도록 요구하고 있다(1998년의 경우 3월 18일). 12개 조합 외에도 산하 각 노련, 단위노조는 집중적인 회답 인출에 최대한 노력한다.

이러한 자동차총련 측의 산업별 통일투쟁 전술에 대해 기업 측은 한편으로는 기업별 교섭의 형태에 강하게 집착하면서도 다른 한편으로는 대기업의 노무 담당자들끼리 밀접한 협의를 가지면서 기업 측의 교섭정책의 통일과 임금상승의 회답액의 통일을 도모하고 있다. 이 대기업 간 단결의 강력함이 구체적으로 드러나는 것이 이른바 '일발회답(一發回答)' 방식이다. 즉, 노동조합 측의 임금인상 요구에 대해 노사 간 공식교섭과정에서는 조합 측의 요구금액을 둘러싼 구체적인 논의는 이루어지지 않으며, 경영 측의 회답내용은 원칙적으로는 회답일까지 밝혀지지 않는다. 더욱이 일단 한 차례 회사 측에 의해 제시된 금액은 최종적인 것이 되며 변경되지 않는다. 노조는 단체행동을 사실상 처음부터 포기하고 있기 때문에 회사 측의 회답내용을 그대로 받아들일 수밖에 없게 된다.

이처럼 얼핏 보면 회사 측의 일방적 우위 속에 단체교섭이 진행되는 것처럼 보이지만 이는 표면상의 모습일 뿐이며 공식교섭기구와는 별도로 진행되는 비공식 절충이 중요한 역할을 하고 있다는 점을 놓쳐서는 안 된다.[17] 이 비공식 절충은 산별 수준에서 이루어지는 순회절충(위원장 및 주요 간부가 각 기업을 순회하며 최고경영진과 회담하는 방법)과 개인 수준에서 이루어지는 비공식 절충(핫라인이라고 부름)으로 이루어지는데, 후자는 또한 기업노련의 수준에서 이루어지는 것과 산별 수준에서 이루어지는 것으로 구성된다.

이러한 비공식 절충은 노동협약에 근거를 가지고 있는 것은 아니므로 공식적 교섭기구는 아니다. 이는 관행상 계속되고 있는 데 불과하며 따라서 비공식인 것이다. 이들 비공식 절충 가운데 특히 문제가 되는 것은 개인 수준에서 이루어지는 비공식 절충이다. 그것은 기능상 공식적 교섭기구와 불가분의 관계에 있을 뿐만 아니라 상황에 따라서는, 혹은 교섭과정의 일정한 국면에서는, 공식적 단체교섭보다도 더 중요한 기능을 맡게 된다. 다시 말하면 비공식 절충이 공식적 단체교섭에 불가결한 것으로 정착되어 있는 것이다.

---

17) 이하 早川征一郎 外(1995) 참조.

이처럼 일본의 단체교섭에서 비공식 절충이 정착되어 있는 이유에 대해 早川征一郞(1995)은 다음과 같이 설명하고 있다. 첫째, 앞에서 본 '일발회답' 방식에서는 일반조합원은 물론이고 조합의 지도자도 조합 측의 요구가 어느 정도까지 실현될지에 대해 회답일까지 알 수 없으며 예측이 불가능하다. 따라서 조합의 지도자는 가능한 한 여러 경로를 통해 정보를 얻으려고 한다. 따라서 비공식 절충은 현재의 공식적 단체교섭기구에 있어 불가결의 존재로 될 수밖에 없다. 말하자면 비공식 절충은 '일발회답' 방식을 유지하는 교섭방식의 필연적인 산물인 것이다. 둘째, 대기업 조합의 경우 임금교섭에 있어 장기에 걸쳐 쟁의행위가 이루어지지 않고 있다. 자동차총련의 경우 1950년대 이후 단 한 차례도 쟁의행위가 없었다. 특히 1980년대부터는 '단체교섭 중시'의 방침이 세워져 사실상 쟁의를 전제로 하지 않는 교섭으로 되어 버렸다. 이러한 교섭방식에서 조합 측은 요구를 실현할 수 있는 구체적인 수단을 가지고 있지 않기 때문에 교섭상 우위는 경영 측에 의해 장악된다. 이러한 노사관계에서 비공식 절충은 점점 중시될 수밖에 없다. 교섭과정에서 임금상승의 구체적인 금액이 논의되지 않고 요구 실현을 위한 대항수단을 가지고 있지 않을 때 조합의 지도자로서는 회답 전에 여러 가지 방법으로 조합의 의향을 경영 측에 전하고 요구를 추진시키지 않으면 안 되기 때문이다. 이 때문에 비공식 절충은 쟁의행위를 수반하지 않는 교섭방식이 강하면 강할수록 중요한 기능을 맡게 된다.

이에 덧붙여 이러한 비공식 절충의 존재가 조합 지도자의 독자적 지도력을 형성하고 있다는 사실도 지적하고 있다. 즉, 조합 지도자의 지도력은 여러 가지 요인에 의해 형성되는데 그 지도력의 발휘는 명시적인 것과 더불어 그 이상으로 묵시적인 것이 있다. 인맥이 영향력을 가지는 비공식 절충에 있어 지도력이 발휘되고 또한 이러한 묵시적인 형으로 지도력이 발휘되기 때문에 평조합원에게는 조합 지도자의 지도력이 증폭되어 나타나게 된다.

(2) 기업별 단체교섭의 실제 과정

이제 각 기업별 노조에 있어 구체적인 단체교섭과정을 살펴보자(山本潔, 1981; 早川征一郞 外, 1995 참조). 자동차총련 산하 A자동차에서 단체교섭기구는 〈그림 3-3-5〉와 같다. 이 그림에서 보듯이 A자동차 그룹에는 A자동차(완성차 업체), A디젤, A차체, A부품 등 4개의 기업이 있으며 이에 대응해 A자동차노련 은 모두 4개의 기업별 노조와 16개의 지부를 갖고 있다. 그런데 단체교섭은 A 노사가 조직하고 있는 4개 기업의 단위노조마다 별도로 이루어지고 있다. 그 러나 조합 측의 단체교섭권과 타결권은 모두 A조합 본부에 있다. 그리고 현실 의 단체교섭에서도 A노조 본부의 조합장이 4개 기업의 단체교섭에 출석하고 타결하게 된다.

〈그림 3-3-5〉 A노조의 단체교섭기구

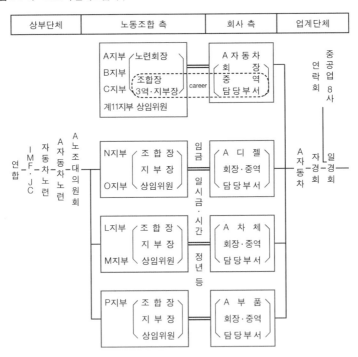

자료: 勞働運働總合硏究所(1995).

A노조에서는 직장조직에 단체교섭권과 타결권이 없는 것은 물론이고, 수천 명의 조합원을 가진 공장마다의 지부에도 단체교섭권과 타결권이 없다. 이러한 단체교섭권과 타결권의 각 기업별 노조 본부에의 집중은 1961년의 A노조 단일화 이후 이루어졌다.

또한 상부단체인 A자동차노련의 임원은 산하 각 단위노조의 단체교섭에 참가할 권한을 가지고 있다. 그리고 실제로도 노련 회장은 A자동차와의 단체교섭에는 거의 매번 출석하고 있으며 그 리더십 아래 A자동차의 단체교섭이 진행되고 있다. 그리고 A자동차의 단체교섭의 진전상황을 모델로 다른 회사의 단체교섭이 진행되고 있다. 이들 각사의 단체교섭에서는 단체교섭권과 타결권을 가진 A노조 본부 조합장의 리더십이 발휘되고 있다. 그러나 A자동차의 단체교섭에서는 조합 측이 교섭력의 기초를 어디에서 구하고 있는지가 반드시 명확한 것은 아니다.

A자동차의 단체교섭은 오일쇼크 이전까지만 해도 '완전획득방식'이었다. 이러한 방식이 가능했던 이유 중 하나는 단체교섭과정에 대한 세세한 경험이 누적되어 있었기 때문이다. 즉, 사전에 노사 쌍방에 의한 정보수집 → 사전의견 절충 → 요구제출 → 단체교섭 → 사무절충 → 타결이라는 과정이 그것이다. 그리고 여기서 중요한 것은 단체교섭의 전 단계 과정에서 사전의 정보수집과 의견절충이 이루어진다는 점이다. 더욱이 주목되는 것은 이 과정이 회사 측의 노무담당부서(이들 중 상당수는 조합임원 출신자임)와 조합 측의 커리어(career) 임원(그들은 회사 노무담당부서의 출신자임)[18]과의 사이에 그리고 회사의 최고경영자와 A자동차 노련 회장과의 사이에 비공개로 이루어진다는 점이다. A자동차에 있어 공식적 단체교섭의 뒤에 있는 막후교섭의 주역은 이들 회사 내 및

---

18) 일본의 노동조합은 화이트칼라와 블루칼라가 함께 조합을 구성하는 공직일체(工職一體)의 조합이므로 회사의 노무담당부서에서 일하던 사람도 조합임원이 될 수 있다. 더욱이 이들은 조합의 전임임원으로 되는 경우도 많다. 이들 중 조합지도부의 교체와 상관없이 계속 조합의 전문 업무를 맡는 사람들을 커리어 임원이라 한다.

조합 내의 노무관계 커리어의 인맥을 구성하는 선배 및 후배들이며 이들이 작성한 시나리오에 따라서 A자동차의 단체교섭이 진행되어 간다고 해도 과언이 아니다.

이러한 단체교섭의 양상에 대해 靑木慧(1980)는 다음과 같이 묘사하고 있다. "임투 춘투 및 가을철의 보너스 투쟁의 시기가 가까워지면 A자동차 본사 인사과장과 A자동차노련 노무부장을 중심으로 한 절충이 우선 시작된다. 조합 측 노무부장 등은 인사·노무담당 직원의 선배(사원으로부터 조합의 전임임원으로 된 사람)가 중심으로 되어 있으며 이들이 함께 기업의 번영을 위해 어느 정도의 임금상승폭이 적당한가에 대해 기업의 업적 등의 구체적인 숫자를 검토하여 큰 틀을 결정한다. 이때 쌍방의 첫째 목적이 동일하고 쌍방이 같은 입장이므로 기본적인 대립은 일어나지 않는다. 인사과장을 비롯한 회사 측 인사담당 직원도 조합임원을 거친 사람들이므로 조합 측의 상황에 대해 잘 알고 있다. 그들은 쌍방의 합작으로 만들어진 자료와 임금상승의 틀을 각각 노사의 최고 위층에 제시하고 노사 최고층 교섭으로 임금상승액과 율을 결정한다. 최고층 교섭은 막후에서 이루어지며 중앙경영협의회라는 정식의 교섭은 공식적으로 이루어지지만 여기서도 기본적인 의견의 차이는 없다."

A노조가 매년 요구를 '완전획득'해 왔던 배경에는 이와 같이 단체교섭 전에 노사의 정보수집과 의견절충의 단계에서 타결 수준이 미리 상호 간에 밝혀지고 이를 조합 측의 요구인 것처럼 내걸었다는 사실이 존재하고 있다. 이처럼 사전의견절충의 결과가 요구로서 제출되고 완전 획득되므로 공식적 단체교섭은 단순히 조합원 앞에서 전개되는 의식에 불과하다.

그러나 오일쇼크에 따른 고도성장의 좌절 이후 '완전획득방식'은 붕괴되고 의식화되었던 단체교섭도 곤란한 국면을 맞는다. 여기서 A노조의 단체교섭은 특이한 모습을 띠게 된다. 즉, 단체교섭이 어려운 국면에 직면하게 됨에 따라 교섭 참가자가 감소해 전체 상임위원으로부터 노조 3역(위원장, 부위원장, 사무국장)으로, 그리고 그 후에는 노련회장 한 사람으로 되어 버렸다. 즉, A노조에서는 단체교섭의 '교착상태'를 해결하고 요구를 실현시키기 위해서 하부조합원의 자발성을 불러일으켜 대중적인 압력을 회사 측에 가하는 방법보다는 노련회장이 혼자 교섭하는 방법을 택했던 것이다.

이렇게 해서 A자동차의 공식적 단체교섭은 비공식적 절충에 가까운 것으로 변형되었다. 단체교섭에서 설혹 대립이 있다 하더라도 그 처리는 비공식적 절충으로 시종일관하고 있다. 그리고 이러한 비공식적으로 이루어지는 의견절충이 단체교섭의 내실을 붕괴시키고 있다고 早川征一郎(1995)은 비판한다.

5) 기타 활동

자동차총련은 노동자의 경제적·사회적·정치적 지위 향상을 기하고 산업별 조직으로서의 체제를 강화하기 위해 다음과 같은 다양한 활동을 하고 있다.

(1) 종합생활개선 투쟁

'창조적이고 매력 있는 자동차산업'을 목표로 임금인상 연간 보너스, 노동시간 단축 등 노동조건의 향상과 산업구조 개혁, 기업체질 개선 등을 추구하고 있다. 또한 실질생활 향상의 관점으로부터 규제완화를 비롯한 정책제도과제 개선을 추진해 '여유 있고 풍부한 생활의 실현'을 지향하고 있다. 임금 면에서는 '자동차총련 임금비전'이라는 중기임금정책을 수립하고 이를 토대로 산업 간 및 산업 내 임금격차의 축소를 목표로 하고 있다. 노동시간 면에서는 연간 총 노동시간 1800시간대의 실현을 지향하고 있다. 또 연합 및 IMF-JC와 연대해 정책제도과제의 해결을 추구하고 있다.

(2) 노동조건의 개선투쟁

자동차총련은 각종 노동조건에 대해 '기본 복지플랜'을 수립하고 이에 기초해 구체적인 투쟁을 전개하고 있다. 즉, 고령자 재고용제도 및 정년연장, 퇴직금, 산업재해특별보상, 각종 휴일초과근무 할증률 및 교대수당, 제수당, 해외 주재원의 생활과 노동조건의 개선, 고용보장 등에 대한 자동차총련의 최저기준을 정하고 산하 조합이 이를 달성할 수 있도록 노력하고 있다.

(3) 산업노사회의

일본의 노사는 산업별로 산업노사회의를 구성해 산업 내 주요 현안을 협의하는 경우가 많다. 자동차산업에서도 자동차총련은 일본지동차공업회, 자동차산업경영자연맹, 일본자동차부품공업회, 일본자동차판매협의연락회, 일본육송협회, 내형차·경자동차·이륜차 관련 등의 경영자단체와 연간 몇 차례 노사회의를 개최하고 산업구조 개혁, 체질전환 등 산업을 둘러싼 제 과제에 대해 의견교환을 실시하고 있다. 예컨대 1997년 7월 15일 개최된 자동차총련과 자공회와의 제65회 산업노사회의에는 자동차총련에서 회장 이하 29명, 자공회에서 회장 이하 16명이 참석해 경기동향과 자동차 수요, 생산전망, 향후의 도로정책과 재원, 세제문제, 노동시간 단축 문제, 환경문제 등에 대해 의견교환을 했다(自動車總連, 1997c). 산업노사회의는 공식적인 산별단체교섭이나 노사협의회는 아니므로 어떤 결정을 내리는 것은 아니지만 산별 노사의 정상끼리 만나 산업 내 제반사항에 대해 의견을 나누는 기회를 제공함으로써 일본의 협조적 노사관계 형성에 큰 기여를 한 것으로 평가되고 있다.

(4) 정책제도활동

국민생활의 향상 및 경제·사회의 활력을 높이기 위해 자동차총련은 세제, 사회보장문제, 행정개혁 등의 정책제도과제의 개선에 적극적으로 노력하고 있다. 매년 11월에는 정책토론집회를 개최해 총련으로서의 정책제언을 결집하고 연합, IMF-JC, 그리고 조직 내 중의원, 참의원, 지방의회 의원들과 연대해 정책의 실현을 위해 노력하고 있다. 자동차총련에서 현재 역점을 두고 있는 정책으로서는 내외가격격차의 시정과 물가안정, 불공평세제의 시정, 고령화사회에 대비한 사회보장제도의 확립, 행정개혁(규제완화, 지방분권, 정보공개, 관민 역 분담), 재정개혁 등이다.

(5) 산업정책활동

자동차총련의 산업정책활동은 첫째, 산업구조 개혁을 위해 제안된 구체적 처방전의 실행, 둘째, 고용과 생활을 지키기 위한 대책의 실행, 셋째, 자동차산 업의 건전한 발전을 위한 경영대책활동의 실행 등을 목표로 전개되고 있다. 이 를 위해 자동차총련은 다음과 같은 활동을 하고 있다. 첫째, 고용문제의 대응 을 위해 고용확보의 기본사항에 관한 노동협약화의 추진, '고용대책본부'의 기 능 강화, 둘째, 자동차산업에서의 수급격차 시정, 부가가치 유출 방지, 셋째, 자동차산업의 고도화와 사업 분야의 확대, 넷째, 노동안전위생 등의 대책 강 화, 다섯째, 자동차에 관한 규제완화 및 세제개혁 등 정책제도활동의 충실, 여 섯째, 자동차문제연구회, 자동차산업포럼 주최 등에 의한 여론형성이다.

(6) 부품정책활동

부품산업의 구조개혁, 체질전환, 자립을 위한 정책, 중소기업정책 등 차체·부품부회를 중심으로 일본자동차 부품공업회와의 협의를 비롯해 적극적인 노력을 하고 있다. 주요 포인트는 자동차 메이커와 부품기업의 거래 룰의 정비, 층별 세미나 및 포럼의 개최와 중소기업정책의 추진 등이다. 이를 위해 부품공업회와의 정기회의의 개최, 부품정책 정기세미나 개최, 부품부문 인사제도 정비 매뉴얼의 작성, 각종 조사의 실시 등을 하고 있다.

(7) 판매정책활동

판매업계의 발전과 판매부문 고유의 과제 해결을 위해 판매부회를 중심으로 일본자동차판매협회연락회와의 협의를 비롯한 적극적 노력을 기울이고 있다. 주요 포인트로는 양으로부터 질로의 경영시책 전환, 영업형태의 방식과 일

요 영업, 이벤트에 대한 대응지침의 책정, 영업직의 매력 향상을 위한 노동조
건, 처우의 개선 등이다. 이를 위해 자판련과의 간담회, 각종 전문위원회와의
간담회, 경영자단체에 대한 요청활동 등을 하고 있다.

(8) 수송, 일반 업종 부문의 정책활동

수송 부문에서는 안전문제를 위시한 수송의 효율을 높이기 위한 규제완화,
공동수송의 검토 등에 노력을 기울이고 있다. 자동차와 직접 관련이 없는 업종
의 집합체인 일반 업종 부회도 다른 산별조직과의 연대, 적극적인 정보교환을
하고 있다.

(9) 정치섭외활동

노동자 중시와 사회적 공평·공정을 기본으로 한 정치의 실현을 목표로 자동
차총련은 정치활동에 참여하고 있다. 이를 위해 '자동차총련 정치활동지침'을
수립하고 이를 토대로 여러 가지 활동을 벌이고 있다. 특히 국회의원 선거와
지방선거를 비롯한 각종 선거에 직접 조직 내 후보를 내세우거나 조직 외 후보
를 지원하는 활동을 벌이고 있는데, 1997년 10월 20일 실시된 중의원 선거에
서는 자동차총련의 추천 기준에 따라 신진당과 제휴해 조직 내 및 준조직 내를
포함해 총 106명의 후보자를 추천했으며 그 결과 조직 내 후보자 2명, 준조직
내 후보자 4명, 조직 외 중점지원후보자 6명, 조직 외 지원후보자 53명이 당선
되었다. 현재 자동차총련의 조직 내 후보로서 당선된 의원은 중의원 2명, 참의
원 2명, 각급 지방의회 142명 등이다. 당선된 의원들은 자동차총련 조직 내 의
원회의를 구성해 자동차총련과의 긴밀한 협의하에 개혁정책 구현을 위해 노력
하고 있다(自動車總連, 1997c).

(10) 국제연대활동

자동차총련은 해외노조에 대한 지원과 인권·노동조합권 침해문제에 대한

대응활동 등에 적극적으로 참여하고 있다. 국제자유노련, 국제금속노련, FIET (공학 및 기술 연구원 기구) 등 국제노동단체에 적극적으로 참여하고 있으며 국제금속노련 세계자동차협의회의 개최, 해외노동사정조사단의 파견, 기타 UAW, IG Metall, CAW, 한국금속노련, 스웨덴금속노조 등 해외조직과의 교류도 활발하게 전개하고 있다.

제4장

한국의 노동조합 조직체계 변화과정과 현황

1. 노동조합 조직체계의 변화과정[1]

19세기 말 자본주의의 도입과 더불어 한국에서도 임금노동이 형성되기 시작했으며 이에 따라 임금노동자들의 조직이 자연발생적으로 전국 각지에서 생겨났다. 1900~1920년 사이 전국 각지에서 조직된 노동단체수는 50여 개에 달했다. 그러나 초기 노동단체는 대부분 노동의 알선 및 소개 등을 위주로 하는 노무공급기구의 성격을 가졌다.

1902년 이후 공장노동자들의 급성장과 더불어 전국 각지에서 본격적인 노동단체가 광범하게 조직되기 시작했다. 이를 바탕으로 1920년 4월에는 조선노동공제회가 창립되었다. 특히 3·1운동 후 노동운동은 크게 발전하여 1920년 30여 개이던 노동단체수가 1920년대 중반에는 100여 개로, 그리고 1928년에

---

[1] 김경일(1992); 김금수 외(1996); 임영일 외(1994); 전국민주노동조합총연맹(1997); 김익진 (1985); 한국노동조합총연맹(1979) 등 참조.

는 500여 개에 육박하는 숫자로 증가했으며 1930년에는 560여 개를 헤아렸다 (김경일, 1992).

이들 노동단체를 조직형태 면에서 살펴보면 초기에는 지역 내 여러 직종을 망라한 지역별 연합노조 형태를 띠고 있었다. 이는 주로 자유노동자를 중심으로 조직되었다. 그러나 당시의 지역별 연합노조는 서구의 일반노조와는 다르며 일반노조와 지역노조가 결합한 형태였다. 1920년대 중반부터 이들 노조는 직업별 노조로 점차 발전하게 된다. 운수통신, 인쇄출판, 상업, 서비스업, 피복신발 등의 업종에서 직업별 노조가 만들어졌으며 지역별로는 서울, 평양, 부산, 대구, 목포, 함흥 등에서 발전했다(김경일, 1992, 1989; 유현, 1990). 이들 전국 각지의 직업별·지역별 노조는 각 시군별 지역연맹체, 도단위 연맹체, 직업별 전국연맹체, 그리고 전국연맹체 결성 노력을 기울여 1924년 4월 최초의 전국적 조직인 조선노농총동맹을 결성했다.

그러나 1925년 제1차 조선공산당 검거사건 이후 노동운동의 침체기를 맞아 노동운동은 방향전환을 모색하게 된다. 이러한 가운데 조직쇄신, 부활, 그리고 새로운 단체의 조직 등이 이루어진다. 그러나 무엇보다도 중요한 것은 이 시기에 산업별 노조로의 이행이 나타났다는 점이다. 1927년 조선노농총동맹에서 산별노조로의 이행이 제시되고 각 직업별 노조는 유사 직종끼리의 통합을 통해 산별노조로 이행하기 시작했다. 특히 1928년 각 지역 인쇄공조합이 출판노동조합이라는 산별조직으로 개편되고, 1930~1931년에 걸쳐 전국 각 지역에서 직업별 노조의 산별 재편이 진행되었다. 또 인쇄공, 전기종업원조합 등 일부에서는 지역별 산별노조를 기초로 한 전국적 조직 결성의 움직임도 나타났다. 그러나 일제의 탄압 등으로 이러한 산별노조운동은 제대로 실현되지 못했다.

1930년대 이후 일제의 탄압으로 노동운동은 비합법화된다. 그런 가운데 일부는 조선노농총동맹의 타협주의적 태도를 비판하며 총동맹해체론이 대두되었다. 인천 등 일부 지방에서는 총동맹 가맹단체가 스스로 해체해 비합법 산별노조로 개편하는 사례도 나타났다. 그러나 이는 산발적·분산적으로 전개되었으며 전국적으로 체계화되지는 못했다.

8·15 해방 이후 비합법적 노동운동은 합법운동으로 전환한다. 전국 각지에서 수많은 노동조합이 결성되었다. 일제가 항복한 지 3개월도 못 된 1945년 11월 전국의 1194개 노동조합 대표가 모여 조선노동조합 전국평의회(全評)를 건설했다. 전평은 이념적으로 조선공산당의 활동방침을 따르고 있었고 투쟁방식도 주로 정치투쟁, 총파업투쟁 노선을 취했다. 조직 면에서는 고전적인 산별조합주의를 택했다(정영태, 1998). 전평은 출범 당시 16개 산별노조, 1194개 노동조합 분회, 50만 조합원을 가지고 있었다. 그런 면에서 전평은 한국에서 전국적 산별노조의 역사적 근원을 이루고 있다고 평가해야 할 것이다.

전평의 조직 구조는 〈표 3-4-1〉에서 보듯이 16개 산별노조로 편제되어 있었고 그 아래 다시 산업별 노조의 지역지부-공장분회-직장반 조직을 둔 전형적인 산별노조 체계를 갖추고 있었다. 각 산별노조는 단일 산별체계를 취하고 있었다. 각 산별노조는 전평에 일정한 비례의 대의원을 파견했으며 대의원대회에서 전국적인 노동문제에 대한 협의와 결의가 이루어졌다. 한편 산업이 발전된 주요 도시에서는 산업별 단일 노동조합의 지부도 두었다. 또 산별 단일노조의 지부가 있는 지역에서는 지역의 전반적 노동문제 해결을 위한 전평 지방(지구)평의회도 두었다. 지방평의회의 권한은 각 지역에 대한 전반적 문제를 협의·결의하되 전평의 지시와 승인을 요하도록 했다.

그러나 전평은 결성 후 얼마 지나지 않아 미군정과 대립하게 된다. 전평이 1946년 9월과 1947년 3월 두 차례의 총파업을 실시하자 미군정은 1947년 6월 전평을 불법화했다. 결국 전평은 노동조합의 기본활동인 단체교섭이나 일상적 활동을 제대로 전개하지 못한 채 정치투쟁을 그 주요한 활동으로 삼다가 조직와해를 맞는다.

우익진영은 1946년 3월 대한독립촉성노동총연맹(대한노총)을 결성했다. 그러나 이는 기업가를 대상으로 한 노동자단체라기보다는 반공·반전평 투쟁을 목표로 한 우익단체적 성격을 띤 조직이었다(이민영, 1996). 대한노총은 이후

〈표 3-4-1〉 전평 산하의 산별노조 현황(1945년 12월)

산별노조	지부 수	지방조합 수	조합원 수
금속노조	20	354	63,519
화학노조	19	140	52,869
방직노조	13	141	30,507
출판노조	17	97	5,133
운수노조	18	139	49,134
토건노조	18	184	56,681
목재노조	11	136	36,642
전기노조	9	45	8,097
어업노조	7	90	33,723
광업노조	10	107	76,593
상업노조	20	35	5,574
철도노조	20	107	59,802
사무원노조	30	111	18,825
해원노조	6	7	2,593
선박노조	5	7	2,300
일반조합	-	57	81,776
전체	223	1,757	553,408

자료: 정영태(1998).

미군정의 비호를 받으며 급속하게 성장한다.

조직 면에서 대한노총은 하향식 조직형태를 취하고 있었으며 성격 면에서는 어용성을 강하게 띠고 있었다. 즉, 전국조직이 먼저 만들어지고 이어서 지구연맹, 직장별 조직이 만들어졌다. 조직체계 면에서 대한노총은 기업별 노조 체계였다. 이와 같이 처음부터 기업별 노조 체계를 취한 이유는 이들 노조가 기업별 노무관리기구 역할을 했기 때문이다.

흔히 기업별 노조의 성립원인으로 드는 내부 노동시장의 발전은 당시 미처 이루어지지 않고 있었다. 오히려 정치적 조건에 따른 운동주체의 의지와 산별 노조의 객관적 토대의 부재가 이러한 기업별 노조 체제를 가져온 요인이었다. 따라서 이는 노동자 통제를 위한 정부, 기업의 선택이라는 성격이 강한 것이다 (이민영, 1996). 대한노총은 이후 이승만 독재정권과 밀착하게 되었다.

1961년 5·16 쿠데타에 의해 모든 노동조합이 해산되고 동년 7월 한국노총이 재조직되었다. 한국노총은 조직체계 면에서는 산별노조 형태를 취했다. 한국노총은 13개 산별노조와 1개 연합노조로 구성되었다(이원보, 1996a). 그러나 이는 형식적 측면에 그친 것이며 실질적으로는 기업별 단체교섭을 위주로 하는 기업별 노조 체제가 계속되었다. 당시의 산별노조는 이러한 기업별 노조(분회)의 연맹체적 성격이 강했다. 이처럼 형식적으로는 산별, 실질적으로는 기업별이라는 특성을 취한 이유는 무엇일까? 그것은 국가의 노동통제에 유리하게 하기 위해 조직체계는 산별노조 형태를 취하면서도 산별노조의 실제 내용인 강력한 단결력, 투쟁력을 막기 위해 실제 내용은 기업별 노조 체제로 운영되었기 때문이다.

이러한 형식적 구조와 실질적 내용 간의 괴리는 여러 가치 측면에서 관찰된다. 노동법상 산별노조를 유일한 전국조직으로 보장하고 산별노조의 하부조직은 산하지부로서만 가능하도록 함으로써 산별노조의 산하지부에 대한 통제권을 보장했다. 이러한 조항들을 통해 국가권력에 의한 산별노조를 통해 노조조직 통제가 가능했던 것이다(이원보, 1996a). 그러나 다른 한편으로는 산별노조의 산하지부에 대해 독자적인 운영권과 단체교섭권을 인정하고 조합원 자격을 사업장 종사 종업원으로 한정함으로써 기업별 노조 운영을 부추겼다. 기업별 노조의 조합민주주의는 보장되지 않았고 임원의 간접선거 방식을 통해 어용 지도부의 장기집권이 가능했다. 재정, 인력, 정책능력 등의 면에서도 취약성을 면치 못했다.

결국 1960~1970년대의 노동조합은 조직적으로는 산별노조의 형식을 취하고 있으면서도 단체교섭은 산업별 단위가 아니라 기업별·사업장별로 이루어져 기업별 노조의 산업별 연합체적 성격을 벗어나지 못했다고 평가할 수 있다.

그나마 1980년 집권한 제5공화국 정권은 노동법 개악을 통해 제3자 개입금지 조항 신설, 유니언숍 관련조항 삭제, 단체협약 유효기간 연장 등의 독소조항과 더불어 노동조합 조직형태를 기업별 노조로 규정해 이를 강제했다. 그리고 단체교섭권 위임도 불가능하게 되었다. 이에 따라 노동조합은 그동안 형식적으로나마 유지되었던 전국적 단일조직을 해체당하고 개별 기업단위 노동조합으로 전환했다. 산별노조는 산별연맹으로 바뀌었다. 이는 노동조합의 단결력과 투쟁력을 약화시키기 위한 것이었다.

1987년 7~8월의 노동자대투쟁은 전국적·대중적 노동운동이었다. 폭발적인 노동쟁의건수와 노조 수, 노조원 수의 급속한 증가 등이 나타났다. 어용 노동조합의 민주화와 새로운 민주노조의 건설이 이루어졌다. 이들 신생 노조들은 노사협조주의를 거부하고 전체적으로 새로운 노동운동의 흐름을 만들어 갔다 (전국민주노동조합총연맹, 1997).

그러나 조직체계상으로는 기업별 노조 체계가 여전히 유지되었다. 1987년과 1989년 두 차례의 노동법 개정에 의해 노동조합 조직형태에 관한 강제규정은 철폐되었지만 여전히 복수노조 금지 조항과 제3자 개입금지 조항이 유지됨에 따라 산별노조 신설이 사실상 봉쇄되었다. 새로운 산별노조를 결성하기 위해서는 기존의 기업별 노동조합들이 일제히 해산을 결의하고 새로운 산별노조를 창립한 뒤 노동부에 신고해야 했다. 그러나 이 과정에서 기업별 노조들의 조건 차이, 사용주의 방해, 노동부의 설립신고서 반려 등으로 산별노조로 전환하는 데는 사실상 어려움이 많았다. 이에 따라 기업별 노조는 사실상 여전히 강제되는 결과를 낳았다.

이러한 가운데 1987년 노동자대투쟁 이후 새로이 등장한 민주노동운동은 노동자들의 단결력 및 투쟁력 강화를 위한 선결조건으로서 산별노조의 건설을 주요 과제로 삼고 이를 위한 투쟁을 시작했다. 이들은 기존의 한국노총 산하 산별연맹에 가맹하지 않고 독자적인 연대조직을 설립했는데, 이러한 연대조직의 주도집단은 조직노동자의 증가를 주도했던 산업·업종분야인 금속공업, 전문기술직 노동자들이었다. 다음에서는 이러한 새로운 노동운동의 흐름을 살펴보기로 한다.

1) 지역별협의회

이러한 연대조직의 시작은 마산·창원지역의 신규노조를 중심으로 1987년 12월에 결성된 마산창원지역노동조합총연합(마창노련)이었다. 마창노련을 시작으로 1988~1989년 사이에 서울, 인천, 경기남부, 부천, 성남, 광주, 전북, 진주, 부산, 대구 등 전국 11개 지역에서 지역별 연대조직이 결성되었으며 대전, 포항, 울산, 구미, 거제 등 기타 지역에서도 지역별협의회 준비조직이 만들어졌다(전국노동조합협의회 백서발간위원회, 1997). 이들 지역별협의체는 대도시 또는 공단지역을 중심으로 제조업 부문의 신규노조, 특히 중소기업 노조들로 이루어졌다. 이들의 활동방식은 공동요구·공동대응 방식이었다. 즉, 노동운동 탄압에 대응해 노조 간의 다양한 연대활동을 통해 힘을 모았다.

이러한 지역별협의회는 그 힘을 모아 1990년 1월 전국노동조합협의회(전노협)라는 전국적 연대조직을 결성했다. 전노협에는 14개 지역노조협의회와 2개 업종노조협의회, 602개 단위노조, 19만 3천 명의 조합원이 참가했다. 전노협은 처음부터 산별노조 건설을 지향했다. 전노협은 강령에서 "우리는 민주노동운동의 조직역량을 확대·강화하는 한편, 업종별·산업별 공동투쟁과 통일투쟁을 발전시키는 속에서, 기업별 노조 체제를 타파하고 자주적인 산별노조의 전국중앙조직을 건설하기 위해 총매진할 것이다"고 밝히고 있다. 전노협 창립에 주도적 역할을 한 사람들은 전노협이 산업별 노조 체제, 전국중앙조직으로 발전해 가기 위한 과도기적 조직이라고 공언했다(전기호, 1990).

2) 업종별 조직

지역별 연대조직형태를 취한 제조업과는 달리 1987년 이후 건설된 사무·전문직 노동자들과 공공부문 노동자들은 업종 간 연대조직을 추구했다. 1987년 11월 설립된 사무금융노련을 필두로 출판, 화물, 언론, 병원, 시설관리, 교원,

전문, 건설, 대학 등의 업종별 조직이 속속 결성되어 1989년 5월까지 모두 13개의 업종노조협의회가 결성되었다. 이들 업종협의회는 곧 단일노조[전국교직원노동조합(전교조), 건설일용노조, 전국대학강사노동조합(전강노조)]와 업종별연맹(10개 단체)으로 발전했다. 특히 1989년 5월 결성된 전국교직원노동조합은 비록 법외단체이긴 하지만 1987년 이후 최초의 업종별 전국단일조직(개인가맹원칙)이라는 점에서 주목된다. 이들 업종별 조직은 1990년 5월 전국업종노동조합회의(업종회의)를 결성했다.

3) 그룹별 조직

재벌그룹의 노동조합들은 그룹 차원에서 노무관리가 기획되고 실행되는 현실에 대응하기 위해 그룹단위로 협의회를 구성했다. 1987년 8월 결성된 현대그룹노동조합협의회가 1990년 2월 현총련으로 발전한 데 이어 대우그룹노동조합협의회, 기아그룹노동조합협의회 등이 구성되었다.

이들 지노협, 업종협, 그룹협의회 등 비노총계 노조연대조직은 조직역량을 확대·강화하고 공동투쟁의 수행을 가능하게 하는 전국적 연대기구의 결성을 모색했다. 전노협과 업종회의가 주축이 된 ILO공대위, 1992년 11월의 전국노동자대회 조직위원회, 1993년 6월의 전국노동조합 대표자회의(전노대)를 거쳐 1995년 11월 전국민주노동조합총연맹(민주노총)이 출범함으로써 마침내 비노총계 노동조합운동의 전국적 중앙조직이 건설되었다.

2. 노동조합 조직체계의 현황

한국의 노동조합 체계는 아직도 기본적으로는 기업별 노동조합 체계 중심이다. 그러나 최근 산별노조를 향한 다양한 움직임이 나타나고 있으며 그 외에도 지역별 연대체제, 교섭형태의 전환 등 다양한 실험이 나타나고 있다.

1) 노동조합 조직체계의 개황

〈표 3-4-2〉는 전국노동조합의 조직현황을 조직 구조별로 보여 주고 있다. 이 자료는 신고필증을 받은 합법적 노조만을 대상으로 하고 있으며 따라서 민주노총 산하의 여러 법외 노조단체는 대상이 되지 않는다는 짐에서 한계가 있긴 하지만 이 표를 통해서 다음과 같은 사실을 알 수 있다.

첫째, 전체적인 노조 수와 노조원 수의 감소경향이 나타나고 있다. 전체 단위노조 수는 1994년 6998개에서 1997년에는 5692개로 줄어들었으며, 조합원 수 역시 같은 기간 중 166만 명에서 148만 명으로 줄어들었다.

둘째, 대부분의 노조가 기업별 단위노조로 편재되어 있음을 알 수 있다. 1997년에 전체 5,733개의 단위노조 중 5692개(99.3%)가 기업별 단위노조 또는 지부, 분회 형태를 취하고 있으며, 전체 노조원 148만 명 중 140만 명이 기업별 단위노조로 편재되어 있다. 전국규모의 단일산별 형태를 취하고 있는 노조 수는 4개, 노조원 수는 8만 6천여 명에 불과하다. 이는 1994년에 비해 노조 수에

〈표 3-4-2〉 전국노동조합 조직현황

	조합 수				조합원 수			
	1994	1995	1996	1997	1994	1995	1996	1997
전체	7,025	6,606	6,424	5,733	1,659,011	1,614,800	1,598,558	1,484,194
단위노조	6,998	6,579	6,397	5,692	1,597,511	1,524,069	1,508,041	1,397,795
단위노조	6,417	6,043	5,881	5,181	1,530,942	1,453,056	1,440,358	1,319,726
지부	88	66	60	137	9,540	10,922	15,013	21,303
분회	493	470	456	374	57,029	60,118	52,670	56,766
연합단체	27	27	27	41	61,500	90,704	90,517	83,399
총연합단체	1	1	1	1	-	-	-	-
산별연합단체	23	22	22	36	-	-	-	-
전국규모 단일산별	3	4	4	4	61,500	90,704	90,517	86,399

자료: 노동부, 『전국노동조합 조직현황』, 각 연도.

서 1개, 노조원 수에서 2만 5천 명 가까이 증가한 수이긴 하지만 아직도 극히 미미한 수준에 머물러 있다고 하겠다.

셋째, 시계열상으로는 이러한 기업별 노조 체계 중심의 구조에 큰 변화가 보이지 않고 있다. 그러나 1997년 이후 산별노조 추진 움직임이 적극적으로 전개되고 있어 앞으로 변화가 기대된다.

넷째, 1997년 들어 산별연합단체수가 급증하고 있음이 눈에 띈다. 이는 산별연합단체의 신규 결성보다는 기존 연합단체의 조직분화에 주로 기인한 것이지만 이들 새 연합단체가 산별노조 결성의 목표를 가지고 조직변화를 꾀한 경우가 많다는 점에서 향후 움직임이 주목된다.

다섯째, 단위노조의 영세성이 두드러진다. 1997년 중 전체 단위노조의 1노조당 노조원 수 평균은 255명, 그리고 연합단체의 노조원 수 평균은 2107명에 불과한 것으로 나타나고 있다.

〈표 3-4-3〉에는 단체교섭방식의 변화양상이 나타나 있다. 이 표에서는 다음과 같은 특징을 살펴볼 수 있다.

〈표 3-4-3〉 단체교섭 방식의 변화

	조합 수					조합원 수			
	1992	1994	1995	1996	1997	1994	1995	1996	1997
전체	7,527	7,025	6,606	6,424	5,733	1,659,011	1,614,800	1,598,558	1,484,194
단체교섭방식별			100.0	100.0	100.0		100.0	100.0	100.0
기업별 교섭			88.1	87.4	84.4		86.9	87.4	84.5
통일교섭			0.9				4.7		
대각선교섭			0.5	12.3	14.9		1.2	12.2	14.9
공동·집단교섭			10.2				7.1		
미해당			0.3	0.4	0.5		-	0.4	0.6
임금교섭방식별	100.0	100.0	100.0	100.0	100.0	100.0	100.0	100.0	100.0
기업별 교섭	82.0	82.2	82.4	86.6	84.2	84.7	78.1	86.6	84.3
통일교섭			0.9				4.7		
대각선교섭	16.9	17.8	0.5	13.0	15.1	15.4	1.3	13.0	15.1
공동·집단교섭			15.9				15.9		
미해당·불명	1.1	-	0.3	0.4	0.5	-	-	0.4	0.6

자료: 노동부, 『전국노동조합 조직현황』, 각 연도; 김정한(1993).

첫째, 단체교섭 및 임금교섭 방식 역시 기업별 교섭 중심이라는 것이다. 1997년 단체교섭의 84.4%(조합 수 기준)가 기업별 교섭형태로 이루어지고 있으며, 임금교섭의 84.2%가 기업별 교섭형태로 이루어지고 있다.

둘째, 기업별 노조 체계임에도 불구하고 상당한 비율의 공동교섭도 존재한다는 사실을 확인할 수 있다. 1997년의 경우 조합 수 및 조합원 수 기준 14.9%가 단체교섭 시 통일교섭, 대각선교섭, 공동·집단교섭 등 기업별 교섭 이외의 방식을 사용하고 있으며, 임금교섭의 경우에는 이 비율이 15.1%로 더 높다.

셋째, 추세적으로는 1992~1996년 사이에 기업별 교섭방식에 별다른 변화가 없었던 것으로 나타났다. 임금교섭 방식 면에서 1992년에는 조사대상 노조의 82.0%가 기업별 교섭형태였던 것이 1996년에는 86.6%로 오히려 높아졌다. 그러나 이것 역시 1997년 이후에는 기업별 교섭의 비중은 줄고 공동교섭의 비중이 높아지는 뚜렷한 변화가 나타나고 있다.

넷째, 가장 상세하게 조사된 1995년의 경우 단체교섭 시 기업별 교섭을 제외한 대부분은 공동·집단교섭 방식이었으며 통일교섭, 대각선교섭은 지극히 희소한 상태였다. 공동교섭을 실시하고 있는 대표적인 산별 노련은 섬유, 고무, 택시, 자동차, 금융노련 등이다. 섬유노련은 면방, 생사, 소모방 업종에서, 고무노련은 신발업종에서, 금융노련은 시중은행 및 국책은행에서, 택시노련과 자동차노련은 서울 등 6개 대도시를 비롯한 여러 지역에서 공동교섭을 하고 있다(김정한, 1993).

결국 1987년 말 「노동조합법」 개정으로 노조 설립이 기업별·직업별·산업별 및 지역별로 자유롭게 되었으나 제3자 개입금지 조항, 복수노조 금지 조항 등 법률적·제도적 장벽과 기업별 노조의 전통 등으로 인해 한국의 노동조합 조직 체계와 단체교섭 방식은 대부분 기업단위로 이루어지고 있음을 알 수 있다.

2) 노동조합 조직체계의 변화

그러나 1997년 들어와 단체교섭 방식 면에서 변화가 나타나고 있다. 한국노동연구원의 조사(이원덕·유경준, 1998)에 의하면 1997년 중 조사대상 기업의 93.7%가 여전히 기업별 교섭형태를 취하고 있지만, 조사대상 노동조합의 66.9%만이 기업별 교섭을 바람직한 임금교섭 형태로 보고 있고 나머지 33.1%는 업종별 공동교섭 또는 대각선교섭을 바람직한 교섭형태로 보고 있다. 그런데 이러한 노조의 기업별 교섭 지지율은 1992년의 73.2%와 비교해 떨어진 것이다. 반면 사용자들은 92.1%의 압도적 숫자가 기업별 교섭형태를 선호하고 있는데, 이는 1992년의 86.8%에 비해서도 높아진 것이다(〈표 3-4-4〉 참조). 따라서 바람직한 임금교섭구조에 관한 노사 간 인식의 격차가 더욱 벌어지고 있다는 것을 알 수 있으며, 이러한 현상이 앞으로 또 하나의 노사 간 갈등의 원인이 될 것으로 우려된다.

한편 1997년 이후 나타나고 있는 산별노조 결성 움직임은 다음과 같은 다양한 양상으로 전개되고 있다.

첫째, 단일산별노조가 나타나기 시작했다. 기존의 단일산별 외에도 전국보건의료산업노동조합(전 병원노련)이 기업별 노동조합연맹으로는 최초로 단일산별을 구성(1998년 2월)한 것을 비롯해, 한국노총 소속의 섬유노련, 해상산업노련 등과 민주노총 소속의 대학노련 등이 1998년 중 산별 단일노조 건설을

〈표 3-4-4〉 바람직한 임금교섭구조에 대한 노사의 의견

(단위: %)

연도	노동조합		사용자	
	기업별 교섭	공동교섭	기업별 교섭	공동교섭
1990	64.9	35.1	84.3	15.7
1992	73.2	26.8	86.8	13.2
1997	66.9	32.1	92.1	7.9

자료: 윤성천 외(1990); 어수봉(1992); 이원덕·유경준(1998).

목표로 하고 있으며, 다른 많은 연맹들이 2000년까지 단일노조 건설을 목표로 추진 중이다.

둘째, 업종별 단일노조의 건설 움직임이 활발해지고 있다. 대산별 단일노조로 가는 과도기로서 우선 소단위 업종 내 기업별 노조들이 모여 업종별 단일노조를 건설하는 움직임이 활발하게 진행되고 있다. 기존의 전국과학기술노동조합(과기노조), 전강노조, 전교조 등 외에도 1997년 중 콘크레미콘노조, 국립대노조, 민주버스노조 등이 업종별 단일노조 건설을 완료했고, 1998년에도 생명보험노조가 업종별 단일노조화되었다. 그 밖에도 사무노련 산하의 증권, 리스, 손해보험 등의 단일노조준비위, 전국인구전문노동소합(연전노조) 설성준비위, 리스사, 전국전문기술노동조합연맹(전문노련) 산하 노조협의회, 전국방송노조연합, 전국상호신용금고노조 등이 업종별 단일노조화를 추진 중이다.

셋째, 조직통합이 이루어지고 있다. 산별 이행을 쉽게 하기 위해 기존 연맹 간 통합·흡수 움직임이 나타나고 있다. 민주금속연맹, 자동차연맹, 현총련 등 금속3조직이 통합하여 국내 최대의 산별연맹인 전국금속산업노동조합연맹을 결성(1998년 2월 15일)한 것을 비롯, 건설노련과 전일노협의 조직통합 논의, 민주철도노동자연맹(민철노련), 민주택시, 민주버스, 화물노련 등이 참여한 운수산별추진위, 전국의료보험노동조합(의보노조), 한국통신, 공익노련, 민철노련 등이 참여한 공공연맹준비위, 언론노련과 전국출판노조협의회의 통합 등 활발한 통합 움직임이 이루어지고 있다.

넷째, 산별노조 추진을 위한 명칭변경, 규약개정, 추진위, 연구위원회(연구위) 등 각종 조직의 구성 등이 나타나고 있다. 기존 연맹이 명칭을 변경한 예로는 한국노총 소속의 통신노련이 정보통신노련으로(1997년 6월), 전국선원노련이 전국해상산업노련으로(1998년 2월), 민주노총 소속의 전문노련이 공익노련으로(1997년 6월), 지역의보노조가 전국의보노조로(1998년 2월) 각각 명칭을 변경했는데 이는 조직범위를 확대하고 산별노조로의 전환을 쉽게 하기 위한 것이다. 규약변경과 산별노조 추진위, 연구위 등의 구성은 많은 연맹에서 나타나고 있다.

다섯째, 산별노조 추진을 위한 실질적 준비로서 통일교섭, 중앙교섭, 공동교섭 등을 요구하는 사례가 늘고 있다. 보건의료산업노조와 금속연맹을 비롯, 상당수의 연맹이 1997년 이후 이러한 초기업적 교섭을 요구했으며 그중 일부는 성공도 거두었다. 특히 1997년 노동법 개정에 따라 교섭권의 상부단체 위임이 수월해지면서 이러한 초기업적 교섭요구는 대세로 나타나고 있다.

3. 한국노총의 조직체계와 그 변화[2)]

1) 조직상황

〈표 3-4-5〉에서 보는 바와 같이 한국노총은 1998년 3월 24개 산별연맹, 3606개 단위조합, 그리고 100만여 명의 조합원을 가지고 있다. 이는 종전에 비해 상당히 감소한 것인데 그 원인은 전체 조직노동자의 감소와 더불어 민주노총 내지 중간노조로의 탈퇴가 겹쳐 일어난 데 있다.

이 표에서 보는 바와 같이 한국노총 소속 대부분의 산별연맹들의 조직체계는 기본적으로 기업별 조직을 근간으로 하고 있다.

단, 철도, 전력, 담배인삼, 체신노조 등은 단일산별 형태를 취하고 있는데 이는 주로 공공부문의 단일고용주라는 특징을 지닌다. 특이한 것은 해상산업노련 소속 전국선박관리선원노조이다. 이는 소산별 형태를 취하고 있는데 해외취업 선원을 조직대상으로 삼고 있다. 일본의 경우에도 해원노조가 유일한 단일산별이라는 점과 비교된다.

항운, 해상산업(원근해), 택시(일부), 아파트 등은 지역별 노조가 기본 형태

---

2) 이 절의 서술은 다른 특별한 언급이 없는 한 1998년 6월을 기준으로 한 것이다.

〈표 3-4-5〉 한국노총 조직현황(1998년 3월)

산별연맹	단위조합 수	조합원 수	조직체계	산별 추진현황	비고
철도노조	1	30,317	단일산별	-	단일고용주
섬유노련	152	31,501	기업별	추진 중	1998년 중 단위 노조조직형태 변경 추진
광산노련	24	9,535	기업별	-	
전력노조	1	29,393	단일산별	-	단일고용주
외기노련	39	23,365	기업별	-	
정보통신	25	14,409	기업별	추진 중	
항운노련	42	37,823	지역별	-	노무공급업
해산노련	58	44,800	소산별/지역별/ 기업별	추진 중	명칭변경(1998.2) 1998년 중 완성
금융노련	110	129,250	기업별	추진 중	2000년 완성
담배인삼노조	1	9,016	단일산별	-	단일고용주
화학노련	556	132,569	기업별	추진 중	2000년 완성
금속노련	440	153,756	기업별	추진 중	시한 없음
출판노련	45	4,022	기업별	-	
자동차노련	561	90,585	기업별	추진 중	지역노조 경과 후 산별 전환
연합노련	472	70,199	기업별	-	
관광노련	96	16,649	기업별	-	
체신노조	10	29,433	산별	-	단일고용주
택시노련	935	95,504	기업별/지역별	추진 중	1998년 중 지역 노조 완성, 2000 년 산별노조 완성
고무산업노련	14	7,219	기업별	추진 중	
도시철도노조	3	7,427	기업별	-	
공공서비스노련	8	5,983	기업별	-	
아파트노련	3	5,350	지역별	-	
공공건설노련	3	5,429	기업별	-	
정투노련	7	22,272	기업별	-	
전체	3,606	1,005,806			

자료: 한국노동조합총연맹(1998).

이다. 항운은 노무공급업이고 클로즈드숍 형태라는 특징을 지닌다. 그 밖의 노조들은 고용주가 영세하고 사업장이 여러 곳에 흩어져 있어 기업별 교섭이 불가능하다는 특징이 있다.

섬유(면방부회)는 업종별 교섭, 그리고 택시·자동차는 지역별 교섭이라는 특징을 지닌다.

2) 산별노조 추진 동향

한국노총 소속 산별연맹들이 이처럼 기본적으로는 기업별 체제를 취하고 있으나 최근 많은 산별연맹에서 산별노조 건설을 추진 중이거나 검토 중이다. 〈표 3-4-5〉에서 보듯이 섬유노련, 정보통신노련, 해상산업노련, 금융노련, 화학노련, 금속노련, 자동차노련, 택시노련 등에서 이와 같은 움직임이 나타나고 있다. 이들 조합의 세력을 합하면 70만 명을 넘어 한국노총 전체의 70% 이상에 달한다. 그러나 그 추진 수준은 아직 검토 중인 곳으로부터 구체화되고 있는 곳까지 다양하다.

사실 한국노총은 최근 수년간 매년 대의원대회 등에서 산별노조 추진을 결의하는 등 산별노조 건설을 목표로 내걸어 왔다. 예컨대 1996년 대의원대회에서는 "우리는 노총의 기치 아래 자주적인 산별체제 건설을 위하여 최대의 노력을 경주한다"는 내용이 포함된 '노동운동 발전과 조직강화를 위한 결의문'을 채택했다(한국노동조합총연맹, 1997). 또 한국노총 실무진에서는 이미 1992년에 산별노조 건설을 위한 상세한 계획서인 『산업별 노동조합 조직형태에 관한 연구』를 작성한 바 있다.[3] 그러나 이러한 결의나 연구는 대부분 구호에만 그쳤을 뿐 실제 진전은 없었다. 단위노조 간부들이 산별노조 추진에 부정적이고 기득권을 뺏긴다는 우려가 높았으며 일반노조원들 역시 산별노조의 경험이 없는 상태에서 회사의 입김도 작용함으로써 산별노조 추진의 당위성에도 불구하고 실제 진전은 이루어지지 않았던 것이다(한국노총 인터뷰 결과).

그러나 1996~1997년의 노동법 개정 파동 뒤 한국노총 산하조직들도 산별노조 문제에 대해 보다 깊은 생각을 갖게 되었다. 노동법 개정으로 복수노조의 허용, 제3자 개입금지 철폐, 노조전임자 임금지급 금지 등이 이루어지고 고용불안 등도 나타남에 따라 이에 대응하기 위해서는 본격적인 산별노조체제를

---

3)   이에 대한 검토로는 박기성(1994); 김금수(1996) 참조.

추진해야 한다는 인식이 높아졌다.

한국노총은 1997년 정기대의원대회에서 "노동조합의 산별체제 건설과 정치적 역량 강화로 노동운동을 발전시킬 것"을 결의했다. 이에 따라 중앙위원회에서 조직요강을 통과시켜 1998년 대의원대회에서 정식으로 결의하기로 결정했다. 한국노총은 이러한 중앙위원회의 결정에 따라 조직체제 전환을 위한 적극적인 노력을 기울이기로 하고 산별노조와 지역노조 설립에 관한 지침을 작성해 산하조직에 시달했다(한국노동조합총연맹, 1998).

한국노총의 실무자급에서는 보다 상세한 산별노조 추진방안을 논의하고 그 결과 한국노총 조직국은 1997년 5월 「산별노조 건설방안」이라는 자료를 발표했다. 이 자료는 산별노조 건설을 위한 구체적 추진 일정과 산별노조 전환방안, 조직전환 후의 산별노조의 조직 구조, 조직운영, 재정, 단체교섭 및 쟁의행위, 임원선거 등에 관한 상세한 방안을 담고 있다. 이 자료는 그전에 나온 다른 자료보다 훨씬 구체화된 산별노조 추진방안을 담고 있다.

그러나 이런 한국노총의 「산별노조 건설방안」이 현실적으로 일정대로 추진되고 있는 것은 아니다. 내외의 여러 사정으로 산별노조 추진은 지지부진한 상태이다. 한국노총의 1998년 대의원대회에서도 산별노조체제에 대해 구체적인 결의는 하지 못한 채 다만 중앙위원회 결의(1998년 3월)로 2000년까지 산별체제 전환을 완료하기로 결의한 바 있다.

다음에서는 1998년 4월 조직확대강화를 위한 세미나에서 보고된 한국노총의 「산별노조 건설방안」을 중심으로 한국노총의 산별체제 전환방안을 살펴보기로 한다. 이 자료는 1997년 5월 한국노총 조직국에서 발표된 「산별노조 건설방안」을 보다 구체화한 것이다.

(1) 산별노조 건설의 목적

한국노총은 산별노조 건설의 목적으로서 조직의 확대·강화, 노동자의 정치세력화 도모, 재정자립 및 정책기능 강화, 대정부 및 사용자 교섭력 강화, 기업

간 임금 및 근로조건 격차의 해결 등을 들고 있다.

(2) 추진 주체

산별노조 전환의 추진 주체는 각 산별연맹이라고 명시하고 있다.

(3) 추진 일정

각 산별연맹은 조직특성에 맞는 방안과 일정을 갖고 추진해 나가되 가급적 다음의 일정을 지킴으로써 조직의 통일을 이루도록 권고하고 있다.

- 1999년 2월까지 준비기간
- 산별체제 전환 결의 및 방안마련, 교육, 세미나, 홍보활동
- 각 연맹은 추진위 구성
- 2002년 2월까지 산별노조 완성
- 1년간의 과도기적 체제를 지나 산별노조를 완성

  ※ 한국노총의 원래 계획(1997년 5월)에 의하면 산별노조 추진 일정은 다음과
  같은 3단계로 나뉜다.

1단계: 산별노조 모색기(1997년 5월~1997년 12월)
- 기업별 노조의 한계와 산별노조 필요성 교육 및 홍보
- 산별노조 전환을 위한 토론회 및 세미나 개최
- 회원조합과 협의해 필요시 지역순회교육 실시

2단계: 산별노조와 기업별 과도기(1998년 1~12월)
- 업종이 단순하거나 조직형태 변경이 쉬운 연맹부터 결의기구의 결의를 통해 전국규모의
  단일산별노조로 조직형태를 변경
- 산하 단위노조의 조직형태 변경을 교육하고 지도
- 산하조직 운영규정을 마련

3단계: 산별노조 완성기(1998년 1~12월)
- 업종이 복잡한 연맹이 규약개정으로 조직형태를 변경
- 산하 단위노조가 산별노조 지부 또는 분회로 조직형태를 변경

자료: 한국노총 조직국(1997).

(4) 산별노조 건설경로

- 대의원대회 결의
- 산별 전환 추진위원회 구성 및 실무기획단 운영: 추진 일정, 방법 등 정함
- 산하조직 교육: 하부조직의 참여를 끌어냄
- 조직형태 변경: 각 단위노조
- 과도체제 운영: 연맹과 산별노조, 단위노조의 공존, 기업별 단위노조 극복을 위한 연맹 차원의 교섭 실시
- 산별노조 완성: 연맹은 노조로, 단위노조는 분회로 전환

(5) 조직형태 전환방법

- 조합원 또는 대의원 과반수의 참석과 3분의 2의 찬성이 있어야 함
- 각 연맹마다 조직형태가 다양한 만큼 연맹의 실정에 맞게 전환하는 것이 중요
- 구체적인 조직형태 전환방법으로는 다음과 같은 세 가지 방식을 제시하고 있음

제1안 _ 기업별 노조 → 산별노조
- 기업별 노조가 바로 산별노조로 조직형태를 전환하는 방식
- 각 산별연맹 대의원대회에서 산별노조 건설에 대해 결의 → 단위노조에서 조직형태 변경 결의 → 산별연맹에서 산별노조로 조직형태 변경 → 변경사항 신고하는 경로
- 가장 전형적인 방식. 단, 기존 산별연맹 임원 및 간부(산하조직 포함)의 반발을 막기 위해 임기보장 조항을 둠

제2안 _ 기업별 노조 → 연맹, 산별노조, 기업별 노조 혼재 → 산별노조
- 일시에 모든 조직이 산별노조로 조직형태를 변경하기 곤란한 현실을 감안해 일정 기간 기존의 산별연맹이 존재하면서 선진적인 조직을 중심으로 먼저 산별노조로 전환. 과도기적으로 연맹 혼재. 모든 단위노조가 산별노조로 전환된 후 연맹을 해산하는 방식. 보다 현실적임.
- 각 연맹에서 산별노조 건설 결의 → 과도기적으로 소산별 인정 일정기간 유예 → 단위노조에서 점차 산별노조로 조직형태 변경 결의 → 산별노조 설립(선진 사업장 중심) → 산별노조, 연맹 혼재 → 산별노조 완성

제3안 _ 기업별 노조 → 연맹, 소산별노조, 기업별 노조 혼재 → 산별노조
- 자동차·택시 등은 지역별 교섭 관행을 가지고 있으므로 과도기적으로 지역노조 형태로 편재한 후 궁극적으로는 산별노조로 가는 방식.
- 산별노조 건설 결의 → 단위노조 소산별노조로 조직형태 변경 결의 → 소산별노조 설립 → 대산별로 조직형태 변경 결의 → 산별연맹 조직형태 변경 결의 → 산별노조 완성

---

(6) 조직 구조

완성된 산별노조는 본부조합-지역본부-지역지부-사업장 분회로 하되 각 조직의 특성을 살려 변형할 수 있음.

① 본부조합: 전국규모의 산업별 단일노조

② 지역본부: 특별시, 광역시, 도에 설치

② 지부조직: 시·군·구에 설치

③ 분회: 사업장별로 설치

④ 한국노총은 산업별 노조 산하의 지부·분회를 행정지역별로 묶은 시·도 지역본부 및 지역지부를 둠

(7) 단체교섭방식

• 한국노총, 산별노조, 분회가 역할을 분담함

• 산별노조와 교섭할 수 있는 사용자단체 구성의 촉구 및 제도화

① 한국노총: 국가 단위의 최저임금, 근로시간 등 전체 노동자와 관련된 정부의 주요 노동정책과 사회보장제도 확충을 위한 중앙단위 정책결정에 참여.

② 산별노조: 임금 및 단체협약의 주체가 되며 산별노조의 실정에 따라 중앙교섭, 지역별교섭, 업종별교섭, 대각선교섭 등을 선택할 수 있음.

③ 분회: 사업 또는 사업장 단위의 작업시간, 각종 수당, 배치, 전환, 산재예방활동, 성과급 지급규정, 후생복지, 고충처리 등에 대해 협의함.

(8) 쟁의행위

① 전국적 총파업

• 노동법, 복지제도, 임금 가이드라인 등 전국적인 이슈를 가지고 본부조합이 정부 또는 사용자단체와 교섭하다 결렬될 때 조합원 총투표로 결의

② 지역단위 파업

- 지역 차원의 이슈를 가지고 본부조합 또는 지역노조가 지역 사용자단체와 교섭하다 결렬될 때 해당 지역 조합원의 총투표로서 결의
- 지역조직이 당사자인 경우 본부조합의 승인을 얻은 후 지도를 받아야 함

③ 사업장 단위 파업
- 본부조합 또는 지역조직, 분회가 개별 사용자와 교섭을 하다 결렬될 경우 해당 분회 조합원의 결의로 돌입
- 지역조직 또는 분회가 당사자인 경우 본부조합의 승인을 얻은 후 지도를 받아야 함

(9) 조합원 범위
- 해당 산업에 상시 근무하는 노동자
- 해당 산업에 종사하는 임시직, 계약직, 파트타임 등 비정규직 노동자
- 해당 산업에서 일정 기간 근무한 경력이 있는 자로서 일시적인 실직상태에서 새로운 직업을 구하고 있는 자

(10) 재정
- 조합비는 원칙적으로 산별노조에서 갹출해 규약이 정하는 바에 따라 지역본부, 지부, 분회에 배분
- 조직 실정에 맞는 수익사업 전개
- 원안에서는 노총 10%, 산별노조 20%, 분회 70%로 되어 있었음
- 본부조합은 매월 조합비 중 일정 금액을 쟁의기금으로 적립해 산하조직의 파업에 적극 지원

(11) 전임자
- 산별노조의 특성상 전임자는 원칙적으로 본부조합으로 집중
- 지역본부 지역지부는 규모에 따라 3~5인의 전임자를 둠

• 사업장 분회는 최소 1명의 전임자를 두되 규모에 따라 다름. 300인 이하 1 명, 1만인 이상 6명

이상에서 살펴본 한국노총의 「산별노조 건설방안」은 종전에 비해 더욱 구체화·현실화되었다는 점에서 의의를 가진다. 그러나 그 과정에서 현실여건을 감안해 진정한 의미에서의 산별노조 건설의지가 후퇴한 점도 엿보인다.

예컨대 이 방안에서는 기업별 노조와 산별노조의 혼재를 인정하고 있다. 한국노총은 현재 노동조합 조직이 기업별 체제에 입각해 있는 점을 감안해 일시적인 산별체제의 전환이 아니라 2단계의 전환을 바람직한 것으로 보고 있다. 그 1단계는 산별체제와 기업별 체제의 결합형 또는 중간형이 될 것이며, 따라서 현재 한국노총의 산별체제로의 전환방향은 산별체제와 기업별 체제의 결합형 또는 중간형으로의 전환을 의미한다. 단, 종전 안에서는 구체적인 전환일정이 제시되지 않았던 반면, 이번 안에서는 2000년까지 전환 완료라는 상당히 구체적이고 빠른 일정을 제시하고 있다. 그러나 그 실현가능성에 대해서는 노총 관계자들도 믿지 않는 분위기이며(한국노총 인터뷰 결과), 따라서 상당히 비현실적인 목표로 보인다.

한편 재정배분 면에서도 기업별 노조 간부들이 산별로의 전환을 꺼리는 주요 이유 중 하나가 산별노조로 전환할 경우 인력, 재정 등의 집중에 따른 기업별 노조의 약화 우려 때문임을 감안해 이번 안은 종전 안에 비해 조합비 배분비율을 지부에 많이 가도록 훨씬 현실화하고 있다. 그 밖에도 지부의 독자적 교섭권, 쟁의권을 인정하고 있는 점도 눈에 띈다.

결국 이렇게 볼 때 한국노총 조직국의 「산별노조 건설방안」은 종전보다 더 구체화·현실화된 방안이라는 점에서 의의를 지니지만, 이것이 구체적으로 산하조직에서 실천되고 있느냐는 의문이다.

한국노총의 산별노조 전환방침에도 불구하고 단위노조에서는 잘 진행이 되지 않은 채 단위노조 간부들의 반발이 나타나기도 하는데, 이는 기득권 상실에

대한 우려와 더불어 산별체제로 갈 경우 산별노조의 관료화 및 어용화에 대한 우려도 상당히 작용하고 있기 때문이다.

따라서 한국노총은 산별체제로의 전환을 위한 극복과제를 다음과 같이 열거하고 있다.

① 사업장별 근로조건 차이
- 산별노조로 전환하기 위해서는 노동강도, 임금, 수당 등 근로조건이 비슷해야 함
- 산별노조 전환 이전이라도 연맹으로 교섭권 위임을 통한 공동교섭, 대각선교섭으로 근로조건 차이를 좁혀 나감

② 기업별 이기주의
- 내 사업장만 잘 되면 그만이라는 이기심 극복

③ 기득권 상실에 대한 불안감
- 조합비, 교섭권 상실에 대한 불안감
- 사용자의 단체협약 파기에 대한 불안감

④ 비민주성에 대한 우려
- 과거 1960~1970년대 권위주의적 산별노조에 대한 우려
- 사회 전반적인 민주화와 조합원 의식 향상으로 비민주적 운영 불가능함
- 민주적 제도, 장치 마련

특히 한국노총계 단위노조들은 역사가 오래되고 노사협력적 분위기가 지속되어 온 곳이 많기 때문에 기업별 체제에 대한 강한 집착을 가지고 있으며 이것이 산별체제 전환에 최대의 장애물이 되고 있다. 따라서 아래로부터의 동력

이 올라오지 않는 한 한국노총 소속 연맹들의 산별체제 전환에는 상당한 애로가 있을 것으로 보인다.

3) 한국노총 산하조직의 동향

한국노총 본부의 동향과는 별도로 많은 산하조직들에서 종전의 소극적 자세를 버리고 적극적으로 산별노조 건설을 모색하는 움직임이 나타나고 있다.

(1) 섬유노련

섬유노련은 섬유산업 사양화에 따른 섬유노동자들의 존립기반 약화로 1990년 이후 연평균 1만 4천 명씩 조합원이 감소하는 등 위기를 맞고 있다. 이에 따라 연맹의 재정곤란이 가시화되고 활동력이 취약화되었다. 이러한 연맹의 위기를 극복하기 위해 산별노조 건설의 필요성이 제기되었다. 이에 따라 1997년 6월 정기전국대의원대회에서 산별노조 건설을 위한 조직발전특별위원회(조특위)가 구성되었다. 조특위는 연맹위원장을 포함해 모두 10명으로 구성되었다. 조특위는 이후 수차례 회의를 갖고 산별노조 전환을 원칙으로 함을 결의했으며 설문조사, 지역순회 간담회 등을 통해 이러한 인식을 확산하기 위해 노력했다. 그러나 산별노조 전환을 위해 노력하는 과정에서 교섭력 및 조직력 확대, 전임자 임금문제 등을 해결하기 위해 산별노조 전환을 원칙적으로 인정하면서도 여전히 단위노조 간부 및 조합원들의 산별노조에 대한 인식이 미흡한 것으로 드러남에 따라 각종 홍보와 교육을 선행하는 동시에 재정자립 방안을 강구하기로 했다.

1998년 2월 임시대의원대회에서는 1998년 중 산별노조로 전환할 것을 결의했는데, 특히 정리해고 법제화로 조직과 조합원이 급감한 것에 위기의식을 느낀 결과 조속한 산별노조로의 전환이 결정되었던 것이다. 섬유노련의 조합원은 1997년 4만 2천 명에서 1998년 3만 명으로 급감했다.

향후 섬유노련은 1998년 상반기 중 산별 전환과 재정자립 방안에 관한 기본안을 작성하는 한편, 교섭권 위임을 통한 공동교섭을 실시할 예정이다. 조특위에서는 산별노조의 법규, 규약, 조직, 정책, 교육, 선전, 총무, 재정 등에 대한 실무작업을 진행해 최종안을 마련, 정기대의원대회에 제출하게 된다.

1998년 6월의 정기대의원대회에서는 규약 및 제 규정을 변경하고 조직형태 변경 결의도 할 계획이다. 1998년 하반기에는 개정된 산별노조 규약을 근거로 지역조직, 단위노조의 개편대회를 개최하고 1998년 중에 산별체제로 완전히 전환한다는 계획이다.

섬유노련 산하의 면방부회는 1966년부터 면방업 사용주들의 협회인 내한방직협회를 대상으로 공동교섭을 실시해 왔다. 면방 업종의 공동교섭은 1970년대에 일시 중단된 적도 있지만 어언 30여 년의 역사를 가지고 있다(이원보, 1997). 생사부회도 1966년부터 제사협회와 공동교섭을 실시해 왔다. 화섬부회는 1997년 6월 화섬연맹을 결성하고, 1998년부터 공동교섭을 하는 등 섬유노련은 공동교섭의 경험이 풍부하다.

(2) 정보통신노련

정보통신노련은 1997년 6월의 대의원대회에서 산별노조 건설을 연맹의 제1과제로 설정하고 전국통신노련으로부터 전국정보통신노동조합연맹으로 명칭을 변경함으로써 조직대상 범위를 넓히겠다는 의지를 보였다. 정보통신노련은 산별노조 건설 추진을 위한 추진위원회를 구성하고 노동자가 개별적으로 연맹에 가입할 수 있도록 규약을 개정함으로써 산별조직 이행을 위한 기초를 마련했다.

1997년 8월의 단위노조 대표자회의에서는 10월부터 산별 전환방법과 원칙, 규약, 일정 등 구체적 방향에 대한 토론, 홍보, 교육 등을 실시하기로 결정했다.

(3) 전국해상산업노동조합연맹

전국선원노련은 원양어업, 해외취업선원 등의 소산별조직, 15개 원근해어업의 지역별 조직, 대규모 해운회사의 기업별 조직 등 복잡한 구성을 가진 조직이다. 선원노련은 1997년 2월 대의원대회에서 '산별노조건설추진위원회'를 구성해 산별노조 건설에 매진하기로 결의하고 산별노조 건설방법 및 절차를 연구해 차기 대의원대회에서 심의토록 했다.

산별노조건설추진위원회의 1년간 연구를 거쳐 1998년 2월 전국대의원대회에서는 직업별 명칭인 전국선원노련으로부터 산업별 명칭인 전국해상산업노련으로 명칭을 변경함으로써 산별 전환을 위한 발판을 마련했다. 해상산업노련은 앞으로 정책활동을 강화하고 대외 이미지를 제고하는 한편 산별노조로서의 체제를 구축할 계획인데, 1998년 중 산별노조로의 전환을 완료할 계획이다.

(4) 금융노련

금융노련은 1997년 2월 회원조합 대표자 세미나 및 중앙집행위원회에서 산별노조 건설의 필요성이 제기되어 1997년 11월 정기전국대의원대회에서 '산별노조전환추진대책위원회'를 결성하기로 결의했다. 한편 산별노조 전환을 위해 우선 지역본부를 설치하기로 했다. 금융노련의 이 같은 움직임은 금융구조조정에 따른 위기감의 확산에 대처하기 위한 것이다.

1998년 3월 산별노조 추진위가 단위노조 위원장 등 47명으로 구성되어 본격적으로 가동되기 시작했다. 추진위는 산하에 전문위원회를 설치해 산별 전환을 위한 준비를 구체화했는데, 추진위에서는 산별노조 건설 일정을 2000년까지 3단계로 설정하고 있다.

즉, 1998년 5월부터 10월까지 1단계는 건설준비기간으로서 조합원 의견을 수렴하고 산별 유형을 연구할 계획이다. 1998년 11월부터 1999년 10월까지 2단계는 교육, 홍보 및 결의기간으로서 산별의 조직전환 형태를 확정하고, 조합원 교육 및 홍보활동을 벌일 계획이다. 1999년 10월부터 2000년까지 3단계는

산별노조 출범시기로서 산별노조의 사업기조를 확정하고, 회원조합의 조직형
태 변경 결의를 함으로써 산별노조를 출범시킨다는 계획이다.

그러나 금융노련은 아직까지 산별노조에 대한 조합원들의 이해 부족, 대규
모 은행들의 공감대 부족 등으로 빠른 시일 내에 산별 전환이 어렵다는 판단
아래 2000년까지 장기적인 프로그램을 설정해 서서히 진행시킬 계획이다.

(5) 화학노련

화학노련은 한국노총 소속 연맹 중 가장 활발하게 산별노조로의 전환을 진
행 중이다. 화학노련은 단위노조가 대부분 영세하고(전체 616개 조직 중 100명
미만이 357개), 업종이 복잡하며(17개 지방본부, 18개 업종분과), 산업 내 경쟁조
직의 존재[화학노련(노총)과 화학연맹(민주노총)] 등으로 인해 변화하는 노동환
경에 취약점을 드러내고 있어 이를 산별노조체제로 극복하려 하고 있다.

화학노련은 이미 1996년에 한국노총 소속 연맹으로서는 예외적으로 공동교
섭을 시작했다. 화학노련 내 의약, 화장품 분과의 10대 상위그룹 노조가 공동
교섭·공동투쟁을 결의하고, 연맹에 교섭권을 위임했다. 이는 업종 내 연대를
강화하고 산별노조로 전환하는 계기가 되었다.

1997년 1월 노동법 총파업투쟁 평가를 위한 중앙집행위원회 및 분과회장
정책간담회에서 산별전환 문제가 제기됨에 따라 1997년 1월 정기대의원대회
에서 산별노조 추진특별위원회의 설치가 결의되었다. 다시 4월 중앙집행위원
회에서 산별전환 방침, 일정, 추진방법 등을 결정했다. 특위는 총 27명으로 구
성되었다. 특위에서는 조기건설론과 단계적 추진론이 맞섰으나 결국 산별노
조 건설이 더 이상 지체할 수 없는 문제인 만큼 조합원의 의견수렴, 교육, 홍보
강화 등을 통해 강력하게 산별노조 전환을 추진하기로 의견을 모았다. 이에 따
라 구체안 마련을 위한 소위원회가 구성되고 특위와 소위에서 구체안이 활발
하게 토의되었다. 조합원 대상의 교육·홍보도 병행되었다.

한편 상급단체에의 교섭권 위임을 통한 분과별 공동교섭도 진행되었다. 공

동요구안 제출, 시기 집중 등도 이루어졌다. 이를 바탕으로 각 지역본부에서는 대각선교섭을 실시했다.

1997년 6월 화학노련 산하 콘크레미콘부회 소속 노조들이 전국콘크레미콘 노조라는 소산별 단일노조를 결성했는데, 여기에는 13개 사업장 266명의 노조원이 참가했다.

1998년 1월 정기대의원대회에서는 특위가 마련한 산별노조 규약을 심의했으나 신중론이 많아 산별노조 규약의 개정을 보류하고 논의를 계속하기로 결정했다. 화학노련 관계자에 의하면 아직 산별노조로의 전환에 대한 조직적 공감대 확산이 부족하고 형태 전환 후의 단계적 강화 방안의 문제점이 지적되었기 때문이라고 한다. 이에 따라 1998년 상반기 중 조직형태 변경, 규약개정, 임원선출 등을 통해 산별전환을 완료하려던 계획도 늦어지게 되었다. 산별노조로의 전환은 2000년에 완성될 계획이다.

특위에서 그동안 마련한 산별노조 전환안에 따르면 산별노조 명칭은 '전국화학산업노조'로 하고 대산별 단일노조 원칙에 따라 가입대상 범위를 넓힌다는 것이다.

조직은 노조 본부-지방본부-지역지부 또는 기업단위 지부-사업장별 분회로 구성하며 여기에 더해 업종분과위원회를 둘 계획이다.

(6) 금속노련

금속노련에서는 1997년 8월 정책세미나에서 산별노조 추진위원회를 구성해 1998년 정기대의원대회에서 산별노조 건설방침을 결의하기로 의견을 모았다. 이에 따라 9월 산별노조 추진위원회 및 산하 실무위원회가 구성되어 12월까지 산별전환을 위한 활동을 했다. 추진위에서는 산별전환 경로, 방법, 시기 등을 검토하는 한편 1998년 1월부터 전국지역 순회교육을 실시하고 조합원 의견을 수렴했다. 그러나 아직 산별노조 전환에 대한 공식적 결의는 없는 상태이다.

(7) 자동차노련

자동차노련에서는 1997년 5월 전국대의원대회에서 산별노조 건설을 위해 조직역량을 집중하기로 결의했다. 이에 따라 '산별노조 추진위원회'가 구성되어 활동 중이다. 추진위가 제시한 기본적인 방향은 자동차노련의 특성상 일단 지역노조를 구성한 후 산별노조로 전환한다는 방침이다. 그러나 아직 연구단계에 있으며 구체적 시한은 제시되지 않고 있다.

(8) 택시노련

택시노련에서는 1991년도를 비롯해 1990년대 초반에도 산별노조 건설에 관한 논의 및 교육이 있었으나 지속적이 아니라 단편적으로 논의되었으며 구체적 실현가능성으로 추진되기보다는 구호적인 성격이 강했다. 1990년 11월에는 '시급한 산별체제 전환을 위한 세미나'가 개최되었으며, 1991년 4월의 대의원대회에서는 산별체제의 기반조성을 위한 규약개정이 의결되기도 했다.

그러나 산별노조 건설을 위한 실제 작업은 부진한 대신 부산지역을 비롯한 전국 각 지역에서 지역노조가 건설되고 지역별 공동교섭이 이루어지는 성과를 거두었다.

1996년 연말의 노동법 개정을 계기로 산별체제 전환 논의가 다시 부상했다. 특히 택시조직은 상급단체가 이원화[택시노련(한국노총)과 민주택시노련(민주노총)]되어 있고 재정이 악화되고 있으며 연맹의 하급단위 노조에 대한 통제력 누수현상이 나타나고 있을 뿐만 아니라, 평균조합원 80명 내외인 영세성으로 인해 2002년 전임자 임금지급이 전면 금지될 경우 큰 타격을 받을 것으로 예상되며 따라서 산별노조 건설의 필요성이 제기되고 있는 것이다.

1997년 6월의 단위노조 대표자대회에서 다시 산별노조 전환방안이 논의되고 6월 중앙집행위원회에서는 중앙상무집행위를 산별노조건설추진위로 전환하기로 결의했다. 노련에서는 산별노조 추진 시 제기되는 문제점 및 조직체계, 운영방안, 규약변경안 등을 마련해 추진위에 보고하기로 결의했다.

1997년 7월 추진위 산하에 실무소위원회가 구성되었고 12월 실무위원회에서 2000년 상반기까지 산별노조를 건설한다는 장기적 방안이 마련되었다. 1997년 12월 중앙집행위원회에서는 즉시 택시산별노조 건설을 추진한다는 1안과 일단 지역노조를 확대·강화해 2000년에 가서 택시산별노조를 건설한다는 2안의 두 가지 방안을 검토한 끝에 2000년 상반기에 택시산별노조 건설을 목표로 우선 지부 중심의 지역노조 건설을 추진, 강화하기로 하는 2단계 건설 방안을 확정했다. 이에 따라 1998년 중 지역노조 건설을 완료하고 2000년 상반기 중 산별노조 건설을 완료하기로 추진 일정을 잡았다.

　　택시노련에서는 이미 일부 지역에서 지역별 노조가 결성되어 사용자 측과 공동교섭하고 있어 2안이 보다 자연스러운 방안인 것으로 보고 있다.

(9) 고무노련

　　고무노련에서는 1998년 3월 전국대의원대회에서 산별노조 건설을 결의하고 구체적 추진방안을 협의 중이다.

(10) 공공서비스노련

　　공공서비스노련은 1997년 3월 정부투자, 정부출연기관 노조들이 모여 결성한 연맹이다. 이들은 1994년부터 공공기관노조협의회를 구성해 활동해 왔다. 공공서비스노련은 공공총연맹 건설을 주장하면서 단계적으로 통합기반을 마련할 계획이다.

4. 전국민주노동조합총연맹의 조직체계와 그 변화[4)

1) 조직상황

〈표 3-4-6〉에서 보는 바와 같이 민주노총은 1998년 2월 21개 산별조직, 1252개 단위조합, 그리고 51만 8천여 명의 조합원을 가지고 있다. 이는 1995년 11월의 창립 당시에 비해 조합 수 517개, 노조원 수 20만 4천여 명이 늘어난 것이다. 그러나 최근에 와서 일부 연맹의 조합 수 및 조합원 수가 감소하는 등 전체적으로 조직성장이 둔화되고 있다. 앞으로 기업의 구조조정, 휴·폐업, 정리해고 등에 따라 조합원 수가 격감할 가능성도 있다.

〈표 3-4-6〉에서 보는 바와 같이 조직체계는 기본적으로 기업별 조직을 근간으로 하면서 단일산별·소산별·지역별·단일기업별 노조 등이 혼재하고 있는 복잡한 구조이다.

민주노총 내에서는 보건의료산업노조가 1998년 2월 최초의 대산별노조로 출범했다. 기존의 의보노조, 전강노조, 전교조는 단일산별이기는 하나 소산별 형태이며 한국통신은 단일기업노조이다. 그 밖에 대학노련 내의 국립대노조, 사무노련 내의 생명보험노조, 공익노련 내의 과기노조 등은 산별연맹 내의 업종별 조직이며 전일노협, 민주택시(일부)는 지역별·직업별 조직이다.

2) 산별노조 추진현황

민주노총은 출범 당초부터 산별노조 건설을 중요한 과제로 설정했다. 민주노총은 출범과 더불어 산업별 노조 체제의 구축을 주요한 조직적 목표로 내세우고, 조직강화 및 조직확대와 함께 산업별 노조 건설을 위한 조직방침(안)을

---

4)   이 절의 서술은 다른 특별한 언급이 없는 한 1998년 6월을 기준으로 한 것이다.

〈표 3-4-6〉 민주노총 조직현황(1998년 2월)

산별연맹	단위 조합 수	조합원 수	조직체계	산별추진 현황	비고
건설노련	48	15,000	기업별	추진 중	2000년까지 완료
금속산업연맹	184	190,742	기업별	추진 중	금속3조직 통합 완료, 대산별 추진
대학노련	72	10,116	기업별/ 소산별	추진 중	국립대노조 단일화, 1998년 산별 단일노조 완료 목표
보건의료노조	139	35,909	단일산별	완료	2/27 단일산별 완료
사무노련	216	65,000	기업별/ 소산별	추진 중	연맹 내 협의회 소산별화, 연맹 차원 산별연구위 구성
시설노련	16	1,550	기업별	-	
언론노련	51	18,212	기업별	추진 중	연맹 내 방송, 신문 소산별 추진, 연맹 전체 언론산별노조 추진, 1997.12 출판노협과 통합
의보노조	1	5,081	단일산별	완료	명칭변경(1998.2), 공공연맹(준)에 참여
전강노조	1	1,000	단일산별	완료	
전교조	1	10,233	단일산별	완료	미합법조직, 교육산별노조 추진 계획
공익노련	96	28,376	기업별/ 소산별	추진 중	연맹 내 협의회를 소산별노조로, 연맹 전체는 공익산별노조 추진
전일노협	7	800	지역별 연합체	추진 중	합법화(1998.11), 건설노련과 조직 통합 논의 중
민철노련	2	11,336	기업별	추진 중	운수산별추진위 구성, 공공부문 산별조직 참여 결정
화물노련	23	3,100	기업별	추진 중	운수산별추진위 구성
화학연맹	57	16,375	기업별	-	
한국통신	1	49,600	단일 기업별	추진 중	단일고용주, 공공연맹(준)에 참여
민주금융노련	72	11,977	기업별	-	
민주버스연맹	8	1,300	기업별	추진 중	운수산별추진위 구성
민주섬유연맹	22	13,000	기업별	-	
민주택시연맹	236	27,000	기업별/ 지역별	추진 중	운수산별추진위 구성, 지역별 단일화 추진
민주관광연맹	6	2,497	기업별	-	
전체	1,252	518,204			

주 1): 민주금속연맹, 자동차연맹, 현총련은 1998년 2월 15일 해산하고 금속산업연맹으로 통합.
주 2): 공익노련은 전문노련에서 명칭 변경한 연맹임.
주 3): 농협노조는 합법성 얻지 못함.
주 4): 민철노련은 전지협을 연맹으로 변경한 것임.
주 5): 출판노협은 언론노련으로 통합.
주 6): 보건의료노조는 병원노련이 단일산별화하면서 명칭변경한 것임.
자료: 전국민주노동조합총연맹(1998); 전국민주노동조합총연맹(1997).

발표한 바 있다.

민주노총 강령 제3항은 "우리는 미조직 노동자의 조직화 등 조직역량을 확대·강화하고, 산업별 공동교섭·공동투쟁 체제를 확립하여 산업별 노동조합을 건설하고 전체 노동조합운동을 통일한다"고 선언함으로써 산별노조 건설목표를 뚜렷이 밝히고 있으며, 규약에서도 민주노총의 목적과 사업의 한 부분으로서 "산업별 공동교섭·공동투쟁 체제 확립, 산업별 노조 건설, 전체 노동조합운동의 통일"을 밝히고 있다. 이러한 목표에 따라 그동안 민주노총은 다양한 방법을 통해 산별노조 건설을 추진해 왔다.

제1차 정기대의원대회(1996년 11월)에서 밝힌 「조직방침」내용(김금수, 1996)에 따르면 민주노총은 산업별 노조 체제로의 전환경로를 3단계로 설정하고 있는데 제1단계는 조직 정비기(1996~1997년), 제2단계는 산별노조 재편기(1998~2000년), 제3단계는 산별노조 정착기(2000년 이후)이다.

그러나 이러한 민주노총의 방침이 현실적으로 계획성 있게 추진되어 왔는지는 의문이다. 계속되는 현안 문제(노동탄압, 대선, 노동법 개정 파동, 노사관계개혁위원회, 노사정위원회, 국제금속노련과 고용위기, 조직 내 선거 등)로 실제 사업은 거의 추진되지 못한 것이 사실이다(민주노총 인터뷰 결과).

이러한 가운데 실제 산별노조 추진은 대부분 산하조직의 독자적 움직임에 의해 이루어져 왔다. 1989년 결성된 전교조는 최초의 산별노조 형태였지만 합법성을 얻지 못한 채 현재까지 유지되어 왔다. 전강노조는 합법적인 직업별 조직형태이지만 규모가 작은 편이다. 1994년에 전문노련 산하 과학기술계 노조들이 기업단위 노조를 해산하고 과기노조를 만들었는데, 이는 최초의 실질적인 업종별 전국단일노조라는 점에서 귀중한 선례를 남기고 있다. 그러나 과기노조는 지역적·업종적인 한계를 지니고 있다. 뒤이어 지역별 노조였던 지역의료보험노조들이 의보노조를 결성했고, 역시 지역별 노조였던 단위농협노조들이 전국농업협동조합노동조합(농협노조)을 결성했으나 합법성을 얻지 못했다. 한편 전국언론노동조합연맹 산하 방송사노조들이 '전국방송사노조결성추진위원회'를 구성해 전국단일노조 건설을 추진했으나 최근 포기했다. 또 사무노련, 병원노련, 대학노련, 건설노련 등에서는 산하조직이 연맹에 단체교섭권을 위임해 공동교섭을 실시하는 관행을 만들었는데, 이는 산별체제로의 전환을 위한 예비적 관행이라고 할 수 있다.

이것이 1997년 이전까지의 산별체제 추진 상황이다. 그러나 1997년 들어 상황은 급변했다. 1996~1997년의 노동법 개정 파동과 고용불안 등을 거치면서 더 이상 기업별 노조 체제로는 이에 대응할 수 없다는 인식이 확산되었다.

이에 민주노총은 1997년 3월 임시대의원대회에서 장기적인 조직방침을 논의하면서 1998년부터 산별노조 건설에 본격적으로 착수한다는 계획을 확정하고, 이를 위해 산별조직 건설을 위한 산별노조 추진소위원회(추진소위)의 구성을 결정하고 조직강화위원회에서 사업을 추진하기로 했다. 이에 따라 소위원회에서는 8월 26일 첫 회의를 시작으로 그동안 각 조직별로 추진되던 산별노조 건설논의를 민주노총 차원에서 총괄해 조직적으로 논의, 산별노조 구획범위, 산별노조 건설에 따른 법률적인 검토 등 구체적인 방침을 마련함으로써 1998년부터 본격적으로 산별노조 건설에 착수할 수 있도록 지도하기로 했다.

추진소위는 산별노조 건설방침(안)을 마련하고, 12월 2일 산별추진소위 1차 정책토론회가 개최되었다. 토론회에서는 기존 산별노조 건설의 사례발표가 있었고 금속3조직 통합, 공공연맹 추진, 운수산별 추진 등에 대한 상황보고가 있었다. 토론회에서는 산별노조 건설에 대한 민주노총 차원의 방침이 정리되어야 한다는 요구가 제기되었으며, 산별노조의 건설을 위한 구체적 준비와 고민, 민주노총 소속 대공장 노조의 기득권 포기 필요성, 산별노조 전환에 따른 현장강화 방안, 임금정책, 사회적 교섭과제 등에 대한 정책대안 마련의 필요성, 중앙 차원에서의 산별 관할권 구획의 필요성, 미조직 노동자의 조직화 방안 등에 대한 요구와 토론이 이루어졌다. 그러나 이후 대선, 노동법 파동 등으로 인해 민주노총 차원의 산별노조 추진작업은 답보상태이다.

산하 각 연맹에서는 이와 상관없이 독자적으로 산별노조로의 전환이 활발하게 추진되고 있다. 1997년 6월 민철노련, 민주택시연맹, 민주버스연맹, 화물노련은 운수산별추진위를 구성했으며, 1997년 7월 민주노총 임시대의원대회

에서는 금속3조직에 대한 통합 권고가 있었고, 1997년 11월에는 한국통신노
조, 의보노조, 조폐공사노조 등에서 공공연맹준비위가 구성되었으며, 12월에
는 언론노련과 출판노협이 조직통합을 단행했고, 1998년 2월에는 보건의료산
업의 단일노조가 출범했다.

전체적으로 1997년 중 민주노총 산별추진소위가 구성되고 가맹조직의 산별
추진 논의가 본격화되었다는 점에서 상당한 성과를 거두었다고 할 수 있다. 그
러나 산별추진소위 사업이 각종 현안 문제로 인해 실질적으로 진행되지 못하
고 가맹조직의 산별추진 사업에 민주노총 본부가 주도적인 역할을 하지 못한
점 등이 미흡한 점으로 남고 있다.

다음에서는 추진소위가 1997년 8월 발표한 산별노조 건설방침(안)을 중심
으로 민주노총의 산별노조 건설계획을 검토해 보기로 한다(전국민주노동조합
총연맹, 1997b).

(1) 현 시기 산별노조 건설의 필요성

민주노총은 산별노조 건설의 필요성으로서 다음 네 가지를 들고 있다.

첫째, 개정 노동법상의 노조전임자 임금축소 및 5년 후 완전금지, 신규 노조
전임자 임금지급 금지, 사업장 내 대체근로 허용, 해고자 조합원 자격기한 축
소, 쟁의행위 때 생산시설 점거 금지 등 노조활동을 제약할 수 있는 독소조항
들이 다수 신설됨으로써 단위노조 조직력이 약화될 우려가 있다는 점이다. 이
와 동시에 상급단체 복수노조 허용, 총회의 특별결의로 조직형태 변경 및 합병
가능, 교섭체결권 위임이 자유로워진 점 등은 산별노조 건설을 촉진하는 요인
이 될 것으로 보고 있다.

둘째, 자본 측의 유연화 공세 강화와 경기침체에 따른 산업구조조정 등으로
근로조건 악화, 대량실업, 해고 등 노동조건이 악화되고 있으며 이를 기업별
노조 체제로 대응하는 데는 한계가 있기 때문에 사용자단체-산별노조 간 사회
적 노사관계 속에서 이를 풀어야 한다는 주장이다.

셋째, 노조조직률이 전반적으로 저하되고 있어 교섭력과 투쟁력이 취약한 기업별 노조 체제로서는 조직률 저하에 대응할 수 없다는 점이 산별노조체제 전환의 필요성을 제기한다고 보고 있다.

넷째, 기업별 노조 체제하에서는 노동자의 관심이 기업 내 임금이나 사내 복지 등에 쏠려 국민대중의 요구나 사회개혁 과제를 등한시하기 쉽다는 점, 노동자의 정치적 진출을 위해서도 산별체제가 필요하다는 점 등이 지적되고 있다.

(2) 산별노조 추진 일정

민주노총은 다음과 같은 산별노조 건설 일정을 제시하고 있다.

- 1997년 하반기부터 '산별추진소위'를 본격 가동하면서 산별노조 건설을 위한 준비에 착수한다.
- 1998년부터 산별노조 건설이 가능한 연맹부터 산별 재편을 시작하면서 본격적인 산별노조 건설에 돌입한다. 아울러 1998년까지 유사한 산별(업종) 연맹(협의회) 간의 통합을 완료한다.
- 2000년까지 민주노총 산하 23개 가맹조직과 신규 가맹조직을 12개의 산별노조(연맹)로 재편한다.
- 2000년 이후 16개의 산별노조(연맹)를 10여 개의 통합 산별노조로 재편한다. 이에 따르면 민주노총의 산별노조 건설계획은 다음과 같이 단계적으로 추진될 예정이다.

✔ 산별노조 1단계: 1998~2000년 산별노조 재편기

1997년
가. 산별추진소위 가동
나. 산별연맹(협의회) 간의 통합을 통해 통합 산별연맹 결성: 언론노련과 출판노협, 건설노련과 전일노협은 1997년 하반기에 통합조직 결성. 민철노련, 화물노련, 민주택시, 민주버스 등 운수 4주체는 1997년 하반기에 운수산별준비위 결성
다. 업종단위 또는 부문단위 기업별 노조의 소산별 단일노조 결성: 대학노련 산하 국립대 단일노조 결성. 공익노련 산하 연구전문노조 결성(1997년 상반기)
라. 공동투쟁을 위한 연맹 간의 연대기구 구성: 공공부문 노조협의회(공익, 운수,통신, 의료)
마. 신규 산별연맹 결성: 1997년 하반기에 민주섬유연맹, 민주관광연맹 결성. 공무원노조 결성 추진

1998년
가. 산별연맹을 산별노조로 전환: 병원노련을 의료산별 단일노조로(1998년 2월), 대학노련을 대학산별 단일노조로(1998년 하반기)
나. 산별연맹(협의회) 간의 통합을 통한 통합 산별연맹 결성: 민주금속, 자동차연맹, 현총련 등 금속3주체는 1998년 2월까지 통합조직 결성. 공익노련과 시설노련, 민주금융과 농협노조, 대학노련과 강사노조, 한국통신과 통신관련노조, 의보노조 등 유사한 조직 간의 통합 추진. 1998년 말까지 유사한 산별(업종) 연맹(협의회) 통합 완료
다. 업종단위 또는 부문단위 기업별 노조의 소산별 단일노조 결성: 공익노련, 사무노련, 언론노련 산하 협의회를 소산별 단일노조로 재편
라. 공동투쟁을 위한 연맹 간의 연대기구 구성: 공공부문협의회 구성, 교육부문 노조협의회(전교조, 대학, 강사 등), 금융부문 노조협의회(민주금융, 농협, 사무 등) 구성
마. 미가입 조직 가입 추진: 상업연맹 등

1999~2000년
가. 산별연맹을 산별노조로 전환: 의료산별, 대학산별 외 21개 연맹과 신규 연맹
나. 업종단위 또는 부문단위 기업별 노조의 소산별 단일노조 결성: 공익노련, 사무노련, 언론노련 산하 협의회를 소산별 단일노조로 재편
다. 공동투쟁을 통한 연맹 간의 연대기구 활성화: 공공부문 노조협의회, 교육부문 노조협의회, 금융부문 노조협의회 등 활성화

✔ 산별노조 2단계: 2000년 이후 산별노조 정착기

가. 산별연맹을 산별노조로 전환: 민주노총 전 조직을 16개 정도의 산별노조로 재편
나. 통합 산별노조 건설: 기존 16개 정도의 산별노조를 10개 정도의 통합 산별노조로 재편

자료: 전국민주노동조합총연맹(1997b).

이런 민주노총의 산별노조 건설계획을 표로 정리하면 〈표 3-4-7〉, 〈표 3-4-8〉과 같다.

〈표 3-4-7〉 민주노총의 산별노조 건설계획

발전단계	1단계(1996~1997년)	2단계(1998~2000년)	3단계(2000년 이후)
시기	조직정비기	산별노조 재편기	산별노조 정착기
지위	민주노총 총연합체	실질적 제1노총	실질적 단일노총
조직구성	산별연맹, 그룹, 지역본부	산별연맹, 소산별(지역별), 단일노조, 산별노조	산별노조
조직형태	기업별 노조	기업별 노조+산별노조	산별노조
합법성	미합법	합법	합법
대노총관계	경쟁	압도	전체 노동운동 통일

자료: 전국민주노동조합총연맹(1997a).

	1997년	1998년	1999~2000년	2000년 이후
통합 산별노조				금속/화학섬유/건설/상업관광/공공/금융/공무원/교육/언론/의료 등 10개 통합산별노조
산별노조		의료산별/대학산별	의료산별/대학산별에 이어 금속/화학/섬유/건설/산업관광/운수/통신/제1금융/제2금융/공익/공무원/전교조/언론 등 16개 산별노조 추진	산별노조로 재편되지 못한 연맹산별 재편
통합연맹	건설+전일노/언론+출판/민철+화물+택시+버스	금속+자동차+현총련/공익+시설/민주금융+농협/대학강사/한국통신+통신노조/의보노조+유관연맹(노조)		
소산별노조	연구전문노조(공익)	공익, 사무, 언론 등 협의회별 단일노조 추진		
연대기구	공공부문협의회	교육부문협의회, 금융부문협의회		
신규 결성, 가입	민주섬유, 민주관광 결성, 공무원노조 추진	상업연맹 가입 추진		

자료: 전국민주노동조합총연맹(1997a).

(3) 산별노조 설립방법

민주노총은 산별노조 설립방법으로서 다음 세 가지 경로를 들고 그 각각의 경우에 제기될 수 있는 법률적 문제를 해설하고 있다.

첫째, **신규 설립**: 설립 주체가 이미 만들어져 있는 기업별 단위노조가 아니고 미조직 사업장의 노동자들이 주축일 경우 창립총회를 통해 신규로 전국적 산별노조를 건설할 수 있다. 이때 조직대상 중 기존 단위노조가 있을 경우 산별노조 설립 후 기존 단위노조가 총회 또는 대의원대회에서 조직형태 변경 결의를 하여 산별노조의 분회로 가입하거나 또는 기존 단위노조가 조건부 해산을 한 후 전국적 산별노조 건설에 참여하는 방법이 있다.

둘째, 단위노조의 합병에 의한 전국적 산별노조의 설립: 기존 기업별 단위노조가 주축이 되어 지역별 단위노조를 만들거나, 기존 기업별·지역별 전국적 단위노조가 주축이 되어 전국적 산별노조를 만드는 경우에는 노조의 합병절차를 거치도록 하고 있다.

셋째, 산별연맹의 조직형태 변경: 산별연맹 체계를 이미 갖추고 있는 경우에는 연합단체를 전국적 산업별 단위노조로 조직형태를 변경하고 연맹 소속의 단위노조는 산별노조의 지부·분회로 조직형태를 변경한다.

(4) 단체교섭의 문제

명실상부한 산별노조를 건설하기 위해 통일교섭을 목표로 하고 있다. 따라서 산별노조를 띄우는 시점에서는 통일교섭까지 가지 못하더라도 최소한 그 전 단계인 집단교섭을 성사시키는 것을 목표로 한다. 물론 그 과정에서 더욱 초기단계인 대각선교섭, 공동교섭을 통해 개별 기업주로 하여금 교섭대상이 기업별 단위노조로부터 연맹 내지 산별노조로 전환된다는 것을 인식하도록 하면서 전체 사용자단체를 교섭테이블로 끌어들이도록 노력한다.

(5) 산별노조 본부와 산하조직 간의 관계문제

산별노조는 규약과 지부(분회) 운영규정 등에 의해 지부·분회 등의 형태로 산하조직을 둘 수 있다. 이와 관련해 조직력과 투쟁력을 일사불란하게 중앙으로 집중시키는 한편 조직의 관료화를 막기 위해 민주주의와 조합원 대중의 주체적 참여를 보장하는 방안을 검토해야 한다.

이상의 민주노총 산별노조 건설방침은 산별노조 건설방향을 뚜렷이 밝히고 있고 그 구체적 시기도 적시하고 있으며 또 이를 위한 구체적 연구를 위해 산별노조소위를 구성하고 있다는 점에서 종전의 방안에 비해서는 훨씬 구체성과 현실성을 띠고 있다고 하겠다. 그러나 이 방침은 주로 시기문제와 조직구성 문제에 집중하고 있고 산별노조 건설과 관련해 구체적으로 검토되어야 할 여러 가지 문제에 대한 검토가 소홀한 것으로 보인다. 예컨대 현장조직의 강화문제, 관료화 방지를 위한 구체적 방안, 정책, 제도개선 투쟁의 질적 보장을 위한 구체적 방안(예컨대 민주노동연구소 등), 노동운동의 정치적 역량강화 방안, 민주노총의 이념, 재정문제, 본부조직 문제, 본부와 지역조직, 지부 간의 관계, 미조직 노동자의 조직방안 등에 대한 구체적 검토가 보이지 않는다. 또 앞에서 봤듯이 방침의 구체적 실현 여부도 문제이다. 현재로서는 이 방침이 현실적으로는 실천되지 못한 채 지지부진한 상태에 있는 것으로 보인다.

3) 민주노총 산하조직의 동향

앞에서 봤듯이 민주노총 본부의 방침과는 관계없이 1997년 이후 민주노총 산하조직들에서는 활발한 산별노조화 움직임이 나타나고 있다.

(1) 건설노련

건설노련은 민주노총이 발족하기 전인 1995년부터 이미 연맹 산하 노조의 단체교섭권 위임에 의한 공동임투 및 공동교섭을 진행함으로써 노동계의 주목을 모았으며, 동시에 산별노조 건설 가능성을 꾸준히 모색해 왔다. 1996년에도 역시 산하 노조들이 연맹에 교섭권을 위임했다.

1997년 2월의 정기대의원대회에서는 21세기까지 산별노조를 건설하기 위한 3개년 계획을 세우고 1997년을 산별노조 건설의 원년으로 삼는다고 결의했다. 이에 따라 '산별단일노조건설특별위원회'를 구성했다. 건설노련의 산별노조 건설안에 따르면 단순히 기존 조합을 해산시키고 단일노조를 출범시키는 것을 넘어서 건설업, 건설관련업의 모든 직종, 관련회사 노동자들을 포괄하는 단일노조를 건설한다는 계획이다.

1997년 5월 이후 수차례에 걸쳐 산별단일노조특별위원회 회의가 개최되어 산별노조 건설에 필요한 기초적 조사연구, 법률내용 검토, 토론회, 공청회 등을 실시했다. 동시에 조합원 확대사업도 추진되었다.

건설노련은 2000년까지 단일노조를 건설할 계획이다. 이를 위한 전초작업으로 전일노협과의 통합논의도 이루어지고 있는데 1997년 11월 전일노협의 '조직발전전망위원회'와 간담회를 개최했다. 1998년 11월에 그동안 미합법 상태로 있던 전일노협이 '전국건설일용노동조합연맹'이라는 합법연맹으로 바뀜에 따라 양 조직 간에 통합사업에 한층 박차를 가할 예정인데, 양 조직은 1999년 2월경 통합대회를 가질 예정이다. 한편 1998년 2월 건설노련의 정기대의원대회에서는 산별노조 건설을 위한 3개년 계획안을 제출했는데, 이에 따르면 산별노조의 조직·운영에 관한 연구, 교육, 홍보사업과 공동 임금에 대한 단체투쟁(임단투) 및 단위노조의 단계적 조직변경 결의를 거쳐 2000년까지 단일노조를 건설할 계획이다.

(2) 전국교직원노동조합(전교조)

1989년 출범한 전교조는 처음부터 개인가맹 형태의 전국단일노조 조직형태를 취했다. 그러나 전교조는 합법성 미취득으로 많은 탄압과 활동곤란을 겪었다. 1998년 2월 노사정위원회에서 교원의 단결권 인정에 관한 원칙적 합의가 이루어짐으로써 1998년 하반기경 정기국회에서 법이 개정되고 1999년 7월경 합법화가 이루어질 것으로 예상되고 있다. 이에 따라 전교조는 1998년 2월 정기대의원대회에서 합법화 이후의 위상을 논의했다. 그 결과 산별 단일노조로서의 단체교섭안 마련, 조직체계 재정비, 향후 교육산별노조로의 조직적 전망 등을 다짐했다. 전교조는 현재의 조직이 학교직원 등을 포괄하지 못하는 등 한계가 있다고 보고 교육개혁이라는 대의 속에 초중고교는 물론 대학교육 종사자까지 포괄하는 교육산별노조 건설을 지향하고 있다. 이에 따라 대학노련, 전강노조 등 교육관련 노조와의 통합도 전망된다.

(3) 농협노조

농협노조는 1997년 5월 3개 지역단위 농협노조가 대의원대회를 통해 조직 변경 결의를 함으로써 창립된 소산별 단일노조이다. 전국 1340개 농협직원이 노조 또는 개인자격으로 참여하고 있는 전국 차원의 단일노조이다. 농협노조 는 원래 1992년에 각 도·지역단위로 설립된 노조였다. 농협노조는 1995년과 1996년에도 단일노조를 창립하고 노동부에 설립신고를 했으나 노동부는 가입 대상이 기존노조와 중복된다는 이유로 설립신고서를 반려했다. 농협노조는 1997년에도 설립신고를 했으나 여전히 합법성을 획득하지 못하고 있다.

(4) 대학노련

대학노련은 이미 1994년부터 단일노조 건설문제를 제기하면서 지속적 선 전, 교육사업 등 산별노조 전환을 위한 준비를 계속해 왔다. 대학노련은 1995 년 9월 제4차 정기대의원대회에서 '대학단일노조 추진위원회'를 결성했다. 추 진위는 11월 단일노조준비위원회로 바뀌어 구체적 실무작업을 진행했다. 1996년 5월 단일노조 건설을 위한 임시대의원대회가 열려 단일노조 규약안 등 이 심의되었으며, 1996년 8월 정기대의원대회에서는 10월 말까지 단위노조 해 산결의를 마치고 대학 단일노조를 결성하기로 결의했다. 이에 따라 각 단위노 조에서 단일노조 건설을 위한 해산결의가 이루어졌다. 그러나 11월까지 산별 노조 건설을 위한 조합해산총회를 완료한 산하조직이 전체 조합의 50%에 미 달함으로써 단일노조 건설은 일단 무산되고 집행부가 총사퇴했다. 이처럼 대 학노련의 단일노조 건설사업이 일단 실패로 끝났던 이유는 낮은 결의수준과 대중적 실천의 부족, 단일노조의 상(像)에 대한 내부의 다양한 이견과 사업추 진의 혼선 때문이었다.

다시 1997년 2월부터 임단투의 공동교섭과 공동투쟁 등을 통해 단일노조 건설을 위한 실질적 조건을 마련하기 위한 활동이 전개되었다. 이와 함께 1997년 5월 전국국립대노조가 창립대회를 갖고 소산별 단일노조로 됨으로써 대학 단일노조 건설의 촉매제 역할을 했다.

대학노련은 1997년 8월 정기대의원대회에서 단일노조 추진을 본격화하기로 결의했다. 이에 따라 각 지역본부별로 운영되던 연맹 단일노조 건설기획단을 해소하고 단일노조건설준비위원회를 구성했다. 단일노조 건설시기는 1997년 11월, 1998년 5월, 1998년 8월 세 가지 안이 제기되었으나 1998년 8월 정기대의원대회에서 연맹, 단일노조 체계를 병립하는 단일노조를 출범하기로 결정했다. 더 나아가 장기적으로 교육산별노조 건설도 본격화하기로 했다. 이에 따라 각 지역본부 및 단위사별 설명회가 개최되었다.

준비위원회의 안에 따르면 1997년 8월부터 1998년 하반기까지는 단일노조 준비와 정비기로서 연맹, 지부, 단위노조의 정비·강화, 단일노조 건설을 위한 정책수립, 공동교섭 실천, 미가맹·미조직 사업장 조직화 등의 사업이 수행될 예정이며, 1998년 하반기부터 2001년까지는 단일노조 건설 및 과도기로서 연맹 및 단일노조 체계의 병립, 임단협 및 일상활동의 산별적 전개 및 활동의 강화, 교육산별 건설을 위한 공동활동 등이 이루어질 계획이다. 그리고 2002년부터 2006년까지는 단일노조 완성기 및 교육산별 추진기로서 연맹이 해산되고 대학 단일노조가 완성되며, 단일노조 정착을 위한 활동과 더불어 교육산별 건설을 위한 본격적 조직화 활동이 전개될 계획이다. 2007년 이후는 교육산별 건설기로서 교육노동자의 통일단결 조직을 건설하고 산별노조 활동을 전개할 계획이다.

이러한 계획에 따라 1998년 11월에 대학 단일노조인 전국대학노조가 창립대회를 갖고 정식 출범했는데 여기에는 대학노련 산하 74개 노조 중 조직전환을 결의한 국립대노조 등 45개 노조 5천여 명이 조합원으로 구성되어 있다. 한편 나머지 29개 노조 4500여 명은 1999년 2월까지 조직전환을 완료하고 연맹을 해산시키기로 했다.

(5) 전국금속산업노동조합연맹

1998년 2월 15일 민주노총 산하 금속3조직(민주금속, 자동차연맹, 현총련)이 통합해 금속산업연맹이 창립되었다. 금속산업연맹은 노조 수 183개, 조합원 19만 명에 달하는 국내 최대의 산별조직이다. 자동차, 조선, 기계 등 주요 기간산업을 모두 포괄하고 있어 국가경제의 중요성 면에서도 매우 큰 비중을 차지하고 있다.

1996년 3월 민주노총 임시대의원대회에서 현총련이 금속3조직 통합을 제안하고 금속연맹과 자동차연맹이 적극 수용함으로써 통합절차가 개시되었다. 이에 따라 3조직 대표로 통합추진위원회가 구성되어 통합방안 기획, 공동사업 추진, 각종 실무작업, 지역별 간담회, 정책토론회 등을 거쳐 마침내 통합이 이루어진 것이다.

금속산업연맹은 창립 후 단위노조의 교섭권 위임 결의를 기초로 하여 단위노조의 해당 사용자들 또는 경총과의 중앙교섭을 추진하기로 결의하고 경총에 요구안을 전달, 교섭을 요청했다. 이에 대해 경총은 사용자가 아니라는 이유로 거부했으며, 금속연맹은 중앙노동위원회에 조정신청을 했다.

중앙교섭 요청이 거부된 후 금속산업연맹은 개별 사업주와 대각선교섭을 진행했다. 금속연맹은 민주금속 시절인 1997년에 이미 아남산업 등 10여 개 사업장에서 대각선교섭을 실시해 교섭을 타결한 경험이 있다.

금속산업연맹은 1998년 9월 중앙위원회에서 산별기획팀을 구성하기로 결의, 본격적인 산별 조직화 사업에 나섰다. 산별기획팀은 11월 말에 발표한 「금속산별노조건설계획안」에서 2000년 10월까지 산별노조를 건설한다는 계획을 제출했다.

(6) 보건의료산업노동조합

보건의료산업노동조합은 1998년 2월 27일 상급노동단체로서는 처음으로 기업별 노조의 연맹체인 병원노련으로부터 산별 단일노조로 전환함으로써 산별노조 시대의 막을 열었다. 종전에도 과기노조, 전강노조, 전교조 등 단일노조가 있었으나 이들은 모두 소산별노조이거나 미합법노조로서 활동이 미약했다. 이에 비해 보건의료산업노조는 연맹 체계로부터 명실상부한 산별노조로 전환하고 산별노조 체계를 확립했으며 규모 및 활동력 면에서도 큰 영향력을 가졌다는 점에서 주목의 대상이 되고 있다. 다른 많은 연맹들도 현재 보건의료산업노조의 경험을 산별노조 전환의 모델로 삼고 있는 실정이다.

병원노련은 산별노조 건설을 목표로 1994년부터 공동교섭을 해왔으나 산별노조 건설의 당위성과 그 미래상에 대해 다소 막연하고 구체적이지 못한 점이 많았다. 더욱이 병원연맹은 소속 노조의 업종별 편차가 크고 타업종별 연관성이나 동일성이 떨어지는 편이어서 연맹 전체를 산별 단일노조로 전환하는 데 많은 애로를 느꼈다.

그러나 1997년 이후 산별노조 건설의 필요성이 절박해짐에 따라 병원노련은 산별노조 건설방침을 확정하고 이를 본격적으로 추진하기 시작했다. 산별추진위가 구성되어 준비활동에 들어갔으며, 산하 전 노조의 교섭권 위임으로 준산별 상태로 공동요구·공동투쟁을 강화했다. 산별노조 전환을 위한 공청회가 개최되었고, 현장 중심의 토론도 조직되었다. 또, 교육, 선전사업을 대대적으로 전개해 산별노조로 전환하는 것이 대세가 되도록 분위기를 형성했다. 이러한 과정을 거쳐 마침내 1998년 2월 산별노조 건설이 이루어졌다.

그동안 산하단위노조들의 조직형태 변경(지부로)이 이루어지고 산별 출범시에는 93개 노조 2만 5천 명의 조합원이 참가했다. 나머지는 병원노련으로 당분간 유지될 전망이다.

보건의료산업노조는 결성 후 병원협회에 중앙교섭을 요청했으나 병원협회는 사용자가 아니라는 이유로 이를 거부했다. 그 후 보건의료노조는 각 병원과 대각선교섭을 진행하고 있다. 이미 1994년부터 병원노련은 대각선교섭 중심의 공동교섭을 시도한 바 있다.

보건의료산업노조는 앞으로 의보노조 등 보건의료관계 노동조합과 통합해 대산별노조로 나아갈 계획이다. 보건의료노조의 계획에 따르면 1998~1999년까지는 산별노조 건설 및 완전한 산별노조로 가는 과도기로서 연맹 산하에 산별노조와 기업별 노조가 병립된다. 이 시기에는 산별노조의 공투 전개, 중앙통일교섭 성사 투쟁, 임금, 단협 통일화 작업, 산별노조 활동과 투쟁의 본격화, 조직확대 노력, 정치참여, 사회활동, 의료봉사활동 강화 등의 사업이 진행될 계획이다.

2000년 이후에는 의료산별노조 완성 및 성장기, 그리고 더 큰 산별노조로 향하는 시기로서 병원연맹이 해산되고 단일산별노조 시대를 맞게 된다. 이 시기에는 지역·특성별 집단교섭, 패턴교섭의 정착 및 병원협회와의 산별 중앙교섭 준비, 산별노조 조직활동의 정착, 산별노조 간 통합을 통해 더 큰 산별노조(공공노조, 사무전문노조 등)로의 확대발전, 자매정당과의 연대를 통해 정부의 각종 경제정책, 노동정책, 사회보장제도의 운영에 대한 참여 등이 이루어질 계획이다.

(7) 사무노련

사무노련은 1995년 2월 보험노련과 사무금융노련이 통합해 창립되었다. 1995년부터 연맹 산하 4개 협의회가 공동대각선교섭을 실시하고, 요구율, 요구안, 시기의 통일을 꾀하는 등 일찍부터 공동교섭을 추진해 왔다. 1993~1994년에도 공동교섭운동을 벌였으나 사용자의 거부로 실패했다. 사무노련은 계속해서 중앙교섭 및 집단교섭을 요구했으나 사용자의 반대에 부딪쳐 결국 공동대각선교섭으로 되었다.

1996년 10월 연맹 중앙위원회에서는 산별 이행체제가 검토되었고, 1997년 10월 정기대의원대회에서 산별노조 건설을 추진하기로 결의했다. 이에 따라 연맹 상설 '산별노조연구위원회'가 구성되어 10월에 정식 발족되었다. 연구위는 산별노조 관련연구 및 교육, 산하 업종별 단일노조 추진협의회에 대한 지도 지원, 미조직 사업장 및 노동자 조직화방안연구 등의 사업을 진행했다.

1998년 2월 정기대의원대회에서 산별노조 이행을 위한 마스터 플랜이 상정되었는데, 이에 따르면 1998년 말까지 업종별 단일노죄증권, 카드, 리스, 생명보험(생보)] 구성을 완료하고 이를 토대로 금융권 대산별노조를 추진하기로 방침을 확정했다.

이에 따라 1998년 3월 30일 전국생명보험노동조합 창립대회가 열렸는데 여기에는 사무노련 산하 생명보험노동조합협의회 소속 6개 노조, 3천여 명 조합원이 참여했다. 한편 증권사 단일노조건설준비위, 손해보험사, 단위축협, 리스사 등에서도 업종별 단일노조 결성이 추진되고 있다.

(8) 언론노련

언론노련은 1997년 9월 중앙위원회에서 산별노조기획단을 구성하기로 결정했다. 1997년 11월 제1차 산별운영위원회는 과도기적으로 언론단일노조를 건설하고, 향후 매체산별 혹은 미디어산별로 나아가는 조직전망을 확정했다. 이에 따라 그동안 4개 방송사노조로 구성된 방송사노조협의회가 추진해 오던 방송사 단일노조 건설 추진은 중단하기로 결정했다. 그 대신 산별기획단 내에 신문, 방송, 출판분과 등을 두고 분과활동을 하기로 했다. 각 분과는 언론산별 노조 건설을 최우선 과제로 삼고 이를 위한 연구와 활동을 추진할 계획이다.

1997년 11월에는 전국출판노조협의회의 가입을 승인함으로써 신문, 방송, 통신과 출판 등이 합쳐 매체산별(혹은 미디어산별)로 나아가는 토대가 되었다. 1998년 2월 방송4사노조는 전국방송노조설립추진위원회를 전국방송노조연합으로 전환함으로써 방송산별노조 추진을 포기하고 언론산별노조 건설로 산별 노조 건설방향을 변경했다.

(9) 전국의료보험노조

전국지역의료보험노조는 1994년 11월 전국단일노동조합을 결성, 노동부로부터 설립신고필증을 교부받음으로써 산별노조 결성의 선구자 역할을 했다.

의보노조는 협의체(1989년), 연합체(1991년) 등을 통해 조직의 발전전망을 세워 왔으며, 이러한 조직의 발전 속에서 1994년 마침내 업종 소산별 단일노조를 건설하는 데 성공했다.

전국지역의료보험노조는 1998년 2월 정기대의원대회에서 '전국의료보험노조'로 명칭을 변경했다. 노조는 원래의 노조명에서 '지역'을 삭제하는 규약변경안을 대의원대회에서 통과시켰는데, 이를 통해 산별노조로의 조직적 목표를 보다 분명히 한다는 취지를 담고 있다. 노조에 따르면 명칭과 내부규약 변경에 따라 우선 종전에는 조직 가입대상이 지역의보 종사자로 국한되어 있으나 현행 규약은 지역, 직장, 연합회, 공단을 포괄한 전체 의료보험 종사자로 그 범위가 확대된다는 것이다. 이에 따라 단위노조의 복수노조 불가조항에 의해 공무원 및 사립학교교직원 의료보험관리공단(공교공단)노조, 의보연합회노조 등 기존 노조를 제외하고는 이들 개별 조합에 신설 노조가 설립될 수 없다고 주장하고 있다. 또 노조는 지역의보와 공교공단이 1998년 하반기에 통합하게 되면 기존 규약으로는 통합과 동시에 신설되는 국민의료보험관리공단과 단체협약을 재체결해야 하나 현 규약으로는 통합 이후에도 현재의 단체협약 효력을 유지할 수 있다고 밝히고 있다.

한편 전국의료보험노조는 1998년 4월 임시대의원대회를 갖고 전국공공노조연맹(공공연맹) 가입을 결의했다. 이로써 의보노조는 공공부문 대산별 건설 작업에 동참하게 되었다.

(10) 공익노련

1997년 6월 전국전문기술노조연맹의 임시대의원대회에서 명칭을 '전국공익·사회서비스노조연맹'(약칭 공익노련)으로 개정하기로 결의함으로써 대대적 변신을 시도했다. 연맹은 현재 공공부문 노조들이 각각 조직변신을 모색하는 가운데, 연맹의 조직적 정체성을 분명히 하고 향후 발전전망을 보여 주는 명칭으로 변경할 필요가 있다는 데 인식을 같이하고 공공·민간의 여부를 떠나 공익 및 사회서비스의 성격을 갖는 공익노련이 연맹의 명칭으로 적절하다는 데 뜻을 모았다. 연맹은 또 선언, 강령과 규약을 비롯해 로고, 깃발, 연맹가 등 모든 사항을 새로운 연맹의 이름에 걸맞게 바꾸었다. 향후 연맹은 공익사회서비스로 무게 중심을 바꾸게 될 것이며 그간 소속감을 찾지 못하고 있던 관련 분야 노조들을 최대한 포괄할 방침이다.

전문노련은 1989년 10월 결성되었으나 노동부의 설립신고서 반려로 미합법 연맹으로 있다가 1993년 7월에야 합법화되었다. 전국전문기술노동조합연맹은 한국개발연구원, 과학기술원 등 정부출연기관노동조합, 한국전력기술(주), 대림엔지니어링 등 기술관련 노동조합, 한국생산성본부 등 경제단체노동조합, 그리고 한국화학연구소, 전자통신연구소 등 대덕단지에 있는 과학기술노동조합 등 총 55개 노조, 1만 3천여 명 조합원을 포괄하고 있다.

한편 전문노련 산하 과학기술노동조합협의회(과기노협) 소속 14개 정부출연연구소는 1994년 4월 전국규모의 산업별 단위노조인 '과기노조'를 결성했다. 이는 동일업종에 속한 단위노조들이 기업별 노조의 틀을 깨고 전국단위의 산업별 노조를 결성한 최초의 사례로서 산별체제를 지향하는 상당수 단위노조와 일부 산별연맹들에 큰 영향을 끼쳤다.

과기노협은 그동안 각 소속 노조가 단위사업장(연구소)별로 교섭을 해야 하는 현행 기업별 노조 체제 아래에서는 정부의 일방적인 출연기관의 통·폐합 및 민영화 작업, 노조탄압 등에 효과적으로 대처하기 어렵고 과학기술정책 및 제도개선 등에 한계가 있다는 점 때문에 단일노조 건설을 추진해 왔다.

과기노조는 기업별 노조들이 조건부 해산을 통해 소산별노조를 만들어 최초로 합법성을 쟁취한 점에서 의보노조 등 뒤이은 단일노조들의 합법화의 길을 연 선례를 남겼다. 또한 1995년에 실시된 지방자치단체장 선거에서는 과기노조 소속 지부장 등 4인이 구·시의원에 각각 출마해 구의원 후보 3인이 전원 당선되는 성과를 내 지역에서 노조의 영향력을 증대시키기도 했다.

전문노련은 과기노조 건설 이후 교섭권 위임과 공동교섭전술 구사를 통해 기업별 교섭의 한계를 넘어서서 실질적인 공동사업경험을 쌓고 공동투쟁단위의 공동요구를 통해 노동조건의 격차 축소를 추구했다. 이런 경험을 쌓으면서 조합원들의 기업별 노조 의식이 조금씩 약화되었다.

과기노조에 이어 1997년 8월 연전노조가 설립되었는데 이는 전문노련 산하 정부출연기관노조협의회 소속 통신개발연구원노조, 소비자보호원노조 등 10여 개 노조로 구성된 단일노조이다. 1997년 11월 공익노련 산하 종합기술노조협의회는 각 노조별로 총회를 갖고 단일노조로 규약을 변경해 공익노련 산하 전국엔지니어링노동조합을 결성했다. 이는 과기노조, 연전노조에 이어 공익노련 내 세 번째 업종별 단일노조이다.

공익노련은 1997년 12월 대의원대회에서 연맹의 산별 전환과 밀접한 관련이 있는 협의회 재편문제를 논의했다. 그 결과 1998년 중 연맹 전체의 산별 전환에 대한 기본적 방침 및 구체적 계획을 수립·집행하기로 했다. 1998년 4월의 중앙위에서는 공익·사회서비스 산별노조 건설을 기본원칙으로 확정하고, 중앙집행위원회 중심으로 통합논의를 하도록 위임했다. 공익노련의 산별노조 건설을 위한 향후 계획에 따르면 우선 산하 업종별협의회를 재편해 협의회별 단일노조를 만들고 그 후 연맹 전체가 공익산별 단일노조로 전환한다는 것이다.

(11) 공공연맹

1998년 4월 전국공공노조연맹이 한국통신노조, 의보노조, 조폐공사노조 등 8개 노조, 5만 8천여 명이 참가한 가운데 출범했다. 공공노조는 향후 합법성을 획득하고 공공부문 구조조정 투쟁을 하는 과정을 통해 다른 몇몇 노조의 합류 가능성이 있다고 보고 있다. 공공연맹은 창립과 동시에 민주노총 가입을 결의했다. 공공연맹 창립은 그간 민주노총 내 미개척분야였던 공공부문에 연맹이 결성됨으로써 향후 공공부문 투쟁의 틀을 만들어 나가고 공공대산별 조직발전 논의도 가속화될 수 있다는 점에서 의미를 갖는다.

연맹 참여 노조 중 한국통신, 조폐공사노조, 의료보험노조 등을 제외하면 대부분 한국노총 소속 사업장들이다. 총연합단체의 틀을 벗어나 이들이 공공연맹으로 가입한 것은 공공부문 내부조직 간의 조류 변화를 의미하는 것으로 중요한 의미를 갖는다.

그동안 정부의 공공부문 구조조정 방침에 맞선 공공부문 노조들의 연대 움직임이 여러 갈래로 진행되어 왔다. 그 과정에서 민주노총 내 주요 조직 간 통합연맹 건설논의도 구체화되어 왔으며 이에 따라 공공연맹이 창립된 것이다.

공공부문 노조들은 1994년 공공부문노동조합대표자회의(공노대) 출범 이후 꾸준히 공공부문 노조 간 연대활동을 계속해 왔다. 공노대는 한국노총과 민주노총 소속 노조들이 모두 참가한 중립적 조직이었다. 그러나 이번에 공공연맹이 민주노총 안에 들어옴으로써 향후 공공부문 노동운동의 향방에 큰 영향을 미칠 것으로 예상된다. 공노대 소속 노조들은 그동안 협의체 체제에 한계를 느껴 왔다. 이에 따라 1997년 11월 공노대 운영위원회에서 공공연맹을 결성하기로 확정하고 12월 공공연맹준비위원회가 발족되었다.

공공연맹은 앞으로 공공부문 각 연맹들을 하나로 통합시켜 나가 중장기적으로 공공대산별 건설을 지향할 계획이다. 이에 따라 1998년 9월 중 민주노총 내 공공연맹, 공익노련, 민철노련 등 3개 공공부문 연맹은 연내에 조직을 완전 통합해 단일 연맹으로 출범하기로 합의했다. 새로운 통합 공공산별 조직이 탄생할 경우, 이는 114개 노조, 10만 명의 조합원을 가진, 민주노총 내에서 두 번째로 큰 조직으로서 향후 민주노총의 산별노조 체계 개편작업의 신호탄이 될 것으로 보인다.

이와 아울러 민주노총은 1998년 4월 공익노련, 민철노련, 보건의료노조, 공무원직장협의회 준비모임, 공공연맹 등이 참여하는 '공공부문대책위원회'를 결성했는데 이는 향후 정부의 공공부문 구조조정에 대한 공동투쟁조직 역할을 하게 될 것으로 보인다.

(12) 전국민주철도지하철노동조합연맹

민철노련은 1997년 5월 서울지하철노조와 부산지하철노조, 철도노조 민주
화추진위원회 등이 구성하고 있던 전국지하철노조협의회(전지협)가 임시대의
원대회에서 규약개정을 통해 연맹으로 명칭 변경한 조직이다. 민철노련은
1997년 6월 노동부로부터 신고필증을 받아 합법화되었다. 서울지하철노조와
부산지하철노조는 1989년 파업 이래 여러 차례의 투쟁과정에서 기업별 노조
의 한계를 절감하고 1994년부터 산별노조 건설을 위한 연대사업에 박차를 가
해 왔다. 이에 따라 1994년 3월 전지협이 창립되었으며 전지협은 곧바로 공동
투쟁에 의한 6월 총파업을 강행했다. 1994년 11월에는 더욱 강고한 연대투쟁
을 위해 공노대 조직을 주도했다. 다시 1995년에는 운수노조 대표자간담회 운
영 및 공노대 활동을 강화하는 등 연대활동에 매우 적극적이었다. 1996년에도
공노대 소속 공공 5사 공동투쟁, 1996년 말에서 1997년 초 노동법개정투쟁(노
개투) 공동투쟁 등에서 전지협은 적극적 역할을 했다.

민철노련은 창립 후 향후 조직발전 전망과 관련해 한편으로는 공공연맹에
참여하는 안과 다른 한편으로는 운수부문 단일노조 건설에 참여하는 안을 놓
고 내부적으로 이견이 있었으나 1997년 12월 대의원대회에서 운수부문 단일
노조 건설에 매진하는 쪽으로 방향을 정리했다.

1997년 5월 그동안의 운수노조 대표자간담회를 운수산별건설추진위원회로
전환, 본격적인 운수산별 단일노조 건설에 나섰다. 운수산별노조건설추진위는
민철노련, 민주버스, 민주택시연맹, 화물노련 등 민주노총 내 운수관련 연맹들
로 구성된 조직이다.

민철노련은 1998년 4월 정기대의원대회에서 종전의 틀을 넘어선 공공운수
사회서비스 대산별 조직의 건설을 제안했다. 그러나 공공부문 구조조정이 급
박하게 전개됨에 따라 민철노련은 방향을 바꿔 새로 출범하는 통합 공공부문
산별조직에 참가하기로 방침을 정했다.

(13) 전국화물운송노동조합연맹

화물노련은 1988년 12월 설립되었으나 그동안 미합법 조직으로 있다가 1997년 4월 노동부로부터 설립신고필증을 교부받아 합법화되었다. 화물노련은 화물운송, 항만하역 관계 14개 노조, 2800명의 조합원을 가진 조직이다.

화물노련은 합법화 직후부터 1997년 임단투를 공동으로 전개한 후 연말까지 산별 단일노조를 건설할 것을 결의했다. 그러나 운수산별추진위가 구성됨에 따라 화물노련도 이에 참가해 운수관련 대산별 조직으로 나아갈 계획이다.

(14) 전국민주화학노동조합연맹

1994년 12월 민주노총 계열 화학노조들이 독자적 조직을 건설하기로 하고 1995년 12월 화학노협(준)을 결성했다. 이들은 1996년 3월 전국민주화학노조협의회를 창립했다. 화학노협은 창립선언문에서 화학산별노조 건설을 목표로 내세움으로써 산별노조 지향을 분명히 했다. 화학노협은 1년여의 공동 임단투 등의 활동 끝에 1997년 3월 노동법 개정으로 상급단체의 복수노조가 허용되면서 노동부에 설립신고를 해 합법화됨으로써 최초의 합법적 복수연맹이 되었다. 민주화학연맹은 합법화된 지 얼마 되지 않은 현실을 감안해 당분간 조직확대에 주력할 계획이다. 그러나 1997년 임단협부터 단위노조가 연맹에 교섭권 위임을 결의, 연맹 차원에서 공동임단협을 벌여 나갈 계획이다. 이상의 민주노총 소속 산별조직들의 산별 추진현황을 정리하면 〈표 3-4-9〉와 같다.

〈표 3-4-9〉 민주노총 소속 각 조직별·산별 추진현황

조직명	조직형태	조직발전내용		추진단위	건설 일정
건설노련	합법연맹	조직통합 논의 중	산별 단일노조	산별 단일노조 추진위 구성	2000년
전일연맹	합병연맹		합법화(1998.11)		
금속산업연맹	합법연맹	통합금속연맹 (금속, 자동차, 현총련 통합)		산별기획팀 구성(1998.9)	2000년 10월
화학연맹	합법연맹	조직확대에 주력			
민주섬유	합법연맹	조직확대에 주력			
보건의료노조	합법단일노조	의료산별 단일노조			1998년 2월 27일 산별 단일노조 건설
민철노련	합법연맹	운수산별추진위 구성		1998년 6월 추진위 구성	
민주택시	합법연맹				
민주버스	합법단일노조				
화물노련	합법연맹				
의보노조	합법단일노조	공공연맹 참여			
한국통신	합법단일노조	공공연맹 참여			
공익노련	합법연맹	과기노조 (1995)	협의회 재편 → 협의회 단일노조 → 공익산별 단일노조	연맹	
언론노련	합법연맹	연맹 내 방송, 신문단일노조 추진 → 언론산별노조		언론산별 추진 기획단	1997년 12월 출판노협과 통합
사무노련	합법연맹	연맹 내 협의회(증권, 생보, 손보 등)별 단일노조		연맹 차원의 산별연구위 구성	
민주금융	합법연맹	조직확대에 주력			
시설연맹	합법연맹	조직확대에 주력			
대학노련	합법연맹	소산별 단일노조 → 산별 단일노조		단일노조건설 기획단	1998년 11월 산별 단일노조 추진
전강노	합법단일노조	조직확대에 주력			
전교조	미합법단일노조	1999년 7월 합법화 예정			
민주관광	합법연맹	조직확대에 주력			

자료: 전국민주노동조합총연맹(1998).

제5장

노동조합 조직체계의 변화와 정책대응

1. 노동조합 조직체계의 변화와 정책대응의 필요성

지난 수십 년간 한국의 노동조합 조직 구조는 기본적으로 기업별 노동조합 체계를 유지해 왔다. 그러나 이러한 조직체계는 그동안 많은 문제를 가져왔다. 기업별 노조의 교섭력 취약에 따른 노사 간 교섭력의 불균형, 대기업과 중소기업 간의 임금 및 근로조건의 격차 확대, 임금인상 투쟁에 편중되고 사회적 문제를 경시하는 노동조합의 운동 양상, 지나친 교섭비용과 갈등적 노사관계, 기업의 노사관계와 사회 전체의 목표 간의 정합성 결여 등이 그것이다.

이에 따라 기업별 노조 체제의 근본적 변화를 지향하는 노동운동의 노력이 점점 거세어지고 있으나 정부와 기업은 이에 대해 소극적·부정적 자세를 유지해 옴으로써 최근까지 기업별 노조 체제에는 근본적 변화가 없었다. 그러나 최근 한국의 노사관계를 둘러싼 환경의 급격한 변화와 더불어 지난 수십 년간 한국의 노사관계를 지배해 온 기업별 노조 체제에도 커다란 변화의 바람이 불고 있다.

우선 IMF 경제위기로 대표되는 경제환경의 변화가 한국의 노사관계에 변화의 동인으로 작용하고 있다. IMF 경제위기로부터 탈출하기 위해서는 무엇보다도 노사정 등 경제주체 간의 협력이 요구되며, 이를 위해서는 노사정 간의 사회적 합의가 필요하다는 인식이 광범위하게 확산되고 있다. 그런데 독일·스웨덴 등의 예에서 보듯이 노사정 간의 사회적 합의가 실효성을 갖기 위해서는 사회적 합의에 참여하는 각 주체들이 강력한 리더십을 발휘할 수 있어야 한다는 것이 전제조건이 된다. 강력한 산별노조와 사용자단체가 책임성과 대표성을 가지고 참여할 때 비로소 사회적 합의의 도출과 도출된 합의 내용의 효과적 실행이 가능한 것이다.

둘째, 정부의 정책이 변화하고 있다. 과거 정부는 노동운동의 효율적 통제를 위해 직·간접적으로 기업별 노조 체제를 통한 노동운동의 파편화를 시도해 왔으며 이에 따라 기업별 노조 구조를 강제하는 법률·정책·제도를 유지해 왔다. 그러나 그동안의 정치민주화와 더불어 정부는 노사관계의 자율화를 목표로 과거의 통제적 법률 및 제도를 상당 부분 철폐함으로써 기업별 노조 체제로부터 산업별 노조 체제로의 이행을 촉진시키는 요인이 되고 있다. 상급단체 복수노조 금지, 제3자 개입금지 조항 등 산별노조체제를 가로막아 왔던 조항의 철폐, 노조총회의 특별 결의에 따라 조직형태 변경이 가능하도록 한 것, 교섭권·체결권 위임의 자유화 등은 모두 산별노조 건설을 쉽게 만드는 요인으로 작용하고 있다. 다른 한편으로 전임자 임금지급 금지 조항의 신설은 노조가 기업별 노조 체계를 더 이상 유지하기 곤란하게 만드는 요인으로 작용함으로써 산별노조로의 형태 변환을 촉진시키는 요인이 되고 있다.

셋째, 사용자의 노사관계전략 역시 변화하고 있다. 기업은 치열한 국내외 경쟁에 대처해 이른바 신경영전략을 도입하면서 그 핵심요소의 하나로서 노동시장과 노사관계의 유연화를 추구하고 있다. 이에 따라 정리해고제의 도입, 조기퇴직제의 도입, 파견노동자·임시노동자·파트타임 노동자 등 각종 불안정 노동자의 도입으로 고용이 불안정해지고 있으며, 연봉제·직무직능급제 등 각종 신임금·신인사제도의 도입으로 소득 역시 불안정해지고 있다. 유연생산방식의 도입을 비롯한 작업조직의 유연화 역시 활발하게 진행되고 있다. 이러한 기업의 신경영전략 추진으로 발생하는 문제의 대부분은 종래의 기업별 노조체제로서는 대응하기 곤란한 것들이다. 예컨대 최근 심각해지고 있는 고용불안과 실업 문제는 이미 개별 기업의 범위를 벗어나 산업 전체, 나아가 사회 전체의 문제가 되고 있으며 따라서 이에 대한 대응 역시 산업 및 사회 전체로서 이루어지지 않으면 안 된다. 이러한 노동시장과 노사관계의 변화 역시 산별노조로의 형태 변환을 촉진시키는 요인이 되고 있다.

넷째, 노동운동의 주체적 조건과 인식 역시 크게 변화하고 있다. 사실 종래 기업별 노동조합 체제가 한국에서 오래 유지될 수 있었던 요인 중 하나는 단순한 법적·제도적 문제를 넘어서서 노동운동의 주체적 조건과 인식에 기인한 바가 컸다. 오랫동안 기업별 노사관계 속에 안주해 온 기업별 노조의 간부와 노조원들은 산별노조로의 전환에 원칙론적·명분론적으로는 동의하면서도 현실적으로는 기득권 상실에 대한 반발과 산별노조의 관료화 및 비민주화에 대한 우려 등으로 인해 산별노조로의 전환에 적극적으로 나서지 않았다. 특히 상대적으로 임금과 근로조건이 좋은 대기업 노조의 경우 산별노조로의 전환에 따른 재정 및 인력의 상급단체로의 집중, 교섭권·파업권의 상실, 그리고 임금 및 근로조건의 평준화에 따른 상대적인 손해가능성 등을 우려해 산별노조로의 전환에 소극적인 곳이 많았던 것이 사실이다. 그러나 앞에서 지적한 대로 최근의 상황 변화는 그러한 기업별 노사관계 의식이 급격하게 붕괴되는 계기가 되고 있다. 노동법 개정에 따른 기업별 노조 유지의 곤란, 고용불안에 따른 대기업의 상대적 유리함의 상실 등은 노동자들로 하여금 노동계급의 총단결만이 유일한 대안이라는 점을 다시 인식하게 만드는 요인이 되고 있으며, 그 구체적 수단은 산별노조로의 집결이라는 형태로 나타나고 있는 것이다.

이처럼 노동조합구조의 집중화와 단체교섭의 중앙화를 요구하는 노동운동 측의 움직임에 대해 사용자 측은 치열해지고 있는 국제경쟁에 대비하기 위해서는 오히려 기업의 유연성과 특수성을 살릴 수 있는 방향으로 단체교섭의 분산화가 이루어져야 한다고 주장하고 있다. 결국 노조와 사용자 사이의 노조구조 및 단체교섭 수준에 관한 견해 차이가 커지고 있고 이는 또 다른 노사갈등의 원천이 되고 있는 것이 현실이다.

앞으로도 노동조합구조의 집중화와 단체교섭의 중앙화는 움직일 수 없는 노동운동의 대세가 될 것으로 보이는 바, 정부도 이러한 노사관계 기본 틀의 변화에 어떻게 대응할 것인가를 본격적으로 검토해야 할 것이다.

2. 노동조합 조직체계와 단체교섭구조에 관한 논점

1) 노동조합 조직체계 변화와 법적·정책적 과제

한국의 헌법과 「노동관계법」은 노동조합 조직체계에 관해 이른바 단결자치주의를 택하고 있다. ILO 제87호 협약 제2조에서는 "노동자는 스스로 선택하는 단체를 설립하고 이에 자유로이 가입할 권리를 갖는다"고 규정함으로써 자주적 단결권을 보장하고 있다. 또 한국의 헌법 제33조는 "근로자는 근로조건의 향상을 위해 자주적인 단결권 단체교섭권 및 단체행동권을 갖는다"고 규정해 노동권을 노동자의 근로조건 향상을 위한 '자주적'인 권리로 보장하고 있으며 「노동조합 및 노동관계조정법」 제5조는 "근로자는 자유로이 노동조합을 조직하거나 이에 가입할 수 있다"고 규정함으로써 노동조합의 자유설립주의를 채택하고 있다.

이러한 단결권의 내용이나 자유설립주의의 내용에는 노동자들 자신이 원하는 방식대로 노조조직형태를 선택할 수 있다는 '단결선택권'도 당연히 포함된다(신인령, 1995: 25). 즉, 근로자의 단체가 근로조건 향상 등 근로자의 경제적·사회적 지위 향상을 목적으로 하는 한 그것이 어떠한 형태의 조직(일시적·계속적·전국적·지역적·기업별·산업별·직업별 등)이라 할지라도 그것은 단결체 자신이 결정할 문제이고 국가나 사용자는 거기에 부당하게 간섭하거나 개입할 수 없는 것이다. 따라서 특정 조직형태를 법률로 정해 강요하는 것은 위헌이다. 더 나아가 일부 학자들은 기업별 노조의 경우 노조의 조합원 수가 사용자의 고용과 해고에 따라 좌우되므로 노조의 독립성 및 노사의 세력균형 원칙을 해치게 된다는 이유로 그 자체가 헌법원리상 노동3권 보장에 배치된다고 보기도 한다(신인령, 1995: 25).

결국 과거 기업별 노조 체제를 강요해 온 「노동관계법」들은 국제적인 조약에 비추어 보나 우리 헌법에 비추어 보나라도 위헌 여지를 다분히 안고 있는 문제 있는 법률이었다고 볼 수 있다.

1987년 11월 「노동관계법」의 개정에 의해 기업별 노조의 강제규정과 단체교섭 위임금지 조항이 삭제됨으로써 적어도 법률적으로 노조 형태를 강제하는 제도는 없어졌다. 그러나 동시에 조직대상이 같은 복수노조의 설립금지 조항이 신설·강화되고 제3자 개입금지 조항이 여전히 존속됨으로써 실질적으로는 기존의 기업별 노조를 산별노조로 전환하는 것이 매우 어렵다는 사정은 지속되었다.

1997년 3월의 노동법 개정에 따라 산별노조로의 전환을 막아 왔던 많은 장애들이 제거되었다.

첫째, 상급단체 산별노조 지역노조를 포함하는 복수노조 설립이 허용됨으로써 민주노총과 민주노총 소속 법외연맹의 합법화 길이 열린 것은 물론이고, 기존 상급조직과 조직대상을 같이하는 전국적인 산별 단위노조의 결성도 가능하게 되었다. 이는 조직확대와 산별노조 건설에 유리한 조건을 조성하는 것이다.

둘째, 노조결성과 관련해 제3자 개입금지 조항이 삭제됨으로써 연합단체의 지역본부, 산별연맹의 지역지부 상근자 및 인근 단위노조 상근자들이 신규노조의 상근자 역할을 대행하는 등의 행위가 가능해짐으로써 신규노조 결성과 산별노조의 건설이 쉬워졌다.

셋째, 노조총회의 특별결의로 조직형태의 변경이나 합병이 가능해짐으로써 기업별 노조에서 산별노조로의 조직형태 전환이 쉬워졌다.

넷째, 기존 노조전임자의 임금지급 축소 및 5년 후 완전금지와 신규노조 전임자의 임금지급 금지 조항의 신설은 노조의 조직운영 및 확대를 가로막는 요인으로 작용할 가능성이 있지만, 다른 한편으로는 이 조항의 신설로 기업별 노동조합 운영이 더 이상 불가능해짐에 따라 오히려 산별노조 건설을 촉진시키는 요인이 되고 있다.

다섯째, 정리해고의 법제화에 따라 고용불안이 가중되고 이는 기존의 기업별 노조 체제로서는 대응하기 어려운 문제가 됨에 따라 노동자들의 산별노조 지향의식이 강해졌다.

여섯째, 교섭 및 체결권 위임의 자유화에 따라 공동교섭, 통일교섭, 대각선교섭 등 교섭형태의 다양화와 산별노조로의 전환 촉진의 요인이 되고 있다.

일곱째, 노동조합의 정치활동을 허용함에 따라 산별노조의 고유기능 중 하나인 정치참여가 가능해짐으로써 산별노조 활성화의 요인이 될 가능성이 있다.

여덟째, 「노동관계법」에 기존의 '사용자'라는 용어 외에 '사용자단체'라는 용어를 추가함으로써 산별노조의 파트너인 산별 사용자단체의 구성을 촉진시킬 수 있는 법적 토대를 마련했다.

이상에서 봤듯이 1997년 3월의 노동법 개정은 한국 노사관계를 기존의 기업별 노조 중심에서 산별노조 중심으로 전환시킬 수 있는 법적 토대를 마련했다는 점에서 중요한 의미를 지닌다. 그러나 아직도 단결권의 자유를 침해하는 몇몇 불합리한 조항이 남아 있을 뿐만 아니라 앞으로 산별노동조합, 산별교섭체제로의 전환에 따라 발생할 수 있는 운영상의 여러 가지 법적·제도적 문제에 대한 대비가 미비한 점 등은 문제점으로 남아 있다. 다음에서는 산별노조 체계로의 전환에 따라 발생할 수 있는 법적·제도적 문제들을 살펴보기로 한다.

(1) 전국규모의 기준문제

「노동조합 및 노동관계조정법」 제10조는 산업별 노동조합과 관련해 '전국 규모의 산업별 단위 노동조합'이란 표현을 사용하고 있다. 이는 산별노조의 설립신고 시 신고증 발급의 기준이 되기 때문에 중요하다. 이 경우 '전국규모'가 과연 구체적으로 무엇을 말하는지가 애매하다. 예컨대 일본의 이른바 '단산(單産)'의 경우에 흔히 보듯이 일정 지역에 집중되어 있는 소수의 동일산업 노동자들이 산별노조를 구성해 설립신고를 할 경우 이는 '전국규모의 산업별 단위 노동조합'에 해당되는가? 이에 대해 노동부나 법원은 과거 '전국규모'에 해당되기 위해서는 일정 정도 이상의 인원과 지역을 포괄하고 있어야 한다는 입장을 취해 왔다. 그러나 이는 앞에서 본 노동조합의 단결자치주의에 어긋날뿐더러 그 판단기준이 지극히 자의적인 것이 될 수밖에 없기 때문에 문제가 된다. 따라서 앞으로 인원수나 포괄지역에 상관없이 그것이 기업 차원을 넘어서는 초기업적 형태를 취하고 있으면 전국규모의 산업별 노동조합으로 인정되어야 할 것이다.[1] 물론 이 경우 지나치게 영세한 산별노조가 다수 생김으로써 조직적 혼란과 노동운동의 파편화를 초래할 위험이 있지만 이는 어디까지나 노동운동 스스로가 조직적 과제로서 해결해야 하며 이를 이유로 그 설립 자체를 막아서는 안 될 것이다.

(2) 산별노조의 관할권 문제

산별노조와 관련해 종종 제기되는 문제가 산별노조의 관할권 문제이다. 기본적으로 산별노조는 '산업별'로 조직되는 것이 상식이겠지만, 이 경우 '산업'이 구체적으로 무엇을 뜻하는가? 산업분류표상의 대분류, 중분류, 소분류 산업

---

1) '산업별 단위 노동조합'이란 표현에서 '단위'는 어색한 표현이며 산업 내 단위 노동조합'(예컨대 기업별 조합과 혼동될 우려도 있으므로 '산업별 노동조합' 또는 '산업별 단일 노동조합')이란 표현을 사용하는 것이 보다 정확할 것이다.

어느 쪽인지 또는 기존의 산업분류표와 상관없는 새로운 분류 기준인지가 문제가 된다. 더욱이 미국의 UAW나 스웨덴의 금속노조 예에서 봤듯이 오늘날 선진국의 산별노조들은 기존의 산업 테두리를 넘어서 인접 산업, 더 나아가 관련이 없는 산업으로까지 조직대상을 확대하고 있는데, 이 경우 산별노조 간의 관할권 획정문제는 더 복잡해지며 경우에 따라서는 관할권을 둘러싼 법률적 분쟁 가능성도 나타날 수 있다.

이에 대해 노동부 역시 뚜렷한 기준이나 지침을 가지고 있지 않으며 판례역시 없다. 이 문제는 원칙적으로는 자주적 단결권의 원칙에 따라 노동자 또는 노동조합 스스로가 택할 문제이다. 노동자 또는 노동자들의 조직은 스스로가 유리하다고 생각하는 산별노조에 자유로이 가입할 권리가 주어져야 하며, 해당 노동자 또는 그 단위조직이 속한 산업을 관할하는 산별노조가 배타적 관할권을 주장하거나 행정관청이 이를 인정하는 것은 자주적 단결권의 원칙에 어긋나게 될 것이다. 다만 산별조직 간의 관할권 다툼이 지나칠 경우 나타날 수있는 조직적 혼란을 피하기 위해 노동조합의 전국조직(한국노총, 민주노총)이 자율적으로 소속 산별노조들의 관할권을 조정해 주는 것은 필요할 것이다.

(3) 사업장 내에서의 복수노조 문제

현행 노동법에서는 "2001년 12월 31일까지는 사업 또는 사업장에 노조가 설립되어 있는 경우 그 노동조합과 조직대상을 같이하는 새로운 단위노조를 설립할 수 없다"는 노동조합 및 노동쟁의 법 부칙에 따라 단위사업(장)에서의 복수노조 설립이 금지되어 있다. 이 경우 새로운 산별노조의 설립에 장애가 발생할 수 있다. 즉, 앞에서 봤듯이 「노동조합법」상 '산업별 단위노조'란 표현을 사용하고 있는 이상 이미 기업별 노조가 설립되어 있는 사업장까지 조직대상으로 포괄하는 새로운 산별노조의 설립에는 법률적 문제가 발생하는 것이다. 현재로서 이 문제를 해결할 길은 산별노조 설립 시 "이미 노조가 설립되어 있는 사업장은 노조해산 또는 조직형태 전환 시까지 가입대상에서 제외한다"는 취지의 경과규정을 규약에 삽입하는 것밖에 없다. 이 문제는 2002년에 가서 사업(장) 내 복수노조 금지 조항이 철폐되면 자연히 해결될 문제이긴 하나 현재로서는 부자연스러운 것임에는 틀림없다.[2] 이 문제를 해결 가능한 또 하나의 방법은 앞에서 지적했듯이 「노동조합법」상의 '산업별 단위노조'란 표현을 '산업별 노조' 또는 '산업별 단일노조'란 표현으로 고치는 것이다. 이 경우 산별노조의 설립에는 아무런 문제가 발생하지 않으며 단지 새로 설립된 산별노조가 기존의 기업별 노조가 있는 사업장에 지부 또는 분회를 설치하지 못한다는 제약만 남게 된다. 이때 이미 기업별 노조가 있는 사업장의 노동자가 기존 기업별 노조에 가입하지 않고 새로 설립된 산별노조에 개별적으로 가입할 경우 어떻게 될 것인가에 대해서는 아직 구체적 해석이 없는 상태이다.

(4) 실업자의 산별노조 가입 문제

1998년 3월의 노동법 개정과정에서 애초 노사정위원회 합의안은 실업자에게 초기업단위 노조(산업별, 지역별, 전국 노조)의 가입자격을 인정하도록 했으나 국회통과과정에서 이 조항이 삭제됨으로써 실업자는 여전히 노조 가입자격을 인정받지 못하고 있다. 당시 국회는 실업자의 정의가 불분명하다는 점, 입법체계상 모순이 있다는 점[3] 등을 들어 이 조항을 삭제했다. 그러나 「노동조합 및 노동관계조정법」 제2조에는 "근로자란 직업의 종류를 불문하고 임금, 급료 기타 이에 준하는 수입에 의해 생활하는 자를 말한다"고 규정하고 있어 반드시 특정 기업에 소속된 종업원만을 근로자로 볼 수는 없으며 실업자이거

---

2) 예컨대 100개의 사업(장)이 있는 동종산업에서 1개의 사업(장)에만 기업별 노조가 설립되어 있는 경우 법률 규정대로라면 이 산업 전체를 조직대상으로 하는 새로운 산별노조는 설립할 수 없게 된다.

3) 현행 「노동조합 및 노동관계조정법」에서는 "근로자가 아닌 자의 가입을 허용할 경우 노조로 보지 않는다. 단, 해고자가 구제신청을 한 경우 중노위 재심판정 때까지는 근로자가 아닌 자로 해석해서는 안 된다"고 규정하고 있는데 이는 다시 말해서 중노위에서 해고가 정당한 것으로 판정된 경우 그 당사자는 근로자가 아니며 따라서 노조 가입자격이 없다는 해석이다.

나 특정기업 소속이 아닌 근로자(예컨대 프리랜서 등)라도 임금, 급료, 기타 이에 준하는 수입에 의해 생활하는 자라면 근로자로 볼 수 있고 따라서 노조 가입자격도 있는 것으로 해석할 수 있다. 또, 외국의 예를 보더라도 산별노조는 실업자는 물론이고 은퇴한 조합원도 모두 조합원 자격을 인정하고 있다. 사실 산별노조의 가장 중요한 특징 중 하나가 산업 내 모든 노동자를 총단결시킴으로써 교섭력을 높이는 한편 실업자, 은퇴자에게 생활유지를 위한 사회보장기능을 제공하는 데 있다는 점을 생각하면 실업자를 노조에 가입시키는 것은 지극히 당연한 일이라 하겠다. 현재 대량의 실업이 발생되고 있고 이것이 앞으로 상당 기간 계속될 것으로 예상되는바, 이들 대규모 실업자가 아무런 의사대변 기능과 노조의 보호 및 서비스 기능을 제공받지 못하고 있다는 점은 커다란 문제라 하겠다. 따라서 이들의 노조 가입자격을 허용하도록 조속히 법률이 개정되어야 할 것이다. 국회 환경노동위원회는 1998년 2월의 법개정 과정에서 "본 상임위원회는 노사정위원회 합의사항을 감안해 해고자의 초기업단위 노조 가입에 필요한 관계법 개정을 전향적으로 검토 노력한다"고 부대결의한 바 있다. 노사정위원회는 1998년 말 실업자의 초기업단위 노동조합 가입을 허용하는 안에 합의해 정부에 이송했으나 정부 내 부처 간 이견으로 아직 이 문제는 미해결 상태로 남아 있다.

(5) 산별노조와 관련한 새로운 법률적 문제들

현행 「노동관계법」이나 노동행정 등은 기본적으로 기업별 노조 체제를 전제로 한 것이므로 앞으로 산별노조의 운영과 관련해 여러 가지 문제가 발생할 가능성이 있는 것으로 보인다. 산별노조는 기업별 노조와는 달리 기업과 노조가 전혀 별개의 조직으로 존재하며 기업의 종업원으로서의 신분과 노동조합의 조합원으로서의 신분이 완전히 분리되므로 기업별 노조 체제하에서는 생각하기 힘든 문제가 발생할 수 있다.

우선 산별노조 임직원들의 사업장 출입 문제가 발생한다. 기업별 노조의 경우 노조 임원이 동시에 기업의 종업원이므로 출입에 별다른 문제가 없지만 산별노조의 임원은 해당 기업의 종업원이 아니므로 이 같은 문제가 발생하는 것이다. 이에 대해서는 현재의 기업별 노조 체제하에서도 단체협약 등에 의해 노조가 요청하는 외부인사의 사내출입이 자유롭도록 되어 있는 것처럼 단체협약상 노조 임직원의 자유출입 조항 등을 포함시킴으로써 해결될 수 있지만 사용자가 이를 거부하거나 단체협약이 맺어져 있지 않은 소규모 사업장의 경우, 특히 개인별로 가입한 노동자가 있는 사업장 등에서 문제가 될 수 있다. 외국의 경우 단체협약의 포괄범위 내에 있는 사업장에 대해 일과시간 중에는 노조 임직원의 출입은 물론이고 모든 작업, 장비, 서류에 대한 검사 및 관찰, 노조원 또는 노조 가입 대상자에 대한 인터뷰 등이 자유롭게 이루어질 수 있도록 법률로 보장하고 있다. 물론 이때 노조 임직원은 노동자의 작업수행을 저해 또는 방해해서는 안 되며 사업장 출입 시 노동조합의 대표라는 적절한 증명을 제시해야 한다(Shaw and Walton, 1994).

한편 산별노조의 경우 종업원 신분에 앞서 이미 노조원 자격을 가지고 있는 경우가 많은데, 이때 이 노동자가 어떤 회사에 취업을 희망할 경우 사용자가 노조원이라는 이유로 채용을 거부하거나 기타 불이익을 줄 가능성도 있다. 이 경우 사용자가 취업 희망자에게 노조원인지 여부를 밝히도록 하는 것이 정당한가, 또 노조원이라는 신분을 속이고 취업한 종업원이 위장취업에 해당되는가 등의 문제가 발생할 수 있다. 특히 미국의 노동조합들이 조직확대를 위해 흔히 사용하는 전략인 '소금치기(salting)'[4]의 경우 이러한 문제가 발생할 소지

---

4) '소금치기'란 산별노조의 조직전문가들이 스스로의 신분을 미리 밝히고 비노조기업에 대규모로 취업신청을 하는 전략을 말하는데 미국의 건설업 노조에서 특히 즐겨 사용하는 전략이다. 만약 기업이 이들을 고용하는 경우 이들은 해당 기업의 노동자들을 상대로 노조 가입을 권유하는 활동을 벌이게 되며, 만약 기업이 이들의 채용을 거부할 경우 해당 기업을 불공정 노동행위로 노동위원회에 제소하게 된다. 미국의 전국노사관계위원회는 전통적으로 노조조직화를 위해 (산별노조로부터 봉급을 받는) 조직전문가가 비노조기업에 취업신청을 하는 경우에도 이들을 정당한 '종업원'으로 간주하고 있다(Ballot, 1996; Northrup, 1993).

가 크다. 일반적으로 노조원 자격을 이유로 채용 시 차별하거나 불이익을 주는 것은 불공정 노동행위로 간주되며, 더 나아가 설혹 노조가 파견한 조직전문가가 노조조직을 목적으로 비노조기업에 취업신청을 한다고 하더라도 이를 이유로 채용을 거부할 수는 없다는 것이 미국 전국노사관계위원회의 입장이다.

(6) 단체협약의 중앙화와 관련한 법률적 문제

현재 진행되고 있는 단체협약구조의 중앙화와 관련해서도 법률적 문제가 발생할 수 있다. 현재 단체교섭구조의 중앙화를 가로막는 중요한 요소의 하나로서 사용자단체가 구성되어 있지 않다는 점이 지적되고 있으며, 따라서 일부에서는 사용자단체의 구성과 통일교섭을 법률로 강제하자는 주장도 나오고 있다. 그러나 이러한 주장은 노사자치주의에 위배되며 현실성도 의심스러운 것이라 할 것이다. 다만 일단 산별단체협약이 맺어지는 경우 산별협약의 효력과 범위에 관해서는 강제조항을 두어 산별협약을 맺고 있지 않은 기업의 노동자들게도 동일한 혜택이 갈 수 있도록 해야 할 것이다.

한편 산별노조 수준에서 복수노조가 허용됨에 따라 앞으로 동일산업 내에 둘 이상의 산별노조(특히 한국노총계와 민주노총계)가 존재하는 경우가 많이 발생할 것이며 이 경우 산별 통일교섭 시 단체교섭권을 누가 가질 것인가 하는 점이 문제가 될 것이다. 복수노조하에서의 단체교섭권 처리 문제에 대해서는 미국의 배타적 교섭권제[5], 프랑스의 비례대표제[6], 일본의 자유교섭권제[7] 등이 있는데 이 문제와 관련해 한국에서도 노사관계개혁위원회에서 단체교섭권의 단일화 방안을 제시한 바 있다. 그러나 이것 역시 기업별 노조 체제를 전제

---

[5]   배타적 교섭권에 관한 조합원들의 투표에 의해 과반수 득표를 한 노조가 배타적 교섭권을 가지는 제도이다.

[6]   대표적 노조로 인정받은 노조는 모두 단체교섭권을 가지며 사용자는 이들 모두와 단체교섭을 할 의무를 지는 제도이다.

[7]   합법적인 노조는 모두 교섭권을 가지며 사용자는 이들 모두에 응해야 할 의무가 있는 제도이다.

로 한 것이며 소수 노조의 교섭권을 제한하는 등 문제점이 있어 그대로 받아들이기는 어려운 안이라 하겠다.

앞으로 산별 통일교섭과 관련해 한국이 어떠한 형태의 교섭제도를 가질 것인가에 대해서는 보다 많은 연구와 논의를 통해 바람직한 방법을 찾아야 할 것이다(박우성, 1998).

2) 단체교섭구조의 집중화와 관련한 논의

현재 진행되고 있는 노동조합구조의 집중화 및 이에 따른 단체교섭구조의 집중화에 대해서는 학계는 물론이고 노사 쌍방 간에 많은 논쟁이 있는 것이 사실이다. 그러한 논쟁은 아직 초보적인 수준에 머물고 있지만 앞으로 노조조직구조와 단체교섭구조의 집중화가 본격화됨에 따라 한층 더 많은 찬반양론이 전개될 것으로 보인다. 여기서는 주로 단체교섭구조의 집중화와 관련된 찬반 의견의 논점을 정리하기로 한다.

(1) 단체교섭구조의 집중화와 국민경제의 성과

현재의 기업별 노조-기업별 교섭체제로부터 산별노조-산별교섭체제로 이행하고자 하는 노동계의 움직임에 대해서는 주로 사용자 측으로부터 반대 의견이 제출되고 있지만 일부 학계에서도 이러한 움직임이 국민경제에 좋지 못한 영향을 끼친다는 이유로 반대 의견이 제시되고 있다. 그러나 이러한 반대 의견이 이론적·실증적으로 명확한 토대를 가지고 있는지에 대해서는 의문이 많다.

단체교섭구조의 집중화에 반대하는 주장에 따르면 노동조합구조의 집중화와 단체교섭구조의 집중화는 노조의 교섭력을 강화시켜 지나친 임금상승과 근로조건의 개선을 가져올 것이며 이는 기업의 경쟁력 저해, 이윤 감소에 따른 재투자 여력의 감소, 인플레이션 촉발 등을 가져와 궁극적으로는 국민경제의 성과를 악화시킬 것이라고 한다.

이미 제2장에서 살펴봤듯이 단체교섭구조의 집중화가 국민경제의 성과에 어떠한 영향을 미칠 것인가에 대해서는 국제적으로도 논쟁의 대상이 되고 있다. 그러나 이 두 변수 간의 상호관계가 아직 명확하게 정리되었다고는 볼 수 없다. 단체교섭의 집중화에 따라 노조의 교섭력이 강화됨으로써 임금인상이 나타나고 이것이 다른 부문의 성과에 악영향을 미치는 외부화(externalization) 효과가 있는 것은 사실이지만, 이와 동시에 노조가 포괄하는 범위가 넓어짐에 따라 교섭결과의 내부화(internalization)가 이루어짐으로써 노조가 보다 책임성을 가지고 교섭에 임하게 되는 효과가 있는 것도 사실이다. 즉, 지나친 임금인상으로 인플레이션이 나타나고 기업경쟁력 저하에 따라 실업이 발생할 우려가 있을 경우 기업별 노조는 직접 자신에게 피해가 올 가능성이 적으므로 이에 그다지 신경을 쓰지 않지만 산별노조 또는 전국노조의 경우 조합원 자신에게 피해가 올 가능성이 많기 때문에 임금인상에 보다 신중하게 접근하게 되고 그 결과 임금상승 압력은 둔화된다는 것이다.

문제는 외부화 효과와 내부화 효과 중 어떤 것이 더 클 것인가 하는 점이며, 이는 사전적으로는 확정되지 않는 경험적 문제에 불과하다. 제2장에서 봤듯이 이에 대한 외국의 경험적 연구 역시 단체교섭이 집중화될수록 국민경제의 성과가 악화된다는 주장, 오히려 개선된다는 주장, 그리고 U자형의 비선형 형태를 취한다는 주장으로 나뉘어져 있으며 그 어느 쪽도 명백한 경험적 증거에 의해 뒷받침받지 못하고 있다.

한국의 경우 그동안 주로 기업별 교섭체제를 유지해 왔기 때문에 단체교섭구조의 중앙화가 국민경제의 성과에 어떠한 영향을 가져오는지 실증적으로 증명할 방법은 없다. 다만 지난 1987~1989년 사이의 급격한 임금인상이 기업별 노조 체제하에서 이루어진 반면 최근 단체교섭구조의 일부 중앙화에도 불구하고 임금 상승률은 오히려 낮아지고 있다는 점, 오랫동안 집단교섭체제를 유지해 온 면방업이나 은행업에서 다른 산업에 비해 특히 임금상승 압력이 높았다는 증거를 발견할 수 없다는 점 등은 단체교섭구조와 임금상승 압력 사이에 그다지 관련이 없다는 증거로 볼 수 있을 것이다.

여기서 한 가지 중요한 사실은 단체교섭구조와 국민경제 성과 간의 관계가 일의적인 것이 아니라 여러 가지 요인들에 의해 바뀔 수 있다는 점이다. 즉, 산업의 성격, 국민경제의 개방도, 노조의 구조, 국민경제의 지표 선정 등이 그것이다. 특히 단체교섭구조의 집중화에 따른 내부화 효과는 자동적으로 나타나는 것이 아니라 노동조합의 내부적 인식과 행동에 의해 크게 좌우되는 요소이다. 즉, 노조가 노조원들의 임금과 근로조건뿐만 아니라 산업 전체 및 국민경제 선제에 미칠 영향에 대해서도 관심을 가지고 책임 있게 행동할 때 비로소 내부화 효과가 잘 작용할 수 있는 것이다. 그러한 면에서 노조구조의 집중화와 더불어 산별노조의 행동 역시 보다 책임성 있고 국민경제에의 영향을 고려하는 성숙된 모습을 보여야 할 것이다.

(2) 단체교섭의 집중화와 기업 및 노동시장의 경직성

기업 측이 산별교섭에 반대하는 이유 중 하나는 그것이 기업의 의사결정의 유연성을 저해하고 노동시장의 경직성을 가져오는 요인으로 작용한다는 것이다. 즉, 동일업종이라 하더라도 기업의 규모와 지역에 따라 임금과 근로조건의 격차가 크기 때문에 중앙교섭제도로서는 원활한 타결이 곤란하며 오히려 기업과 노동자의 반발을 야기해 노사관계의 불안을 가져올 뿐이라고 한다. 또 기업마다 지불능력에 차이가 있기 때문에 중앙교섭에 의한 동일기준을 적용하기가 어려우며 기업의 자율성을 해친다고 주장한다. 뿐만 아니라 중앙교섭에 의한 임금의 평준화는 노동시장의 유연성을 해치고 노동이동을 저해함으로써 결국 자원배분을 비효율적으로 만들고 경쟁력을 저해하게 된다는 것이다. 따라서 기업별 교섭체제에 맡겨 둠으로써 노사의 자율성을 높이고 유연성을 확보해야 한다고 경영계는 주장하고 있다(김영배, 1998).

교섭구조의 집중화가 임금격차의 축소를 가져오고 이는 다시 노동시장의 경직성과 기업 의사결정의 자율성을 일부 해치는 효과가 있다는 것은 사실이다. 반면 기업별 교섭체제에 따른 기업 간 임금격차의 확대는 노동시장을 분단화하고 소득분배를 악화시킬 뿐만 아니라 더 나아가 사회적 통합을 해치고 범죄, 질병, 빈곤, 가정파탄, 청소년 문제 등 각종 사회적 문제를 야기한다.

기업별 교섭체제에 따른 기업 의사결정의 자율성이 지나치면 자칫 교섭의 무정부화를 가져와 국가의 경제정책에 혼란을 야기하게 된다. 그동안 정부의 계속적인 임금억제 정책에도 불구하고 대기업에서는 과도한 임금인상과 근로조건 개선이 이루어진 반면, 중소기업 노동자들은 저임금과 열악한 근로조건에 시달리고 있으며 이에 따라 한편으로는 대기업 노동자들의 기업이기주의와 독점가격의 소비자에 대한 전가, 그리고 다른 한편으로는 중소기업 노동자들의 인적자본 축적 부족과 이에 따른 중소기업 경쟁력의 열악 등 각종 문제를 야기했다는 것은 주지의 사실이다.

따라서 교섭구조의 집중화와 임금격차의 축소를 통해 노동시장의 분단화를 해소하고 사회통합의 원리를 확보하는 한편, 교섭의 무정부화 현상을 막아야 할 것이다. 이는 소득분배의 평준화와 노사관계의 안정, 그리고 이에 따른 생산성 향상과 사회적 통합을 가져오는 요인으로 작용할 것이다.

다만 교섭구조의 중앙화에 따라 발생할 수 있는 노동시장의 지나친 경직화를 막기 위해 기업별 보충교섭에 의해 이를 해결할 수 있도록 해야 할 것이다. 즉, 산별노조와 산별 사용자단체 간의 중앙교섭에 의해 기본적인 임금과 근로조건의 기준이 정해지면 기업별 노조지부(분회)와 기업별 사용자는 보충교섭에 의해 자기 기업의 실정에 맞도록 추가적인 임금 및 근로조건을 정함으로써 기업의 사정을 반영할 수 있는 것이다.

(3) 단체교섭의 집중화와 교섭비용 문제

산별노조의 산하 노조에 대한 지도력이 취약한 상태에서 산별교섭이 산별 복수노조 간의 선명성 경쟁에 의해 노사관계의 불안을 야기함으로써 교섭비용을 높이게 될 것이라는 일부의 우려도 있다(박덕제, 1998). 또, 설혹 산별교섭 체제로 가더라도 어차피 기업단위의 교섭을 다시 해야 하기 때문에 이중교섭 이 되어 교섭비용이 늘어난다는 주장도 있다(김영배, 1998).

그러나 이러한 우려는 지나친 기우인 것으로 생각된다. 산별교섭과정에서 산별노조가 어떠한 행동을 취할 것인가는 교섭구조와는 별도의 문제이다. 오히려 앞에서 지적한 대로 기업별 노조보다는 산별노조가 훨씬 더 책임성 있는 행동을 취할 가능성이 높다. 실제로 집중화된 교섭구조가 사용자에게 반드시 불리한 것인가에 대해서는 의문이 있다. 앞에서도 봤듯이 스웨덴처럼 고도로 집중화된 단체교섭구조를 가시고 있는 나라에서도 사용주들은 임금인상의 둔화, 파업의 감소 등으로 혜택을 입었던 것이 사실이기 때문이다.

적어도 교섭비용에 관한 산별교섭구조가 기업별 교섭구조에 비해 교섭 이용을 훨씬 낮추게 되리라는 것은 거의 확실한 것으로 보인다. 현재 한국에는 6천여 개의 기업별 노조가 존재하고 있으며 이들은 매년 임금교섭을, 그리고 2년마다 단체협약교섭을 벌이고 있다. 따라서 매년 6천여 개의 임금교섭과 3천여 개의 단체협약교섭이 이루어지고 있다고 할 수 있다. 한국 노동연구원의 조사(한국노총, 정책연구, 1997.7)에 따르면 한국 조합들의 단체협약(안) 준비 소요기간은 평균 38일이며, 평균교섭위원 수는 근로자 측이 5.69명, 사용자 측이 5.37명이다. 평균교섭횟수는 8.3회이고, 교섭 소요기간은 평균 44.4일이었다. 교섭이 결렬되어 쟁의 발생 신고를 한 경우가 22.7%, 그리고 실제 쟁의로 돌입한 경우가 11.1%에 달했다.

이러한 자료를 기초로 교섭비용을 산출해 보면 교섭시간의 직접적인 기회비용만 해도 1996년 말 기준으로 6424(노동조합 수)×11.06(근로자 및 사용자 측 교섭위원 수)×8.3(평균교섭횟수)×53,850(평균일당액)=317억 5590만 2460원이다. 그러나 교섭기간 중 교섭안 및 교섭전략 준비, 막후교섭, 인준찬반투표 등 교섭에 부대되는 각종 비용이 더해진다. 이를 감안해 교섭기간 전체에 걸친 기회비용을 산출해 보면 6424×11.06×44.4(평균교섭일)×53,850=1698억 7494만

8100원이 된다. 다시 말해 현재의 기업별 교섭구조에서는 노사 양측이 매년 300억~1700억 원에 이르는 막대한 교섭비용을 지불하고 있으며 이는 기업의 경영자원과 노동조합의 운동자원을 비생산적으로 소모하는 요인으로 작용하고 있는 것이다.

그러나 산별교섭구조로 교섭구조가 집중화되면 이러한 교섭비용 중 상당 부분을 줄일 수 있다. 교섭단위가 통합됨에 따라 교섭일수 및 교섭위원 수는 기업별 교섭체제 때보다 훨씬 줄어들 수 있다. 단위기업의 경영자는 사용자단체에 교섭을 맡기고 경영에 전념할 수 있으며 기업단위 노조조직 역시 상부단체에 교섭을 맡기고 보충교섭에만 전념함으로써 부담이 훨씬 줄어들게 된다.

기업별 노조 체제에서는 노조간부들이 주로 현장 출신이며 임기도 짧아 집행부 교체가 자주 있기 때문에 교섭에 대한 지식과 경험이 매우 적다. 그 결과 교섭 시 이해 부족과 이에 따른 마찰과 혼란이 자주 발생하며 교섭진행이 매우 비효율적인 경향이 있다. 반면 산별노조에서는 전문적인 조합간부의 육성이 쉽고 인재와 물적 자원이 산별노조에 집중되므로 이를 효율적으로 활용해 교섭이 보다 전문적이고 효율적으로 진행될 수 있다.

산별교섭이 이루어지더라도 기업별 보충교섭이 다시 있어야 하므로 교섭이 이원화되는 것은 사실이다. 그러나 산별교섭체제 아래 기업별 보충교섭이란 기업별 교섭체제에서처럼 모든 것을 다 교섭하는 것이 아니라 산별교섭에서 이미 합의된 사항을 바탕으로 기업의 실정에 맞는 일부 사항만 교섭하면 되므로 그다지 부담이 된다고는 볼 수 없다.

교섭구조의 집중화에 따른 교섭비용의 감소와 관련해 무엇보다도 강조되어야 할 것은 교섭구조의 집중화가 파업의 감소를 가져온다는 사실이다. 제2장에서 봤듯이 이에 대해서는 거의 모든 논자들이 동의하고 있다. 이는 한 나라에 대한 시계열적 분석이나 여러 국가에 대한 횡단면적 분석 모두에서 확인된다. 이와 같이 교섭구조의 집중화가 파업의 감소를 가져오는 이유는 기업 차원보다는 산별 차원, 중앙 차원에서 경제 전체에 대한 정보가 노사 간에 공평하게 공유되기 쉽기 때문에 노조의 임금인상에 대한 기대가 보다 객관적인 경제 현실에 부합되고 이에 따라 노사 간 갈등 없이 합의에 도달하기가 보다 쉽기 때문이다(Moene, 1993). 또한 산별 차원의 파업은 그 영향력이 크므로 노조로서도 파업 돌입에 상당히 신중해지며, 사용자 측도 파업이 가져올 피해를 우려해 노조의 요구에 보다 쉽게 양보하기 때문이다.

(4) 단체교섭의 분산화 추세에 대한 논의

경영계와 일부 학계에서는 전 세계적으로 단체교섭이 분산화 방향으로 나아가고 있는 추세에 비추어 한국에서 단체교섭구조의 집중화를 요구하는 것은 시대착오적이라고 비판하고 있다. 자본의 세계화와 경쟁 격화, 생산기술과 작업조직의 유연화 등에 따라 기업단위의 의사결정의 신속성과 유연화가 그 어느 때보다도 중요해지고 있으며 따라서 기업의 사정을 보다 잘 반영할 수 있는 기업별 교섭체제로 가는 것이 세계적인 추세라는 주장이다.

그러나 이러한 주장은 사실인식의 오류와 해석상의 왜곡을 범하고 있다고 생각된다. 제2장에서도 살펴봤듯이 단체교섭의 분산화 추세가 일부에서 나타나고 있는 것은 사실이지만 이는 지나치게 과장되어 선전되고 있다. OECD (1994)가 연구대상으로 삼은 17개 선진국 중 지난 15년간 단체교섭의 분산화가 뚜렷이 나타난 국가는 핀란드·뉴질랜드·스페인·스웨덴·영국 5개국에 불과하며, 노르웨이·포르투갈은 오히려 단체교섭이 집중화되었고, 오스트레일리아는 단체교섭의 분산화와 집중화가 동시에 일어났다. 그리고 나머지 9개국은 교섭 수준에 아무런 변화가 없었다. 따라서 일부 선진국을 제외하고는 단체교섭의 분산화가 대세라는 주장은 과장된 것이다.

단체교섭의 분산화가 나타나고 있는 경우에도 이는 기존의 산별노조의 역할과 기능 자체를 부정하는 것이 아니라 세계화에 따른 경영환경의 변화와 사업장 수준에서의 경영전략의 중요성 증대 등에 비추어 교섭구조를 보다 현실화한 것에 불과하며 이는 산별노조의 통제하에 이루어지는 '조정된 분산화'라는 점을 인식해야 한다. 따라서 이들 나라에서도 여전히 산별교섭은 기본적인 것으로 남아 있으며 다만 기업 차원의 교섭 비중을 높인 것뿐이다. 이에 비해 한국의 경우 지금까지 진정한 의미에서의 산별노조가 없었으므로 집중화를 추구하는 것은 당연한 일이라 하겠다.

한국과는 비교할 수 없을 정도로 집중화된 조직형태와 교섭구조를 가지고 있는 사회에서 지나친 집중화의 폐해를 시정하기 위해 나타나고 있는 현상을 무비판적으로 한국에 적용하는 것은 잘못된 일이라 할 것이다.

다만 한편으로는 산별노조 건설과 교섭구조의 집중화라는 과제를 안고 있으면서도 다른 한편으로는 새로운 경영환경의 변화에 따른 기업의 의사결정권의 중요성 증대라는 현실에 어떻게 적응해 갈 것인가 하는 이중적 과제를 한국의 노사 양측이 안고 있는 것은 사실이라 하겠다.

(5) 단체교섭의 집중화와 사용자단체 문제

경영계에서 산별교섭에 반대하는 또 하나의 이유는 한국에서는 아직 사용자단체가 구성되어 있지 않은 곳이 많기 때문에 산별교섭이 현실적으로 불가능하다는 주장이다. 그러나 이러한 주장은 본말이 전도된 것이라 하겠다. 선진국의 경험에서도 보듯이 사용자단체의 성립과정은 노동조합 조직의 확대 및 집중화 과정과 긴밀한 관련이 있다. 즉, 독일, 스웨덴 등 사용자단체가 발전한 나라의 경우 노동조합의 조직이 확대되고 조직이 집중화됨에 따라 사용자들도 교섭력의 열세를 만회하기 위해 집중화되었던 것이다. 따라서 한국의 경우에도 현재 나타나고 있는 노동조합 조직체계의 집중화는 사용자단체의 형성과 노사관계 시스템의 집중화를 촉진시키는 요인으로 작용할 것으로 보인다.

사실 현재도 경총 등 일부 사용자단체는 임금이나 단협조항 등에 대해 산하 회원사들에게 통일지침을 내리는 등 실질적인 사용자단체의 역할을 하고 있으므로 사용자단체의 구성이 그다지 힘든 일은 아니라고 생각된다.

(6) 단체교섭의 집중화와 사회적 합의

현재 한국 경제는 IMF 체제의 극복이라는 절체절명의 과제를 안고 있다. 이러한 IMF 체제에 따른 한국의 경제위기는 기업별 노동시장의 틀 자체를 파괴하고 있다(이재열, 1998). 평생직장 시대의 신화가 붕괴되면서 실업자가 대량으로 발생하고 있으며 기업 간 노동이동의 폭도 넓어지고 있다. 이러한 상황하에서 이제 기업별 노조·기업별 교섭체제로서는 해결할 수 없는 문제들이 다수 발생하고 있는 것이다.

특히 고용불안과 실업문제는 기업단위 노사관계체제로는 해결할 수 없는 문제이다. 기업별 노조들은 기업 내 조합원 보호에만 관심을 가지고 있으며 따라서 실업자, 노동시장 신규 진입자(학교 졸업자, 여성 등), 미조직 부문 노동자(중소기업 노동자, 공공부문 노동자) 등은 아무런 보호를 받지 못한 채 무자비한 시장의 폭력에 던져지고 있다. 사회적 안전망이 제대로 갖춰지지 못하고 있는 한국적 현실에서 이들은 심각한 생존불안에 직면해 있는 것이다.

이러한 기업별 노사관계체제를 초월해서 발생하고 있는 문제를 제대로 해결하기 위해서는 산업 단위 및 전 국민경제 단위의 노사관계체제를 구축하는 것이 무엇보다도 중요하다. 산별 및 전국적인 고용협약을 통해 실직노동자의 사회적인 생계보호와 재취업대책을 마련하는 것만이 이 문제에 대한 올바른 해결책을 제시해 줄 수 있다. 전 산업적 기준에 의한 고용안정책, 실업노동자의 산업별 훈련 및 재배치를 위한 고용보험 운영책 등은 산업별 기준에 의한 사회적 교섭을 통해서만 해결할 수 있는 성질의 것이기 때문이다.

뿐만 아니라 현재 한국의 경제위기를 가져온 구조적 병폐를 개혁하고 경제의 성장잠재력을 회복하기 위해서도 노사정 3자 간의 사회적 참여와 협력은 그 어느 때보다도 긴요한 과제로 등장하고 있다. 그러나 이러한 노사정 3자 간 사회 협약의 형성과 실천은 기업별 노사관계체제와는 정합성이 없는 것이다. 사회적 합의 체제에 참여하는 노사정의 주체들은 산하조직에 대해 실질적인 조직장악력과 대표권을 가지고 있어야 한다. 그렇지 않을 경우 산하조직의 반발을 의식해서 사회적 합의에 매우 소극적으로 될 뿐만 아니라 설혹 합의에 도달한다 하더라도 이를 실행할 능력이 매우 제약될 수밖에 없기 때문이다.

따라서 노동조합이 산별노조로의 전환 및 총연합단체의 조직력 강화를 통해 노사정 협약에 대등하게 참여하고 체결된 협약의 내용을 실천해 나갈 수 있는 대표성과 조직장악력을 갖출 수 있도록 한국의 노사관계체제를 개혁해야 할 것이다.

이와 관련해 제1기 노사정위원회에서는 「노동조합 조직 및 교섭체제(기업별, 산업별)의 개선방안」을 제2차 과제로 설정한 바 있는데, 이 과제가 제2기 노사정위원회에서 성실하게 실천되어야 할 것이다(노사정위원회, 1998).

3. 산별노동조합의 과제

1) 선진국의 산별노조와 한국의 산별노조(연맹)의 비교

〈표 3-5-1〉에는 선진국과 한국의 산별노조(연맹)의 특성을 비교한 결과가 나와 있다. 이 표에서 보듯이 선진국의 산별노조에 비해 한국의 산별노조(연맹)는 몇 가지 뚜렷한 특징을 지니고 있다.

첫째, 조합규모의 영세성이다. 조합원 수에서 선진국의 산별노조는 43만 명(스웨덴금속노조)에서 236만 명(독일금속노조)에 달하는 규모를 자랑하는 반면, 한국의 최대노조인 금속노련의 노조원은 19만 명에 불과할 뿐만 아니라 다른 연맹들은 몇 만 명 수준의 영세한 규모에 머물고 있다.

둘째, 조직원리의 차이이다. 선진국 산별노조 중 독일금속노조와 스웨덴금속노조는 개인 가입을 원칙으로 하며, 미국의 자동차노조는 기업·사업장 단위 가입을 원칙으로 하고 있다. 반면 한국의 산별노조(연맹)는 최초의 산별 단일노조인 보건의료노조를 제외하면 모두 기업별 노조를 가맹단위로 하고 있다.

〈표 3-5-1〉 선진국의 산별노조와 한국의 산별노조(연맹) 비교

	미국자동차노조	독일금속노조	스웨덴금속노조	일본자동차총련
노조원 수	770,000(현역)	2,360,000(현역)	430,000	786,000
가맹단위	기업/사업장	개인	개인	기업노련
조직방침	대산별주의	대산별주의	대산별주의	중산별주의
단위조합(지부) 수	1,086	191	?	1,381
단위조합당 조합원 수(평균)	709	12,356	?	569
전임종사자 수 (본부)	1,000	700	200	28
현장조직	직장위원	직장위원	지부분회위원	기업별 노조
조합비 비율(%)	1.15	1	1.9	1.6~1.8
본부 배정비율(%)	52	72	68	10.5
총재정규모	2억 3570만 달러	?	?	26억 2300만 엔
파업기금	○	○	○	×
실업기금	○	○	○	×
단체교섭권	산별노조 본부	산별노조 본부	산별노조 본부	기업별 노조
단체교섭의 특징	유형교섭/ 이원교섭	통일교섭/ 이원교섭	전국중앙교섭(1982년까지)/산별통일교섭/이원교섭	기업별 교섭/ 산별 통일요구, 통일행동
대의원대회 주기	3년	4년	2년	1년
위원장 임기	3년	4년	2년	2년
위원장 선출방식	대의원대회	대의원대회	대의원대회	대의원대회
	의료보건노조	금속노련	화학노련	금융노련
노조원 수	25,704	190,742	95,950	135,000
가맹단위	개인	기업별 노조	기업별 노조	기업별 노조
조직방침	중산별주의	대산별주의	중산별주의	중산별주의
단위조합(지부)수	85	184	577	?
단위조합당 조합원 수(평균)	302	1,036	166	?
전임종사자 수 (본부)	21	32	12	13
현장조직	지부전임자	기업별 노조	기업별 노조	기업별 노조
조합비 비율(%)	1	1	1	1
본부 배정비율(%)	50	10	9	?
총재정규모	10억 9170만 원	28억 6700만 원	8억 400만 원	9억 3천만 원
파업기금	○	×	×	×
실업기금	○	×	×	×
단체교섭권	산별노조 본부	기업별 노조	기업별 노조	기업별 노조
단체교섭의 특징	통일교섭 요구/ 실제 대각선교섭	통일교섭 요구/ 실제 대각선교섭	기업별 교섭/ 대각선교섭	기업별 교섭/ 공동교섭
대의원대회 주기	1년	1년	1년	1년
위원장 임기	3년	3년	3년	3년
위원장 선출방식	대의원대회	대의원대회	대의원대회	대의원대회

이러한 조직원리로 인해 실업자, 중소기업 노동자, 자유노동자 등은 노조에 가입하고 싶어도 가입할 수 없는 것이다.

셋째, 조직포괄 범위의 차이이다. 선진국의 산별노조들은 일본을 제외하면 대산별주의를 채택하고 있다. 즉, 대분류산업을 원칙으로 하되 꼭 그러한 산별 구분에 상관없이 가능한 한 폭넓게 조직하고 있다. 이렇게 함으로써 조직대상을 확대하는 것은 물론이고 교섭력도 강화할 수 있는 것이다. 반면 한국의 산별노조(연맹)는 대부분 중분류 산업을 조직대상 범위로 잡고 있다. 금속노련의 경우 대산별주의를 표방하고 있지만 그 포괄범위가 현실적으로 어디까지인지는 불명확하다. 이러한 중산별주의는 스스로의 조직대상 범위를 축소하고 조직의 영세성을 가져오는 요인이 된다.

넷째, 단위조합·지부의 영세성이다. 선진국의 산별노조들은 가능한 한 지부를 통합해 지부 수를 줄임으로써 규모의 경제를 누리는 한편 지부의 교섭력을 강화하려는 경향을 보인다. 그 결과 조직규모에 비해 지부 수가 적고 지부당 평균조합원 수가 많다. 반면 한국의 산별노조(연맹)들은 대단위 사업장이 많은 금속노련을 제외하면 단위조합 수가 많고 평균조합원 수는 적다. 그 결과 노조의 자원이 분산되고 단위조합이 영세해 실질적인 역할을 하기가 어렵다.

다섯째, 노조 본부의 전임종사자 수가 선진국에 비해 비교가 안 될 정도로 적다. 이는 기업별 노조 체제에 기인한 당연한 현상이긴 하지만 산별노조로 전환한 보건의료노조의 경우에도 여전히 노조 본부 전임종사자 수가 매우 적은 것을 발견할 수 있다. 이처럼 적은 전임종사자 수로 인해 당연히 산별노조(연맹)의 기획, 정책, 조직, 교섭력은 떨어질 수밖에 없는 것이다.

여섯째, 현장조직의 차이이다. 선진국의 산별노조의 경우 노조구조의 중앙집중화에 따른 현장조직의 부실화를 막기 위해 대부분 직장위원을 두고 있으며 이들이 한편으로는 노조 본부와 조합원을 연결하는 역할을 하면서 다른 한편으로는 현장조합원의 고충처리를 맡는 역할을 한다. 한국의 산별노조(연맹)에서는 대부분 기업별 노조의 간부가 이러한 역할을 하고 있는데, 앞으로 산별

노조로 전환될 경우 노조의 현장조직을 어떠한 형태로 구성할 것인지에 대해 검토해야 할 것이다.

일곱째, 재정의 영세성이다. 우선 조합비 비율에서 한국은 대부분 기본급 또는 통상임금의 1% 수준인 반면 선진국의 산별노조들은 대부분 총임금의 1% 이상을 조합비로 징수하고 있다. 스웨덴금속노조와 일본자동차총련을 제외하면 조합비 비율 면에서는 한국과 큰 차이가 없지만 선진국에서는 총임금이 조합비 산정기준이 되는 반면 한국의 경우 기본급 또는 통상임금이란 점에서 차이가 있다. 한국 노동자들의 정액급여가 임금총액에서 차지하는 비율은 65% 수준에 불과하므로 사실상 선진국 산별노조의 조합비 비중은 한국의 그것에 비해 2배 정도 높은 것으로 생각된다. 재정지출 면에서도 선진국 산별노조들(일본 제외)은 한국의 산별노조(연맹)와 비교할 수 없을 정도의 풍부한 재정규모를 가지고 있다.

여덟째, 재정의 집중성 면에서 차이가 있다. 선진국 산별노조들(일본 제외)은 노조 본부에 전체 수입의 52~72%를 배정하고 있다. 노조 본부는 다시 이로부터 상급단체 맹비와 지역본부 조직 운영비를 지출하기는 하지만 재정의 집중성 원칙이 확실하게 드러나고 있다. 반면 한국의 산별노조(연맹)들은 보건의료산업노조를 제외하고는 본부 배정비율이 전체 조합비의 10% 정도에 불과하다. 이러한 재정의 분산성으로 인해 노조 본부의 정책, 조직, 교섭력은 떨어지는 반면 기업별 노조에서는 재정이 비효율적으로 지출되는 현상이 나타난다.

아홉째, 선진국의 산별노조에서는 대부분 파업기금과 실업자기금을 보유하고 있고 이것이 산별노조의 핵심적 기능을 이루고 있는 반면, 한국의 산별노조(연맹)에서는 보건의료노조를 제외하면 파업기금과 실업기금을 가지고 있지 않다. 이는 산별노조의 교섭력과 조직력을 떨어뜨리는 요인이 되고 있다.

열째, 단체교섭 및 협약체결권은 선진국 산별노조의 경우 대부분 산별노조 본부에서 가지고 있지만 한국에서는 보건의료산업노조를 제외하고는 기업별 노조가 가지고 있다. 최근 한국의 산별연맹들이 이러한 상황을 타개하기 위해 산별 통일교섭을 요구하고 있지만 사용자 측의 거부로 대부분 실현되지 못하고 대각선교섭에 머물고 있는 실정이다.

열한째, 선진국 산별노조들에서는 대의원대회의 개최 주기와 위원장 임기가 2~4년으로 다양하다. 특히 미국자동차노조와 독일금속노조의 경우 대의원대회 개최 주기와 위원장 임기가 3~4년으로 장기인 것이 특징이다. 이는 조직의 방대성으로 인해 대의원대회를 자주 열기 어렵다는 데 기인한 것이긴 하지만 다른 한편으로는 조직의 관료화와 집행부의 독주를 가져오는 요인이 되기도 한다. 반면 한국에서 대부분 대의원대회는 1년마다 개최되고 위원장 임기는 3년으로 되어 있다. 대의원대회가 자주 열려 의사소통의 기회가 된다는 점에서 바람직한 것이긴 하지만 앞으로 산별노조로의 전환과 조직통합에 의해 조직이 방대해질 경우 매년 대의원대회를 개최하는 것이 지나치게 번거로운 일로 될 가능성도 있다. 이와 관련해 개정 노동법에서는 매년 1회 이상의 총회 또는 대의원대회 개최를 의무화하고 있는바, 방대한 조직을 가진 산별노조에서도 꼭 이 조항을 적용할 필요가 있는지 의문이다.

2) 산별노조의 조직원리

앞에서 봤듯이 한국의 산별노조(연맹)는 규모의 영세성과 조직의 분산성을 특징으로 하고 있으며 이는 조합의 인적·물적 자원의 분산과 교섭력의 약화를 가져오는 요인이 된다. 따라서 앞으로 산별노조로의 전환과 더불어 대산별주의 원칙하에 조직 간 통합을 통해 규모의 경제를 확보하는 것이 필요하다. 특히 개정 노동법에서 전임자 임금지급 금지 조항이 삽입됨으로써 이는 더욱 절실한 과제로 되었다.

이러한 조직통합 과정에서 필연적으로 관할권 문제가 발생할 수 있는바, 이는 노동조합 중앙조직(한국노총, 민주노총) 차원에서 자율적으로 교통정리가 이루어져야 할 것이다.

3) 현장조직의 재정립

산별노조로 전환할 때 우려되는 주요한 문제점 중 하나가 현장조직의 공동화이다. 인적·물적 자원이 중앙으로 집중되고 단체교섭권과 파업지령권이 산별노조로 이관됨에 따라 현장조직이 공동화되고 이는 다시 현장노조원과 노조 본부와의 괴리 확대로 나타날 수 있는 것이다.

이러한 문제점을 해결하기 위해서는 산별노조로의 전환 후 현장조직을 어떻게 구성하고 어떠한 역할분담을 할 것인가에 대한 고민이 필요하다. 우선 그동안 기업별 노조 체제가 많은 문제점을 가지고 있긴 했지만 동시에 현장에 밀착한 조직으로서의 이점이 있었다는 점을 감안해 현재의 기업별 노조조직을 활용하는 방안을 강구해야 할 것이다. 예컨대 현재의 기업별 노조 체제하에서의 대의원·소위원 제도를 산별노조에서의 직장위원제도로 전환시키는 방법이 있을 것이다. 이와 동시에 현장 내-분회 또는 지부-지방조직-본부조직을 잇는 수직적 의사소통 메커니즘을 정비해 원활한 의사소통이 이루어질 수 있도록 해야 할 것이다. 이때 원칙적으로 산별노조 본부는 교섭권·파업권을 가지고 조직, 정책기획, 사회개혁, 교육훈련, 정치참여 등에 주력하며, 지역 및 지부는 교섭진행, 일상활동, 고충처리, 현장조직 등에 주력하는 등 역할분담에 대한 연구가 필요하다.

이와 더불어 산별노조와 현장과의 분리에 따른 현장에서의 노조원의 효과적인 이익대변을 위해 독일 등에서 볼 수 있는 이중이익대표제에 대한 검토가 필요하다. 즉, 임금 및 단체교섭사항은 산별노조가 책임지되 현장에서 제기되는 일상적인 고충처리와 경영참여 문제 등은 종업원평의회 등 전체 종업원의 이익을 대변하는 별도의 기구가 대변하는 체제가 필요하다. 다만 한국의 경우 새로운 이익대변체제를 만들기보다는 이미 있는 노사협의회를 활성화해서 또 하나의 이익대표기구로 육성하는 것이 필요할 것이다.

4) 조직역량의 집중

기업별 노조는 조직자원이 분산되고 조직력이 결핍되어 있으며 전문적 운영능력이 모자란다. 산별노조가 이런 문제를 모두 해결할 수 있는 것은 아니지만 가능한 한 산별노조 본부에 인적·물적 자원을 집중시킴으로써 규모의 경제를 이용한 활동 강화와 조직 내 이질화에 대한 억제 등을 수행할 필요가 있다.

따라서 산별조직의 민주적 운영을 전제로 산별노조 본부에 인력과 재정을 집중시키고 조직역량과 정책능력을 강화하도록 해야 한다. 산별노조는 이를 바탕으로 사회경제정책을 개발하고 조직력과 교섭력을 강화하는 한편 정치적 세력화 등에 나설 수 있다.

5) 재정의 안정화와 집중화

현재와 같은 영세한 재정규모와 재정의 분산적 구조 등으로는 산별노조가 정상적인 기능을 수행할 수 없을 것이다. 특히 앞으로 전임자 임금지급이 금지되면 재정문제는 노조의 사활을 좌우하는 핵심적 과제로 등장하게 될 것이다. 따라서 조속히 재정을 안정화하고 집중화할 필요가 있다. 재정의 안정화를 위해서는 우선 조합비 인상을 검토해야 한다.

종래 노조의 기능이 취약하고 재정운영이 불투명하다는 이유로 많은 노조원들이 '조합비는 적을수록 좋다'는 인식을 가지고 있었으며 일부 노동조합 운동가들은 이러한 조합원들의 정서에 영합해 위원장 출마 시 조합비 인하를 공약하기도 했다. 그러나 노동조합이 정상적인 기능을 수행하기 위해서는 적절한 재정이 확보되어야 한다는 점을 노조원들은 재인식해야 할 것이다. 조합비 비율을 인상하는 데 어려움이 있을 경우 조합비 징수기준을 바꿔 보너스 등도 포함시키는 방안을 검토해야 한다.

한편 재정의 중앙집중 원칙에 따라 조합비 중 노조 본부 배정비율은 적어도

50% 이상으로 확대해야 한다. 이를 바탕으로 산별노조는 실업기금, 파업기금, 조직기금 등 산별노조의 기본 기능에 해당하는 각종 기금을 적립하도록 한다. 현재로서 이러한 기금을 적립하는 데는 오랜 세월이 소요될 것이지만 이미 기업별 노조에서 적립한 기금이 상당액 있으므로 이를 효율적으로 집중하는 방안을 강구해야 할 것이다.

재정부족 문제를 타개하기 위한 방안으로서 조합비 외의 다양한 재정 조달원을 모색하는 것이 필요하다. 그러나 자칫 이러한 활동에 조합의 인적·물적 자원이 지나치게 소모됨으로써 정작 노조 본연의 임무에 지장을 초래한다거나 재정 조달 방법이 선선하지 못한 것으로 되지 않도록 유의해야 할 것이다.

6) 산별노조의 관료화와 비민주화의 문제

산별노조에 대한 우려 중 가장 중요하게 제기되는 것의 하나가 바로 조직의 관료화와 비민주화의 문제이다. 조직의 거대화와 관료화, 노동귀족화, 조합의 내부적 민주주의의 결여, 일반조합원들의 조합에 대한 무관심 등은 서구의 산별노조에서 흔히 관찰되는 현상이다. 그러나 한국의 경우에 아직은 산별노조의 관료화가 그다지 큰 문제는 아니라고 판단된다. 그동안 한국의 노동조합운동은 노조활동에 대한 조합원의 참여가 적극적이었고 조합원의 의사가 비교적 잘 관철될 수 있는 직접민주주의의 관행이 잘 정비되어 있으며 노조간부가 현장 노동자로부터 공급되는 메커니즘을 갖추고 있었기 때문이다(김종한, 1995). 이러한 한국노동조합운동의 장점은 산별노조로 전환된다 하더라도 큰 변화가 없을 것으로 생각된다.

그러나 장기적으로는 산별노조의 관료화와 비민주화가 문제가 될 가능성이 충분하다. 따라서 미리 이러한 문제점을 막기 위한 조치를 취해야 할 것이다. 조합 내 민주주의 확보를 위한 가장 중요한 수단은 한국 노동운동이 가지고 있는 적극적 현장 활동의 전통을 살려 나가는 것이다. 종래 기업별 노조가 가지고 있던 장점을 살려 직장위원제도와 노조분회제도를 잘 활용함으로써 현장조직을 보존·발전시켜 가야 한다.

동시에 민주적 대의체계를 확립하고 현장-지부-지역조직-산별노조 본부 간의 쌍방향 소통체계를 정비해 언제나 현장의 목소리가 상부에 잘 전달되고 상부의 정책과 의사가 현장에 잘 전달될 수 있는 체제를 갖춰야 할 것이다.

조합간부의 독주를 막기 위해 업무 및 재정에 대한 보고와 감사제도를 확립하고 조합간부에 대한 탄핵제도를 정비해야 한다. 조합지도부에 대한 건전한 감시, 비판세력이 유지될 수 있도록 지역조직 등에 조합원이 직접 참여할 수 있는 평의회제도(캐나다자동차노조 참조)를 구성하는 것도 좋은 방안이다.

조합 내 선거 및 간부 충원방식을 혁신해 능력 있고 민주적인 인재를 충원할 수 있도록 해야 한다. 조합의 업무, 재정, 간부의 활동 등에 대한 객관적 감시를 위해 공정한 외부인사로 구성된 감독위원회를 조합이 자율적으로 구성함으로써 조합의 관료화와 비민주화를 막아야 할 것이다.

7) 조직화와 정책기능

산별노조의 가장 중요한 기능은 단체교섭, 조직화, 정책수립 등이다. 먼저 현재와 같이 낮은 조직률로는 정상적인 노조활동이 불가능하므로 미조직 노동자의 조직화에 힘써야 할 것이다. 이는 사실 산별노조가 필요한 진정한 의의의 하나이기도 하다. 산별노조는 개별 가맹원칙에 입각하고 있기 때문에 기업별 노조보다는 조직확대에 유리하다. 그러나 단순히 조직 구조의 변화만으로 획기적인 조직률 향상을 이루기를 기대하는 것은 무리이다. 산별노조가 적극적인 의지와 이를 뒷받침할 수 있는 현실적 체제를 갖추고 조직활동에 나설 때 비로소 조직확대가 실현될 수 있을 것이다. 노동조합은 전문적인 조직활동가를 양성하고 조직활동을 재정의 우선순위에 올려놓아야 한다. 실업자, 각종 불안정 노동자에 대한 서비스를 확대하고 이들의 특수한 문제를 해결해 줄 수 있는 조직적 수용태세를 갖춰야 할 것이다. 중소기업 노동자에 대한 특별한 관심과 의식적 조직 노력을 기울여야 할 것이다.

정책기능의 확대 역시 산별노조의 중요한 기능이다. 산별노조는 독자적 정책수립 능력을 함양하고 이를 위한 조직, 인재, 재정의 확보에 노력해야 할 것이다. 임금체계를 개편해 기업 내부 노동시장에 토대를 둔 연공임금제로부터 숙련·연령 등 사회적 기준에 토대를 둔 임금체계로 개편하고 이를 토대로 대기업과 중소기업 간의 임금격차를 줄여 나가야 할 것이다. 이 과정에서 예상되는 기업이기주의의 극복은 산별노조의 필수적인 과제이다. 통일단협을 구성해 노동시간을 비롯한 근로소건을 통일하고 산별고용협약을 통해 고용안정과 실업자 보호에 노력해야 한다. 산업정책을 수립해 해당 산업의 제 문제 해결과 장기적 발전방향을 제시해야 한다. 나아가 사회경제정책과 정치참여 방안을 확립해 노동조합이 사회개혁과 정치민주화에 적극 참여할 수 있도록 해야 할 것이다.

제6장

요약 및 결론

　한국은 지난 수십 년간 기업별 노조 체계를 유지해 왔다. 세계적으로도 드문 이러한 기업별 노조 체계는 그동안 노동운동의 파편화와 교섭력의 약화, 기업별 이기주의와 임금격차의 확대, 좁은 경제주의적 노동운동과 사회개혁의 무관심 등 많은 문제를 가지고 있었다.

　최근 이러한 기업별 노조 체계의 한계를 돌파하고 산별노조 체계로 전환하고자 하는 움직임이 노동운동 내에서 급속하게 확산되고 있다. 이러한 움직임이 성공할 경우 한국의 노사관계는 또 한 번 커다란 변화를 맞게 될 것으로 예상된다.

　한국의 노동운동이 기업별 노조 체계로부터 산별노조 체계로 전환하고자 하는 직접적인 이유는 노동법 개정에 따른 정리해고제 도입, 전임자 임금지급 금지 등으로 기업별 노조의 운영이 곤란해진 반면, 복수노조 허용, 제3자 개입 금지 철폐, 총회 특별결의에 의한 조직형태 전환 허용 등으로 산별노조의 전환이 수월해진 데 있지만, 보다 근본적으로는 지난 10여 년간 축적되어 온 민주노동운동의 전통과 열망이 뒷받침하고 있다는 사실을 잊어서는 안 된다. 지난

10여 년간 민주노동운동이 변함없이 추구해 왔던 목표는 노동자들의 총단결과 사회적·정치적 위상의 강화였으며, 산별노조 구조로의 전환은 바로 이러한 목표의 중요한 한 부분을 구성하는 것이다.

그러나 이처럼 노사관계체제의 근본적 변화를 요구하는 노동운동의 움직임에 대해 지금까지 사용자와 정부 측은 소극적·부정적 태도를 유지하고 있어 새로운 노사갈등의 원천이 되고 있다.

사용자 측은 노동운동의 산별노조로의 단결에 따른 교섭력 향상이 지나친 임금인상을 가져와 기업의 경쟁력을 저해할 우려가 있다는 점, 단체교섭의 집중화에 따른 기업 의사결정의 유연성 저해 가능성, 산별복수노조 간의 선명성 경쟁에 따른 노사관계의 불안 가능성, 단체교섭의 분산화로 가는 세계적 추세와 맞지 않는다는 점, 사용자단체가 구성되어 있지 않다는 점 등을 이유로 노동조합 측의 중앙교섭, 통일교섭 요구를 거부하고 있다.

그러나 노동운동 측은 단체교섭의 집중화가 교섭비용과 파업빈도의 감소를 가져오며, 임금격차의 축소는 노사관계의 안정과 생산성 향상을 가져오며, 노사 간 사회적 합의를 위해서도 강력한 산별노조가 필요하다는 점 등을 들어 사용자 측의 주장이 근거 없다고 비판하고 있다.

양측의 논점에 대해서는 이미 살펴본 바 있다. 여기서 무엇보다도 중요한 것은 현실적으로 노동조합 조직 구조와 단체교섭구조의 집중화가 대세로 되고 있다는 점이다. 현행 노동법 체계가 노동조합의 자유설립주의를 보장하고 있는 이상 노동자들 자신이 원하는 방식대로 노조조직형태를 선택할 수 있는 것은 당연한 일이며 따라서 앞으로 산별노동조합구조는 피할 수 없는 대세로 나타나게 될 것이다. 더욱이 헌법과 노동 관계법이 노동조합에 의한 단체교섭권과 단체행동권을 보장하고 있는 이상 단체교섭의 주체인 산별노조의 단체교섭 요구에 대해 사용자(또는 그 단체)는 이를 거부할 수 없는 것이다.

결국 사용자로서는 개별적으로 산별노조의 단체교섭에 응할 것인가 아니면 집단적으로 단체교섭에 응할 것인가의 선택밖에 남지 않게 된다. 일반적으로 말해서 사용자 역시 사용자단체를 만들어 집단적으로 노동조합의 단체교섭 요구에 응하는 것이 유리하다는 것은 말할 나위도 없다. 독일이나 스웨덴 등의 예에서도 볼 수 있듯이 노동조합의 조직 구조 집중화는 필연적으로 사용자 측의 조직집중화와 노사관계 시스템 전체의 집중화를 가져올 것으로 보인다.

문제는 이러한 노사관계 시스템의 집중화가 국민경제에 과연 어떠한 영향을 미칠 것인가 하는 점이다. 지금까지 살펴봤듯이 이에 대해서는 아직 이론적·실증적으로 명백하게 밝혀지지 않고 있다. 단체교섭구조의 집중화가 임금상승, 기업경쟁력 저하, 국민경제의 성과 저하를 가져온다는 주장이 있는가 하면 임금상승 압력의 둔화, 파업빈도의 감소, 교섭비용의 감소, 국민경제의 성과개선을 가져온다는 주장도 만만치 않게 제기되고 있다.

지금까지의 연구에서 한 가지 중요하게 발견되는 사실은 단체교섭의 집중화와 국민경제 성과 간의 관계가 일의적으로 규정되는 것이 아니라 단체교섭에 참가하는 노사 양측의 행동양식에 따라 상당히 다른 결과를 낳는다는 점이다. 특히 노동조합이 조합원의 이해관계라는 좁은 틀을 벗어나 사회 전체의 성과와 개혁을 중요하게 의식하고 이를 위해 노력한다면 노동조합구조의 집중화와 교섭구조의 집중화는 국민경제의 성과를 개선하는 데 도움이 될 수 있다는 것이다.

정부 역시 이러한 점을 인식하여 노동조합구조 및 단체교섭구조의 변화에 대응해 법률, 제도, 정책을 어떻게 적응시켜 갈 것인가를 고민해야 할 것이다.

참고문헌
(제3부)

· 자료

노동부. 각 연도. 『전국 노동조합 조직현황』.

노사정위원회. 1998. 「위원회 활동자료」.

전국금속. 1986. 『화학노조 20년사』.

전국금속. 1996a. 『1996 병원노련 지역순방간담회 자료집』.

전국금속. 1996b. 「병원노동자 인력확보, 고용안정 쟁취를 위한 심포지엄」.

전국금속. 1996c. 「병원노동자 인력확보와 고용안정을 위한 교육설명회」.

전국금속. 1996d. 「제14차 중앙위원회 전국병원노조 대표자대회 자료집」.

전국금속. 1996e. 『중집, 상집, 지역본부 임원, 전임간부 합동수련회 자료집』.

전국금속. 1996f. 『1996 FKCU』.

전국금속. 1997a. 「의료산별노조건설기획단 제1차 자문위원회 자료」.

전국금속. 1997b. 『중소병원 노동조합의 현실과 전망』.

전국금속. 1997c. 「'97년 임단투 방침(안)」.

전국금속. 1997d. 「산별노조 건설방침(안)」. 『'97년 단위노조 대표자 수련대회 자료집』.

전국금속. 1998a. 『1997 사업보고자료모음』.

전국금속. 1998b. 「선언, 강령, 규약, 제규정」.

전국금속. 1998c. 「임시대의원대회」.

전국금속. 1998d. 「창립대의원대회」.

전국금속. 1998e. 「금융산별노조건설(안)」.

전국금속. 1998f. 「병원노동자 인력확보, 고용안정 쟁취를 위한 심포지엄」.

전국금속. 1998g. 「'98년도 정기전국대의원대회 회의자료」.

전국금속. 1998h. 『제10기 활동보고』.

전국금속. 1998i. 『제10차 정기대의원대회 회의자료』.

전국금속산업노동조합연맹. 1998. 「단위노조 대표자 수련회」.

전국금융노동조합연맹. 1997. 『'97 사업년도 홍보활동 자료집』.

전국노동조합협의회 백서발간위원회. 1997. 『전국노동조합협의회 백서』. 도서출판 전노협.

전국민주금속노동조합연맹. 1996. 『금속연맹 '96년 임단투 종합보고서』.

전국민주노동조합총연맹. 1997. 『'97 단위노조 대표자 수련대회 자료집』.

전국병원노동조합연맹. 1993. 「합법성 쟁취 보고서」.

전국보건의료산업노동조합. 1998. 「전국보건의료산업노동조합 결성대회 회의자료」.

전국사무노동조합연맹 산별노조연구위원회. 1998. 「산별노조 전환방침 및 단계별 주요일정 결의의 건」.

전국사무노동조합연맹. 1996. Do You Know KFCLU?

전국화학노동조합연맹 전략기획팀. 1997. 「산별노조 건설방안」.

전국화학노동조합연맹. 1998b. 「활동보고」.

한국노동조합총연맹. 각 연도. 「사업보고」.

한국노총 정책연구실. 1992. 『산업별 노동조합 조직형태에 관한 연구』.

한국노총 조직국. 1997. 「산별노조 건설방안」.

· 국문 단행본 및 논문

김경일. 1989. 「1920~30년대 인쇄출판업에서의 노동운동」. 한국사회사연구회 편. 『한국근형대
　　의 민족문제와 노동운동』. 문학과 지성사.

김금수 외. 1996. 『산별노조의 과거, 현재, 그리고 미래』. 한국노동사회연구소.

김영배. 1998. 「중앙교섭 요구에 대한 경영계 입장」. ≪매일노동뉴스≫, 4.1.

김용기·박승옥 편. 1989. 『한국노동운동논쟁사』. 현장문학사.

김익진. 1985. 「운동노선을 통해 본 한국의 노동운동」. 김금수·박현채 외. 『한국노동운동론 1』.
　　미래사.

김정한. 1993. 『노동조합 조직현황 자료집』. 한국노동연구원.

김종한. 1995. 「한국에서의 '산별노조론'의 검토」. ≪산업노동연구≫, 제1권 제2호. 한국산업노
　　동학회.

김진호·베르너 푸쉬라 편. 1991. 『한국자본주의와 산업민주주의』. 고려대학교 노동문제연구소.

나영명. 1998. 「전국보건의료산업노동조합 건설, 산별노조시대 열리다」. ≪노동사회≫, 제20호.
　　한국노동사회연구소.

문성현 외. 1994. 「산별노조와 민주노조 건설운동의 현황과 과제」. ≪연대와 실천≫, 창간호, 영
　　남노동운동연구소.

문성현. 1995. 「금속연맹 건설의 의의와 주요과제」. ≪연대와 실천≫, 제16호. 영남노동운동연
　　구소.

박기성. 1994. 『산업별 노동조합체제에 관한 논의』. 한국노동연구원.

박기성·강순희. 1993. 『일본 노동조합의 조직, 운영 및 주요활동』. 한국노동연구원.

박덕제. 1998. 『선진국 산업별 노조운동의 특징과 전망』. 한국노동연구원.

박우성. 1998. 『복수노조와 단체교섭』. 한국노동연구원.

박장현 편저. 1996. 『독일의 노동조합』. 문원.

박장현. 1995. 「독일의 단체협약정책과 단체협약체계(1)」. ≪연대와 실천≫, 제19호, 영남노동
　　운동연구소.

박태주. 1991. 「한국노동조합운동의 조직발전 전망과 과제」. ≪동향과 전망≫, 제14호, 한국사
　　회연구소.

비서, 젤리. 1996. 「유럽 단체교섭의 추세와 다양성」. 송종래 편. 『한국과 EU국가들의 노사관계』.
　　법문사.

비스친크. 1995. 「독일의 단체협약과 단체협약체계」. ≪연대와 실천≫, 제15호. 영남노동운동연
　　구소.

선한승·이해영. 1996. 『노동조합체제와 노사관계 발전방향』. 후리드리히 에베르트재단·한국노동연구원.

손낙구. 1998. 「한국 최대산별 금속산업연맹 떴다」. ≪노동사회≫, 제21호.

송종래 편. 1996. 『한국과 EU국가들의 노사관계』. 법문사.

신인령. 1995. 『노동법 판례연구: 노동조합운동 사건판례』. 이화여자대학교 출판부.

어수봉. 1992. 『국가경쟁력 강화를 위한 인적자원 개발전략』. 한국노동연구원.

영남노동운동연구소. 1995. 「민주노총 출범의 의미와 산별 조직화를 위한 네 가지 과제」. ≪연대와 실천≫, 제17호. 영남노동운동연구소.

영남노동운동연구소. 1996. 「미조직 노동자 실태와 조직방안」. ≪연대와 실천≫, 제26호. 영남노동운동연구소.

영남노동운동연구소 편역. 1994. 『독일금속노조의 이해』. 영남노동운동연구소.

유현. 1990. 「1920년대 노동운동의 발전과 원산총파업」. 『노동계급 형성이론과 한국사회』. 문학과 지성사.

윤성천·이선·김정한. 1990. 『단체협약분석』. 한국노동연구원.

윤인섭. 1996. 「산별노조 건설의 관점에서 바라보는 96년 노동법 개정 투쟁」. ≪연대와 실천≫, 제29호. 영남노동운동연구소.

윤진호. 1995. 「일본 노동조합의 최근 임금정책과 그 시사점」. 윤진호 편저. 『생계비와 임금정책』. 한국노총 중앙연구원.

이광택 편역. 1995. 『독일 산별노조의 특성과 단체교섭제도』. 후리드리히 에베르트재단·산업사회연구소.

이민영. 1996. 「한국 기업별 노동조합의 성립」. 김금수 외. 『산별노조의 과거, 현재, 그리고 미래』. 한국노동사회연구소.

이수원. 1994. 『현대그룹 노동운동, 그 격동의 역사』. 대륙.

이우현·정주연. 1996. 「한국 단체교섭의 특징과 EU에서의 대응」. 송종래 편. 『한국과 EU국가들의 노사관계』. 법문사.

이원덕·유경준. 1998. 『1997년도 임금교섭 실태조사』. 한국노동연구원.

이원보. 1996a. 「1960~70년대 한국의 산별노조」. 김금수 외. 『산별노조의 과거, 현재, 그리고 미래』. 한국노동사회연구소.

이원보. 1996b. 「일본: 기업별 노조 극복을 위한 시도」. 김금수 외. 『산별노조의 과거, 현재, 그리고 미래』. 한국노동사회연구소.

이원보. 1997. 「면방 집단교섭의 현장」. 『노동사회』. 한국노동사회연구소.

이은진. 1994. 「강한 산별노조가 국민경제를 발전시킨다」. ≪창작과 비평≫.

이재열. 1998. "이제 산별노조로 개혁을". ≪문화일보≫, 3월 10일 자.

이종래. 1994. 「독일 산별노조에도 고민은 있다」. ≪연대와 실천≫, 제8호. 영남노동운동연구소.

이종래. 1995a. 「독일 금속노조의 현장체제」. ≪연대와 실천≫, 제14호. 영남노동운동연구소.

이종래. 1995b. 「산별노조의 소위원과 대의원체계」. ≪연대와 실천≫, 제14호. 영남노동운동연구소.

이종래. 1995c. 「산별노조와 개별기업간의 임금교섭」. ≪연대와 실천≫, 제17호. 영남노동운동
　　연구소.

二村一夫. 1996. 「비교사적으로 본 일한 노사관계의 특질」. 『일본의 노사관계의 특성』. 인하대
　　산업경제연구소.

이태헌. 1998. 「미국」. 최강식 편저. 『1997년 해외노동시장 연구』. 한국노동연구원.

인수범. 1996. 「스웨덴의 산업별노조 건설과정과 단체교섭구조의 변화」. ≪동향과 전망≫, 제29
　　호. 한국사회과학연구소.

임영일. 1994a. 「한국의 산별노조: 일제하, 전평, 60~70년대 어용노총」. 『영남노동운동연구소
　　회보』, 준비2호.

임영일 외. 1994. 『산별노조론』. 미래사.

전국금속. 1992. 『일제하 노동운동사』. 창작과 비평사.

전국금속. 1994a. 「산별노조와 정치조직: 정당과의 관계는 어떠한가?」. ≪연대와 실천≫, 제5호.
　　영남노동운동연구소.

전국금속. 1994b. 「산별노조의 나라별 유형: 조직과 활동원칙의 측면에서」. ≪연대와 실천≫, 제
　　40호. 영남노동운동연구소.

전국금속. 1994c. 「산별노조 건설운동: 조직원칙과 건설경로」. ≪연대와 실천≫, 제8호. 영남노
　　동운동연구소.

전국금속. 1995. 「금속산별노조와 전미자동차 노조- UAW와 CAW의 사례를 중심으로」. ≪연대
　　와 실천≫, 제12호. 영남노동운동연구소.

전국금속. 1996a. 「노동운동의 정세와 과제: 금속연맹 출범 이후의 노동운동」. ≪연대와 실천≫,
　　제19호. 영남노동운동연구소.

전국금속. 1996b. 「독일노동조합의 조직현황과 의사실현방식」. ≪연대와 실천≫, 제19호, 영남
　　노동운동연구소.

전국금속. 1996c. 「독일의 산별적 임금체계: 금속노조를 중심으로」. ≪노동사회연구≫, 제7호.
　　한국노동사회연구소(1996.5).

전국금속. 1996d. 「산별노조 건설운동의 현황과 과제」. ≪연대와 실천≫, 제29호. 영남노동운동
　　연구소.

전국금속. 1996e. 「산별노조 건설의 원칙과 경로, 현재적 과제」. 김금수 외. 『산별노조의 과거,
　　현재, 그리고 미래』. 한국노동사회연구소.

전국금속. 1997a. 「병원노련의 산별조직화 방침의 내용과 그 의의」. ≪연대와 실천≫, 제37호.
　　영남노동운동연구소.

전국금속. 1997b. 「산별조직화와 단체교섭」. ≪연대와 실천≫, 제38호. 영남노동운동연구소(1997.8).

전국금속. 1997c. 「한국 노동운동과 산별노조- 산별 조직화의 원칙과 방침」. ≪연대와 실천≫,
　　제29호. 영남노동운동연구소.

전국금속. 1998. 『노동조합의 재정자립에 관한 연구』. 한국노동연구원.

전국민주노동조합총연맹. 1997. 『산별노조의 이해』.

전기호. 1990. 「한국노동운동 발전과정과 노조전국조직」. 민주화를 위한 전국교수협의회. 『전

노협 건설의 당위성 평가』.

정승국. 1995. 「산별노조와 한국의 노동조합운동」. ≪월간 흐름≫. 한국사회과학연구소.

정영태. 1998. 「노동운동과 노동조직」. 한림대학교 세미나 발표논문.

천창수. 1997a. 「산별노조의 단체행동」. ≪연대와 실천≫, 제40호. 영남노동운동연구소.

천창수. 1997b. 「산별노조의 조직과 운영」. ≪연대와 실천≫, 제40호. 영남노동운동연구소.

최영기·이병훈. 1995. 『미국 자동차산업의 단체교섭 사례연구』. 한국노동연구원.

한국사회연구소. 1989. 『노동조합 조직연구』. 백산서당.

Skocpol, T. 1991. "Why Not Repression? Why Not Company Unionism?" 김호진·베르너 푸쉬라 공편. 『한국자본주의와 산업민주주의』. 고려대학교 노동문제연구소.

· 일본문헌

高橋洸. 1982. 『日本的勞使關係の研究』. 未來社.

大河內一男. 1955. 『戰後日本の勞働運動』. 岩波書店.

藤田若雄. 1968. 『勞働組合運動の轉換』. 日本評論社.

勞働省. 1997. 『日本の勞働組合の現狀 I, II』.

山本潔. 1981. 『自動車産業の勞資關係』. 東京大學出版會.

相田利雄. 1998. 「韓國民主勞總の位置と役割: 金屬勞働者の運動に卽して」. 法政大學大原社會問題研究所 編. 『現代の韓國勞使關係』. 御茶の水書房.

小池和男. 1977. 『職場の勞働組合と參加』. 東洋經濟新報社.

野村正實. 1985. 「西ドイツにおける勞働組合運動の展開」. 『先進國における勞働運動』. 御茶の水書房.

日本勞働協會 編. 1989. 『西ドイツの勞働事情』. 日本勞働協會.

自動車總連. 1997a. 『自動車總連のしおり』.

自動車總連. 1997b. 『第16期(前半期)決算報告書』.

自動車總連. 1997c. 『第16期活動經過報告』.

自動車總連. 1997d. 『第26回大會議案書』.

自動車總連. 1997e. 『第64回中央委員會議案書』.

早川征一郎 外. 1995. 『日本の團體交涉制度の現狀: 改革のために』. 勞働運動總合研究所.

中村圭介. 1990. 「わが國産別組織の類型と機能」. ≪季刊勞働法≫, No.154, Winter.

中村圭介. 1995. 「産業別勞働組合の現代的課題」. 勞働經濟旬報, No.1534, 4月.

中村賢二郎 外 編. 1985. 日本の勞働組合運動 5: 勞働組合組織論』. 大月書店.

靑木慧. 1980. 『靑い島はどこへ: 日産厚木除名, 解雇事件』. 勞働旬報社.

秋元樹. 1984. 「ディストリクト 65の營み」. 『勞働組合再入門』.

河西宏祐. 1989. 『企業別組合の理論: もうひとつの日本的勞使關係』. 日本評論社.

· 구미문헌

Ballot, M. 1996. *Labor-Management Relations in a Changing Environment*, 2nd ed. John Wiley & Sons.

Bamber, G. J. and R. D. Lansbury. 1993. *International and Comparative Industrial Relations*. Allen and Unwin.

Barling, J. et al. 1992. *The Union and Its Members: A Psycological Approach*, Oxford University Press.

Bean, C. et al. 1986. "The Rise in Unemployment: A Multi-Country Study." *Economica*, 53.

Bean, R. 1985. *Comparative Industrial Relations*, St. Martin's Press.

Benson, J. 1994. "The Economic Effects of Unionism on Japanese Manufacturing Enterprises." *British Journal of Industrial Relations*, Vol.32, No.1, March.

Berghahn, V. R. and D. Karsten. 1987. *Indusrial Relations in West Germany*, BERG.

Bhopal, M. 1997. "Industrial Relations in Malaysia-Multinational Preferences and State Concessions in Dependent Development: A Case Study of the Electronic Industry." *Economic and Industrial Democracy*, Vol.18, No.4, September.

Booth, A. 1995. *The Economics of the Trade Union*. Cambridge University Press.

Brunello, G. 1992. "The Effects of Unions on Firm Performance in Japanese Manufacturing." *Industrial and Labor Relations Review*, Vol.45, No.3, April.

Bruno, M. and J. Sachs. 1985. *Economics of Worldwide Stagflation*. Harvard University Press.

Budd, J. W. 1992. "The Determinants and Extent of UAW Pattern Bargaining." *Industrial and Labor Relations Review*, Vol. 45, No. 3, April.

Calmfors, L. 1983. "Centralization of Wage Bargaining and Economic Performance: A Survey." *OECD Economic Department Working Papers*, No.131.

Calmfors, L. and J. Driffill. 1988. "Bargaining Structure, Corporatism, and Macroeconomic Performance." *Economic Policy*, April.

Campbell, J. (ed.) 1992. *European Labor Unions*, Greenwood Press.

Chaison, G. N. 1996. *Union Mergers in Hard Times: The View from Five Countries*. ILR Press.

Clarke, O. 1993. "Conclusions: Towards a Synthesis of International and Comparative Experience of Nine Countries." in G. J. Bamber and R. D. Lansbury. *International and Comparative Industrial Relations*. Allen and Unwin.

Crouch, C. 1991. "Ambiguities of Decentralization." in *Economic and Political Changes in Europe, International Industrial Relations Association*(3rd.) European Regional Congress, September.

Darlington, R. 1993. "The Challenge to Workplace Unionism in the Royal Mail." *Employee Relations*, Vol.15, No.5.

De Geer, Hans. 1992. *The Rise and Fall of the Swedish Model*. Carden Publications.

Dore, R. 1973. *British Factory-Japanese Factory: The origins of National Diversity in Industrial Relations*. University of California Press.

Dowrick, S. 1993. "Enterprise Bargaining, Union Structure and Wages." *Economic Record*, Vol. 69, No.207, December.

Fairbrother, D. 1994. *Politics and the State as Employer.* Mansell.

Farnham, D. and J. Pimlott. 1983. *Understanding Industrial Relations*, 2nd ed. Cassell.

Flanagan, R. J. and K. O. Moene.(eds.) 1993. *Trade Union Behavior, Pay-Bargaining, and Economic Performance.* Clarendon Press.

Fosh, P. 1993. "Membership Participation in Workplace Unionism: The Possibility of Union Renewal." *British Journal of Industrial Relations*, Vol.31.

Fosh, P. and E. Heery.(eds.) 1990. *Trade Unions and Their MembersL Studies in Union Democracy and Organization.* Macmillan.

Freeman, R. 1995. "The Future for Unions in Decentralized Collective Bargaining System: US and UK Unionism in an Era of Crisis." *British Journal of Industrial Relations*, Vol.33, No.4, December.

Frenkel, S.(ed.) 1993. *Organized Labor in the Asia- Pacific Region: A Comparative Study of Trade Unionism in Nine Countries.* Cornell University Press.

FuJimura, H. 1997. "New Unionism: Beyond Enterprise Unionism?" in M. Sako and H. Sato (eds.) *Japanese Labour and Management in Transition*, Routledge.

Fulcher. 1991. *Labour Movements, Employers, and the State.* Clarendon Press.

Fürstenber, F. 1989. "Industrial Relations in Japan-Organizational Patterns and Development Trends." in W. Klenner. *Trends of Economic Development in East Asia.* Springer Verlag.

Golden, M. and J. Pontusson. 1992. *Bargaining For Change: Union Politics in North America and Europe.* Cornell University Press.

Heady, B. W. 1970. "Trade Unions and National Wages Policies." *Journal of Politics*, 32.

Heitger, B. 1987. "Corporatism, Technological Gaps and Growth in OECD Countries." *Weltwirtschaftliches Archiv*, 123.

Hendricks, W. E. et al. 1993. "Centralization of Bargaining Decisions in American Unions." *Industrial Relations*, Vol.32, No.3, Fall.

Hibbs. 1978. "Industrial Conflict in Advanced Industrial Socities." *American Political Science Review*, 70.

Hyman, R. 1975. *Industrial Relations: A Marxist Introduction.* Macmilllan.

Hyman, R. 1997. "The Future of Employee Representation." *British Journal of Industrial Relations*, Vol.35, No.3, September.

International Labour Office. 1987. *World Labour Report*, Vol.1-2.

Jackman, R. et al. 1990. "Labor Market Policies and Unemployment in the OECD." *Economic Policy*, 5.

Jackson, M. P. et al. 1993. *Decentralization of Collective Bargaining: An Analysis of Recent Experience in the UK.* St. Martin's Press.

Jacoby, S. M. and A. Verma. 1992. "Enterprise Unions in the United States." *Industrial Relations*, Vol.31, No.1, Winter.

Jacoby, S. M. 1989. "Reckoning with Company Unions: The Case of Thompson Products, 1934-1964." *Indusrial and Labor Relations Review*, Vol.43, No.1, October.

Jeong, J. 1995. "Enterprise Unionism from a Korean Perspective." *Economic and Industrial Democracy*, Vol.16, No 2.

Katz, H. C. 1993. "The Decentralization of Collective Bargaining: A Literature Review and Comparative Analysis." *Industrial and Labor Relations Review*, Vol.47, No.1, October.

Katz, H. C. and T. A. Kochan. 1992. *An Introduction to Collective Bargaining and Industrial Relation*. McGraw-Hill.

Kjellberg, A. 1998. "Sweden: Restoring the Model?" in A. Ferner and R. Hyman.(eds.) *Changing Industrial Relations in Europe*, 2nd.(ed.) Blackwell.

Korpi, W. and M. Shalev. 1980. "Strikes, Power and Politics in Western Nations, 1900-1976." *Political and Social Theory*, 1.

Kuruvilla, S. and P. Arudsothy. 1995. "Economic Development Strategy, Government Labour Policy and Firm-level Industrial Relations Practices in Malaysia." in A. Verma et al.(eds.) *Employment Relations in the Growing Asian Economies*. Routledge.

LO/TCO. 1994. *The Origins of Trade Unions in Sweden*.

Lash, S. 1985. "The End of Neo-Corporatism?: The Breakdown of Centralized Bargaining in Sweden." *British Journal of Industrial Relations*, Vol.23, No.2, July.

Layard, R. et al. 1991. *Unemployment, Macroeconomic Performance and the Labor Market*. Oxford University Press.

Leap, T. L. 1995. *Collective Bargaining & Labor Relations*, 2nd ed. Prentice-Hall.

Lewin, L. 1980. *Governing Trade Unions in Sweden*, Harvard University Press.

Lloyd, C. 1997. "Decentralization in the NHS: Prospects for Workplace Unionism." *British Journal of Industrial Relations*, Vol.35, No.3, September.

Mann, E. 1987. "UAW Backs the Wrong Team." *The Nation*, February 14.

Mann, E. 1988. "New Directions for the UAW." *The Nation*, June 11.

Maters, M. F. and R. S. Atkin. 1997. "The Finances of Major U.S. Unions." *Industrial Relations*, Vol.35, No.4, October.

Meidner, R. 1997. "The Swedish Model in an Era of Mass Unemployment." *Economic and Industrial Democracy*, Vol.18, No.1, Feb.

Metall. 1995. *This is Metall*.

Mills, D. A. 1994. *Labor-Management Relations* (5th ed). McGraw-Hill.

Mitchell, D. 1994. "A Decade of Concession Bargaining." in C. Crouch and C. Keir(eds.) *Labor Economics and Industrial Relations: Markets and Institutions*. Harvard University Press.

Moene, K. O. et al. 1993. "Bargaining Structure and Economic Performance." in R. J. Flanagan and K. O. Moene.(eds.) *Trade Union Behavior, Pay-Bargaining, and Economic Performance*. Clarendon Press.

Money, J. 1992. "The Decentralization of Collective Bargaining in Belgium, France and the United States." in M. Golden and J. Pontusson. *Bargaining For Change: Union Politics in North America and Europe*. Cornell University Press.

Northrup, H. R. 1993. "Salting the Contactors Labor Force: Construction Unions Organizing with NLRB Assistance." *Journal of Labor Research*, Fall.

O'Brien, L. 1988. "Between Capital and Labour: Trade Unionism in Malaysia." in R. Southhall(ed.) *Labour and Unions in Asia and Africa*. Macmillan Press.

OECD. 1994. "Collective Bargaining: Levels and Coverage." in OECD, *Employment Outlook*, July.

OECD. 1997. "Economic Performance and the Structure of Collective Bargaining." in OECD, *Employment Outlook*, July.

Olsson, A. S. 1991. *The Swedish Wage Negotiation System*. Dartmouth Publishing Co.

Paldam, M . and P. J. Pedersen. 1984. "The Large Pattern of Industrial Conflict-A Comparative Study of 18 Countires 1919-1979." *Industrial Journal of Social Economics*, 11/5.

Perusek, G. and K. Worcester. 1995. *Trade Union Politics: American Unions and Economic Change, 1960s-1990s*. Humanities Press.

Peterson, R. B. 1987. "Swedish Collective Bargaining-A Changing Scene." *British Journal of Industrial Relations*, Vol.25, No.1, March.

Rama, M. 1994. "Bargaining Structure and Economic Performance in the Open Economy." *European Economic Review*, Vol.38, No. 2, February.

Ross, A. M. and P. T. Harfman. 1960. *Changing Patterns of Industrial Conflict*. University of California Press.

Rowthorn, R. E. 1992. "Corporatism and Labor Market Performance." in J. Pekkarinenn et al. *Social Corporatism: A Superior Economic System?*. Clarendon Press.

Ruysseveldt, J. V. et al.(eds.) 1995. *Comparative Industrial & Employment Relations*. Sage Publications.

Salamon, M. 1987. *Industrial Relations: Theory and Practice*. Prentice Hall.

Schuster, D. 1985. *The German Trade Union Movement*. Friedrich- Ebert-Stiftung.

Sellier, F. 1973. "The French Workers' Movement and Political Unionism." in A. Sturmthal and J. G. Scoville(eds.) *The International Labor Movement in Transition*. University of Illinois Press.

Shaw, J. W. and C. G. Walton. 1994. "A Union's Right of Entry to the Workplace." *Journal of Industrial Relations*, December.

Shirai, T. 1983. "A Theory of Enterprise Unionism." in T. Shirai.(ed.) *Contemporary Industrial Relations in Japan*. University of Wisconsin Press.

Sisson, K. 1987. *The Management of Collective Bargaining: An International Comparison*. Basil Blackwell.

Soskice, D. 1990. "Wage Determination: The Changing Role of Institutions in Advanced Industrial Countries." *Oxford Review of Economic Policy*, 6.

Southhall, R.(ed.) 1988. *Labour and Unions in Asia and Africa*. Macmillan Press.

Streek, W. 1981. "Qualitative Demands and the Neo-Corporatist Manageability of Industrial Relations." *British Journal of Industrial Relations*, Vol.19.

Streek, W. 1984. *Industrial Relations in West Germany: A Case Study of the Car Industry*. St. Martin's Press.

Swedish Institute. 1996. *Labour Relations in Sweden*, April.

Tsuru, T. and J. B. Rebitzer. 1995. "The Limits of Enterprise Unionism: Prospects for Continuing Union Decline in Japan." *British Journal of Industrial Relations*, Vol.33, No.3, September.

Verma, A. et al.(eds.) 1995. *Employment Relations in the Growing Asian Economies*, Routledge.

Wallihan, J. 1985. *Union Government and Organization in the United States*. The Bureau of National Affairs.

Walsh, J. 1993. "Internalization v. Decentralization." *British Journal of industrial Relations*, Vol. 31, No.3, September.

Weil, D. 1994. *Turning the Tide: Strategic Planning for Labor Unions*. Lexington Books.

Wilks, S. 1996. "Class Compromise and the International Economy: The Rise and Fall of Swedish Social Democracy." *Capital and Class*, No.58, Spring.

Yanarella, E. J. 1996. "The UAW nad CAW under the Shadow of Post-Fordism: A Tale of Two Unions." in W. C. Green and E. J. Yanarella. *North American Auto Unions in Crisis: Lean Production as Contested Terrain*. State University of New York Press.

Yates, C. 1992. "North American Autoworkers' Response to Restructuring." in M. Golden and J. Pontusson. *Bargaining For Change: Union Politics in North America and Europe*. Cornell University Press.

· 홈페이지

AFL-CIO 홈페이지(www.aflcio.org)

UAW 홈페이지(www.uaw.org)

DGB 홈페이지(www.dgb.de)

IG Metall 홈페이지(www.igmetall.de)

LO 홈페이지(www.lo.se)

Metall(스웨덴) 홈페이지(www.metall.se)

SCCJ 홈페이지(www.sccj.org)

Swedish Institute 홈페이지(www.isa.se)

自動車總連 홈페이지(www.jaw.or.jp)

連合 홈페이지(www.jctu-rengo.or.jp)

지은이

고故 윤진호 (1952.3.26~2016.6.15)

• 학력

1968~1971   부산고등학교 졸업

1971~1975   서울대학교 경제학과 졸업(학사)

1975~1979   서울대학교 대학원 경제학과 졸업(석사)

1982~1990   서울대학교 대학원 경제학과 졸업(박사)

• 경력

1978~1981   국제경제연구원(현 산업연구원) 책임연구원

1982~2016   인하대학교 경제학과 전임강사, 조교수, 부교수, 교수

1991~1992   미국 뉴욕주립대학교(빙햄턴) 초빙교수(Visiting Scholar)

1999~2001   한국산업노동학회 부회장

1999~2015   사단법인 서울사회경제연구소 운영위원장

2001~2002   미국 MIT 초빙교수(Visiting Scholar)

2003~2005   노동부 최저임금위원회 공익위원

2003~2005   중앙노동위원회 공익위원

2004~2005   전국민주노동조합총연맹 자문위원

2004~2008   대통령자문 정책기획위원회 위원 겸 간사

2007~2007   한국경제발전학회 회장

2010~2011   한국경제학회 부회장

2011~2012   인하대학교 경상대학 학장

2012~2014   서울시 노사정 서울모델협의회 위원장

• 수상

1988.3 제18회 매경 이코노미스트상 수상. 수상 논문 「빈곤의 악순환, 도시빈
　　민의 실태」

2008.2 근정포장(제80289호) 수여(대통령 노무현)

2011.2 제1회 학현학술상(제자 이시균 박사와 공동수상). 수상 논문 「한국의 저
　　임금 고용의 결정요인과 이동성」

• 주요 저서

『한국의 불안정노동자』, 인하대학교 출판부, 1994

『노동조합 조직체계의 동향과 정책과제』, 한국노동연구원, 1998

『보스턴 일기: 지식의 디즈니랜드에서』, 한울, 2005

『비정규노동자 조직화방안 연구』(공저), 전국민주노동조합총연맹, 2006

『덴마크의 유연안정성에 관한 현황과 평가』, 한국노총 중앙연구원, 2008

『냉철한 머리, 뜨거운 가슴을 앓다』(공저), 지식산업사, 2012

• 주요 학술논문

「한국노총과 전노협의 조합원 의식 비교연구: 정치의식과 노사관계의식을 중
　　심으로」, 『노동경제논집』 제16권, 한국노동경제학회, 1993

「자동차 산업에서의 일본식 생산방식의 도입과 그 한계」, ≪산업노동연구≫
　　제3권 제2호, 한국산업노동학회, 1997

「기업의 노동유연화 전략과 노동조합의 대응: 대우자동차의 사례연구」, ≪경
　　제발전연구≫ 제4권 제1호, 한국경제발전학회, 1998

「노동자 생산협동조합에 관한 이론적 고찰」, ≪사회경제평론≫ 제12호, 한국
　　사회경제학회, 1999

「신자유주의적 노동정책과 노동조합의 대응」, ≪동향과 전망≫ 제42호, 한국
　　사과학연구회, 1999

「노사정 3자합의체제에 관한 실증적 연구: 노동조합내의 합의순응 문제를 중심으로」, ≪사회경제평론≫ 제17호, 한국사회경제학회, 2001

「비정규 노동자의 실태와 조직화 문제」, ≪산업노동연구≫ 제7권 제2호, 한국산업노동학회, 2002

「고용조정과 노동조합의 역할: 과연 노동조합은 고용조정에 영향을 미쳤는가?」, ≪산업노동연구≫ 제10권 제2호, 한국산업노동학회, 2004

「노동조합 존재확률의 결정요인과 대표권의 갭」, ≪사회경제평론≫ 제24호, 한국사회경제학회, 2005

「한국의 저임금 고용의 결정요인과 이동성」(이시균과 공저), ≪경제발전연구≫ 제15권 제1호, 한국경제발전학회, 2009

「대한제국기 '노동회'의 성격과 활동에 관한 연구: 한국 노동운동의 기원과 관련하여」, ≪경제발전연구≫ 제18권 제1호, 한국경제발전학회, 2012

「개항기 인천항 부두노동자들의 생존권 투쟁: ≪조선신문≫ 자료를 중심으로」, ≪황해문화≫ 83호, 새얼문화재단, 2014

엮음

고 윤진호 교수 추모 선집 간행위원회

간행위원장: 이시균

편집위원: 김정우, 지민웅, 조민수, 박진

후원위원: 김유선, 진숙경, 황규성, 김기민, 정성미

한울아카데미 2449

고 윤진호 교수 추모 선집 1

노동운동

ⓒ 고 윤진호 교수 추모 선집 간행위원회, 2023

지은이 ㅣ 윤진호
엮 음 ㅣ 고 윤진호 교수 추모 선집 간행위원회
펴낸이 ㅣ 김종수
펴낸곳 ㅣ 한울엠플러스(주)
편 집 ㅣ 배소영

초판 1쇄 인쇄 ㅣ 2023년 10월 13일
초판 1쇄 발행 ㅣ 2023년 10월 20일

주소 ㅣ 10881 경기도 파주시 광인사길 153 한울시소빌딩 3층
전화 ㅣ 031-955-0655
팩스 ㅣ 031-955-0656
홈페이지 ㅣ www.hanulmplus.kr
등록 ㅣ 제406-2015-000143호

Printed in Korea.
ISBN 978-89-460-7449-1 93320
　　　 978-89-460-8269-4 93320 (세트)

※ 책값은 겉표지에 표시되어 있습니다.

고 윤진호 교수 추모 선집 2

생산방식의 변화와 노동운동

• 윤진호 지음 | 고 윤진호 교수 추모 선집 간행위원회 엮음
• 2023년 10월 20일 발행 | 신국판 | 664면

세계의 노동운동과 생산방식의 변화사례 모음

• 제1부: 세계의 노사관계와 노동운동을 다루면서 미국, 영국, 캐나다, 일본의 노사관계와 노동운동을 심도 있게 진단하고 한국에 대한 시사점을 탐색한다. 미국과 영국의 사례연구에서 신자유주의 아래 노동정책과 노동조합의 대응을 분석한 결과를 제시하고, 미국의 경영참가와 같은 노동자 참여제도의 도입을 평가하며, 영국의 실업정책 진단결과를 제시한다.

• 제2부: 일본식 생산방식과 노사관계를 다룬다. 포디즘적 생산방식의 붕괴로 일본이 그 자리를 대체해 가고 있던 상황에서 일본식 생산방식의 요체인 토요타 생산방식을 심층적으로 분석하고 이에 대응하는 노동조합의 방안을 제시한다. 또한 일본식 생산방식의 문제점을 진단하고 노동의 인간화를 제안하는 한편, 한국에서의 일본식 생산방식 도입을 심층적으로 분석하고 노동의 인간화를 중심으로 한 노동조합의 대응책을 제안한다.

한울엘플러스의 책

고 윤진호 교수 추모 선집 3

대안적 맹아를 찾아서

- 윤진호 지음 | 고 윤진호 교수 추모 선집 간행위원회 엮음
- 2023년 10월 20일 발행 | 신국판 | 520면

한국 노동체제의 대안을 모색하는 연구결과 모음

• 제1부: 불안정 노동을 주제로 비공식 부문, 비정규 노동과 저임금 고용에 대한 심도 있는 분석결과를 제시한다. 특히 한국 자본주의 초기에 형성된 비공식 부문에 대한 연구와 더불어 사회적으로 큰 문제였던 비정규직과 저임금 고용의 함정성을 엄밀하게 분석한 결과를 담았다.

• 제2부: 대안적 체제의 맹아를 찾기 위해서 대한제국기의 노동회의 성격과 활동을 연구한 결과를 제시한다. 또한 노동자생산협동조합을 고찰함으로써 다양한 이론적 관점을 검토하며 노동자생산협동조합이 대안적 체제가 될 수 있는지를 진단한다. 노사정 3자 합의체제에 대한 실증적 연구도 경제적 위기에 대응하는 노동시장 주체들의 전략적 동맹의 필요성을 강조한다. 그 외에도 노동조합의 조직화 문제, 일자리 나누기 전략 등 노동시장과 노사관계의 개혁을 제시하는 내용을 담았다.